Rainer Gievers

Das Praxisbuch

Samsung Galaxy S23 / S23+ / S23 Ultra

Anleitung für Einsteiger

www.das-praxisbuch.de

Vorwort

Die Zielgruppe der Galaxy-Modelle S23, S23+ und S23 Ultra sind anspruchsvolle Nutzer, die besonderen Wert auf eine hochwertige Kamera legen. Während die Softwareausstattung sehr ähnlich ist, unterscheiden sich die drei Smartphones sehr deutlich bei den technischen Daten. Beim Highendmodell S23 Ultra ist zudem ein Bedienstift vorhanden, über den sich nützliche Funktionen mittels Schnellmenü aufrufen lassen.

Samsung legt seinen Smartphones inzwischen kein Netzteil mehr bei, was aber keinen großen Nachteil darstellt, weil sich vorhandene Handynetzteile – auch von anderen Herstellern – weiternutzen lassen. Sie erfahren in diesem Buch, welche in Ihrem Haushalt bereits vorhandenen Netzteile geeignet sind.

Wenn Sie bereit sind, Ihren Arbeitsstil an einige Besonderheiten des Handys anzupassen, können Sie mit dem Handy viele Dinge wie E-Mail-Verwaltung, Anzeige und Bearbeitung von Dokumenten, Terminplanung, usw. auch unterwegs durchführen, ohne ein Notebook dafür mitführen zu müssen.

In diesem Buch gehen wir auf alle Programme ein, die Sie täglich benötigen. Nach kurzer Zeit können Sie die dabei erlernten Vorgehensweisen aber auch auf die anderen Programme anwenden, die wir aus Platzgründen nicht genauer vorstellen.

Wir geben darüber hinaus auch Tipps aus unserer eigenen, inzwischen über 30-jährigen Erfahrung mit Mobilrechnern, die Sie im Internet und anderen Büchern nicht finden werden.

Falls Sie im Buch irgendwo einen Fehler entdecken, schicken Sie uns bitte eine E-Mail an *info@das-praxisbuch.de*.

Rainer Gievers, im Februar 2023

1. Auflage vom 14.02.2023

Ebook

Dieses Buch steht seinem Käufer auch als farbiges Ebook zum kostenlosen Download zur Verfügung. Es kann mit jedem PDF-Programm (zum Beispiel »Adobe Acrobat«) angezeigt und ausgedruckt werden.

Für den Download rufen Sie in Ihrem Webbrowser auf dem PC oder Handy bitte folgende Webadresse auf (beachten Sie bitte hierzu unsere Datenschutzhinweise unter *www.das-praxisbuch.de/impressum/datenschutz.php*):

www.das-praxisbuch.de/download

Geben Sie bitte folgenden Code (Groß- und Kleinschreibung beachten) ein:

rMary-SThl-LetA-vAg

Sollten Sie Probleme mit der Codeeingabe oder dem Herunterladen haben, dann schreiben Sie uns bitte eine E-Mail an service@das-praxisbuch.de. Wir helfden gerne weiter!

Hinweis

ISBN: 978-3-96469-226-9

Aufbau der Kapitel

- Damit Sie erkennen, welche Bildschirmkopie zu welchem Erläuterungstext gehört, sind die Texte mit Zahlen (❶,❷,❸) durchnummeriert.
- Webadressen, Menübezeichnungen und verwiesene Kapitel sind *kursiv* gesetzt.
- Verschachtelte Menüs werden durch »/« gekennzeichnet. Somit bedeutet zum Beispiel ⋮*Einstellungen*, dass Sie das Menü aktivieren und dort auf *Einstellungen* gehen.
- Auch Verzeichnis- und Dateinamen, sowie Webadressen sind in Kursivschrift gesetzt.

In den Rahmen sind weiterführende Infos zum jeweiligen Thema untergebracht.

1. Inhaltsverzeichnis

2. Einführung

Vielleicht gehören Sie auch zu den Anwendern, die sich bisher mit einem Einfach-Handy zufriedengegeben haben und nun erstmals ein sogenanntes Smartphone nutzen. Alternativ besitzen Sie schon seit geraumer Zeit ein Smartphone, verwenden darauf aber derzeit nur die Telefonie-Funktionen.

Was aber ist ein **Smartphone**? Darunter versteht man ein Mobiltelefon, das neben der Telefonie noch weitere Funktionen mitbringt, die sonst nur PCs aufweisen, beispielsweise Kontakt- und Teminverwaltung, Musikabspielgerät, Internet, usw. Von wenigen Billig-Handys abgesehen, die für maximal 50 Euro angeboten werden, sind übrigens genau genommen inzwischen fast alle Smartphones.

Die Betriebssoftware, sozusagen das Herz Ihres Handys, ist das von Google entwickelte **Android**. Es erfüllt die gleichen Aufgaben wie das Windows-Betriebssystem auf Ihrem PC oder Notebook.

2.1 Das ist bei Android anders

Dieses Kapitel soll kurz die Unterschiede zwischen den »alten« Handys und den modernen Smartphones beleuchten.

Schon bei der ersten Inbetriebnahme gibt es den ersten Unterschied: Während früher ein Handy nach dem Einschalten und der PIN-Eingabe sofort betriebsbereit war, müssen Sie bei einem Android-Handy erst Ihren Internetzugang einrichten. Überhaupt empfiehlt es sich, einen Blick auf den Mobilfunkvertrag zu werfen, denn dieser muss auch eine **Internetflatrate** (Datenvertrag) beinhalten. Sie zahlen dann nur einen festen Betrag für die Internetnutzung und keinen nutzungsabhängigen – Letzteres ist meist extrem teuer. Auf dieses Thema gehen wir übrigens später noch genauer ein.

Bereits beim ersten Einschalten eines Android-Handys richten Sie die Internetverbindung ein.

Eine permanente Internetverbindung ist für Android-Handys wichtig. Natürlich sind Webbrowser und E-Mail-Anwendung ohne Internetanbindung unbrauchbar – aber wussten Sie, dass sogar Programme, von denen Sie es nie erwarten würden, aufs Internet angewiesen sind? Ihr Android-Handy speichert beispielsweise auch Ihre Kontakte, Termine, Lesezeichen des Chrome-Browsers, Ihre Fotos und Videos und vieles mehr im Internet. Das hört sich zunächst erst einmal ungewohnt an, hat aber für Sie durchaus Vorteile, wie wir unten noch zeigen werden. Ihre persönlichen Daten landen natürlich nicht einfach frei im Internet, sondern sind geschützt vor fremden Zugriff.

Den Speicherort für Ihre Daten legen Sie übrigens bereits bei der ersten Inbetriebnahme Ihres Android-Handys fest. Es handelt sich dabei um Ihr sogenanntes **Google-Konto**. Dieses hat immer das Format *IhrName@gmail.com*. Dabei ist *IhrName* ein von Ihnen frei wählbarer Name, erlaubt sind zum Beispiel die Kontonamen *hans.mueller@gmail.com*, *hansmuell25@gmail.com* *oder mueller201@gmail.com.*

Ihr Google-Konto erstellen Sie direkt nach der Interneteinrichtung beim ersten Einschalten Ihres Android-Handys. Den Kontonamen dürfen Sie frei wählen.

Nicht jeder ist darüber glücklich, dass seine Daten bei Google gespeichert werden. Google informiert aber sehr offen darüber und fragt gegebenenfalls nach Ihrer Zustimmung. Natürlich dürfen Sie auch ablehnen, aber ohne Google-Konto müssen Sie auf viele Komfortfunktionen verzichten. Dazu zählt auch die nachträgliche Installation von weiteren nützlichen Programmen aus dem Play Store.

2.2 Das Google-Prinzip

Wie bereits erwähnt, sammelt Google systematisch Ihre Daten, denn Ihr Android-Gerät lädt alle Ihre Kontakte, Termine, Browser-Lesezeichen, Fotos, usw. auf Google-Server im Internet hoch. Auf zwei Wegen können Sie dies verhindern beziehungsweise einschränken:

- Sie richten erst gar kein Google-Konto auf dem Handy ein.
- Sie deaktivieren, wie im Kapitel *23.2 Google-Konto entfernen* beschrieben, die Datensynchronisation für die einzelnen Datentypen.

Die erste Variante ist leider kaum praktikabel, den ohne Google-Konto steht Ihnen der Play Store nicht zur Verfügung, über den Sie weitere Programme installieren (über einen Umweg, bei dem Sie Sicherheitsfunktionen deaktivieren und manuelles Kopieren der Programmdatei auf das Gerät ginge es trotzdem, ist aber sehr unkomfortabel).

Mit der zweiten Variante kann Sie Google nur noch eingeschränkt »überwachen«, wird aber trotzdem noch Ihr Benutzerverhalten ausforschen. Beispielsweise sendet das Handy alle von Ihnen geschriebenen und empfangenen SMS und Ihr Anrufprotokoll an Google-Server. Auch Ihr per eingebautem GPS-Empfänger ermittelter Standort und Ihre WLAN-Passwörter werden permanent an Google übermittelt.

Es kommt aber noch »dicker«. Wie Sie vielleicht aus der Presse erfahren haben, wurde im Oktober 2016 bekannt, dass der Google-Konkurrent Yahoo über einen längeren Zeitraum den US-Geheimdiensten Zugriff auf alle Nutzerdaten gestattete. Es würde nicht verwundern, wenn auch Google den Geheimdiensten systematisch Daten liefert. Als Geheimnisträger in einer Firma oder einer Behörde sollten Sie sich deshalb überlegen, welche Daten Sie Ihrem Android-Handy oder anvertrauen. Bei anderen Betriebssystemen wie Apple iOS oder Windows 10 ist es mit der Datensicherheit aber genau genommen kaum besser bestellt.

2.3 Die SIM-Karte

Ihr Handy unterstützt zwei Arten des Internetzugangs:

- Über das Mobilfunknetz: Sie sollten prüfen, ob Ihr Handyvertrag auch die kostenlose Internetnutzung ausweist. Viele Netzbetreiber sprechen dabei von »Internet-Flatrate« oder »Datenflat«. Meist kann man die Internet-Flatrate für wenige Euro im Monat dazu buchen.
- Über WLAN: Wie Ihnen bekannt sein dürfte, lässt sich das Internet mit Ihrem Handy über WLAN nur zuhause beziehungsweise an ausgewiesenen WLAN-Zugangspunkten in Hotels, Bars, usw. verwenden.

Sie benötigen eine SIM-Karte im »Nano«-Format. Ältere Handys haben dagegen meist einen Mini- oder Micro-SIM-Steckplatz, weshalb Sie deren SIM-Karten nicht in Ihrem neuen Handy verwenden können.

Wir empfehlen, dass Sie Ihre aktuelle Mini- oder Micro-SIM-Karte beim jeweiligen Mobilfunkanbieter für eine Nano-SIM-Karte umtauschen (meist schickt er Ihnen kostenlos eine neue SIM-Karte zu und die alte Karte wird automatisch nach einigen Tagen ungültig).

Von der Möglichkeit, eine SIM-Karte auf das Nano-Format zuzuschneiden, raten wir ab. Wenn Sie Pech haben, wird sich die zugeschnittene Karte in Ihrem Handy verkannten und es beschädigen.

Nano- und Micro-SIM-Karte im Größenvergleich mit einer Euro-Münze.

Sie haben Ihre alte SIM-Karte innerhalb der letzten 10 Jahre erworben? Dann ist die Wahrscheinlichkeit sehr hoch, dass sie sich bereits in einem Träger befindet. Brechen Sie sie einfach vorsichtig die Nano-SIM an den vorgestanzten Bruchkanten heraus, bevor Sie sie im neuen Handy verwenden.

Eine neue SIM-Karte wird immer als große Plastikkarte geliefert. Vorgestanzt sind darin Mini-SIM, Micro-SIM und Nano-SIM. Brechen Sie die Nano-SIM (Pfeil) vorsichtig heraus.

Zum Öffnen der SIM-Schublade auf der Geräteunterseite verwenden Sie das mitgelieferte Stechwerkzeug. Das Foto zeigt dies beim Galaxy S23 Ultra. In der Schublade befindet sich ein Loch, in das Sie mit dem Stechwerkzeug hineindrücken. Daraufhin springt die Schublade auf und kann mit den Fingernägeln herausgezogen werden. Vorsicht! Bitte stechen Sie **nicht** in das Loch **neben** der Schublade, weil Sie dadurch das Handy beschädigen könnten.

Die SIM-Karte legen Sie mit den Kontakten nach oben ein. Bevor Sie die Schublade wieder schließen, achten Sie unbedingt darauf, dass die SIM-Karte auch genau bündig darin liegt.

2.4 Das Netzteil

Da Samsung inzwischen kein Netzteil mehr bei seinen aktuellen Handys mitliefert, gehen wir in diesem Kapitel darauf ein, wie Sie die Stromversorgung sicherstellen.

In der Verpackung Ihres Samsung-Handys finden Sie ein sogenanntes **USB C auf USB-C-Kabel**. Sie können damit das Handy an einem PC oder ein Notebook mit geeigneter USB C-Buchse anschließen. Bitte werfen Sie dazu ein Blick in das Handbuch zu Ihrem PC/Notebook, denn häufig sind nicht alle USB C-Buchsen für die Stromversorgung geeignet.

Viele ältere PCs und Notebooks sind leider nicht mit einer USB C-Buchse ausgestattet, weshalb Sie sich ein **USB C-auf-USB A-Kabel** besorgen müssen. Vielleicht haben Sie ja schon ein passendes Kabel von Ihrem vorherigen Handy herumliegen?

Der Akku Ihres Galaxy-Handys wird automatisch aufgeladen, sobald Sie es am PC/Notebook anschließen. Bitte beachten Sie aber, dass das Laden aus technischen Gründen sehr langsam erfolgt. Wir empfehlen daher die Verwendung eines separaten Netzteils, worauf wir als Nächstes eingehen.

Sie haben noch ein Handy-Netzteil herumliegen? Egal, ob es von Motorola, Nokia oder einem anderen Hersteller stammt, meistens lässt es sich problemlos am Samsung-Handy verwenden.

Bevor Sie ein Netzteil mit dem Handy verbinden, sollten Sie dessen Leistungsangaben kontrollieren.

Unter OUTPUT (engl. »Ausgabe«) sind bei diesem Samsung-Netzteil die folgenden Angaben zu finden: 9.0 V ⎓ 1.67 A or 5.0 V ⎓ 2.0 A.

Für uns interessant ist in diesem Zusammenhang nur »5.0 V ⎓ 2.0 A«, was zu Deutsch heißt: Es werden 5,0 Volt Gleichstrom mit 2,0 Ampere abgegeben.

Sofern Sie »5.0 V ⎓« vorfinden, dürfte es keine Probleme geben. Bei den Ampere-Angaben gilt: »Je höher, desto schneller wird geladen«.

Das Handy sollte – auch im ausgeschalteten Zustand – nach maximal 10 Sekunden eine Ladeanimation anzeigen. Ist das Handy eingeschaltet, dann hören Sie zusätzlich einen kurzen Signalton. Wenn das nicht der Fall ist oder sich das Handy deutlich erhitzt, dann sollten Sie USB-Kabel und Netzteil austauschen.

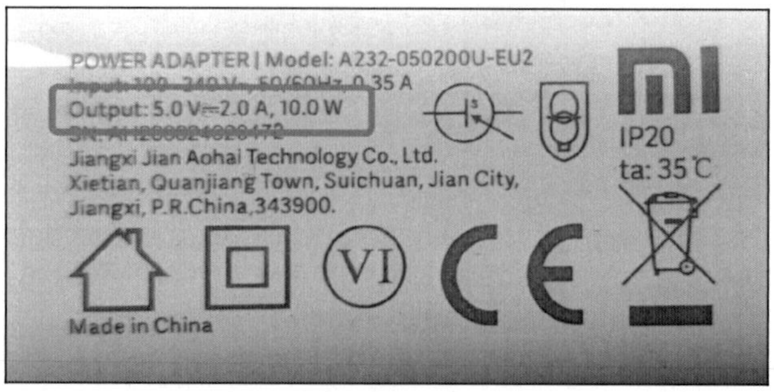

Auch bei diesem Netzteil eines Drittanbieters erwarten wir keine Probleme:

»Output: 5.0 V ⎓ 2.0 A 10.0W«.

Die Watt-Angabe – ergibt sich aus der Mulitplikation von V(olt) und Ampere – brauchen Sie nicht zu beachten.

Achtung: Bei den meisten Netzteilen benötigen Sie das oben erwähnte **USB C auf USB A-Kabel**!

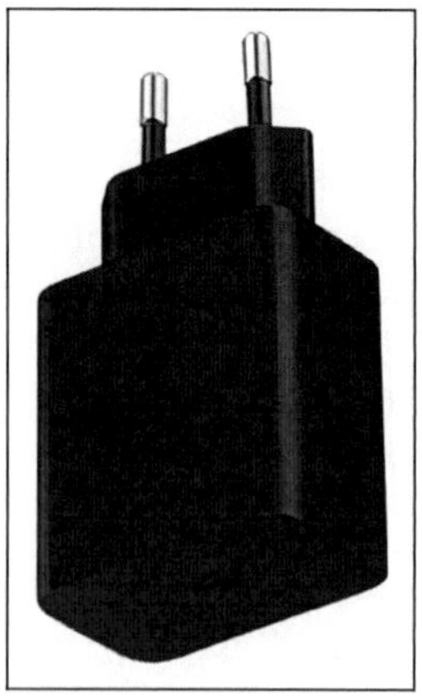

Das Aufladen mit einem Standardnetzteil, das nur 10 Watt liefert, dauert Ihnen zu lange? Dann empfehlen wir Ihnen einen Schnelllade-Adapter mit 25 Watt oder 45 Watt von Samsung.

Beachten Sie bitte, dass das Galaxy S23 nur maximal 25 Watt Ladeleistung unterstützt, das S23+ und S24 Ultra dagegen maximal 45 Watt. Das S23 darf natürlich am 45 Watt-Netzteil angeschlossen werden, lädt dann aber trotzdem nur mit 25 Watt.

Wichtig: Kaufen Sie Netzteile nur beim Fachhändler oder einer Elektronikkette, aber niemals bei Amazon, Ebay oder auf Online-Flohmärkten. Es besteht sonst die Gefahr, dass Ihnen ein gefälschtes Netzteil angedreht wird!

Moderne Handyakkus sind mit einer speziellen Ladeelektronik ausgestattet, die eine Beschädigung verhindern. Sie müssen also keine Angst haben, dass durch zu langes Aufladen der Akku an Kapazität verliert, wie es bis vor einigen Jahren noch der Fall war (sogenannter Memory-Effekt).

Trotzdem altert auch bei geringer Nutzung der Akku über die Jahre und verliert an Kapazität. Sofern Sie sich dann nicht ohnehin ein neues Handy zulegen möchten, können Reparaturdienste den fest verbauten Akku austauschen.

Sie möchten es noch bequemer? Dann lohnt sich die Anschaffung einer drahtlosen Ladestation, die von Samsung und Drittanbietern verkauft wird.

Sie legen einfach das Handy auf beziehungsweise in die Ladestation, worauf der Ladevorgang drahtlos per Induktion erfolgt – leider mit maximal 15 Watt recht langsam.

3. Erster Start

Beim ersten Einschalten richten Sie den Internetzugang über WLAN, Ihr Google-Konto und einige andere Dinge ein.

Hinweis: Falls Sie bereits den Assistenten durchlaufen haben und schon Ihr Gerät nutzen, sollten Sie im Kapitel *4 Grundlagen der Bedienung*weiterlesen. Wo es in diesem Buch darauf ankommt, gehen wir auf die im Assistenten vorgenommenen Einstellungen nochmals ein. Sie verpassen also nichts!

❶ Geben Sie zuerst die SIM-PIN ein, damit sich das Samsung Galaxy ins Netz einbuchen kann. Schließen Sie Ihre Eingabe mit der *OK*-Schaltleiste auf dem eingeblendeten Tastenfeld ab.

❷ Schließen Sie gegebenenfalls den Hinweis auf WLAN-Anrufe mit *Senden*. Dieser Hinweis kann auch zu einem späteren Zeitpunkt erscheinen.

❶ Betätigen Sie die blaue Schaltleiste.

❷ Das Handy wählt automatisch die verwendete Sprache anhand der eingelegten SIM-Karte aus. In der Regel können Sie hier einfach *Weiter* (Pfeil) betätigen.

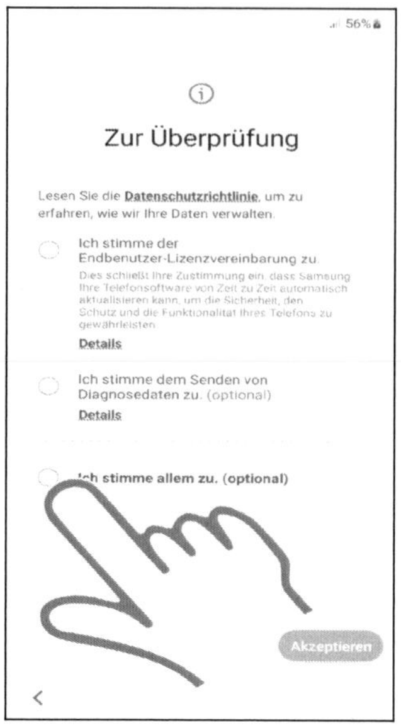
Zur Überprüfung
Lesen Sie die Datenschutzrichtlinie, um zu erfahren, wie wir Ihre Daten verwalten.
Ich stimme der Endbenutzer-Lizenzvereinbarung zu.
Details
Ich stimme dem Senden von Diagnosedaten zu. (optional)
Details
Akzeptieren

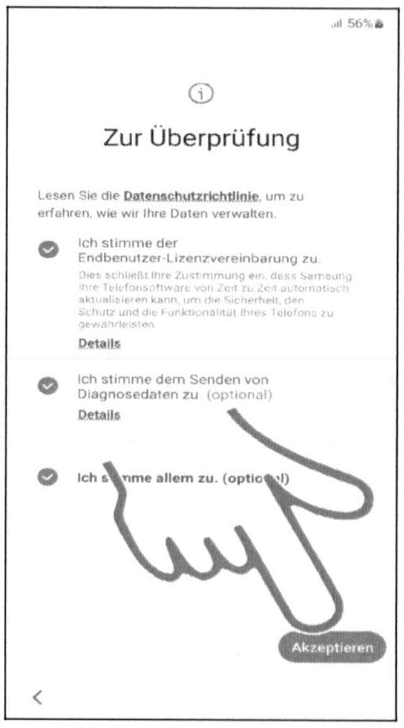
Zur Überprüfung
Lesen Sie die Datenschutzrichtlinie, um zu erfahren, wie wir Ihre Daten verwalten.
Ich stimme der Endbenutzer-Lizenzvereinbarung zu.
Details
Ich stimme dem Senden von Diagnosedaten zu. (optional)
Details
Akzeptieren

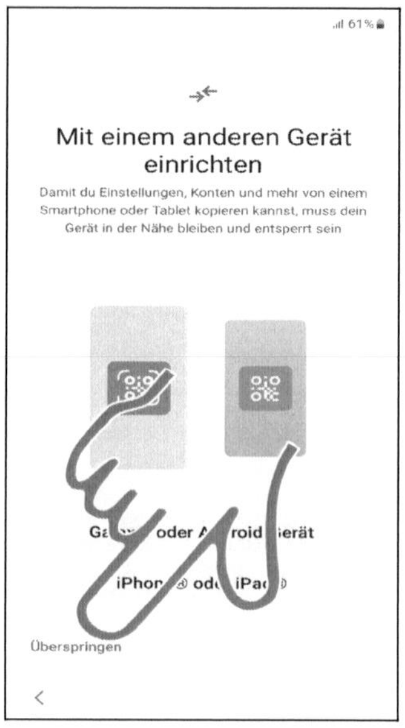
Mit einem anderen Gerät einrichten
Damit du Einstellungen, Konten und mehr von einem Smartphone oder Tablet kopieren kannst, muss dein Gerät in der Nähe bleiben und entsperrt sein
Überspringen

❶❷ Aktivieren Sie *Ich stimme allem zu (optional)*, dann betätigen Sie *Weiter*.

❸ Den *Mit einem anderen Gerät einrichten*-Bildschirm schließen Sie mit *Überspringen*.

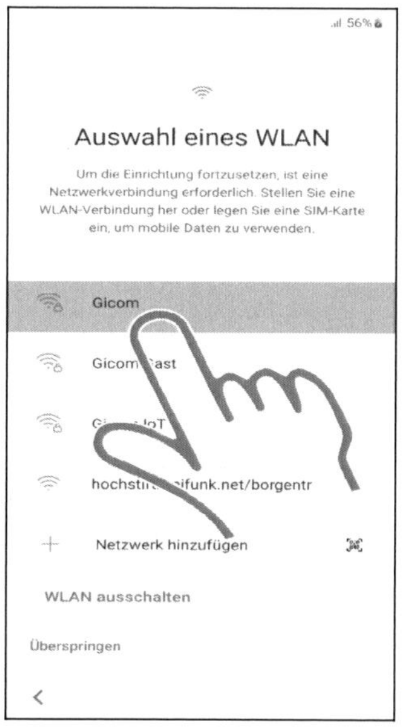
Auswahl eines WLAN
Um die Einrichtung fortzusetzen, ist eine Netzwerkverbindung erforderlich. Stellen Sie eine WLAN-Verbindung her oder legen Sie eine SIM-Karte ein, um mobile Daten zu verwenden.
Gicom
Netzwerk hinzufügen
WLAN ausschalten
Überspringen

Gicom
Passwort
Automatisch erneut verbinden
Mehr anzeigen
Verbinden
Deutsch
OK

❶❷ Als Nächstes stellen Sie den genutzten WLAN-Zugangspunkt ein. Tippen Sie dafür kurz einen der gefundenen Zugangspunkte in der Liste an, geben Sie das zugehörige Kennwort ein und betätigen Sie *Verbinden*.

In diesem Buch unterscheiden wir zwischen »Antippen«, was immer ein kurzes Antippen heißt und längerem Tippen und Halten mit dem Finger. Wenn Sie den Finger lange auf einem Bildschirmelement gedrückt halten müssen, weisen wir immer explizit darauf hin.

Wir empfehlen, die Ersteinrichtung in aller Ruhe an einem Ort mit WLAN-Zugang durchzuführen. Das Handy lädt sehr große Datenmengen herunter, was bei Mobilfunk-Internet sehr lange dauert und eventuell zusätzliche Kosten verursacht.

❶❷ Tipp: Samsung erleichtert Ihnen die Passworteingabe über die 👁-Schaltleiste. Tippen Sie darauf, um das Passwort anzuzeigen. 👁 steht bei allen »verdeckten« Eingabefeldern der verschiedenen Anwendungen auf dem Handy zur Verfügung.

❶ Schließen Sie den Bildschirm mit *Weiter*. Meistens ist dies nicht nötig, weil das Handy selbsttätig zur nächsten Bildschirmseite wechselt.

❷ Eventuell will das Handy erst Einrichtungsarbeiten durchführen, weshalb Sie *Neustart* betätigen müssen. Alternativ können Sie hier mit *Weiter* die Einrichtung fortsetzen.

3.1 Neues Google-Konto

Dieses Kapitel brauchen Sie nur durchzuarbeiten, wenn Sie noch kein sogenanntes Google-Konto besitzen. Dies ist in der Regel der Fall, wenn Sie bisher noch nie ein Android-Handy oder Tablet genutzt haben. Wenn Sie bereits mal ein Google-Konto verwendet haben, dann lesen Sie im nächsten Kapitel *3.2 Vorhandenes Google-Konto* weiter.

Das Google-Konto hat das Format einer E-Mail-Adresse und immer die Endung *@gmail.com*, beispielsweise *sally.gievers@gmail.com*. Vom Handy wird das Google-Konto verwendet, um eine Sicherung Ihrer Daten auf Google-Servern durchzuführen.

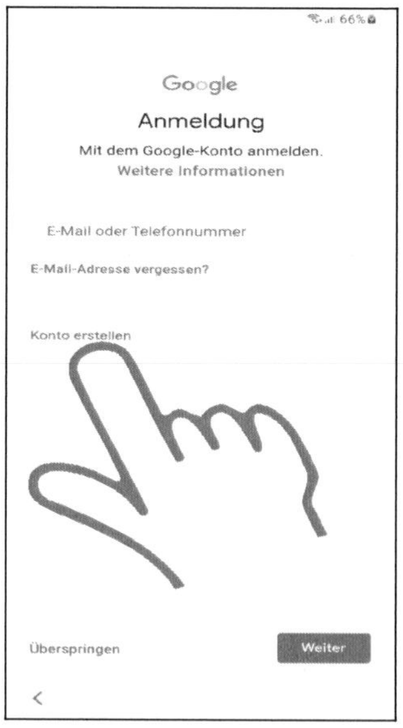

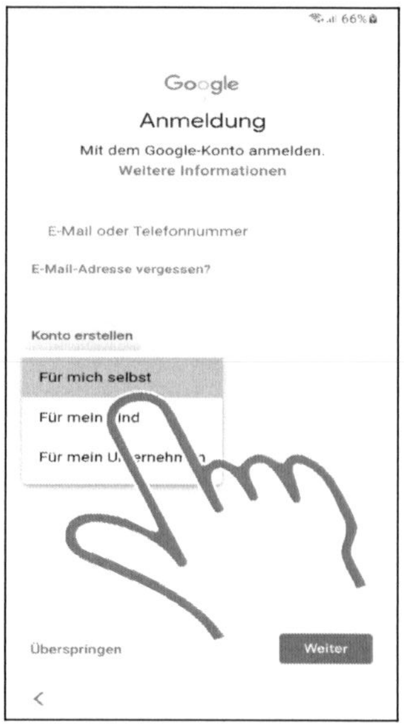

➊ Gehen Sie auf *Nicht kopieren.*

➋➌ Betätigen Sie *Konto erstellen* und wählen Sie *Für mich selbst* aus.

➊ Erfassen Sie in den Feldern Ihren Vor- und Nachnamen (mit dem Finger in das jeweilige Eingabefeld tippen) und betätigen Sie *Weiter*.

➋ Geben Sie Ihr Geburtsdatum und Geschlecht an (es ist Ihnen unbenommen, hier falsche Angaben zu machen), dann betätigen Sie *Weiter*.

➌ Google schlägt Ihnen einige Kontonamen vor, von denen Sie einen auswählen. Betätigen Sie dann *Weiter*. Falls Ihnen die vorgeschlagenen Kontonamen übrigens nicht gefallen, gehen Sie wie als Nächstes beschrieben, vor.

Google
Gmail-Adresse wählen
Gmail-Adresse auswählen oder eine eigene erstellen
sgievers777@gmail.com
sallygievers652@gmail.com
Gmail-Adresse erstellen
Weiter

erstellen
gieverssally781@gmail.com
sallygievers862@gmail.com
Gmail-Adresse erstellen
sally.gievers
@gmail.com
Weiter
sally.gievers
Deutsch
Öffnen

➊ So vergeben Sie einen selbst gewählten Kontonamen: Betätigen Sie *Gmail-Adresse erstellen.*

➋ Erfassen Sie den Kontonamen. Betätigen Sie dann erneut die *Weiter*-Schaltleiste. Falls der Kontoname bereits an jemand anders vergeben wurde, macht das Programm Vorschläge beziehungsweise gibt Ihnen die Möglichkeit, einen anderen Kontonamen einzugeben.

Zulässig sind im Kontonamen Buchstaben, Zahlen und Punkte. Klein- und Großschreibung wird nicht berücksichtigt.

Tipp: Verzichten Sie bei Ihrem Kontonamen auf die leicht verwechselbaren Zeichen »0«, »O«, »1«, »L«, »Z« und »2«. Sie vermeiden damit Missverständnisse, wenn Sie mal Ihre E-Mail-Adresse für jemand anders aufschreiben.

Google
Starkes Passwort erstellen
Erstellen Sie ein starkes Passwort aus Buchstaben, Zahlen und Sonderzeichen
Passwort
123456789
Passwort anzeigen
Weiter
123456789
Deutsch
Öffnen

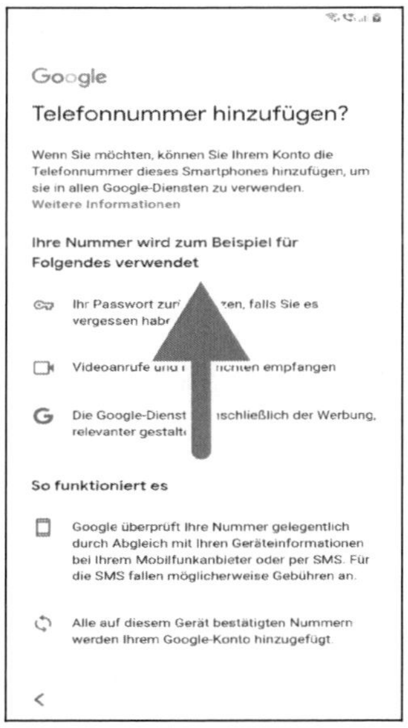
Google
Telefonnummer hinzufügen?
Wenn Sie möchten, können Sie Ihrem Konto die Telefonnummer dieses Smartphones hinzufügen, um sie in allen Google-Diensten zu verwenden.
Weitere Informationen
Ihre Nummer wird zum Beispiel für Folgendes verwendet
So funktioniert es
Google überprüft Ihre Nummer gelegentlich durch Abgleich mit Ihren Geräteinformationen bei Ihrem Mobilfunkanbieter oder per SMS. Für die SMS fallen möglicherweise Gebühren an.
Alle auf diesem Gerät bestätigten Nummern werden Ihrem Google-Konto hinzugefügt.

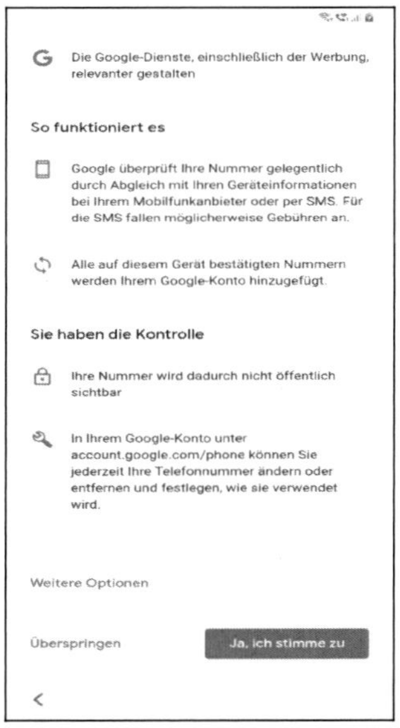
Die Google-Dienste, einschließlich der Werbung, relevanter gestalten
So funktioniert es
Google überprüft Ihre Nummer gelegentlich durch Abgleich mit Ihren Geräteinformationen bei Ihrem Mobilfunkanbieter oder per SMS. Für die SMS fallen möglicherweise Gebühren an.
Alle auf diesem Gerät bestätigten Nummern werden Ihrem Google-Konto hinzugefügt.
Sie haben die Kontrolle
Ihre Nummer wird dadurch nicht öffentlich sichtbar
In Ihrem Google-Konto unter account.google.com/phone können Sie jederzeit Ihre Telefonnummer ändern oder entfernen und festlegen, wie sie verwendet wird.
Weitere Optionen
Überspringen
Ja, ich stimme zu

➊ Zum Schluss erfassen Sie das Kennwort. **Das Kennwort (und natürlich den Kontonamen) sollten Sie sich genau merken oder notieren, weil Sie das Handy später ab und zu danach fragt!** Betätigen Sie dann *Weiter.*

➋ Wischen Sie in diesem Bildschirm nach oben.

➌ Damit Sie das Kennwort für Ihr Google-Konto wieder zurücksetzen können, falls Sie es mal vergessen, betätigen Sie jetzt *Ja, ich stimme zu.*

Google
Kontoinformationen prüfen
Sie können diese Gmail-Adresse verwenden, um sich später anzumelden
Sally Gievers
sallygievers849@gmail.com
Weiter

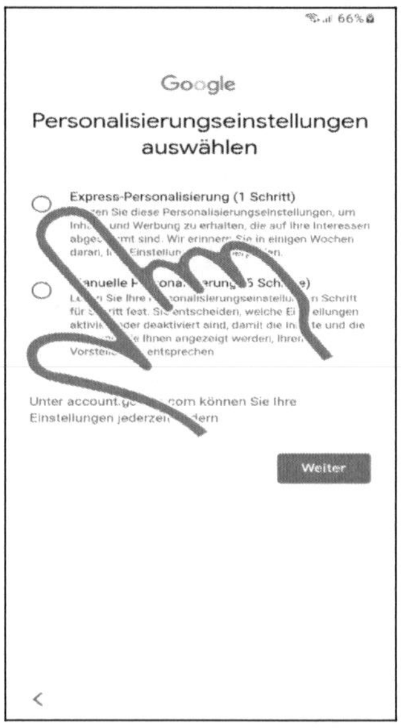
Google
Personalisierungseinstellungen auswählen
Express-Personalisierung (1 Schritt)
Weiter

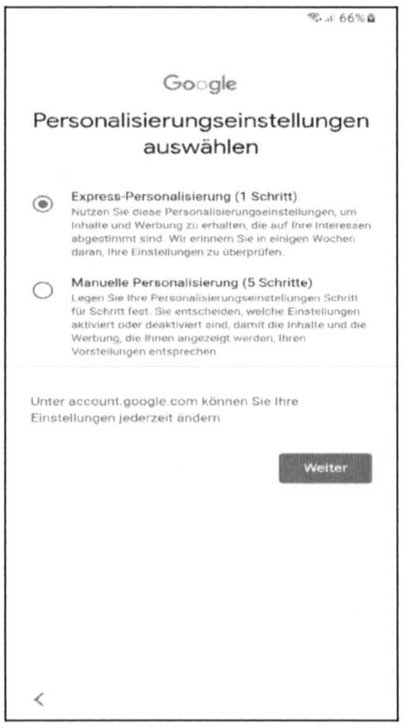
Google
Personalisierungseinstellungen auswählen
Express-Personalisierung (1 Schritt)
Nutzen Sie diese Personalisierungseinstellungen, um Inhalte und Werbung zu erhalten, die auf Ihre Interessen abgestimmt sind. Wir erinnern Sie in einigen Wochen daran, Ihre Einstellungen zu überprüfen.
Manuelle Personalisierung (5 Schritte)
Legen Sie Ihre Personalisierungseinstellungen Schritt für Schritt fest. Sie entscheiden, welche Einstellungen aktiviert oder deaktiviert sind, damit die Inhalte und die Werbung, die Ihnen angezeigt werden, Ihren Vorstellungen entsprechen.
Unter account.google.com können Sie Ihre Einstellungen jederzeit ändern
Weiter

❶ Betätigen Sie *Weiter*.

❷❸ Aktivieren Sie *Express-Personalisierung (1 Schritt)* und betätigen Sie *Weiter*.

Google
Einstellungen für Personalisierung und Cookies bestätigen
Wenn diese Einstellungen aktiviert sind, werden Ihre Daten verwendet, um Ihnen eine personalisierte Nutzung aller Google-Dienste und mehr Kontrolle über die Ihnen angezeigte Werbung zu ermöglichen
Personalisierte Werbung
Diese Einstellung wird aktiviert, um Ihnen für Sie relevantere Werbung anzuzeigen.
Weitere Informationen
Welche Daten verwendet werden

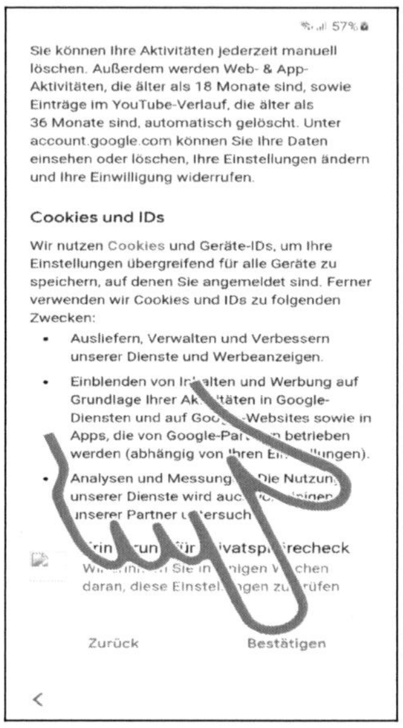
Sie können Ihre Aktivitäten jederzeit manuell löschen. Außerdem werden Web- & App-Aktivitäten, die älter als 18 Monate sind, sowie Einträge im YouTube-Verlauf, die älter als 36 Monate sind, automatisch gelöscht. Unter account.google.com können Sie Ihre Daten einsehen oder löschen, Ihre Einstellungen ändern und Ihre Einwilligung widerrufen.
Cookies und IDs
Wir nutzen Cookies und Geräte-IDs, um Ihre Einstellungen übergreifend für alle Geräte zu speichern, auf denen Sie angemeldet sind. Ferner verwenden wir Cookies und IDs zu folgenden Zwecken:
Ausliefern, Verwalten und Verbessern unserer Dienste und Werbeanzeigen.
Zurück
Bestätigen

❶ Erneut müssen Sie die Wischgeste einsetzen, also mit dem Finger auf dem Bildschirm nach oben wischen.

❷ Gehen Sie auf *Bestätigen*.

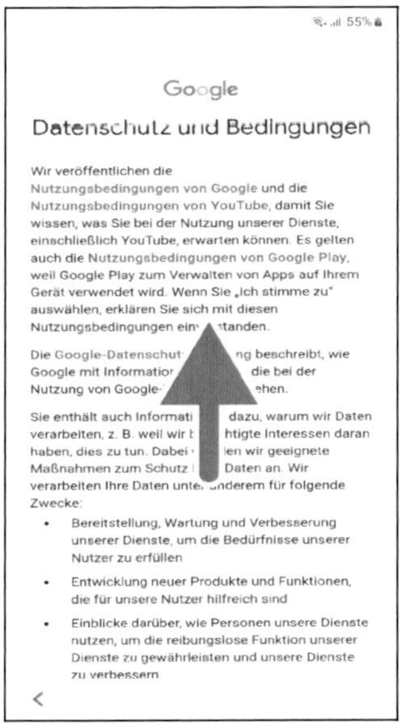
Google
Datenschutz und Bedingungen
Wir veröffentlichen die Nutzungsbedingungen von Google und die Nutzungsbedingungen von YouTube, damit Sie wissen, was Sie bei der Nutzung unserer Dienste, einschließlich YouTube, erwarten können. Es gelten auch die Nutzungsbedingungen von Google Play, weil Google Play zum Verwalten von Apps auf Ihrem Gerät verwendet wird. Wenn Sie „Ich stimme zu" auswählen, erklären Sie sich mit diesen
Bereitstellung, Wartung und Verbesserung unserer Dienste, um die Bedürfnisse unserer Nutzer zu erfüllen
Entwicklung neuer Produkte und Funktionen, die für unsere Nutzer hilfreich sind
Einblicke darüber, wie Personen unsere Dienste nutzen, um die reibungslose Funktion unserer Dienste zu gewährleisten und unsere Dienste zu verbessern

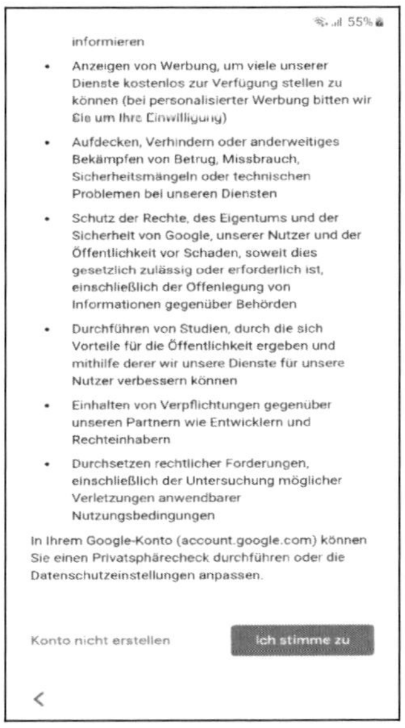
informieren
Anzeigen von Werbung, um viele unserer Dienste kostenlos zur Verfügung stellen zu können (bei personalisierter Werbung bitten wir Sie um Ihre Einwilligung)
Aufdecken, Verhindern oder anderweitiges Bekämpfen von Betrug, Missbrauch, Sicherheitsmängeln oder technischen Problemen bei unseren Diensten
Schutz der Rechte, des Eigentums und der Sicherheit von Google, unserer Nutzer und der Öffentlichkeit vor Schaden, soweit dies gesetzlich zulässig oder erforderlich ist, einschließlich der Offenlegung von Informationen gegenüber Behörden
Durchführen von Studien, durch die sich Vorteile für die Öffentlichkeit ergeben und mithilfe derer wir unsere Dienste für unsere Nutzer verbessern können
Einhalten von Verpflichtungen gegenüber unseren Partnern wie Entwicklern und Rechteinhabern
Durchsetzen rechtlicher Forderungen, einschließlich der Untersuchung möglicher Verletzungen anwendbarer Nutzungsbedingungen
In Ihrem Google-Konto (account.google.com) können Sie einen Privatsphärecheck durchführen oder die Datenschutzeinstellungen anpassen.
Konto nicht erstellen
Ich stimme zu

❶❷ Erneut wischen Sie nach oben und betätigen *Ich stimme zu.*

Lesen Sie im Kapitel *3.3 Weitere Einrichtung* weiter.

3.2 Vorhandenes Google-Konto

Um das Handy (und andere Android-Geräte) sinnvoll zu nutzen, müssen Sie ein sogenanntes Google-Konto besitzen. Das Google-Konto hat das Format einer E-Mail-Adresse und immer die Endung *gmail.com*, beispielsweise *sally.gievers@gmail.com*.

Falls Sie nicht wissen, was ein Google-Konto ist, oder bisher noch kein Android-Gerät genutzt haben, lesen Sie bitte im Kapitel *3.1 Neues Google-Konto* weiter.

Beachten Sie, dass bei Ihnen die Bildschirmabbildungen eventuell geringfügig anders aussehen, da Google beziehungsweise Samsung laufend Änderungen an der Benutzeroberfläche vornehmen.

Apps & Daten kopieren
Du kannst festlegen, was auf dein neues Gerät übertragen werden soll: deine Apps, Fotos, Kontakte, dein Google-Konto und mehr.
Nicht kopieren
Weiter

Wählen Sie *Nicht kopieren.*

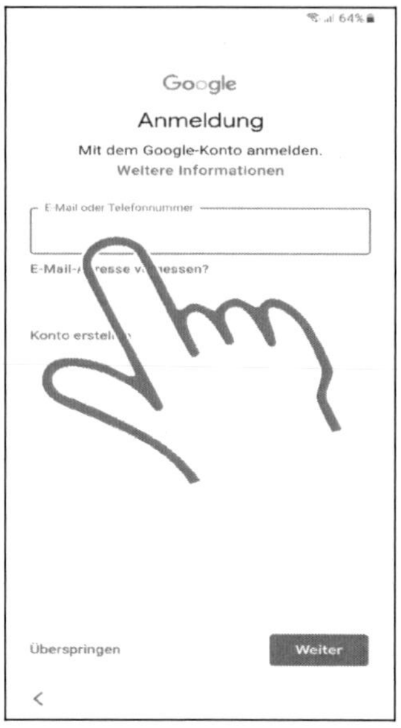

❶ Tippen Sie ins *E-Mail oder Telefonnummer*-Eingabefeld.

❷❸ Geben Sie Ihren Google-Konto-Namen (Eingabe des Namens vor *@gmail.com* reicht aus) ein. Betätigen Sie dann *Weiter.*

Hinweis: Auf dem Galaxy S23/S23+ wird die *Weiter*-Schaltleiste vom Tastenfeld verdeckt. Auf diesen Geräten müssen Sie die Wischgeste anwenden: Halten Sie den Finger auf eine beliebigen Bildschirmbereich und ziehen Sie den Finger sofort nach oben und lassen Sie den Finger dann auch sofort los. Sie können nun *Weiter* betätigen.

❶ Erfassen Sie das Passwort Ihres Google-Kontos und gehen Sie auf *Weiter.*

❷ Google möchte sicherstellen, dass kein Unbefugter Ihr Google-Konto nutzt. Deshalb müssen Sie nun eine Authentifizierung durchführen. Dazu müssen Sie auf einem anderen Android-Gerät die Anmeldung bestätigen, was aber nur funktioniert, wenn Sie dort mit Ihrem Google-Konto angemeldet sind. In unserem Beispiel haben wir uns für die dritte Option entschieden: Der Code wird per SMS an unsere Handynummer gesendet. Die Handynummer hat Google bei der Erstanmeldung Ihres Google-Kontos erfahren.

❸ Den empfangenen Code geben Sie ein und betätigen *Öffnen* (auf dem Tastenfeld) beziehungsweise *Weiter.*

Google
Willkommen
sally.gievers@gmail.com
Wir veröffentlichen die Nutzungsbedingungen von Google, damit Sie wissen, was Sie bei der Nutzung unserer Dienste erwarten können. Wenn Sie „Ich stimme zu" anklicken, erklären Sie sich mit diesen Nutzungsbedingungen einverstanden.
Sie stimmen auch den Nutzungsbedingungen von Google Play zu, damit Sie Apps entdecken und verwalten können.
In der Datenschutzerklärung von Google wird beschrieben, wie Google mit Informationen umgeht, die bei der Nutzung von Google-Diensten entstehen. In Ihrem Google-Konto (account.google.com) können Sie jederzeit einen Privatsphärecheck durchführen oder die Datenschutzeinstellungen anpassen.
Ich stimme zu
Dieses Konto jetzt nicht hinzufügen

Betätigen Sie *Ich stimme zu.*

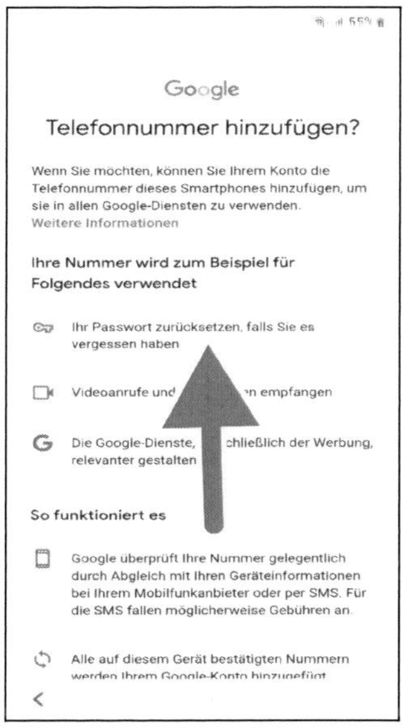
Google
Telefonnummer hinzufügen?
Wenn Sie möchten, können Sie Ihrem Konto die Telefonnummer dieses Smartphones hinzufügen, um sie in allen Google-Diensten zu verwenden.
Weitere Informationen
Ihre Nummer wird zum Beispiel für Folgendes verwendet
Ihr Passwort zurücksetzen, falls Sie es vergessen haben
So funktioniert es
Google überprüft Ihre Nummer gelegentlich durch Abgleich mit Ihren Geräteinformationen bei Ihrem Mobilfunkanbieter oder per SMS. Für die SMS fallen möglicherweise Gebühren an.

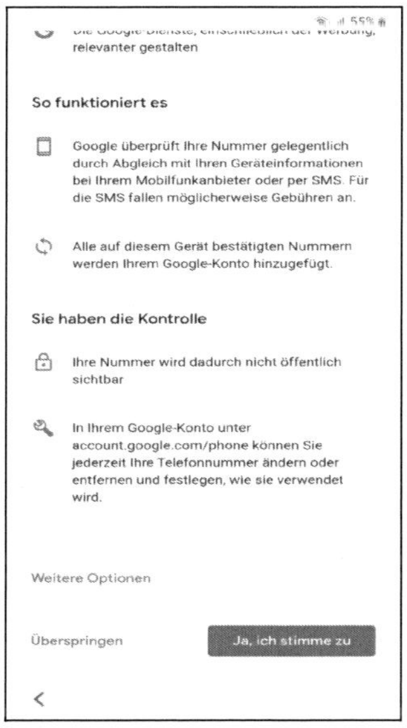
relevanter gestalten
So funktioniert es
Google überprüft Ihre Nummer gelegentlich durch Abgleich mit Ihren Geräteinformationen bei Ihrem Mobilfunkanbieter oder per SMS. Für die SMS fallen möglicherweise Gebühren an.
Alle auf diesem Gerät bestätigten Nummern werden Ihrem Google-Konto hinzugefügt.
Sie haben die Kontrolle
Ihre Nummer wird dadurch nicht öffentlich sichtbar
In Ihrem Google-Konto unter account.google.com/phone können Sie jederzeit Ihre Telefonnummer ändern oder entfernen und festlegen, wie sie verwendet wird.
Weitere Optionen
Überspringen
Ja, ich stimme zu

Google
Kontoinformationen prüfen
Sie können diese Gmail-Adresse verwenden, um sich später anzumelden
Sally Gievers
Weiter

❶❷ Falls Sie eine andere SIM-Karte mit dem neuen Handy verwenden, müssen Sie dies bestätigen. Wischen Sie mit dem Finger auf dem Bildschirm nach oben und gehen Sie auf *Ja, ich stimme zu.*

❸ Eventuell müssen Sie hier *Weiter* betätigen, sofern das Handy nicht selbst zum nächsten Bildschirm umschaltet.

3.3 Weitere Einrichtung

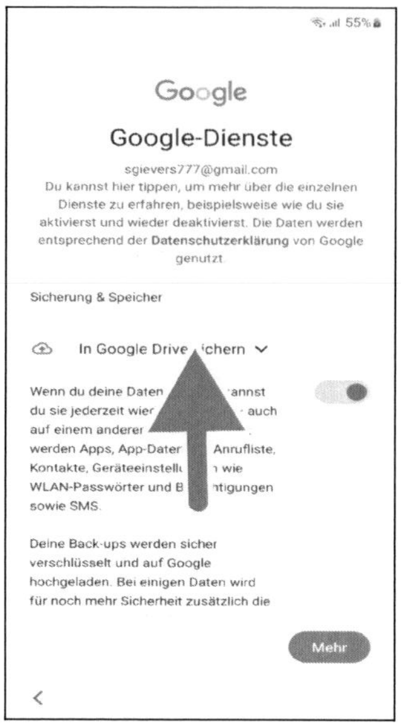
55%
Google
Google-Dienste
sgievers777@gmail.com
Du kannst hier tippen, um mehr über die einzelnen Dienste zu erfahren, beispielsweise wie du sie aktivierst und wieder deaktivierst. Die Daten werden entsprechend der Datenschutzerklärung von Google genutzt.
Sicherung & Speicher
In Google Drive
Wenn du deine Daten
du sie jederzeit wie
auf einem andere
werden Apps, App-Date
Kontakte, Geräteeinstell
WLAN-Passwörter und B
sowie SMS.
Deine Back-ups werden sicher verschlüsselt und auf Google hochgeladen. Bei einigen Daten wird für noch mehr Sicherheit zusätzlich die
Mehr

55%
Android-Geräten beitragen, indem du zulässt, dass automatisch Diagnose-, Geräte- und App-Nutzungsdaten an Google gesendet werden. Solche Informationen helfen, die Akkulaufzeit, die Stabilität des Systems und der Apps und andere Funktionen zu verbessern. Einige Informationen, die in zusammengefasster Form weitergegeben werden, sind auch für Apps und Partner von Google hilfreich, beispielsweise für Android-Entwickler. Wenn du die Einstellung „Zusätzliche Web- & App-Aktivitäten" aktiviert hast, werden diese Daten möglicherweise in deinem Google-Konto gespeichert.
Updates & Apps installieren
Wenn du fortfährst, stimmst du zu, dass auf diesem Gerät auch automatisch Updates und Apps von Google, deinem Mobilfunkanbieter und dem Hersteller dieses Geräts heruntergeladen und installiert werden können, möglicherweise auch über eine mobile Datenverbindung. Für die Datenübertragung können Gebühren anfallen. Bei einigen dieser Apps werden eventuell In-App-Käufe angeboten.
Durch Tippen auf „Akzeptieren" werden die ausgewählten Einstellungen für diese Google-Dienste bestätigt.
Akzeptieren

❶❷ Auch im Google-Dienste-Bildschirm führen Sie eine Wischgeste durch – Finger auf den Bildschirm setzen, nach oben ziehen und Finger hoch nehmen – dann betätigen Sie *Akzeptieren.*

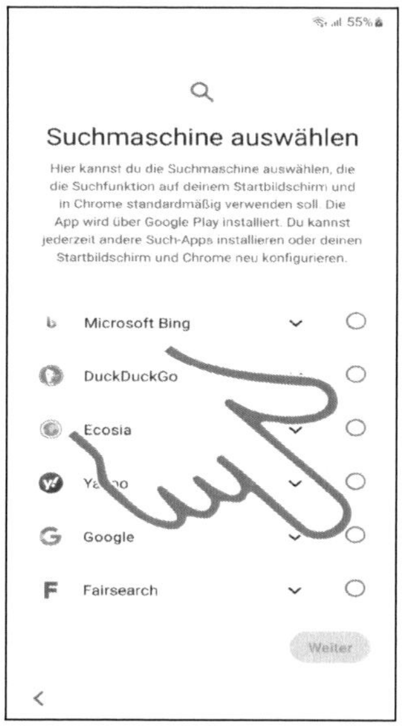
55%
Suchmaschine auswählen
Hier kannst du die Suchmaschine auswählen, die die Suchfunktion auf deinem Startbildschirm und in Chrome standardmäßig verwenden soll. Die App wird über Google Play installiert. Du kannst jederzeit andere Such-Apps installieren oder deinen Startbildschirm und Chrome neu konfigurieren.
Microsoft Bing
DuckDuckGo
Ecosia
Google
Fairsearch
Weiter

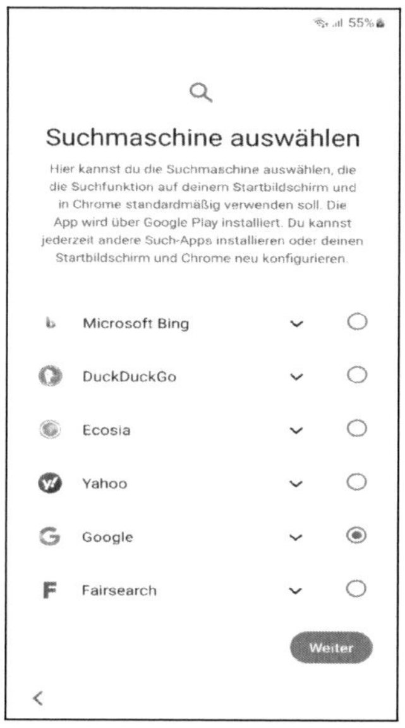
55%
Suchmaschine auswählen
Hier kannst du die Suchmaschine auswählen, die die Suchfunktion auf deinem Startbildschirm und in Chrome standardmäßig verwenden soll. Die App wird über Google Play installiert. Du kannst jederzeit andere Such-Apps installieren oder deinen Startbildschirm und Chrome neu konfigurieren.
Microsoft Bing
DuckDuckGo
Ecosia
Yahoo
Google
Fairsearch
Weiter

❶❷ Google hat sich in Rahmen eines Kartellverfahrens dazu verpflichtet, dass Nutzer von Android-Handys die verwendete Suchmaschine frei auswählen dürfen. Wir empfehlen trotzdem *Google* in der Liste auszuwählen und dann *Weiter* zu betätigen.

Die Reihenfolge der aufgelisteten Suchmaschinen ist zufällig und wird daher bei Ihnen von den Bildschirmabbildungen abweichen.

Schutz deines Telefons
Verhindere, dass andere Personen dieses Telefon ohne deine Erlaubnis verwenden, indem du die Geräteschutzfunktionen aktivierst.
Gesichtserkennung
Fingerabdrücke
Muster
PIN
Überspringen

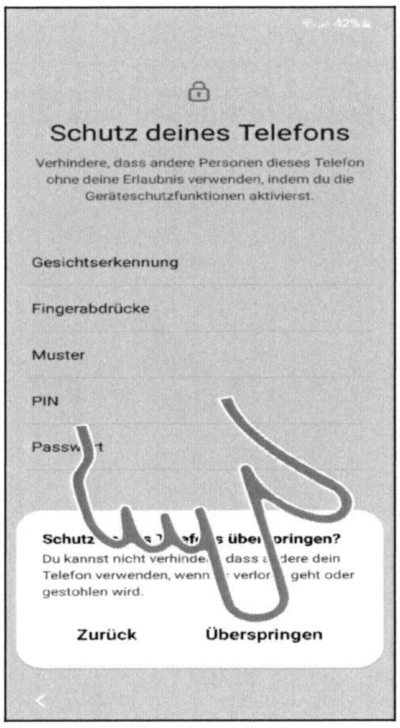
Schutz deines Telefons
Verhindere, dass andere Personen dieses Telefon ohne deine Erlaubnis verwenden, indem du die Geräteschutzfunktionen aktivierst.
Gesichtserkennung
Fingerabdrücke
Muster
PIN
Zurück
Überspringen

➊➋ Auf die Gerätesperre geht das Buch später noch ein, weshalb Sie hier auf *Überspringen* und im Popup erneut auf *Überspringen* gehen.

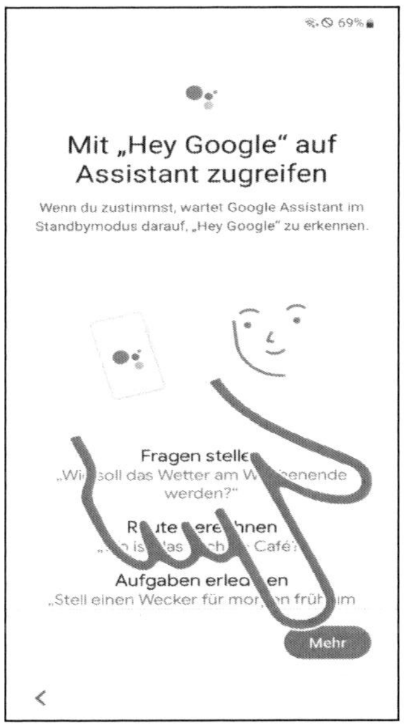
Mit „Hey Google“ auf Assistant zugreifen
Wenn du zustimmst, wartet Google Assistant im Standbymodus darauf, „Hey Google“ zu erkennen.
Mehr

Mit „Hey Google“ auf Assistant zugreifen
Wenn du zustimmst, wartet Google Assistant im Standbymodus darauf, „Hey Google“ zu erkennen.
Route berechnen
Überspringen
Ich stimme zu

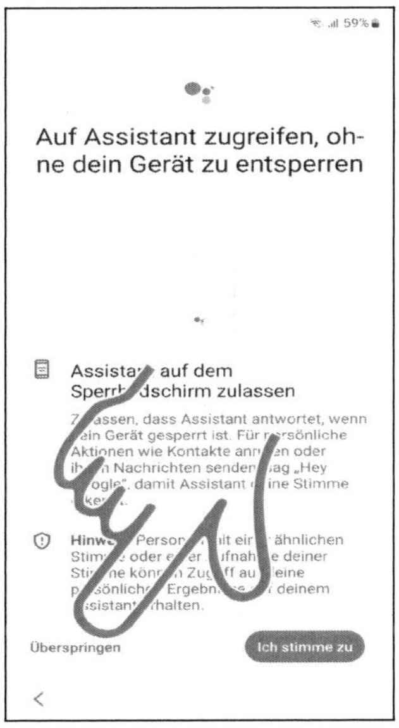
Auf Assistant zugreifen, ohne dein Gerät zu entsperren
Überspringen
Ich stimme zu

➊➋ Der Google Assistant (engl. Assistant = Assistent, Gehilfe) wird Sie später bei Ihrer täglichen Arbeit mit dem Handy unterstützen. Tippen Sie auf *Mehr* und dann *Überspringen*.

➌ Auch die folgendenden Bildschirme schließen Sie *Mehr* (Galaxy S23 und S23+) und *Überspringen*.

Sofern Sie das Handy mit einem neuen Google-Konto einrichten, wird der *Weitere Apps auswählen*-Bildschirm erscheinen. Hier betätigen Sie einfach *OK*.

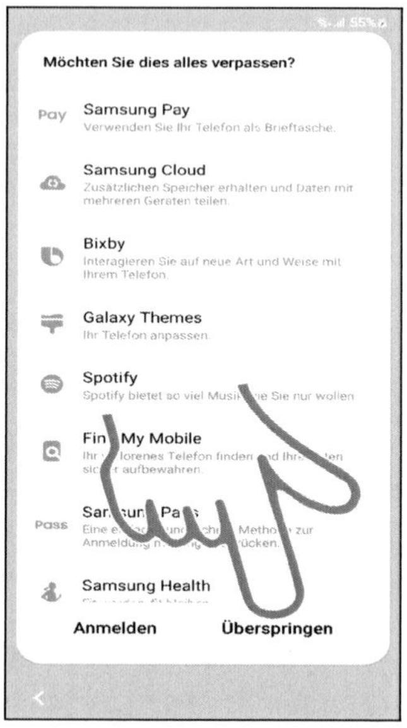

➊ Das Handy möchte eine Anwendung des Mobilnetzbetreibers installieren. Hier betätigen Sie *Weiter.*

➋ Zusätzliche Dienste stehen nach Anmeldung beim Samsung-Konto zur Verfügung. Da wir später noch darauf eingehen (Kapitel *24 Das Samsung-Konto*) betätigen Sie die *Überspringen*-Schaltleiste.

➌ Schließen Sie auch den folgenden Warnhinweis mit *Überspringen.*

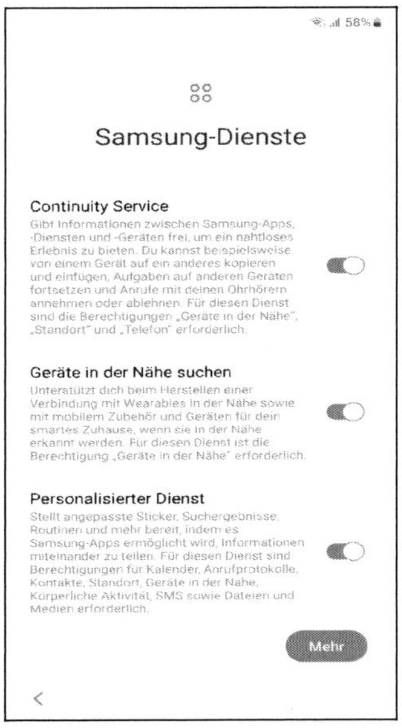

➊➋ Gehen Sie auf *Mehr* und dann *Akzeptieren.*

➌ Das Handy unterstützt eine helle oder dunkle Bildschirmanzeige. In diesem Buch nutzen wir die helle Einstellung. Lassen Sie also *Hell* eingestellt und betätigen Sie *Weiter.*

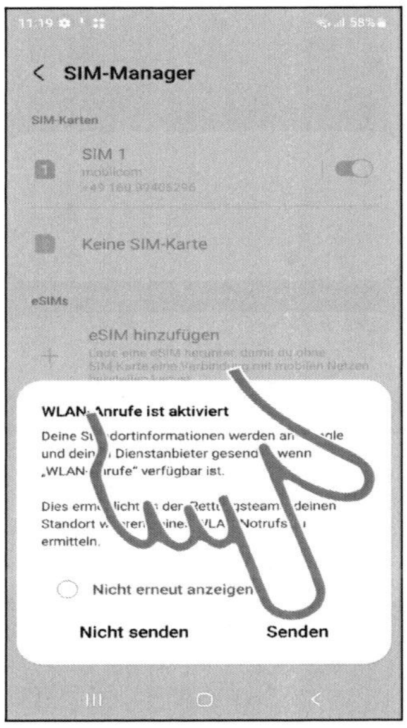

➊ Betätigen Sie *Beenden.*

➋ Nach einiger Zeit erscheint das Popup *WLAN-Anrufe ist aktiviert.* Hier sollten Sie *Senden* betätigen, damit Ihre GPS-Position im Notfall an Rettungsdienste übertragen wird.

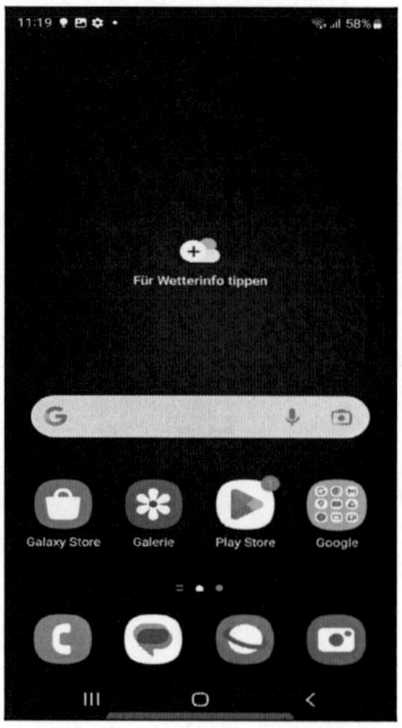

❶ Die SIM-Kartenverwaltung schließen Sie gegebenenfalls mit *OK*.

❷ Sie befinden sich nun im Startbildschirm und können mit dem Gerät arbeiten.

4. Grundlagen der Bedienung

Das Samsung Galaxy bedient man fast ausschließlich über das Touchdisplay. Sofern Sie bereits ein Handy mit Touchdisplay genutzt haben, finden Sie viele Funktionen wieder.

Wenn Sie Ihr Gerät von einem Netzbetreiber erworben haben, werden einige Menüs und Tastenfunktionen von den Beschreibungen in diesem Buch abweichen. Auch spätere Updates des von Samsung entwickelten Betriebssystems können dazu führen, dass zusätzliche Funktionen oder Anwendungen verfügbar sind.

4.1 Bedienelemente des Samsung Galaxy

Zwar erfolgt die Bedienung des Handys weitgehend über das Touchdisplay, einige Funktionen werden aber auch über Hardwaretasten ausgelöst.

Die Tasten auf der Unterseite:

- III: Zuletzt genutzte Anwendungen auflisten.
- O: Kurzes Betätigen schaltet wieder auf den Startbildschirm zurück. Langes Drücken dieser Taste ruft die im Kapitel *4.10 Zuletzt genutzte Anwendungen* beschriebene Funktion auf.
- <: Zurück: Zum vorherigen Bildschirm zurückkehren beziehungsweise Menüs schließen.
- Lautstärke-Tasten (auf der rechten Geräteseite): Regulieren bei Telefongesprächen die Hörerlautstärke, ansonsten die Klingeltonlautstärke.

4.2 Displaysperre

Das Display ist der größte Stromverbraucher, weshalb es automatisch nach 30 Sekunden abgeschaltet wird. Diese Zeitspanne können Sie allerdings auf bis zu 10 Minuten ändern.

Sobald Sie das Display einschalten – beispielsweise durch kurzes Betätigen des Ein-/Ausschalters auf der rechten Geräteseite, machen Sie mit der **Displaysperre** Bekanntschaft. Diese zeigt wichtige Infos wie verpasste Anrufe, usw. an. Die Displaysperre kann auch mit einer **Gerätesperre** versehen werden, das heißt, beispielsweise erst nach Eingabe einer PIN können Sie das Gerät nutzen. Mit einer Wischgeste in der Displaysperre schalten Sie das Handy frei und können es nutzen.

Auf eingehende Anrufe und Benachrichtigungen macht das Handy natürlich auch bei ausgeschaltetem Display weiterhin aufmerksam: Geht zum Beispiel ein Anruf ein, schaltet sich das Display wieder ein.

Zum Aus- beziehungsweise Einschalten des Displays führen Sie folgende Aktion durch:

- Sie betätigen den Ein-Ausschalter auf der rechten Geräteseite.
- Sie tippen zweimal schnell hintereinander auf das Display.

Der Umstand, dass man zwischen ausgeschaltetem Display, Displaysperre und Gerätesperre unterscheidet, ist für Anfänger etwas ungewohnt. Bei alten Handys gibt es ja nur das ein- oder ausgeschaltete Display.

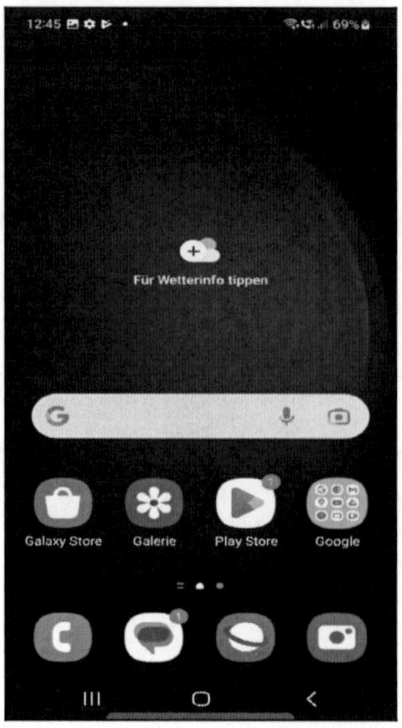

➊ So deaktivieren Sie die Displaysperre: Tippen und Halten Sie den Finger auf den Bildschirm und ziehen Sie ihn in eine beliebige Richtung. Beachten Sie, dass sich der Ausgangspunkt Ihres Fingers außerhalb der angezeigten Symbole befindet. Heben Sie den Finger dann sofort wieder vom Bildschirm ab.

➋ Der Startbildschirm ist damit freigeschaltet.

4.3 Der Startbildschirm

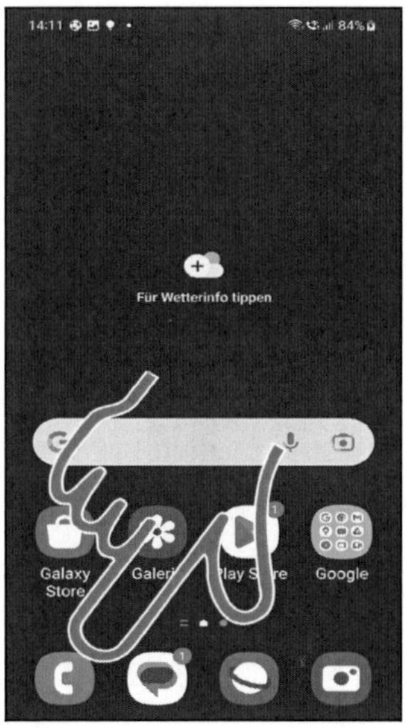

➊ Der Startbildschirm ist der Ausgangspunkt, von dem Sie alle weiteren Anwendungen aufrufen. Er erscheint automatisch nach dem Einschalten sowie nach Betätigen der O-Taste unterhalb des Displays.

Die Bedeutung der Symbole am unteren Bildschirmrand: Über *Telefon* aktivieren Sie von dort aus die Telefonoberfläche (➋), *Nachrichten* öffnet die Nachrichten-Anwendung, *Internet* den Webbrowser und *Kamera* ruft die Kamera-Anwendung auf.

> Hinweis: Die Bildschirmanzeige bei Ihrem Gerät weicht an einigen Stellen von der in diesem Buch ab. Wir hatten zwecks besserer Lesbarkeit eine größere Schrift und kontrastreiche Hintergründe eingestellt.
>
> Bitte beachten Sie, die O-Taste nur kurz zu betätigen, weil Sie sonst die Sprachsteuerung Google Assistant aktivieren.

4.4 Erste Schritte

Damit Sie Ihr neues Handy besser kennenlernen, soll jetzt einmal die Abschaltzeit des Displays eingestellt werden.

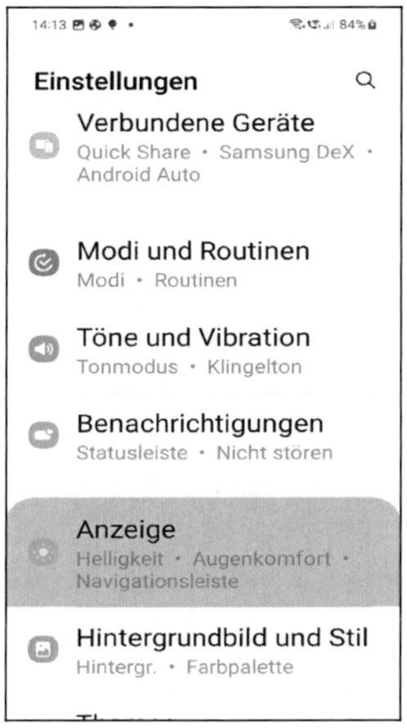

➊ Aktivieren Sie mit einer Wischgeste nach oben im Startbildschirm das Hauptmenü.

➋ Tippen Sie dann auf *Einstellungen*.

➌ Rufen Sie *Anzeige* auf.

Abhängig davon, welche zusätzlichen Programme während der Ersteinrichtung installiert wurden, finden Sie das *Einstellungen*-Symbol an einer anderen Stelle im Hauptmenü.

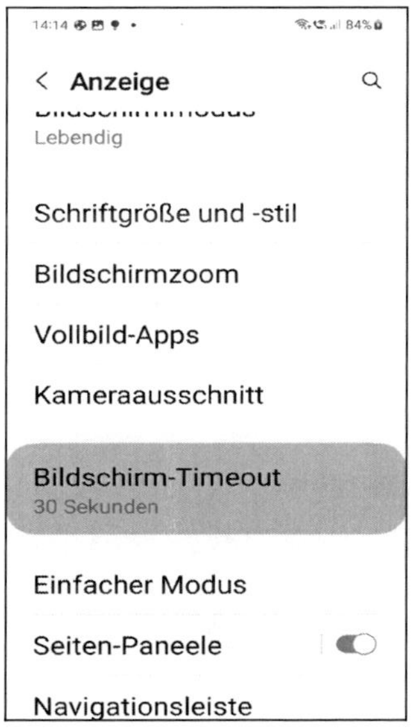

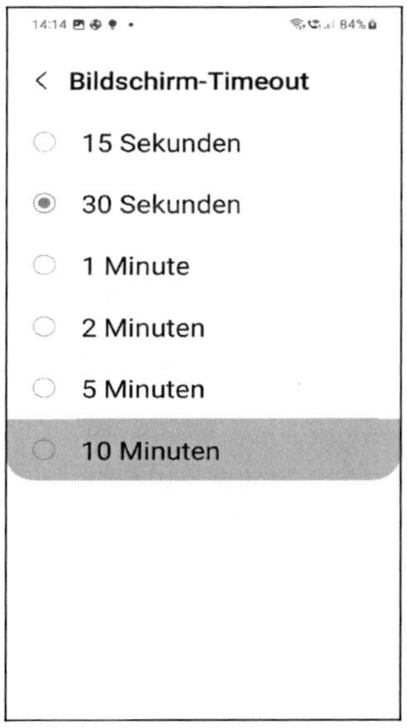

➊ Wischen Sie mit Finger auf dem Bildschirm nach oben.

➋ Tippen Sie nun auf *Bildschirm-Timeout*.

➌ Wählen Sie gewünschte Abschaltzeit aus. Sie befinden sich wieder im vorherigen Bildschirm, von dem aus Sie mit der O-Taste zum Startbildschirm zurückkehren.

4.5 Gestensteuerung

Die Gestensteuerung eine der großen Stärken des Samsung Galaxy. Im Folgenden sollen die wichtigsten Gestenfunktionen einmal in der Praxis vorgestellt werden.

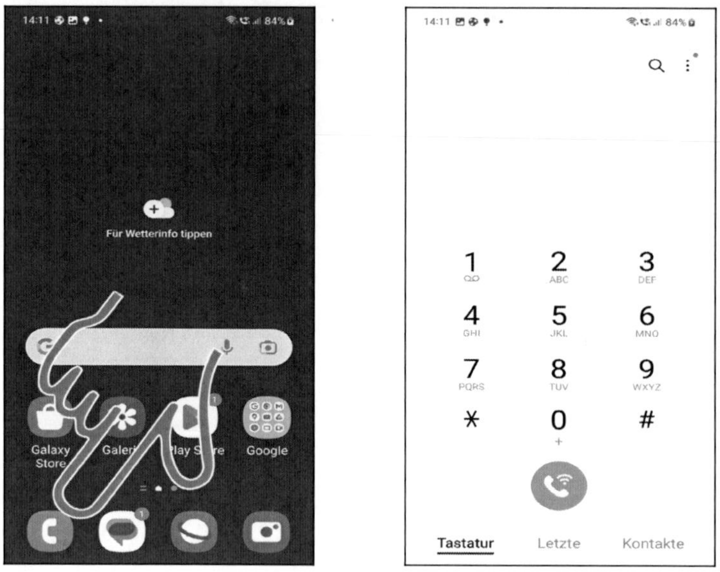

❶❷ Starten Sie die Telefonoberfläche über *Telefon.*

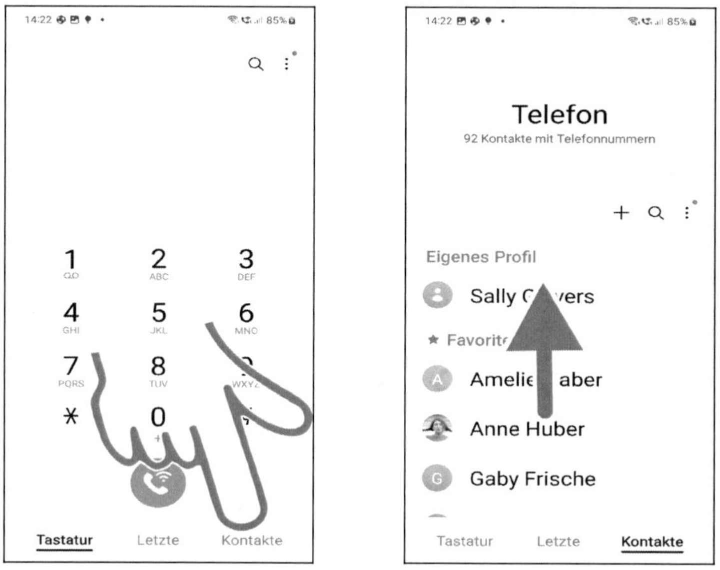

❶ Für Übersicht sorgen in vielen Programmen, darunter auch in der Telefonoberfläche, sogenannte Register (Pfeil), welche Sie durch Antippen aktivieren.

❷ Immer wenn, wie in diesem Fall, eine Liste größer als der Bildschirm ist, können Sie mit einer Geste durchrollen. Sie haben dabei sogar mehrere Möglichkeiten:

- Tippen und Halten Sie den Finger auf einer beliebigen Stelle des Bildschirms und ziehen Sie sofort den Finger langsam nach oben oder unten, je nachdem, wohin Sie in der Liste rollen möchten. Lassen Sie den Finger los, wenn Sie das gewünschte Listenelement gefunden haben.
- Wie zuvor, aber diesmal ziehen Sie mit Schwung in die gewünschte Richtung und lassen dann sofort wieder los. Die Liste rollt zunächst schnell und dann immer langsamer durch, bis sie stoppt.

4.6 Der Startbildschirm in der Praxis

Der Startbildschirm erscheint standardmäßig nach dem Einschalten beziehungsweise nach Betätigen der O-Taste.

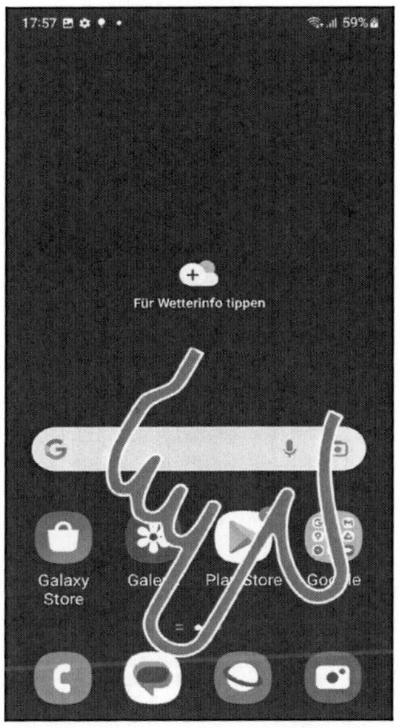

❶❷ Mehrere Anwendungen sind standardmäßig auf dem Startbildschirm über sogenannte Schnellzugriffe (Verknüpfungen) aufrufbar. Tippen Sie einfach einen Schnellzugriff kurz an, um die entsprechende Anwendung zu starten. Im weiteren Verlauf dieses Buchs erfahren Sie, wie man Schnellzugriffe auf seine Lieblingsprogramme im Startbildschirm selbst anlegt.

Mit der O-Taste unterhalb des Displays schalten Sie, egal, in welcher Anwendung Sie sich gerade befinden, wieder auf den Startbildschirm zurück.

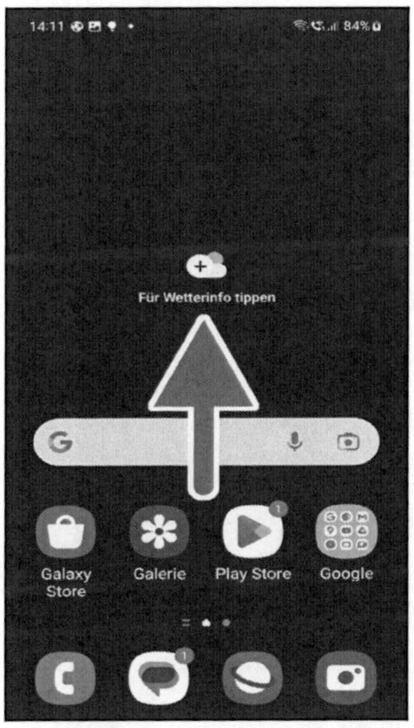

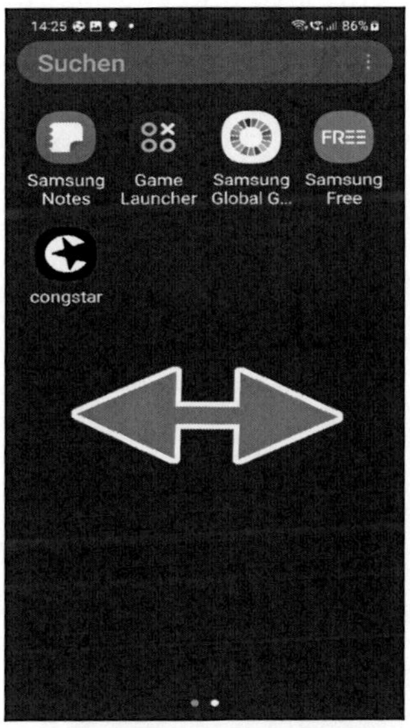

❶❷ Alle weniger häufig benötigten Programme finden Sie im Hauptmenü, das Sie mit einer Wischgeste nach oben aktivieren.

❸ Über eine Wischgeste (mit angedrücktem Finger nach links oder rechts ziehen) blättern Sie zwischen den Bildschirmen des Hauptmenüs.

4.7 Startbildschirm konfigurieren

Auf allen Bildschirmseiten des Startbildschirms lassen sich weitere Widgets und Verknüpfungen hinzufügen. Alternativ löschen Sie einfach diejenigen vorinstallierten Widgets, welche Sie nicht benötigen und legen an deren Stelle von Ihnen gewünschte an.

4.7.1 Schnellzugriffe anlegen und verwalten

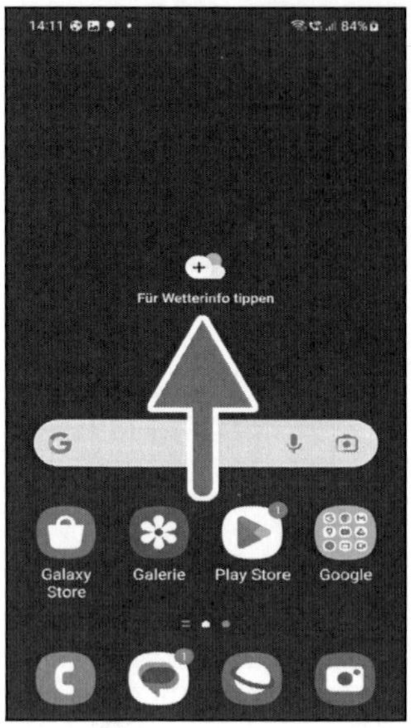

➊ So erstellen Sie einen Schnellzugriff (»Verknüpfung«) im Startbildschirm: Wischen Sie zunächst im Startbildschirm nach oben, was das Hauptmenü aufruft.

➋ Tippen und Halten Sie nun den Finger für einige Sekunden über einer Anwendung, im Beispiel *Kalender* – je nach Handymodell und installierten Programmen finden Sie das Symbol an anderer Stelle. Lassen Sie sich nicht davon irritieren, dass ein Popup erscheint, sondern halten Sie weiter den Finger ganz ruhig angedrückt. Das Handy schaltet nun automatisch auf den Startbildschirm um.

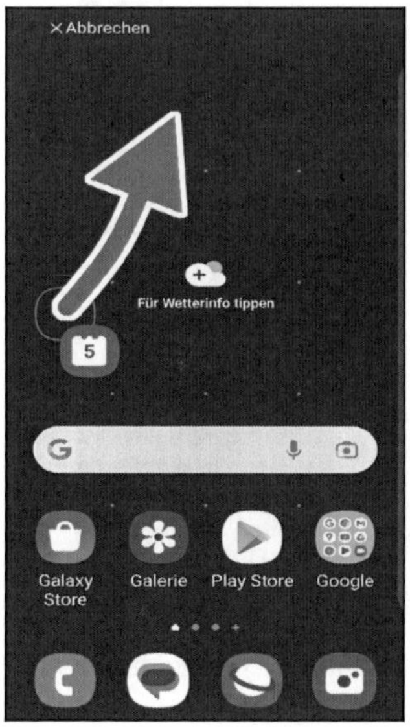

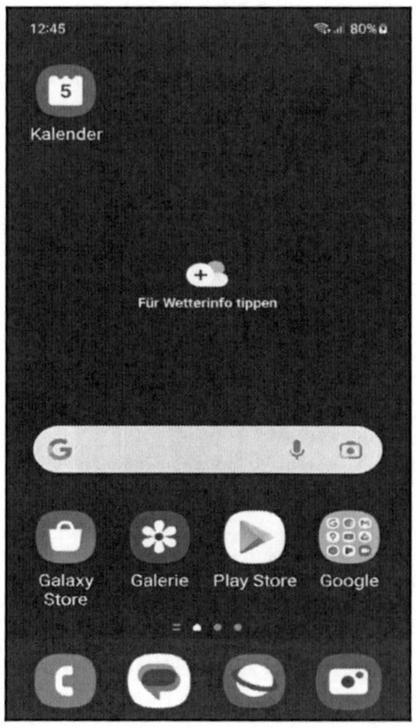

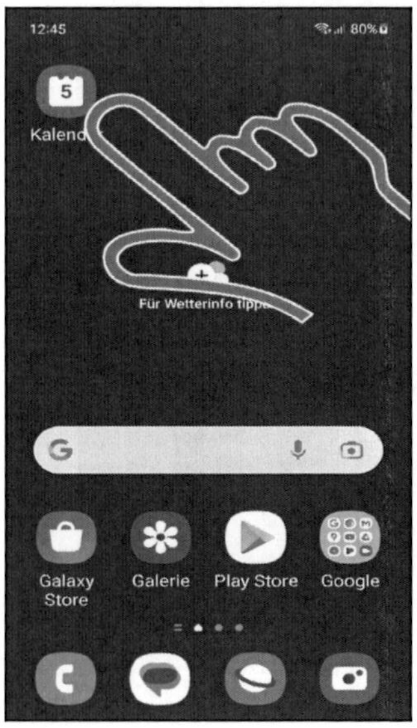

➊ Lassen Sie aber den Finger noch nicht los, sondern bewegen Sie den Finger an die Position, an der der Schnellzugriff positioniert werden soll. Lassen Sie dann den Finger los.

➋ Das Handy legt den Schnellzugriff an.

➌ Der Schnellzugriff lässt sich nun durch Antippen aufrufen.

➊➋ So löschen Sie einen Schnellzugriff: Tippen und Halten Sie den Finger für einige Sekunden darauf, bis ein kleines Popup erscheint. Lassen Sie den Finger los und tippen Sie im Popup auf *Entfernen*.

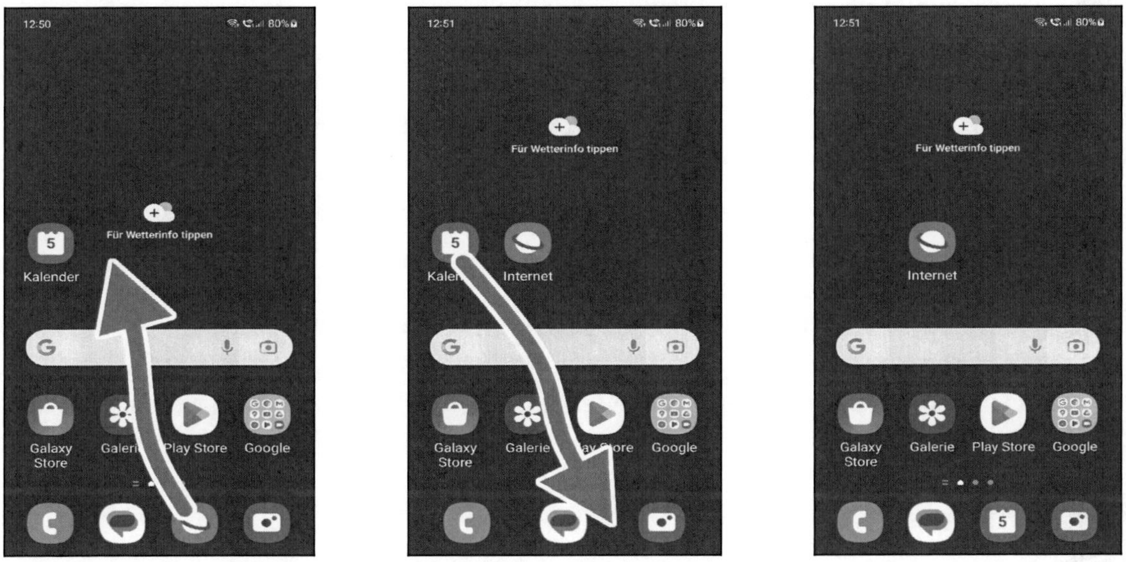

➊➋➌ Auch die Schnellzugriffe am unteren Bildschirmrand lassen sich durch Herausziehen/Hineinziehen von Programmsymbolen ändern.

❶❷ Eine Besonderheit ist das Schnellmenü, welches **nach langem Drücken und Halten auf einer Verknüpfung** erscheint. Sie können darüber viele Funktionen direkt aufrufen, ohne das jeweilige Programm erst starten zu müssen.

Unter dem Schnellmenü stehen zwei weitere Optionen zur Verfügung:

- *Auswählen*: Markieren Sie anschließend durch kurzes Antippen diejenigen Verknüpfungen, welche Sie auf dem Bildschirm verschieben möchten. Anschließend tippen, halten und verschieben Sie mit dem Finger die Verknüpfungen.
- *Entfernen*: Löscht die Verknüpfung aus dem Startbildschirm.

❸ Bei einigen Anwendungen enthält das Schnellmenü weitere Funktionen:

- *Deinstallieren*: Programm vom Handy löschen. Sie können gelöschte Programme jederzeit wieder erneut installieren (siehe Kapitel *25.1 Play Store*). Einige Programme lassen sich nicht deinstallieren, sondern nur deaktivieren, wovon wir abraten.
- *Widgets*: Legen Sie ein sogenanntes Widget im Startbildschirm an, über das Sie schnell auf Funktionen der Anwendung zugreifen können. Wir gehen auf Widgets im nächsten Kapitel ein.

4.7.2 Widgets

Widgets sind Anwendungen, die in einem kleinen Fenster auf dem Startbildschirm Informationen anzeigen, beziehungsweise den Zugriff auf Daten oder Funktionen des Handys ermöglichen.

❶ Im Startbildschirm sind bereits zwei Widgets vorhanden: *Wetter* und die *Google*-Suchleiste.

Tippen Sie jetzt mal auf das *Wetter*-Widget.

❷ Schließen Sie den folgenden Hinweis mit *Zustimmen.*

❸ Das aktuelle Wetter wird im Startbildschirm angezeigt (Pfeil).

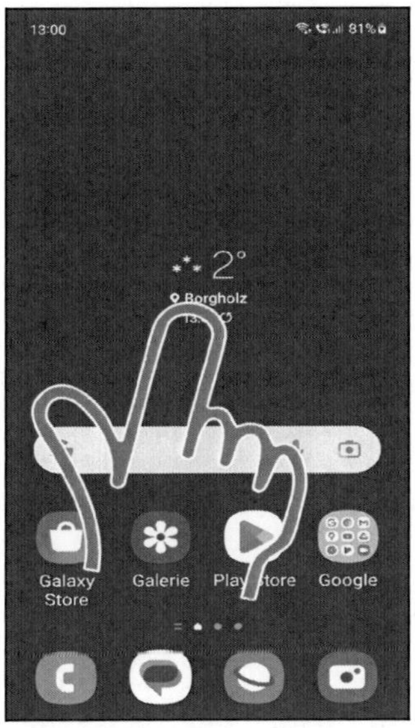

❶ Künftig öffnet Antippen des Wetter-Widgets die Wetterinfos.

❷❸ Wischen Sie auf dem Bildschirm nach oben für weitere Wetterdaten.

Mit der <-Taste unterhalb des Displays kehren Sie wieder auf den Startbildschirm zurück.

4.7.2.a Widget hinzufügen

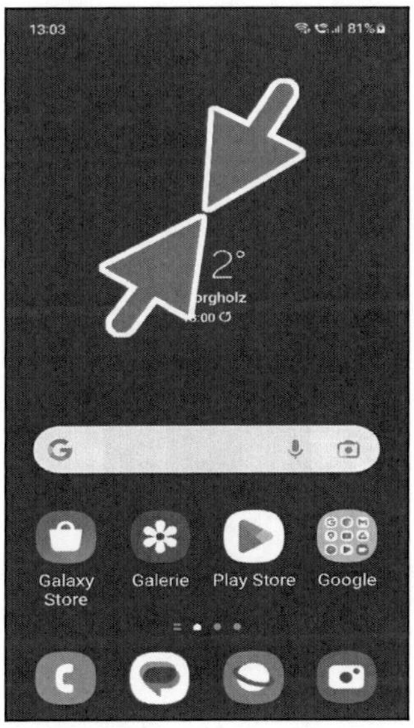

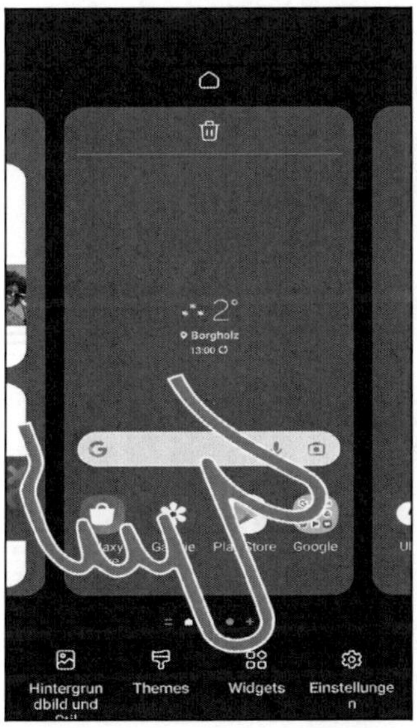

❶ Tippen und halten Sie einen Finger auf einen freien Bildschirmbereich. Alternativ führen Sie eine Kneifgeste durch: Ziehen Sie dazu zwei gleichzeitig auf das Display gedrückte Finger, beispielsweise Zeigefinger und Daumen, zusammen.

❷ Hier aktivieren Sie *Widgets* (Pfeil).

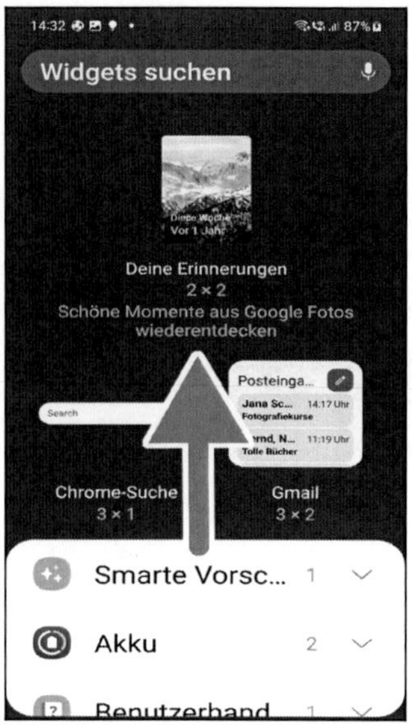

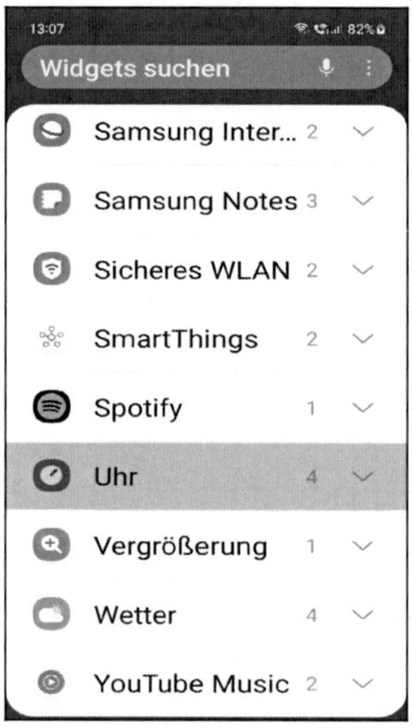

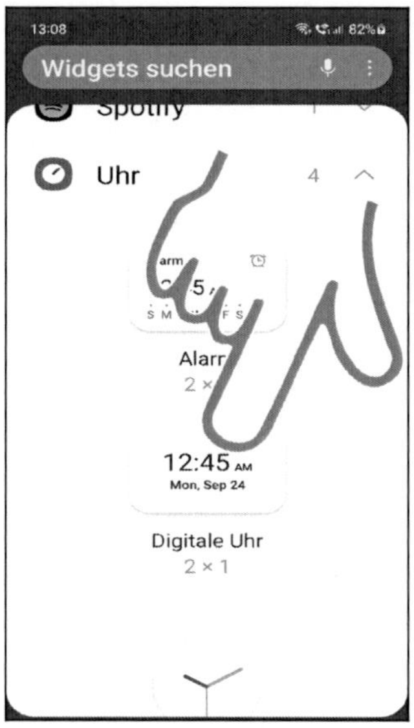

❶ Wischen Sie durch die Widget-Auflistung.

❷ Alle Widgets wie »Uhr« sind in Menüs zusammengefasst. Wählen Sie in unserem Beispiel *Uhr* aus.

❸ Wählen Sie nun das gewünschte Widget *Digitale Uhr* aus. Tippen und halten Sie dabei das Widget mit dem Finger, worauf das Galaxy zum Startbildschirm wechselt. Lassen Sie noch nicht los!

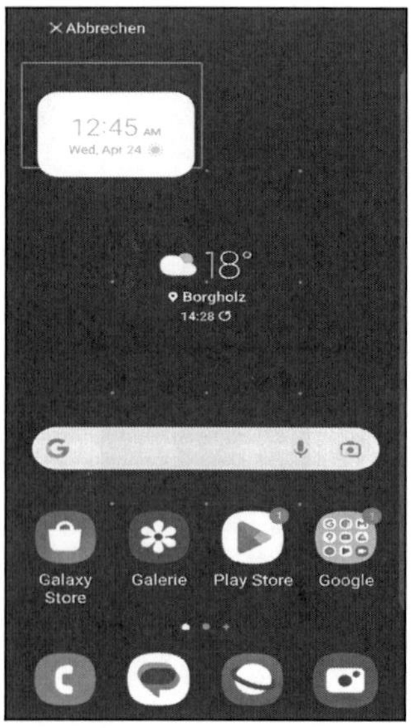

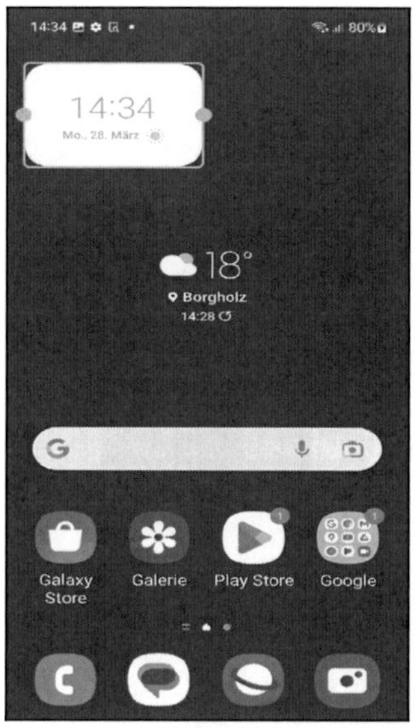

❶❷ Halten und ziehen Sie das Widget an die Wunschposition und lassen Sie den Finger dann los. Betätigen Sie dann die ‹-Taste.

➊➋ Wie bereits im Kapitel *4.7.1 Schnellzugriffe anlegen und verwalten* bei den Verknüpfungen beschrieben, lässt sich ein Widget durch Tippen und Halten mit dem Finger selektieren und dann auf dem Bildschirm an eine andere Position platzieren.

4.7.2.b Widget entfernen

➊➋ Tippen und halten Sie den Finger über dem Widget, bis das Popup erscheint. Gehen Sie dann auf *Entfernen.*

4.7.3 Ordner

❶❷ Im Hauptmenü sind einige Programme in den Ordnern *Samsung, Google* und *Microsoft* zusammengefasst. Einen *Google*-Ordner gibt es auch im Startbildschirm. Tippen Sie einen Ordner an, um die enthaltenen Programme anzuzeigen, die Sie dann durch Antippen aufrufen.

Zum Schließen des Ordners betätigen Sie die <-Taste oder tippen in einen Bildschirmbereich außerhalb des Ordners.

4.7.4 Hintergrundbild

Das Hintergrundbild in Startbildschirm, Hauptmenü und Displaysperre können Sie frei einstellen. Wählen Sie zwischen eines der vorgegebenen Designs oder stellen Sie ein Foto ein, das Sie mit der Kamera-Anwendung erstellt haben.

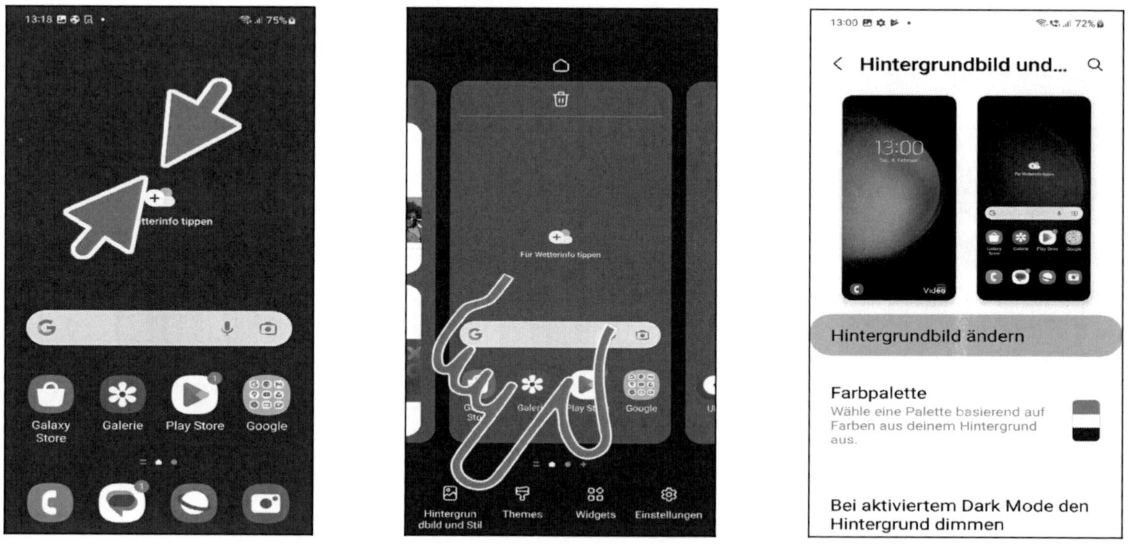

❶ Führen Sie im Startbildschirm eine Kneifgeste durch (zwei Finger, beispielsweise Zeigefinger und Daumen, gleichzeitig auf das Display drücken und dann zusammenziehen).

❷ Gehen Sie auf *Hintergrundbild und Stil.*

❸ Wählen Sie *Hintergrundbild ändern.*

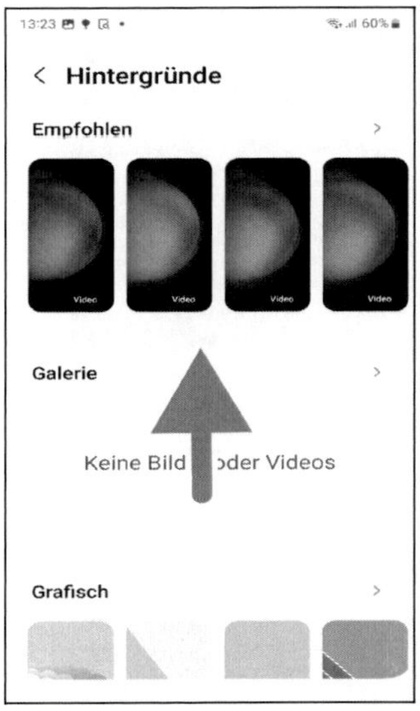

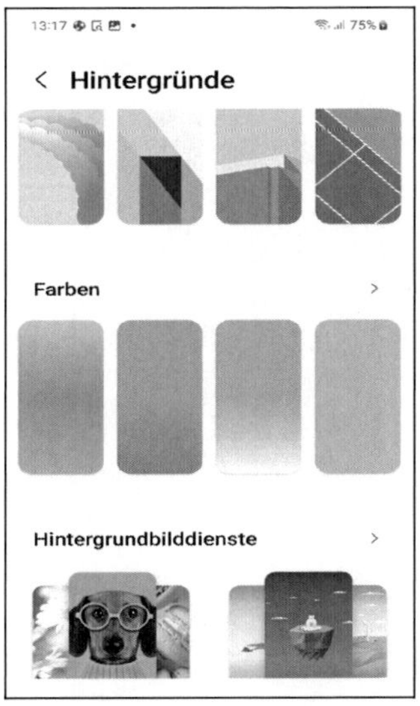

❶❷ Wischen Sie durch die Liste. Angeboten werden als Hintergrundbild:

- *Empfohlen*: Animierte Hintergrundbilder für den Sperrbildschirm (Displaysperre).
- *Galerie*: Von Ihnen erstellte Fotos oder Videos.
- *Grafisch; Farben*: Diverse abstrakter Hintergrundbilder.
- *Hintergrundbilddienste* (❸): Wählen Sie ein Themenpaket aus, worauf das Handy laufend wechselnde Fotos im Sperrbildschirm (Displaysperre) anzeigt.
- *Heruntergeladen*: Samsung stellt in seinem Online-Shop weitere Hintergrundbilder zum Herunterladen bereit. Diese sind teilweise kostenpflichtig, weshalb wir auf eine genauere Beschreibung des Menüs in diesem Buch verzichten.

4.7.4.a Vordefiniertes Hintergrundbild

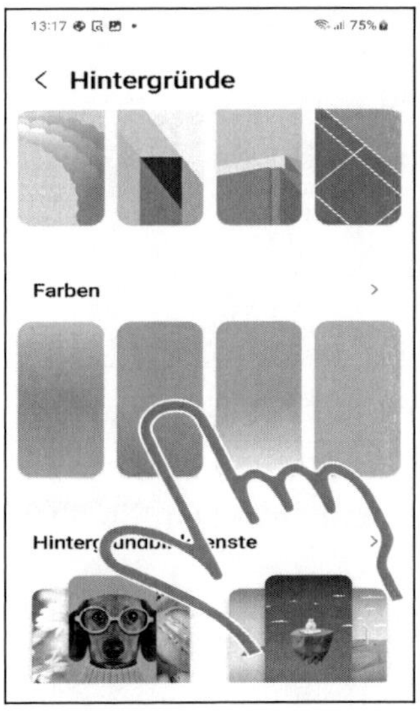

❶ Wählen Sie einen Vorschlag aus.

❷ Im Popup stellen Sie die Verwendung ein:

- *Sperrbildschirm*: Die Displaysperre, auf die das Handy sich nach einiger Zeit der Inaktivität umschaltet
- *Startbildschirm*

Hintergrundbilder, die unten rechts den Hinweis »*Video*« enthalten, werden nur im Sperrbildschirm eingestellt. Deshalb erfolgt keine Abfrage zur Verwendung als Startbildschirm.

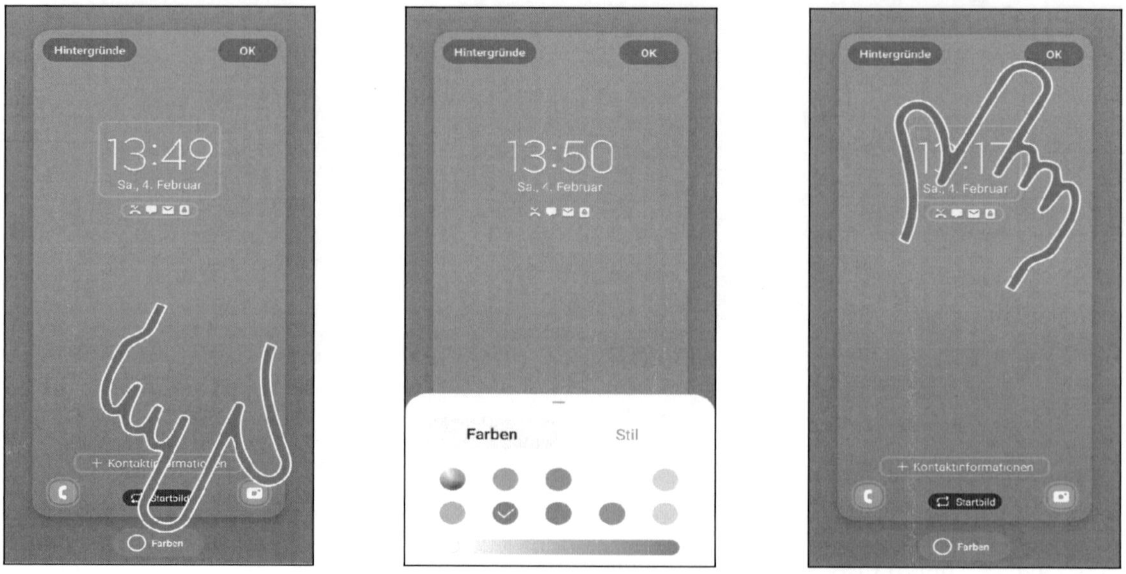

❶❷ Sie dürfen nun mit *Farben* eine Farbe oder Farbkombination auswählen.

❸ Das Hintergrundbild stellen Sie mit der *OK*-Schaltleiste am oberen Bildschirmrand ein.

4.7.4.b Eigene Hintergründe

❶ Möchten Sie dagegen ein Foto als Hintergrundbild einrichten, das Sie mit der Handykamera (siehe Kapitel *17 Kamera*) erstellt haben, dann gehen Sie unter *Galerie* auf *DCIM*.

❷❸ Tippen Sie eines der von Ihnen mit der Kamera erstellten Fotos an und betätigen Sie oben rechts im Bildschirm die *OK*-Schaltleiste.

Sie können auch mehrere Fotos auswählen. Diese zeigt das Handy dann allerdings nur abwechselnd auf dem Sperrbildschirm (Displaysperre) an.

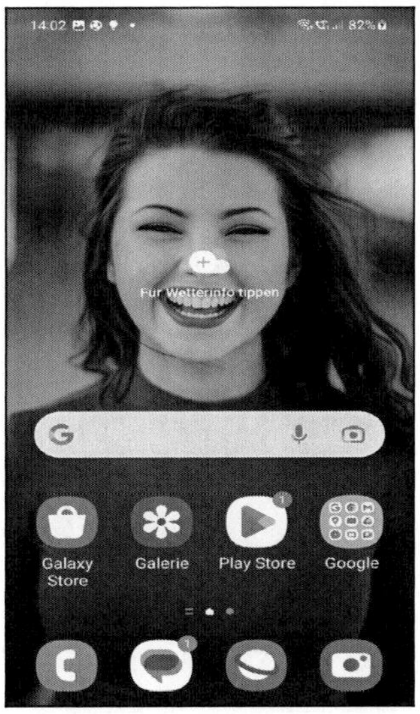

❶ Wählen Sie aus, ob das Bild im Start- und/oder Sperrbildschirm erscheinen soll und betätigen Sie *Weiter*.

❷ Gehen Sie auf *OK*.

❸ Das Hintergrundbild ist eingerichtet.

4.7.5 Design

Ihr Handy unterstützt die automatische Anpassung der Systemfarbe an das eingestellte Hintergrundbild. Nutzen Sie beispielsweise ein Hintergrundbild, bei dem ein blauer Farbton überwiegt, so kann das Handy diese Farbe für Schriften und Menüelemente verwenden. Am besten probieren Sie selbst mal diesen Effekt aus!

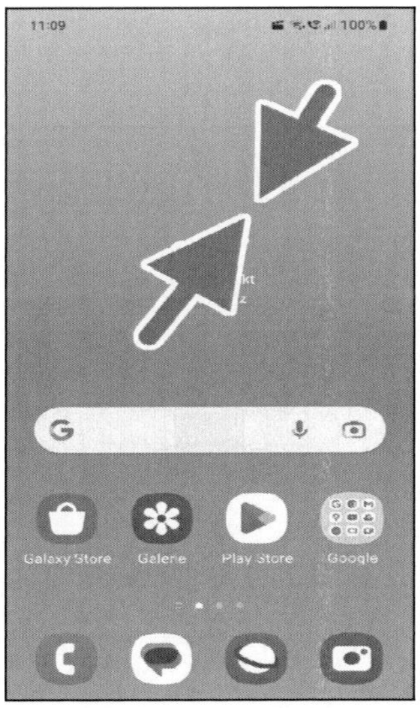

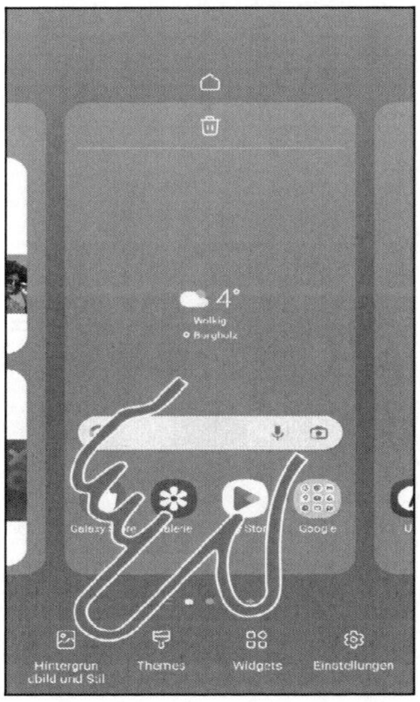

❶ Rufen Sie mit der Kneifgeste den Bearbeitungsmodus im Startbildschirm auf.

❷ Gehen Sie auf *Hintergrundbild und Stil.*

❸ Wählen Sie *Farbpalette.*

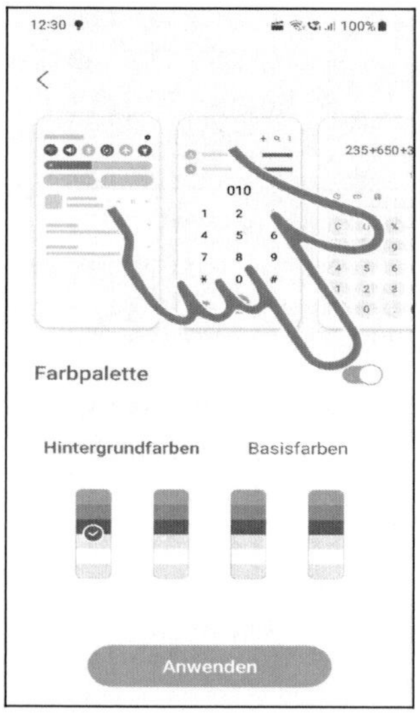

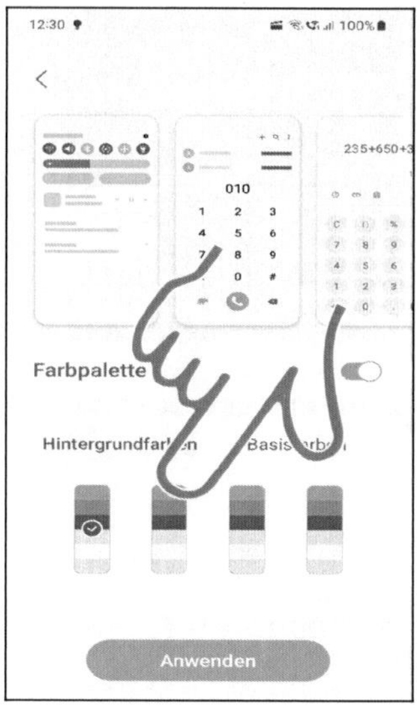

❶ Aktivieren Sie *Farbpalette*.

❷ Wählen Sie eine der vorgeschlagenen Paletten aus und betätigen Sie *Anwenden*. Sie sehen bereits oben in der Vorschau, wie sich Schriftfarben und Menüelemente verändern.

4.7.6 Titelleiste und Benachrichtigungsfeld

Symbole in der Titelleiste informieren über Benachrichtigungen wie verpasste Anrufe, neue E-Mails, usw.

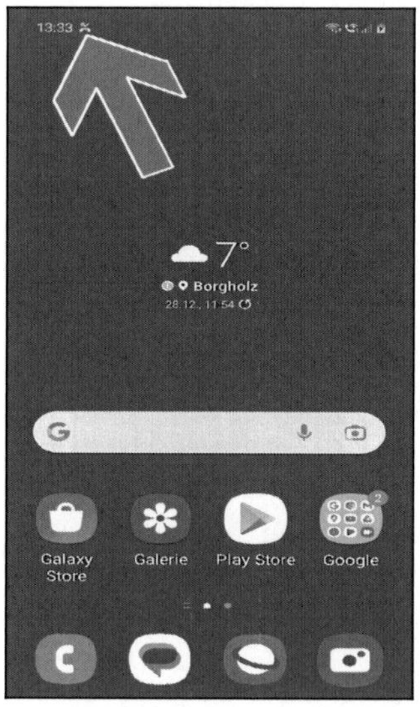

❶ Beispiele für die Symbole in der Titelleiste am oberen rechten Bildschirmrand (Pfeil):

- : Internetverbindungen finden über WLAN statt (die gebogenen Balken zeigen die Sendestärke an).
- : Mobilfunk-Empfang (die Balken zeigen die Sendestärke an).
- : Akkuladezustand.

❷ Bei besonderen Ereignissen, beispielsweise eingegangenen SMS, verpassten Anrufen oder anstehenden Terminen, erscheint ebenfalls ein entsprechendes Symbol (Pfeil). In unserem Beispiel handelt es sich um einen verpassten Anruf ().

In diesem Buch finden Sie, wo es sinnvoll ist, in den Kapiteln jeweils Hinweise darauf, welche Symbole in der Titelleiste erscheinen.

❶ Infos zu neuen Benachrichtigungen erhalten Sie über das **Benachrichtigungsfeld**. Dazu halten Sie Ihren Finger auf die Titelleiste und ziehen ihn nach unten.

❷❸ Es erscheint das Benachrichtigungsfeld, welches ausführliche Infos auflistet und durch Antippen die zugehörige Anwendung startet.

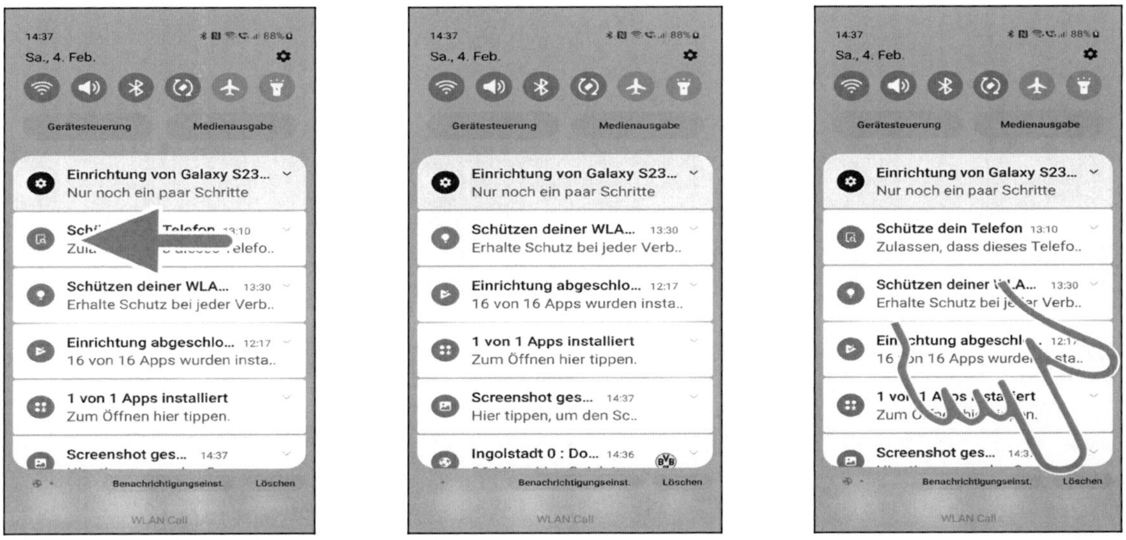

❶❷ Zum Löschen einer einzelnen Benachrichtigung tippen und halten Sie den Finger darauf und ziehen ihn sofort nach links oder rechts. Die restlichen Einträge in der Benachrichtigungsliste rutschen dann nach oben.

❸ Die *Löschen*-Schaltleiste entfernt dagegen alle Benachrichtigungen in einem Rutsch.

Farbig hinterlegte Einträge wie *Einrichtung von Galaxy…* lassen sich nicht per Wischgeste entfernen, sondern müssen durch Antippen aufgerufen werden. Wir gehen darauf im nächsten Kapitel ein.

4.7.6.a Weitere Funktionen

❶❷ Im Beispiel haben Sie einen Anruf verpasst. Antippen des Eintrags startet die zugehörige Anwendung, im Beispiel die Anrufliste.

❶❷ Liegen mehrere Benachrichtigungen einer Anwendung vor, so fasst das Handy diese in einem Eintrag zusammen. Eine Wischgeste klappt dann die enthaltenen Benachrichtigungen aus.

4.7.7 Schaltleisten im Benachrichtigungsfeld

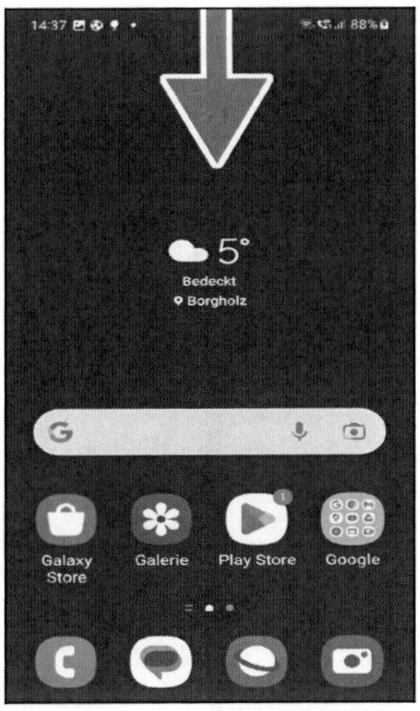

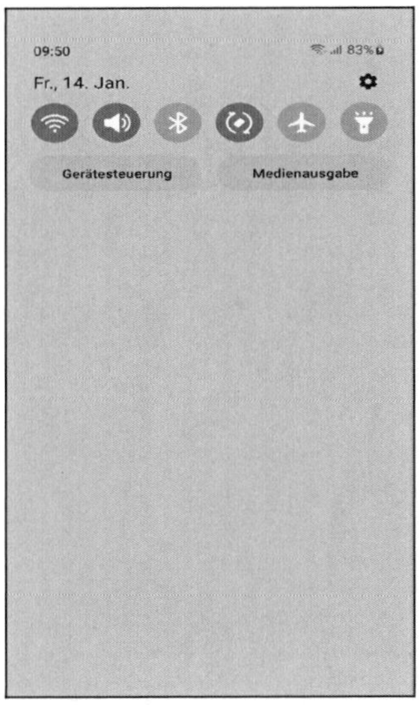

➊➋ Viele wichtige Systemfunktionen steuern Sie über die Schaltleisten im Benachrichtigungsfeld. Tippen Sie eine Schaltleiste kurz an, so schalten Sie eine Funktion ein/aus.

Die Schaltleisten:

- (WLAN): Verwaltet das WLAN. Siehe Kapitel *10 WLAN.*
- (Ton): Lautstärke ein/ausschalten.
- (Bluetooth): Steuert Bluetooth (beispielsweise für den Betrieb von Lautsprechern).
- (Bildschirm drehen): Normalerweise passt sich die Bildschirmorientierung automatisch an die Geräteausrichtung an. Wenn Sie das Handy beispielsweise waagerecht halten, so wird automatisch auf eine waagerechte Anzeige umgeschaltet. Deaktivieren Sie *Bildschirm drehen*, wenn sich die Bildschirmorientierung nie ändern soll.
- (Offline-Modus): Alle Funkverbindungen (Telefonie, Mobilfunkinternet, WLAN und Bluetooth) ein- oder ausschalten (siehe auch Kapitel *9.2.2 Mobilfunk-Internet aktivieren/deaktivieren*).
- (Taschenlampe): LED-Leuchte auf der Vorderseite einschalten.

Über die Schaltleisten *Gerätesteuerung* beziehungsweise *Medienausgabe* verwalten und steuern Sie die Medienwiedergabe mit anderen Geräten, worauf dieses Buch nicht eingeht.

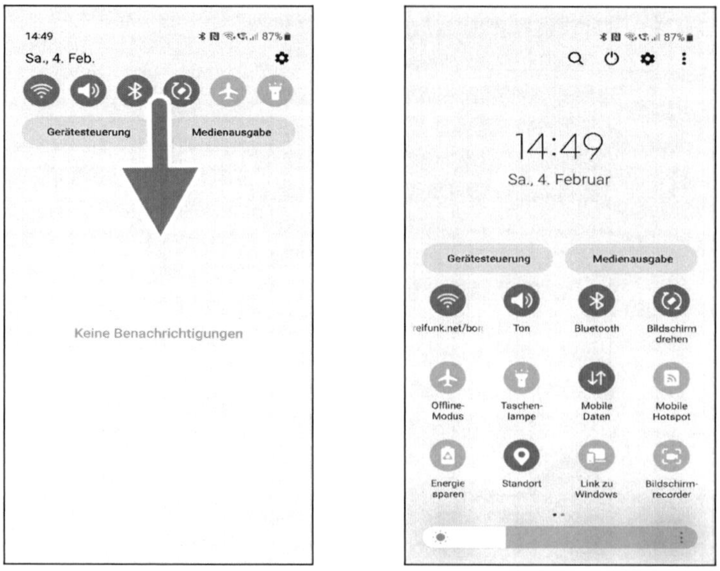

❶❷ Weitere Schaltleisten aktiviert eine Wischgeste über den Schaltleisten nach unten:

- *Mobile Daten*: Deaktivieren Sie *Mobile Daten*, damit das Handy keine Internetverbindung über das Mobilfunknetz aufbaut. Dies kann nötig sein, wenn Sie keinen Mobilfunkvertrag mit Internetflatrate nutzen (sogenannter Datenvertrag). Internetverbindungen finden dann über das WLAN statt. Siehe auch Kapitel *9.2.2 Mobilfunk-Internet aktivieren/deaktivieren*.
- *Mobile Hotspot*: Stellt die Mobilfunkinternetverbindung anderen Geräten als WLAN-Zugangspunkt zur Verfügung.
- *Energie Sparen*: Verlängert die Akkubetriebsdauer. Dabei reduziert das Handy die unter anderem die Displayhelligeit und die Prozessorgeschwindigkeit (siehe Kapitel *32.8 Energiesparmodi*).
- *Standort*: Automatische GPS-Positionsermittlung (per GPS).
- *Link zu Windows*: Verwaltung Ihrer Fotos, SMS und weiterer Handy-Inhalte auf einem PC.
- *Bildschirmrecorder*: Video vom Bildschirm erstellen.

❶❷ Weitere Schaltleisten blendet jeweils eine Wischgeste nach links ein:

- *Quick Share*: Datenübertragung zwischen Samsung-Geräten. Weil andere Hersteller nicht unterstützt werden, gehen wir in diesem Buch nicht weiter darauf ein.
- *DeX*: DeX ist eine PC-Software, über die Sie einige Funktionen Ihres Handys steuern können. In diesem Buch gehen wir nicht weiter darauf ein.

- *Smart View*: Den Displayinhalt auf einem TV von Samsung anzeigen. Geräte anderer Hersteller werden nicht unterstützt.
- *Nearby Share*: Schnelles Dateisenden vom Handy aus über WLAN. Unterstützt werden fast alle Android-Handys.
- *Augenkomfort*: Die Hintergrundbeleuchtung eines Handy-Displays enthält Blautöne, welche manche Anwender als unangenehm empfinden. Mit dem *Augenkomfort* erhalten Sie einen warmen Bildschirmeindruck.
- *Dark Mode*: Invertiert die Bildschirmanzeige, damit Sie in dunkler Umgebung nicht vom Display geblendet werden.
- *Bitte nicht stören:* Schaltet zu bestimmten Tageszeiten die Benachrichtigungen aus. Siehe Kapitel *27.5 Ruhemodus*.
- *QR-Code scannen*: QR-Codes enthalten häufig eine Webadressse, die nach dem Scannen im Webbrowser angezeigt wird.
- *WLAN Call*: Statt über das Mobilfunknetz erfolgen Ihre Telefonanrufe über WLAN. Diese als sogenanntes Wifi-Calling beziehungsweise WLAN-Call bezeichnete Funktion ist bei vielen Netzbetreibern inzwischen freigeschaltet. Falls Sie sich in einem Gebiet mit schlechter Mobilfunkabdeckung aufhalten, können Sie trotzdem problemlos telefonieren, sofern Sie in einem WLAN eingebucht sind.
- *Modi*: Das Galaxy unterstützt verschiedene Nutzungsmodi, die bestimmen, ob Sie durch Benachrichtigungen gestört werden dürfen. Siehe Kapitel *27.7 Modi*.

4.7.7.a Weitere Funktionen

❶ Antippen eines Symbols schaltet die dahinter stehende Funktion, hier die *Taschenlampe*, (Kamera-LED) ein/aus.

❷❸ Durch Antippen des Schaltleistennamens (**unter** der jeweiligen Symbol-Schaltleiste) aktivieren Sie dagegen die zugehörigen Einstellungen. Im Beispiel der *Taschenlampe* stellen Sie hier die Helligkeit ein.

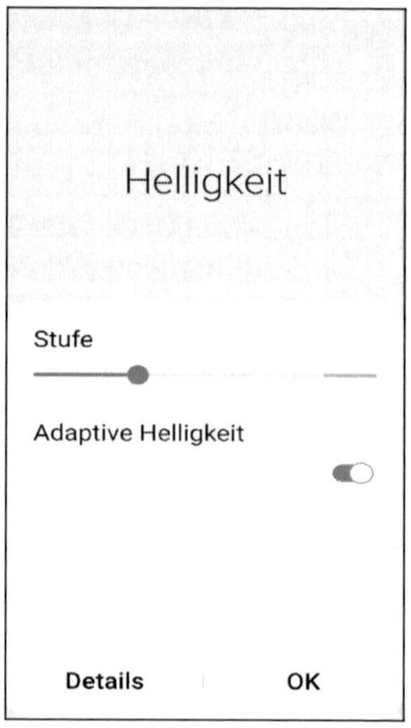

❶ Die Displayhelligkeit legen Sie über den Regler unterhalb der Schaltleisten fest.

❷❸ Betätigen Sie ⋮ für weitere Optionen:

- *Adaptive Helligkeit*: Standardmäßig passt das Handy über einen Sensor oberhalb des Display die Helligkeit automatisch an. In manchen Situationen, beispielsweise bei rasch wechselnden Lichtverhältnissen ist es sinnvoll, *Adaptive Helligkeit* zu deaktivieren.

Schließen Sie Änderungen mit *OK* ab.

4.8 Bedienhinweise

Von den nachfolgend beschriebenen Funktionen werden Sie regelmäßig Gebrauch machen.

4.8.1 Längs- und Querdarstellung

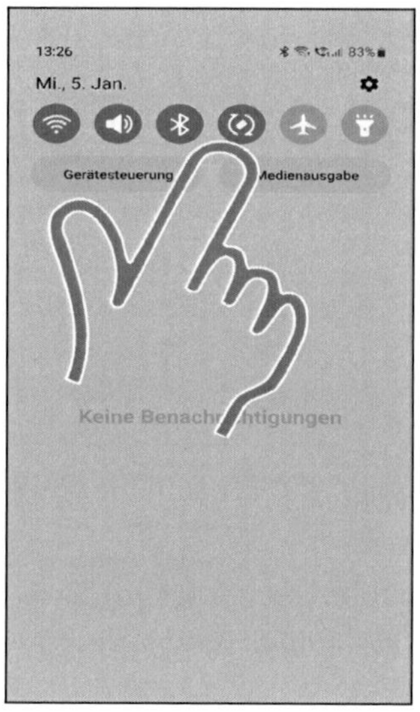

In manchen Situationen ist es sinnvoll, die Displaydarstellung zu drehen, beispielsweise, wenn Sie den Webbrowser nutzen. Dazu brauchen Sie nur das Gerät in Ihrer Hand zu drehen, denn über den Bewegungssensor weiß das Galaxy jederzeit, in welcher Position Sie das Gerät halten. In manchen Anwendungen stehen nach dem Drehen zusätzliche Bedienelemente zur Verfügung.

Damit das automatische Drehen funktioniert, müssen Sie *Bildschirm drehen* im Benachrichtigungsfeld aktivieren (Pfeil).

❶❷ Beispiel: Galerie-Anwendung im Hochformat und wenn man das Gerät um 90 Grad dreht.

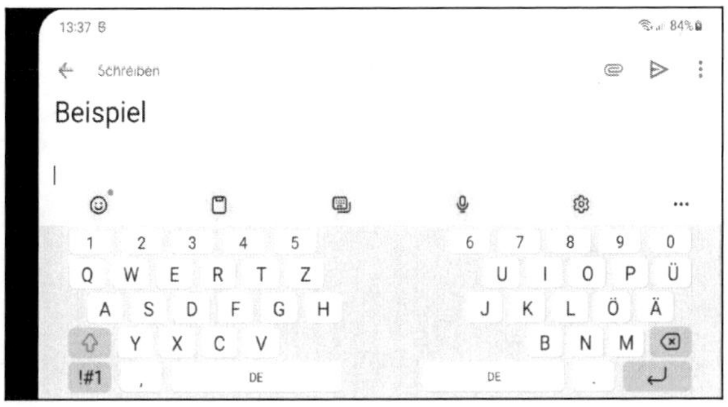

Auch für Eingaben über das Tastenfeld ist es mitunter sinnvoll, das Display zu drehen.

4.8.2 Einhandbedienung

Die Bildschirmfläche Ihres Galaxy-Handys ist recht groß, was die Bedienung mit einer Hand erschwert. Damit Sie dennoch alle Schaltleisten einhändig erreichen, können Sie allerdings in den Samsung-Anwendungen den Bildschirm nach unten »verschieben«.

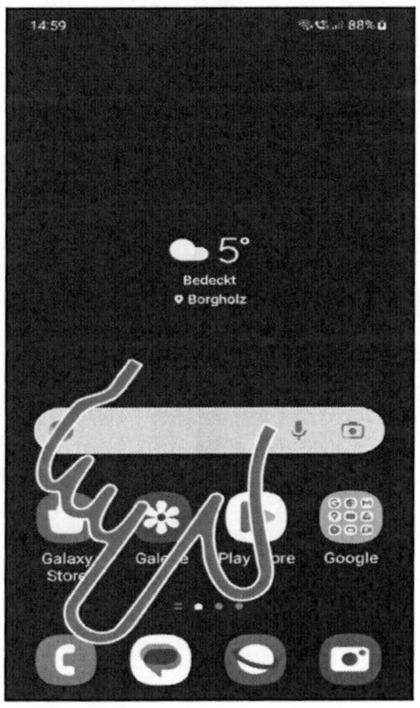

❶❷ Rufen Sie beispielsweise die Telefon-Anwendung im Startbildschirm auf und aktivieren Sie das *Kontakte*-Register.

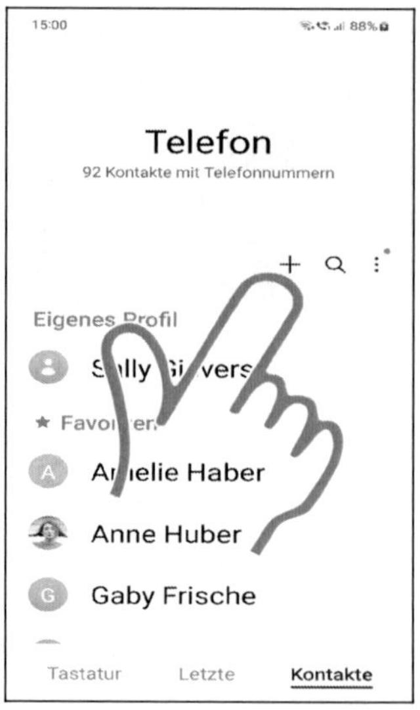

❶ Halten Sie das Handy in einer Hand und verschieben Sie das Menüfeld mit einer Wischgeste mit Ihrem Daumen nach unten.

❷ Sie erreichen nun die Schaltleisten sehr einfach mit dem Daumen.

Wir empfehlen, die Einhandbedienung zunächst in sicherer Umgebung, beispielsweise über einem Tisch oder Kissen, zu üben.

Beachten Sie bitte, dass die Einhandbedienung nur mit den von Samsung bereitgestellten Anwendungen funktioniert (Telefon, Kontakte, Internet-Webbrowser, Galerie, usw. Die Google-Anwendungen (Gmail, Chrome, usw.) unterstützten dies dagegen nicht.

4.8.3 Menü

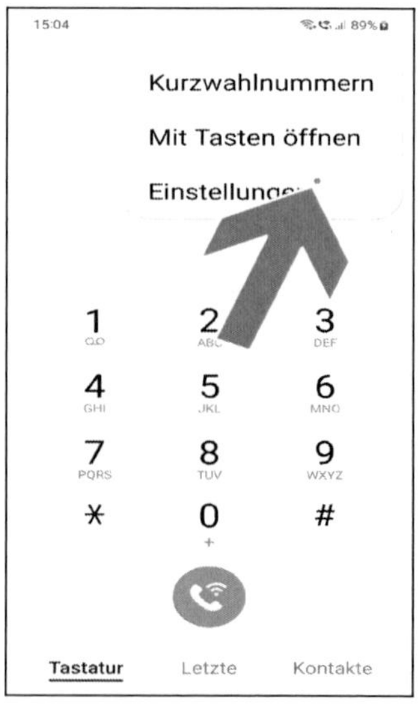

❶❷ In vielen Anwendungen – hier in der Telefonoberfläche – erhalten Sie zusätzliche Funktionen in einem Menü, das Sie über ein ⁝-Symbol aufrufen.

❸ Samsung weist mit einem orangefarbige Punkt (Pfeil) auf Besonderheiten hin, die für Sie vielleicht interessant sein könnten.

In diesem Buch finden Sie sehr häufig genaue Anweisungen, welchen Menüs Sie folgen müssen. *⁝/Einstellungen/Anzeige* heißt zum Beispiel, dass Sie erst mit ⁝ das Menü aufrufen, dann auf *Einstellungen*, anschließend auf *Anzeige*, usw. gehen.

4.8.4 Hauptmenü

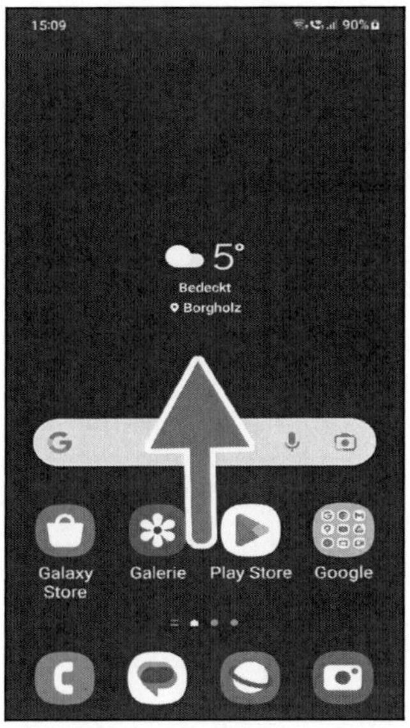

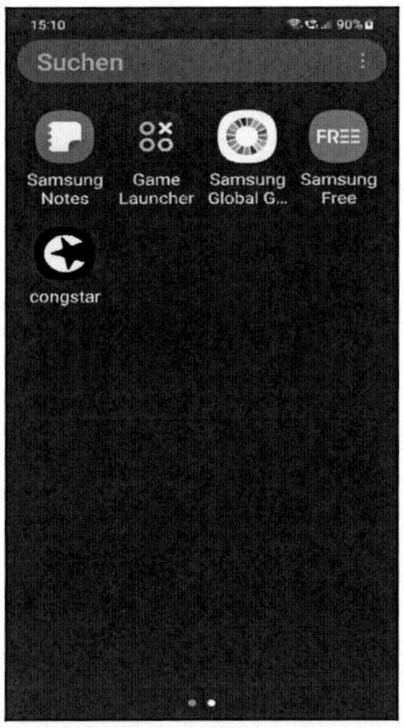

➊ Es ist natürlich weder möglich, noch sinnvoll, alle auf dem Galaxy vorhandenen Anwendungen direkt im Startbildschirm einzublenden. Deshalb können Sie mit einer Wischgeste nach oben im Startbildschirm auf das Hauptmenü umschalten.

➋➌ Im Hauptmenü finden Sie alle auf dem Handy installierten Programme. Mit einer Wischgeste auf dem Bildschirm wechseln Sie zwischen den Seiten.

4.8.5 Das Ausklappmenü

Ähnlich wie auf einem Windows PC haben auch auf dem Handy praktisch alle Programme damit zu kämpfen, die verfügbaren Funktionen in einer übersichtlichen Form bereitzustellen. Unter Windows hat sich dafür die Menüleiste eingebürgert. Weil auf dem Handy dagegen nur extrem wenig Bildschirmfläche verfügbar ist, nutzen die Anwendungen hier häufig das sogenannte Ausklappmenü.

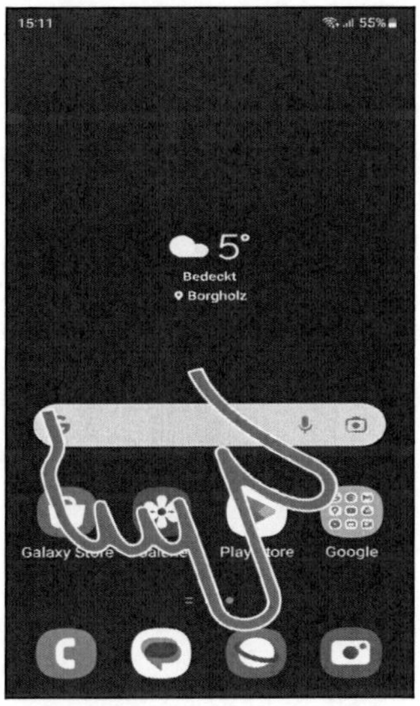

➊ Sie starten die *Internet*-Anwendung aus dem Startbildschirm oder Hauptmenü.

➋ Beim ersten Start erscheint ein Hinweis, den Sie mit *Mehr* und *Weiter* schließen.

➌ Aktivieren Sie im Popup *Rückwärtsumleitungen blockieren* mit *Einschalten*. Vereinfacht gesagt, verhindern Sie damit eine unerwünschte Weiterleitung, wenn Sie mal die ❮-Taste unterhalb des Bildschirms betätigen.

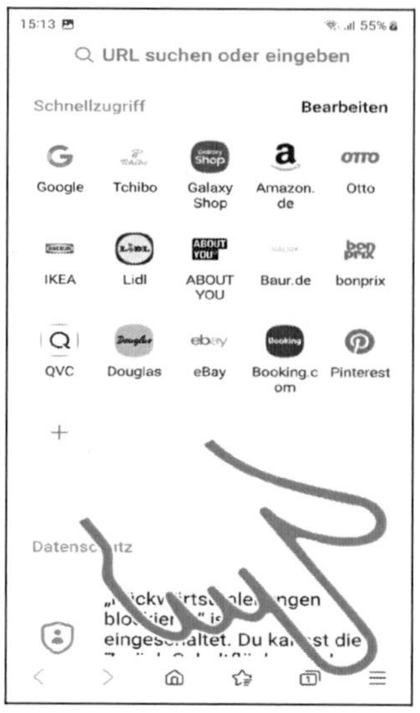

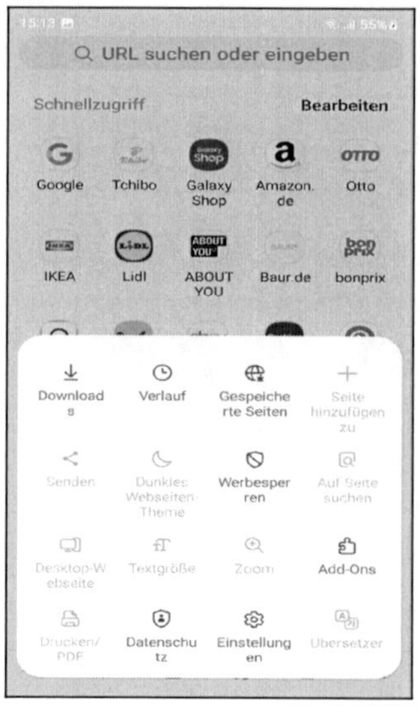

❶ Das Ausklappmenü rufen Sie mit einem Antippen der ≡-Schaltleiste unten rechts (Pfeil) auf.

❷ Sie schließen das Ausklappmenü, indem Sie entweder darin eine Funktion auswählen oder die ‹-Taste unterhalb des Displays betätigen.

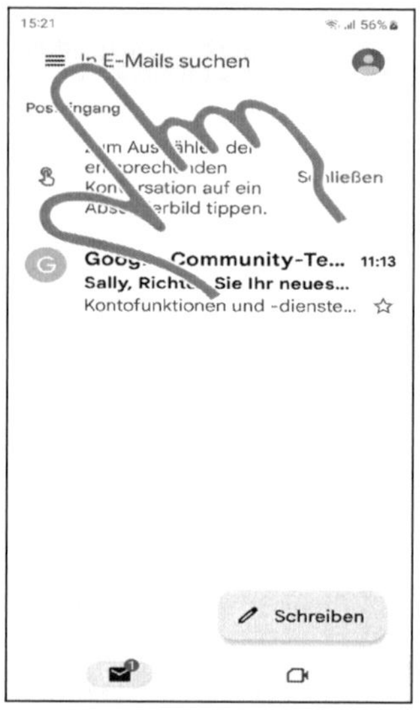

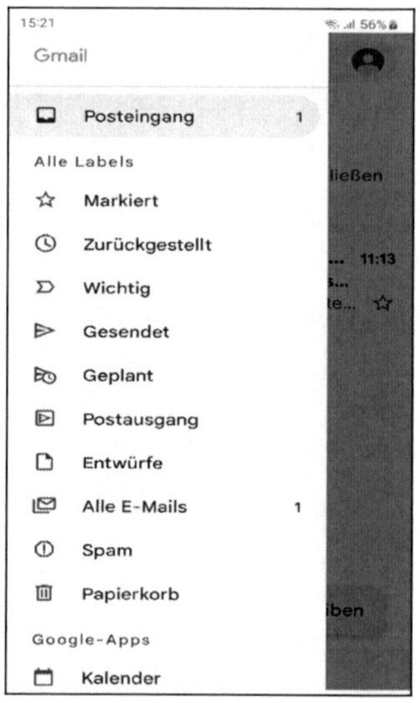

❶❷ Es gibt auch Anwendungen mit Ausklappmenüs (hier das später noch vorgestellte Gmail), die Sie über ≡ oben links aufrufen.

4.8.6 Aktionen zulassen

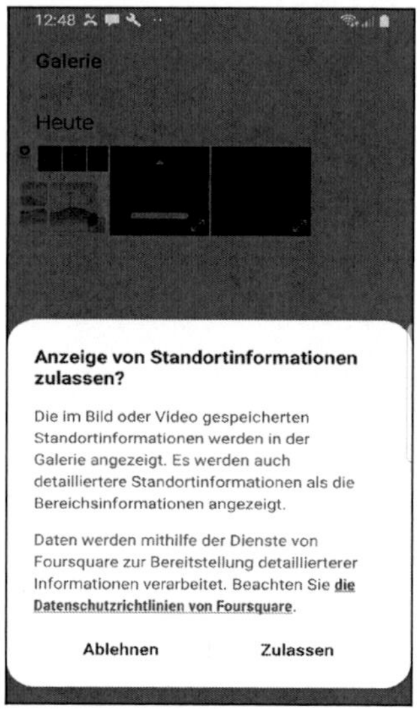

Bei vielen der vorinstallierten Anwendungen auf dem Galaxy erscheint früher oder später ein Dialog, der Sie nach Ihrer Genehmigung fragt, eine Aktion durchführen zu dürfen.

❶❷ In den Beispielen benötigt ein Programm jeweils die Erlaubnis, auf Ihren Standort zuzugreifen.

Bitte antworten Sie **immer** mit *Zulassen, Aktivieren* oder *Bei Nutzung der App*. Andernfalls steht die betreffende Funktion im Programm nicht zur Verfügung. Manche Anwendungen beenden sich auch einfach, wenn Sie die Genehmigung verweigern.

4.9 Die Einstellungen

Die *Einstellungen*, worin Sie alle wichtigen Parameter für die Bildschirmanzeige, die Signaltöne, Internetverbindungen, usw. konfigurieren, spielen eine wichtige Rolle in diesem Buch.

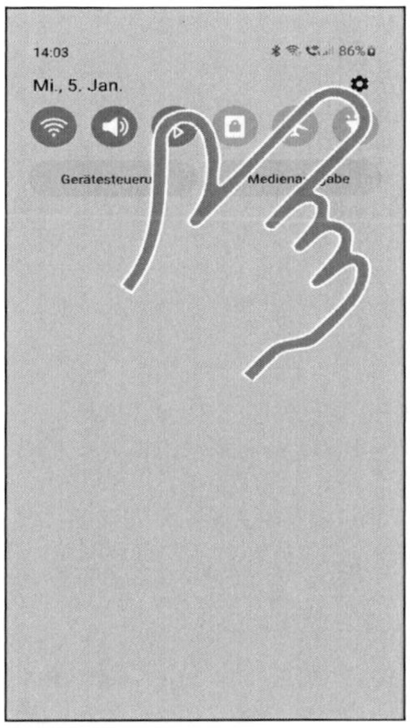

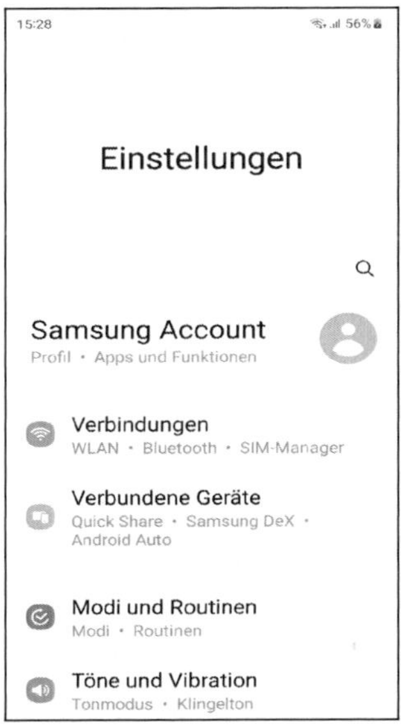

❶❷ Die *Einstellungen* finden Sie im Benachrichtigungsfeld unter ⚙ (Pfeil) und im Hauptmenü unter *Einstellungen* (je nach installierten Programmen befindet sich das Symbol an anderer Stelle).

❸ In diesem Buch gehen die einzelnen Kapitel bei Bedarf auf Menüs in den *Einstellungen* ein.

4.10 Zuletzt genutzte Anwendungen

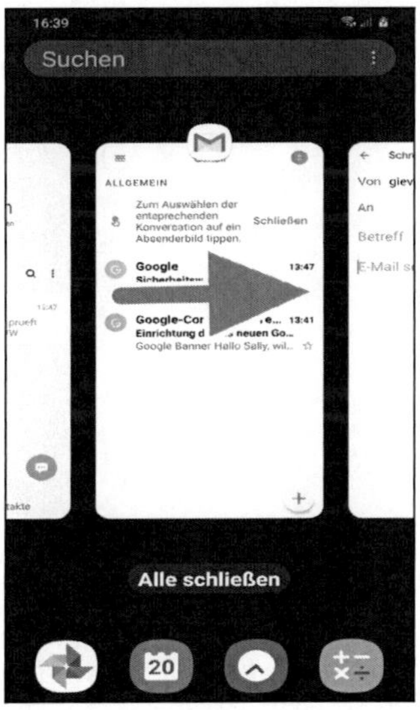

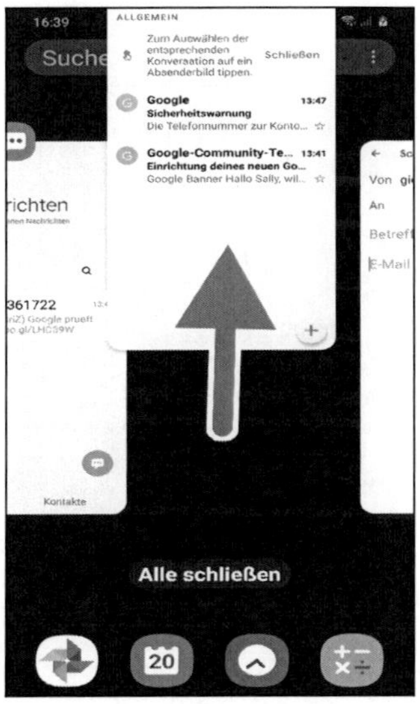

❶ Die zuletzt genutzten Programme erhalten Sie nach Betätigen der |||-Taste unterhalb des Displays angezeigt. Rollen Sie mit einer Wischgeste durch die Programme und tippen Sie eines an, das Sie starten möchten.

❷ Ziehen Sie mit dem Finger einen Eintrag nach oben, um ihn aus der Liste zu entfernen. Wenn Sie alle Programme auf einmal aus der Auflistung entfernen möchten, verwenden Sie die *Alle schließen*-Schaltleiste am unteren Bildschirmrand.

> Wie bereits erwähnt, bringt Sie ein kurzer Druck auf die O-Taste wieder auf den Startbildschirm zurück, wenn Sie sich gerade in einer anderen Anwendung befinden.
>
> Tipp: Zweimaliges Betätigen der III-Taste wechselt jeweils zwischen den beiden zuletzt genutzten Programmen.

4.11 Google-Suche

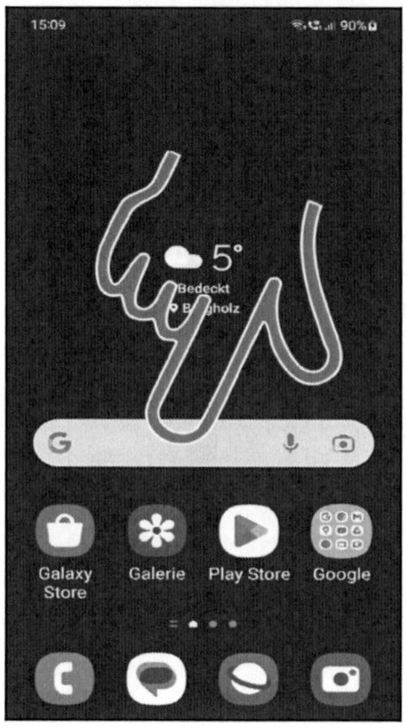

❶ Über die *Google*-Schaltleiste (Pfeil) starten Sie die globale Suche, mit der Sie alle Anwendungen, Termine, Kontakte, usw. durchsuchen.

❷❸ Tippen Sie gegebenenfalls oben ins Eingabefeld. Schon während der Eingabe eines Suchbegriffs werden passende Fundstellen, beispielsweise Wortvorschläge aus der Google-Suchmaschine und Kontakteinträge aus dem Telefonbuch, aufgelistet. Die eigentliche Suche starten Sie mit Q auf dem Tastenfeld (Pfeil).

❶❷ Blättern Sie mit einer Wischgeste durch die Suchergebnisse und tippen Sie eine Fundstelle an, um sie anzuzeigen.

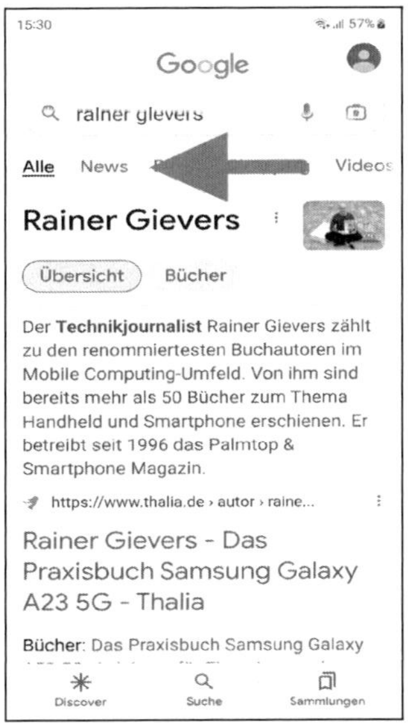

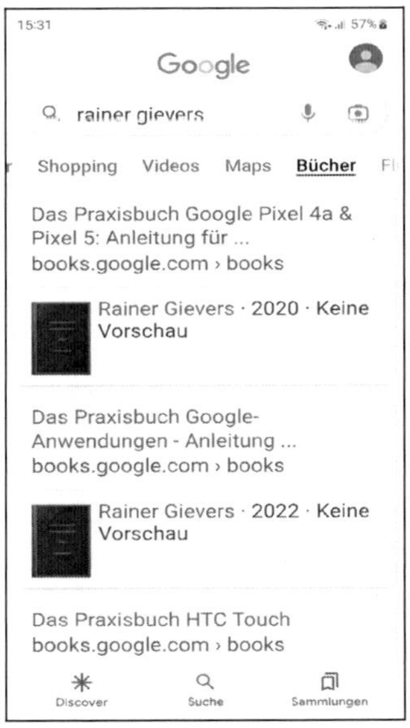

❶ Rollen Sie dann mit dem Finger durch die Schaltleistenreihe am oberen Bildschirmrand und tippen Sie eine der Schaltleisten an.

❷ Beispiel für die Suchergebnisse nach Betätigen von *BÜCHER*.

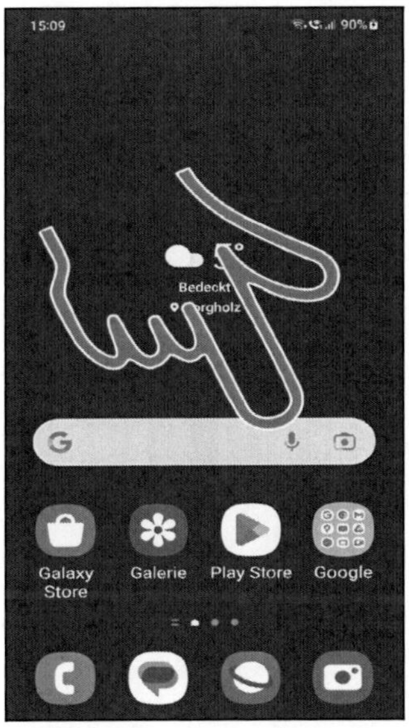

❶❷❸ Eine Besonderheit verbirgt sich hinter der 🎤-Schaltleiste (Pfeil): Sie können dann einfach einen oder mehrere Begriffe sprechen, nach denen Google anschließend im Internet sucht.

> Die Sprachsteuerung geht sogar noch einfacher: Sofern Sie sich im Startbildschirm befinden, sprechen Sie einfach »*Ok Google*«, worauf das Handy Ihren Sprachbefehl erwartet.
>
> Weitere Spracheingabefunktionen stellt Kapitel *20 Google Assistant* vor.
>
> Neben der 🎤 befindet sich die 📷-Schaltleiste, worauf noch Kapitel *20.4 Google Lens* eingeht.

4.12 Medienlautstärke und Signaltöne

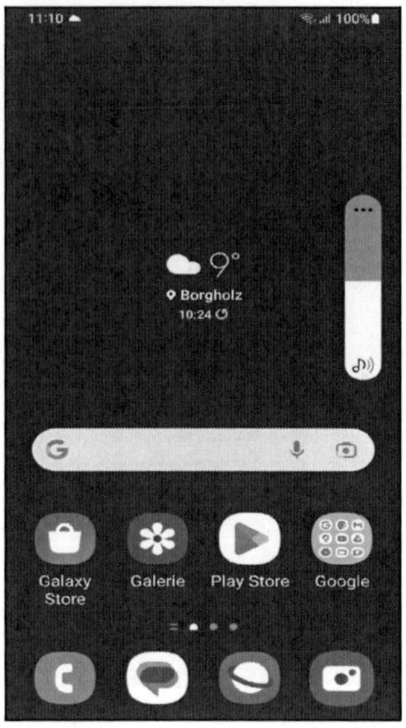

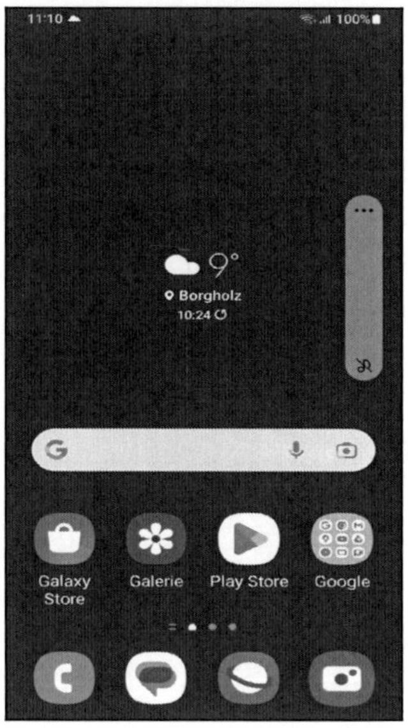

❶ Über die Lautstärketasten auf der rechten Geräteseite beeinflussen Sie die Klingeltonlautstärke.

❷ Wenn Sie die Lautstärke gegen null reduzieren, schalten Sie den Klingelton aus.

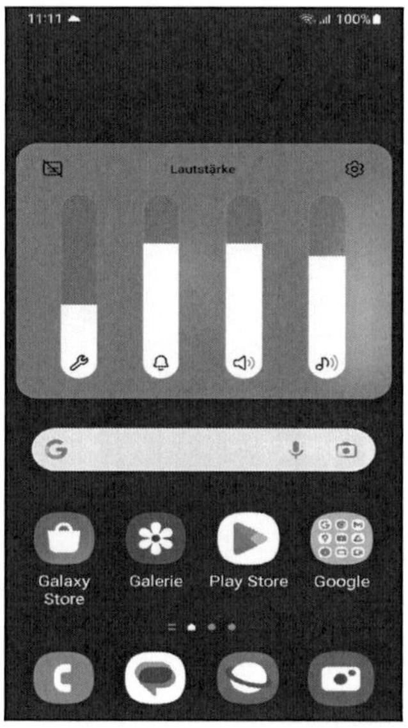

❶❷ Die •••-Schaltleiste in der Lautstärkenanzeige öffnet ein Popup mit den Einstellungen:

- 🔧 (System): Steuert die Lautstärke der Systemmeldungen.
- 🔔 (Benachrichtigungen): Für empfangene SMS und E-Mails.
- 🔊 (Klingelton)
- ♫ (Medien): Stellt die Lautstärke bei Multimedia-Anwendungen, beispielsweise von Play Musik, YouTube oder Spielen ein. Wenn gerade eine Multimedia-Anwendung läuft, können Sie dafür aber auch einfach die Lautstärketasten auf der rechten Geräteseite verwenden (der Klingelton bleibt davon unbeeinflusst).

4.12.1 Signaltöne

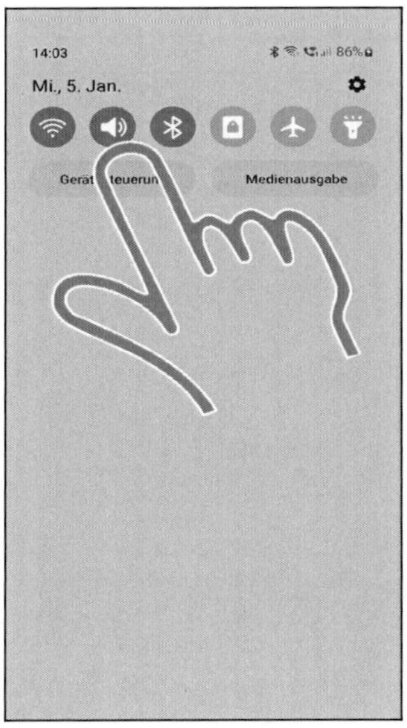

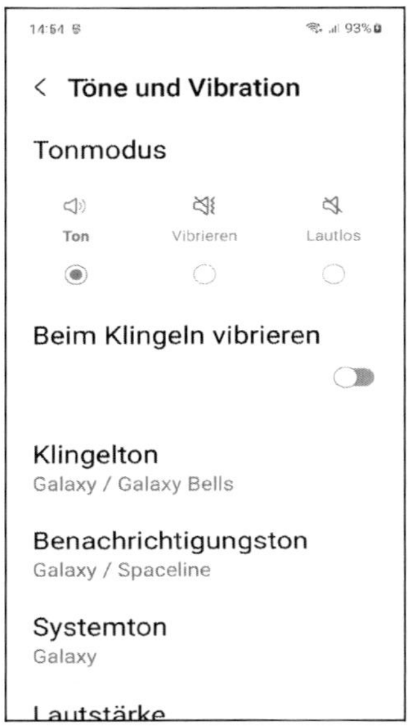

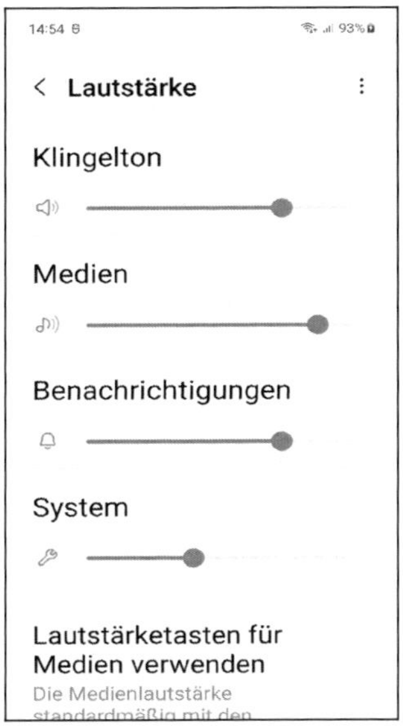

❶ Aktivieren Sie das Benachrichtigungsfeld, dann tippen und halten Sie die 🔊-Schaltleiste.

❷ Die Optionen:

- Schaltleisten oben: Schaltet um zwischen *Ton* (Signale und Klingeltöne eingeschaltet), *Vibrieren* und *Lautlos*.
- *Beim Klingeln vibrieren*: Bei eingehenden Anrufen erfolgt eine Vibration.
- *Klingelton*: Klingelton für SIM-Karte 1 und 2 festlegen.
- *Benachrichtigungston*: Sie legen im Menü die Signaltöne für Benachrichtigungen über neue Nachrichten (SMS) fest.
- *Systemton*: Einigen Aktionen quittiert das Handy mit diesem Signal.
- *Lautstärke* (❸): Ändert die Lautstärke:
  - *Klingelton*
  - *Medien*: Stellt die Lautstärke bei Multimedia-Anwendungen, beispielsweise von Play Musik, YouTube oder Spielen ein. Wenn gerade eine Multimedia-Anwendung läuft, können Sie dafür aber auch einfach die Lautstärketasten auf der rechten Geräteseite verwenden (der Klingelton bleibt davon unbeeinflusst).
  - *Benachrichtigungen*: Für empfangene SMS und E-Mails.
  - *System*: Steuert die Lautstärke der Systemmeldungen.
  - *Lautstärketasten für Medien verwenden*: Schaltet die Belegung der Lautstärketasten um. Statt der Klingeltonlautstärke regeln Sie dann die Medienwiedergabe (von Musik oder Videos).
- *Anrufvibration:* Sofern Sie *Beim Klingeln vibrieren* aktiviert haben, stellen Sie hier die Vibrationsstärke ein.
- *Benachrichtungsvibration*: Beim Eingang von SMS, E-Mails, usw. vibriert das Handy.
- *Systemvibration*: Darauf gehen wir unten genauer ein.
- *Vibrationsintensivität*: Wählen Sie aus, wie stark das Handy bei eingehenden Anrufen, Benachrichtigungen oder Bildschirmberührung vibriert.
- *Steuerung von Systemton/-vibration*: Darauf gehen wir unten ein.
- *Tonqualität und Effekte*: Ruft den Equalizer auf, in dem Sie die Lautstärke des rechten und linken Lautsprechers am Handy, sowie verschiedene Effekte steuern. Bitte beachten Sie, dass einige Einstellungen sich nur auf ein angeschlossenes Headset auswirken.
- *Separater App-Ton*: Schließen Sie einen Lautsprecher beziehungsweise Headset über die Klinkenbuchse am Galaxy an oder verwenden Sie einen Bluetooth-Lautsprecher (siehe

Kapitel *31.4 Bluetooth-Audio*), so erfolgt darauf automatisch die Audiowiedergabe. Über *Separater App-Ton* stellen Sie dagegen ein, welche Anwendungen das angeschlossene Audiogerät nutzen.

Falls Sie eigene Musikdateien als Klingel- und Benachrichtigungstöne verwenden möchten, beachten Sie bitte Kapitel *32.2 Eigene Klingel- und Benachrichtigungstöne*.

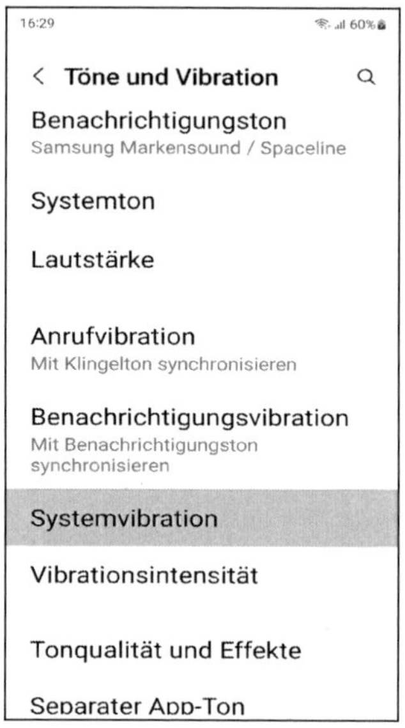

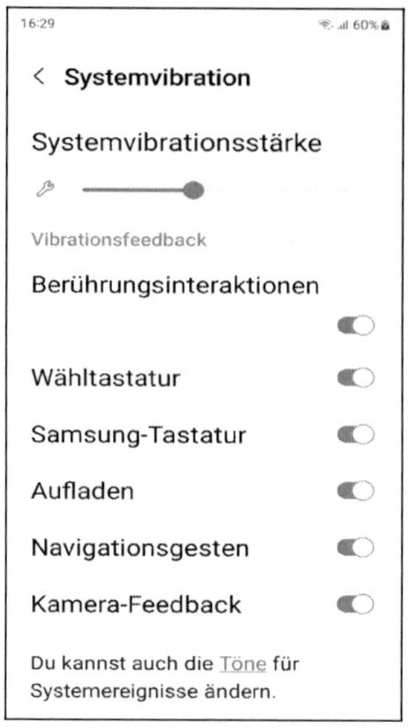

❶❷ *Systemvibration* konfiguriert:

Unter *Ton*:

- *Systemvibrationsstärke*: Intensivität der Vibration bei den im folgenden aufgelisteten Aktionen.
- *Berührungsinteraktionen*: Diese hört man beim Antippen des Bildschirms.
- *Wähltastatur*: Wenn Sie das Tastenfeld in der Telefon-Anwendung (siehe Kapitel *6 Telefonie*) nutzen, hören Sie jeweils einen Klickton.
- *Samsung Tastatur*: Klickton, wenn Sie das Standard-Tastenfeld (siehe Kapitel *34.1 Samsung-Tastenfeld*) verwenden.
- *Aufladen:* Signalton, der auf den erfolgreichen Anschluss per USB-Kabel an den PC oder ein Netzteil hinweist.
- *Navigationsgesten*: Betätigen der Navigationstasten am unteren Bildschirmrand.
- *Kamera-Feedback*: Bedienung der Kamera-Anwendung (siehe Kapitel *17 Kamera*).

4.13 Erstes Betriebssystem-Update

Samsung stellt ab und zu Betriebssystem-Updates für das Galaxy zur Verfügung. Ihre persönlichen Daten bleiben erhalten.

Suchen
Samsung
Google
Microsoft
Play Store
Galaxy Store
Netflix
Telefon
Galerie
Uhr
Kontakte
Einstellungen
Kalender
Taschenrechner
YT Music
Tipps

Einstellungen
Samsung Account
Profil • Apps und Funktionen
Verbindungen
WLAN • Bluetooth • SIM-Manager
Töne und Vibration
Tonmodus • Klingelton
Benachrichtigungen
Statusleiste • Nicht stören

Ein Software-Update ist verfügbar
Später
Aktualisieren
Verbundene Geräte
Quick Share • Samsung DeX • Android Auto
Modi und Routinen
Modi • Routinen

➊ Rufen Sie im Hauptmenü *Einstellungen* auf.

➋➌ Wischen Sie im Bildschirm nach unten. Sollte ein Update vorliegen, erscheint ein Hinweis. Betätigen Sie dann *Aktualisieren.* Sehen Sie diese Schaltleiste nicht, dann liegt noch kein Update vor und Sie können den Bildschirm verlassen.

Software-Update
Update bereit für die Installation
Ihr Gerät wird nach der Installation des Updates neu gestartet.
Neuigkeiten
Erfahren Sie, was in diesem Update enthalten ist.
· Die Sicherheit Ihres Gerätes wurde verbessert.
Eine Software-Aktualisierung enthält zum Beispiel die folgenden Komponenten:
- Stabilitätsverbesserungen und Bugfixes für das Gerät.
- Neue und/oder erweiterte Funktionen.
- Weitere Verbesserungen für eine optimale Leistung.
Installation planen
Jetzt installieren

4°
Borgholz
Software-Update
Ihr Telefon wurde aktualisiert.
OK

➊ Wenn *Update wird heruntergeladen* angezeigt wird, warten Sie, bis die *Jetzt installieren*-Schaltleiste erscheint, die Sie betätigen. Am besten schließen Sie das Handy an einem Netzteil an, damit nicht ein niedriger Akkustand das Update verhindert.

➋ Nach Update und Geräteneustart erhalten Sie einen Erfolgshinweis.

4.14 Handy ausschalten oder neu starten

Auch wenn viele Anwender Ihr Handy über Nacht ausschalten, ist dies in der Praxis nicht sinnvoll. Wenn Sie Nachts nicht durch Anrufe oder Benachrichtigungen gestört werden möchten, dann empfehlen wir die im Kapitel *27.5 Ruhemodus* beschriebene Funktion.

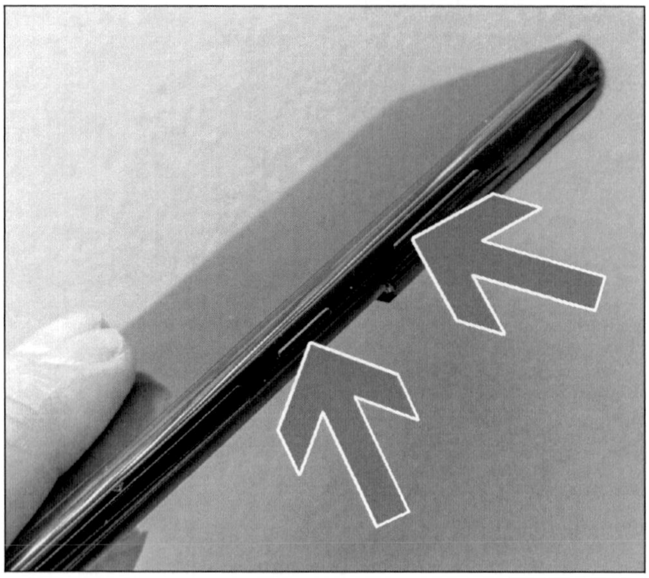

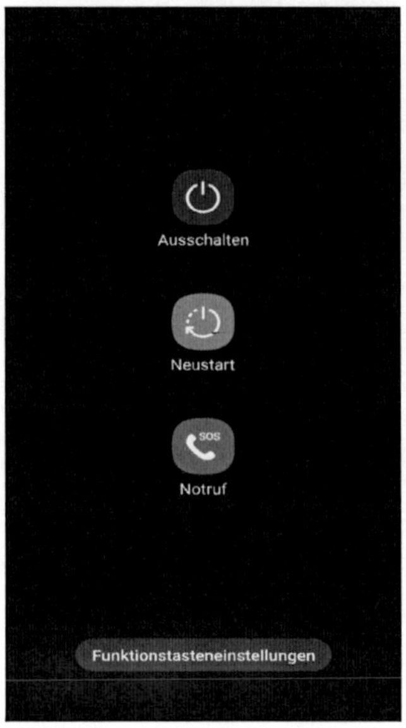
Ausschalten
Neustart
Notruf
Funktionstasteneinstellungen

Zum Ausschalten halten Sie den Ein-/Ausschalter und die Lautstärke-runter-Taste auf der rechten Geräteseite gedrückt, bis ein schwarzer Bildschirm erscheint, in dem Sie *Ausschalten* antippen. Eventuell benötigen Sie dazu mehrere Versuche, denn die genutzten Tasten sind mehrfach belegt.

Langes Drücken des Ein-/Ausschalters schaltet das Handy später wieder ein.

4.15 Samsung Wallet

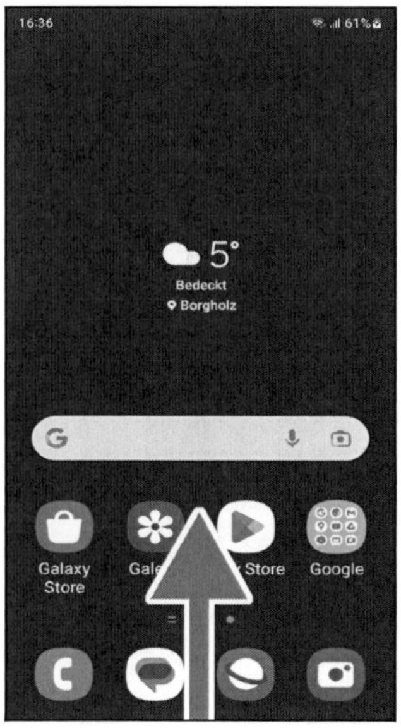
16:36
5°
Bedeckt
Borgholz
Galaxy Store
Google

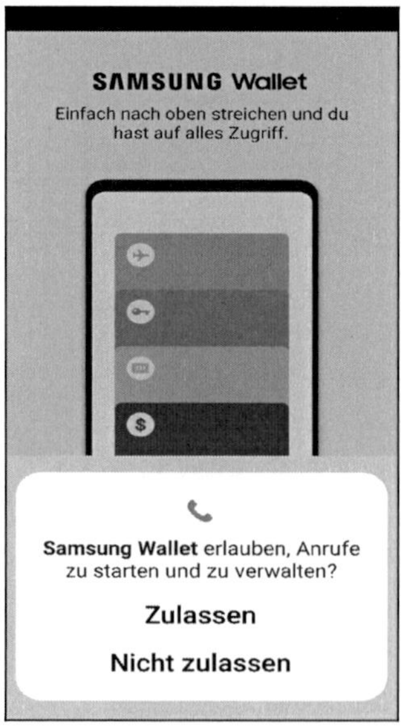
SAMSUNG Wallet
Einfach nach oben streichen und du hast auf alles Zugriff.
Samsung Wallet erlauben, Anrufe zu starten und zu verwalten?
Zulassen
Nicht zulassen

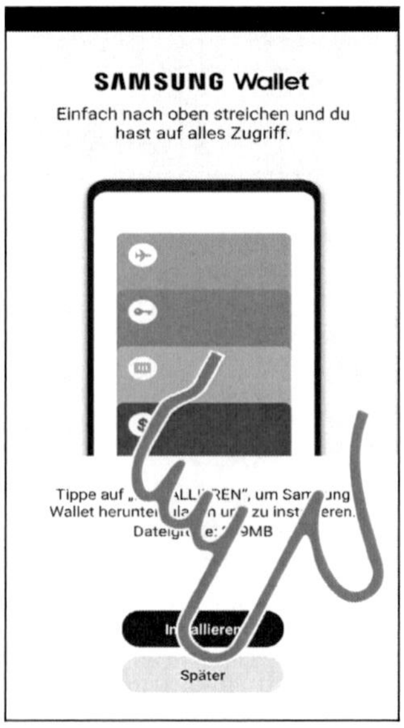
SAMSUNG Wallet
Einfach nach oben streichen und du hast auf alles Zugriff.
Später

Vielleicht wundern Sie sich über den Balken am unteren Bildschirmrand. Sie aktivieren damit Samsung Wallet (früher Samsung Pay genannt), eine drahtlose Zahlungsmethode, auf die wir später noch im Kapitel *32.10.1 Samsung Wallet* eingehen.

❶❷ Damit der »Balken« verschwindet, müssen Sie einmal von unten außerhalb des Displays nach oben wischen. Betätigen Sie im Popup *Zulassen.*

❸ Betätigen Sie *Später*.

5. Smart Switch

Die meisten neu gekauften Smartphones werden heute als Ersatz für ein älteres Gerät angeschafft. In Kapitel *2.2 Das Google-Prinzip* haben wir bereits beschrieben, dass die Übernahme der vorhandenen Daten auf das neue Handy kein Problem darstellt. Alle Kontakte, Termine, usw. sind ja in Ihrem Google-Konto im Internet gespeichert und werden automatisch wiederhergestellt, sobald Sie sich mit Ihrem Google-Konto auf dem neuen Handy anmelden.

Was leider nicht wieder hergestellt wird, sind SMS, Memos, Alarme, Sprachmemos, usw. Auch Kontakte und Termine, die nicht dem Google-Konto zugeordnet sind, finden nicht den Weg aufs neue Gerät. Mit der Smart Switch-Anwendung (engl. »kluger Wechsel«), steht deshalb eine einfache Methode bereit, alle Daten und Dateien aufs neue Galaxy-Handy zu transferieren. Unterstützt werden iPhones und iPads, sowie Android-Handys und Tablets ab Android 4.3.

Die Datenübertragung kann wahlweise drahtlos oder über ein USB-Verbindungskabel erfolgen.

Wichtig: Die drahtlose Übertragung erfolgt über WLAN. Ursprungs- und Zielhandy müssen dazu am gleichen WLAN-Zugangspunkt angemeldet sein.

5.1 Vorbereitung auf dem alten Handy

In unserem Beispiel möchten wir die Daten von einem alten Galaxy-Handy auf das neue Galaxy S23 übernehmen. Dazu nutzen wir die drahtlose Übertragungsmethode.

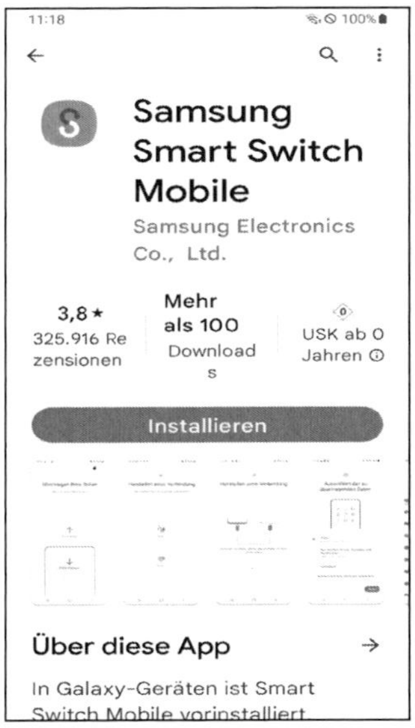

Installieren Sie auf dem alten Handy *Samsung Smart Switch Mobile* aus dem Play Store (siehe Kapitel *25.1 Play Store*). Danach starten Sie *Smart Switch* mit *Öffnen* oder rufen es aus dem Hauptmenü auf.

Samsung
Smart Switch
Übertragen deiner Daten
Übertrage deine Kontakte, Apps, Bilder, Videos und Konten auf dein neues Telefon oder Tablet.
Sicherung und Wiederherstellung deiner Daten
Speicher deine Daten auf einem Computer oder einem externen Speichergerät. Stelle sie leicht auf deinem Telefon wiederherstellen, wenn du sie
Ablehnen
Zulassen

Smart Switch verwendet diese Berechtigungen
Erforderliche Berechtigungen
Mikrofon
Wird zum Herstellen einer Verbindung mit Galaxy-Telefonen und -Tablets über Hochfrequenz-Audio verwendet
Kalender
Wird verwendet, um deine Kalenderdaten zu übertragen
Anrufliste
Wird verwendet, um den Anrufverlauf zu übertragen
Kontakte
Wird verwendet, um Kontakte zu
Ablehnen
Zulassen

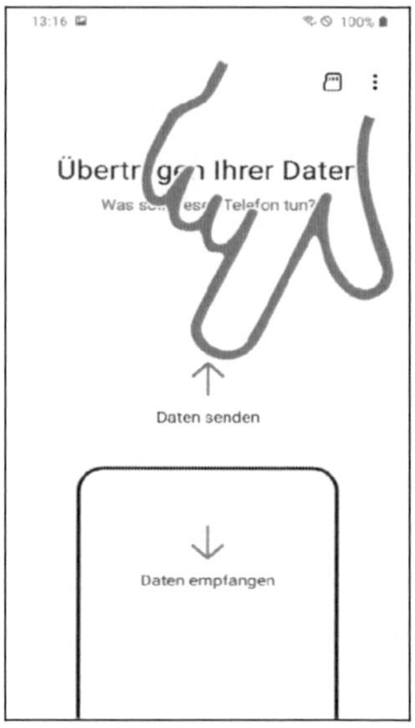
Daten senden
Daten empfangen

❶❷ Die folgenden Bildschirme schließen Sie jeweils mit *Zulassen.*

❸ Gehen Sie auf *Daten senden.*

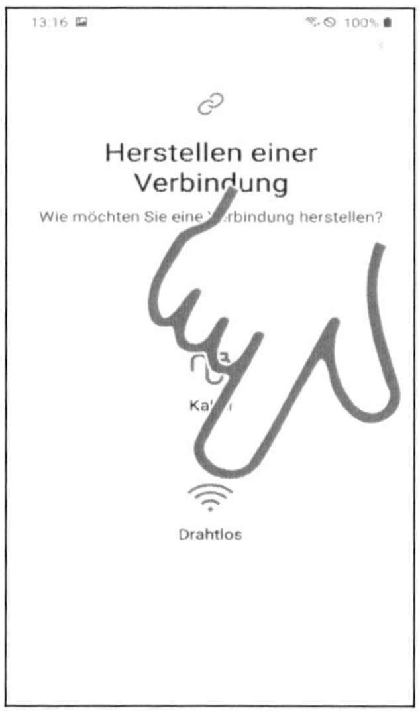
Drahtlos

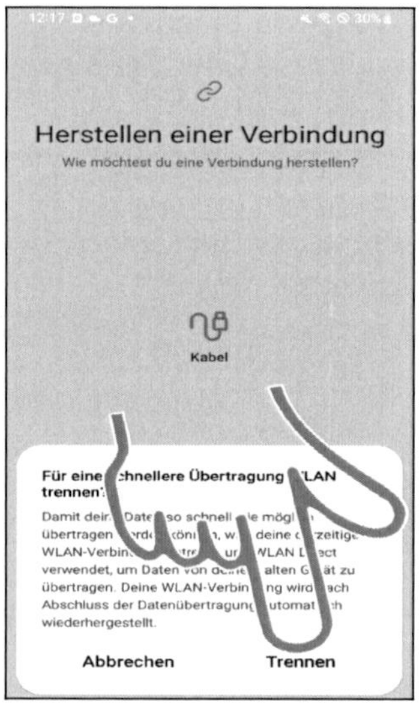
Herstellen einer Verbindung
Wie möchtest du eine Verbindung herstellen?
Kabel
Abbrechen
Trennen

❶ Betätigen Sie *Drahtlos.*

❷ Betätigen Sie *Trennen*, damit das Handy eine direkte WLAN-Verbindung mit dem anderen Gerät herstellen kann.

Herstellen einer Verbindung
Öffnen Sie Smart Switch auf Ihrem neuen Galaxy, um eine Verbindung herzustellen.
Smart Switch auf Ihr neues Galaxy-Gerät holen

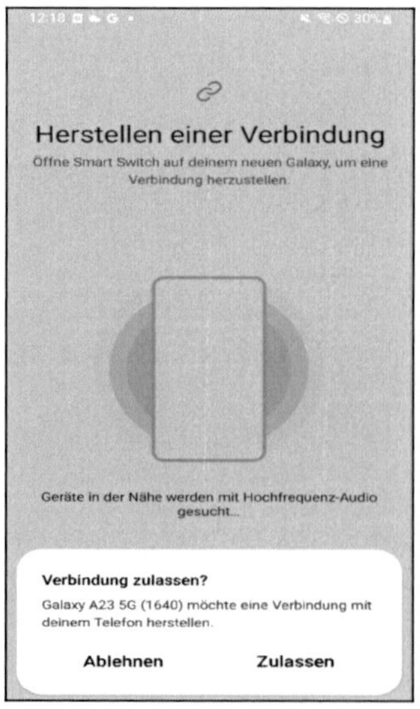
Herstellen einer Verbindung
Öffne Smart Switch auf deinem neuen Galaxy, um eine Verbindung herzustellen.
Geräte in der Nähe werden mit Hochfrequenz-Audio gesucht...
Verbindung zulassen?
Galaxy A23 5G (1640) möchte eine Verbindung mit deinem Telefon herstellen.
Ablehnen
Zulassen

❶ Das Gerät wartet auf die Empfangsbereitschaft des anderen Handys.

❷ Wenn das andere Gerät erkannt wurde, erscheint das *Verbindung zulassen*-Popup. Betätigen Sie hier *Zulassen.*

5.2 Datentransfer auf das neue Handy

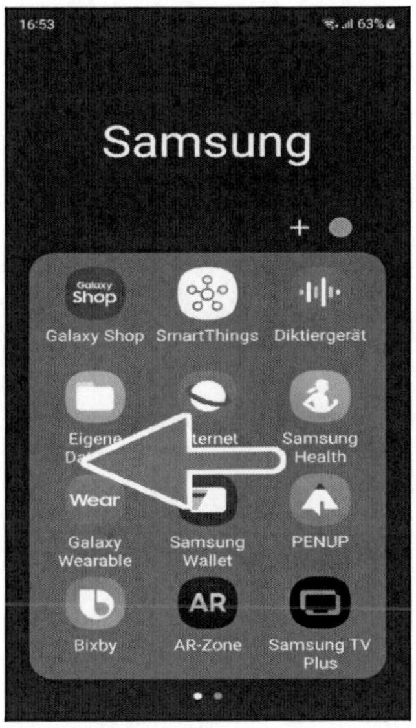

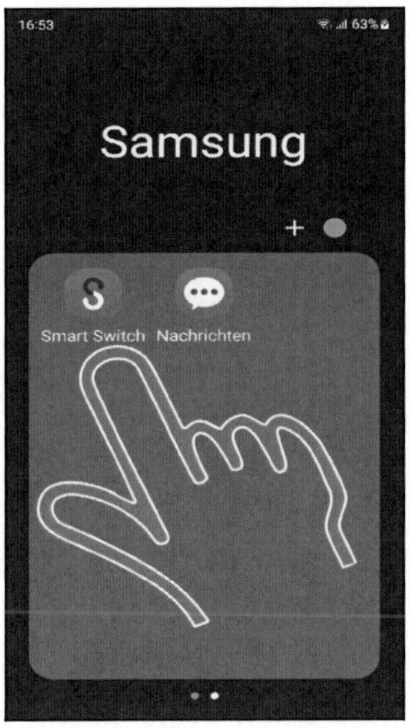

❶ Öffnen Sie im Hauptmenü Ihres S23 den *Samsung*-Ordner.

❷ Blättern Sie mit einer Wischgeste nach links auf die zweite Bildschirmseite.

❸ Rufen Sie *Smart Switch* auf.

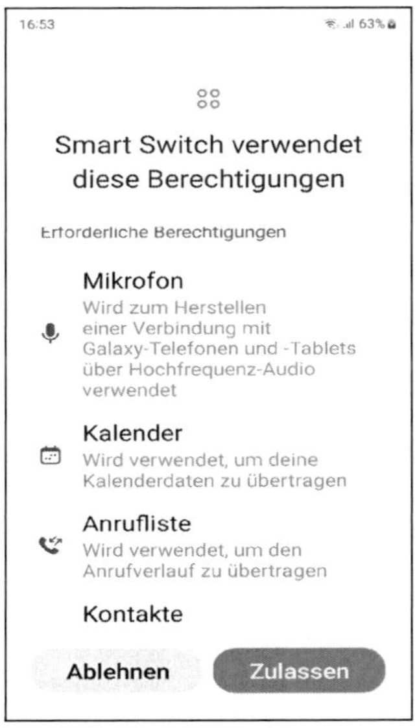

❶❷ Betätigen Sie zweimal *Zulassen.*

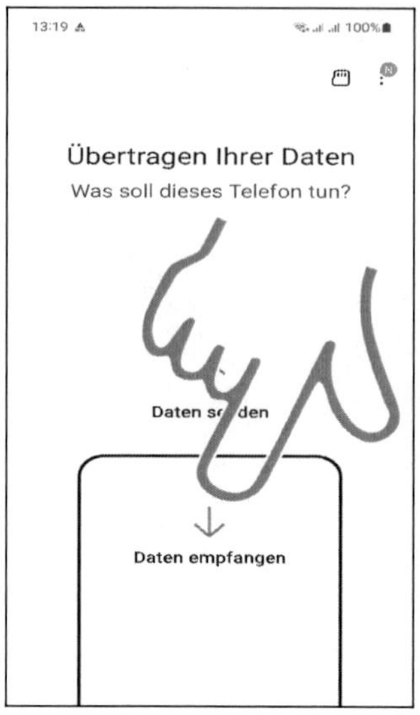

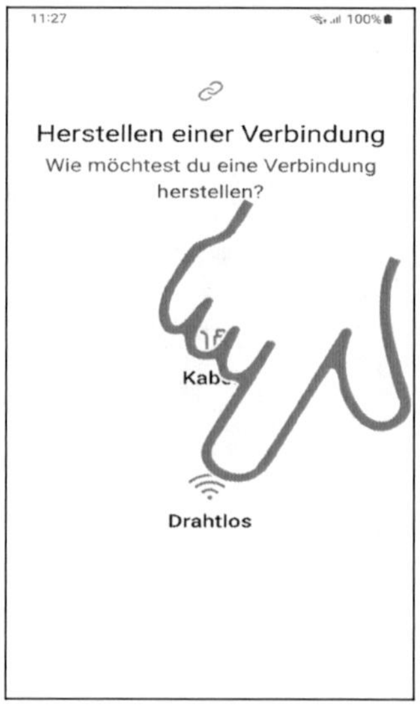

❶ Gehen Sie auf *Daten empfangen.*

❷ In unserem Fall handelt es sich beim alten Handy um ein Galaxy, das wir auch in der Liste auswählen.

❸ Betätigen Sie *Drahtlos*. Das Gerät wartet auf die Sendebereitschaft des anderen Handys.

Beide beteiligte Handys sollten nebeneinander liegen. Über ein hochfrequentes Signal (das Sie nicht wahrnehmen können), wird nun eine Autorisierung durchgeführt.

Sie müssen nun angeben, welche Datenzu übernehmen sind.

Im einfachsten Fall aktivieren Sie *Alles* oder *Nur Anrufe, Kontakte und Nachrichten*. Beachten Sie, dass mit »Nachrichten« nur die SMS auf dem alten Handy gemeint sind, nicht aber vorhandene E-Mails. Betätigen Sie dann *Weiter*.

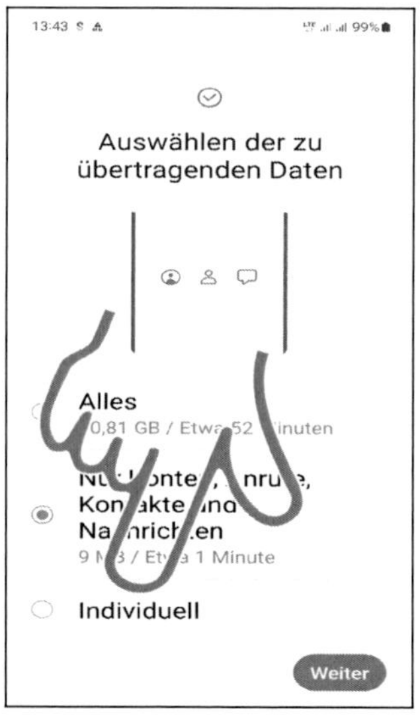

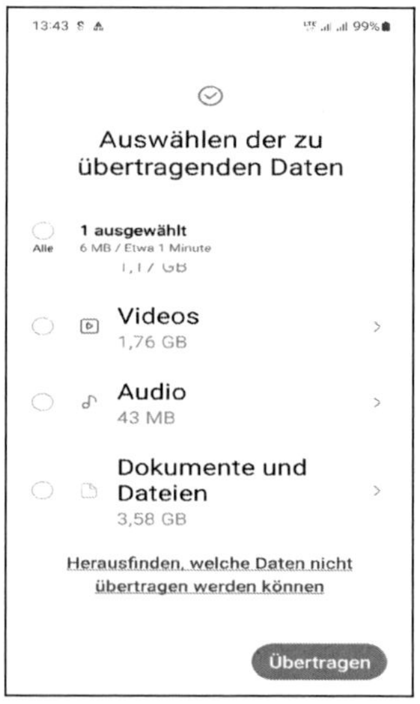

❶ Alternativ gehen Sie auf *Individuell*.

❷❸ Wischen Sie durch die Liste und aktivieren Sie die Abhakkästchen bei den gewünschten Daten. Schließen Sie mit *Übertragen* ab.

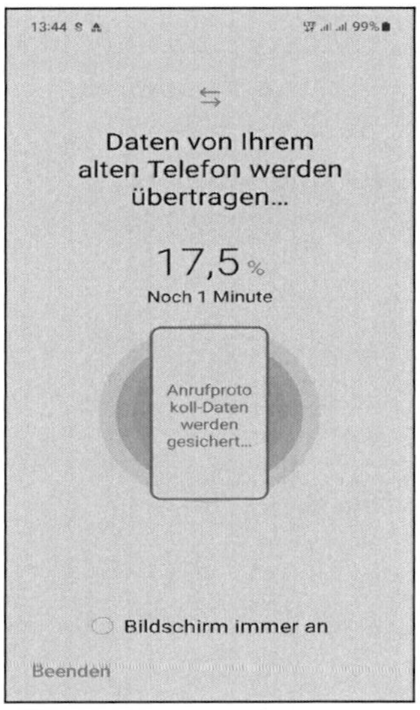
13:44
99%
Daten von Ihrem alten Telefon werden übertragen...
17,5 %
Noch 1 Minute
Anrufprotokoll-Daten werden gesichert...
Bildschirm immer an
Beenden

13:45
99%
Datentransfer abgeschlossen
Wir organisieren Ihre übertragenen Daten im Hintergrund und wir benachrichtigen Sie, wenn alles abgeschlossen ist. In der Zwischenzeit wünschen wir Ihnen viel Spaß mit Ihrem Telefon!
Zum Startbildschirm

❶ Beachten Sie während des Datentransfers die Hinweise und Schaltleisten auf beiden Handys. Sie müssen auf dem Ursprungsgerät beispielsweise die Übertragung genehmigen.

❷ Zum Schluss erscheint eine Erfolgsmeldung.

6. Telefonie

Die Bedienungsführung des Handys ist so aufgebaut, dass Sie mit wenig Aufwand einen Kontakt anrufen können.

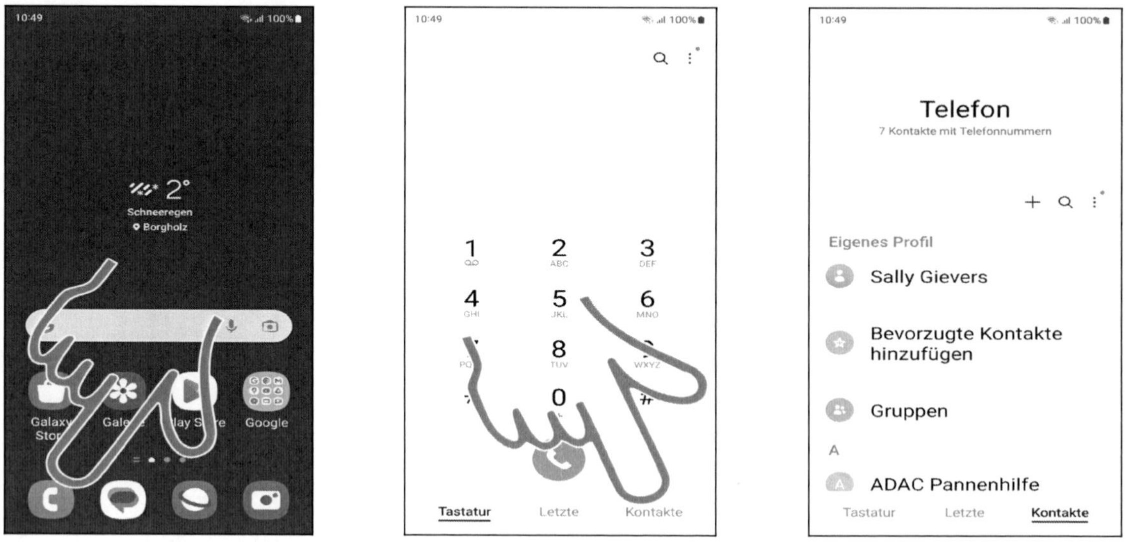

❶ Die Telefonoberfläche rufen Sie im Startbildschirm mit der *Telefon*-Schaltleiste am unteren Bildschirmrand auf.

❷ Über die Register am oberen Bildschirmrand (Pfeil) schalten Sie um zwischen:

- *Tastatur*: Das Tastenfeld.
- *Letzte*: Auflistung aller ein- und ausgegangenen Anrufe. Siehe Kapitel *6.5 Anrufliste (Protokoll)*.
- *Kontakte* (❸): Listet alle Kontakte im Telefonbuch (siehe Kapitel *8 Telefonbuch*) auf.

6.1 Anruf durchführen

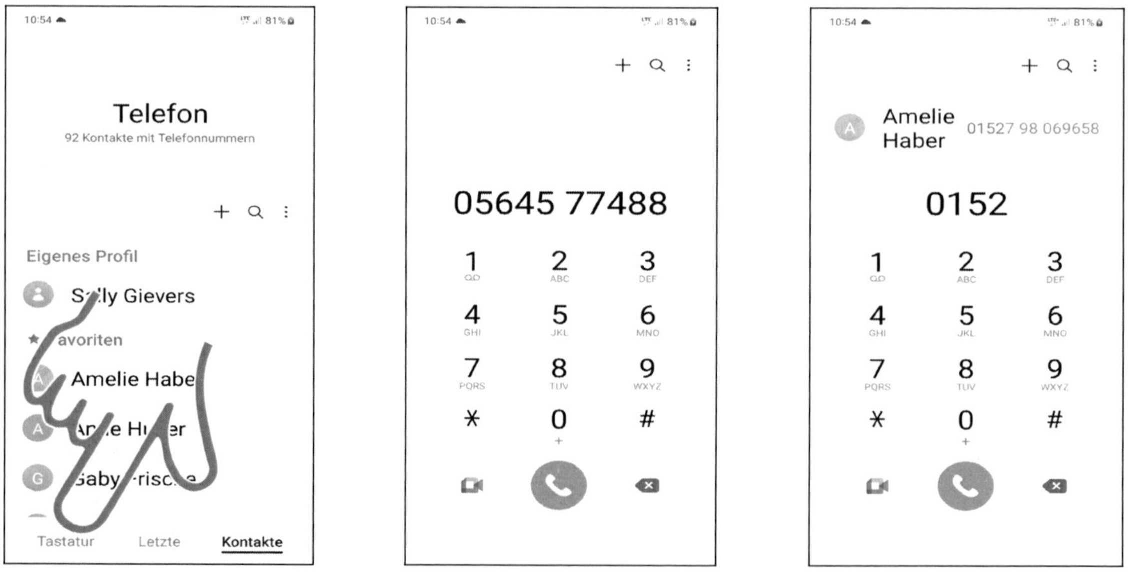

❶ Aktivieren Sie gegebenenfalls das *Tastatur*-Register.

❷ Geben Sie jetzt die anzurufende Nummer über das virtuelle Tastenfeld auf dem Display ein. Mit der 📞-Schaltleiste wählen Sie die Nummer an.

❸ Sofern im Telefonbuch bereits Kontakte vorhanden sind, welche die eingegebene Rufnummer enthalten, listet sie das Galaxy auf.

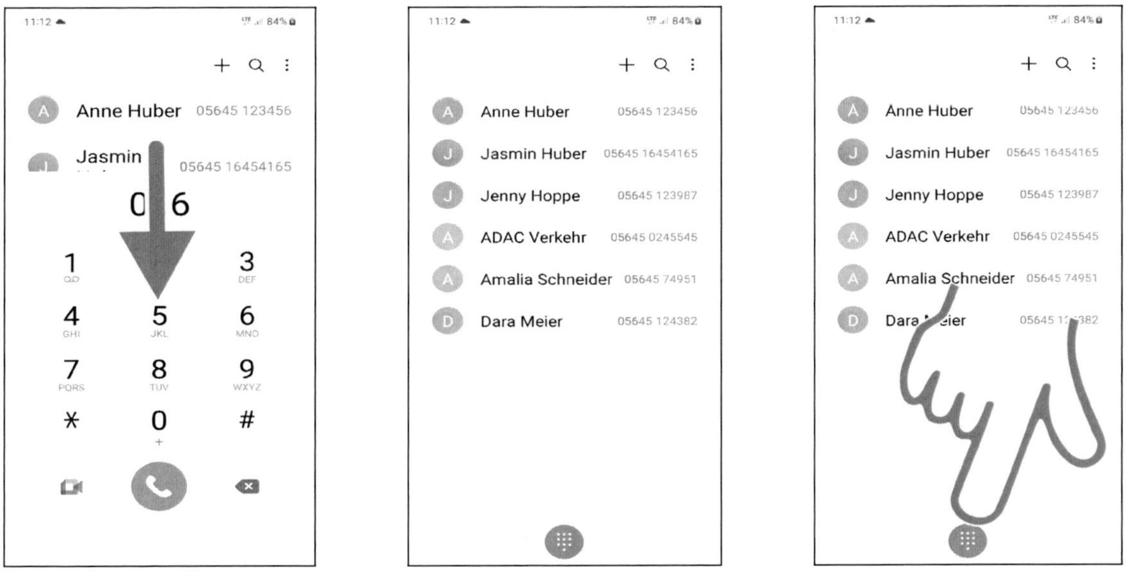

➊➋ Mit einer Wischgeste blenden Sie das Tastenfeld aus, um die Fundstellenliste anzuzeigen.

➌ Die grüne Schaltleiste am unteren Bildschirmrand beziehungsweise die ‹-Taste unterhalb des Displays schalten das Tastenfeld wieder ein.

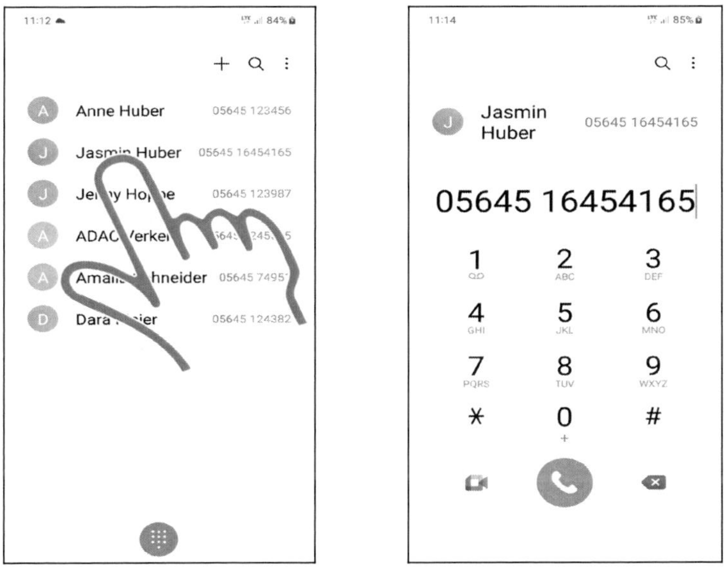

➊➋ Nach Antippen einer Fundstelle erscheint die zugehörige Rufnummer in der Telefonoberfläche.

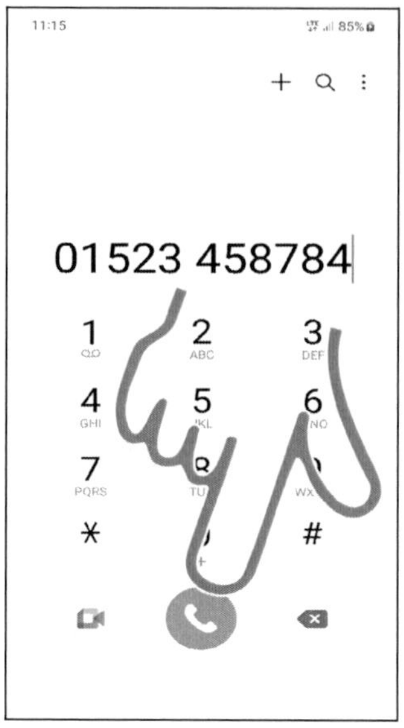

❶❷ Betätigen Sie die -Schaltleiste, um die Anwahl zu starten.

Wenn Sie das Handy an Ihr Ohr halten, schaltet sich das Display automatisch aus, damit keine Fehleingaben entstehen können. Dafür zuständig ist ein Näherungssensor, welcher sich oben unter dem Display befindet.

❶❷ Tipp: Fehleingaben bei einer Rufnummer lassen sich einfach korrigieren. Tippen Sie dazu einfach in die Rufnummernanzeige. Betätigen Sie dann die -Schaltleiste unten rechts im Tastenfeld beziehungsweise geben Sie fehlende Nummern ein.

6.1.1 WLAN-Call

Sofern eine WLAN-Verbindung (siehe Kapitel *10 WLAN*) besteht, können Telefonate auch darüber geführt werden, falls die Mobilfunkverbindung sehr schlecht ist. Sie können somit beispielsweise auch in einem Keller telefonieren, wo man mit Mobilfunk keinen Empfang hat. Diese Funktion wird auch als »WLAN-Anruf« oder »WLAN-Call« bezeichnet. Zu beachten ist:

- Eine gültige SIM-Karte muss im Handy eingelegt sein.
- Die Umschaltung zwischen WLAN und Mobilnetz erfolgt automatisch.

- WLAN-Anrufe müssen vom verwendeten Mobilnetzbetreiber unterstützt werden.
- Im Ausland sind deshalb unter Umständen keine WLAN-Anrufe möglich.
- WLAN-Anrufe werden zu den mit dem Netzbetreiber vereinbarten Minutentarifen abgerechnet.

Die Telefonie-Anwendung zeigt in der grünen Schaltleiste an, ob WLAN-Anrufe möglich sind (❶), oder nicht (❷).

6.1.2 Suche

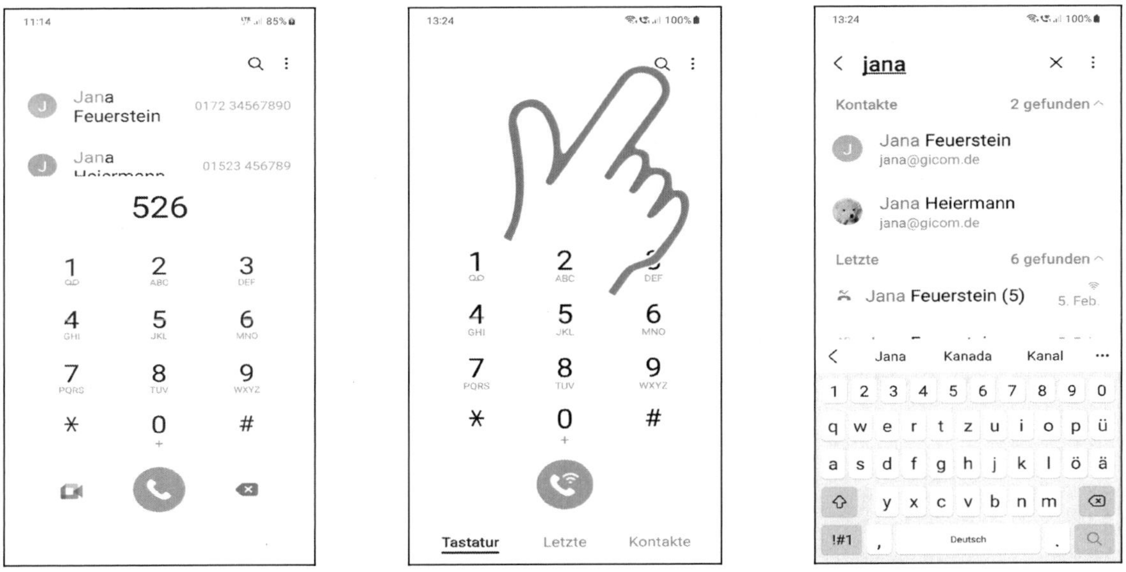

❶ Auch eine direkte Namenssuche ist möglich. Tippen Sie dafür die Nummern ein, die den Buchstaben entsprechen (»2«=a, b, c; »3«=d, e, f; usw.). Betätigen Sie im Tastenfeld, um eine Fehleingabe zu löschen.

❷❸ Alternativ aktivieren Sie mit die Suchfunktion.

6.1.3 Letzte Rufnummer wählen

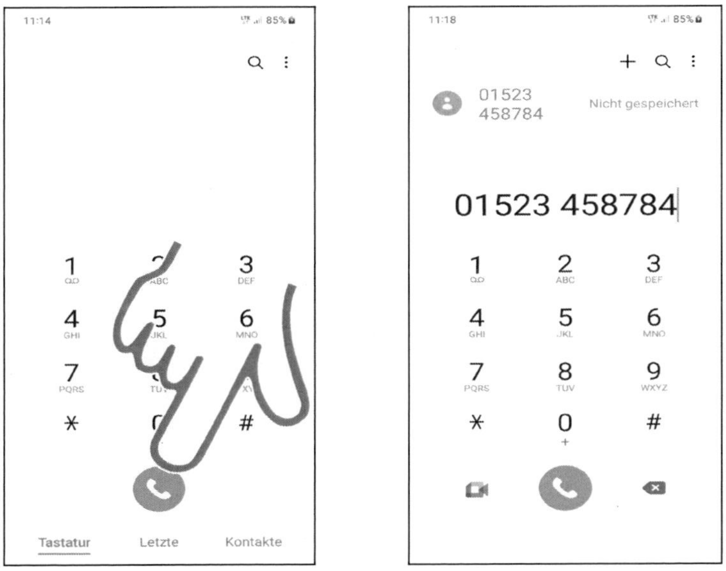

❶❷ Betätigen Sie die -Schaltleiste am unteren Bildschirmrand, worauf die zuletzt verwendete Rufnummer angezeigt wird.

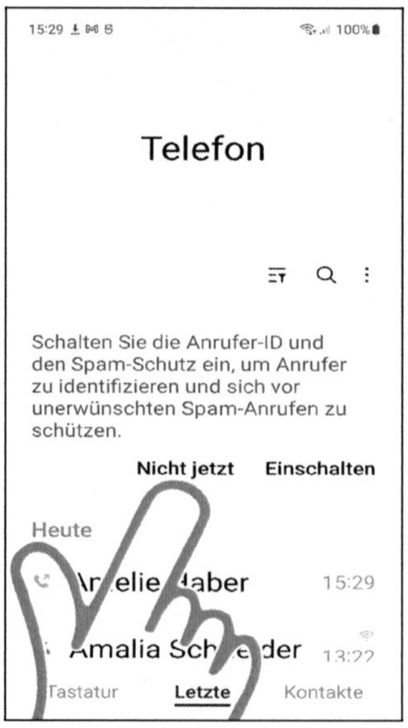

➊ Alternativ gehen Sie ins *Letzte*-Register (Pfeil).

➋ Schließen Sie den Hinweis auf den Anrufer-ID und Spam-Schutz mit *Nicht jetzt*. Dieser Hinweis kann auch zu einem späteren Zeitpunkt erscheinen.

➊➋ Die zuletzt angewählte Rufnummer erscheint automatisch als Erste in der Liste. Tippen Sie sie an für ein Menü, worin Sie die Anwahl mit 📞 (Pfeil) durchführen können.

6.1.4 Funktionen während eines Gesprächs

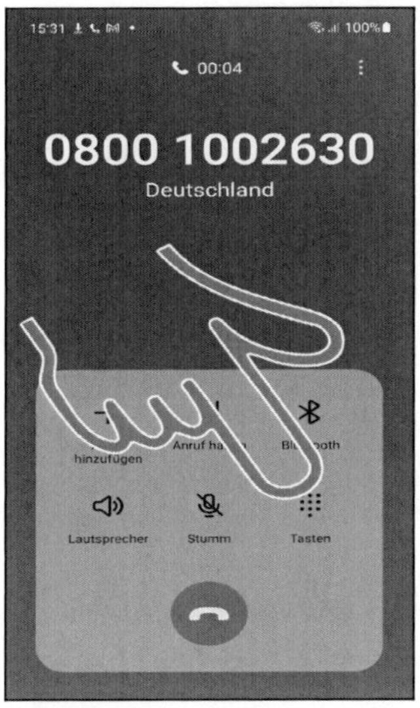

❶❷ Während des Gesprächs zeigt das Handy die angewählte Rufnummer beziehungsweise den Kontakt an. Betätigen Sie die *Tasten*-Schaltleiste (Pfeil), um das Tastenfeld zu aktivieren, was sinnvoll ist, wenn Sie DTMF (Tonwahl)-Töne benötigen, zum Beispiel für die Bedienung eines Anrufbeantworters oder einer Tonwahl-gesteuerten Service-Hotline.

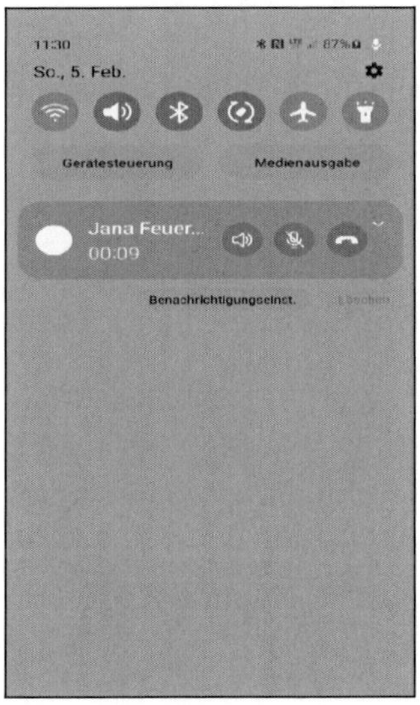

❶ Interessant ist die Möglichkeit, jederzeit während eines aktiven Gesprächs eine andere Anwendung zu nutzen. Dazu betätigen Sie die O-Taste für den Startbildschirm. Sie können dann, wie gewohnt, diverse Anwendungen auf dem Galaxy starten, während das Gespräch im Hintergrund läuft. Das grüne Symbol in der Titelleiste (Pfeil) weist auf die bestehende Gesprächsverbindung hin.

❷ Den aktiven Anruf steuern Sie über das Benachrichtigungsfeld (siehe Kapitel *4.7.6 Titelleiste und Benachrichtigungsfeld*). Tippen Sie dort auf die Rufnummer, um den Anruf in der Telefonoberfläche anzuzeigen.

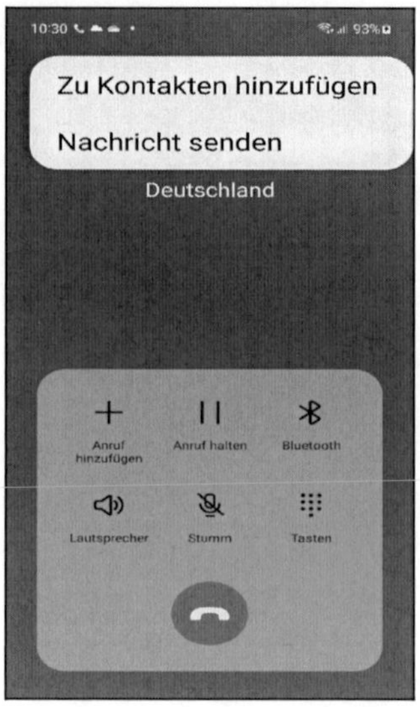

❶ Weitere Funktionen während eines Gesprächs

- *Anruf hinzufügen.*: Weiteren Kontakt oder Rufnummer anrufen, während der aktuelle Anruf gehalten wird. Später können Sie entweder zwischen den Gesprächsteilnehmern hin- und herschalten oder eine Telefonkonferenz abhalten. Diese Funktion ist nur mit Handy-Verträgen nutzbar, die das sogenannte »Anklopfen«-Dienstmerkmal unterstützen.
- *Anruf halten*: Der Gesprächsteilnehmer wird in eine Warteschleife des Netzbetreibers versetzt und hört dort eine Halte-Ansage.
- *Bluetooth*: Angeschlossenes Bluetooth-Headset aktivieren/deaktivieren.
- *Lautsprecher*: Freisprechen aktivieren.
- *Stumm*: Deaktiviert/aktiviert das Mikrofon, wobei man weiter hört, was der Gesprächsteilnehmer von sich gibt.
- *Tasten*: Aktiviert das Tastenfeld, über das man DTMF-Töne erzeugt, beispielsweise zur Fernbedienung eines Anrufbeantworters.

❷❸ Das ⋮-Menü:

- *Zu Kontakten hinzufügen*: Die Rufnummer einem Kontakt im Telefonbuch (siehe Kapitel *8 Telefonbuch*) hinzufügen oder einen neuen Kontakt erstellen.
- *Nachricht senden*: Eine SMS (siehe Kapitel *7 SMS mit Messages*) an die aktuelle Rufnummer senden.

6.1.4.a Hörerlautstärke

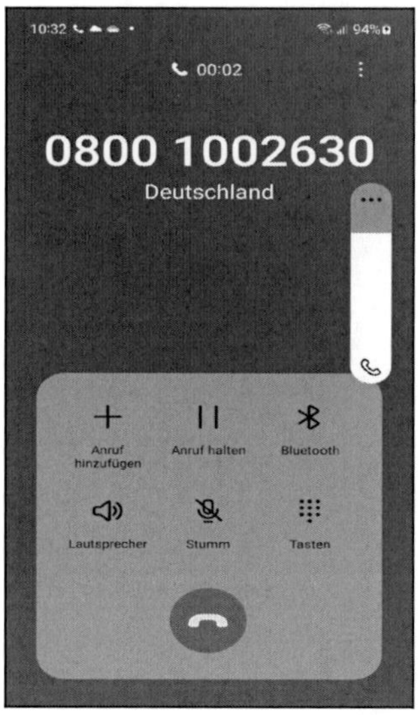

Während eines Gesprächs können Sie die Hörerlautstärke an Ihre Bedürfnisse anpassen. Drücken Sie einfach auf der rechten Geräteseite die Tasten Lautstärke-leiser/lauter.

6.1.5 Anruf aus dem Telefonbuch

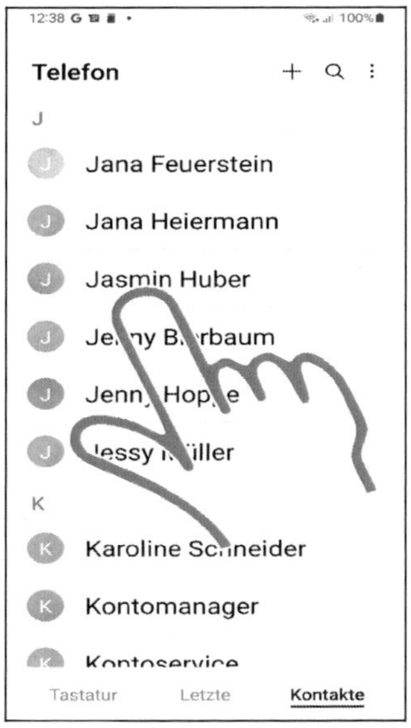

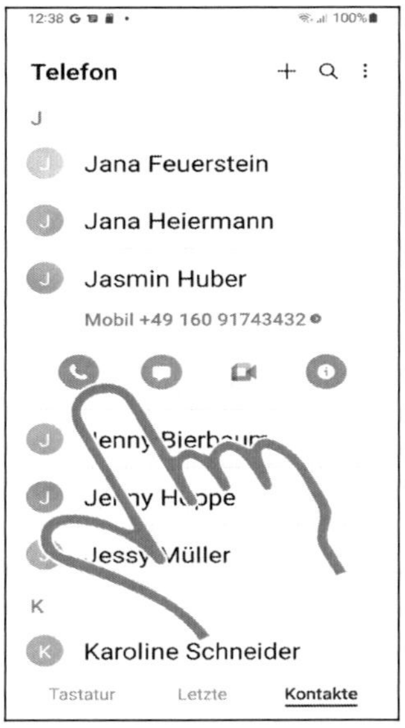

❶ Rufen Sie die Kontaktauflistung über *Kontakte* (Pfeil) auf.

❷ Tippen Sie einen Kontaktnamen an.

❸ Die Schaltleisten werden eingeblendet. Darüber zeigt das Handy die Rufnummer an, die angewählt wird, sobald Sie die 📞-Schaltleiste (Pfeil) betätigen.

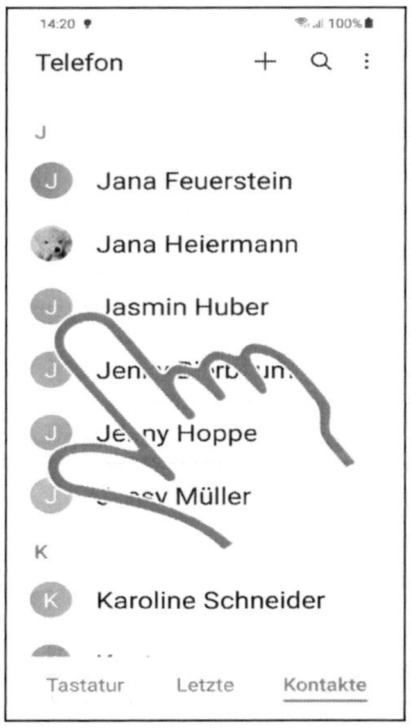

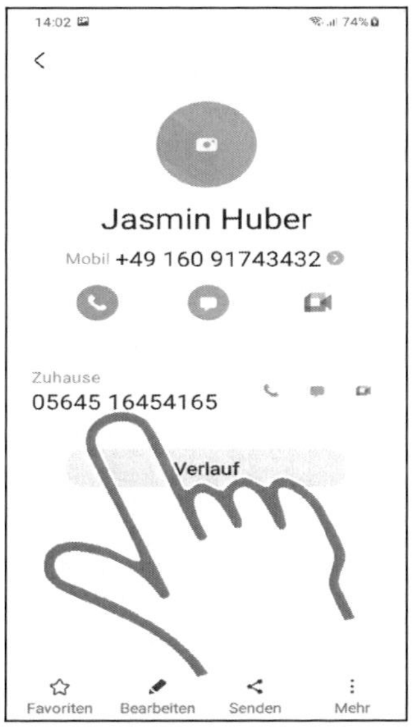

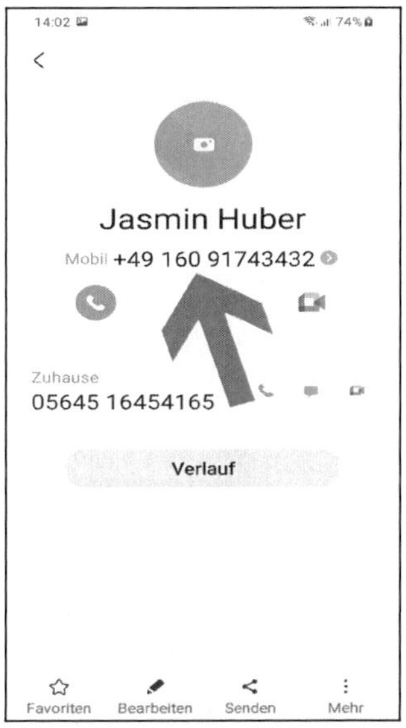

❶❷ Häufig hat ein Kontakt mehrere Rufnummern. Antippen des runden Symbols (Pfeil) vor dem Kontaktnamen öffnet dann die Kontaktdetails. Tippen Sie darin auf die anzuwählende Rufnummer (Pfeil).

❸ Die unter dem Kontaktnamen angezeigte Rufnummer ist die sogenannte Standardnummer, die bevorzugt in der Suche auf der Telefonoberfläche angezeigt wird. Darauf kommen wir im nächsten Kapitel noch.

Das Telefonbuch beschreibt bereits Kapitel *8 Telefonbuch*.

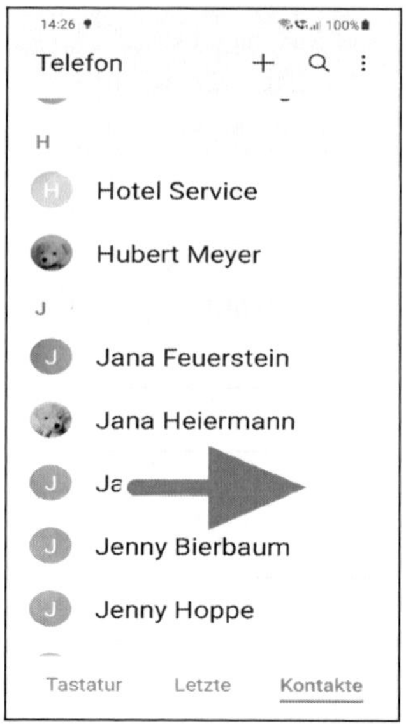

❶❷ Auch durch Ziehen des Fingers von links nach rechts auf einem Kontakt können Sie die Anwahl starten.

Angewählt wird in diesem Fall die »Standardnummer«, welche das nachfolgende Kapitel beschreibt.

6.1.6 Die Standardnummer

Wenn Sie eine Rufnummer, beziehungsweise einen Namen, in der Telefonoberfläche eingeben, zeigt das Samsung Galaxy immer die sogenannte »Standardnummer« bei den im Telefonbuch gefundenen Kontakten an. Andere Rufnummern werden dagegen nicht berücksichtigt.

Beispiel: Der gefundene Kontakt *Hubert Meyer* besitzt mehrere Rufnummern, es wird aber nur die Standardnummer angezeigt.

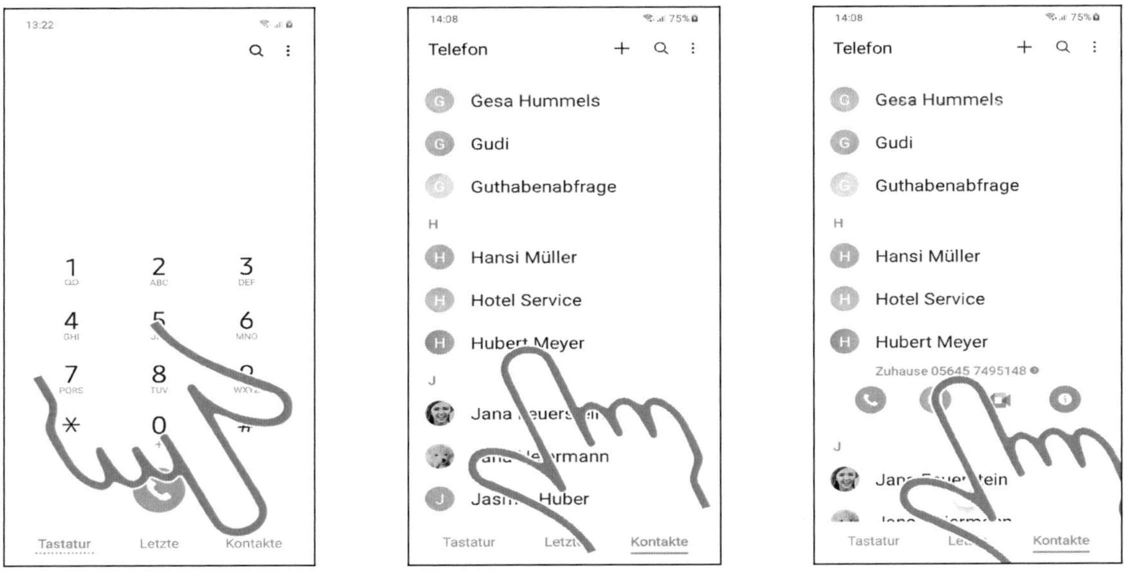

❶ So legen Sie die Standardnummer fest: Aktivieren Sie das *Kontakte*-Register.

❷ Den Namen des Kontakts, dessen Standardnummer Sie festlegen möchten, tippen Sie an.

❸ Die grün angezeigte Rufnummer ist die Standardnummer. Tippen Sie sie an.

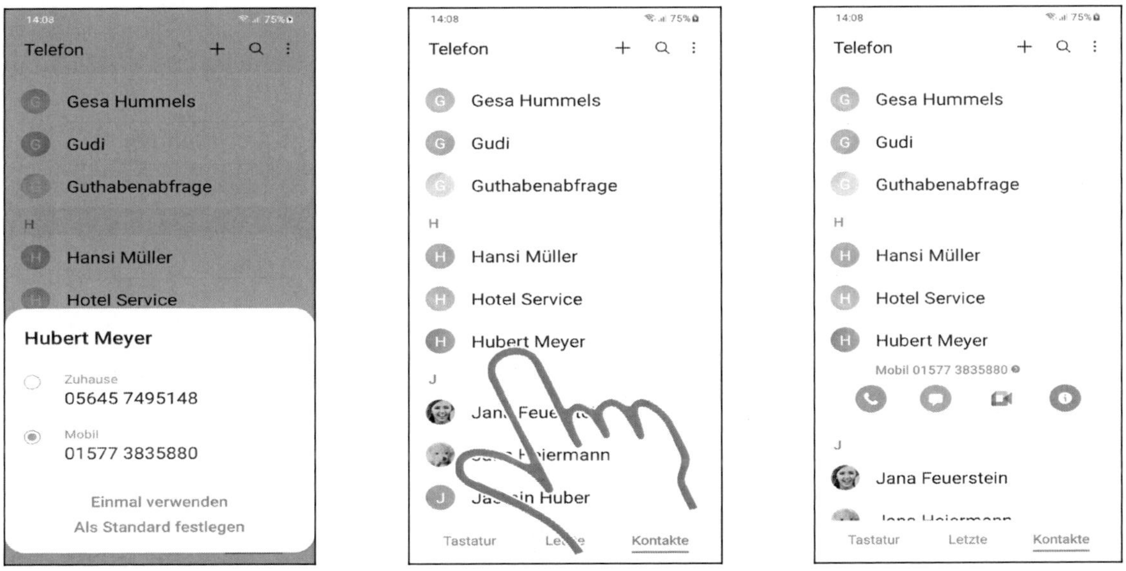

❶ Markieren Sie die gewünschte Standardnummer im Popup und gehen Sie auf *Als Standard festlegen.*

❷❸ Die Standardnummer wird nun im ausgewählten Kontakt angezeigt (Pfeil).

6.2 Kurzwahlen

Wenn man bestimmte Rufnummern häufig anwählt, ist es umständlich, sie jeweils immer von Hand einzugeben oder in der Kontaktverwaltung zu suchen. Deshalb gibt es die Kurzwahlen, bei denen man eine der Zahlen von 2 bis 9 mit einer Rufnummer belegt. Man braucht zur Anwahl dann nur noch beispielsweise als Kurzwahl die »2« einzugeben.

6.2.1 Kurzwahl erstellen

❶ Aktivieren Sie in der Telefonoberfläche oder im *Kontakte*-Register ⋮*/Kurzwahlnummern.*

❷ Geben Sie die Anfangsbuchstaben eines Kontakts aus dem Telefonbuch an, worauf das Handy Ihnen Vorschläge macht. Wählen Sie davon einen aus.

❸ Die Kurzwahl ist damit erstellt. Über die Minus-Schaltleiste hinter dem Kurzwahleintrag löschen Sie diese bei Bedarf wieder.

Die Kurzwahl »1« ist bereits für die Mailbox, siehe Kapitel *6.3 Mobilbox abrufen*, reserviert.

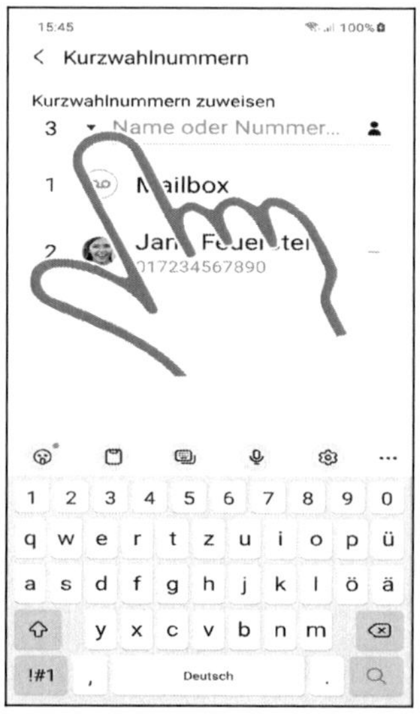

❶❷ Normalerweise gibt Ihnen das Handy die zu belegende Kurzwahl vor. Über das Auswahlmenü (Pfeil) ist es aber auch möglich, die Kurzwahl selbst einzustellen.

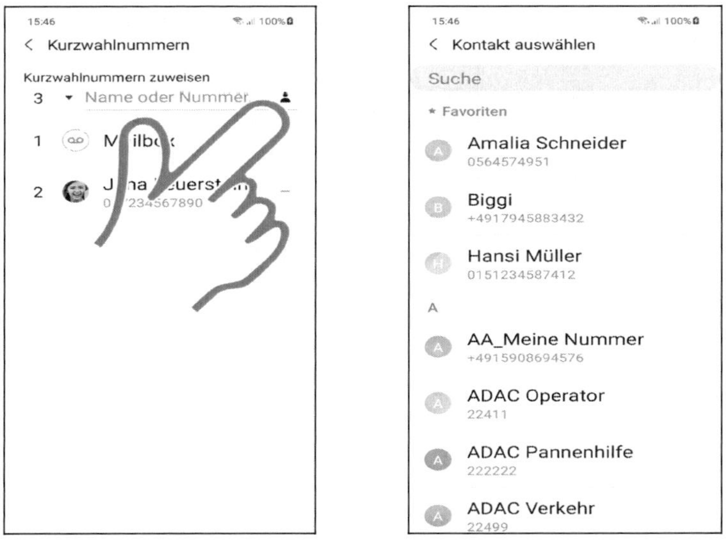

❶❷ Über die -Schaltleiste öffnen Sie das Telefonbuch, in dem Sie einen Kontakt auswählen.

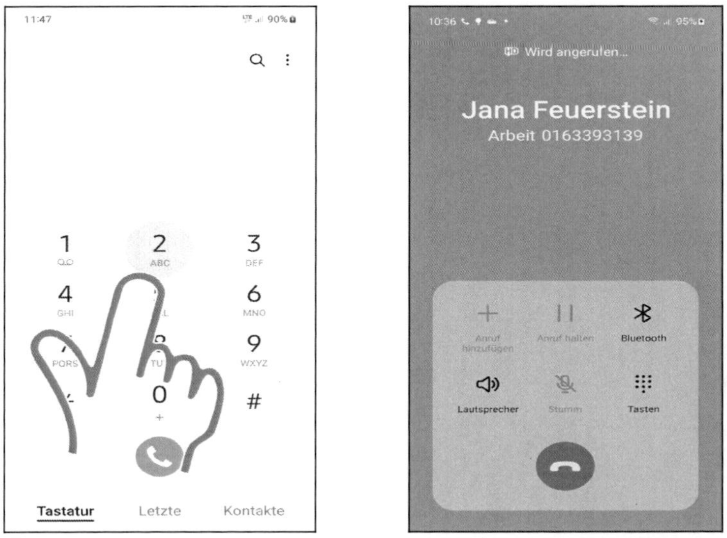

❶❷ So nutzen Sie die Kurzwahlen:

- Drücken und halten Sie die Kurzwahlnummer, worauf sofort die Anwahl startet.
- Bei mehrstelligen Kurzwahlen drücken und halten Sie die letzte Ziffer, bis die Anwahl durchgeführt wird. Beispielsweise würden Sie für die Kurzwahl 123 die ersten beiden Ziffern eingeben und dann die »3« gedrückt halten.

6.3 Mobilbox abrufen

Die Mobilnetzbetreiber bieten jedem Kunden eine »Mailbox« an, in der Anrufer wie auf einem Anrufbeantworter ihre Nachrichten hinterlassen können. Zum Abruf der Nachrichten wählen Sie entweder auf der Telefonoberfläche die Mailboxnummer, oder Sie nutzen die vom Handy angebotene Abruffunktion.

Zum Abruf der Mailbox tippen und halten Sie die »1«-Taste auf dem Telefontastenfeld, bis die Anwahl erfolgt. Es wird automatisch das Tastenfeld aktiviert.

Die Mailbox ist auf der Kurzwahl »1« vordefiniert. Normalerweise wird die Mailbox-Rufnummer korrekt eingerichtet, wenn Sie eine neue SIM-Karte einlegen und die automatisch erscheinende Konfigurationsaufforderung bestätigen. Falls Sie eine andere Mailboxrufnummer eintragen möchten, lesen Sie im Kapitel *6.7.10 Mailboxeinstellungen* weiter.

6.4 Anruf annehmen

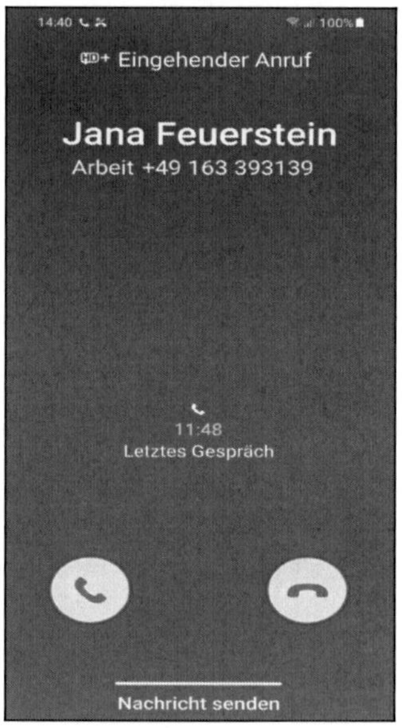

Wenn ein Anruf eingeht, gibt es zwei mögliche Anzeigen:

- Rufnummer ist nicht im Telefonbuch vorhanden: Nur die Rufnummer wird angezeigt (❶).
- Rufnummer ist im Telefonbuch vorhanden: Das Handy zeigt den Kontaktnamen und die Rufnummer an (❷).

Läuft gerade eine Anwendung, dann erscheint nur ein Popup, in dem Sie den Anruf entgegen nehmen oder ablehnen.

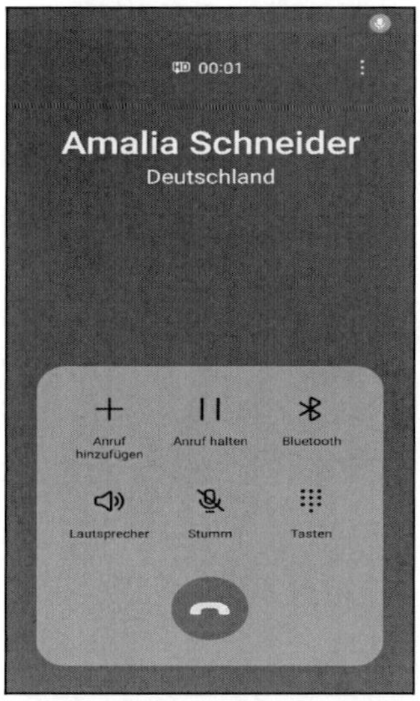

❶❷ Zum Annehmen eines Gesprächs ziehen Sie die grüne 📞-Schaltleiste mit angedrücktem Finger nach rechts. Während eines Gesprächs stehen die gleichen Funktionen zur Verfügung, die bereits im Kapitel *6.1.4 Funktionen während eines Gesprächs* vorgestellt wurden.

❶ Umgekehrt ziehen Sie die rote ☎-Schaltleiste nach links, um einen Anruf zu blocken. Der geblockte Anruf landet trotzdem in der Anrufverlauf-Liste, sodass sie ihn später zurückrufen können. Siehe auch Kapitel *6.5 Anrufliste*.

❷ Wenn Sie mal einen Anruf verpasst haben, erscheint oben in der Titelleiste ein ☎-Symbol

(Pfeil). Dieses ist solange dort sichtbar, bis Sie die Anrufliste aufrufen. Eine Zahl beim *Telefon*-Schaltleiste (Pfeil) informiert zudem über die Anzahl der verpassten Anrufe.

❶ Ist das Display ausgeschaltet, beziehungsweise die Displaysperre aktiv, weist das Handy mit auf den verpassten Anruf hin. Zur Anzeige des Anrufprotokolls tippen Sie an.

❷❸ Zippen sie zweimal hintereinander auf den Anrufeintrag, was die Anrufliste öffnet.

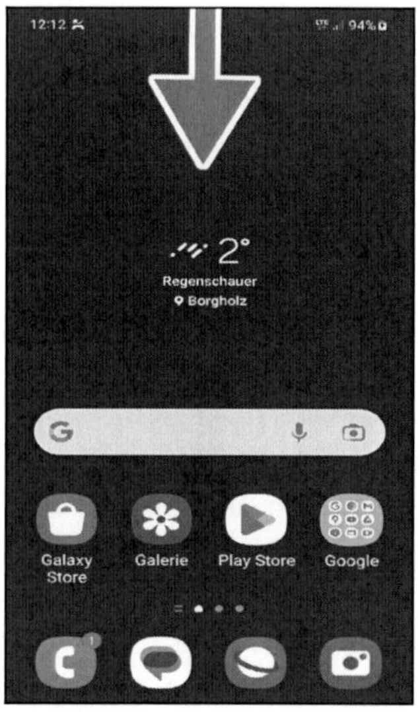

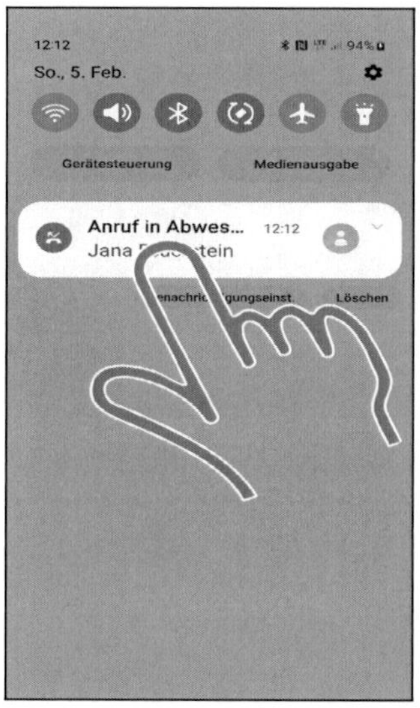

❶❷❸ Weitere Infos zum verpassten Anruf erhalten Sie ebenfalls, indem Sie das Benachrichtigungsfeld öffnen (Siehe *4.7.6 Titelleiste und Benachrichtigungsfeld).* Tippen Sie den Listeneintrag an, um die Anrufliste anzuzeigen.

Einen Anruf, den Sie nicht entgegennehmen, beziehungsweise blocken, erscheint trotzdem in der Anrufverlauf-Liste, die Kapitel *6.5 Anrufliste* beschreibt.

Betätigen der Lautstärke-leiser-Taste auf der rechten Geräteseite schaltet einen eingehenden Anruf stumm.

6.4.1 Anruf mit Mitteilung beantworten

Nicht immer ist es möglich, einen eingehenden Anrufer sofort entgegenzunehmen. Für solche Fälle bietet das Handy die Option, dem Anrufer eine SMS zu schicken.

➊ Ziehen Sie den Schieber am unteren Bildschirmrand nach oben.

➋ Es sind bereits einige Texte vorgegeben, von dem Sie einen auswählen. Der Anruf wird nun geblockt und die SMS verschickt.

Falls Sie den Inhalt der SMS selbst eingeben möchten, betätigen Sie *Neue Nachricht schreiben*, worauf die Nachrichten-Anwendung startet und eine neue SMS an den Anrufer erstellt.

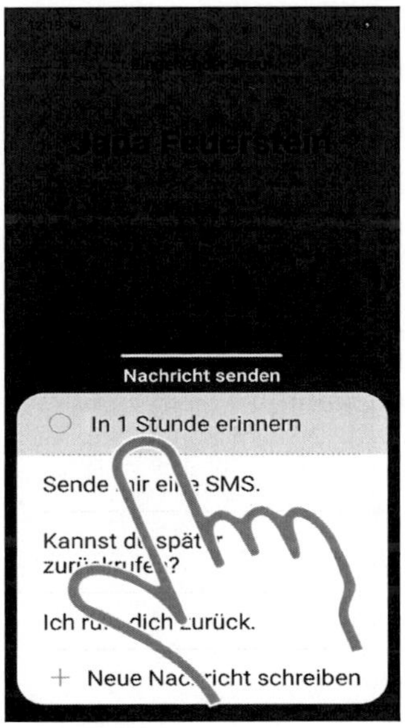

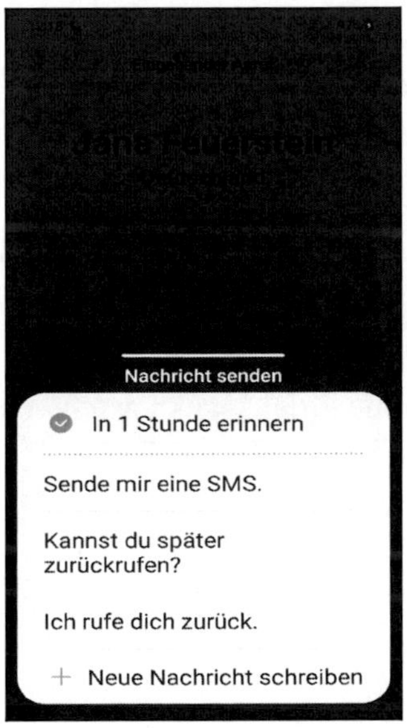

➊➋ Wenn Sie vor der Auswahl einer Nachricht die Option *In 1 Stunde erinnern* aktivieren, macht Sie das Handy später auf den nötigen Rückruf aufmerksam.

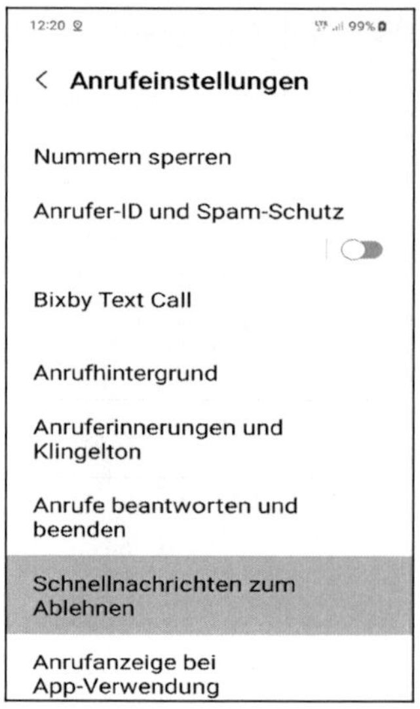

❶❷ Die vorgegebenen Textvorlagen lassen sich editieren. Gehen Sie dafür in der Telefonoberfläche auf ⋮*/Einstellungen/Schnellnachrichten zum Ablehnen*.

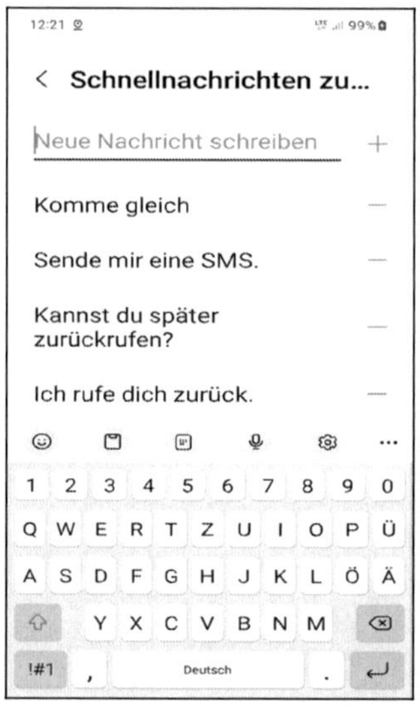

❶❷ Erfassen Sie einen Ablehnungstext und betätigen Sie +. Es bietet sich an, weitere Texte für verschiedenste Situationen anzulegen.

Falls Ihnen ein Text nicht mehr gefällt, tippen Sie ihn einfach in der Auflistung an, worauf er im Editor angezeigt wird. Sie können maximal sechs verschiedene Texte erstellen.

6.4.2 Klingelton und Klingeltonlautstärke

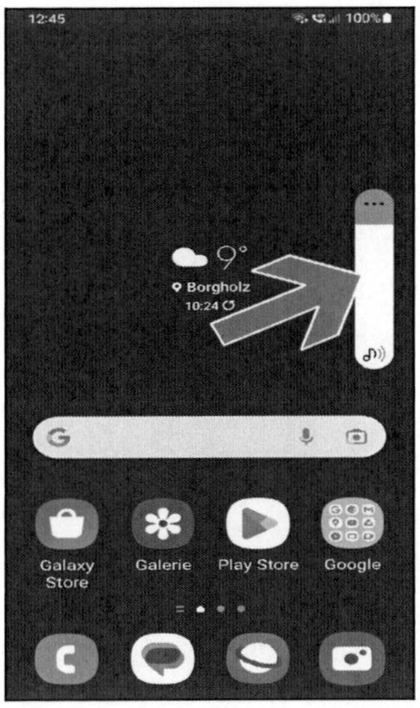

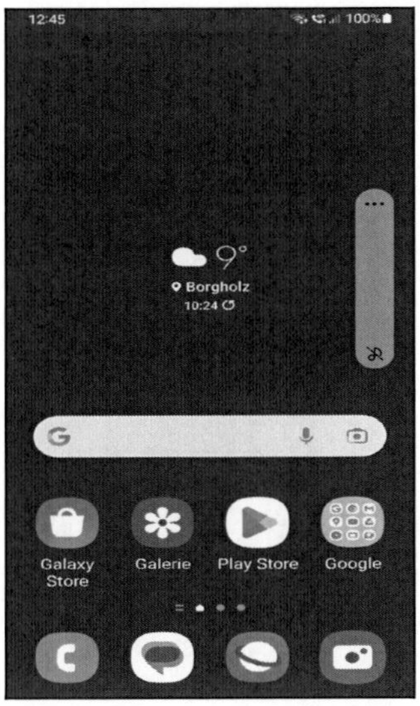

❶ Die Klingeltonlautstärke ändern Sie ganz einfach über die Lautstärketasten auf der rechten Geräteseite.

❷ Wenn Sie bereits die niedrigste Lautstärke eingestellt hatten und trotzdem weiter die Lautstärke-leiser-Taste drücken, schaltet das Handy auf Lautlos.

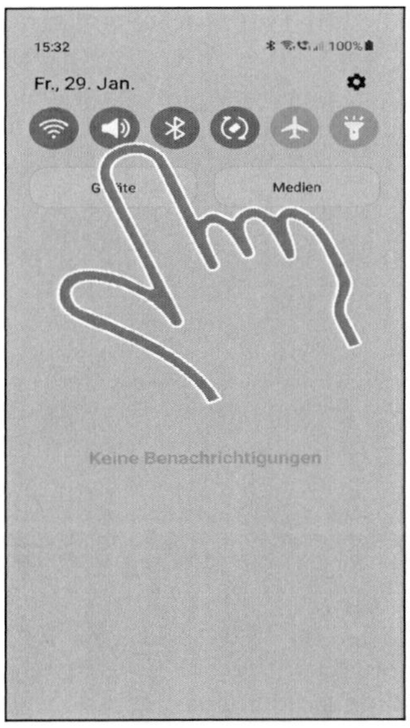

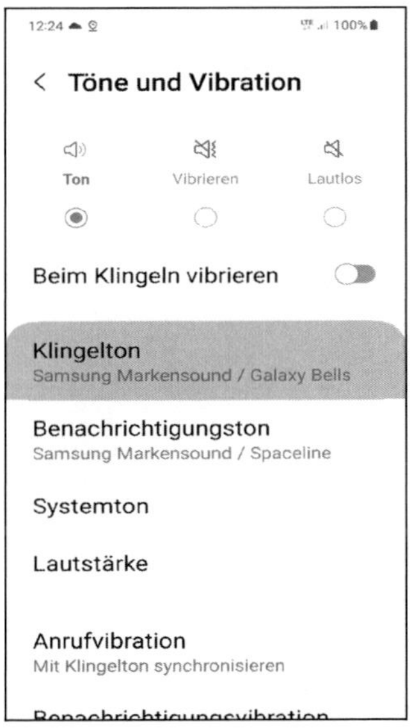

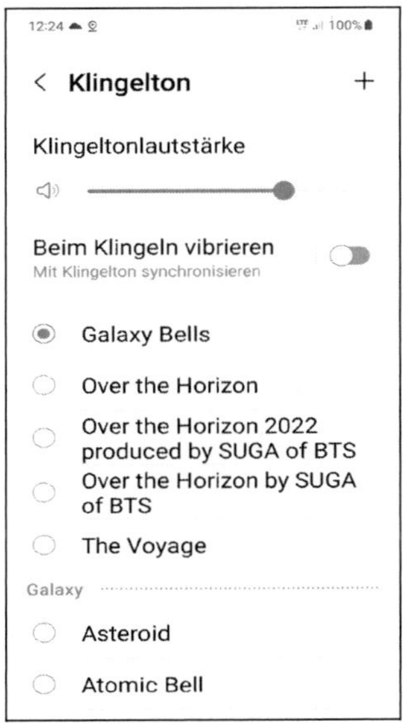

❶ Aktivieren Sie das Benachrichtigungsfeld, dann tippen und halten Sie die 🔊-Schaltleiste.

❷ Gehen Sie auf *Klingelton*.

❸ Stellen Sie den gewünschten Klingelton ein.

> Falls Sie eigene Musikdateien als Klingel- und Benachrichtigungstöne verwenden möchten, beachten Sie bitte Kapitel *32.2 Eigene Klingel- und Benachrichtigungstöne*.
>
> Sie können auch jedem Kontakt einen eigenen Klingelton zuweisen, der dann statt dem Standard-Klingelton vom Handy verwendet wird. Siehe dazu Kapitel *8.5 Kontaktfoto und Klingelton*.

6.5 Anrufliste (Protokoll)

In der Anrufliste legt das Handy alle ein- und ausgegangenen Anrufe, auch die nicht entgegengenommenen, ab.

6.5.1 Anrufliste in der Telefonoberfläche

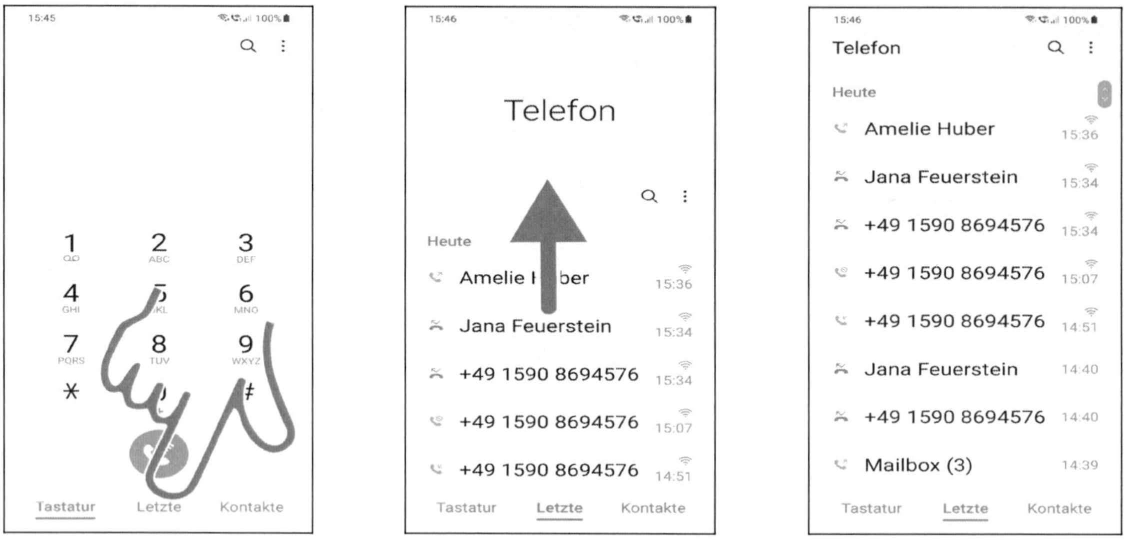

➊ Die Anrufliste zeigt die zuletzt ein- und ausgegangenen, sowie verpassten Gespräche an. Sie aktivieren sie über das *Letzte*-Register (Pfeil) in der Telefonoberfläche.

➋➌ Mit einer Wischgeste blättern Sie durch die Anrufliste.

6.5.2 Anzeige verpasster Anrufe

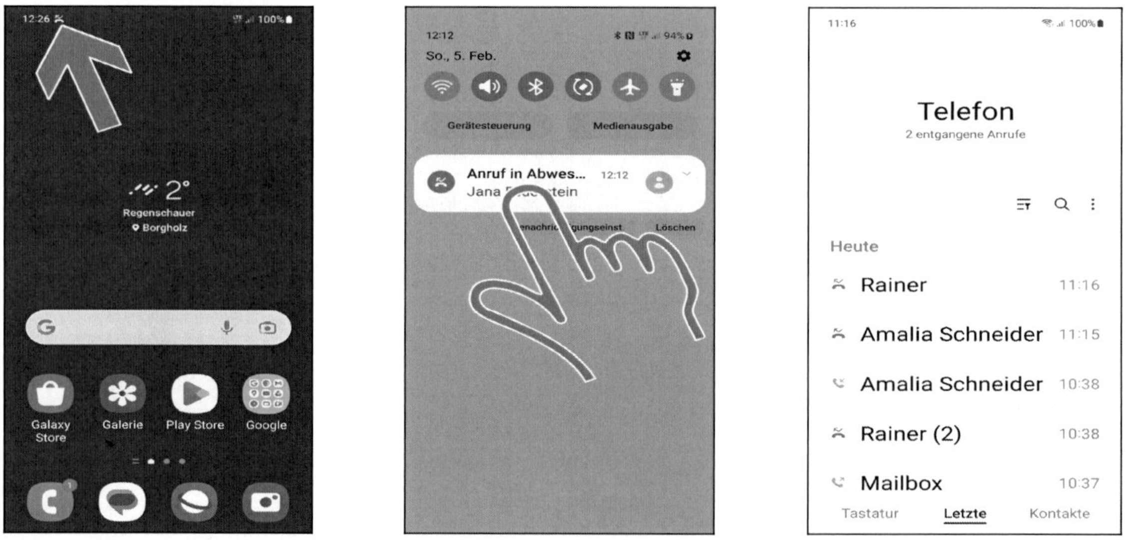

➊ Über verpasste oder von Ihnen geblockte Anrufe informiert ein ✗-Symbol oben in der Titelleiste (Pfeil). Das Symbol bleibt solange sichtbar, bis Sie die Anrufliste aktivieren.

➋ Weitere Infos über den verpassten Anrufer erhalten Sie, indem Sie das Benachrichtigungsfeld öffnen (siehe Kapitel *4.7.6 Titelleiste und Benachrichtigungsfeld*). Tippen Sie den Listeneintrag an, um die Anrufliste anzuzeigen.

➌ Ein kleines Symbol informiert bei jedem Listeneintrag, welche Aktion stattgefunden hat:

- Eingehender Anruf, der angenommen wurde.
- Eingehender Anruf, der nicht angenommen wurde.
- Ausgehender Anruf.
- ⃠ Von Ihnen geblockter Anruf.

6.5.3 Funktionen in der Anrufliste

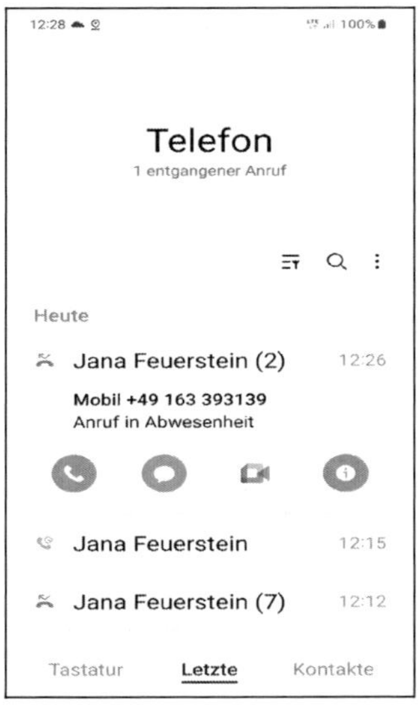

❶❷ Tippen Sie einen Namen an für die folgenden Schaltleisten:

- : *Anruf*: Kontakt anrufen.
- : *Nachricht*: SMS schreiben.
- : *Videoanruf*: Videotelefonat führen. Wegen der damit verbundenen hohen Kosten gehen wir in diesem Buch nicht näher darauf ein.
- : *Details*: Kontaktdetails anzeigen (nur wenn sich die Rufnummer im Telefonbuch befindet).

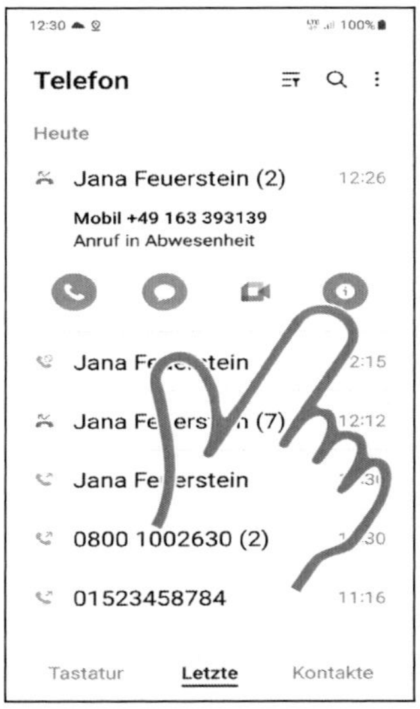

❶ Antippen des Kontaktsymbols (Pfeil) öffnet dagegen die Kontaktdetails.

❷ Mit einer Wischgeste rollen Sie durch die Kontaktdaten.

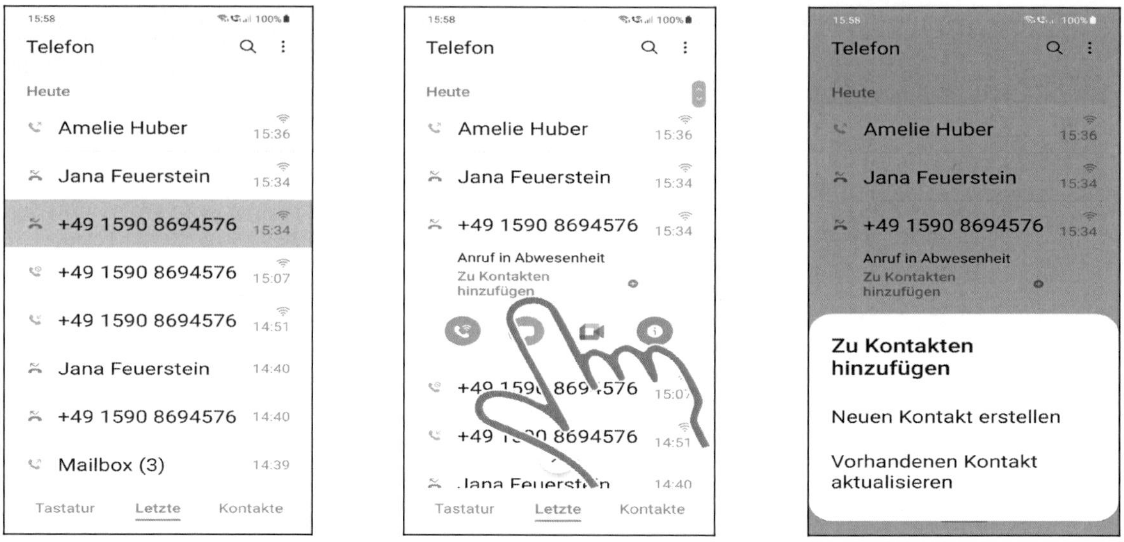

❶❷ Haben Sie eine noch nicht im Telefonbuch vorhandene Rufnummer angetippt, so ist die *Zu Kontakten hinzufügen*-Schaltleiste verfügbar, die Sie betätigen.

❸ Im Popup wählen Sie anschließend aus, ob die Rufnummer einem neuen oder bestehenden Kontakt zugewiesen wird.

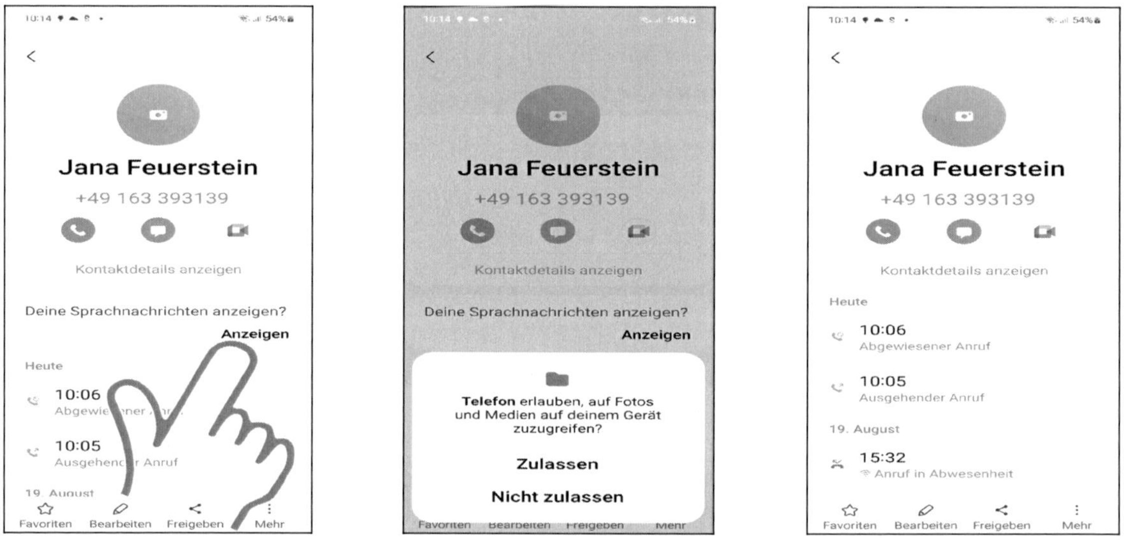

❶❷ Die *Anzeigen*-Schaltleiste betätigen Sie und schließen den folgenden Dialog mit *Zulassen.*

❸ Sie gestatten damit Anrufe und SMS, die den Kontakt betreffen, hier anzuzeigen.

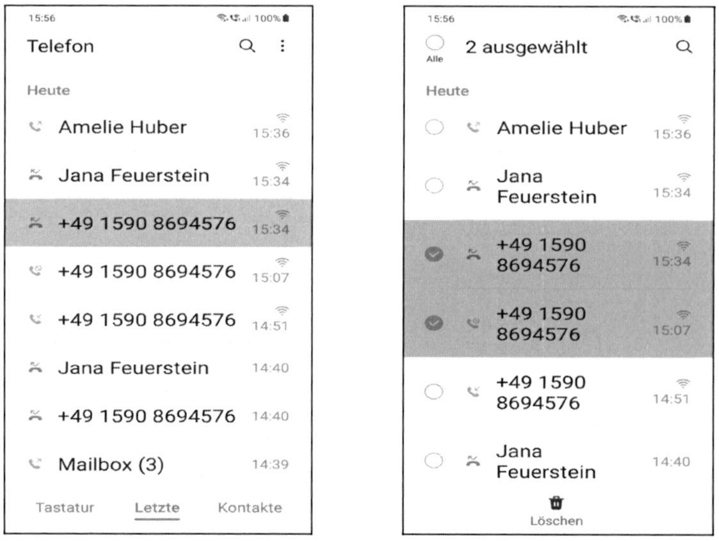

❶❷ Tippen und halten Sie den Finger über einem Listeneintrag, worauf der Markierungsmodus aktiviert wird. Sie können dann weitere Listeneinträge durch Antippen markieren und mit *Löschen* am unteren Bildschirmrand die markierten Einträge aus dem Anrufprotokoll entfernen.

6.5.4 Weitere Anzeigen

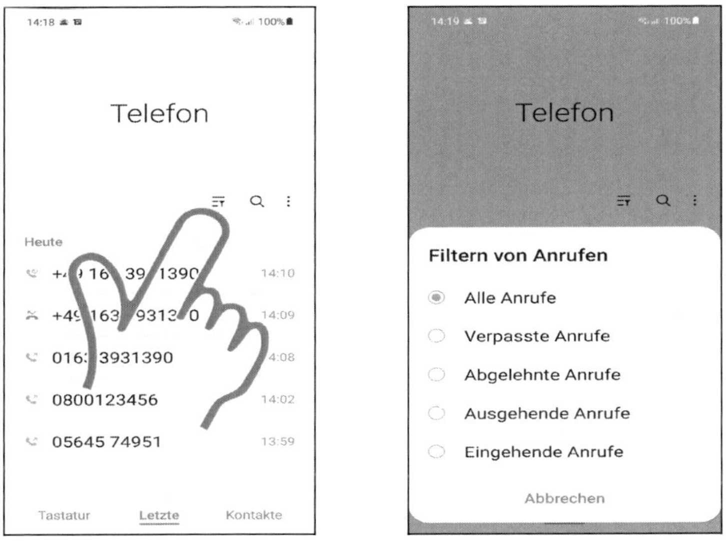

❶❷ Über ☰ schränken Sie die angezeigten Einträge auf verpasste oder abgelehnte Anrufe ein.

6.6 Flugmodus (Offline-Modus)

In manchen Umgebungen, zum Beispiel Flugzeugen und Krankenhäusern, ist der Einsatz eines Handys untersagt. Für diesen Fall können Sie die Telefon-Funktionalität deaktivieren. Im Flugmodus sind neben dem Telefon, auch WLAN und Bluetooth deaktiviert.

❶ Öffnen Sie das Benachrichtigungsfeld und betätigen Sie darin die ✈-Schaltleiste.

❷ Ein ✈-Symbol macht auf den aktiven Flugzeugmodus in der Titelleiste aufmerksam (Pfeil). Erneutes Betätigen der ✈-Schaltleiste im Benachrichtigungsfeld schaltet den Mobilfunk wieder ein.

Für den Netzbetreiber erscheint der Flugzeugmodus technisch so, als ob Sie Ihr Handy ausgeschaltet haben.

6.7 Anrufeinstellungen

In den Anrufeinstellungen finden Sie viele Funktionen, die meist nur selten benötigt werden, trotzdem aber sehr nützlich sein können.

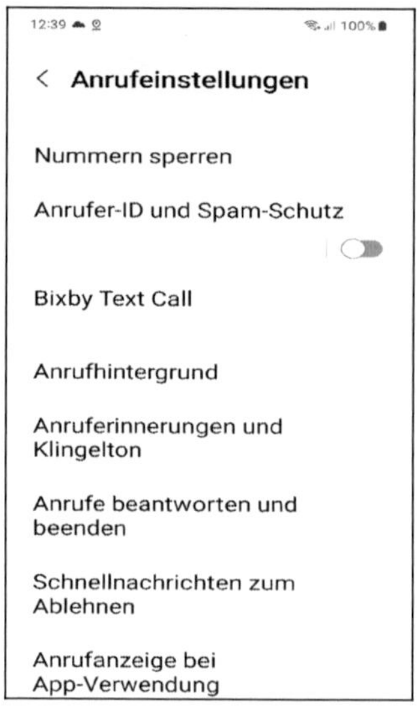

❶❷ Gehen Sie in ⋮/*Einstellungen.*

6.7.1 Anruf ablehnen

◆ *Einstellungen/Nummern sperren*

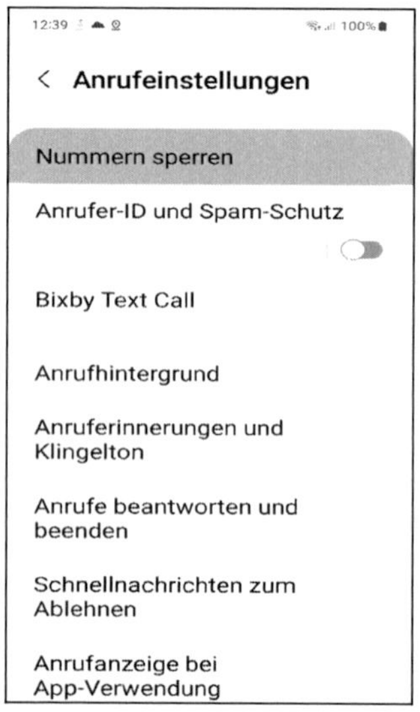

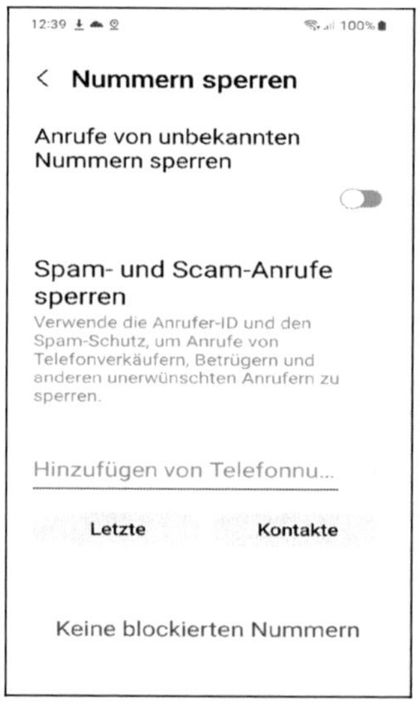

❶❷ Hiermit blockieren Sie unerwünschte Anrufer und SMS. Erfassen Sie einfach die entsprechenden Rufnummern.

6.7.2 Anrufer identifizieren

◆ *Einstellungen/Anrufer-ID und Spam-Schutz*

Eines der größten Ärgernisse der Telekommunikation sind unerwünschte Werbeanrufe. Das amerikanische Unternehmen Whitepages hat daher einen Mechanismus entwickelt, um Anrufer zu identifizieren und gegebenenfalls als Spam einzuordnen.

In Deutschland sind unerwünschte Werbeanrufe aufgrund strenger gesetzlicher Regulierung eher selten, weshalb sich die Whitepages-Anrufer-Identifizierung eigentlich erübrigt. Außerdem hat diese Funktion den Nachteil, dass Rufnummern an ein US-Unternehmen übertragen werden, das keinen europäischen Datenschutzregeln unterliegt. Die Nutzer der Anrufer-Identifizierung legen zudem selbst fest, welche Nummern sie als unerwünscht einstufen, was zu Missbrauch einlädt. Wir raten daher von der Anrufer-Identifizierung ab.

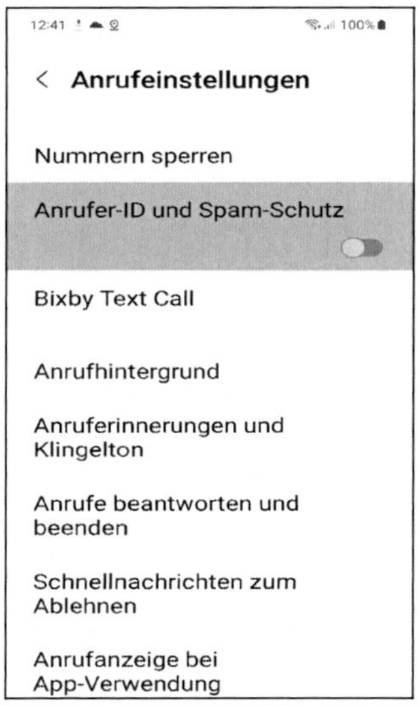

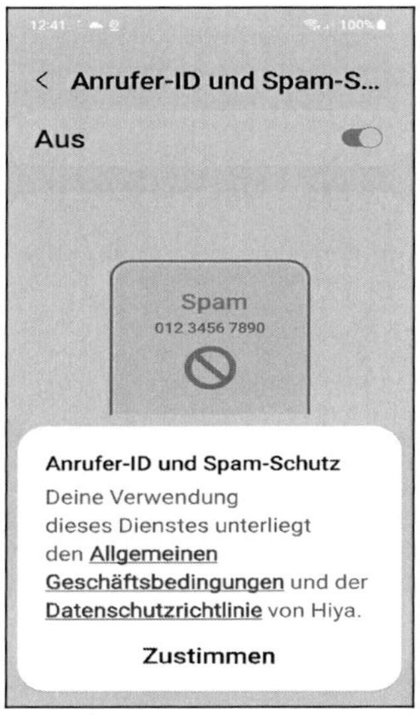

❶❷ Falls Sie trotz unserer Vorbehalte die Anruferidentifizierung nutzen möchten, gehen Sie auf *Anrufer-ID und Spam-Schutz* und aktivieren den Schalter oben rechts (Pfeil).

❸ Betätigen Sie *Zustimmen.*

Aktivieren Sie *Spam- und Scam-Anrufe sperren.*

Die weiteren angebotenen Optionen sollten Sie unverändert lassen.

6.7.3 Bixby Text Call

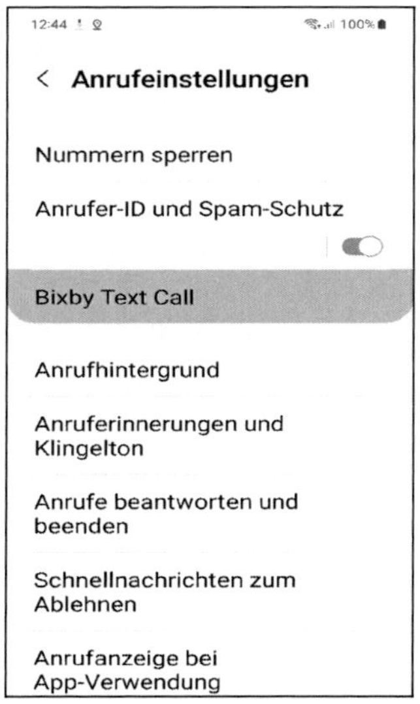

❶❷ Bixby Text Call ist für die Behandlung von unerwünschten Anrufern gedacht. Dabei übernimmt das Handy das Gespräch und Sie erhalten das Gesprochene des Anrufers als Text. Leider steht aktuell der enthaltene Sprachassistent nur auf Englisch zur Verfügung, sodass die Funktion hierzulande unbrauchbar ist.

6.7.4 Anrufhintergrund

◆ *Einstellungen/Anrufhintergrund*

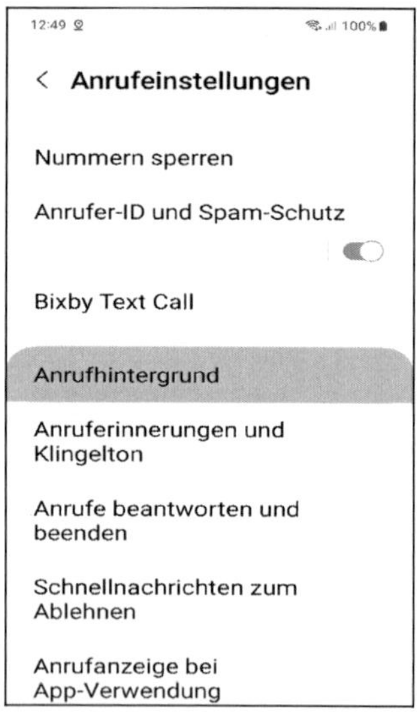

❶ Über *Anrufhintergrund* konfigurieren Sie die Anzeige bei eingehenden Anrufen.

❷ In *Layout* wählen Sie zwischen zwei Anzeigearten (❸), während Sie in *Hintergrund* eines von vier Videos einstellen können.

6.7.5 Anrufsignale

◆ *Einstellungen/Anruferinnerungen und Klingelton*

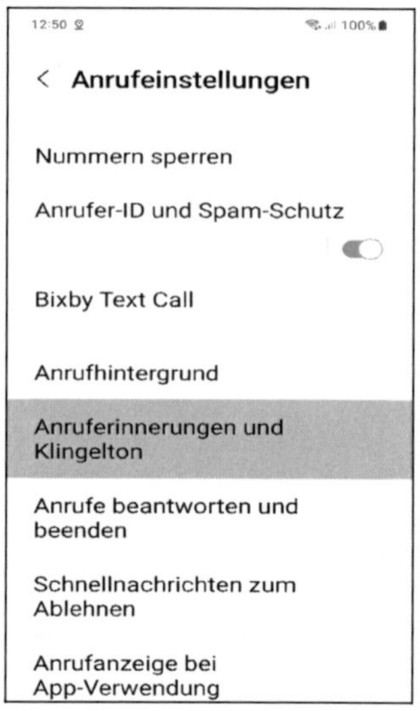

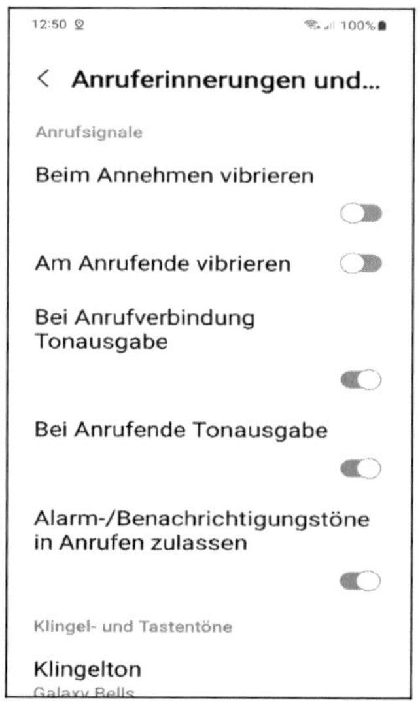

❶❷ Unter *Anruferinnerungen und Klingeltöne* stellen sie ein:

Unter *Anrufsignale*:

- *Beim Annehmen vibrieren:* Vibration, sobald der Angerufene das Gespräch annimmt.
- *Am Anrufende vibrieren:* Vibration, wenn Sie oder Ihr Gesprächspartner auflegen.
- *Bei Anrufverbindung Tonausgabe*: Wenn Sie jemanden anrufen, ertönt der Verbindungston nach der erfolgreichen Anwahl.
- *Bei Anrufende Tonausgabe*: Beim Gesprächsende ertönt ein Signal.
- *Alarm-/Benachrichtigungstöne in Anrufen zulassen*: Während eines Telefongesprächs erhalten Sie weiterhin akustische Hinweise auf neu vorhandene E-Mails, SMS, usw.

Unter *Klingel- und Tastentöne*:

- *Klingelton:* Melodie für eingehende Anrufe.
- *Anrufvibration*: Legt für eingehende Anrufe eine Vibration fest. Beachten Sie bitte, dass Sie *Beim Klingeln vibrieren* aktivieren müssen, um die Vibration zu nutzen.
- *Beim Klingeln vibrieren*: Neben dem Klingelton vibriert das Handy bei eingehenden Anrufen.
- *Ton beim Tippen von Tasten; Bei Tastendruck vibrieren:* Antippen einer Taste im Tastenfeld der Telefon-Anwendung wird mit einem Signalton beziehungsweise Vibration quittiert.

6.7.6 Anrufe beantworten und beenden

◆ *Einstellungen/Anrufe beantworten und beenden*

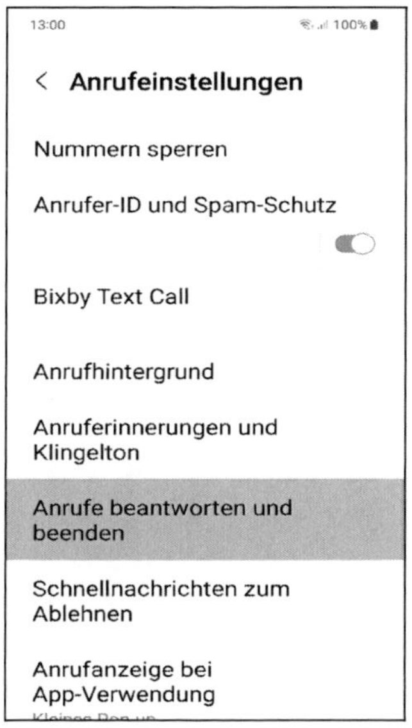

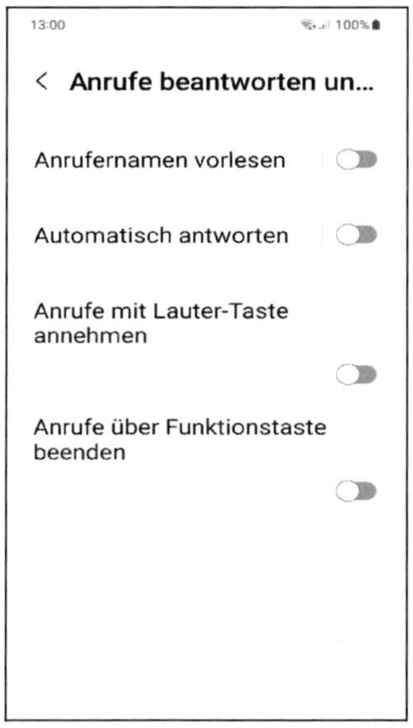

❶❷ Konfigurieren Sie unter *Anrufe beantworten und beenden*:

- *Anrufernamen vorlesen*: Sofern Sie ein Headset, beispielsweise über Bluetooth, angeschlossen haben, spricht das Handy den Anrufernamen aus.
- *Automatisch antworten*: Anrufe werden automatisch nach 2 Sekunden angenommen. Sie müssen dafür ein Bluetooth-Headset nutzen (siehe dazu auch das Kapitel *31.3 Bluetooth-Headset / Freisprecheinrichtung verwenden*).
- *Anrufe mit Lauter-Taste annehmen*: Eingehende Anrufe nehmen Sie mit der Lautstärke-Lauter-Taste auf der rechten Geräteseite an.
- *Anrufe über Funktionstaste beenden*: Betätigen Sie den Ein-/Ausschalter auf der rechten Geräteseite, um Anrufe zu beenden.

6.7.7 Kurznachrichten zum Ablehnen

◆ *Einstellungen/Schnellnachrichten zum Ablehnen*

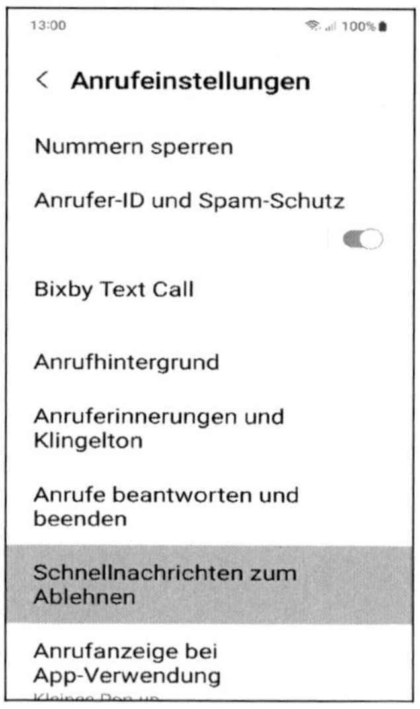

❶❷ Die Funktion des Menüs *Schnellnachrichten zum Ablehnen* beschreibt Kapitel *6.4.1 Anruf mit Mitteilung beantworten*.

6.7.8 Anrufe in Popups anzeigen

◆ *Einstellungen/Anrufanzeige bei App-Verwendung*

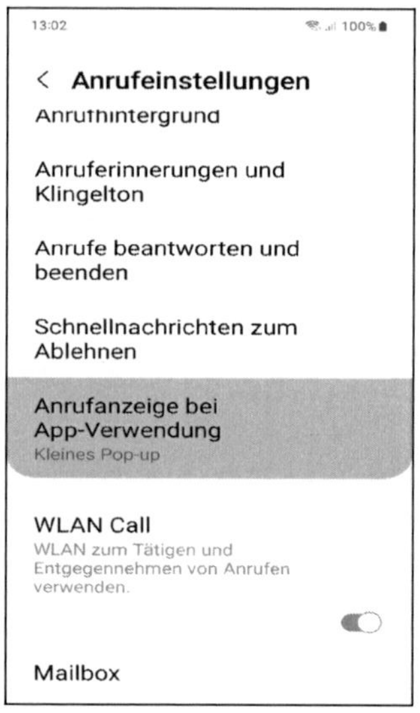

❶❷ *Anrufanzeige bei App-Verwendung* steuert die Anzeige angenommener Anrufe, wenn Sie gerade in einem Programm arbeiten. Sie können zwischen den Optionen wählen: *Vollbild, Pop-up* und *Mini-Pop-up*. Aktivieren Sie *Anrufe in Pop-ups behalten*, damit das Handy auch bei angenommenen Anrufen nicht auf den Vollbildschirm umschaltet.

Die verschiedenen Anzeigen von *Anrufanzeige bei App-Verwendung*:

- Vollbild (❶)
- *Pop-up* (❷)
- *Mini-Pop-up* (❸)

6.7.9 WLAN-Anrufe

◆ *Einstellungen/WLAN Call*

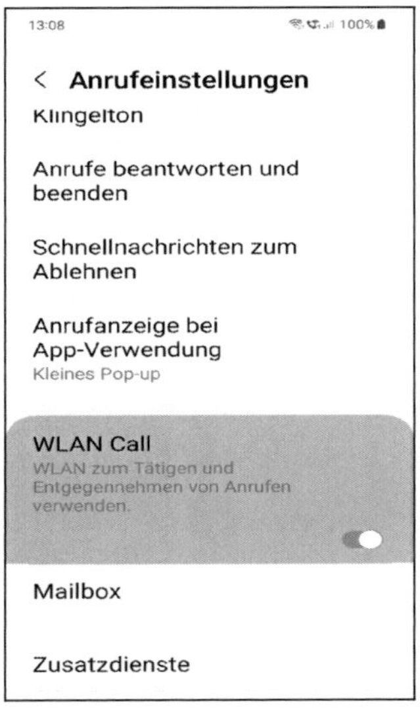

Sofern eine WLAN-Verbindung (siehe Kapitel *10 WLAN*) besteht, können Telefonate auch darüber geführt werden, falls die Mobilfunkverbindung sehr schlecht ist. Eine SIM-Karte muss natürlich trotzdem im Handy eingelegt sein. Weitere Infos finden Sie dazu im Kapitel *6.1.1 WLAN-Call*.

6.7.10 Mailboxeinstellungen

◆ *Einstellungen/Mailbox*

Jeder Mobilnetzbetreiber bietet eine Mailbox mit Anrufbeantworterfunktion für seine Kunden an. Um die Mailbox anzurufen, müssen Sie je nach Netzbetreiber eine andere Nummer anrufen. Beim Samsung Galaxy (und fast allen anderen Handys) ist die Kurzwahl »1« bereits auf die Mailbox eingestellt.

Sofern Sie eine Mailbox nicht benötigen, oder wenn deren Abruf Geld kostet, können Sie sie auch deaktivieren, was meist über das Sprachmenü in der Mailbox möglich ist.

Die Mailboxnummer stellt das Handy normalerweise automatisch nach dem ersten Einschalten korrekt ein, weshalb Sie wahrscheinlich nie irgendwelche Einstellungen daran vornehmen.

❶❷ Die Optionen im *Mailbox*-Menü:

- *Dienstanbieter*: Hier lassen sich keine Änderungen vornehmen.
- *Mailboxeinstellungen*: Mailboxrufnummer.
- *Benachrichtigungen*: Legt die Benachrichtigung über neu in der Mailbox vorhandene Sprachnachrichten fest.

6.7.11 Zusatzdienste

◆ *Einstellungen/Zusatzdienste*

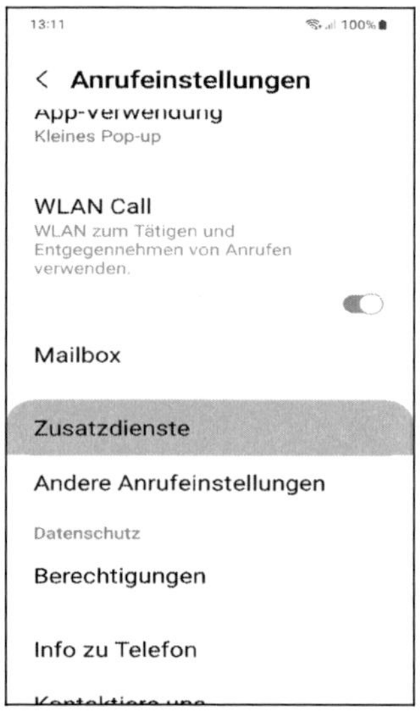

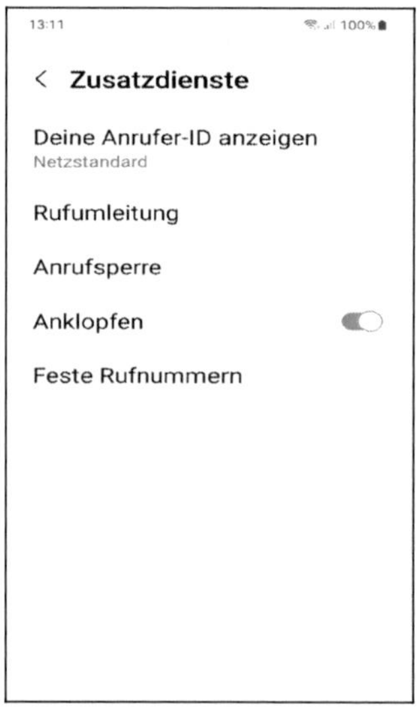

❶❷ Unter *Zusatzdienste* legen Sie fest:

- *Deine Anrufer-ID anzeigen*: Stellt ein, ob von Ihnen Angerufene Ihre Rufnummer sehen (»Rufnummernübermittlung«). Zur Auswahl stehen *Netzwerkstandard* (vorgegebene Einstellung des Mobilnetzbetreibers), *Nummer verbergen* (Rufnummer unterdrücken) und *Nummer anzeigen*.
- *Rufumleitung*: Weiterleitung von eingehenden Anrufen auf einen anderen Anschluss.
- *Anrufsperre*: Ermöglicht es, nur bestimmte ausgehende Anrufe, zum Beispiel internationale Anrufe zu erlauben. Sie benötigen dafür vom Netzbetreiber ein Kennwort. In diesem Buch wird deshalb nicht weiter darauf eingegangen.
- *Anklopfen*: Damit Sie während eines Gesprächs über einen weiteren eingehenden Ruf informiert werden, gibt es das Anklopfen-Merkmal: Geht, während Sie gerade ein Gespräch führen, ein weiterer Anruf ein, erscheint ein Hinweisdialog. Viele Handyverträge unterstützen leider kein Anklopfen.

- Verwenden Sie die *Feste Rufnummern*, um nur Anrufe auf bestimmten Rufnummern zu gestatten.

6.7.12 Andere Anrufeinstellungen

◆ *Einstellungen/Andere Anrufeinstellungen*

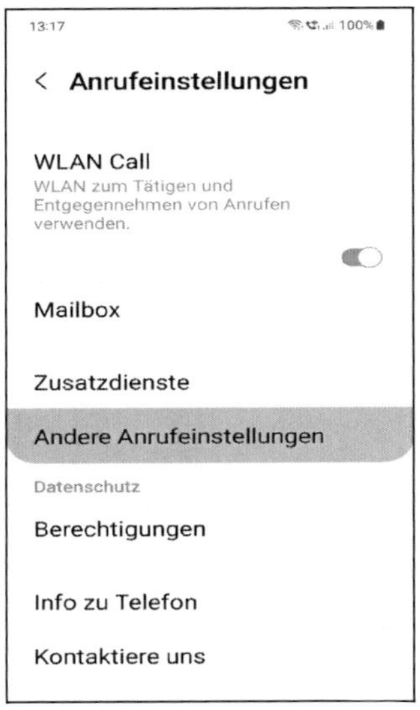

❶❷ Die Optionen in *Andere Anrufeinstellungen*:

- *Kontakte ohne Nummern ausblenden*: Wenn Sie in der Telefonoberfläche die Suchfunktion verwenden (siehe Kapitel *6.1.2 Suche*), blendet das Handy Kontakte ohne Rufnummer aus.
- *Anruferinfo anzeigen*: In den Kontaktdetails informiert das Handy über verpasste und eingegangene Anrufe und SMS.
- *Für Anruf/Nachrichten streichen*: Wischen Sie in der Anrufliste nach rechts oder links für das Durchführen eines Anrufs beziehungsweise das Senden einer SMS.
- *Roaming-Assistent*: Bei Telefonaten im Ausland automatisch deutsche Ländervorwahl einfügen.
- *Hörgerätekompatibilität*: Frequenzgang des Lautsprechers für Hörgeräte optimieren.

7. SMS mit Messages

In der Messages-Anwendung (Messages = engl. »Nachrichten«) verwalten Sie Ihre SMS.

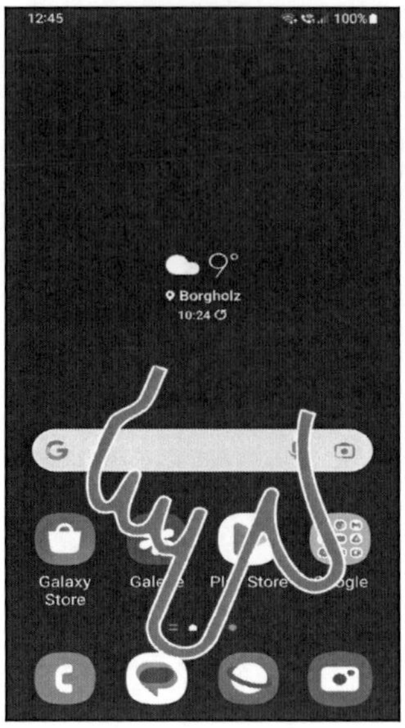

❶ Sie rufen die *Messages*-Anwendung aus dem Startbildschirm auf.

❷ Sofern Sie hier *Weiter als xxx* betätigen, werden von Ihnen über die Messages-Anwendung verschickte Bilder und Videos nicht direkt versendet. Stattdessen erhält der Empfänger einen Link, den er antippt, worauf die betreffende Mediendatei angezeigt wird. Da Sie für den Dateiversand ohnehin WhatsApp oder E-Mail verwenden, spielt diese Option in der Praxis keine Rolle.

❸ Den eventuellen Hinweis auf *Neu - Sehen, wenn Freunde tippen*, können Sie mit *App nicht aktualisieren* schließen.

7.1 Nachrichtenanzeige

Die von älteren Handys gewohnte Aufteilung nach den Ordnern »Posteingang« und »Postausgang« gibt es hier nicht. Stattdessen werden alle Nachrichten nach Kontakt sortiert abgelegt.

❶ Bereits im Hauptbildschirm zeigt die Messages-Anwendung alle Kontakte an, mit denen man geschrieben hat. Wählt man einen Kontakt aus, so zeigt das Handy alle empfangenen und gesendeten Nachrichten des Kontakts als Verlauf an.

❷❸ Wenn Sie mit einer Person bisher noch geschrieben haben beziehungsweise sich diese nicht in Ihrem Telefonbuch (siehe Kapitel *8 Telefonbuch*) befindet, dann erscheint ein Popup. Sie können damit die Rufnummer in Ihrem Telefonbuch speichern. In unserem Fall schließen wir das Popup mit ✕.

Im weiteren Verlauf der nächsten Kapitel erfahren Sie, wie man die Nachrichtenverläufe verwaltet.

Kontakte beziehungsweise Rufnummern mit noch ungelesenen Nachrichten sind in Fettschrift hervorgehoben.

❶❷ Tipp: Sie können die Anzeige mit einer Kneifgeste verkleinern/vergrößern. Dazu halten Sie zwei Finger auf das Display und ziehen diese zusammen oder auseinander.

7.2 Nachricht senden

SMS lassen sich beispielsweise aus dem Telefonbuch oder aus der Anrufliste senden.

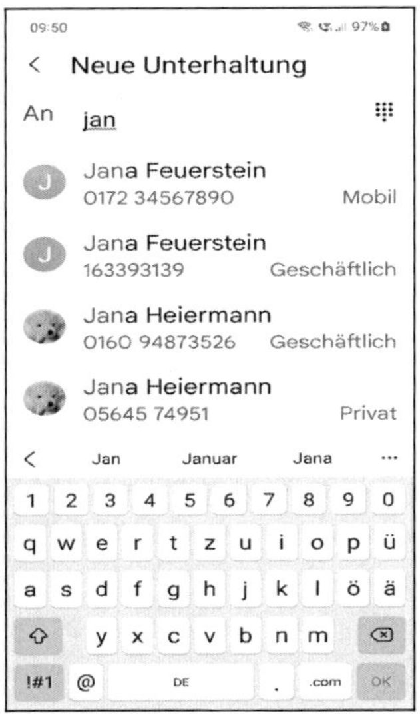

❶ Gehen Sie in der Messages-Anwendung auf ▤.

❷ Der Eingabebildschirm erscheint, wobei das Handy Rufnummern/Kontakte vorschlägt, mit denen Sie bereits geschrieben haben. Tippen Sie gegebenenfalls einen davon an.

❸ Alternativ tippen Sie in das *An*-Feld und geben Sie dort den Empfängernamen ein. Während der Eingabe listet das Handy alle Kontakte auf, in denen der Name vorkommt. Wählen Sie einen davon aus.

❶ Manchmal ist die Fundstellenliste sehr lang. In solchen Fällen tippen und halten Sie den Finger auf der Liste, danach ziehen Sie den Finger nach oben oder unten zum Durchrollen.

❷ Der von Ihnen in der Liste angetippte Kontakt erscheint im *An*-Feld.

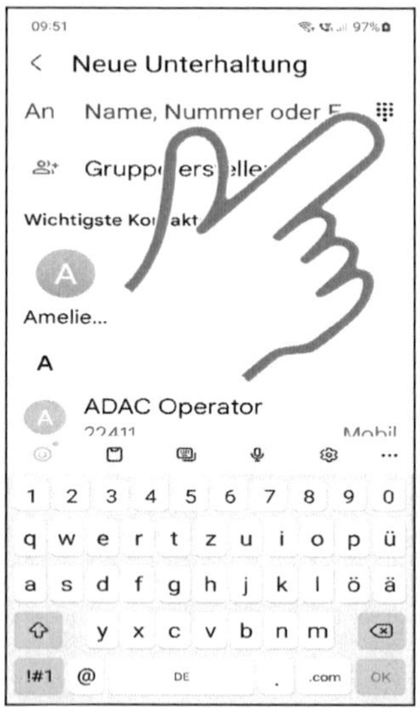

❶❷ Sie möchten eine Rufnummer eingeben, die sich noch nicht im Telefonbuch befindet? Dann betätigen Sie die ⠿-Schaltleiste. Sie erhalten ein nummerisches Tastenfeld, das die Eingabe erleichtert.

❶❷ Um den Nachrichtentext zu erfassen, müssen Sie zunächst in das *Textnachricht*-Feld tippen. Nach Betätigen der ⊳-Schaltleiste (Pfeil) erfolgt der Versand und die Messages-Anwendung schaltet auf den Nachrichtenverlauf um.

❸ Zweimaliges Antippen der ∨- beziehungsweise <-Taste unterhalb des Bildschirms (beim ersten Antippen schließt sich das Tastenfeld) bringt Sie wieder in den Hauptbildschirm zurück.

7.2.1 Mehrere Empfänger eingeben

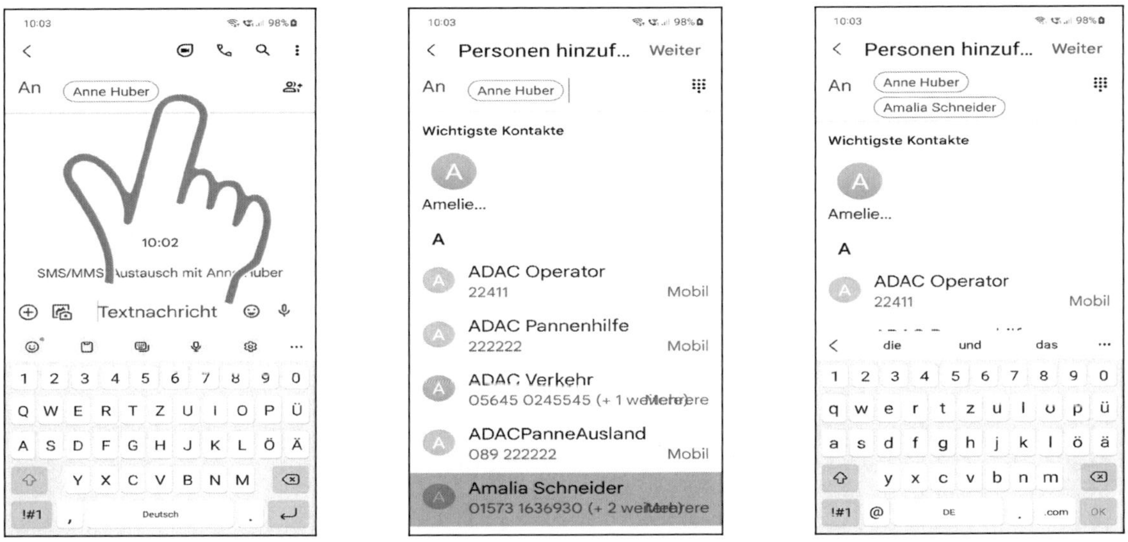

❶ Manchmal kommt es vor, dass eine Nachricht an mehrere Empfänger gehen soll. In diesem Fall tippen Sie einfach erneut in die Adressleiste (Pfeil).

❷❸ Alternativ wischen Sie durch die Kontaktvorschlägeund wählen dort einen Kontakt aus, dem Sie die SMS senden möchten. Sollte ein Kontakt mehrere Rufnummern haben, müssen Sie eine davon auswählen.

7.2.2 Kontakt aus Telefonbuch

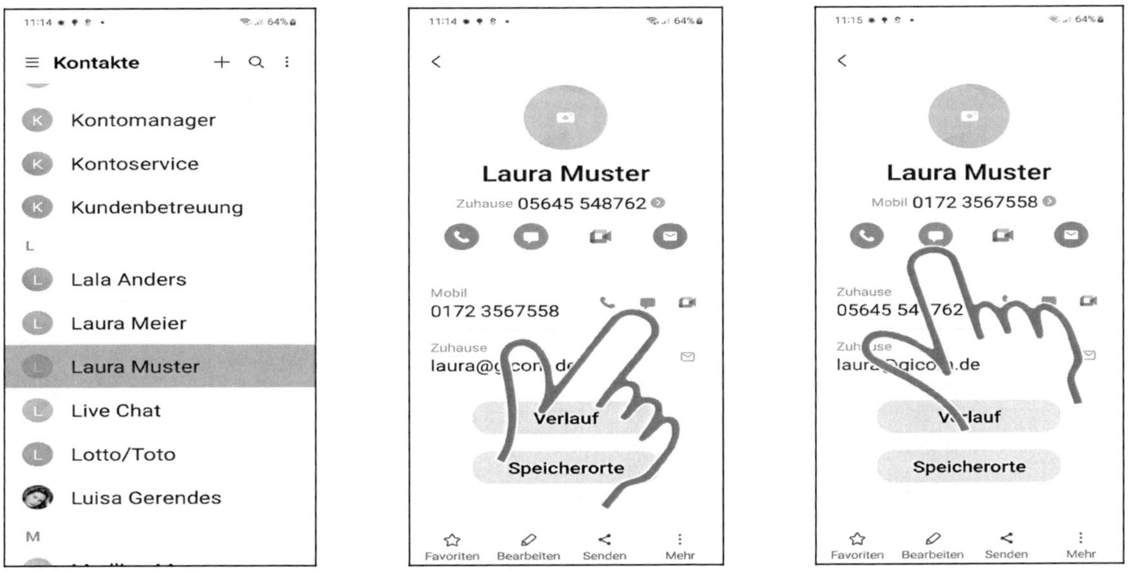

❶❷ Im einfachsten Fall tippen Sie im Telefonbuch (siehe Kapitel *8 Telefonbuch*) auf einen Kontakt, worauf die Kontaktdetails erscheinen. Tippen Sie auf 💬.

❸ Alternativ betätigen Sie die 💬-Schaltleiste, falls Sie sich oben Handynummer befindet, der Sie schreiben möchten.

7.2.3 Nachricht aus Nachrichtenverlauf

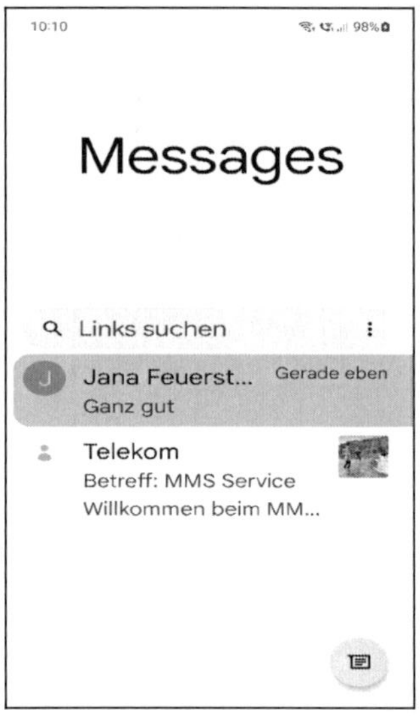

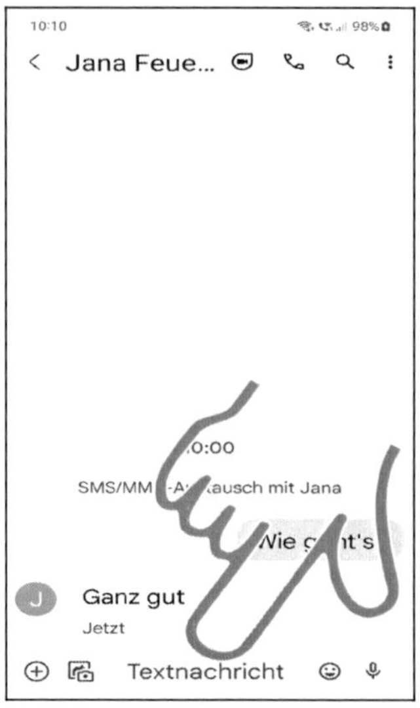

❶ Auch im Nachrichtenverlauf können Sie direkt eine Nachricht eingeben. Dazu tippen Sie den Verlauf an.

❷❸ Tippen Sie gegebenenfalls in das Eingabefeld und erfassen Sie Ihre Nachricht. Betätigen Sie nun ⊳. Damit ist Ihre SMS verschickt und eine weitere Sprechblase mit Ihrer Antwort erscheint im Nachrichtenverlauf.

7.2.4 Nachricht aus Anrufliste

In der Anrufliste der Telefonieoberfläche (siehe Kapitel *6.5 Anrufliste (Protokoll)*) ist ebenfalls der SMS-Versand möglich.

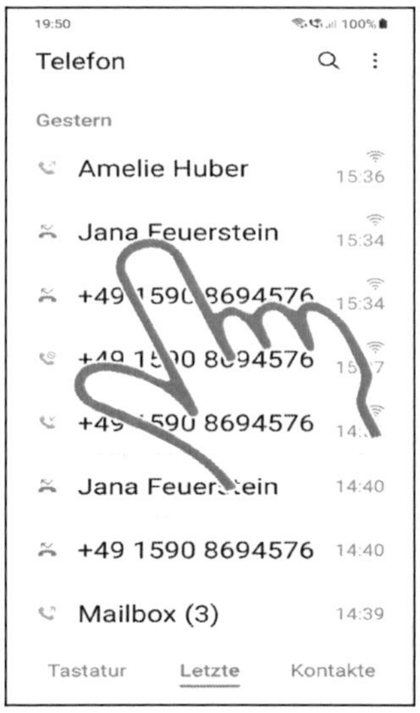

❶ Tippen Sie einen Eintrag an.

❷ Wählen Sie dann im Popup 💬 aus.

SMS sind nicht nur ins Mobilnetz, sondern auch an Festnetznummern möglich. Wenn ein Festnetzanschluss mit SMS-fähigen Endgeräten (in der Regel DECT-Telefone) ausgestattet ist, lassen sich die Kurznachrichten dort abrufen und beantworten. Bei Festnetzanschlüssen ohne SMS-Unterstützung ruft eine Mailbox des Netzbetreibers an und liest die Kurznachricht vor.

7.2.5 Senden planen

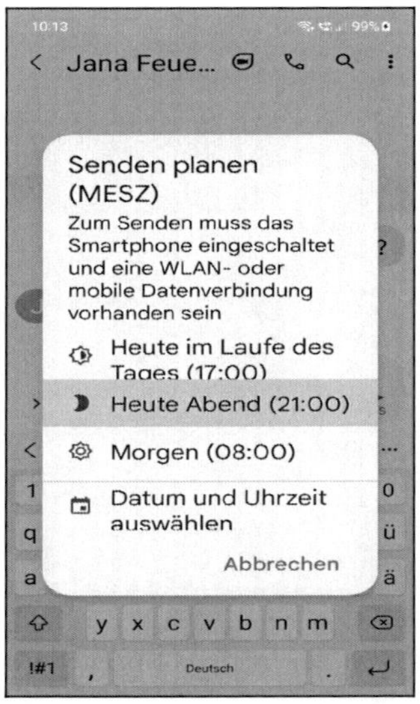

❶ Für das zeitverzögerte Senden tippen und halten Sie ▷.

❷ Wählen Sie dann einen der angebotenen Zeitpunkte aus.

❸ Mit der X-Schaltleiste beenden Sie das zeitverzögerte Senden vorzeitig.

7.3 RCS

Bis vor ca. 5 Jahren deutete nichts darauf hin, dass die SMS einmal Konkurrenz durch WhatsApp, Telegram, Signal und andere sogenannte Messenger-Dienste erhalten könnte. Um ihren Profit zu optimieren, wurde von den Mobilnetzbetreibern sogar noch eine **SMS-Erweiterung eingeführt, die MMS**. Letztere bot zusätzlich die Möglichkeit, Fotos, kurze Videos und Dateien zu versenden, kostete aber bei in der Regel mindestens 0,39 Euro pro Nachricht. Deshalb konnte sich die MMS auch nie auf dem Markt durchsetzen, zumal der Dateiversand beispielsweise über WhatsApp oder E-Mail praktisch kostenlos ist. Inzwischen hat Vodafone die MMS-Unterstützung eingestellt und die Telekom plant dies zum Ende 2023. Nur O2 hat noch keinen Abschalttermin bekanntgegeben.

Als Reaktion auf WhatsApp & Co wurde deshalb **RCS (Rich Communication Services)** entwickelt. Sobald Sie mit jemanden SMS austauschen, dessen Endgerät ebenfalls RCS unterstützt, schaltet Ihr Handy automatisch in den RCS-Modus. Sie dürfen dann auch Fotos und andere Dateien dem Gesprächspartner senden beziehungsweise empfangen. Im Gegensatz zur SMS beziehungsweise MMS erfolgt die Kommunikation nicht über einen separaten Datenkanal, sondern über das Internet. Die übertragenen Daten rechnet Ihr Netzbetreiber daher auf Ihr im Mobilfunkvertrag inkludiertes Datenvolumen an.

RCS hat im Vergleich zur SMS den Nachteil, dass eine Internetverbindung vorhanden sein muss, was in vielen Gegenden nicht der Fall ist. SMS können Sie dagegen fast immer empfangen, sofern eine halbwegs stabile Mobilfunkverbindung besteht. Uns liegen leider keine Erfahrungen vor, ob bei Empfangsschwierigkeiten eine automatische Umschaltung von RCS auf SMS erfolgt, Sie können RCS allerdings in den Einstellungen deaktivieren (siehe Kapitel *7.9 Konfiguration*).

Für WhatsApp und die anderen Messenger-Dienste spricht im Vergleich zur RCS der größere Bedienkomfort. So lassen sich beispielsweise Fotos vor dem Senden noch bearbeiten. Auf jedem Handy sieht zudem die WhatsApp-Benutzeroberfläche gleich aus, während Sie sich beim Wechsel des Handyherstellers eventuell an eine neue SMS/RCS-Anwendung gewöhnen müssen.

Beachten Sie bitte, dass das iPhone von Apple keine RCS unterstützt, das heißt RCS-Nachrichten »verschwinden« auf dem Übertragungsweg, ohne dass der Empfänger etwas davon mitbekommt. Apple möchte damit offenbar die eigene Nachrichtenanwendung vor Konkurrenz schützen.

❶ Ob Ihr Handy gerade RCS nutzt, lässt sich am Hinweis *Chat mit xxx* (Pfeil) erkennen. Im Eingabefeld steht zudem »*Chatnachricht*«.

❷ Unterstützt das Handy eine Kommunikationspartners dagegen nur SMS, so finden Sie den Hinweis *SMS/MMS-Austausch mit xxx (Pfeil).*

❶❷ Die Dateifunktionen rufen Sie im Nachrichteneditor über + beziehungsweise (Pfeil) auf.

Sofern das Handy Ihres Kommunikationspartners nur SMS unterstützt, sollten Sie nicht die Dateifunktionen verwenden. Die SMS wird dann in eine sogenannte MMS umgewandelt, dessen Versand Ihnen 0,39 Euro kostet!

7.4 Entwürfe

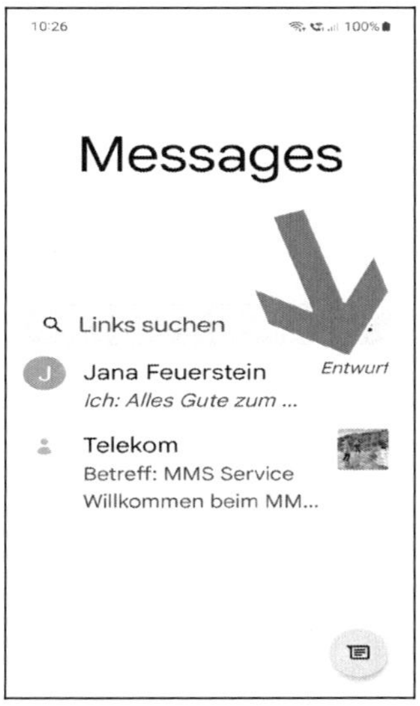

➊ Manchmal ist es notwendig, eine Nachricht, die man erst später absenden möchte, als Entwurf zwischenzuspeichern. In diesem Fall geben Sie die Nachricht wie gewohnt ein, betätigen dann aber die ∨- beziehungsweise <-Taste (sofern das Tastenfeld eingeblendet ist, müssen Sie diese zweimal betätigen).

➋ Die Nachrichtenanwendung wechselt nun in den Hauptbildschirm zurück. Die zuvor erstellte SMS wurde nicht gesendet und *Entwurf* (Pfeil) weist auf den Entwurfsstatus hin. Zum Versenden tippen Sie den Nachrichtenverlauf erneut an und betätigen dann ➤ zum Senden.

7.5 Empfangsbestätigung (Zustellungsbericht)

Nicht immer stellen die Netzbetreiber die SMS sofort zu. Wir haben beispielsweise schon erlebt, dass SMS erst einen Tag später ankamen, obwohl wir sie nicht zu »Stoßzeiten« wie beispielsweise Silvester versandt hatten. Deshalb bieten die Netzbetreiber eine kostenlose Empfangsbestätigung an, die auch als »Zustellungsbericht« oder »Übermittlungsbestätigung« bezeichnet wird. Zu beachten ist allerdings, dass damit noch nicht sicher ist, dass der Empfänger Ihre SMS auch liest beziehungsweise versteht!

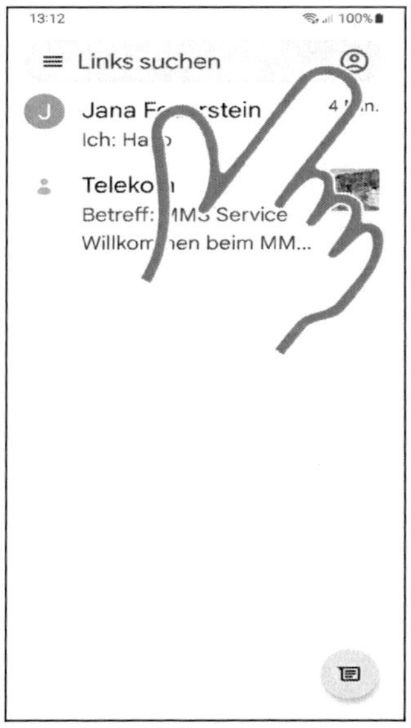

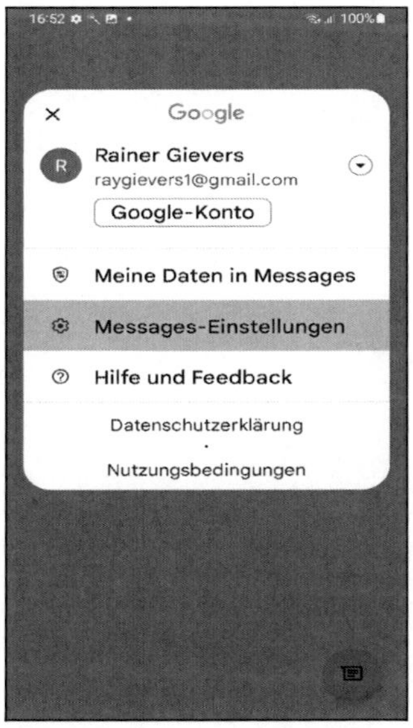

➊ So aktivieren Sie die Empfangsbestätigung: Tippen Sie auf das runde Kontosymbol.

➋ Wählen Sie *Messages-Einstellungen.*

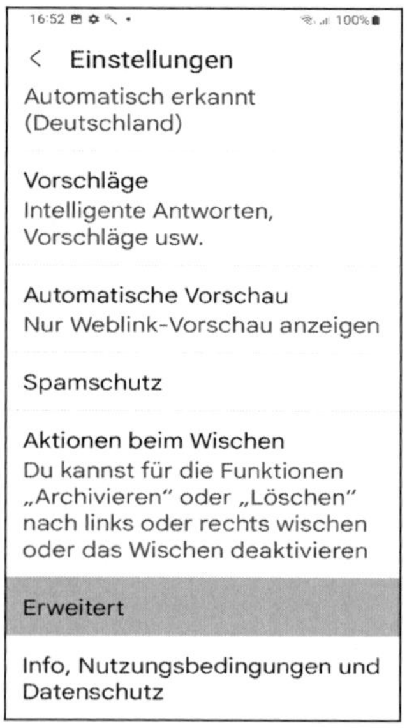

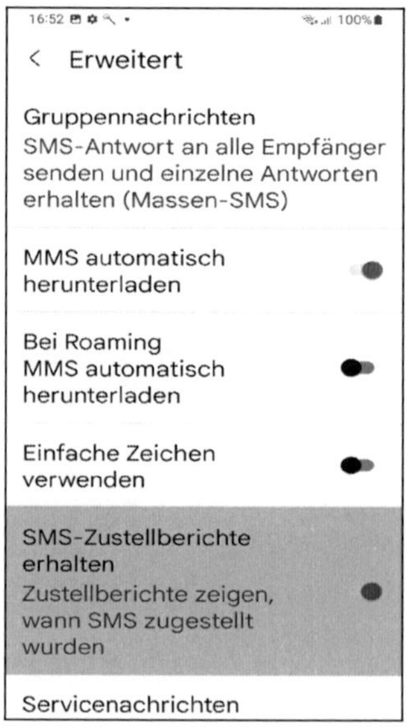

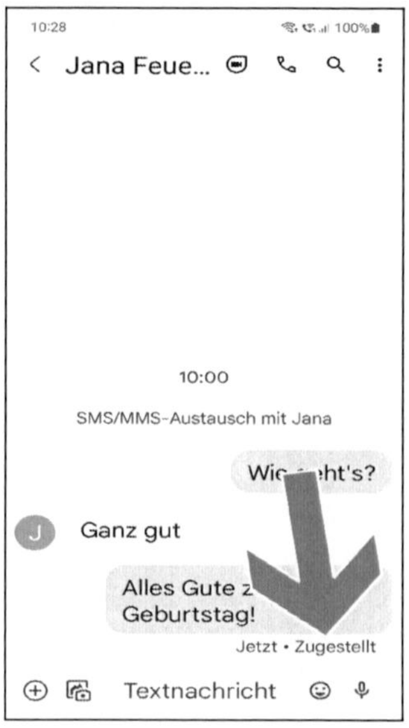

❶ Gehen Sie auf *Erweitert*.

❷ Aktivieren Sie *SMS-Zustellberichte erhalten*. Sie können danach den Bildschirm schließen.

❸ Die Meldung »*Zugestellt*« (Pfeil) erscheint, sobald Ihre Nachricht den Empfänger erreicht hat.

7.6 Alte Nachrichten löschen

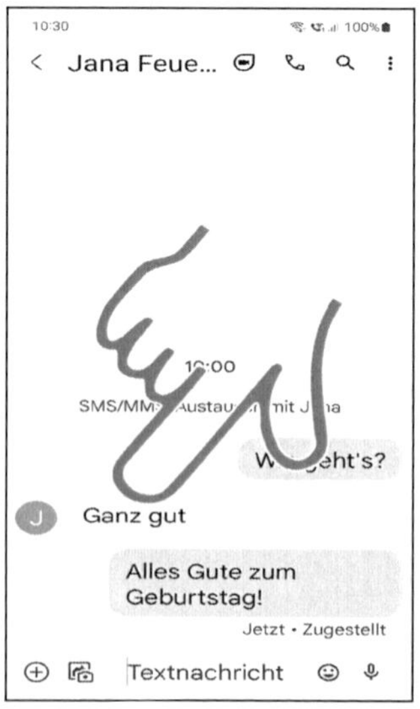

❶ Zum Entfernen einer SMS im Nachrichtenverlauf tippen und halten Sie den Finger darauf, bis sie markiert ist.

❷ Markieren Sie gegebenenfalls weitere SMS durch kurzes Antippen.

❸ Gehen Sie dann auf 🗑.

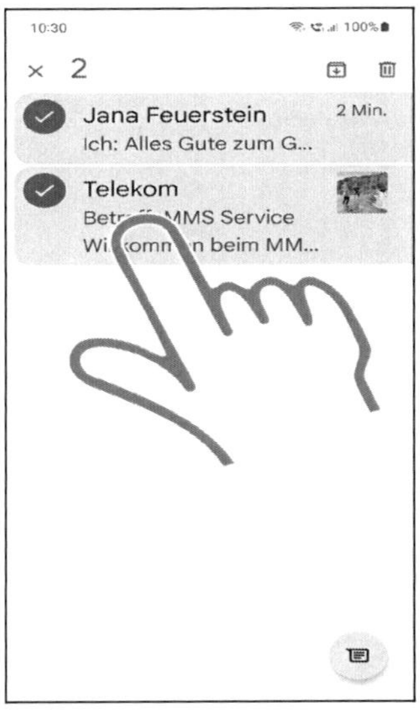

❶❷ Im Hauptmenü lassen sich einzelne oder mehrere Nachrichtenverläufe durch Tippen und Halten markieren und dann über löschen.

7.7 Weitere Funktionen

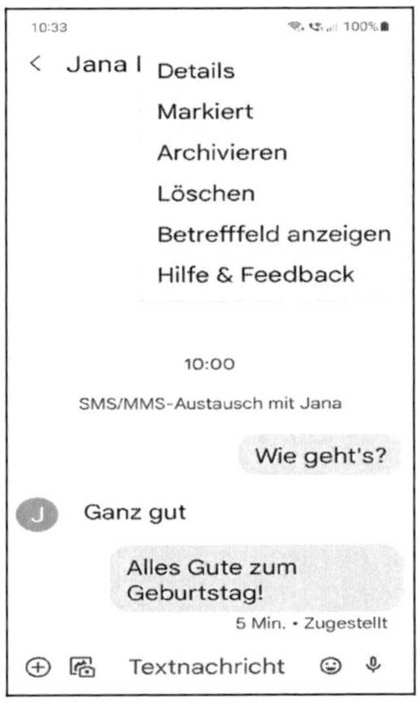

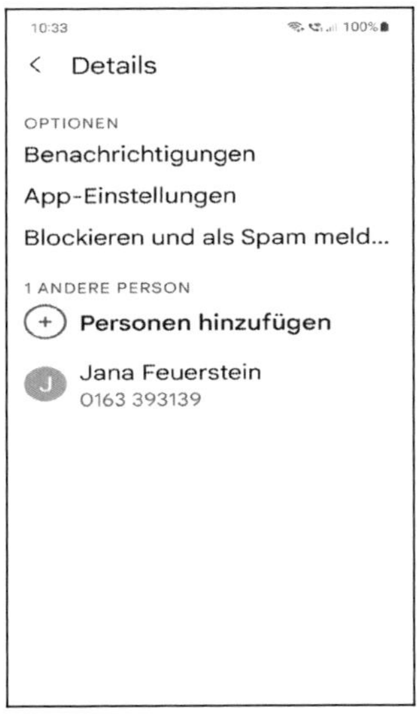

❶ Die Bedeutung der Schaltleisten am oberen Bildschirmrand:

- : Videotelefonie über Google Meet. Darauf geht dieses Buch nicht weiter ein, da WhatsApp bereits die gleiche Funktion anbietet (siehe Kapitel *15 WhatsApp*).
- : Telefongespräch durchführen.
- : In der Unterhaltung suchen.

❷ Das ⋮-Menü:

- *Kontakt hinzufügen:* Kontakt dem Telefonbuch hinzufügen. Dieser Menüeintrag ist nur nur sichtbar, wenn die Rufnummer noch nicht im Telefonbuch enthalten ist.
- *Details* (❸):
  - *Benachrichtigungen*: Stellen Sie die Benachrichtigungsform ein. Wir raten von Änderungen ab, weil Sie sonst keine Infos zu neu vorliegenden SMS erhalten.
  - *App-Einstellungen*: Die hier angezeigten Einstellungen sollten Sie nicht ändern, weil sonst eventuelle die Messages-Anwendung nicht mehr korrekt funktioniert.
  - *Nur SMS und MMS senden*: Wie im Kapitel *7.3 RCS* erläutert, schaltet das Handy automatisch auf die RCS-Funktion um, wenn Ihr Kommunikationspartner diesen Standard unterstützt. Möchten Sie weiterhin nur SMS senden, dann aktivieren Sie hier *Nur SMS und MMS senden*. Wir raten allerdings davon ab.

  - *Verschlüsselung prüfen*: Die Kommunikation über RCS erfolgt verschlüsselt, das heißt kein Dritter hat Zugriff auf die ausgetauschten Nachrichten. Vor dem Austausch wichtiger Nachrichten können Sie über die mit *Verschlüsselung prüfen* angezeigten Zahlenfolge die Sicherheit überprüfen. Bei Ihrem Gesprächspartner müssen dazu die gleichen Zahlen angezeigt werden.
  - *Blockieren und als Spam melden*: Sie erhalten keine Anrufe und SMS mehr von der jeweiligen Person. (siehe Kapitel *7.8.1 Schwarze Liste*).
  - *Personen hinzufügen*: Fügen Sie weitere Personen hinzu, welche Ihre SMS erhalten sollen. Damit führen Sie eine Art Gruppen-Chat durch.
- *Suchen:* In den ausgetauschten Nachrichten nach einem Text suchen.
- *Archivieren*: Den Nachrichtenverlauf ins Archiv übernehmen. Wir gehen darauf nicht ein, weil Sie alte Nachrichten in der Regel löschen werden.
- *Löschen*: Nachrichtenverlauf entfernen.
- *Hilfe & Feedback*

7.8 SMS empfangen

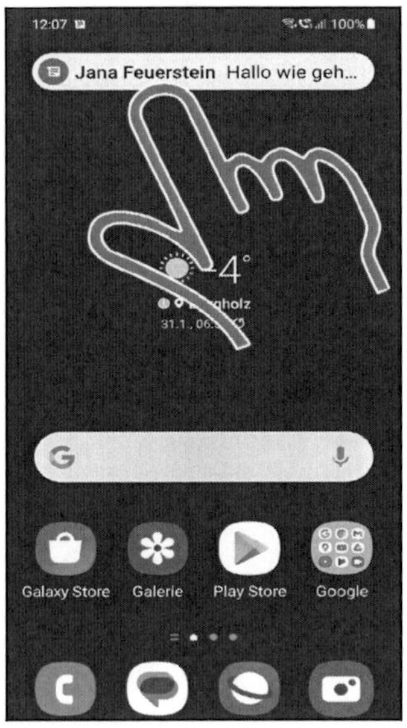

➊ Wenn Sie eine neue SMS erhalten haben, erscheint für einige Sekunden ein Popup, das Sie Antippen, um die Nachricht anzusehen.

➋ Alternativ erhalten Sie auch über das Benachrichtigungsfeld Infos zu den empfangenen Nachrichten. Das Benachrichtigungsfeld erscheint, wenn Sie den Finger auf die Titelleiste setzen und dann herunterziehen. Gehen Sie nun auf die Nachricht, was den zugehörigen Nachrichtenverlauf anzeigt.

7.8.1 Schwarze Liste

Sofern Sie Ihre Handynummer an viele Kontakte weitergeben, wird früher oder später der Zeitpunkt kommen, ab dem Sie SMS von einigen Leuten erhalten, die nur nerven. Solche Personen setzen Sie einfach auf die »schwarze Liste«.

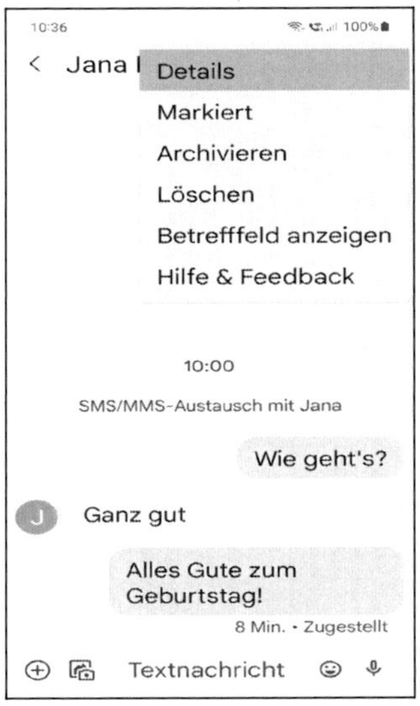

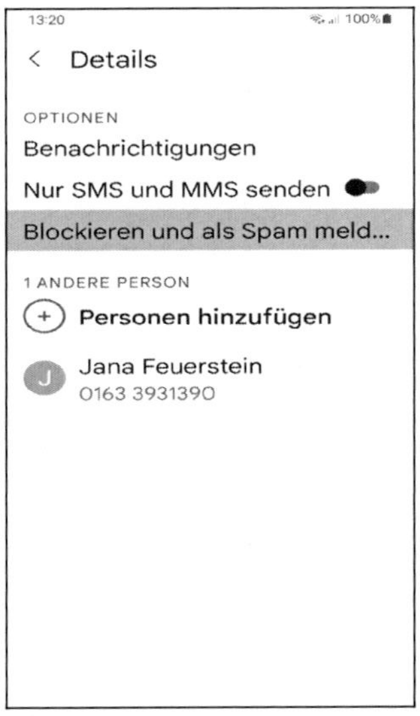

❶ Rufen Sie das ⋮-Menü auf.

❷ Wählen Sie *Details.*

❸ Nach Betätigen von *xxx blockieren und als Spam melden* landen künftig alle SMS des Absenders nicht mehr in der Messaging-Anwendung, sondern in der schwarzen Liste. Den folgenden Spam-Hinweis schließen Sie mit *OK. Blockierung aufheben für xxx* im gleichen Menü beendet bei Bedarf wieder die Blockierung.

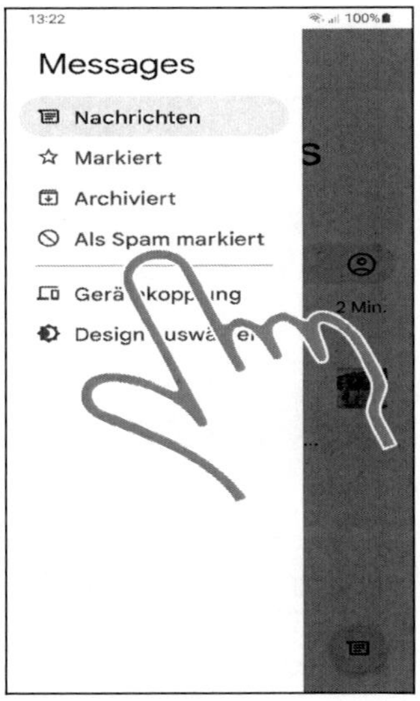

❶ Blockierte Nachrichten zeigen Sie folgendermaßen an: Tippen Sie im Hauptmenü auf ☰.

❷ Wählen Sie im Ausklappmenü *Als Spam markiert.*

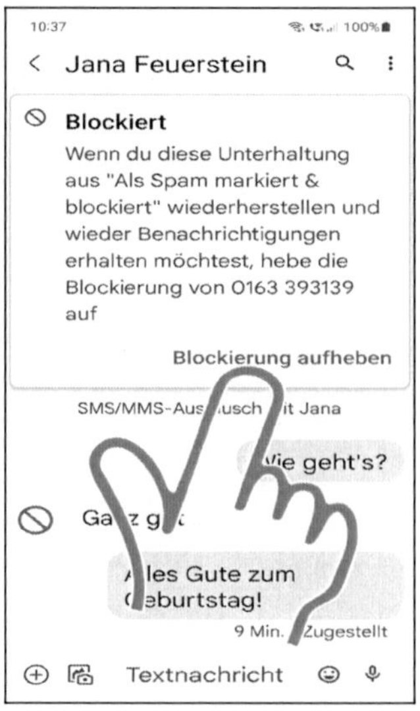

❶❷ Sie möchten eine Rufnummer wieder entblocken? Dann gehen Sie auf die Nachricht und betätigen Sie *Blockierung aufheben*.

7.9 Konfiguration

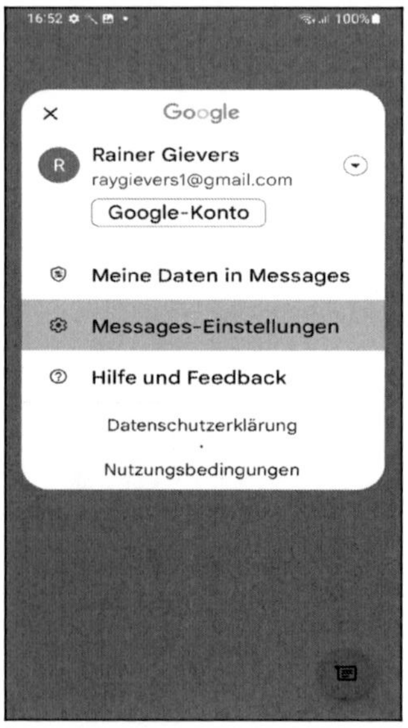

❶ Tippen Sie auf das runde Kontosymbol.

❷ Wählen Sie *Messages*-Einstellungen.

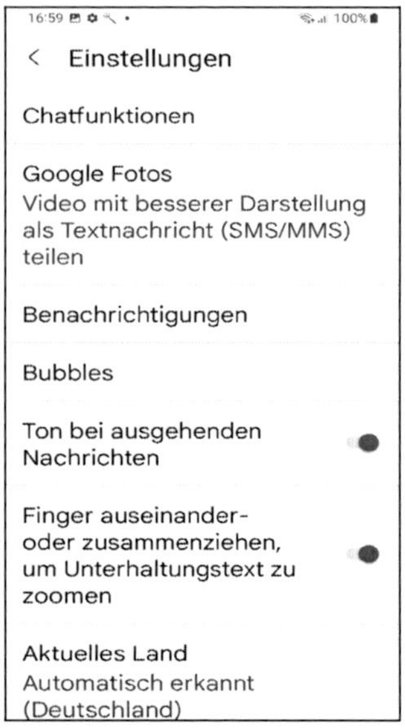

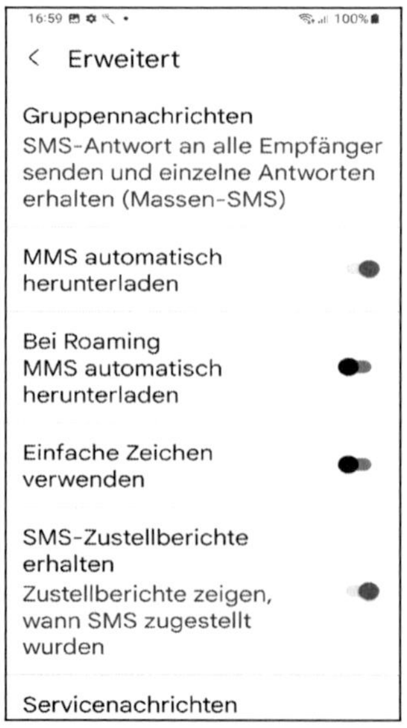

❶❷ Die SMS-bezogenen Optionen finden Sie im Hauptbildschirm unter ⁝/*Einstellungen*:

- *Chatfunktion*: Auf die Chatfunktion geht Kapitel *7.3 RCS* ein. Lassen Sie sie aktiviert.
- *Google Fotos*: Diese Funktion betrifft den Versand von Fotos und Videos. Der Empfänger erhält einen Link auf die versandte Datei und kann sie sich auf sein eigenes Handy herunterladen. Wir raten allerdings vom Dateiversand über die Messages-Anwendung ab, da möglicherweise zusätzliche Kosten entstehen. Nutzen Sie besser dafür die im Kapitel *15 WhatsApp* beschriebene Anwendung.
- *Benachrichtigungen*: Legt fest, in welcher Form Sie über neue SMS informiert werden. Wir empfehlen, nichts zu ändern.
- *Bubbles*: In den sogenannten Blasen informiert das Handy über neue SMS. Hier sollten Sie nichts ändern.
- *Ton bei ausgehenden Nachrichten*: Ein Signal weist auf erfolgreichen SMS-Versand hin.
- *Finger auseinander- oder zusammenziehen, um Unterhaltungstext zu zoomen*: Über die im Kapitel *7.1 Nachrichtenanzeige* beschriebene Kneifgeste können Sie die Anzeige verkleinern/vergrößern.
- *Aktuelles Land*: Die Messaging-Anwendung verwendet im Ausland automatisch ein geeignetes Mobilfunknetz.
- *Vorschläge, intelligente Antworten, Vorschläge, usw.*: Die Messages-Anwendung schlägt automatisch bei der Eingabe mögliche Antworten vor. Deaktivieren Sie *Intelligente Antwort* beziehungsweise *Vorschläge für Aktionen*, wenn Sie das stört.
- *Automatische Vorschau*: Ihnen zugesandte Webseitenlinks zeigt die Messages-Anwendung als Vorschaubild.
- *Spamschutz*: Filtert unerwünschte SMS, beispielsweise Werbung. In Deutschland spielen allerdings Werbe-SMS kaum eine Rolle.
- *Aktionen beim Wischen*: Wischen Sie auf einer Nachricht im Hauptmenü nach rechts oder links, um sie zu löschen oder zu archivieren.
- *Erweitert* (❸):
  - *Gruppennachrichten*: Sofern Sie mehrere Empfänger in einer SMS angegebenen haben, erhalten alle Gruppenmitglieder ihre Nachrichten. Bitte beachten Sie, dass für jedes Mitglied der übliche SMS-Versandtarif anfällt, was sehr teuer werden kann.
  - *MMS automatisch herunterladen; Bei Roaming MMS automatisch herunterladen*: Auf die MMS geht dieses Buch nicht ein.
  - *Einfache Zeichen verwenden*: Lassen Sie die Voreinstellung deaktiviert. Diese Einstellung ist nur für fremdsprachliche Nachrichten eventuell nötig.
  - *SMS-Zustellberichte verwenden*: Sie bekommen, sobald Ihre SMS beim Empfänger eingetroffen ist, einen Zustellhinweis. Siehe auch Kapitel *7.5 Empfangsbestätigung (Zustellungsbericht)*.
  - *Servicenachrichten*: Der Netzbetreiber sendet gegebenenfalls eine Konfigurationsnachricht, wenn Sie die SIM-Karte wechseln.
  - *Notfallbenachrichtigungen für Mobilgeräte*: In einigen Ländern senden die Behörden über den sogenannten Cell-Broadcast Katastrophenhinweise. In Deutschland ungenutzt.
  - *Google Fi-Einstellungen…* : Über »Messages for Fi« lassen sich SMS auf dem PC-Webbrowser abrufen. In diesem Buch gehen wir nicht weiter darauf ein.
  - *SMS auf anderen Galaxy-Geräten*: Nicht von Samsung dokumentiert.
  - *Telefonnummer*
  - *SMSC*: Hier sollten Sie nichts ändern, weil die Voreinstellungen zum Senden/Empfangen automatisch anhand der eingelegten SIM-Karte vorgenommen werden.

8. Telefonbuch

Das Telefonbuch speichert, wie der Name schon sagt, alle Kontakte und deren Rufnummern, E-Mail-Adressen und Adressen. Andere Anwendungen, beispielsweise die Nachrichten-Anwendung und die Telefonoberfläche, greifen auf diese Daten zurück. Das Galaxy zeigt auch SIM-Kontakte (auf der SIM-Karte gespeicherte Rufnummern) im Telefonbuch an.

Vor der ersten Nutzung des Telefonbuchs sollten Sie das eigene Google-Konto auf dem Galaxy einrichten (siehe Kapitel *23 Das Google-Konto*). Ihre angelegten Kontakte werden dann nämlich im Google-Konto gesichert und lassen sich nach einem Zurücksetzen beziehungsweise Datenverlust jederzeit wieder herstellen.

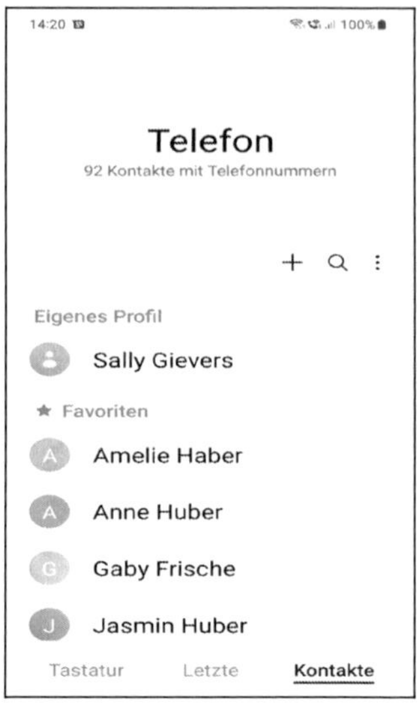

❶ So gelangen Sie ins Telefonbuch: Gehen Sie im Hauptmenü auf *Kontakte*.

❷❸ Alternativ aktivieren Sie in der Telefonoberfläche das *Kontakte*-Register (Pfeil). Bitte beachten Sie, dass hier nicht alle Funktionen des Telefonbuchs vorhanden sind.

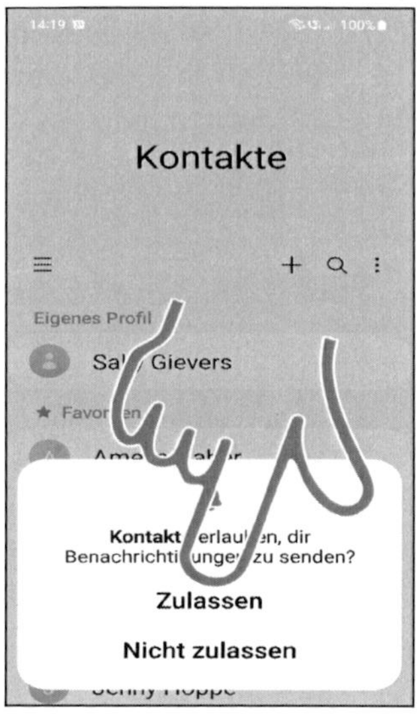

Das einmalig angezeigte Popup schließen Sie mit *Zulassen*.

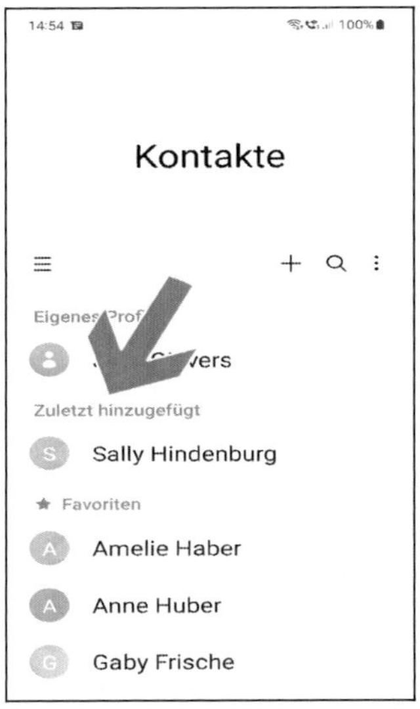

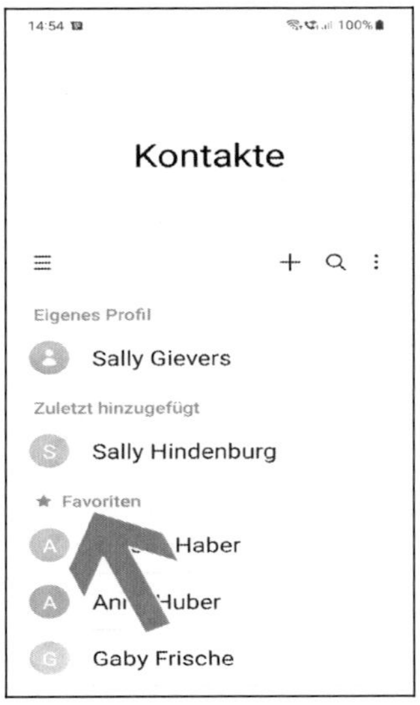

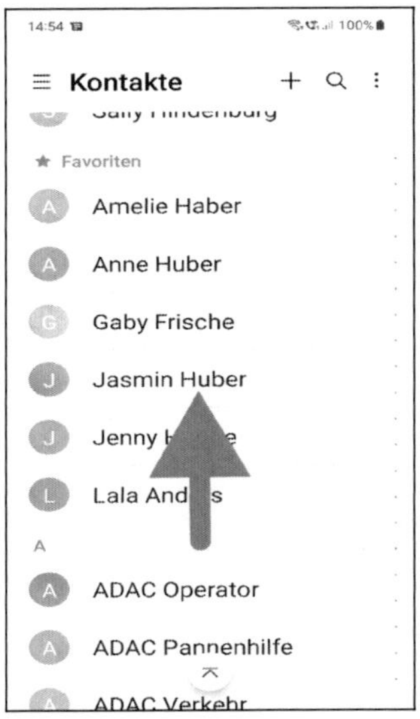

Die Kontaktanzeige ist etwas verwirrend. Wischen Sie einfach mehrmals durch die Kontaktauflistung, worauf Sie feststellen werden, dass viele Kontakte doppelt vorkommen:

- *Zuletzt hinzugefügt* (❶): Listet die zuletzt von Ihnen erstellten Kontakte auf.
- Unter *Favoriten* sind von Ihnen als wichtig eingestufte Kontakte zu finden, worauf Kapitel *8.7 Favoriten* noch eingeht (❷). Auf einem neu in Betrieb genommenen Handy sind natürlich noch keine Favoriten vorhanden.
- Die eigentliche Kontaktliste, die Sie nach ein- oder mehrmaligen Wischen zu Gesicht bekommen, ist alphabetisch sortiert (❸).

Bei Kontakten, denen ein Foto zugewiesen wurde (siehe *8.5 Kontaktfoto und Klingelton*), erscheint dieses auch in der Auflistung statt des Platzhalters.

8.1 Kontakterfassung

Im Folgenden wird beschrieben, wie Sie Rufnummern im Telefonbuch speichern.

8.1.1 Kontakt im Telefonbuch eingeben

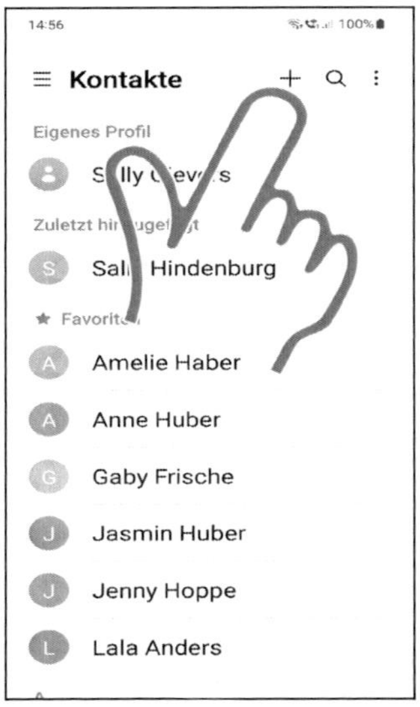

❶ Neue Kontakte werden über + (Pfeil) angelegt.

❷ Beim ersten Mal werden Sie gefragt, in welchem Speicher Ihre Kontakte landen sollen. Wir empfehlen auf jeden Fall dann Ihr Google-Konto (*Google*) einzustellen.

Die Option *Telefon* belässt alle Kontakte auf dem Handy. Geht dieses verloren, sind auch Ihre Kontakte weg! Die Option *SIM 1* hat den Nachteil, dass Sie darin nur eine Rufnummer und eine E-Mail-Adresse speichern können. Auch hier erfolgt keinerlei Datensicherung. Beim *Samsung-Konto* (nur angezeigt, wenn Sie beim Samsung-Konto angemeldet sind, siehe Kapitel *24 Das Samsung-Konto*) erfolgt die Datensicherung auf Samsung-Servern im Internet. Bei der *Google*-Einstellung haben Sie dagegen den Vorteil, dass nicht nur eine Datensicherung im Internet erfolgt, sondern Ihnen die Kontaktdaten auf jedem Android-Gerät zur Verfügung stehen, auf dem Sie sich mit Ihrem Google-Konto anmelden.

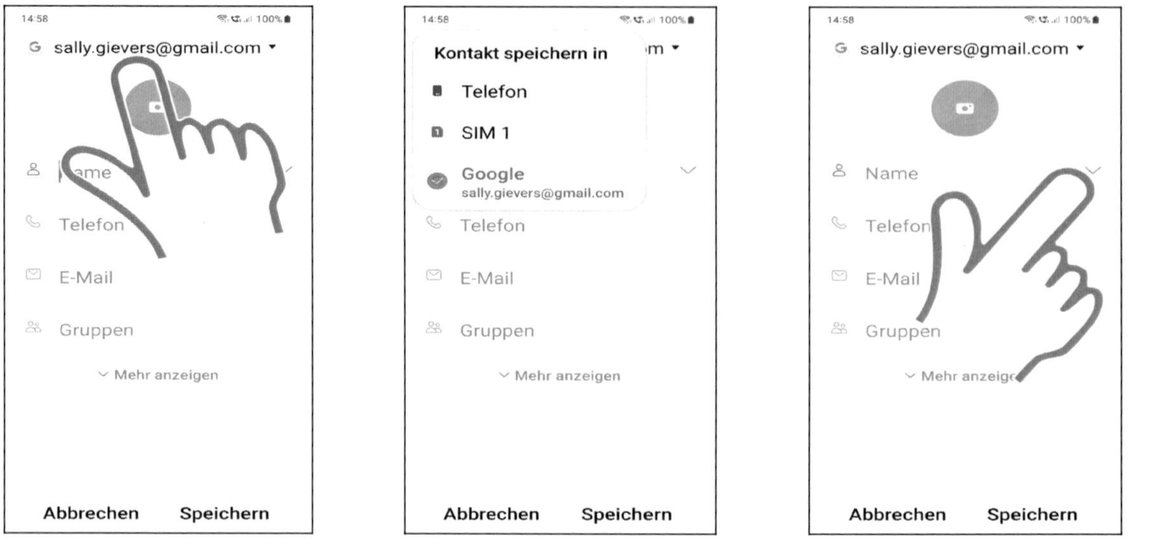

❶❷ Achten Sie darauf, dass als Speicherort Ihr Google-Konto (*IhrName@gmail.com*) eingestellt ist. Gegebenenfalls müssen Sie Ihr Konto erst festlegen. Tippen Sie dazu einfach auf den Kontonamen.

❸ Füllen Sie nun die Eingabefelder aus. Sofern Sie mehrteilige Namen erfassen müssen (»Jasmina Maria Müller« oder »Max Graf von Strach und Witz«), tippen Sie die ∨-Schaltleiste (Pfeil) an. Sie können nun den mehrteiligen Namen eingeben.

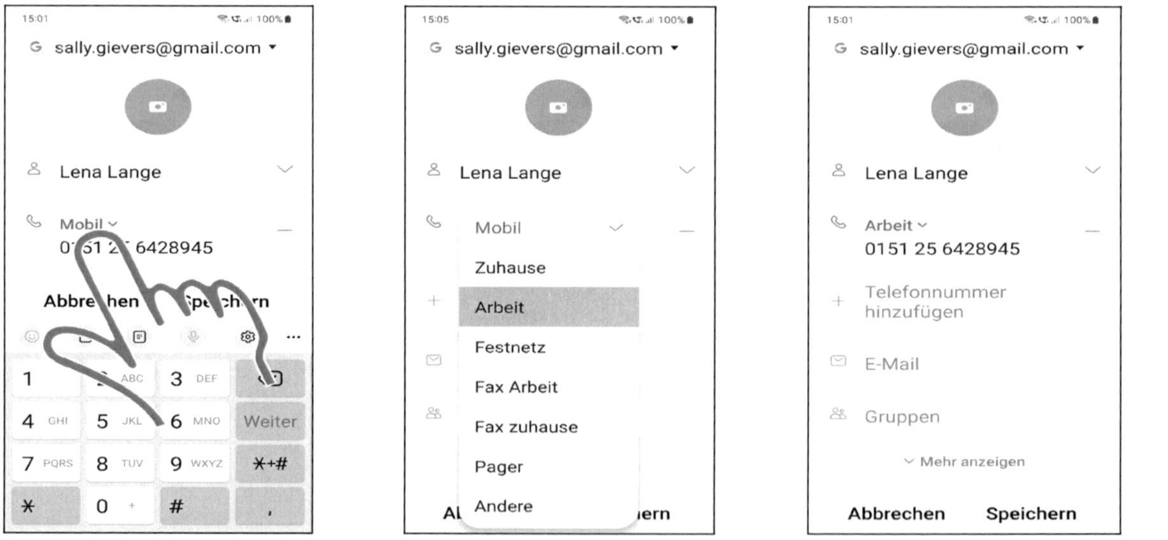

❶ Nachdem Sie eine Rufnummer eingegeben haben, tippen Sie auf den Rufnummerntyp (Pfeil).

❷ Stellen Sie die Art der Rufnummer ein, zum Beispiel *Privat*.

❸ Um das automatisch aufklappende Tastenfeld wieder zu schließen, betätigen Sie die <-Schaltleiste. Betätigen Sie *Speichern*, was den Kontakt ins Telefonbuch übernimmt.

8.1.2 Weitere Eingabefelder

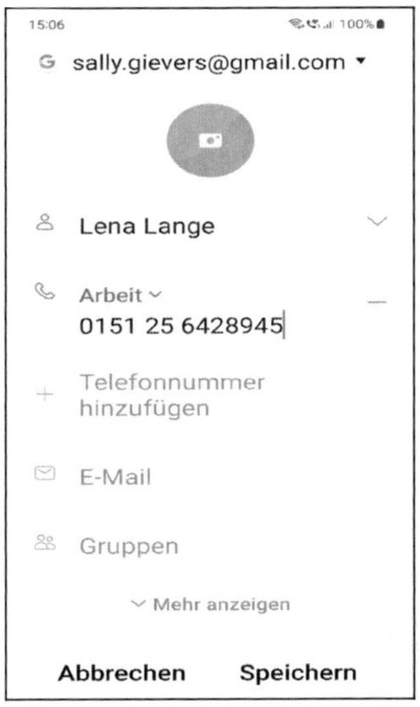

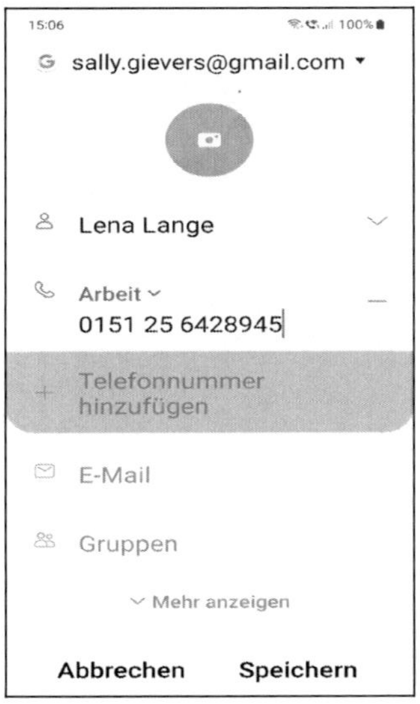

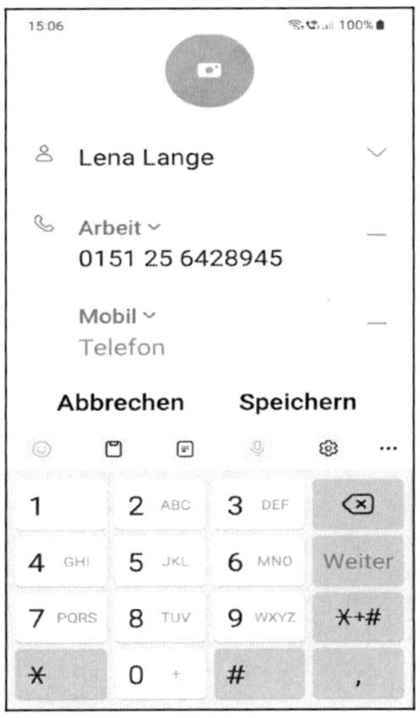

❶ Weitere Felder:

- *E-Mail:* E-Mail-Adresse des Kontakts.
- *Gruppen*: Weist den Kontakt einer Gruppe zu.

❷❸ Das Telefonbuch unterstützt mehrere Eingabefelder. Die *Telefonnummer hinzufügen*-Schaltleiste (Pfeil) blendet ein neues Eingabefeld ein. Die Minus-Schaltleiste entfernt dagegen ein Feld wieder.

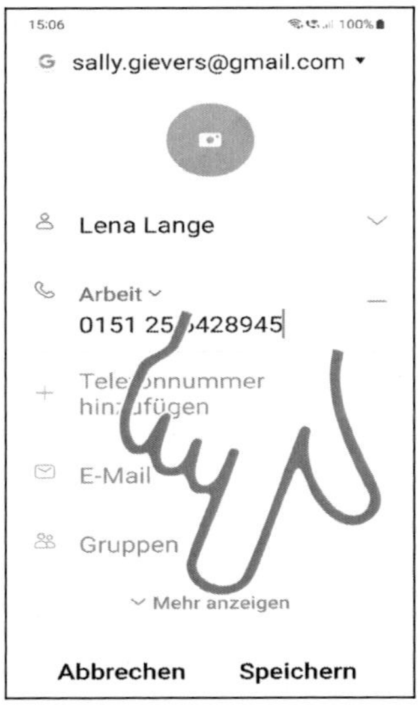

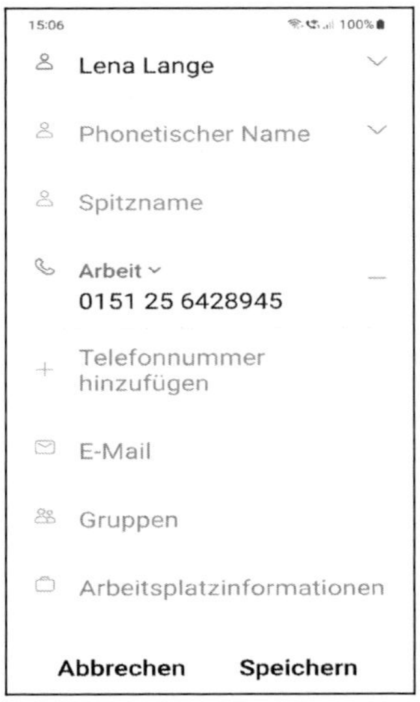

❶❷ Über *Mehr anzeigen* (Pfeil) erstellen Sie weitere Eingabefelder, beispielsweise mit der Kontaktadresse.

8.1.3 Kontakt aus Telefonoberfläche übernehmen

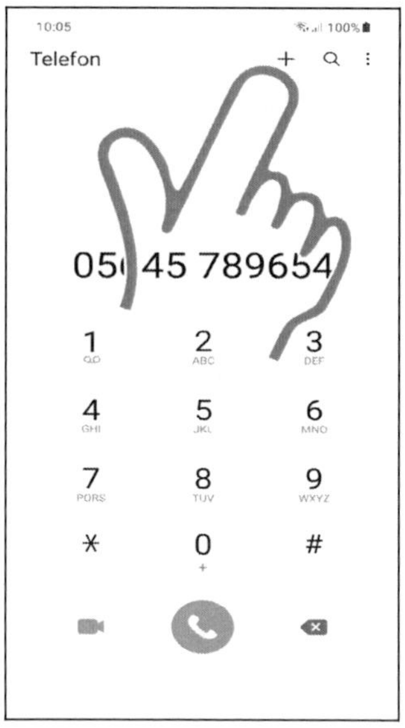

❶❷ Sie können in der Telefonoberfläche eine von Ihnen eingegebene Rufnummer über die +-Schaltleiste (Pfeil) ins Telefonbuch übernehmen. Danach wählen Sie aus, ob ein neuer Kontakt erstellt oder die Nummer einem bestehenden Kontakt zugewiesen wird.

❸ Wenn Sie ein Telefonat mit jemandem geführt haben, der sich noch nicht in Ihrem Telefonbuch befindet, können Sie mit *Zu Kontakten hinzufügen* ebenfalls die Rufnummer speichern.

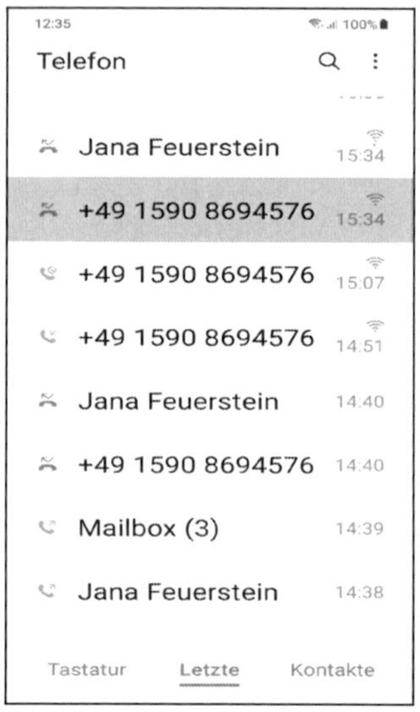

❶ Über die Anrufliste (siehe Kapitel *6.5 Anrufliste (Protokoll)*) der Telefonoberfläche ist es ebenfalls möglich, Rufnummern in die Kontaktverwaltung zu übernehmen. Tippen Sie dafür den Rufnummerneintrag an.

❷ Betätigen Sie *Zu Kontakten hinzufügen.*

8.2 Kontakt bearbeiten

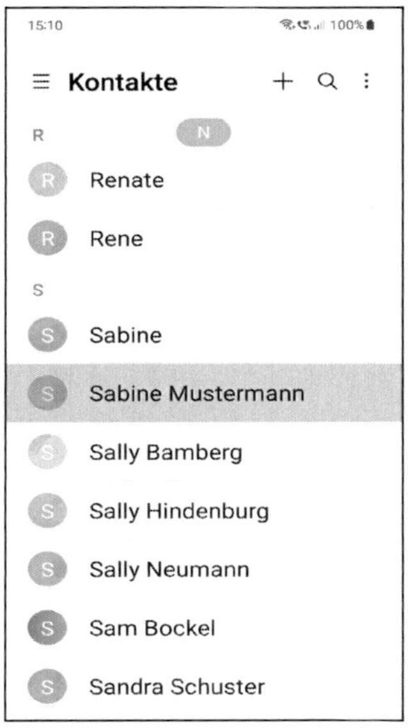

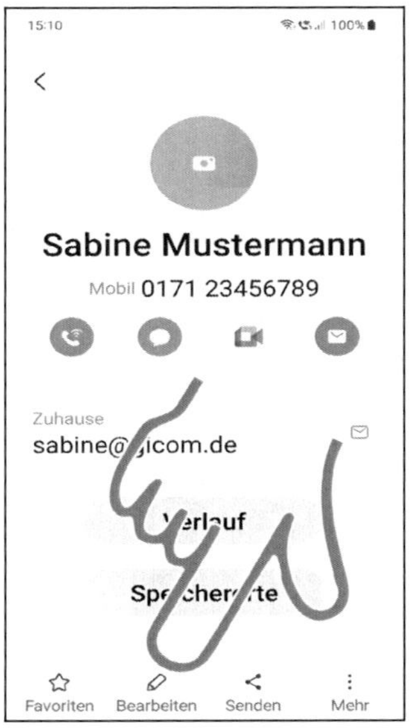

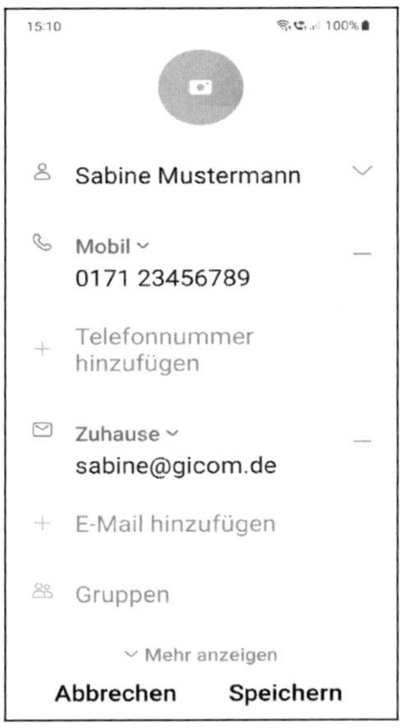

❶ Tippen Sie den Kontakteintrag an.

❷❸ Bearbeiten Sie den Kontakt mit *Bearbeiten*. Alternativ entfernen Sie ihn über ⁝/*Löschen*.

8.3 Listen- und Detailanzeige

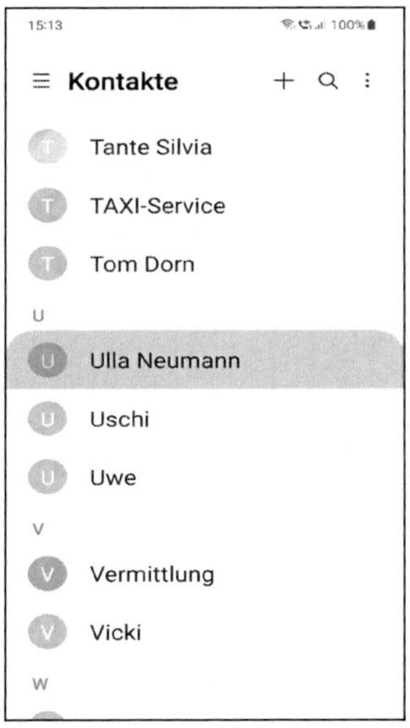

❶ Die Kontakte werden standardmäßig in einer alphabetisch sortierten Liste, nach Namen sortiert, angezeigt. Tippen Sie kurz auf einen Kontakteintrag.

❷ Es erscheinen nun die Kontaktdetails.

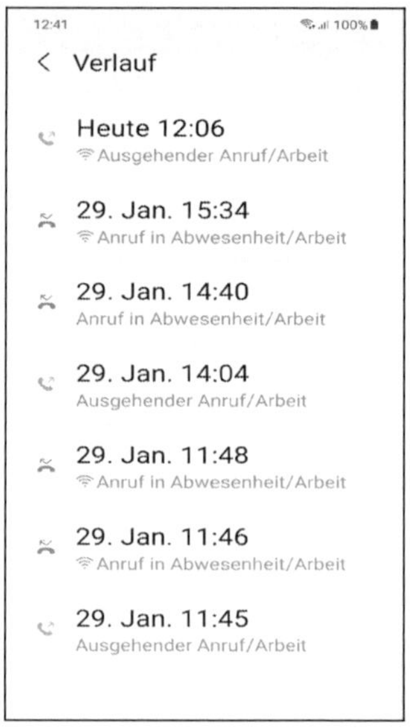

❶ *Verlauf* listet alle Anrufe und SMS des Kontakts auf.

❷ Sie müssen nun zweimal im Popup *Zulassen* betätigen.

❸ Antippen eines Anrufeintrags beschränkt die Auflistung auf die Telefonate des jeweiligens Tags. Tippen Sie auf eine SMS, wenn Sie den zugehörigen Nachrichtenverlauf anzeigen möchten.

8.4 SIM-Kontakte

Das Telefonbuch blendet die Telefonnummern auf der SIM-Karte (»SIM-Kontakte«) ein. Beachten Sie, dass Sie bei den SIM-Kontakten auf Komfortfunktionen darunter die Option, ein Kontaktfoto zuzuweisen, verzichten müssen.

Früher sprach für die SIM-Kontakte, dass man die SIM-Karte einfach aus dem Handy nahm, in ein anderes Handy einsteckte und dann sofort wieder die SIM-Kontakte im Telefonbuch hatte. Dies hat sich inzwischen geändert, denn die modernen Micro-SIM-Karten sind nicht für häufigen Handywechsel ausgelegt.

Android-Handys wie das Galaxy speichern die Telefonbuchkontakte im Google-Konto auf einem Internetserver ab; die Kontakte werden dann automatisch auf ein anderes Android-Handy übernommen, sobald man sich dort mit dem gleichen Google-Konto anmeldet (siehe dazu auch Kapitel *23 Das Google-Konto*).

Die meisten SIM-Karten enthalten vordefinierte SIM-Kontakte, beispielsweise mit Rufnummern von Auskunftsdiensten, ADAC-Pannenhilfe, Hotelvermittler oder diverse Service-Hotlines. Weil die Nutzung der SIM-Kontakte auf einem modernen Handy keinen Sinn macht, zeigen wir in diesem Kapitel nur, wie Sie die bereits vom Mobilnetzbetreiber vordefinierten SIM-Kontakte anzeigen und nutzen.

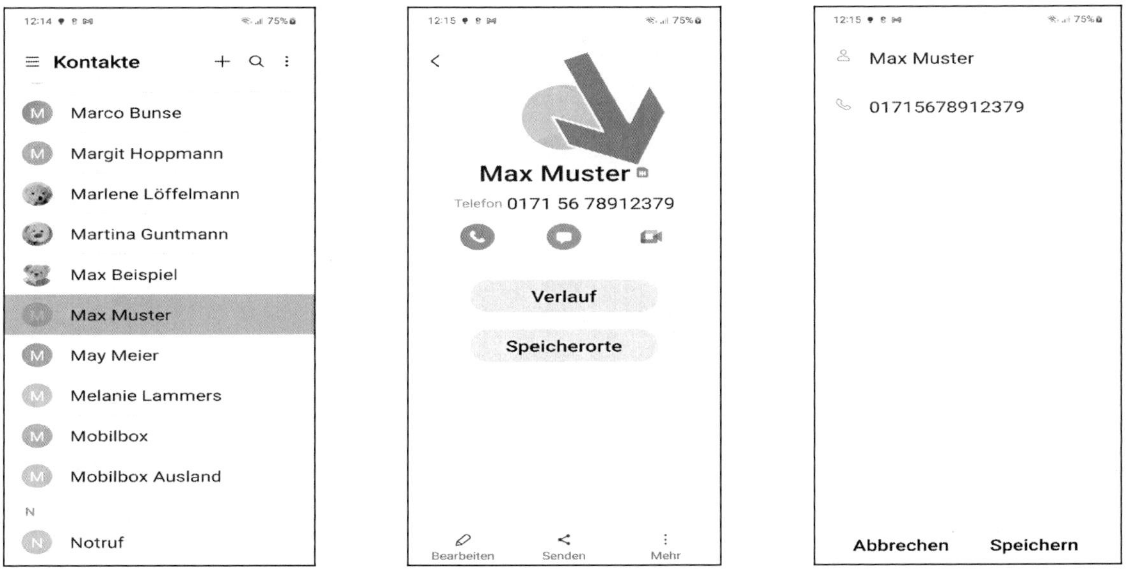

➊ Sie finden die SIM-Nummern in der Kontaktverwaltung und Telefonoberfläche zwischen den »normalen« Telefonkontakten.

➋ Ein Symbol weist in den Kontaktdetails darauf hin, dass es sich um einen SIM-Kontakt handelt.

➌ Auch beim Bearbeiten erkennt man schnell, dass es sich um einen SIM-Kontakt handelt, denn es gibt meistens nur ein Eingabefeld für die Rufnummer.

8.5 Kontaktfoto und Klingelton

Jedem Kontakt können Sie ein Kontaktfoto und einen Klingelton zuordnen, welche bei eingehenden Anrufen angezeigt beziehungsweise abgespielt werden. Dank des für jeden Kontakt unterschiedlich festgelegten Klingeltons wissen Sie sofort, wer anruft, ohne das Handy aus der Tasche zu nehmen.

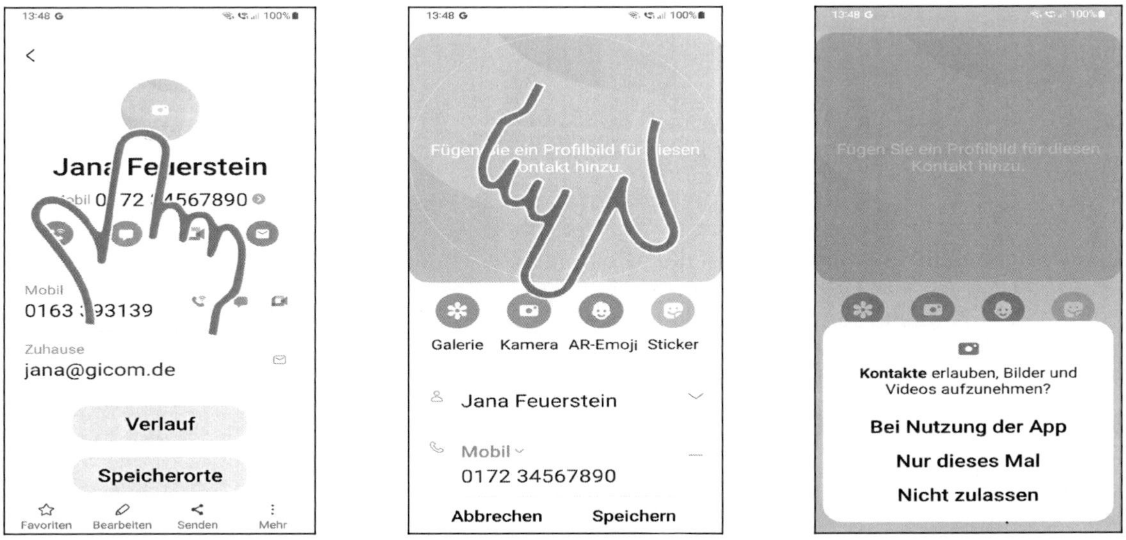

➊ Um ein Kontaktfoto zuzuweisen, tippen Sie im Bearbeitungsbildschirm auf 📷 (Pfeil).

➋ Gehen Sie auf *Kamera* (mit *Galerie* übernehmen Sie dagegen ein bereits mit der Kamera erstelltes Foto aus dem Gerätespeicher).

➌ Schließen Sie den einmaligen Hinweis mit *Bei Nutzung der App*.

❶ Erstellen Sie mit der großen weißen Schaltleiste eine Aufnahme.

❷ Betätigen Sie *OK.*

❸ Verschieben Sie den Rahmen mit angedrücktem Finger. Zum Verkleinern des Bildausschnitts ziehen Sie die Ecken mit angedrücktem Finger. Schließen Sie den Vorgang mit *Fertig* und dann *Speichern* ab.

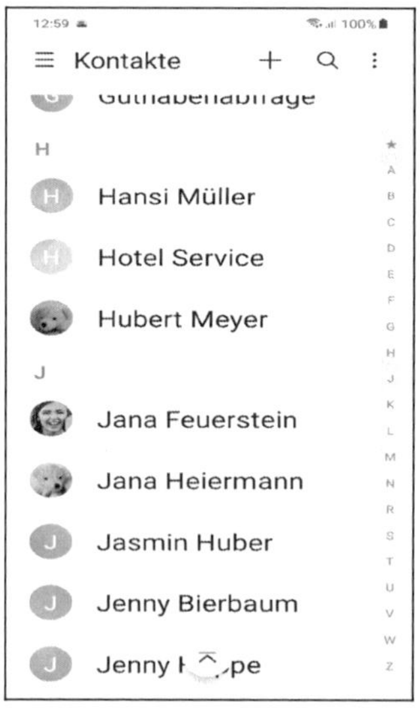

❶❷ In den Kontaktdetails und der Kontaktauflistung erscheint das Kontaktfoto.

Sie können ein Kontaktfoto auch mit der Galerie-Anwendung erstellen. Siehe Kapitel *18.3.1 Einzelnes Bild bearbeiten*.

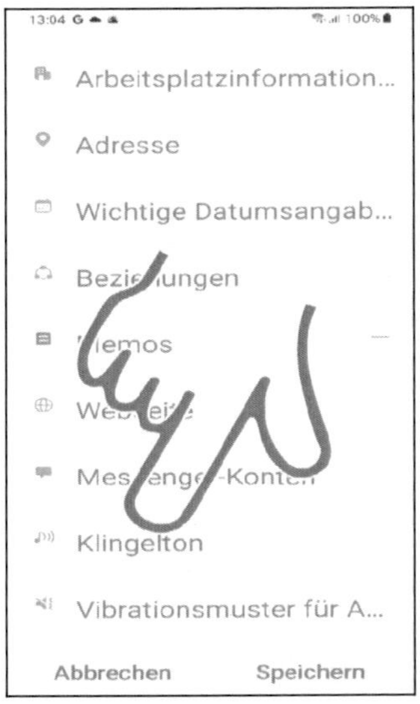

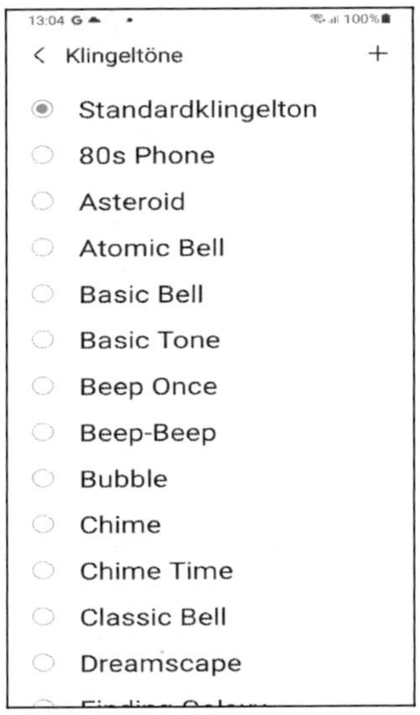

❶ Das *Klingelton*-Feld müssen Sie erst aktivieren. Gehen Sie dafür im Bearbeitungsmodus auf *Mehr anzeigen*.

❷ Betätigen Sie *Klingelton* und geben Sie im Popup den Speicherzugriff frei.

❸ Sie können nun die Klingeltonmelodie einstellen. Schließen Sie den Bildschirm dann mit der ‹ -Taste. Vergessen Sie nicht, den Vorgang mit *Speichern* abzuschließen!

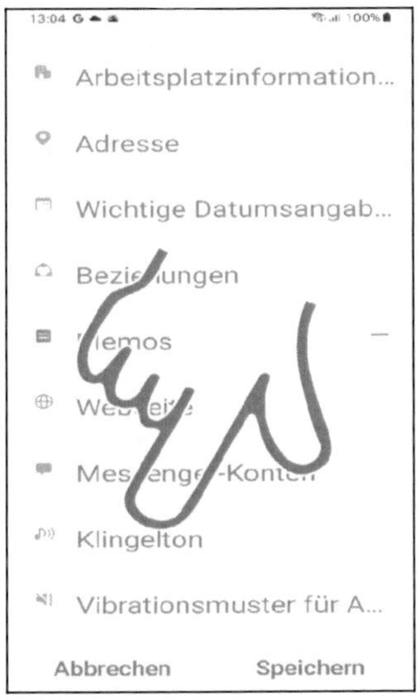

❶ Geht ein Anruf ein, wird das Kontaktfoto angezeigt und der zugehörige Klingelton abgespielt.

❷ Wenn Sie künftig den Klingelton bei einem Kontakt ändern möchten, gehen Sie dort im Bearbeitungsmodus einfach auf *Klingelton*.

> Wie Sie eigene Audiodateien als Klingeltöne auf dem Galaxy einrichten, erfahren Sie im Kapitel *4.12.1 Signaltöne*.
>
> Der kontaktabhängige Klingelton funktioniert natürlich nur, wenn der Anrufer seine Rufnummer nicht unterdrückt.

8.6 Suchen

❶ Es ist nicht unbedingt notwendig, umständlich durch Halten und Ziehen des Fingers in der Kontaktauflistung zu blättern. Tippen Sie oben auf 🔍.

❷ Geben Sie den aufzufindenden Namen ein. Zu den eingegebenen Buchstaben, beziehungsweise Namen, zeigt das Handy die passenden Kontakte an. Dabei werden Nach- und Vorname der Kontakte durchsucht. Tippen Sie eine der Fundstellen an, um dessen Details anzuzeigen. Die Suche beenden Sie mit der X-Schaltleiste neben dem Suchfeld.

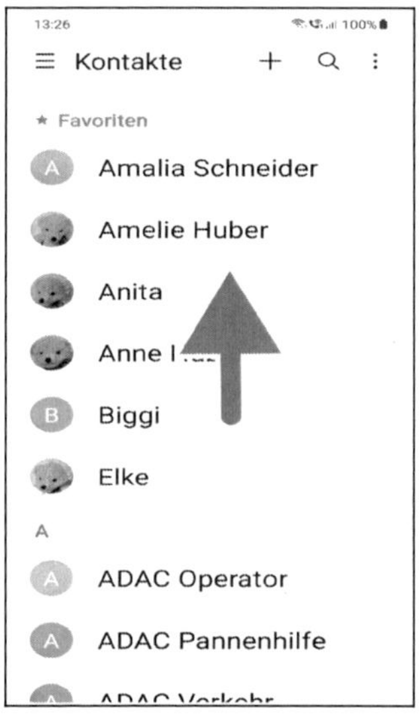

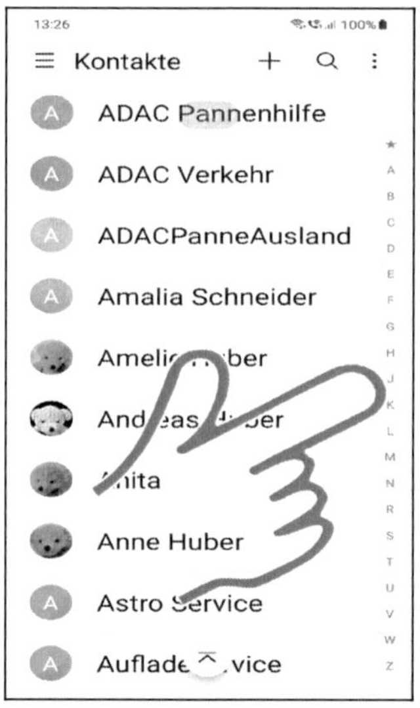

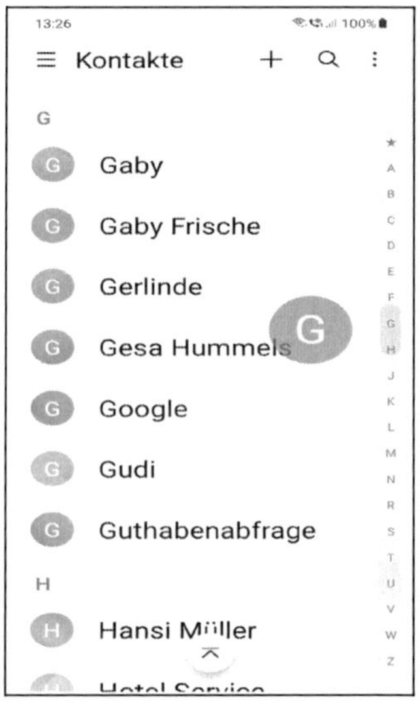

❶ Alternativ wischen Sie einmal in den Kontakten.

❷❸ Auf der rechten Seite erscheint eine Buchstabenleiste. Halten Sie dort den Finger angedrückt und ziehen Sie nun nach oben oder unten. In der Bildschirmmitte zeigt das Telefonbuch währenddessen den Anfangsbuchstaben an, zu dem Sie nach Loslassen des Fingers springen. Alternativ tippen Sie direkt einen Buchstaben an, zu dem Sie springen möchten.

8.7 Favoriten

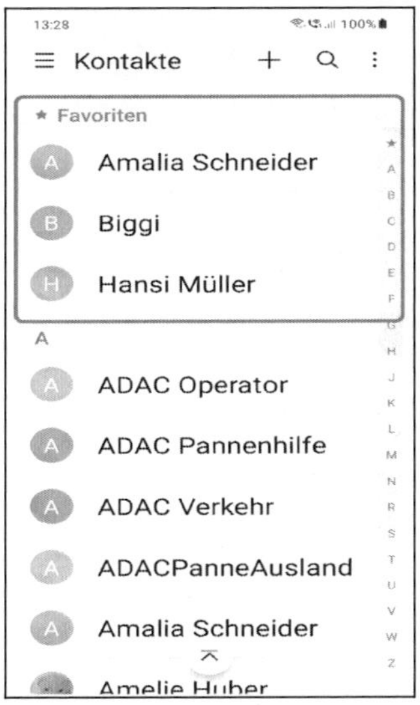

➊ Kontakte, mit denen Sie häufiger zu tun haben, sollten Sie als Favoriten markieren. Dazu aktivieren Sie in den Kontaktdetails jeweils den Stern. Erneutes Antippen des Sterns deaktiviert den Favoritenstatus wieder.

➋ Das Telefonbuch zeigt die Favoriten ganz oben in der Kontaktauflistung an.

8.8 Kontakte im Startbildschirm

Im Startbildschirm lassen sich Verknüpfungen auf Kontakte anlegen, um den Zugriff zu erleichtern. Zum Einsatz kommen dabei sogenannte Widgets (weitere Infos zu den Widgets finden Sie im Kapitel *4.7.2 Widgets*).

8.8.1 Direktwahl

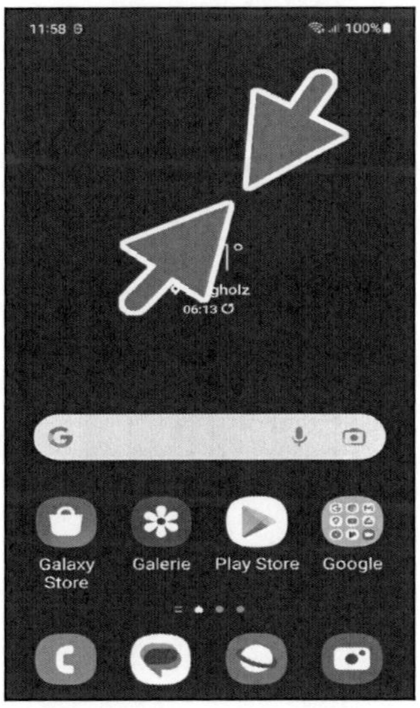

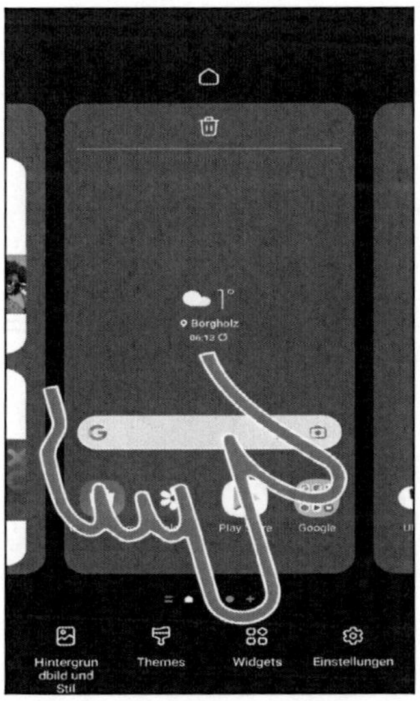

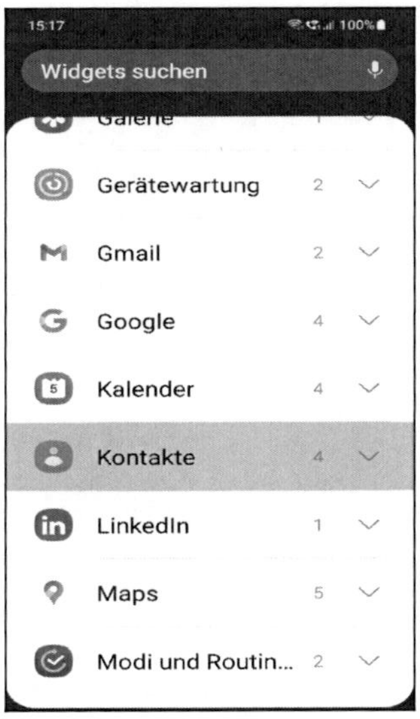

➊ Wechseln Sie zuerst mit mehreren Wischgesten nach links oder rechts in eine freie Seite des Startbildschirms (löschen Sie gegebenenfalls, wie im Kapitel *4.7.1 Schnellzugriffe anlegen und verwalten* beschrieben, nicht benötigte Widgets auf einer Startbildschirmseite). Führen Sie dann eine Kneifgeste durch und rufen Sie *Widgets* auf.

➋ Aktivieren Sie das *Widgets*-Register.

➌ Blättern Sie mit einer Wischgeste nach oben durch die Widgets. Tippen Sie dann auf *Kontakte*.

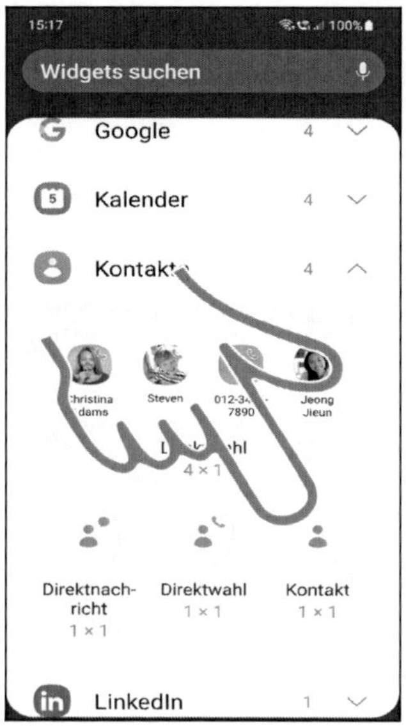

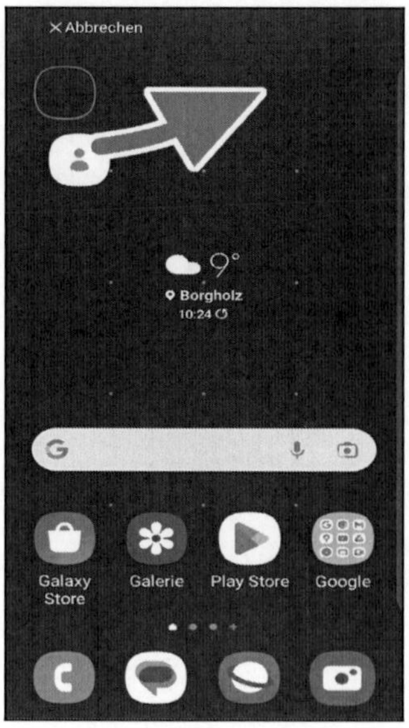

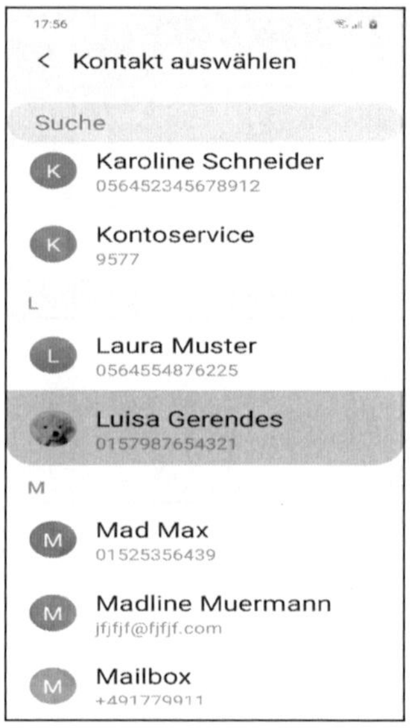

➊ Es stehen drei Kontakte-Widgets zur Verfügung, zwischen denen Sie auswählen können:

- *Direktnachricht*: Neue SMS an den Kontakt erstellen.
- *Direktwahl*: Das Handy wählt die Kontaktrufnummer an.
- *Kontakt*: Anzeige der Kontaktdetails.

In unserem Beispiel tippen und halten wir den Finger auf *Kontakt*, bis das Handy auf den Startbildschirm umschaltet.

➋ Platzieren Sie das Widget in den gewünschten Bildschirmbereich und lassen Sie den Finger los.

➌ Sie müssen nun den Kontakt auswählen.

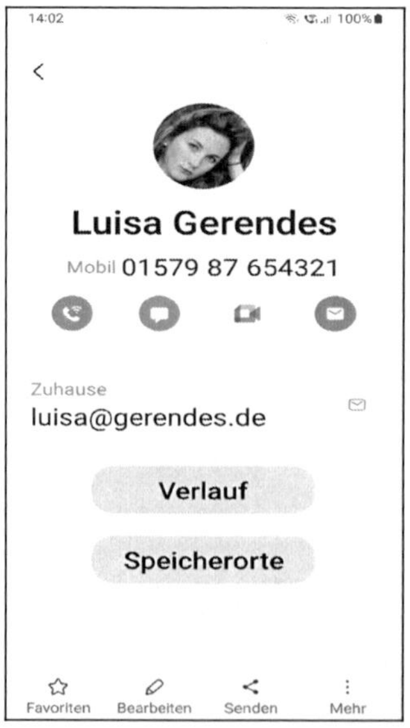

➊➋ Antippen des Kontakts im Startbildschirm öffnet die Kontaktdetails.

8.9 QR-Code

Die QR-Codes sind zweidimensionale Barcodes, die von vielen Handys ohne zusätzliche Software über die Kamera eingelesen und weiterverarbeitet werden können. Das Samsung Galaxy bietet die Möglichkeit, Kontaktdaten aus einem QR-Code einzulesen und umgekehrt Kontaktdaten als QR-Code darzustellen.

QR-Codes müssen nicht unbedingt gedruckt auf Papier vorliegen, sondern lassen sich auch direkt von einem Bildschirm einlesen.

❶❷ In unserem Beispiel möchten wir einen QR-Code von einem Kontakt erzeugen. Dazu gehen wir in die Kontaktdetails und rufen ⁝/*QR-Code* auf.

❸ Eine andere Person muss nun sein QR-Code-Leseprogramm auf seinem Handy aktivieren und hält dann dessen Kamera auf den angezeigten QR-Code. Bei einem iPhone erkennt die Kamera-Anwendung automatisch QR-Codes und bietet den Import ins Telefonbuch an.

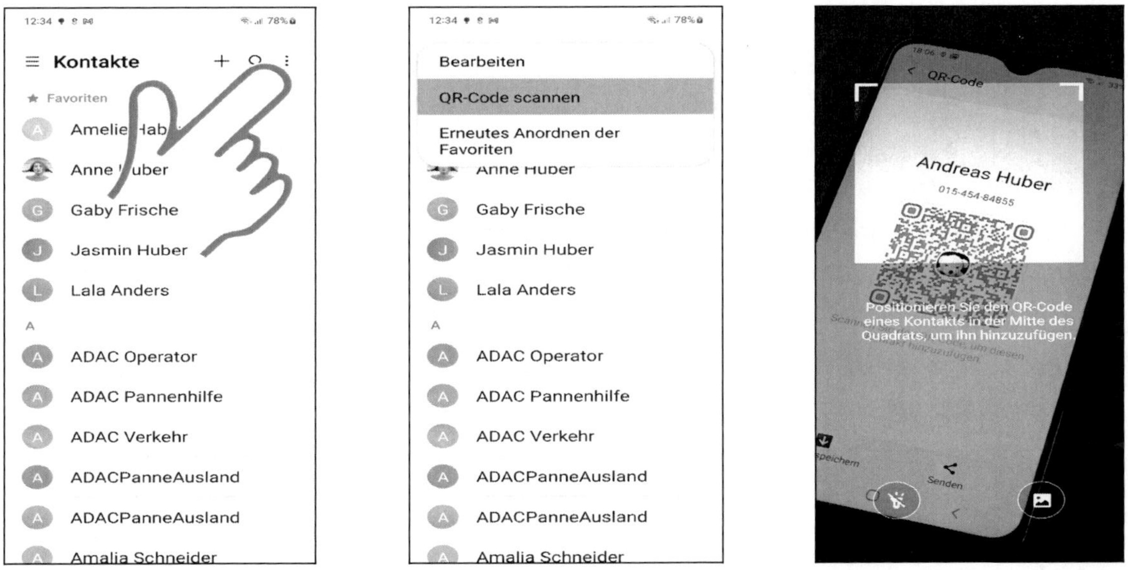

❶❷❸ Das Einlesen eines QR-Codes erfolgt über ⁝/*QR-Code scannen* in der Kontaktauflistung (Pfeil).

8.10 Einstellungen

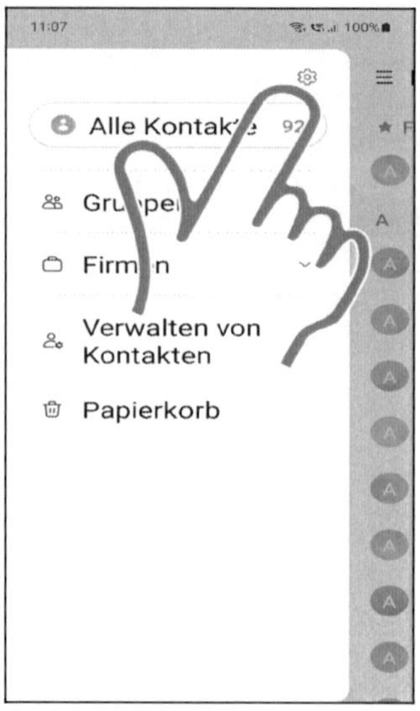

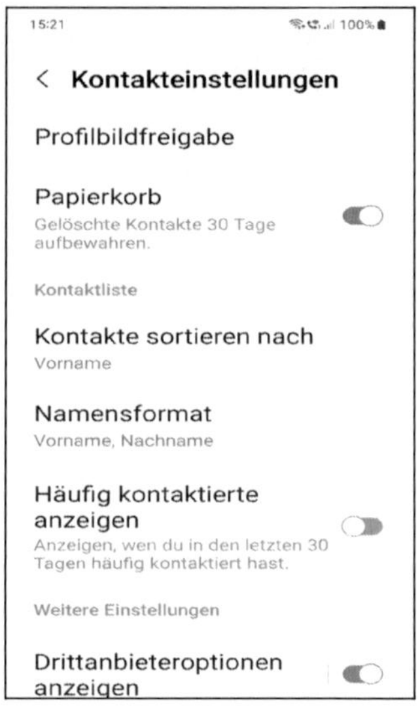

❶❷ Öffnen Sie das Ausklappmenü und gehen Sie auf ✿.

❸ Die verfügbaren Optionen:

- *Profilfreigabe*: Über die *Profilfreigabe* können Sie Ihre persönlichen Daten den Kontakten in Ihrem Telefonbuch zugänglich machen. Weil dies nur mit Samsung-Handys funktioniert, gehen wir in diesem Buch nicht darauf ein.
- *Papierkorb*: Gelöschte Kontakte werden zunächst im Papierkorb abgelegt, den Sie über das Ausklappmenü erreichen.

Unter *Kontaktliste*:

- *Kontakte sortieren nach*: Sortierung der Kontaktliste nach *Vorname* oder *Nachname*.
- *Namensformat*: Namen nach Vorname, Nachname oder umgekehrt auflisten.
- *Häufig kontaktiert anzeigen*: Diese Option listet alle Kontakte, die Sie mehrmals angerufen haben als erstes in der Kontaktliste auf.

Unter *Weitere Einstellungen*:

- *Drittanbieteroptionen*: Nicht von Samsung dokumentiert.
- *Personalisierter Dienst*: Der personalisierte Dienst setzt Ihre Anmeldung bei Samsung (siehe Kapitel *24 Das Samsung-Konto*) voraus. Nicht von Samsung dokumentiert.

9. Internet einrichten und nutzen

Ihr Galaxy ist ein wahres Kommunikationsgenie. Sie können damit im Internet surfen, E-Mails und SMS verarbeiten. Um die Konfiguration des Internetzugangs brauchen Sie sich in der Regel nicht zu kümmern, da dies vom Galaxy automatisch erledigt wird.

Sie brauchen dieses Kapitel nicht durchzuarbeiten, um Internet über Ihren Mobilnetzbetreiber zu nutzen. Lesen Sie aber mindestens Kapitel *9.2 Umschaltung WLAN und Mobilfunk-Internet* durch, wo erklärt wird, wie Sie zwischen WLAN- und Mobilfunk-Internet umschalten.

9.1 Internetzugang einrichten

Alle Mobilfunknetzbetreiber haben heutzutage jeweils einen eigenen Internetzugang im Programm, der sich ohne Grundgebühr und vorherige Anmeldung nutzen lässt.

9.1.1 Tipps zum Internetzugang

Zwar können Sie bei allen Mobilfunkanbietern nach dem Einlegen der SIM-Karte sofort das Internet nutzen, empfehlenswerter ist es aber, sich nach einem geeigneten Mobilfunktarif mit Internetzugang umzusehen.

9.1.1.a Kostenfalle Standardvertrag

In den Standardverträgen wird der Internetzugang zeit- oder datenmengenabhängig abgerechnet, was selbst bei unregelmäßiger Nutzung schnell teuer wird. Besser dran ist man mit Internetpaketen, die nur wenige Euro pro Monat kosten und häufig 512 Megabyte bis 1 Gigabyte Transfervolumen (»Traffic«) beinhalten. Überschreitet man das inkludierte Transfervolumen, so wird die Übertragungsgeschwindigkeit meist gedrosselt. Sie sollten auf jeden Fall die Vertragskonditionen Ihres Netzbetreibers genau studieren, um nicht in die Kostenfalle zu tappen.

9.1.1.b Die Alternative: WLAN

Heutzutage gibt es an vielen Orten beispielsweise Flughäfen, Hotels oder Bars, WLAN-Hotspots, über die Sie kostenlos online gehen können. Auch in Innenstädten findet man häufig »offene« WLANs, die kostenlos nutzbar sind, weil einige DSL-Kunden ihr WLAN absichtlich oder unabsichtlich unverschlüsselt zur Verfügung stellen. Im Kapitel *9.2 Umschaltung WLAN und Mobilfunk-Internet* erläutern wir Ihnen daher, wie Sie das Internet zwischen Mobilfunkverbindung und WLAN umschalten.

9.1.1.c Teuer! Teuer! Teuer!

WICHTIG: Das Galaxy ist wegen seiner Kommunikationsfunktionen auf eine dauerhafte Internetverbindung über das Mobilfunkinternet angewiesen. Sofern Sie ihr Gerät im Handy-Shop erworben haben, wird Sie der Verkäufer mit Sicherheit darauf aufmerksam gemacht haben, dass ein Vertrag mit Internet-Flatrate notwendig ist. Nehmen Sie deshalb das Galaxy am besten nicht in Betrieb, wenn Sie noch keine Internetflatrate bei Ihrem Mobilnetzbetreiber haben.

Zwar ist es möglich, die Option »*Mobile Daten*« zu deaktivieren (siehe Kapitel *9.2.2 Mobilfunk-Internet aktivieren/deaktivieren*), damit kein Mobilfunk-Internet genutzt wird, damit geht aber ein großer Teil des Charms vom Galaxy verloren.

9.1.2 Automatische Einrichtung

Sobald Sie das Handy nach dem Einlegen einer neuen SIM-Karte einschalten, werden alle Mobilnetz-abhängigen Einstellungen, darunter Mailbox, SMS-Konfiguration und mobiles Internet automatisch konfiguriert.

9.2 Umschaltung WLAN und Mobilfunk-Internet

Sie können einstellen, dass alle Internetverbindungen über WLAN oder eine Mobilfunkverbindung ablaufen. Beachten Sie aber, dass Sie unterwegs nur bei einer Mobilfunkverbindung immer das Internet nutzen können, da WLAN nur an bestimmten Orten, beispielsweise in Hotels, Bars, Flughäfen, usw. zur Verfügung steht. Meist finden Sie an den mit WLAN ausgestatteten Orten auch entsprechende Hinweisschilder.

9.2.1 WLAN aktivieren/deaktivieren

❶ Nach Aktivierung des Benachrichtigungsfelds betätigen Sie (Pfeil).

❷❸ Wählen Sie einen der gefundenen WLAN-Zugangspunkte aus. Sofern dieser verschlüsselt ist, fragt Sie das Galaxy nach dem Passwort, das Sie eventuell vom WLAN-Betreiber erfragen müssen. Betätigen Sie dann *Verbinden.*

Sofern Sie zuhause ein verschlüsseltes WLAN nutzen (was zu empfehlen ist!), haben Sie vielleicht das benötigte Passwort nicht parat. Rufen Sie in dem Fall auf einem PC oder Notebook, das mit dem WLAN verbunden ist, die Weboberfläche des WLAN-Routers auf und lassen Sie sich dort das Passwort anzeigen. Bei einer Fritz-Box müssten Sie beispielsweise *fritz.box* als Webadresse aufrufen und dann auf *WLAN/Sicherheit* gehen.

Weitere Hinweise zur WLAN-Nutzung finden Sie im Kapitel *10 WLAN.*

Wenn Sie WLAN am Galaxy ausschalten und später erneut einschalten, baut das Gerät automatisch eine Verbindung zum WLAN-Zugangspunkt auf. Das benötigte Passwort wird nicht erneut abgefragt.

9.2.2 Mobilfunk-Internet aktivieren/deaktivieren

Haben Sie keinen Mobilfunkvertrag mit Datenflatrate, dann sollten Sie das Mobilfunk-Internet am Galaxy ausschalten.

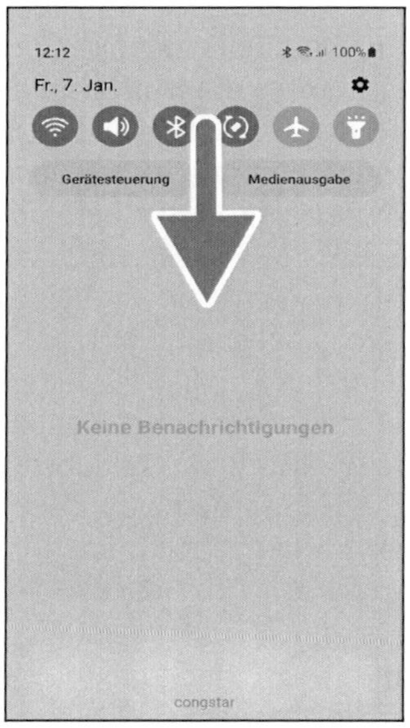

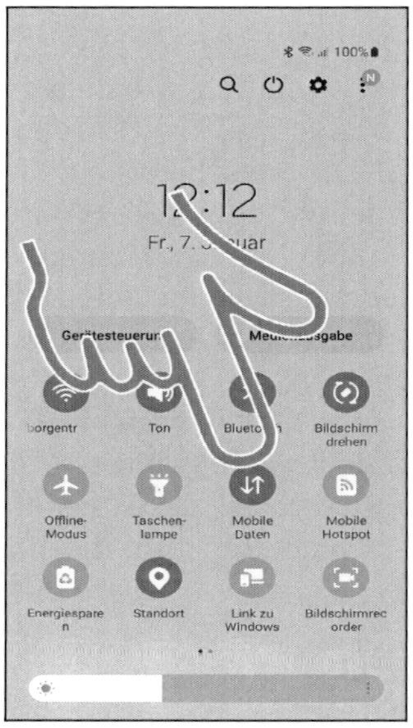

➊ Die Aktivität des Mobilfunk-Internets steuern Sie über das Benachrichtigungsfeld. Führen Sie zuerst eine Wischgeste über den Schaltleisten nach unten durch.

➋ Deaktivieren Sie ↓↑, um das Mobilfunk-Internet abzuschalten (auf dem gleichen Wege lässt sich Mobilfunk-Internet auch wieder aktivieren).

9.3 Empfangsstärke Mobilfunk und WLAN

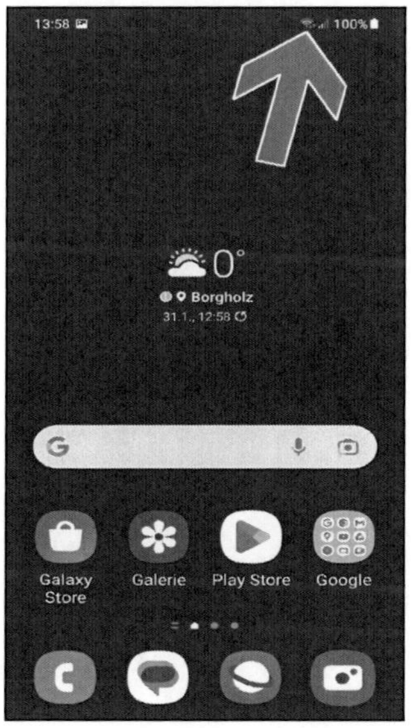

Für eine gute und unterbrechungsfreie Datenübertragung über WLAN oder Mobilfunknetz ist eine hohe Signalstärke jeweils Voraussetzung.

Die Mobilfunknetzsignalstärke erkennen Sie .ıll in der Titelleiste (Pfeil). Wenn ein oder mehrere der Balken fehlen, besteht kein optimaler Empfang, das heißt, Sie befinden sich zu weit vom Mobilfunkmast entfernt. Die Balkenangaben sind naturgemäß recht ungenau, was aber meistens keinen Beinbruch darstellt.

10. WLAN

Schon seit einigen Jahrzehnten bieten verschiedene Hersteller Produkte zur drahtlosen Kopplung von Netzwerken an. War das Einsatzgebiet zuvor auf professionelle Anwender wie Telekommunikationsunternehmen beschränkt, die aus der Portokasse einige zehntausend Euro auf den Tisch legten, um noch teuere Erdleitungen zu vermeiden, so ist die Funkübertragung seit einiger Zeit auch für Privatanwender erschwinglich. Möglich gemacht haben dies die Einführung von weltweit genormten Funkstandards für WLAN (Wireless Local Area Network) und die behördliche Freigabe von Frequenzen. Die verschiedenen Standards zur Computervernetzung bezeichnet man auch als »Wireless Fidelity« oder kurz »Wifi«. WLAN wird im Privatbereich meist ausschließlich dazu genutzt, um PCs, Notebooks, Handhelds, usw. ans Internet anzuschließen. Dazu benötigt man nur einen sogenannten WLAN-DSL-Router, wie er heute schon für weniger als hundert Euro zu haben ist. Unterwegs kann man auch sogenannte WLAN-Hotspots (»WLAN-Zugangspunkte«) nutzen, die man in zahlreichen Hotels, Flughäfen, Bars, usw. findet. In Städten finden Sie zudem häufig »offene« WLAN-Zugangspunkte, bei denen absichtlich oder unabsichtlich Privatleute die Nutzung Ihres WLAN-Routers erlauben. Kommerzielle WLAN-Zugangspunkte sind dagegen häufig nur nach Bezahlung nutzbar. Dazu verwenden die Zugangspunkte eine Verschlüsselung, für die man ein Passwort eingeben muss.

10.1 WLAN-Verbindung aufbauen

In den meisten Haushalten und Büros ist ein WLAN anzutreffen, denn heute bekommt man mit der Einrichtung des DSL-Anschlusses auch gleich einen sogenannten WLAN-Router »hinterher geworfen«. Für den WLAN-Zugriff sind im Handel USB-Adapter für den PC verfügbar. Aktuelle Notebooks und praktisch alle Handys und Tablets wie das Galaxy sind schon von Haus aus mit einem WLAN-Modul ausgestattet.

Wenn Sie das erste Mal WLAN nutzen, müssen Sie erst das WLAN-Modul am Galaxy einschalten und dann eine Verbindung zum WLAN-Router aufbauen, was in diesem Kapitel beschrieben wird.

Beachten Sie auch Kapitel *9.2 Umschaltung WLAN und Mobilfunk-Internet*, in dem erläutert wird, wie Sie zwischen WLAN- und Mobilfunk-Internet umschalten.

10.1.1 WLAN über die Einstellungen einrichten

❶ Nach Aktivierung des Benachrichtigungsfelds tippen Sie an (Pfeil). Das -Symbol sollte sich von grau nach hellblau färben. Falls WLAN bereits aktiv war, müssen Sie also erneut betätigen.

❷ Warten Sie, bis die gefundenen WLANs anzeigt werden, wovon Sie einen auswählen.

Vielleicht haben Sie bereits einen WLAN-Zugangspunkt auf dem Galaxy eingerichtet? In diesem Fall erscheint nicht das WLAN-Auswahlmenü, sondern das Handy baut die Verbindung zum WLAN-Zugangspunkt auf. Wie Sie einen anderen WLAN-Zugangspunkt verwenden, zeigt Ihnen Kapitel *10.2 WLAN-Zugangspunkte verwalten*.

❸ Sofern das WLAN verschlüsselt ist, fragt Sie das Galaxy nach dem Passwort, das Sie eventuell vom WLAN-Betreiber erfragen müssen. Betätigen Sie dann *Verbinden.*

10.2 WLAN-Zugangspunkte verwalten

Im *WLAN*-Menü wechseln Sie zwischen den genutzten WLAN-Zugangspunkten.

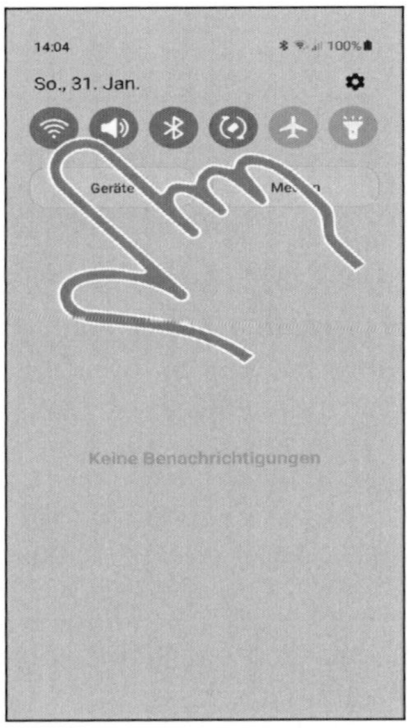

❶ Aktivieren Sie das Benachrichtigungsfeld, dann tippen und halten Sie die ᯤ-Schaltleiste.

❷ Nun gehen Sie auf ⋮/*Erweiterte Einstellungen*.

❸ Die Optionen:

- *Mit Samsung Cloud synchronisieren*: Das Handy synchronisiert alle WLAN-Zugangsdaten mit dem im Kapitel *24 Das Samsung-Konto* vorgestellten Konto. Diese Funktion ist nützlich, wenn Sie mal in der Zukunft Ihr aktuelles Samsung-Handy gegen ein neues austauschen. Die bereits angelegten WLAN-Zugangsdaten werden dann auf das neue Samsung-Handy übernommen und müssen nicht erneut eingegeben werden.

Unter *Netzeinstellungen*:

- *Netzwerke verwalten*: Listet die bereits von Ihnen genutzten WLAN-Zugangspunkte auf.
- *Verlauf für WLAN ein-/aus*: Einige Programme, die hier aufgelistet werden, können selbsttätig das WLAN ein- und ausschalten.
- *Hotspot 2.0*: Dieser Standard soll den Verbindungsaufbau mit WLAN-Zugangspunkten von Drittanbietern, beispielsweise von Mobilfunkunternehmen, erleichtern. Derzeit gibt es allerdings noch keinen Anbieter, der diese Funktion unterstützt.
- *Netzwerkzertifikate installieren*: Einige Programme benötigen Verschlüsselungszertifikate, beispielsweise in Unternehmensnetzwerken, welche Sie hiermit installieren.

15:31
100%
Wi-Fi Direct
Intelligent Wi-Fi
Erweiterte Einstellungen
Kontaktiere uns
Ein
Aktuell
Verbunden / Nicht gesichert
Verfügbare Netze
Gicom
Gicom Gast
Gicom IoT
Netzwerk hinzufügen

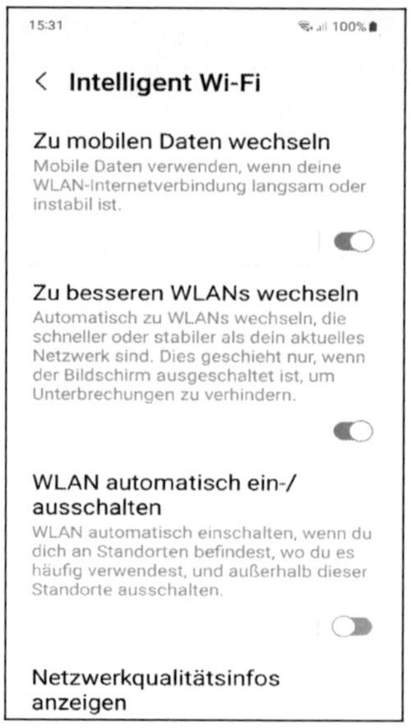
15:31
100%
Intelligent Wi-Fi
Zu mobilen Daten wechseln
Mobile Daten verwenden, wenn deine WLAN-Internetverbindung langsam oder instabil ist.
Zu besseren WLANs wechseln
Automatisch zu WLANs wechseln, die schneller oder stabiler als dein aktuelles Netzwerk sind. Dies geschieht nur, wenn der Bildschirm ausgeschaltet ist, um Unterbrechungen zu verhindern.
WLAN automatisch ein-/ ausschalten
WLAN automatisch einschalten, wenn du dich an Standorten befindest, wo du es häufig verwendest, und außerhalb dieser Standorte ausschalten.
Netzwerkqualitätsinfos anzeigen

❶❷ Die Einstellungen unter *Intelligent Wi-Fi*:

- *Zu mobilen Daten wechseln*: Bei schlechter WLAN-Verbindung wechselt das Handy automatisch auf das Mobilfunkinternet. Diese Option ist nur aktiv, wenn Sie *Mobile Daten* (= Internet über die Mobilfunkverbindung) aktiviert haben (siehe Kapitel *9.2.2 Mobilfunk-Internet aktivieren/deaktivieren*).
- *Zu besseren WLANs wechseln*: Wenn an einem Standort mehrere WLAN-Zugangspunkte vorhanden sind (mit denen Sie sich jeweils bereits mal verbunden hatten), wechselt das Handy automatisch zu dem mit dem besseren Empfang.
- *WLAN automatisch ein-/ausschalten*: Wenn Sie sich im Empfangsbereich eines WLANs befinden, den Sie schon mal genutzt haben, aktiviert sich WLAN automatisch.
- *Netzwerkqualitätsinfos anzeigen*: Zu jedem im WLAN-Bildschirm aufgelisteten WLAN-Zugangspunkt erhalten Sie Informationen über Geschwindigkeit und Stabilität.
- *Echtzeitdaten priorisieren*: Nutzeraktivitäten wie Online-Spiele oder Videostreaming werden gegenüber Hintergrunddiensten (interne Datensynchronisierung mit Google-Servern) bevorzugt.
- *Verdächtige Netzwerke erkennen*: Das Handy erkennt Aktivitäten, die auf Datendiebstahl hinweisen und blockiert diese.
- *WLAN-Energiesparmodus*: Das WLAN wird bei Nichtnutzung automatisch deaktiviert. Wir raten davon ab, weil dann eventuell einige Anwendungen nicht korrekt funktionieren.
- *Automatische Hotspot-Verbindung*: Nicht von Samsung dokumentiert.

11. Gmail

Wie bereits im Kapitel *2.1 Das ist bei Android anders* erläutert, dient das von Ihnen angelegte Google-Konto – im Format *(Ihr Name)@gmail.com* auch als E-Mail-Adresse. Mit der in diesem Kapitel vorgestellten Gmail-Anwendung können Sie E-Mails senden, empfangen und verwalten.

Falls Sie bereits eine eigene E-Mail-Adresse (beispielsweise von Ihrem Arbeitgeber, oder ein E-Mailkonto bei GMX, T-Online, usw.) besitzen, verwenden Sie die im Kapitel *12 Outlook E-Mail* vorgestellte Anwendung. Die Gmail-Anwendung dürfte nur für Nutzer interessant sein, die Gmail bereits auf ihrem vorherigen Handy im Einsatz hatten.

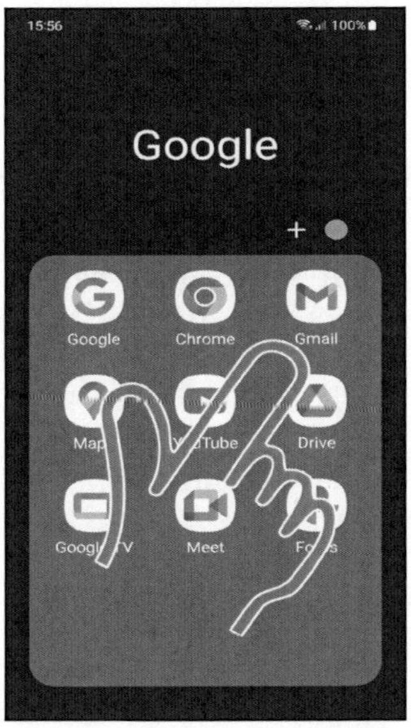

❶❷ Gehen Sie im Hauptmenü oder Startbildschirm in den *Google*-Ordner und dann auf *Gmail.*

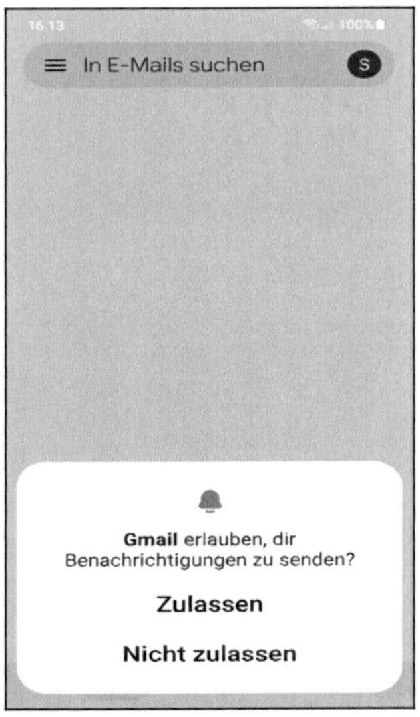

❶❷ Betätigen Sie beim ersten Start *OK* und dann *WEITER ZU GMAIL.*

❸ Das Popup schließen Sie mit *Zulassen.*

12:36
In E-Mails suchen
Zulassen, dass intelligente Funktionen in Gmail, Google Chat und Meet meine Daten verwenden
Mit den intelligenten Funktionen und der Personalisierung basierend auf Ihren Inhalten und Ihrer Verwendung der Produkte können Sie Gmail, Google Chat und Meet noch effizienter nutzen.
Intelligente Funktionen
1 von 2
Weiter
E-Mail
Meet

12:36
In E-Mails suchen
Andere Google-Produkte mit Ihren Daten aus Gmail, Google Chat und Meet personalisieren
Assistant, Maps, Travel und Google Pay lassen sich individuell auf Ihre Vorlieben abstimmen. Dadurch können Sie die Dienste noch effizienter nutzen. Diese Personalisierung basiert auf Ihren Inhalten in Gmail, Google Chat und Meet sowie Ihrer Verwendung dieser Produkte.
Andere Google-Produkte mit Ihren Daten aus Gmail, Google Chat und Meet personalisieren
Google unterstützt Sie auch weiterhin durch folgende Funktionen:
Erinnerungen an fällige
2 von 2
Zurück
Fertig
E-Mail
Meet

❶❷ Zwischendurch – wenn Sie die Gmail-Anwendung bereits einige Zeit nutzen – werden Sie gefragt, ob Sie die Automatiken nutzen möchten. Aktivieren Sie *Intelligente Funktionen nutzen*, betätigen Sie *Weiter*, danach aktivieren Sie *Andere Google-Produkte mit Ihren Daten aus Gmail, Google Chat und Mett personalisieren* und gehen auf *Fertig.*

Google wertet künftig die E-Mail-Inhalte aus und ordnet beispielsweise E-Mails den Kategorien *Werbung* oder *Soziale Netzwerke* zu.

In E-Mails suchen
Allgemein
Zum Auswählen der entsprechenden Konversation auf ein Absenderbild tippen.
Schließen
Google Meet, jetzt in Gmail
Videokonferenzen für bis zu 100 Personen mit automatischen Untertiteln und Bildschirmfreigabe
Weitere Informationen
OK
E-Mail
Meet

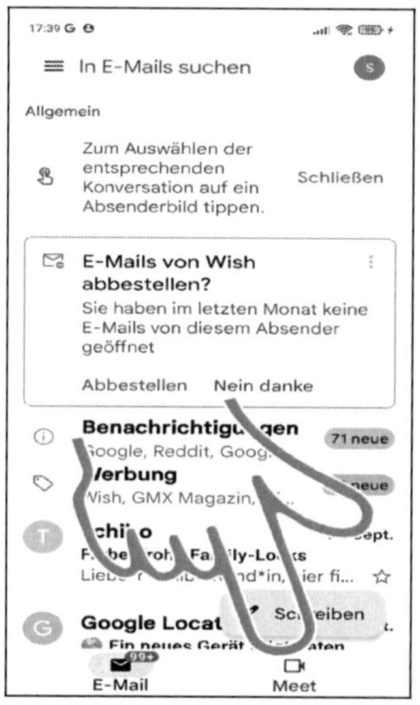
In E-Mails suchen
Allgemein
Zum Auswählen der entsprechenden Konversation auf ein Absenderbild tippen.
Schließen
E-Mails von Wish abbestellen?
Sie haben im letzten Monat keine E-Mails von diesem Absender geöffnet
Abbestellen
Nein danke
71 neue
Google Locat
E-Mail
Meet

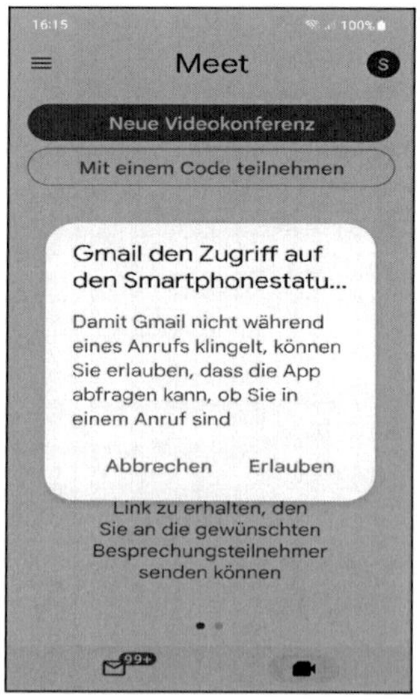
Meet
Neue Videokonferenz
Mit einem Code teilnehmen
Gmail den Zugriff auf den Smartphonestatu...
Damit Gmail nicht während eines Anrufs klingelt, können Sie erlauben, dass die App abfragen kann, ob Sie in einem Anruf sind
Abbrechen
Erlauben
Link zu erhalten, den Sie an die gewünschten Besprechungsteilnehmer senden können

❶ Schließen Sie den einmaligen Hinweis auf Google Meet mit *OK.*

❷❸ Am unteren Bildschirmrand sind nun zwei Register vorhanden, mit denen Sie zwischen *E-Mail* und der Videokonferenzfunktion *Meet umschalten. Wir gehen* auf Letzteres *noch im Kapitel 11.5 Meet ein.* Schließen Sie auch hier die einmaligen Poups mit *Erlauben* und *Zulassen.*

Die großen bunten Symbole vor den einzelnen Nachrichten enthalten jeweils den ersten Buchstaben des Absenders, im Beispiel also »G« für Google, usw.

Sie sollten Ihren Bekanntenkreis bitten, Ihnen E-Mails an Ihr Gmail-E-Mail-Adresse (= Ihr Google-Konto) zu senden. Auf diesem Wege können Sie die folgenden Bedienungsanweisungen direkt nachvollziehen.

11.1 Gmail in der Praxis

11.1.1 E-Mails abrufen

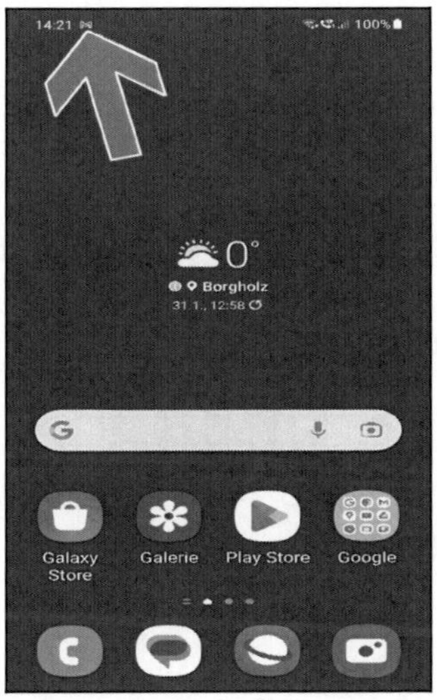

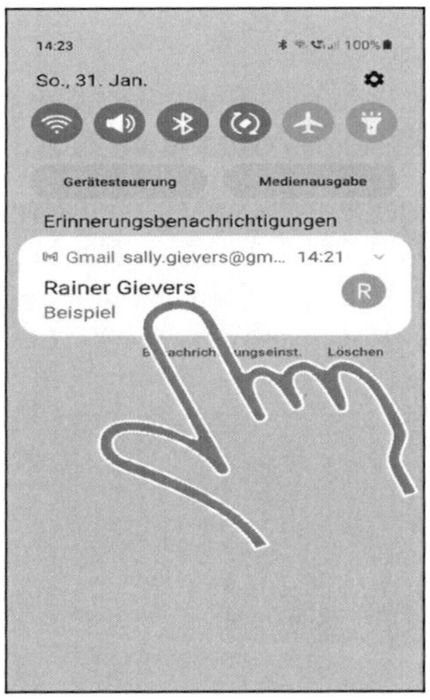

❶ Für die Synchronisierung der E-Mails in der Gmail-Anwendung mit dem E-Mail-Konto führen Sie eine Wischgeste von oben nach unten in der E-Mail-Oberfläche durch (dies ist in der Regel aber nicht nötig, weil neue Nachrichten automatisch abgerufen werden).

❷❸ Alternativ können Sie sich die neuen E-Mails auch auf einem weiteren Wege anzeigen: Wenn neue Nachrichten vorliegen, erscheint in der Titelleiste ein M-Symbol (Pfeil). Öffnen Sie das Benachrichtigungsfeld (siehe Kapitel *4.7.6 Titelleiste und Benachrichtigungsfeld*) und tippen Sie auf *x neue Nachrichten*, worauf der Gmail-Posteingang angezeigt wird. Sofern nur eine neue Nachricht empfangen wurde, zeigt Gmail diese statt des Posteingangs an. Auch das Archivieren (siehe Kapitel *11.2.4 Archivieren*) und Beantworten einer Nachricht ist direkt über zwei Schaltleisten im Benachrichtigungsfeld möglich.

Die Gmail-Anwendung arbeitet speicheroptimiert, das heißt beim Blättern in der Nachrichtenauflistung lädt sie automatisch die als nächstes anzuzeigenden Mails nach. Dies kann bei einer langsamen Mobilfunkverbindung manchmal einige Sekunden dauern. Sie sehen dann »*Konversationen werden geladen*«.

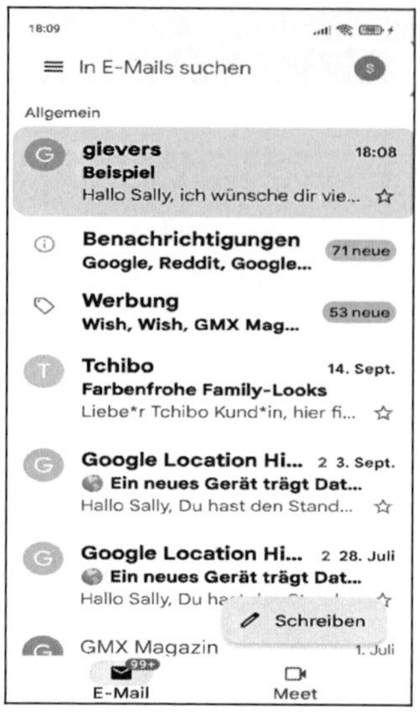

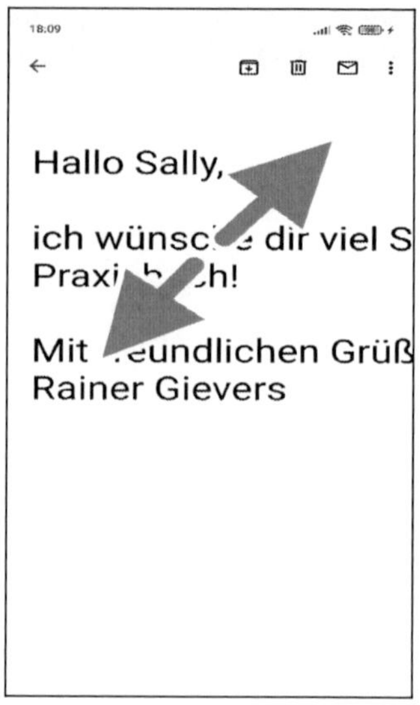

➊ Alle noch ungelesenen Nachrichten erscheinen in Fettschrift. Tippen Sie nun eine Nachricht an, die Sie lesen möchten.

➋ Die Bedeutung der Schaltleisten am oberen Bildschirmrand:

- (Archivieren): Entfernt eine Nachricht aus dem Posteingang, ohne sie zu löschen. Siehe auch Kapitel *11.2.4 Archivieren*.
- : Nachricht löschen.
- (Ungelesen): Setzt den Nachrichtenstatus auf »ungelesen« und schaltet wieder auf den Posteingang um.

➌ Über eine Kneifgeste (zwei Finger, beispielsweise Daumen und Zeigefinger, gleichzeitig auf das Display drücken), können Sie die Ansicht vergrößern/verkleinern. Verschieben Sie bei Bedarf dann mit dem Finger den angezeigten Bildschirmausschnitt. Alternativ tippen Sie zweimal schnell hintereinander auf den Nachrichtentext.

➊ Ziehen Sie mit angedrücktem Finger nach links/rechts, um zur nächsten älteren/neueren Nachricht zu blättern.

➋ Die ↰-Schaltleiste erstellt eine Antwort-Nachricht an den Absender.

➌ Das ⁝-Menü:

- *Allen antworten*: Sofern die E-Mail mehrere Empfänger enthält, können Sie Ihre Antwort-Nachricht an alle Empfänger senden. Wir raten davon aber ab, weil dies unter Umständen zu peinlichen Situationen führen kann, beispielsweise, wenn ein Kunde die interne Kommunikation eines Unternehmens zugesandt bekommt.
- *Weiterleiten*: Erstellt eine neue Nachricht mit dem Nachrichtentext.

- *Markieren; Markierung entfernen*: Markiert eine Nachricht als Favoriten beziehungsweise entfernt die Markierung wieder. Siehe Kapitel *11.2.7 Markierungen*.
- *Drucken*: Auf die Druckausgabe geht dieses Buch nicht ein.
- *Ab hier als ungelesen markieren*: Setzt den »Gelesen«-Status für diese und alle früher empfangenen Nachrichten wieder zurück.
- *xxx blockieren*: Künftig landen alle E-Mails des Absenders im *Spam*-Ordner.

Die Funktionen zum Antworten und Weiterleiten finden Sie auch am Ende der E-Mail.

11.1.2 Dateianlagen

❶ Nachrichten mit Dateianlagen erkennen Sie am an den Symbolen (Pfeil) in der Nachrichtenauflistung.

❷❸ Bild-Dateianlagen zeigt Gmail in einer Vorschau. Tippen Sie sie jeweils für eine Vollbildanzeige an. Über ⁝/*Speichern* beziehungsweise ⁝/*Alle speichern* landen die Dateien im Gerätespeicher.

Heruntergeladene Dateianlagen landen im Verzeichnis *Download* auf dem Handy.

11.1.3 Labels

Labels haben bei Gmail die gleiche Funktion wie Ordner. Deshalb werden auch die klassischen E-Mail-Ordner *Postausgang*, *Entwürfe*, *Gesendet*, usw. bei Gmail als »Label« bezeichnet. Man darf einer Mail mehrere Labels gleichzeitig zuweisen.

❶❷ Zur Anzeige der E-Mails eines Labels tippen Sie oben links (Pfeil) für das Ausklappmenü:

Die Nachrichten sind eingeteilt nach:

- *Alle Posteingänge*: Falls Sie mehrere Google-Konten nutzen, zeigen Sie diese alle zusammen an.
- *Allgemein:* Nachrichten von Freunden und Verwandten sowie sonstige Nachrichten, die nicht in einem der anderen Labels angezeigt werden.
- *Soziale Netzwerke*: E-Mails aus sozialen Netzwerken, Plattformen zum Teilen von Inhalten, Online-Partnervermittlungen, Spieleplattformen oder anderen sozialen Websites.
- *Werbung*: Werbeaktionen, Angebote und sonstige Werbe-E-Mails.
- *Benachrichtigungen:* Benachrichtigungen wie Bestätigungen, Belege, Rechnungen und Kontoauszüge.
- *Foren:* E-Mails aus Online-Gruppen, Diskussionsforen und Mailinglisten.

Unter *Alle Labels* finden Sie:

- *Markiert*: Der »Markiert«-Status kann Nachrichten oder Konversationen zugewiesen werden. Siehe dazu auch Kapitel *11.2.7 Markierungen*.
- *Zurückgestellt*: Sie können sich an Nachrichten, die Sie erst später bearbeiten wollen, erinnern lassen. Siehe Kapitel *11.2.3 Zurückstellen*.
- *Wichtig*: Gmail erkennt automatisch Nachrichten, die für Sie interessant oder wichtig sind und ordnet sie unter *Wichtig* ein. Siehe auch Kapitel *11.2.6 Wichtig-Ordner*.
- *Gesendet*: Versandte Nachrichten.
- *Postausgang*: Zum Versand bereitstehende Nachrichten.
- *Entwürfe*: Nachrichten, die bereits vorbereitet, aber noch nicht versandt wurden.
- *Alle E-Mails*: Zeigt alle Mails sortiert als sogenannte Konversationen an.
- *Spam*: Als Spam erkannte Mails.
- *Papierkorb*: Von Ihnen gelöschte Mails.

Tippen Sie ein Label, deren zugeordneten E-Mails Sie ansehen möchten, an.

❸ Am oberen Bildschirmrand (Pfeil) sehen Sie, in welchem Ordner Sie sich gerade befinden.

Auf die Funktion der einzelnen Label gehen die folgenden Kapitel ein. Nicht genutzte Label blendet die Gmail-Anwendung aus.

Befinden Sie sich in einem anderen Ordner als *Allgemein*, dann kehren Sie mit der ❮-Taste wieder zu *Allgemein* zurück.

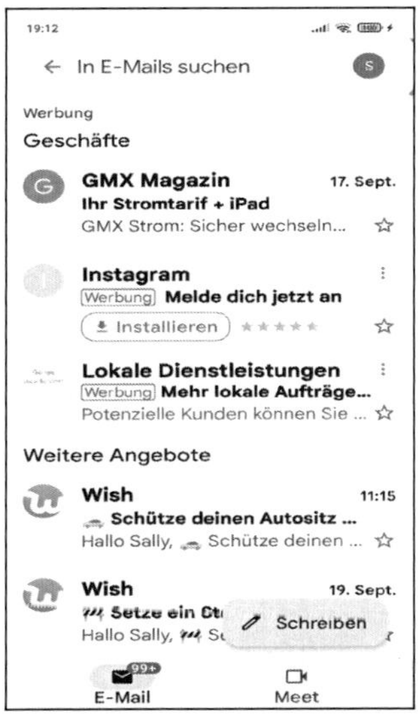

❶ Im Beispiel wurden E-Mails von Gmail automatisch dem Label *Werbung* zugewiesen (Markierung).

❷❸ Tippen Sie ein Label an, um dessen Inhalt aufzulisten.

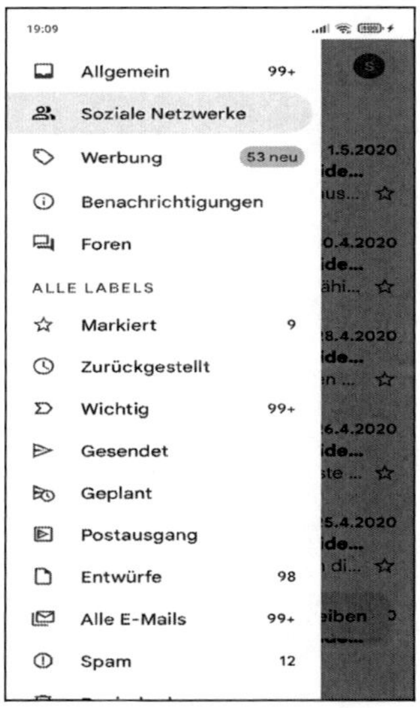

❶❷ Alternativ gehen Sie im Ausklappmenü auf das Label.

Die ❮-Taste bringt Sie wieder in die E-Mail-Gesamtansicht zurück.

11.1.4 E-Mails beantworten

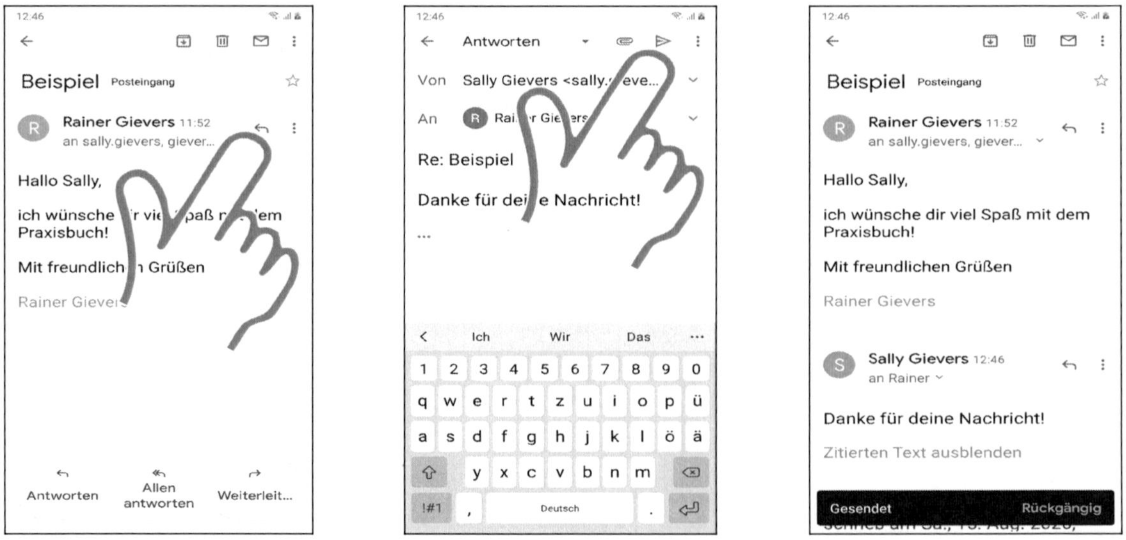

❶ Zum Beantworten einer gerade angezeigten E-Mail betätigen Sie einfach die ↰-Schaltleiste (Pfeil). Alternativ gehen Sie auf *Antworten* am Ende des E-Mail-Textes.

❷ Geben Sie nun den Nachrichtentext ein und betätigen Sie ▷. Es erscheint dann für einige Sekunden der Hinweis »*Nachricht wird gesendet*«, während die Nachricht verschickt wird.

❸ Die von Ihnen verschickte E-Mail erscheint unter dem Nachrichtentext der beantworteten. Verlassen Sie den Bildschirm mit der ‹-Taste.

❶ Gmail verwaltet die Nachrichten als »Konversationen«, das heißt, alle Nachrichten, die Sie mit einem Kommunikationspartner austauschen, werden unter einem Eintrag zusammengefasst. Sie erkennen die Konversationen daran, dass beim Betreff ein »*ich*« und die Zahl der ausgetauschten Nachrichten erscheint. Tippen Sie den Betreff an, um die Konversation anzuzeigen.

❷❸ Es erscheinen Karteireiter mit den Nachrichten, die Sie mit dem Kommunikationspartner ausgetauscht haben. Tippen Sie einen Karteireiter an, um die zugehörige Nachricht auszufalten. Erneutes Antippen eines Karteireiters blendet die Nachricht wieder aus. Mit einer vertikalen Wischgeste können Sie zudem durch die aufgeklappten Nachrichten rollen.

❶❷ Mitunter sind in einer Konversation sehr viele Nachrichten enthalten, die Gmail dann hinter einem Kreis-Symbol verbirgt (Pfeil). Tippen Sie darauf, um die Nachrichten einzublenden.

11.1.5 E-Mail neu schreiben

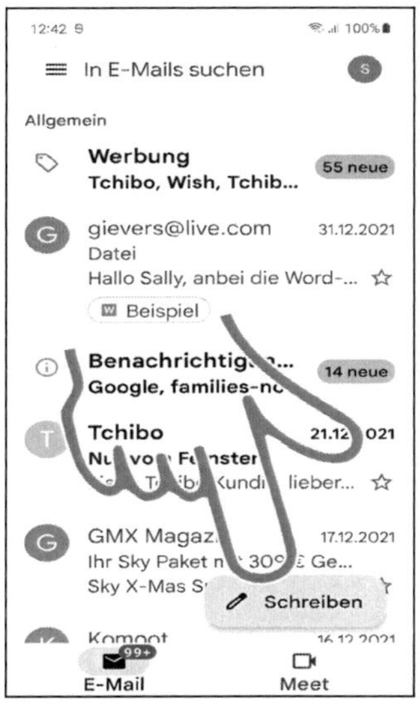

❶ Betätigen Sie die bunte *Schreiben*-Schaltleiste (Pfeil).

❷ Im *An*-Feld erfassen Sie nun den Empfänger.

➊ Gmail sucht bereits bei der Eingabe des Kontaktnamens passende E-Mail-Adressen und listet diese auf. Tippen Sie einfach die Gewünschte an.

➋ Die E-Mail-Adresse landet im Empfängerfeld. Falls Sie einen weiteren Empfänger hinzufügen möchten, geben Sie diesen einfach dahinter ein. Geben Sie nun Betreff und Nachrichtentext ein und betätigen Sie ▷ (oben rechts) zum Senden.

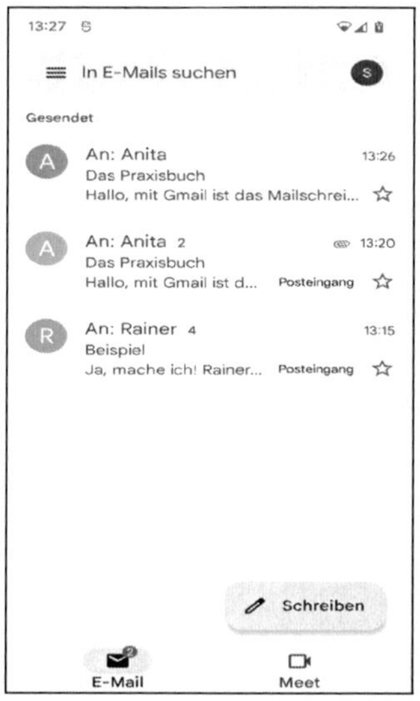

➊ Die versandte Mail finden Sie im *Gesendet*-Ordner. Aktivieren Sie dafür das Ausklappmenü (Pfeil).

➋➌ Wählen Sie *Gesendet* aus, worauf die versandten Nachrichten aufgelistet werden.

11.1.6 Weitere Funktionen bei der E-Mail-Erstellung

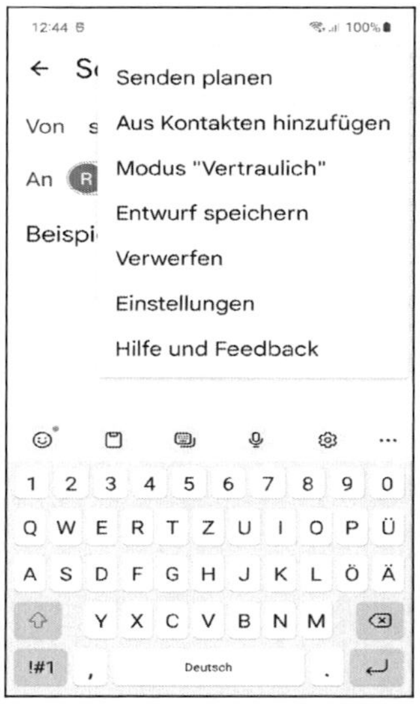

❶ Im E-Mail-Editor finden im ⁝-Menü folgende Optionen:

- *Senden planen*: E-Mail nicht sofort versenden, sondern zu einem anderen Zeitpunkt.
- *Aus Kontakten hinzufügen*: Weiteren Empfänger hinzufügen (nur wenn Sie sich gerade im Empfänger-Eingabefeld befinden).
- *Modus "Vertraulich"*: Damit schränken Sie den Handlungsspielraum des Empfängers ein. Dies kann die E-Mail nicht weiterleiten und benötigt zum Öffnen gegebenenfalls einen Sicherheitscode. Hat der Empfänger keine Gmail-Adresse, so erhält er einen Link, über den er die E-Mail auf der Gmail-Webseite öffnet.
- *Entwurf speichern*: Speichert die E-Mail als Entwurf. Siehe Kapitel *11.1.7 Entwürfe*.
- *Verwerfen*: Nachricht ohne zu senden verwerfen.
- *Einstellungen*: Die Einstellungen beschreibt bereits Kapitel *11.3 Einstellungen*.
- *Hilfe & Feedback* (❷): Ausführliche Hilfeseiten. Falls Ihnen etwas an Gmail auffällt, das Ihnen nicht gefällt können Sie es außerdem an Google senden.

11.1.6.a Cc/Bcc

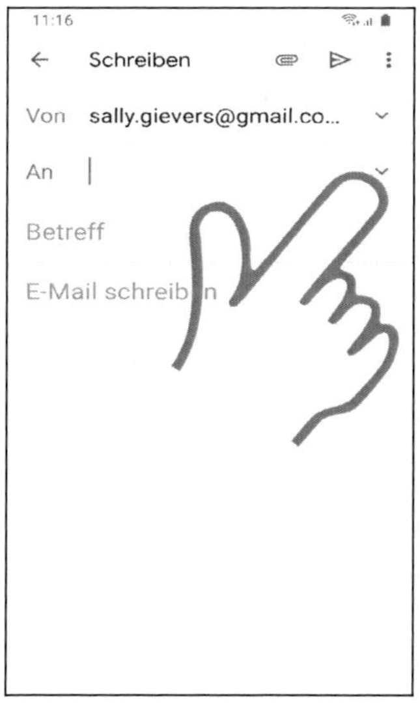

❶❷ Über ∨ (Pfeil) hinter dem *An*-Eingabefeld aktivieren Sie zusätzliche Eingabefelder. Deren Bedeutung:

- *Cc*: Der Begriff Cc steht für »Carbon Copy«, zu deutsch »Fotokopie«. Der ursprüngliche Adressat (im *An*-Eingabefeld) sieht später die unter *Cc* eingetragenen weiteren Empfänger. Die *Cc*-Funktion ist beispielsweise interessant, wenn Sie ein Problem mit jemandem per E-Mail abklären, gleichzeitig aber auch eine zweite Person von Ihrer Nachricht Kenntnis erhalten soll.

- *Bcc*: Im *Bcc* (»Blind Carbon Copy«)-Eingabefeld erfassen Sie weitere Empfänger, wobei der ursprüngliche Adressat im *An*-Feld nicht mitbekommt, dass auch noch andere Personen die Nachricht erhalten.

11.1.6.b Dateianlage

❶ Mit (Pfeil) fügen Sie Ihrer E-Mail eine Datei als Anhang hinzu.

❷ Wählen Sie dann aus:

- *Datei anhängen*: Eine beliebige Datei (zum Beispiel ein Word-Dokument).
- *Aus Drive einfügen*: Eine Datei aus dem Online-Speicherdienst Google Drive (siehe Kapitel *22.2 Google Drive*) übernehmen.

In unserem Beispiel gehen wir auf *Datei anhängen.*

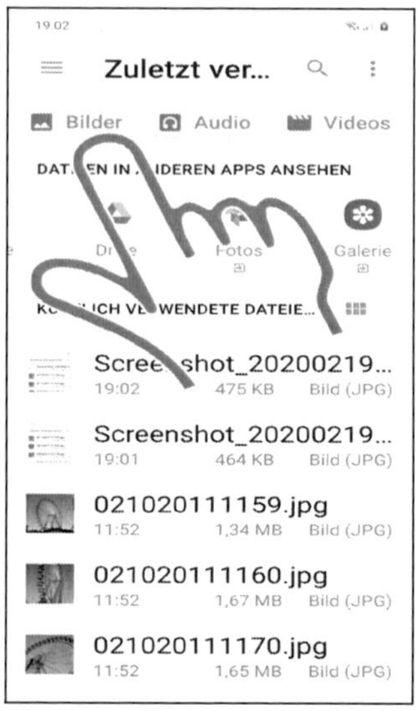

❶ Gmail listet die zuletzt auf das Gerät kopierten beziehungsweise genutzten Dateien auf, wovon Sie die gewünschte antippen. Alternativ wählen Sie einen Dateityp aus, in unserem Beispiel *Bilder*.

❷ Tippen und halten Sie den Finger über der ersten Datei, bis diese markiert ist, danach markieren Sie weitere Dateien durch kurzes Antippen. Betätigen Sie dann oben rechts im Bildschirm *Auswählen.*

❸ Zum Entfernen der Bilddatei tippen Sie auf die ✕-Schaltleiste (Pfeil).

11.1.7 Entwürfe

Manchmal kommt es vor, dass man eine fertige Nachricht erst später verschicken möchte. Dafür bietet sich die Entwürfe-Funktion an.

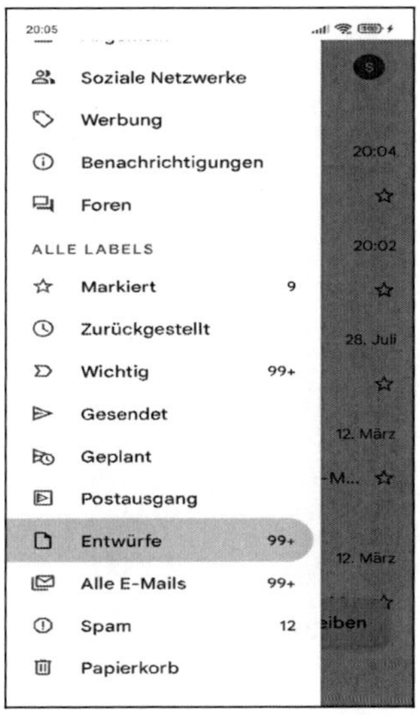

➊ Geben Sie die Nachricht wie gewohnt ein. Danach betätigen Sie zweimal die ✓- beziehungsweise ‹-Taste, worauf die Meldung »*Nachricht als Entwurf gespeichert*« erscheint und Gmail zur Nachrichtenübersicht zurückkehrt.

➋➌ Aktivieren Sie das Ausklappmenü und rufen Sie darin *Entwürfe* auf.

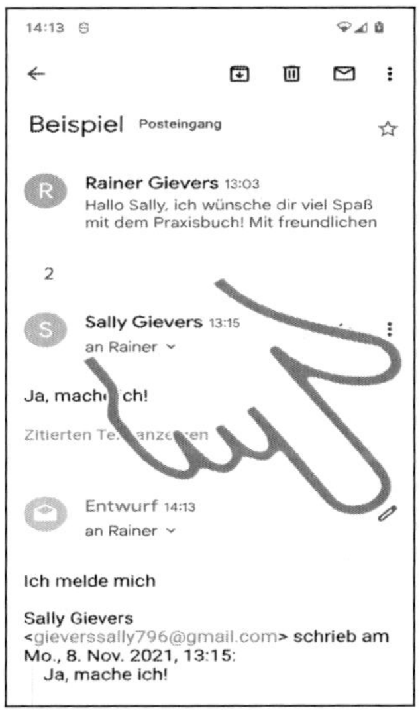

➊ Tippen Sie in der Auflistung des *Entwürfe*-Ordners eine Nachricht an, die Sie bearbeiten und später verschicken möchten.

➋ Zum Bearbeiten und späteren Senden des Entwurfs tippen Sie ✎ an.

➌ Eine Besonderheit gibt es bei Nachrichten, die man als Antwort geschrieben hat und dann als Entwurf speichert: In diesem Fall wird der Entwurf in die Konversation eingebettet und es erscheint dort der Hinweis »*Entwurf*«.

11.1.8 E-Mails löschen

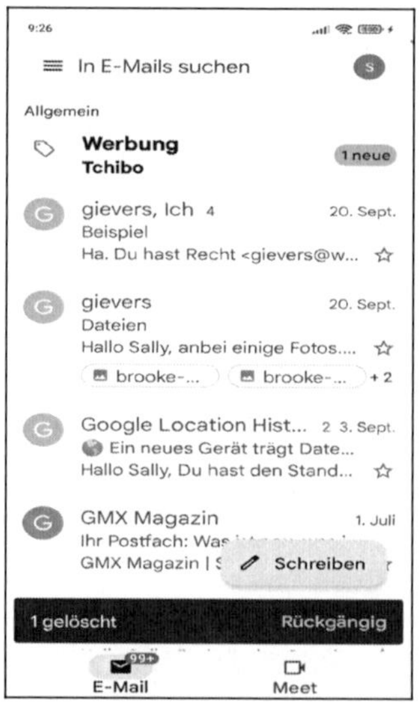

❶ Zum Entfernen einer E-Mail oder Konversation verwenden Sie in der E-Mail-Detailansicht 🗑.

❷ Die Nachricht ist dann entfernt und Gmail schaltet in den Posteingang um. Falls Sie sich mit dem Löschen vertan haben, ist es noch möglich, den Löschvorgang durch Antippen von *Rückgängig machen* am unteren Bildschirmrand rückgängig zu machen. Dieser Hinweis verschwindet allerdings, wenn Sie im E-Mail-Programm weiterarbeiten, also beispielsweise eine Nachricht öffnen oder den E-Mail-Ordner wechseln.

Wenn Sie zum ersten Mal eine Nachricht löschen, fragt Sie das Handy, wie nach dem Löschen verfahren werden soll. Tippen Sie *Konversationsliste* an, damit Gmail dann in die Nachrichtenansicht zurückkehrt.

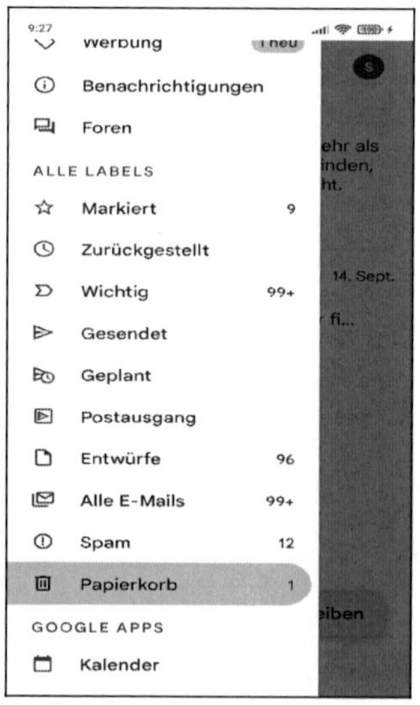

❶❷ Die gelöschten Mails sind aber noch nicht verloren, sondern werden im *Papierkorb*-Ordner zwischengespeichert. Diesen erreichen Sie, indem Sie ins Ausklappmenü gehen (Pfeil), dann das *Papierkorb*-Label auswählen.

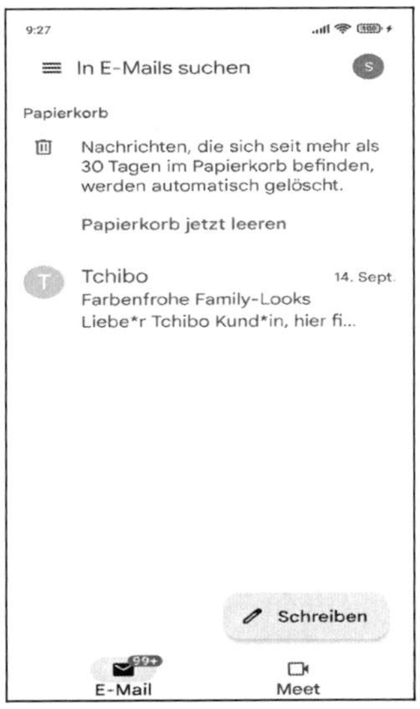

❶ Im Prinzip verhält sich der *Papierkorb*-Ordner ähnlich wie der *Posteingang*, das heißt sie können hier die Nachrichten noch einmal ansehen. Die gelöschten Nachrichten werden im Papierkorb für 30 Tage vorgehalten.

❷❸ Zum »Retten« einer Nachricht aus dem Papierkorb verschieben Sie sie einfach wieder in den Posteingang. Gehen Sie in der Nachrichtenansicht auf ⋮/*Verschieben nach* und wählen Sie *Allgemein* aus.

11.2 Weitere Funktionen

11.2.1 Nachrichten durchsuchen

❶ Tippen Sie in das Eingabefeld am oberen Bildschirmrand, wenn Sie die Nachrichten eines Ordners durchsuchen möchten.

❷ Die 🔍-Taste (Pfeil) im Tastenfeld führt dann die Suche durch. Alternativ wählen Sie einen der Suchvorschläge aus.

❸ Tippen Sie eine Nachricht an, die Sie lesen möchten. Die ‹-Taste bringt Sie wieder in die Nachrichtenauflistung zurück.

11.2.2 E-Mail aus Telefonbuch senden

❶ Auch das Senden von Nachrichten über das Telefonbuch (siehe Kapitel *8 Telefonbuch*) ist möglich. Tippen Sie einfach kurz einen Kontakteintrag an.

❷ Gehen Sie dann auf die E-Mail-Adresse.

❸ Wählen Sie den *Gmail*-Eintrag aus (falls Sie die im Kapitel *12 Outlook E-Mail* beschriebene E-Mail-Anwendung verwenden, gehen Sie auf *Outlook*). Betätigen Sie dann *Nur diesmal* beziehungsweise *Immer*. Wenn Sie Letzteres wählen, wird künftig keine Abfrage mehr zur gewünschten E-Mail-Anwendung stattfinden.

11.2.3 Zurückstellen

Sie kennen das Szenario, dass Sie häufig Nachrichten erhalten, die zum aktuellen Zeitpunkt nicht relevant sind. Damit Sie nicht den Überblick verlieren, können Sie sie zurückstellen. Die jeweilige Nachricht verschwindet dann für einen einstellbaren Zeitraum aus dem Posteingang.

❶❷ In der Nachricht gehen Sie auf ⋮/*Zurückstellen*.

❸ Wählen Sie den Zeitraum aus. Die Nachricht verschwindet aus dem Posteingang und wird nach einiger Zeit wieder eingeblendet.

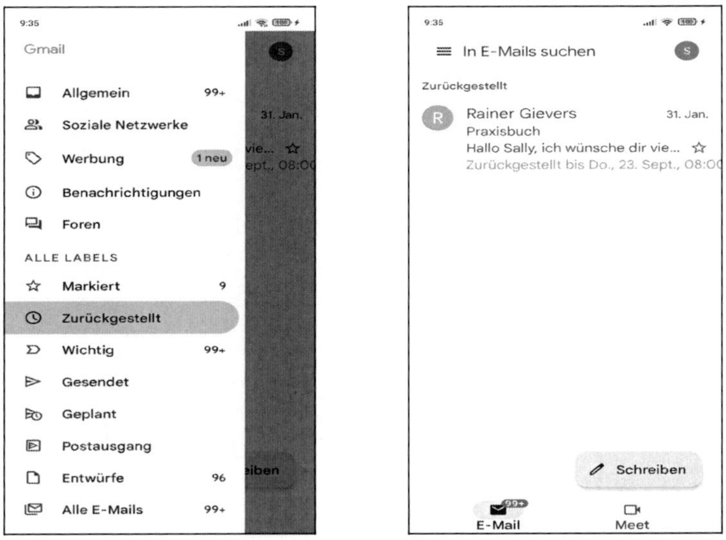

❶❷ Die zurückgestellten Nachrichten finden Sie im Ausklappmenü unter *Zurückgestellt.* Dort können Sie sie auch bearbeiten beziehungsweise beantworten.

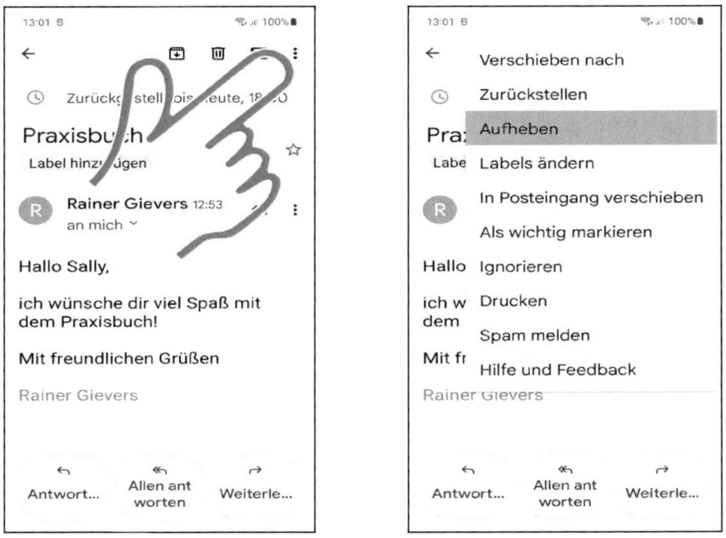

❶❷ Eine zurückgestellte Nachricht können Sie jederzeit über ⁝/*Aufheben* vorzeitig wieder in den Posteingang zurückbefördern. Alternativ verändern Sie mit ⁝/*Zurückstellen* den Zurückstellungszeitpunkt.

11.2.4 Archivieren

Obwohl Gmail Nachrichten, die mit dem gleichen Empfänger ausgetauscht wurden als »Konversationen« in einem Eintrag zusammenfasst, kann der Posteingang unübersichtlich werden. Unwichtige Nachrichten/Konversationen lassen sich deshalb im Posteingang ausblenden, was mit der Archivieren-Funktion geschieht.

❶ Betätigen Sie in der E-Mail-Detailansicht (Pfeil). Die Nachricht ist nun »archiviert« und Gmail schaltet wieder auf den Posteingang um.

❷ Zum Anzeigen der archivierten Nachrichten aktivieren Sie das Ausklappmenü.

❸ Wählen Sie *Alle E-Mails* aus.

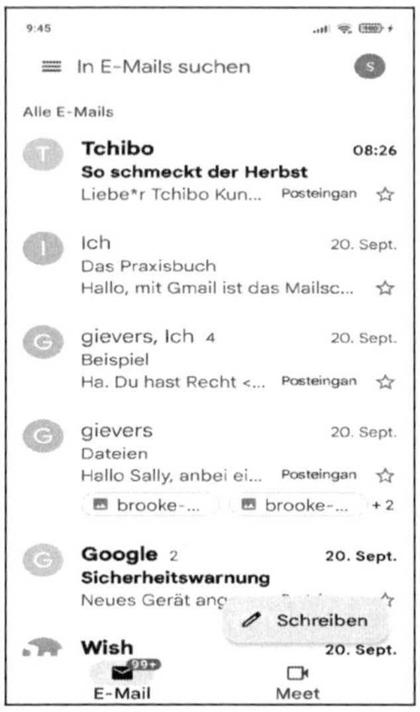

Gmail zeigt nun alle Nachrichten, das heißt, neben den archivierten auch die aus *Entwürfe*, *Gesendet*, usw. an.

Alle Nachrichten, die im Posteingang vorhanden sind, sind mit einem grauen »*Posteingang*« markiert.

Über Betätigen der ❮-Taste oder erneutes Aktivieren des Ausklappmenüs und Auswahl von *Allgemein* bringt Sie wieder in den Posteingang zurück.

Antwortet jemand auf eine archivierte Nachricht/Konversation, so verschiebt Gmail diese automatisch wieder in den Posteingang.

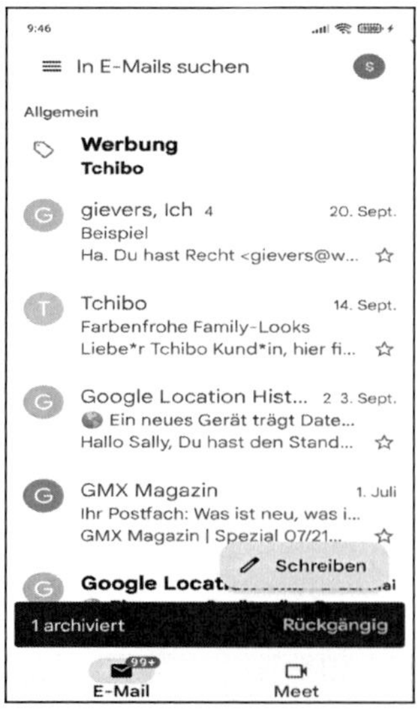

❶❷ Das Archivieren ist auch über eine Wischgeste in der Nachrichtenauflistung möglich. Wischen Sie dort einfach über einem E-Mail-Eintrag von rechts nach links beziehungsweise umgekehrt.

11.2.5 Unterdrücken

Die zuvor erwähnte Archivieren-Funktion mag zwar sehr praktisch sein, wenn Sie aber laufend Nachrichten einer Konversation (beispielsweise auf einer Mailing-Liste) erhalten, die Sie überhaupt nicht interessieren, ist es sehr lästig, immer wieder erneut die einzelnen Nachrichten zu archivieren.

Mit der Unterdrücken-Funktion lassen sich dagegen alle Nachrichten einer Konversation automatisch archivieren, das heißt, wenn neue Nachrichten in einer unterdrückten Konversation eingehen, werden diese automatisch ebenfalls archiviert. Sie sollten die Unterdrücken-Funktion aber vorsichtig einsetzen, weil Sie ja von neuen Nachrichten einer unterdrückten Konversation nichts mitbekommen. Dies ist aber meist nicht weiter schlimm, denn ist Ihre E-Mail-Adresse im Feld »*An*« oder »*Cc*« enthalten, wird die Konversation wieder in Ihren Posteingang eingeordnet. Sie verpassen also keine Nachrichten, die direkt an Sie adressiert sind.

❶❷ In der Nachrichtenansicht rufen Sie ⁝/*Ignorieren* auf. Die Nachricht/Konversation verschwindet aus dem Posteingang.

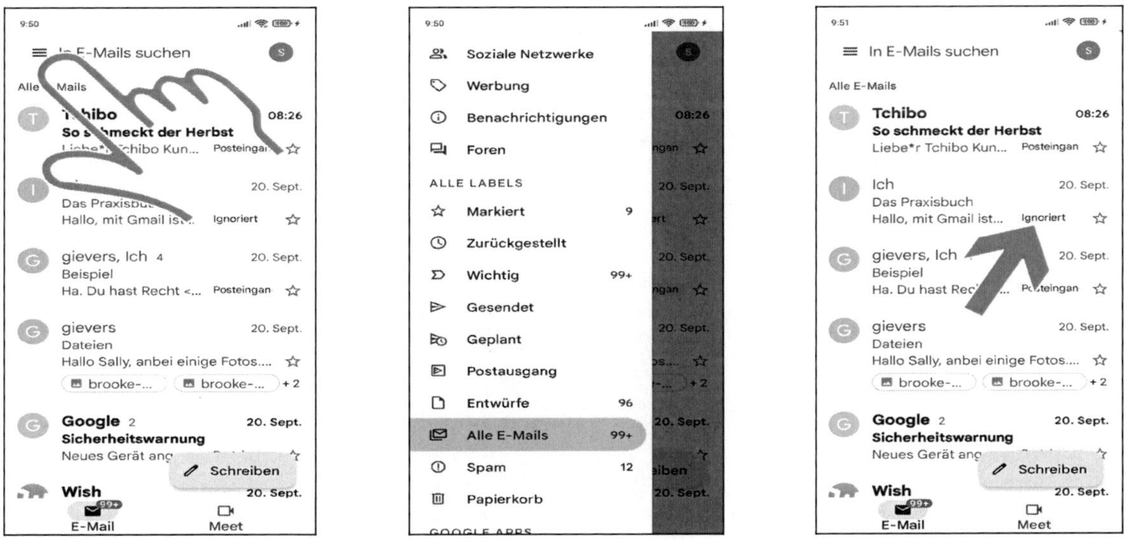

❶ Zum Anzeigen der ignorierten Nachrichten aktivieren Sie das Ausklappmenü (Pfeil).

❷ Wählen Sie *Alle E-Mails* aus.

❸ Unterdrückte Nachrichten sind mit dem Label *Ignoriert* markiert (Pfeil).

So verschieben Sie unterdrückte Nachrichten wieder in den Posteingang: Gehen Sie in die Nachrichtenansicht und rufen Sie ⋮/*In den Posteingang verschieben* auf.

11.2.6 Wichtig-Ordner

Erhalten Sie extrem viele Nachrichten, unterstützt Sie Gmail dabei, die lesenswerten von den weniger lesenswerten Nachrichten zu unterscheiden. Die Lesenswerten landen dann im *Wichtig*-Ordner. Aber wie funktioniert diese Filterung genau? Dazu schreibt Google in seiner Online-Hilfe (*support.google.com/mail/answer/186543*):

Gmail berücksichtigt automatisch eine Reihe von Signalen, um festzustellen, welche eingehenden Nachrichten wichtig sind, unter anderem:

- An wen Sie E-Mails senden: Falls Sie viele E-Mails an Thomas senden, sind E-Mails von Thomas höchstwahrscheinlich wichtig.
- Welche Nachrichten Sie öffnen: Nachrichten, die Sie öffnen, sind höchstwahrscheinlich wichtiger als ungeöffnete Nachrichten.
- Welche Themen Ihre Aufmerksamkeit wecken: Falls Sie Nachrichten über Fußball immer lesen, ist eine E-Mail zum Thema Fußball höchstwahrscheinlich wichtig.
- Welche E-Mails Sie beantworten: Falls Sie Nachrichten von Ihrer Mutter immer beantworten, sind ihre Nachrichten an Sie höchstwahrscheinlich wichtig.
- Wie Sie die Funktionen "Markieren", "Archivieren" und "Löschen" verwenden: Nachrichten, die Sie markieren, sind höchstwahrscheinlich wichtiger als Nachrichten, die Sie ungeöffnet archivieren.

❶❷ Über ⋮/*Als wichtig markieren*, beziehungsweise ⋮/*Als nicht wichtig markieren* in der Nachrichtenansicht nehmen Sie Einfluss auf die automatische Einordnung weiterer E-Mails vom gleichen Absender.

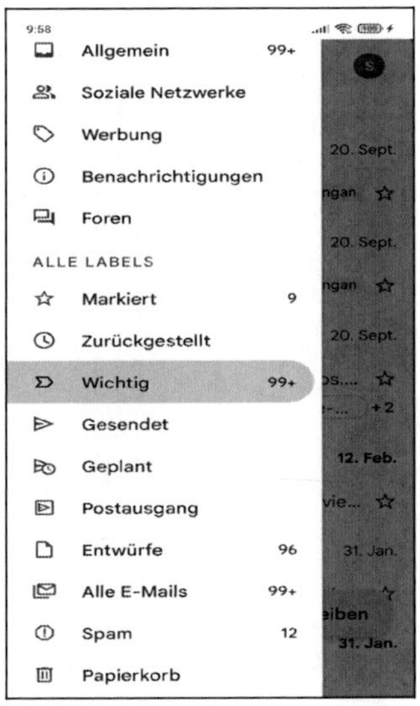

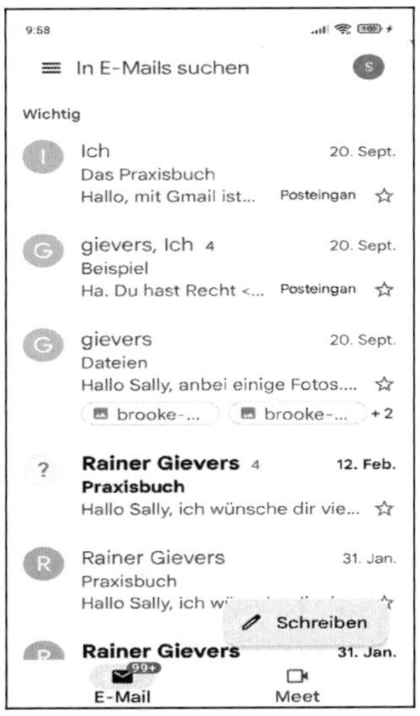

❶❷❸ Möchten Sie, dass Gmail nur die als wichtig eingestuften Nachrichten auflistet, dann rufen Sie das Ausklappmenü auf und wählen *Wichtig*. Umgekehrt zeigen Sie mit *Allgemein* wieder alle Nachrichten an.

11.2.7 Markierungen

Nachrichten, die für Sie wichtig sind, heben Sie einfach durch Markierung mit einem »Stern« hervor.

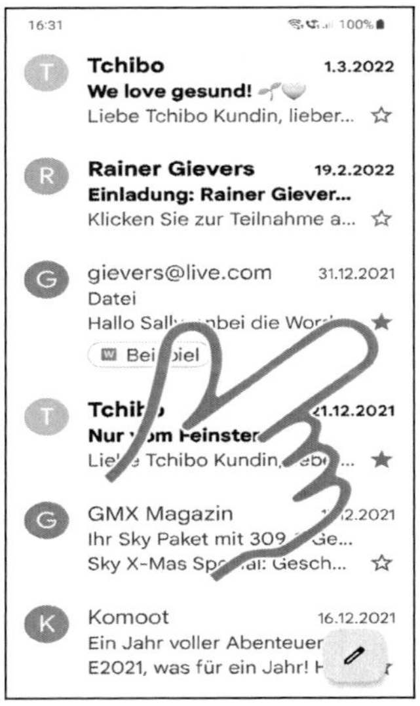

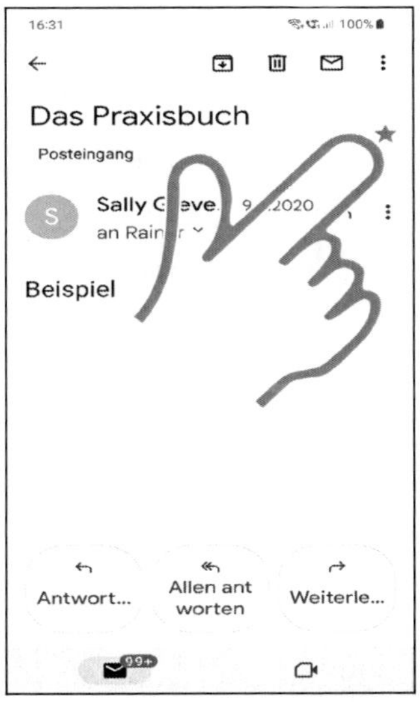

❶ Um einen Stern zu setzen, tippen Sie einfach den ausgeblendeten Stern hinter einer Nachricht an. Ein zweites Antippen deaktiviert den Stern wieder.

❷ Auch in der Nachrichtenanzeige können Sie den Stern setzen/entfernen (Pfeil).

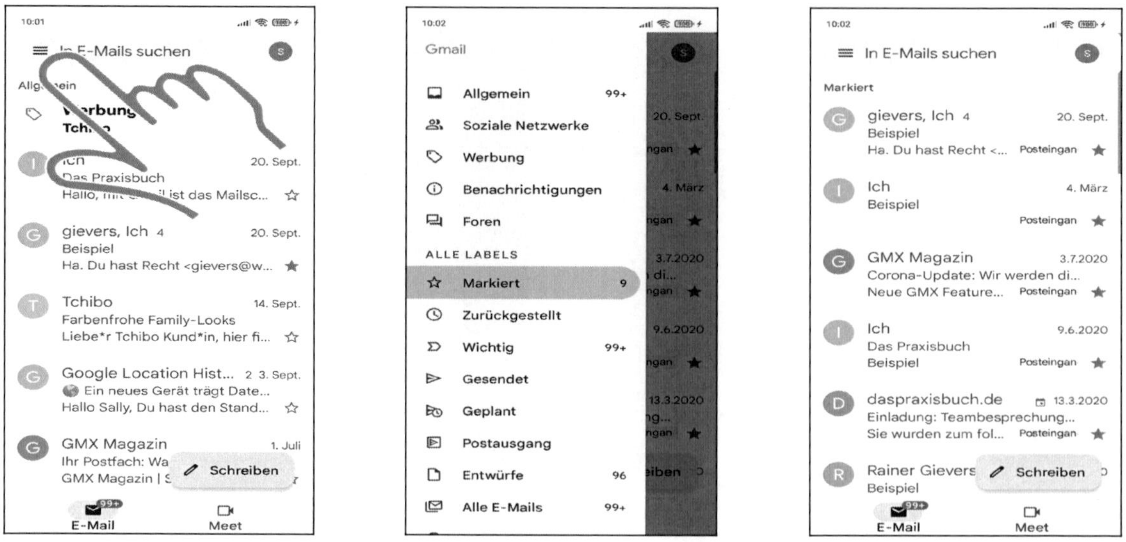

❶❷❸ Die Anzeige beschränken Sie mit *Markiert* im Label-Ausklappmenü auf die markierten Nachrichten.

11.2.8 Spam

Unter Spam versteht man unerwünschte Werbemails. Abhängig davon, ob Sie Ihre E-Mail-Adresse irgendwo mal auf einer Website hinterlassen haben oder durch Zufall ein Spam-Versender Ihre Gmail-Adresse mit Ausprobieren erraten hat, können pro Tag einige dutzend oder hundert Werbemails in Ihrem E-Mail-Konto auflaufen. Damit Ihre wichtige Kommunikation nicht im ganzen Spam untergeht, verfügt Ihr Gmail-Konto über einen automatischen Spam-Filter. Alle Spam-Mails landen dabei im *Spam*-Ordner.

Damit Google weiß, was für Sie Spam ist, müssen sie die unerwünschten Mails einzeln als Spam markieren.

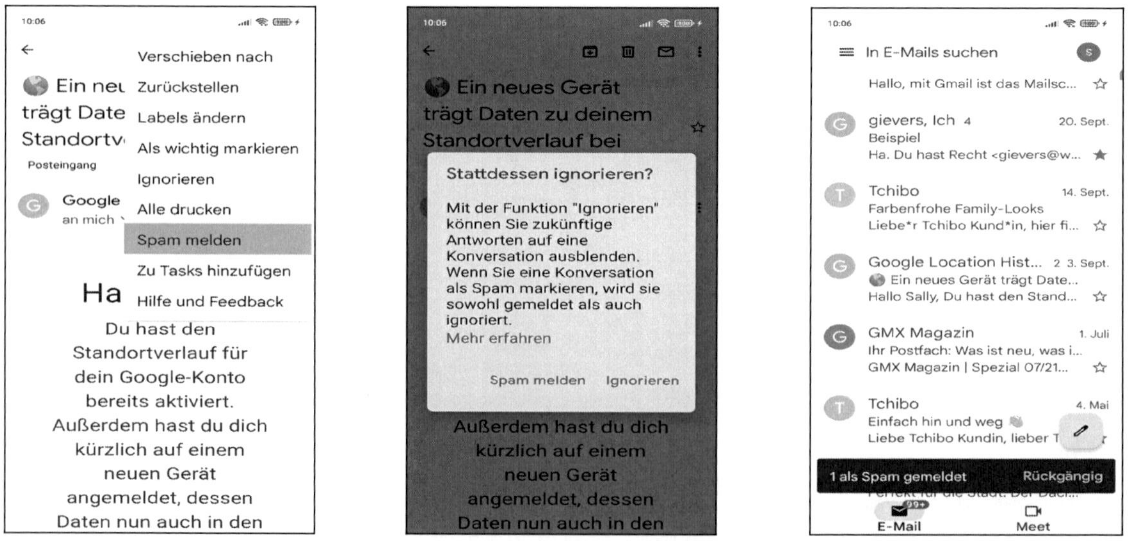

❶ Rufen Sie in der Nachrichtenansicht ⁝/*Spam melden* auf.

❷ Beim ersten Mal werden Sie in einem Popup gefragt, ob Sie *Spam melden und Nachrichten löschen* oder nur *Spam melden möchten*. Wir empfehlen Letzteres, weil sonst nie mehr E-Mails des jeweiligen Absenders erhalten.

❸ Die betreffende Nachricht wird aus dem *Posteingang* entfernt und landet im *Spam*-Ordner.

Nutzen Sie ⁝/*Phishing melden*, wenn Sie eine Spam-Nachricht erhalten, mit deren Hilfe Dritte Daten beispielsweise zum Aufruf einer möglicherweise gefährlichen Webseite auffordern. Beliebt sind dabei unter anderem vorgeschobene Warnungen vor Kontosperrungen, weshalb man seine Kontodaten eingeben müsse. Weitere nützliche Hinweise zum wichtigen Thema »Phishing« finden Sie online unter *support.google.com/mail/answer/8253*.

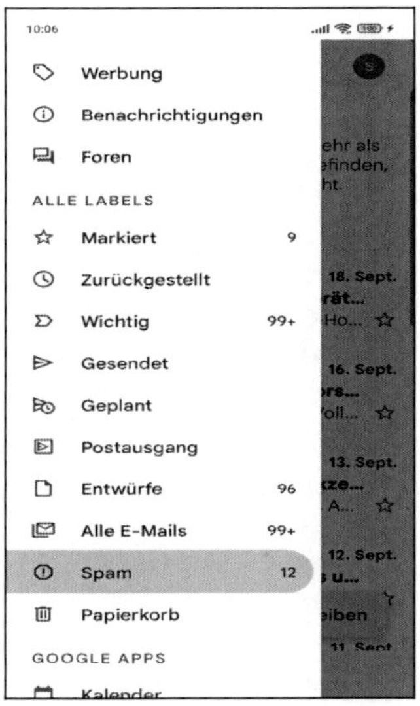

❶❷❸ So zeigen Sie den *Spam*-Ordner an: Aktivieren Sie das Label-Ausklappmenü, worin Sie *Spam* auswählen.

Wenn Sie meinen, dass eine Nachricht doch kein Spam ist, dann rufen gehen Sie in die Nachricht und betätigen die *Kein Spam*-Schaltleiste.

Es ist sehr **wichtig**, dass im *Spam*-Ordner wirklich nur unerwünschte Mails enthalten sind. Gmail vergleicht nämlich eingehende Nachrichten mit denen im Spam-Ordner und ordnet sie als Spam ein, wenn eine große Ähnlichkeit besteht. Schauen Sie deshalb ab und zu mal in Ihren *Spam*-Ordner, um falsche Einordnungen wieder rückgängig zu machen.

11.2.9 Stapelvorgänge

Wenn eine Aktion, wie Label ändern, Löschen, Markierung hinzufügen, usw. auf mehrere Nachrichten anzuwenden ist, verwenden Sie die Stapelvorgänge.

➊ Zum Markieren tippen Sie auf die bunten Symbole vor den Nachrichten. Über die Schaltleisten am oberen Bildschirmrand können Sie dann die Nachrichten archivieren, löschen, einem Label zuweisen, auf gelesen/ungelesen setzen oder als Favoriten markieren.

➋ Den Markierungsmodus verlassen Sie gegebenenfalls mit der ←-Schaltleiste (Pfeil). Alternativ betätigen Sie die <-Taste.

Die Funktion »Stapelvorgänge« können Sie in den Einstellungen über *Kontrollkästchen ausblenden* deaktivieren, siehe Kapitel *11.3 Einstellungen*.

11.2.10 Wischgeste zum Archivieren

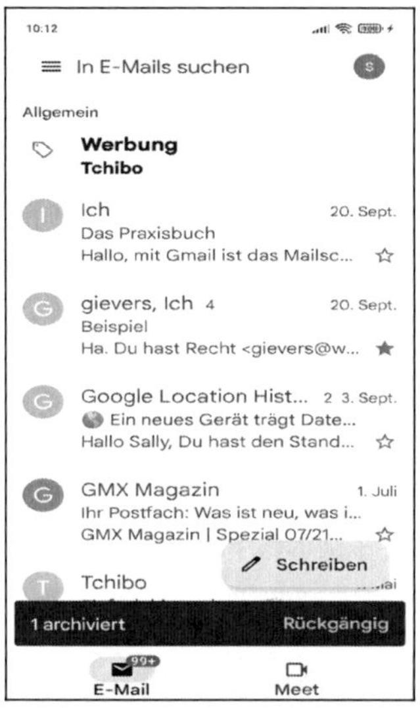

➊ Mit einer Wischgeste nach links oder rechts über einer Nachricht archivieren Sie diese.

➋ Über die *RÜCKGÄNGIG MACHEN*-Schaltleiste können Sie den Vorgang wieder zurücksetzen.

Welche Aktion die Wischgeste durchführt, legen Sie in ⋮*/Einstellungen/Allgemeine Einstellungen* fest. Gehen Sie dort auf *Gmail-Standardaktion*, bei der Sie die Wahl zwischen *Löschen* und *Archivieren* haben.

11.3 Einstellungen

11.3.1 Allgemeine Einstellungen

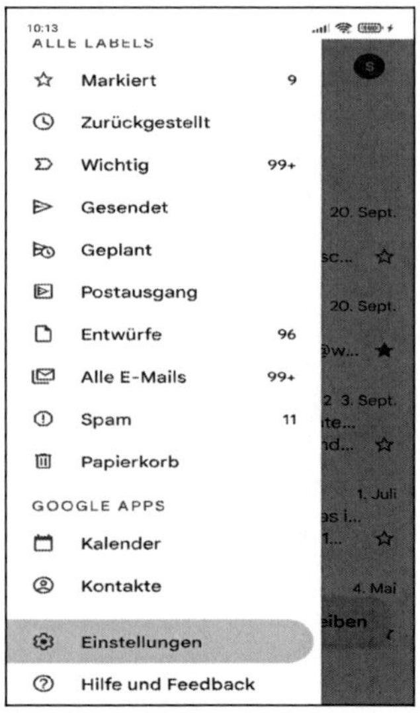

❶❷❸ Rufen Sie zunächst *Einstellungen* im Ausklappmenü auf und gehen dann auf *Allgemeine Einstellungen*.

- *Design*: Schaltet die Bildschirmanzeige um zwischen heller und invertierter Darstellung. Letzteres ist sinnvoll, wenn Sie das Handy in einer dunklen Umgebung nutzen, um nicht geblendet zu werden. Siehe auch Kapitel *27.6 Dunkelmodus (Dark Mode)*.
- *Standardaktion für Benachrichtigungen:* Nicht von Google dokumentiert.
- *Benachrichtigungen verwalten*: Hier können Sie einstellen, ob bei eingegangenen Nachrichten ein Signalton ertönt und ein Hinweis in der Titelleiste erscheint. Wir raten davon ab, Änderungen an den Voreinstellungen vorzunehmen.
- *Konversationsansicht*: Wenn Sie E-Mails beantworten beziehungsweise jemand auf Ihre E-Mails antwortet, so fasst Gmail diese in einer sogenannten Konversation zusammen.
- *Kompaktheitsgrad der Konversationsliste*: Wählen Sie die Auflistung im Posteingang aus:
  - *Standard*: Zeigt die Kontaktsymbole vor den Nachrichten und enthaltene Dateianhänge an.
  - *Normal*: Dateianhänge werden nicht in der Auflistung angezeigt.
  - *Schmal*: Verzichtet auf die Kontaktsymbole in der Auflistung.
- *Aktionen beim Wischen*: Konfiguriert die Wischgeste (siehe *11.2.10 Wischgeste zum Archivieren*). Wählen Sie aus, was passiert, wenn Sie in der Nachrichtenauflistung auf einem Eintrag nach links oder rechts wischen. Standardmäßig ist *Archivieren* aktiv.
- *Standardaktion beim Antworten*: Sofern in einer beantworteten Nachricht mehrere weitere Empfänger enthalten sind, können Sie diesen mit der *Allen-Antworten*-Option neben dem ursprünglichen Empfänger ebenfalls Ihre Antwort-Mail zukommen lassen. Wir raten allerdings davon ab, *Allen Antworten* zu aktivieren, da sonst Außenstehende Ihre E-Mails erhalten könnten, die nicht für sie bestimmt sind.
- *Nachrichten automatisch anpassen*: Normalerweise zeigt die Gmail-Anwendung alle Nachrichten in Originalgröße an, sodass Sie im Nachrichtentext mit dem Finger rollen müssen. Aktivieren Sie *Nachrichten autom. anpassen*, wenn stattdessen die Nachrichten auf Bildschirmbreite verkleinert werden sollen.
- *Automatisch fortfahren*: Konfiguriert, wie sich Gmail verhält, wenn Sie eine Nachricht archivieren oder löschen. Standardmäßig landen Sie dann wieder in der Nachrichtenauflistung (*Konversationsliste*).
- *Weblinks in Gmail öffnen*: Die Anzeige von angetippten Links erfolgt nicht in einem Webbrowser, sondern direkt in der Gmail-Anwendung.

Unter *Aktionsbestätigungen:*

- *Vor dem Löschen bestätigen; Vor dem Archivieren bestätigen; Vor dem Senden bestätigen*: Die Aktionen Archivieren, Löschen und Senden erfolgen bei Gmail ohne Rückfrage. Falls Sie das stört, aktivieren Sie hierüber die Sicherheitsabfrage.

11.3.1.a Kompaktheitsgrad der Konversationsliste

Die Unterschiede zwischen *Standard* (➊) und *Schmal* (➋) bei der Option *Kompaktheitsgrad der Konversationsliste.*

11.3.2 Konto-Einstellungen

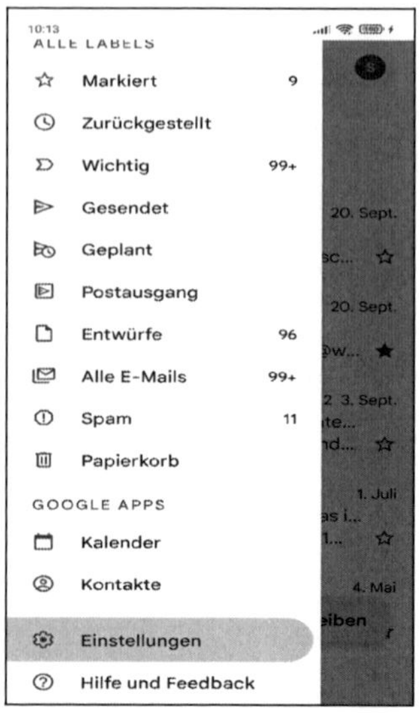

➊ Aktivieren Sie das Ausklappmenü und wählen Sie *Einstellungen*.

➋➌ Über *(Ihr Google-Konto)* konfigurieren Sie:

Unter *Konto*:

- *Google-Konto verwalten*: Diverse Sicherheitseinstellungen, die nichts mit der Gmail-Anwendung zu tun haben.

Unter *Posteingang:*

- *Art des Posteingangs*: Wählen Sie darin *Sortierter Eingang*, dann zeigt Gmail nicht mehr alle erhaltenen Nachrichten an, sondern nur solche, die als *Wichtig* markiert sind (siehe dazu Kapitel *11.2.6 Wichtig-Ordner*).
- *Posteingangskategorien:* Gmail sortiert Werbung, Nachrichten sozialer Netzwerke, usw. automatisch unter bestimmte Label ein. Siehe auch Kapitel *11.3.2.b Automatisch zugewiesene Labels.*

Unter *Benachrichtigungen*:

- *Benachrichtigungen*: Wenn neue Nachrichten empfangen wurden, meldet Gmail dies in der Titelleiste. Deaktivieren Sie *E-Mail-Benachrichtigung*, um diese Benachrichtigungen auszuschalten.

- *Posteingangsbenachrichtigungen*: Benachrichtigungseinstellungen für Gmail.
    - *Labelbenachrichtigungen*: Muss aktiv sein, damit Sie Gmail über neue Nachrichten informiert.
    - *Bei jeder E-Mail benachrichtigen*: Nicht von Google dokumentiert.
- *Labels verwalten*: Legen Sie fest, welche Label mit Ihrem Gmail-Konto synchronisiert werden. Normalerweise brauchen Sie hier nichts zu ändern.
- *Benachrichtigungstöne*: Wählen Sie aus, auf welche Art Sie über neue E-Mails benachrichtigt werden.
- *Benachrichtigungen verwalten*: Hier können Sie einstellen, ob bei eingegangenen Nachrichten ein Signalton ertönt und ein Hinweis in der Titelleiste erscheint. Wir raten davon ab, Änderungen an den Voreinstellungen vorzunehmen.

Unter *Allgemein*:

- *Chat*: Die Chat (engl. Gespräch)-Funktion dient dem Austausch von Textnachrichten, ähnlich WhatsApp.
- *Standardaktion beim Antworten*: Die Voreinstellung *Antworten* sollten Sie nicht ändern. In E-Mails können mehrere Empfänger enthalten sein, die ihre Antwort, ebenfalls erhalten, wenn Sie *Allen antworten* einstellen. Dies kann den unerwünschten Effekt haben, dass Außenstehende Ihre Nachricht erhalten.
- *Mobile Signatur*: Die Signatur ist ein Text, den Gmail automatisch beim Erstellen einer neuen Nachricht einfügt. Nutzen Sie sie, um den Empfängern Ihrer E-Mails auf weitere Kontaktmöglichkeiten per Telefon, oder ähnlich hinzuweisen.
- *Konversationsansicht*: Wenn Sie E-Mails beantworten beziehungsweise jemand auf Ihre E-Mails antwortet, so fasst Gmail diese in einer sogenannten Konversation zusammen.
- *Intelligente Funktionen und Personalisierung*: Wertet den E-Mail-Kontext aus, um automatisiert E-Mails in die Kategorien *Soziale Netzwerke, Werbung* und *Benachrichtigungen* einzuordnen.
- *Intelligente Funktionen und Personalisierung in anderen Google-Produkten*: Nutzt die Daten aus Ihren E-Mails in anderen Google-Anwendungen. Beispielsweise werden Restaurant-Reservierungen in Google Maps (siehe Kapitel *16 Google Maps*) angezeigt oder Google Assistant (siehe Kapitel *20 Google Assistant*) weist auf die Fälligkeit von Rechnungen hin.
- *Intelligentes Schreiben*: Gmail lernt von Ihren Eingaben und macht Ihnen nach einiger Zeit Textvorschläge, die Sie übernehmen können.
- *Intelligente Antwort*: Wenn Sie eine Nachricht anzeigen, schlägt Gmail automatisch drei mögliche Antworten vor. Diese sind vom Nachrichtenkontext abhängig. Derzeit funktioniert diese Funktion nur in englischer Sprache.
- *Abwesenheitsnotiz*: Ein sehr nützliches Feature, wenn Sie mal nicht erreichbar sind und Personen, die Ihnen geschrieben haben, automatisch über Ihre Abwesenheit informieren möchten.

Unter *Meet*:

- *Google Meet-Tab für Videoanrufe anzeigen*: damit deaktivieren Sie die zwei Register *E-Mail* und *Meet* am unteren Bildschirmrand in der Benutzeroberfläche.
- *Weitere Diagonoseinformationen*: Sendet Meet-Nutzungsdaten an Google.
- *Datennutzung beschränken*: Reduziert die Videoqualität. Sie reduzieren damit die Kosten, falls die mobile Internetverbindung nach Datenvolumen abgerechnet wird.

Unter *Automatische Erinnerungen*:

- *Antworten und abklären*: Gmail erkennt den Nachrichtenkontext und macht Ihnen Beantwortungsvorschläge. Zur Zeit wird diese Funktion nur im englischen Sprachraum unterstützt.

Unter *Tipps im Posteingang:*

- *Einstellungen für Inbox-Tipps*: Bei einigen Massen-E-Mail-Sendungen blendet Gmail eine Schaltleiste ein, über die Sie sich aus dem E-Mail-Verteiler abmelden.

Unter *Datenverbrauch:*

- *Gmail synchronisieren*: Diese Schaltleiste führt Sie in die Kontenverwaltung, welche Kapitel *23.2 Google-Konto entfernen* beschreibt, worin Sie unter anderem den Datenabgleich mit dem Google-Konto steuern. Für die meisten Nutzer dürfte es aber keinen Sinn machen, dort den E-Mail-Abruf vom Google-Mail-Konto zu deaktivieren.
- *E-Mails: Zu synchronisierende Tage*: Legt fest, wie lange empfangene Nachrichten von der Gmail-Anwendung aufbewahrt werden. Ältere Nachrichten werden natürlich nicht gelöscht, sondern sind weiterhin über die Weboberfläche von Gmail (*mail.google.com*) im Webbrowser anzeigbar.
- *Anhänge herunterladen*: Dateianhänge sind häufig mehrere Megabyte groß, weshalb diese nur automatisch heruntergeladen werden, wenn eine WLAN-Verbindung besteht. Lassen Sie diese Option am Besten aktiviert, da sonst beim Öffnen von Dateianhängen längere Wartezeiten entstehen.
- *Bilder*: Standardmäßig lädt Gmail immer alle eingebetteten Bilder aus dem Posteingang herunter und zeigt diese an. Dies betrifft vor allem Werbe-E-Mails von Unternehmen (Newsletter, u.ä.). Sie können aber auch diese Einstellung auf *Vor dem Anzeigen erst fragen* stellen, sodass Sie die Bilderanzeige in jeder betroffenen E-Mail erst bestätigen müssen.
- *Dynamische E-Mails aktivieren*: Der Absender Mail kann interaktive Inhalte in einer E-Mail bereitstellen, beispielsweise Kataloge, die man durchblättern kann oder editierbare Dokumente. In der Praxis machen nach unseren Informationen nur einige wenige Werbetreibende Unternehmen davon Gebrauch.

11.3.2.a Abwesenheitsnotiz

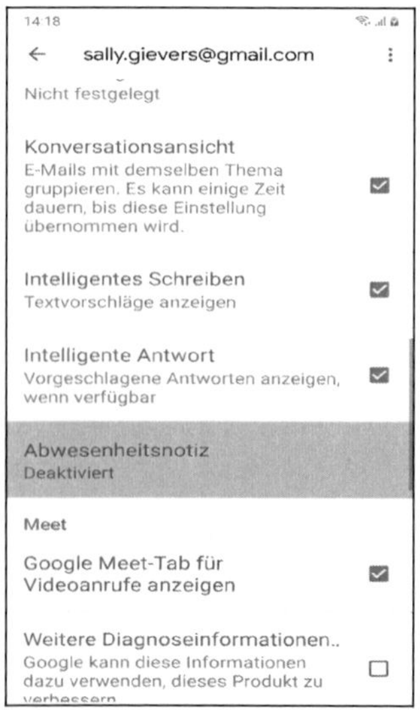

❶❷ Unter *Abwesenheitsnotiz* geben Sie einen Text ein, der während des eingestellten Zeitraums an alle E-Mail-Sender geschickt wird. Aktivieren Sie *Nur an meinen Kontakte senden*, damit nur Ihnen bekannte (im Telefonbuch gespeicherte) Kontakte die Abwesenheitsnotiz erhalten. Vergessen Sie nicht, zum Schluss die Abwesenheitsnotiz über den Schalter oben rechts zu aktivieren!

11.3.2.b Automatisch zugewiesene Labels

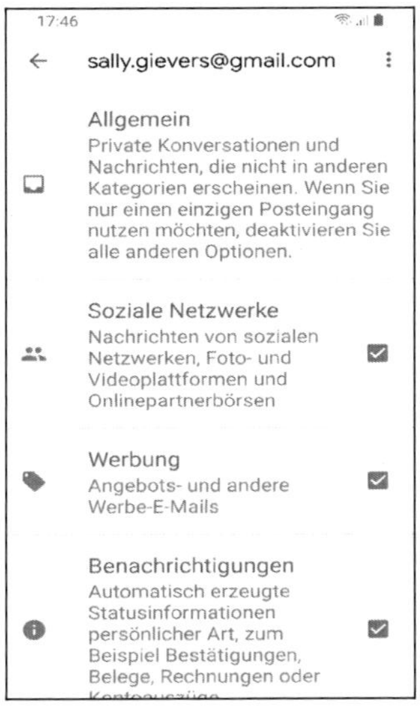

❶❷ Gmail weist Nachrichten, die von einem bestimmten Typ sind, automatisch Labeln zu. Dazu zahlen laut Google:

- *Allgemein*: Nachrichten von Freunden und Verwandten sowie sonstige Nachrichten, die nicht in einem der anderen Tabs angezeigt werden
- *Werbung*: Werbeaktionen, Angebote und sonstige Werbe-E-Mails
- *Soziale Netzwerke*: E-Mails aus sozialen Netzwerken, Plattformen zum Teilen von Inhalten, Online-Partnervermittlungen, Spieleplattformen oder anderen sozialen Websites
- *Benachrichtigungen*: Benachrichtigungen wie Bestätigungen, Belege, Rechnungen und Kontoauszüge
- *Foren*: E-Mails aus Online-Gruppen, Diskussionsforen und Mailinglisten.

Die automatisch zugewiesenen Labels listet Gmail als erstes im Ausklappmenü auf. Labels, die keine Nachrichten enthalten, werden ausgeblendet.

Haben Sie dagegen alle automatisch zugewiesenen Labels deaktiviert, ordnet Gmail die empfangenen Nachrichten dem Label *Posteingang* zu.

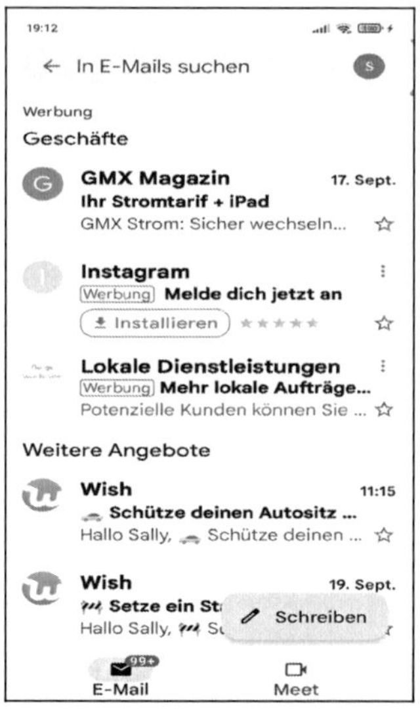

❶❷ Der *Allgemein*-Ordner erscheint sehr aufgeräumt, wenn die automatisch zugewiesenen Labels aktiv sind. Schaltflächen weisen dann im Allgemein-Ordner auf neu vorhandene Nachrichten in den Labels hin. Wählen Sie ein Label aus, um die zugewiesenen Nachrichten anzuzeigen.

11.4 Zugriff auf Gmail vom Startbildschirm

Auf dem Samsung Galaxy lässt sich ein direkter Zugriff auf die Gmail-Ordner/Labels vom Startbildschirm aus einrichten.

Beachten Sie zu den Widgets auch Kapitel *4.7.2 Widgets*.

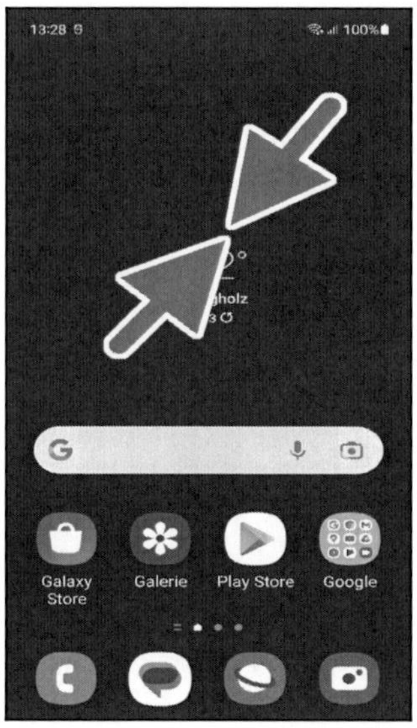

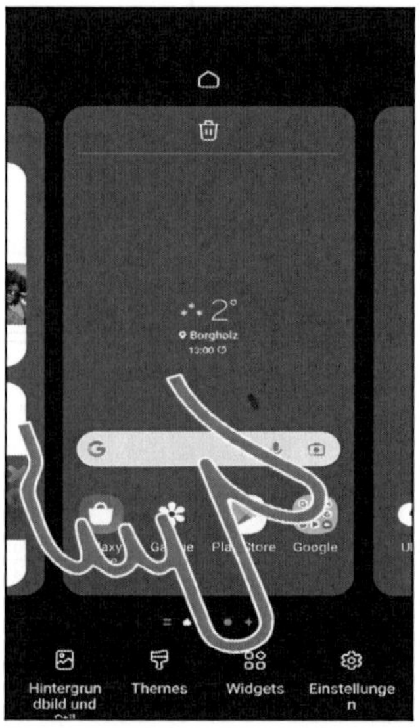

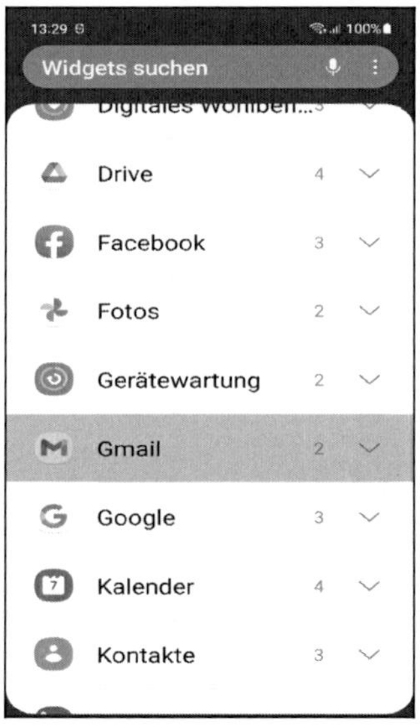

❶ Blättern Sie mit einer Wischgeste nach links oder rechts im Startbildschirm zu einem noch freien Bildschirm beziehungsweise entfernen Sie nicht benötigte Widgets (siehe auch Kapitel *4.7.2 Widgets*). Rufen Sie mit einer Kneifen-Geste (zwei Finger auf das Display halten und zusammen ziehen) den Bearbeitungsbildschirm auf. Beim ersten Mal benötigen Sie dazu mit Sicherheit mehrere Versuche.

❷ Betätigen Sie *Widgets* (Pfeil).

❸ Tippen Sie auf *Gmail* (Sie müssen vorher mit einer Wischgeste nach oben mehrmals durch die aufgelisteten Widgets blättern).

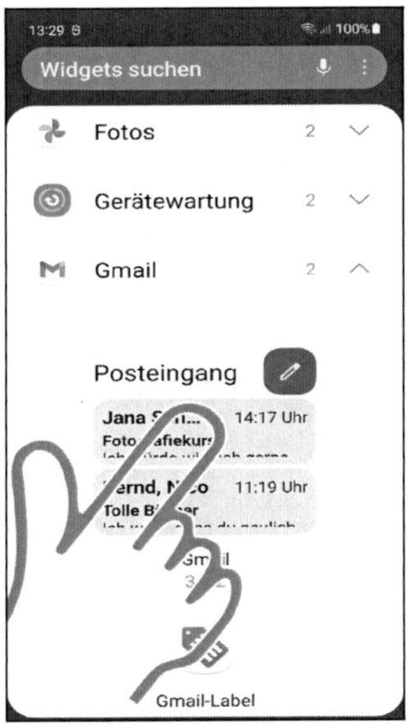

❶ Tippen und halten Sie den Finger auf dem Gmail-Vorschaubild. Lassen Sie den Finger aber noch nicht los!

❷❸ Auf dem Startbildschirm ist standardmäßig kaum Platz für das Widget. Halten Sie daher den Finger auf dem Display gedrückt und ziehen Sie ihn zusammen mit dem Widget an den Bildschirmrand. Das Handy erstellt eine neue Bildschirmseite. Hier lassen Sie dann den Finger los.

❶ Wählen Sie einen Ordner, idealerweise *Allgemein*, aus.

❷❸ Zum Schluss sollten Sie noch die Widget-Größe anpassen: Halten und ziehen Sie die hellblauen Ränder nach außen. Schließen Sie mit der ‹-Taste den Vorgang ab.

Auch nachträglich ist jederzeit eine Größenänderung des Gmail-Widgets möglich, indem Sie den Finger auf dem Widget halten, bis es hervorgehoben ist und dann loslassen.

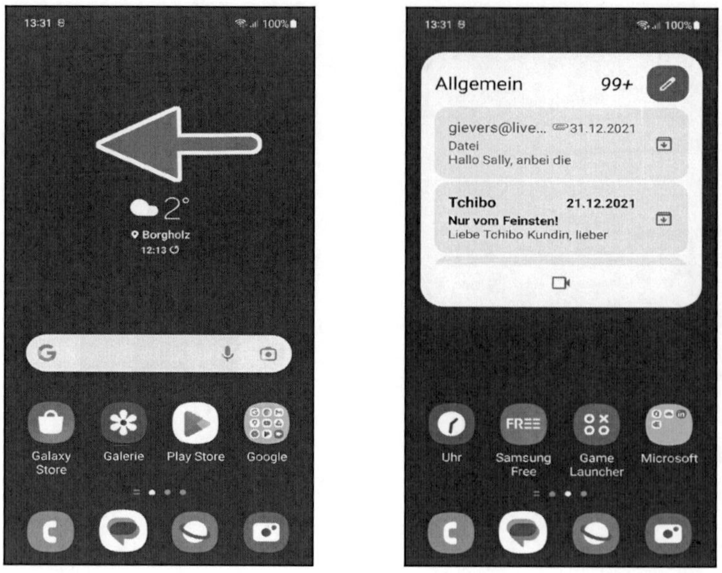

❶❷ Zur Anzeige der zweiten Bildschirmseite wischen Sie im Startbildschirm einfach nach links.

11.5 Meet

Meet (engl. »Treffen«) ist eine Videotelefonielösung für bis zu 100 Teilnehmer (in der Profiversion werden bis zu 250 Teilnehmer unterstützt). Videotelefonie hat gegenüber normalen Telefonaten den Vorteil größerer Vertrautheit, da man sich ja von Angesicht zu Angesicht sieht. Kosten fallen übrigens keine an, denn die Übertragung erfolgt über das Internet.

Damit andere Personen mit Ihnen über Meet kommunizieren können, müssen diese Gmail auf Ihrem Handy installiert haben. Die ist bei Android immer der Fall; auf dem iPhone muss Gmail aus dem App Store installiert werden. Alternativ nutzt man Meet im Webbrowser, wobei der jeweilige PC mit Kamera und Mikrofon ausgestattet sein muss. Ideal sind dafür deshalb Notebooks, die bereits entsprechende Hardware besitzen.

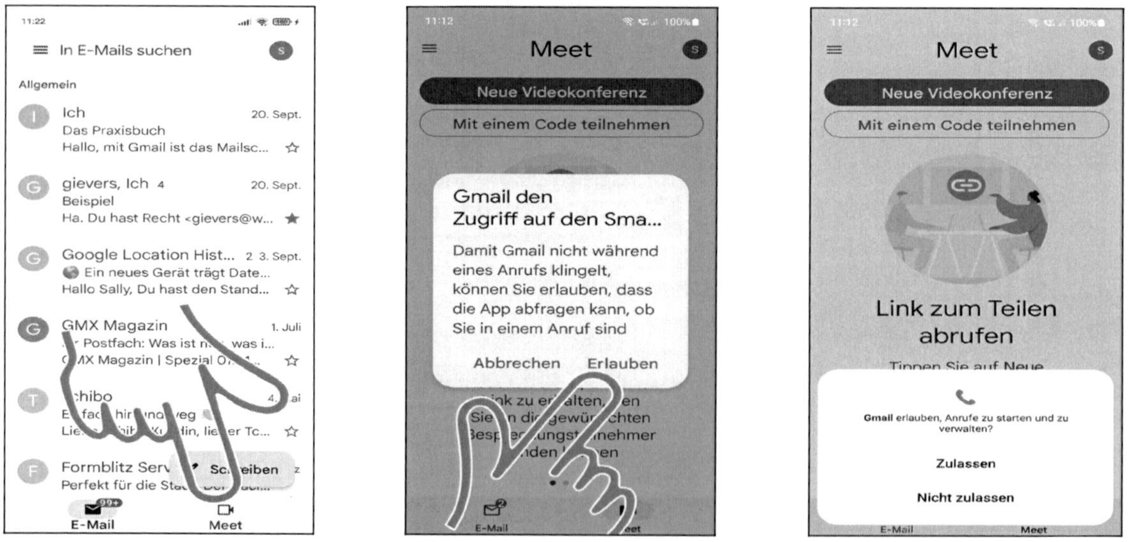

❶❷❸ Wenn Sie *Meet* das erste Mal aufrufen, erscheint ein Popup, in dem Sie *Erlauben* und dann *Zulassen* auswählen. Sie sorgen damit dafür, dass eingehende Telefonanrufe während der Meet-Nutzung automatisch stumm geschaltet werden.

11.5.1 Videokonferenz einleiten

❶ Aktivieren Sie das *Meet*-Register. Sie müssen nun über mehrere Popups dem Handy den Zugriff mit *Erlauben* beziehungsweise *Zulassen* gestatten.

❷ In unserem Fall möchten wir selbst ein Videotelefonat beginnen und gehen daher auf *Neue Videokonferenz.*

❸ Wählen Sie *Sofortbesprechung starten.*

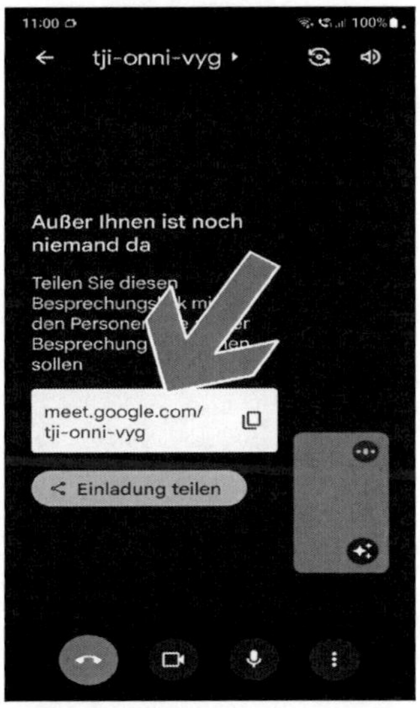

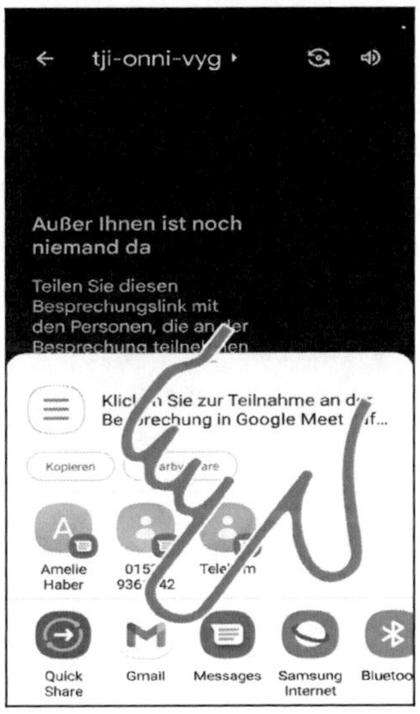

❶ Sie erhalten eine Webadresse angezeigt, über die andere Personen teilnehmen können (Pfeil).

❷❸ Wenn Sie möchten, geben Sie die Webadresse über *Einladung teilen* beispielsweise per E-Mail weiter.

Die angezeigte Webadresse *meet.google.com/vuw-gufr-ryk* enthält übrigens den Freigabecode, in unserem Beispiel *vuw-gufr-ryk.* Darauf kommen wir noch zurück.

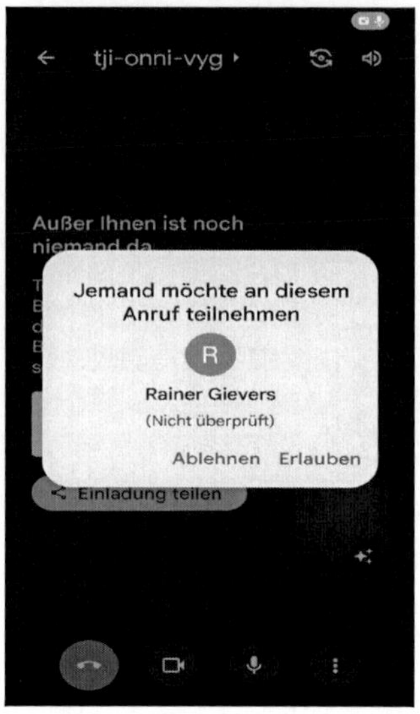

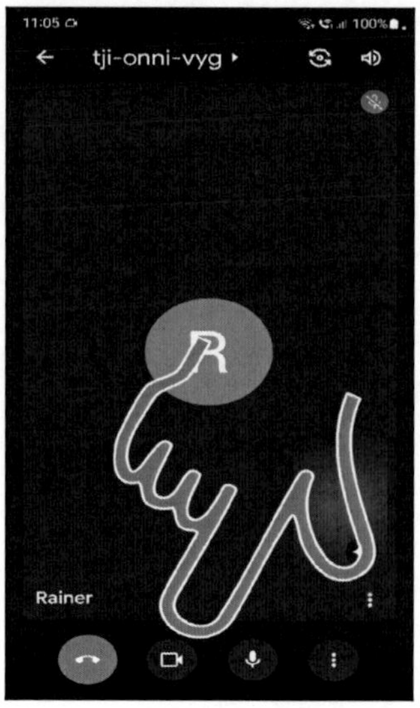

❶ Sobald jemand anders sich an Ihrer Videokonferenz anmeldet, müssen sie ihn erst mit *Erlauben* freigeben.

❷ Über die vier Schaltleisten am unteren Bildschirmrand steuern Sie das Telefonat:

- Auflegen (Videokonferenz beenden)
- Eigenes Kamerabild ein/ausschalten
- Mikro ein/ausschalten

Achtung: Machen Sie die anderen Teilnehmer darauf aufmerksam, dass sie ihr Mikro immer ausgeschaltet lassen und es erst aktivieren, wenn sie sprechen möchten. Danach sollten sie es wieder ausschalten. Es kommt sonst zu sehr unangenehmen Rückkopplungen.

11.5.2 An Videokonferenz teilnehmen

❶❷ So nimmt jemand Ihre Videokonferenz an: Nach dem Gmail-Aufruf aktiviert er das *Meet*-Register und betätigt *Mit einem Code teilnehmen.*

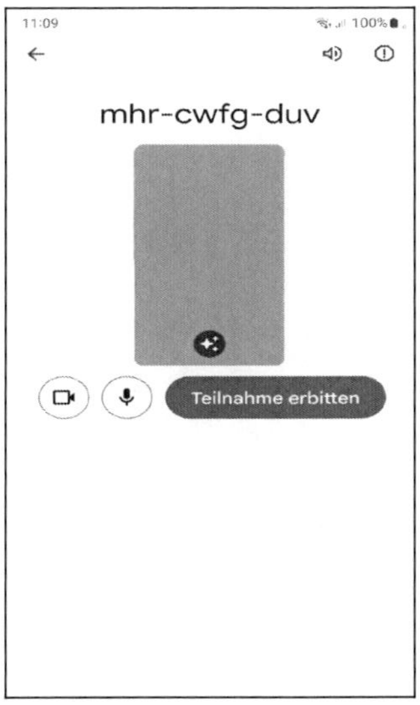

❶ Nun ist der oben erwähnte Code einzugeben und *Teilnehmen* zu betätigen.

❷❸ *Teilnehmen* aktiviert die Videokonferenz.

12. Outlook E-Mail

Über die E-Mail-Anwendung verwalten, senden und empfangen Sie E-Mails. Zuvor müssen Sie den Internetzugang, wie im Kapitel *9 Internet einrichten und nutzen* beschrieben, richtig konfiguriert haben. Anwender, die mehrere E-Mail-Konten, zum Beispiel privat und geschäftlich nutzen, können problemlos auch mehrere Konten anlegen.

❶❷ Starten Sie die *Outlook*-Anwendung aus dem *Microsoft*-Ordner des Hauptmenüs. Beim ersten Aufruf wird ein Popup erscheinen, das Sie mit *Zulassen* beantworten.

❸ Gehen Sie auf *KONTO HINZUFÜGEN.*

12.1 E-Mail-Einrichtung

12.1.1 E-Mail-Konto automatisch einrichten

Die E-Mail-Anwendung kennt bereits die wichtigsten kostenlosen E-Mail-Dienste wie beispielsweise GMX, Outlook.de, Web.de und T-Online. Sie brauchen für diese Anbieter nur Ihre E-Mail-Adresse und das Passwort eingeben.

Besitzen Sie dagegen eine Website mit eigener E-Mail-Adresse, ist häufig eine automatische Einrichtung nicht möglich. Lesen Sie in diesem Fall im Kapitel *12.1.2 E-Mail-Konto manuell einrichten* weiter.

Von einigen E-Mail-Anbietern wird im Google Play Store (siehe Kapitel *25.1 Play Store*) auch eine spezielle E-Mail-Anwendung angeboten. Suchen Sie im Play Store einfach nach dem Namen des E-Mail-Anbieters.

❶ Tippen Sie in das Eingabefeld.

❷ Im Beispiel wird ein E-Mail-Konto für den kostenlosen E-Mail-Anbieters GMX eingerichtet: Geben Sie Ihre E-Mail-Adresse ein und betätigen Sie *WEITER*.

❸ Falls nach dem E-Mail-Protokoll gefragt wird, wählen Sie *POP3*.

❶ In den meisten Fällen kennt Outlook bereits Ihren E-Mail-Anbieter und füllt die verschiedenen Eingabefelder korrekt aus. Sie selbst müssen nur noch eingeben:

- *Anzeigename*: Wird in Ihren E-Mails als Absender angegeben.
- *POP-Kennwort*: Passwort Ihres E-Mail-Kontos für den Nachrichtenabruf.
- *SMTP-Kennwort*: Passwort Ihres E-Mail-Kontos für das Nachrichtensenden. Das *SMTP-Kennwort* entspricht fast immer dem *POP-Kennwort.*

❷ Gehen Sie zum Schluss auf ✓.

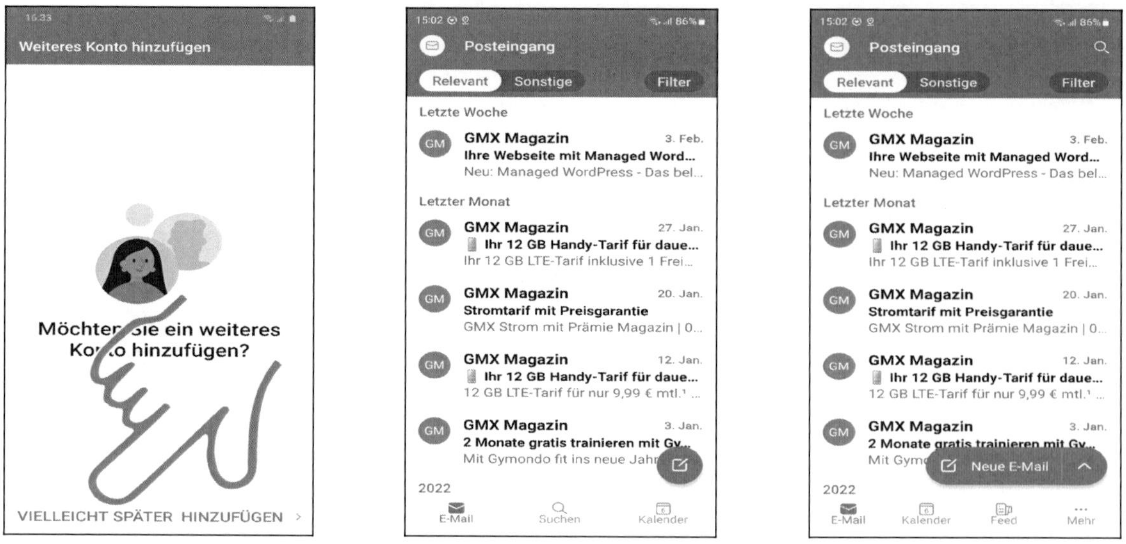

❶ Betätigen Sie *VIELLEICHT SPÄTER.*

❷ Ihr Posteingang wird geladen und Sie können nun mit dem Programm arbeiten.

❸ Nach einiger Nutzungszeit schaltet Outlook auf eine etwas veränderte Benutzeroberfläche um. Microsoft möchte mit dem geänderten Design die Nutzer zur Verwendung der eingebauten Kalenderfunktionen ermuntern.

Auf die Kalenderfunktionen von Outlook geht dieses Buch nicht ein, weil Sie damit nicht mehr von den Vorteilen der Kalender-Anwendung (siehe Kapitel *21 Kalender*) profitieren. Dazu zählt die zentrale Sicherung Ihrer Daten im Google-Konto und die nahtlose

12.1.2 E-Mail-Konto manuell einrichten

Hier wird beschrieben, wie Sie eine E-Mail-Adresse einrichten, wenn Sie eine Website mit eigenem E-Mail-Konto besitzen.

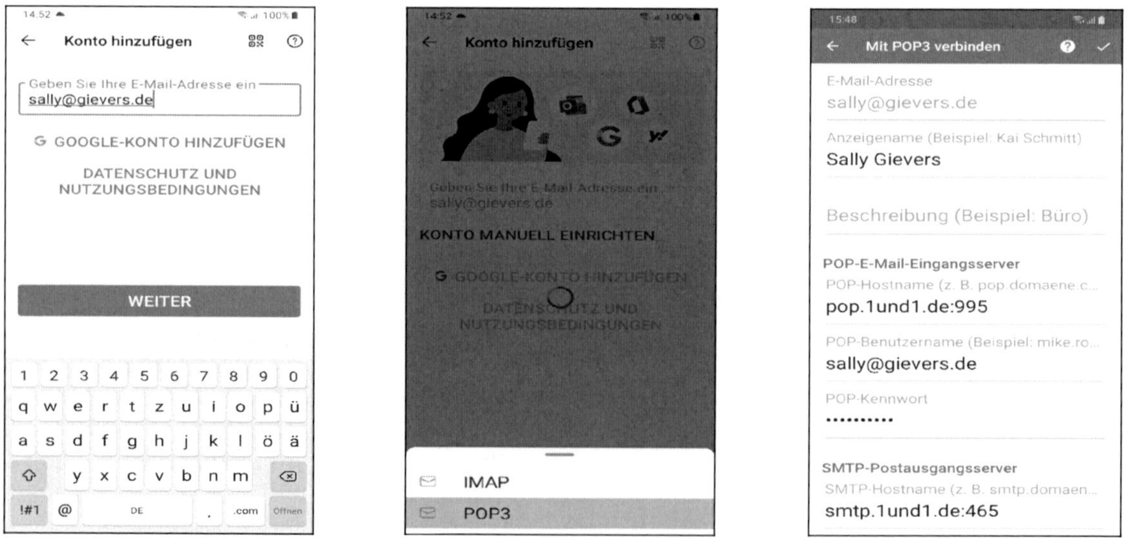

❶ Geben Sie zuerst Ihre E-Mail-Adresse ein, danach betätigen Sie *WEITER.*

❷ Zur Auswahl stehen nun als Kontotyp *POP3*-Konto und *IMAP-Konto*. Wir wählen *POP3-Konto,* das im Gegensatz zum IMAP von jedem E-Mail-Betreiber unterstützt wird.

❸ In den meisten Fällen kennt Outlook bereits Ihren E-Mail-Anbieter und füllt die verschiedenen Eingabefelder korrekt aus. Sie selbst müssen nur noch eingeben:

- *Anzeigename*: Wird in Ihren E-Mails als Absender angegeben.
- *POP-Kennwort*: Passwort Ihres E-Mail-Kontos für den Nachrichtenabruf.
- *SMTP-Kennwort*: Passwort Ihres E-Mail-Kontos für das Nachrichtensenden. Das *SMTP-*

Kennwort entspricht fast immer dem *POP-Kennwort.*

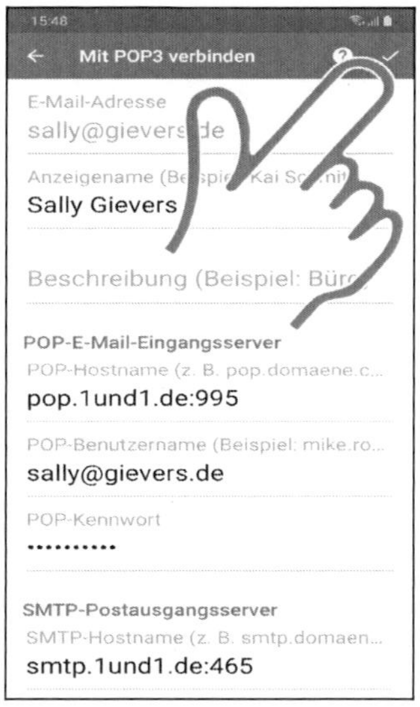

➊ Gehen Sie zum Schluss auf ✓.

➋ Betätigen Sie *VIELLEICHT SPÄTER.*

12.1.3 Mehrere E-Mail-Konten verwalten

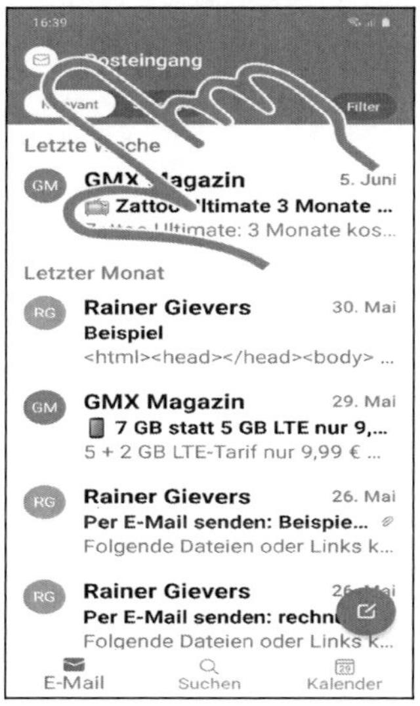

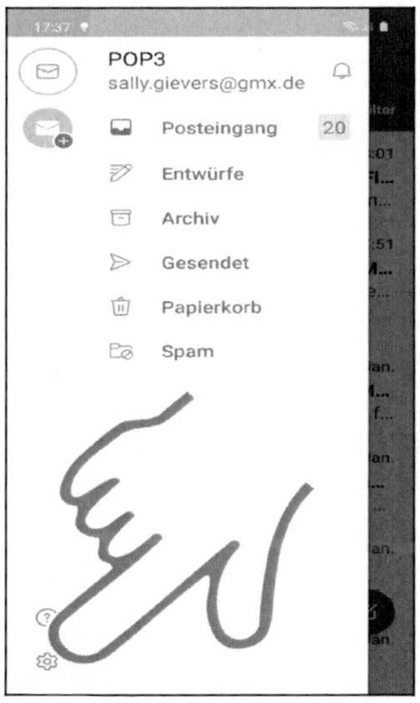

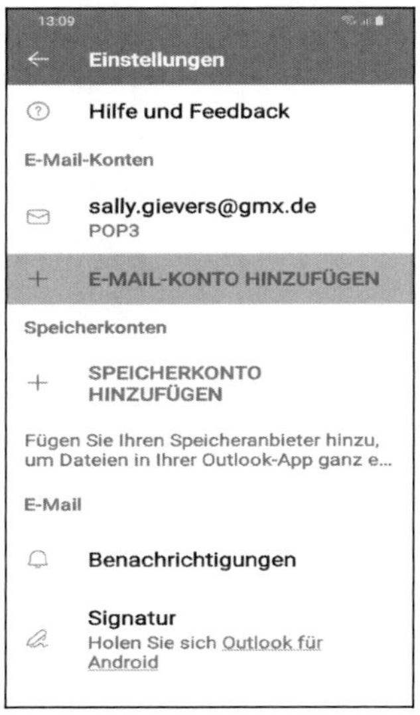

➊➋ In der Outlook-Anwendung dürfen Sie mehrere E-Mail-Konten verwenden. Aktivieren Sie dafür das Ausklappmenü und tippen Sie auf ⚙.

➌ Gehen Sie auf *E-MAIL-KONTO HINZUFÜGEN* und erfassen Sie, wie bereits in den vorherigen Kapiteln beschrieben, die Kontodaten.

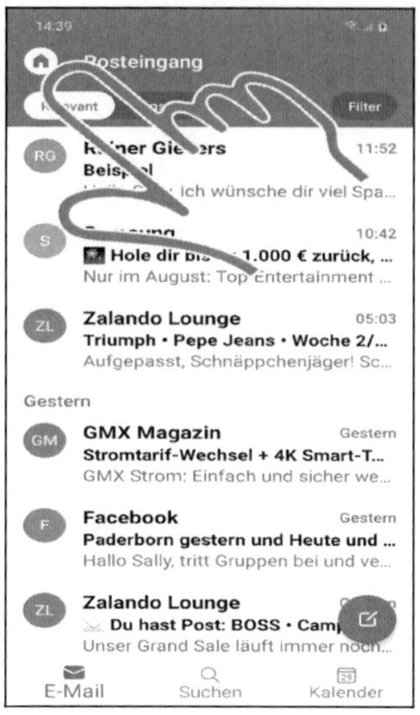

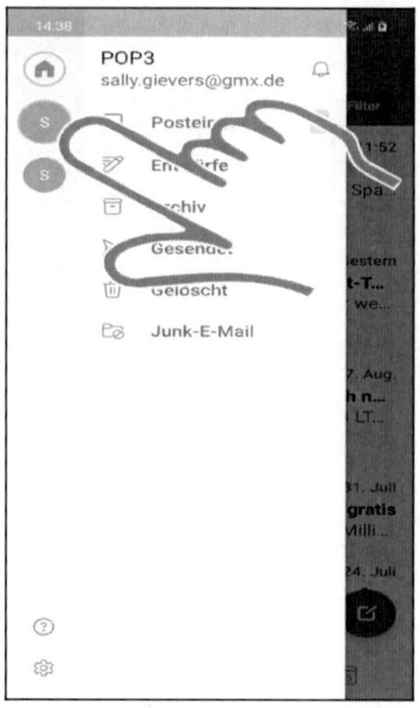

❶❷ So schalten Sie später zwischen den Konten um: Aktivieren Sie das Ausklappmenü und tippen Sie ein Kontosymbol an.

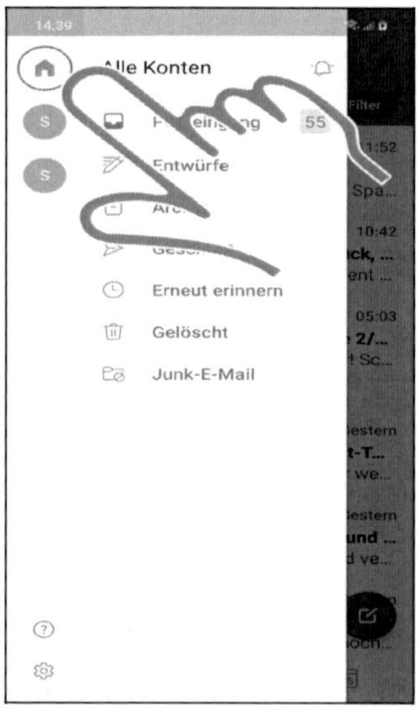

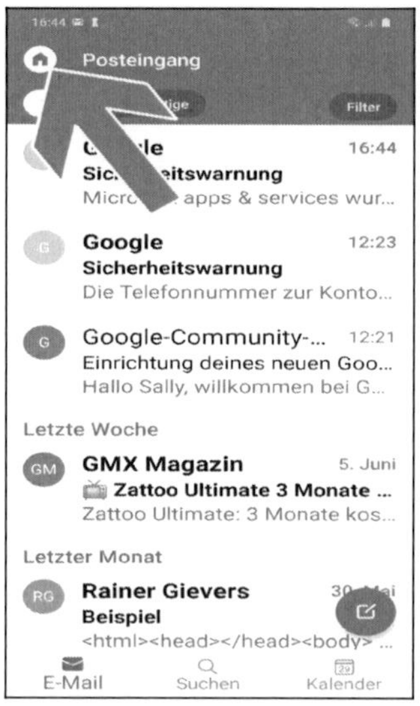

❶ Eine Besonderheit ist *Alle Konten*, das Sie ebenfalls im Ausklappmenü aktivieren können (Pfeil).

❷ Am oberen Bildschirmrand informiert darüber, dass nun Nachrichten aus allen E-Mail-Konten zusammen aufgelistet werden.

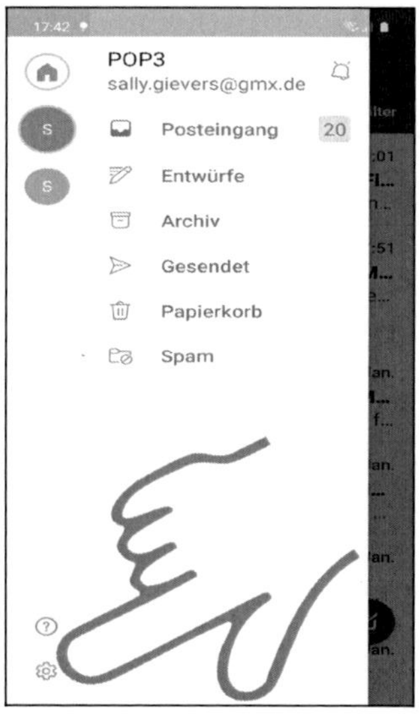

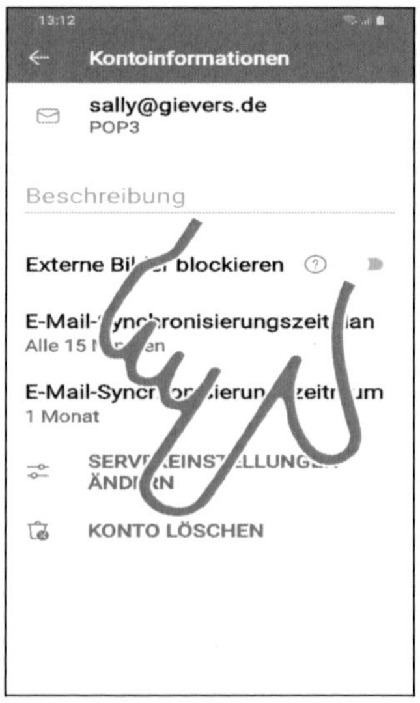

❶❷ Zum Entfernen eines Kontos rufen Sie im Ausklappmenü auf und gehen auf das zu löschende Konto.

❸ Tippen Sie auf *KONTO LÖSCHEN*.

Die Nachrichten in Ihrem E-Mail-Konto bleiben beim E-Mail-Anbieter erhalten. Wenn Sie also beispielsweise erneut das E-Mail-Konto auf dem Handy einrichten, sind auch Ihre Nachrichten wieder vorhanden.

12.2 E-Mail-Konto bearbeiten

12.2.1 Allgemeine Einstellungen

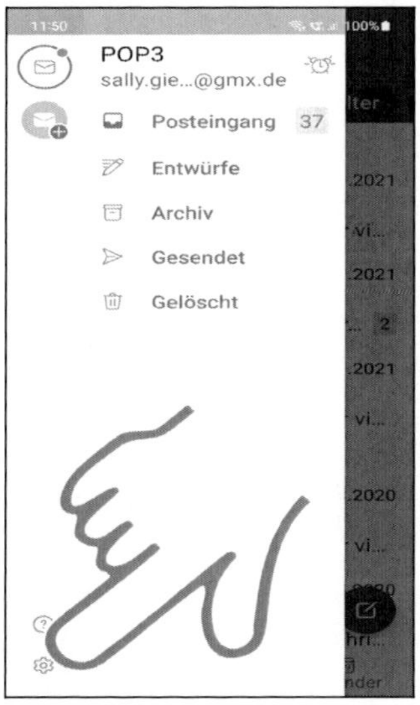

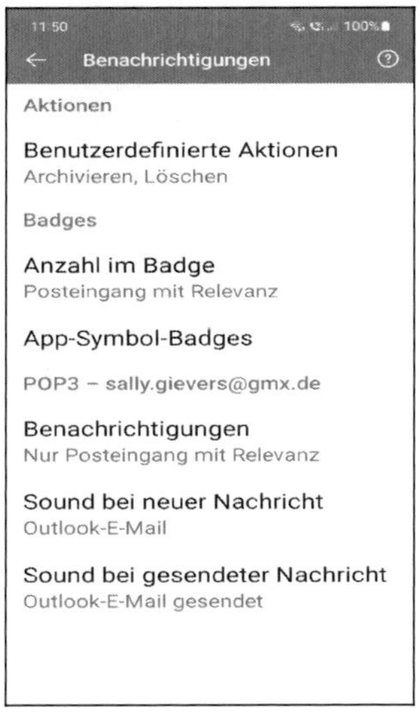

❶❷ Die für **alle** Konten verwendeten Voreinstellungen finden Sie unter ⚙ im Ausklappmenü.

Unter *E-Mail-Konten*:

- Die von Ihnen angelegten E-Mail-Konten. Wird bereits im Kapitel *12.2 E-Mail-Konto bearbeiten* beschrieben.

Unter *Speicherkonten*:

- Zugriff auf sogenannte Cloud-Speicher wie *OneDrive, Dropbox, box* oder *Google Drive.* Für die E-Mail-Nutzung nicht relevant.

Unter *E-Mail*:

- *Benachrichtigungen* (❸)*:* Stellen Sie für die verwendeten E-Mail-Konten ein, ob Sie eine Benachrichtigung bei neu vorliegenden Nachrichten erhalten möchten. Wir raten von Änderungen in diesem Menü ab.
- *Standard*: Falls Sie mehrere E-Mail-Konten nutzen, fungiert eines davon als Standard-Konto und wird automatisch bei neu von Ihnen erstellen Nachrichten als Absender eingesetzt. *Standard* ändert dies. Dieser Menüpunkt ist nur sichtbar, wenn Sie mehrere E-Mail-Konten in Outlook eingerichtet haben.
- *Signatur*: Die Signatur erscheint unter allen von Ihnen erstellten E-Mails. Geben Sie darin beispielsweise alternative Kontaktmöglichkeiten an.
- *Wischoptionen*: Konfiguriert, welche Aktion Outlook bei einer Wischgeste im Posteingang durchführt. Darauf gehen wir im Kapitel *12.3.12 Wischgeste* ein.
- *Posteingang mit Relevanz*: Outlook erkennt anhand Ihres Nutzungsverhaltens relevante (=wichtige) Nachrichten. Siehe Kapitel *12.3.10 Relevante Nachrichten*.
- *E-Mails in Threads organisieren*: Fasst alle mit einem Dritten ausgetauschten Nachrichten in einem Eintrag zusammen, was die Übersicht im Posteingang erhöht.

… die weiteren Menüpunkte sind für die tägliche Arbeit mit Outlook nicht relevant.

12.2.2 Konto-Einstellungen

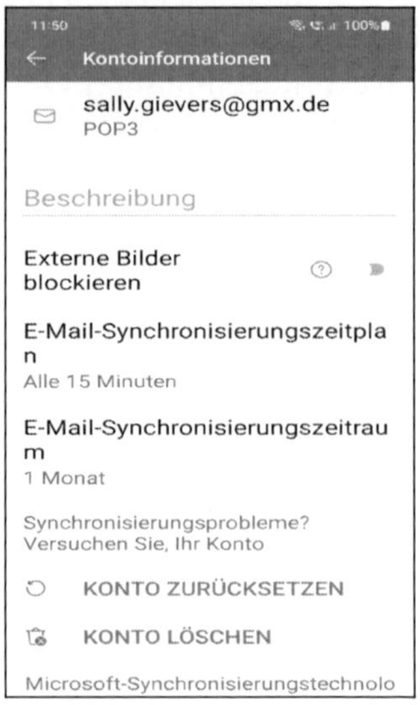

➊ Rufen Sie das Ausklappmenü auf und gehen Sie darin auf ⚙.

➋➌ Wählen Sie ein Konto aus.

Die Parameter:

- *Externe Bilder blockieren*: Aus Datenschutzgründen lädt Outlook standardmäßig keine Bilder aus dem Internet, weil damit der Absender weiß, dass Sie seine Nachricht gelesen haben. Mitgeschickte Bilder zeigt Outlook dagegen an.
- *E-Mail-Synchronisationszeitplan:* Lassen Sie diese Option aktiv, damit der automatische, zeitgesteuerte Abruf erfolgt. Wenn Sie sie dagegen deaktivieren, müssen Sie neuen die Nachrichten von Hand herunterladen (indem Sie im Posteingang eine Wischgeste von oben nach unten durchführen).
- *E-Mail-Synchronisationszeitraum*: Stellen Sie hier ein, wie alt abgerufene Nachrichten sein dürfen. Die Voreinstellung ist *1 Monat*.
- *SERVEREINSTELLUNGEN ÄNDERN*: Konfiguriert die Abruf- beziehungsweise Sende-einstellungen. Hier sollten Sie nichts ändern.
- *KONTO LÖSCHEN*: Löscht das E-Mail-Konto in der Outlook-Anwendung. Alle E-Mails im Internet-E-Mail-Konto bleiben dabei erhalten.

12.3 E-Mail-Anwendung in der Praxis

12.3.1 E-Mail-Ordner

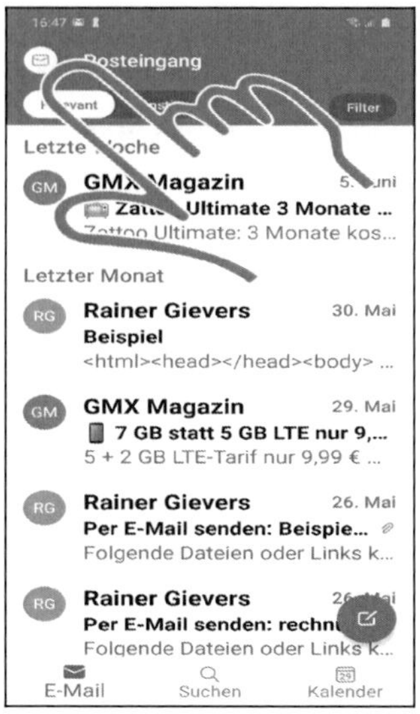

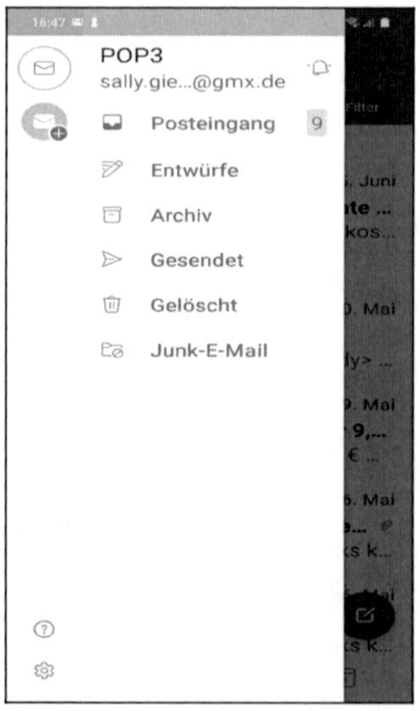

➊ Die Nachrichten verwaltet die E-Mail-Anwendung in Ordnern, zwischen denen man über das Ausklappmenü (Pfeil) umschaltet.

➋ Das Menü ist unterteilt in:

- *Posteingang*: Empfangene E-Mails.
- *Entwürfe*: E-Mails, die Sie für späteren Versand erstellt haben.
- *Archiv*: E-Mails, die Sie gelesen haben und für spätere Verwendung abgelegt haben.
- *Gesendet:* Verschickte E-Mails
- *Gelöscht*: Gelöschte E-Mails.
- *Junk-E-Mail*: Als Spam eingeordnete Nachrichten (nur bei Konten von Microsoft-E-Mail-Diensten).

12.3.2 E-Mails abrufen

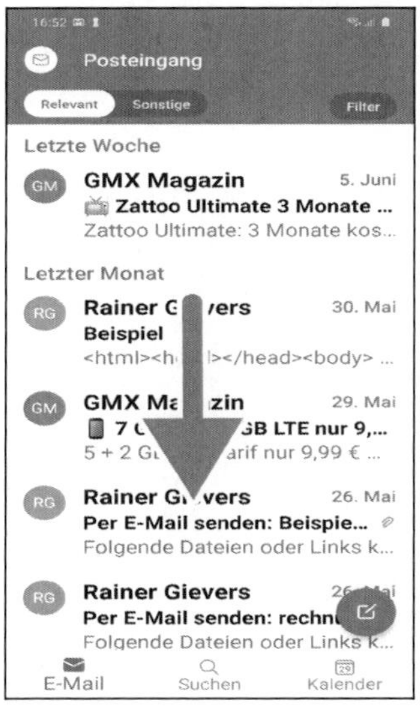

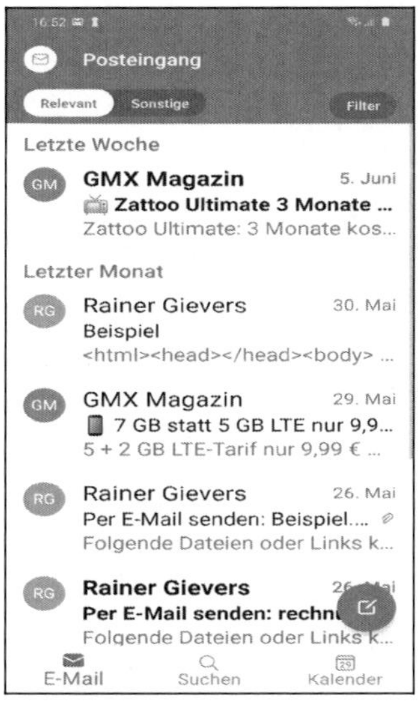

➊ Führen Sie eine Wischgeste nach unten durch für den E-Mail-Abruf. Alternativ können Sie auch in den Einstellungen (siehe Kapitel *12.2.2 Konto-Einstellungen*) festlegen, wie häufig der automatische Mail-Abruf erfolgt.

➋ Hat der Abruf geklappt, dürfte es im Fenster ungefähr so wie hier aussehen. Alle Nachrichten werden mit Absender, Empfangsdatum und Betreff anzeigt. Gelesene Nachrichten hebt die E-Mail-Anwendung mit grauer Schrift hervor. Tippen Sie eine Nachricht an, so wird sie angezeigt.

12.3.3 E-Mails lesen und beantworten

❶❷ Tippen Sie die anzusehende E-Mail an.

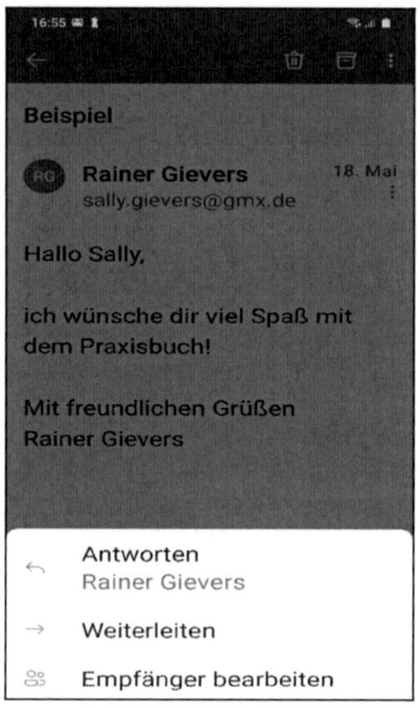

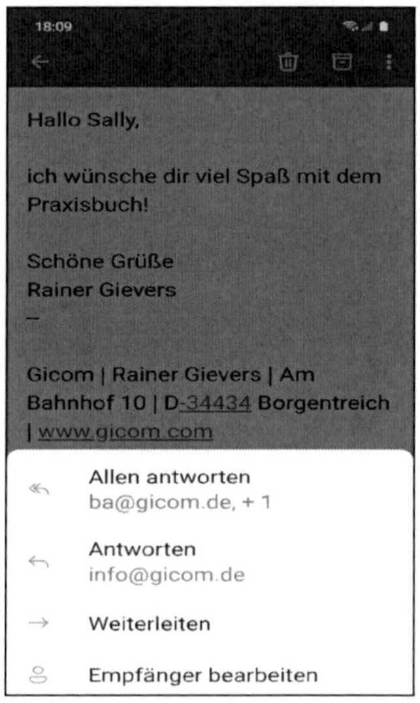

❶❷ Weitere Funktionen erhalten Sie über die Schaltleisten (Pfeil):

- *Antworten*: Erstellt eine Antwort-Nachricht an den Absender.
- ↶ ⌄:
    - *Antworten*
    - *Weiterleiten*: E-Mail an einen weiteren Empfänger weiterleiten.
    - *Empfänger bearbeiten*: E-Mail beantworten, vorher aber weitere Empfänger hinzufügen.

❸ *Allen Anworten* steht zur Verfügung, wenn die empfangene E-Mail weitere Empfänger hat. Diese erhalten dann ebenfalls Ihre Anwort. Bitte kontrollieren Sie vor dem Absenden, ob wirklich alle Empfänger Ihre Nachricht erhalten sollten.

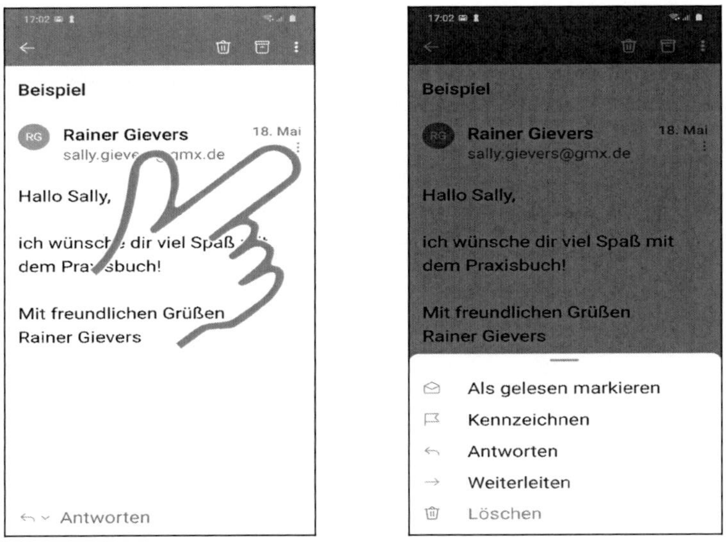

❶❷ Das ⋮-Menü (das ⋮-Symbol ist schwer mit dem Finger zu treffen; gegebenenfalls mehrfach probieren):

- *Als ungelesen markieren*: Setzt den Lesestatus auf »ungelesen« zurück.
- *Kennzeichnen*: Hebt eine Nachricht farbig im Posteingang hervor.
- *Antworten; Weiterleiten; Löschen*

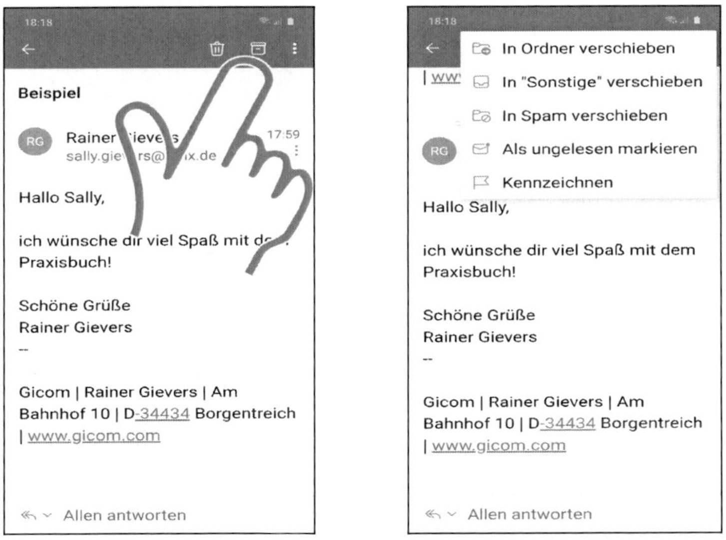

❶❷ Die Schaltleisten am oberen Bildschirmrand:

- : Nachricht löschen.
- : Nachricht archivieren (siehe Kapitel *12.3.13 Archiv*).
- Das ⋮-Menü:
  - *In Ordner verschieben*: E-Mail zwischen den Ordnern verschieben.
  - *In "Sonstige" verschieben*: Darauf geht Kapitel *12.3.10 Relevante Nachrichten* ein.
  - *In Spam verschieben*: Siehe Kapitel *12.3.11 Spam*.
  - *Als ungelesen markieren*: Setzt den Lesestatus auf »ungelesen« zurück (anschließend Wechsel zum Posteingang).
  - *Kennzeichnen*: Nachricht farbig im Posteingang hervorheben.

❶ Zur nächsten/vorherigen Nachricht wechseln Sie mit einer Wischgeste.

❷ Ziehen Sie zwei gleichzeitig auf dem Display gedrückte Finger auseinander beziehungsweise zusammen, so vergrößert/verkleinert das Handy die Nachrichtenanzeige. Mit einem Fingerwischen ändern Sie dann den angezeigten Bildausschnitt.

12.3.4 E-Mails löschen

Das Löschen in der E-Mail-Anwendung ist eine Philosophie für sich... Empfangene E-Mails werden standardmäßig nicht vom Internet-E-Mail-Konto gelöscht und lassen sich somit erneut mit dem E-Mail-Programm auf dem Desktop-PC abrufen oder auf der Weboberfläche des E-Mail-Anbieters anzeigen.

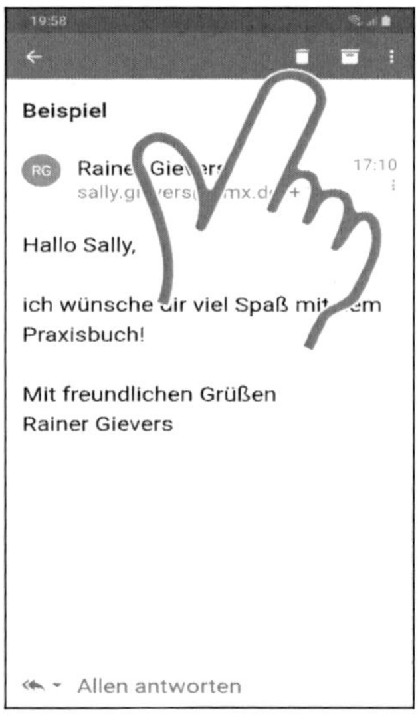

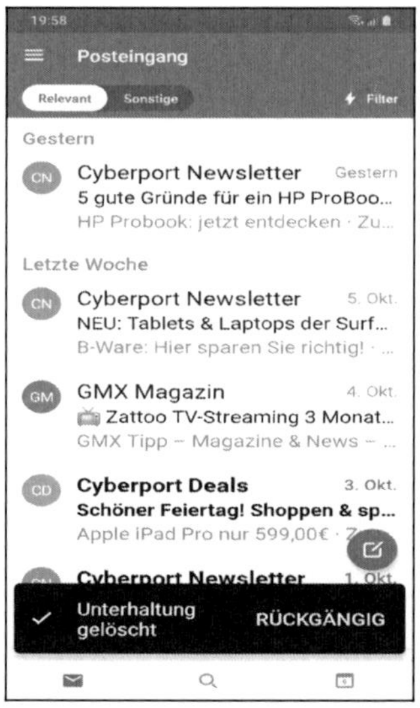

❶ Löschen Sie eine E-Mail, beispielsweise mit 🗑 in der Nachrichtenansicht, so verschwindet die E-Mail nicht sofort aus der Nachrichten-Anwendung, sondern landet im *Papierkorb*-Ordner.

❷ Falls Sie sich übrigens beim Löschen vertan haben, können Sie es mit *RÜCKGÄNGIG* widerrufen.

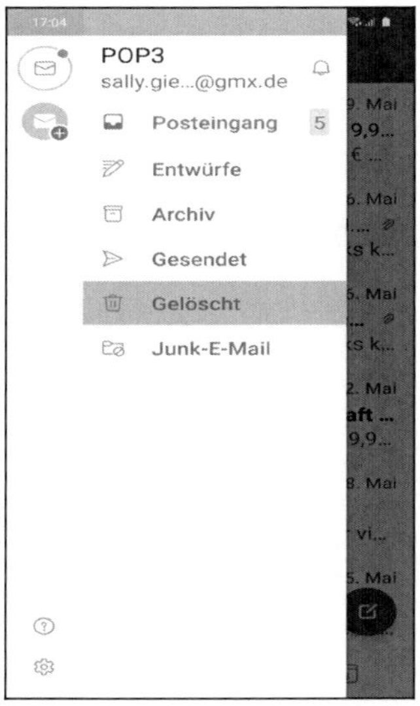

❶❷❸ Sie können sich davon auch selbst überzeugen, indem Sie das Ausklappmenü aktivieren und dann auf *Gelöscht* gehen.

Viele E-Mail-Programme auf dem PC löschen standardmäßig alle empfangenen Mails vom Internet-E-Mail-Konto. Die E-Mail-Anwendung auf dem Galaxy erkennt das und entfernt bei sich die gelöschten Nachrichten ebenfalls. Wundern Sie sich also nicht, wenn auf dem Galaxy nach dem E-Mail-Abruf plötzlich Mails verschwunden sind!

12.3.5 Dateianlagen

In E-Mails enthaltene Dateianlagen kann man anzeigen und weiterverarbeiten.

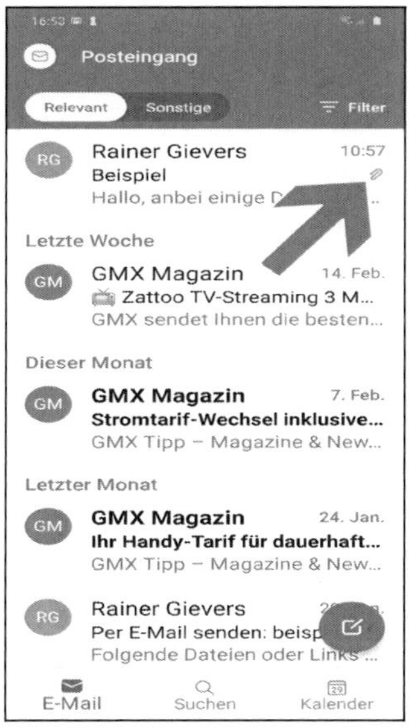

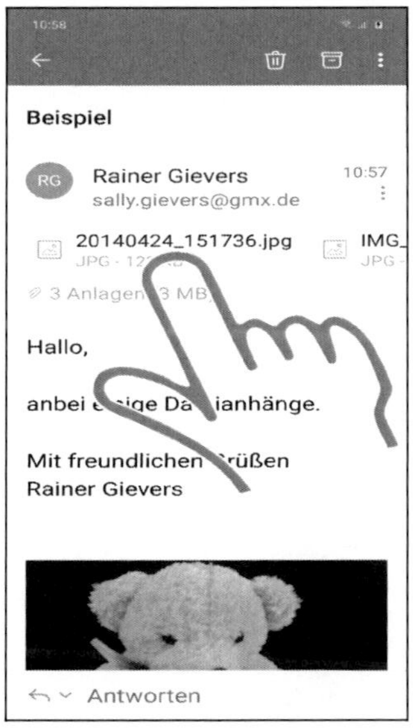

❶ Über Dateianlagen informiert (Pfeil) in der Nachrichtenauflistung.

❷ Zum Anzeigen in der jeweiligen Anwendung tippen Sie die Datei an.

12.3.6 Favoriten (»gekennzeichnet«)

Sie können Nachrichten, die in irgendeiner Weise wichtig sind, als »Favoriten« kennzeichnen, um sie später schneller wiederzufinden.

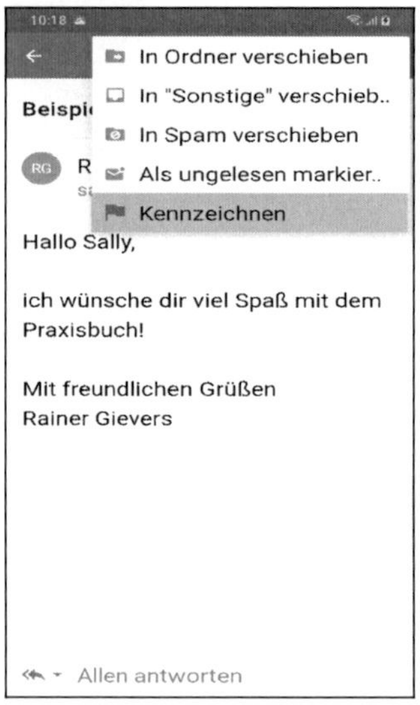

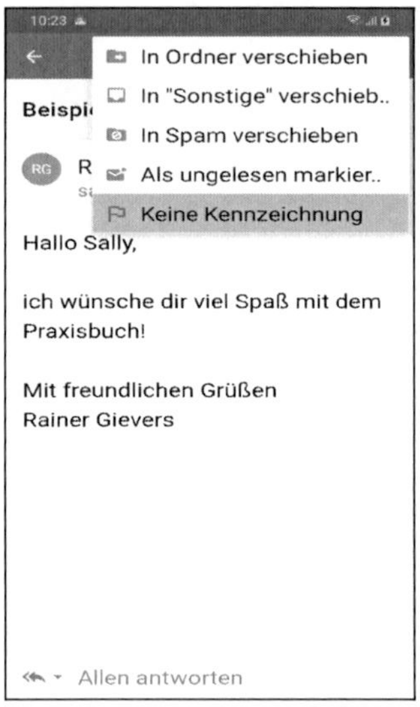

❶❷ Rufen Sie das ⁝-Menü auf und gehen Sie auf *Kennzeichnen.*

❸ Erneuter Aufruf des ⁝-Menüs und Auswahl von *Keine Kennzeichnung* entfernt dagegen später die Favoriten-Kennzeichnung.

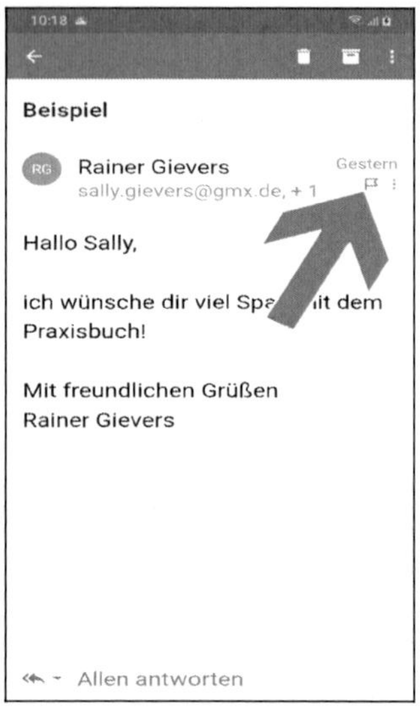

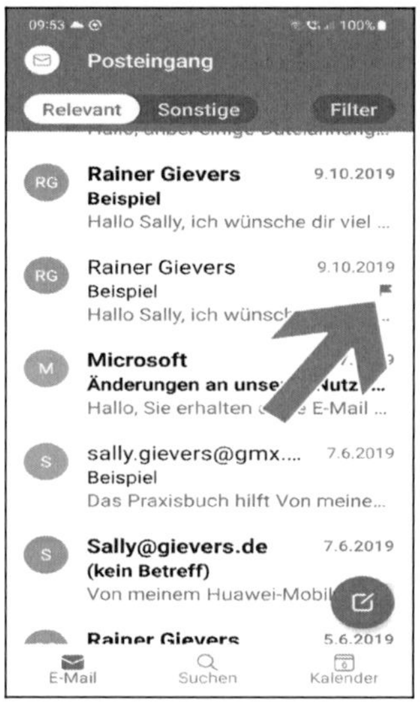

❶❷ Eine »Flagge« informiert über die Favoriten-Kennzeichnung und auch im Posteingang wird die Nachricht hervorgehoben.

Tipp: Mit der im Kapitel *12.3.7 Filter* beschriebenen Funktion beschränken Sie die Nachrichtenauflistung im Posteingang auf gekennzeichnete.

12.3.7 Filter

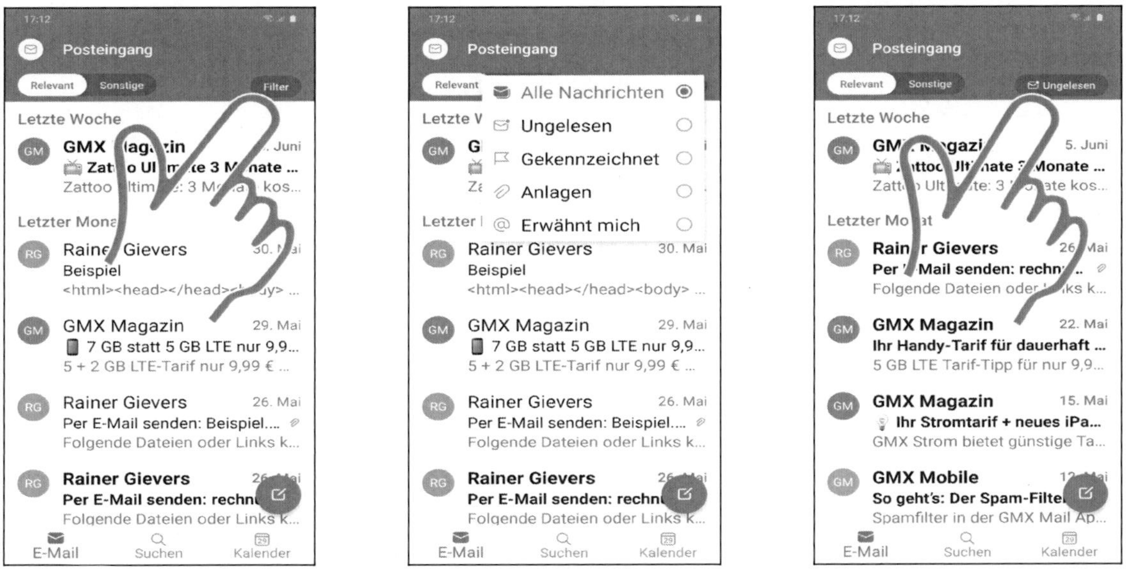

❶❷ *Filter* (Pfeil) beschränkt die Anzeige auf ungelesene, gekennzeichnete (siehe Kapitel *12.3.6 Favoriten (»gekennzeichnet«)*) oder Nachrichten mit Dateianhang (siehe Kapitel *12.3.5 Dateianlagen*)

❸ Antippen (Pfeil) beendet die Filterung.

12.3.8 Suche

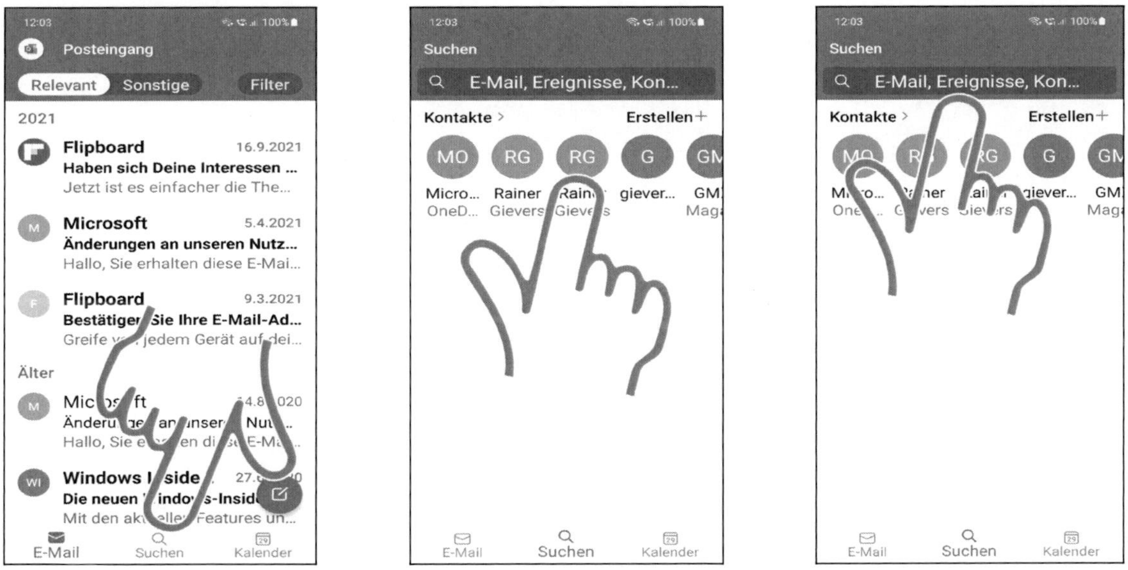

❶ Gehen Sie auf 🔍 am unteren Bildschirmrand.

Sie haben nun zwei Möglichkeiten: Entweder tippen Sie auf eine der aufgelisteten E-Mail-Adressen (❷), was nur die damit ausgetauschten Nachrichten anzeigt, oder Sie tippen ins Eingabefeld und erfassen dort den Suchbegriff (❸).

Schon bei der Eingabe des Suchbegriffs aktualisiert Outlook die Fundliste.

Mehrmaliges Betätigen der ❮-Taste schließt den Suchbildschirm und kehrt in den Posteingang zurück.

12.3.9 Stapelvorgänge

Wenn eine Aktion wie Löschen, Favoriten-Kennzeichnung hinzufügen, Archivierung, usw. auf mehrere Nachrichten anzuwenden ist, verwenden Sie die Stapelvorgänge.

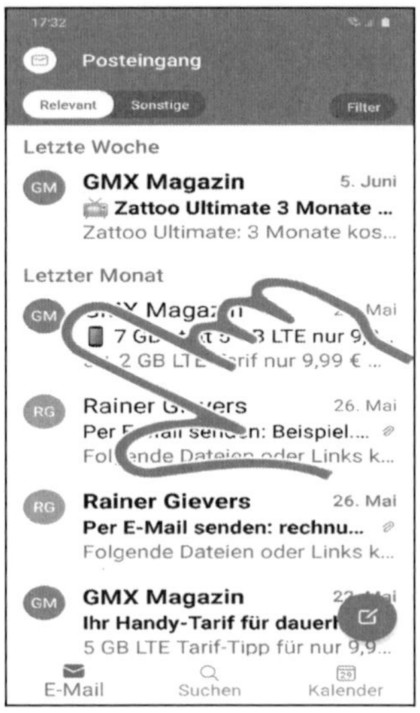

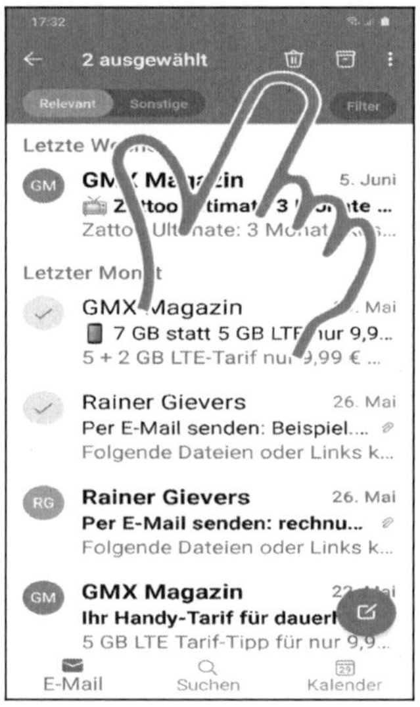

❶❷ Zum Markieren tippen Sie auf das runde Symbol vor einer Nachricht, was diese »abhakt«.. Danach lassen sich weitere Nachrichten durch Antippen markieren. Über die 🗑-Schaltleiste am oberen Bildschirmrand können Sie dann die Nachrichten entfernen. Den Markierungsmodus verlassen Sie gegebenenfalls mit der ❮-Taste.

12.3.10 Relevante Nachrichten

Für Überblick in den E-Mails sorgt eine automatische Filterfunktion, die E-Mails als »relevant« oder »andere« einordnet. Dabei wertet Outlook aus, mit welchen Absendern Sie interagieren.

Falls Sie die Funktion »relevante Nachrichten« nicht nutzen möchten, deaktivieren Sie sie in den Einstellungen (siehe Kapitel *12.2.1 Allgemeine Einstellungen*, Option *Posteingang mit Relevanz*).

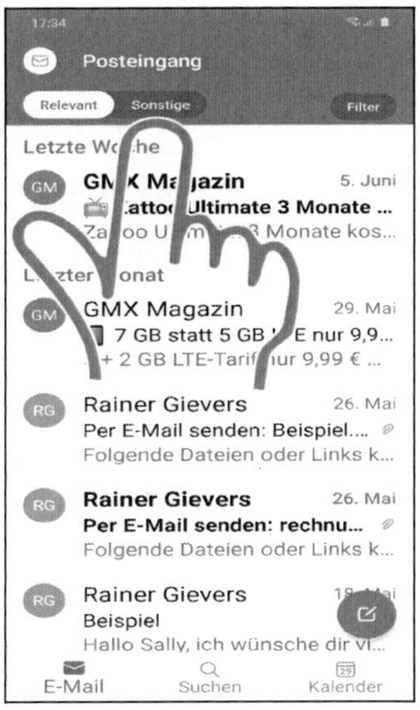

❶❷ Über die Schaltleisten *Relevant* (für Sie wichtig) und *Sonstige* (für Sie unwichtig) schalten Sie die Anzeige um.

❶❷ ⋮/*In "Sonstige" verschieben* beziehungsweise *In Posteingang mit Relevanz verschieben* sortieren die Nachrichten in den Relevant/Sonstige-Ordner ein.

12.3.11 Spam

Als »Spam« bezeichnet man unerwünschte E-Mails, meistens von Werbetreibenden.

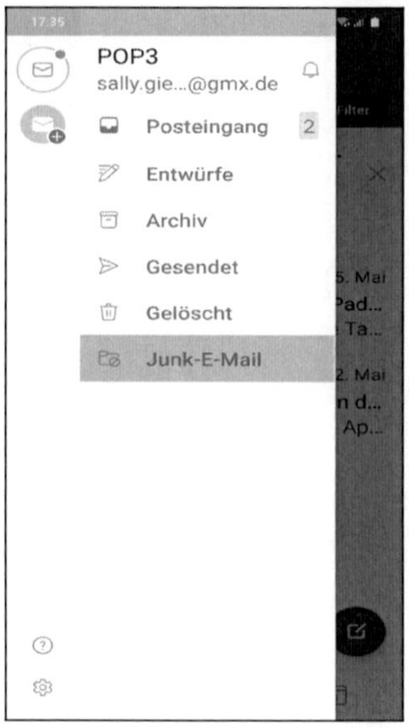

➊ Rufen Sie ⁝/*In Spam verschieben* bei unerwünschten Nachrichten auf. Künftig ordnet Outlook alle ähnlichen Nachrichten ebenfalls als Spam ein. Die Spam-Nachricht verschwindet zudem aus dem Posteingang.

➋➌ Ab und zu sollten Sie kontrollieren, ob nicht aus Versehen legitime Nachrichten als Spam eingeordnet wurden. Dazu gehen Sie auf *Junk-E-Mail* im Ausklappmenü.

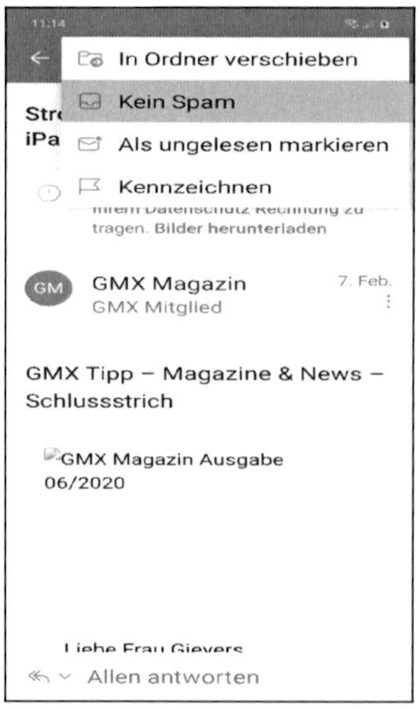

➊➋ Sie möchten den Spam-Status rückgängig machen? Dann rufen Sie die Nachricht auf und gehen auf ⁝/*Kein Spam*. Die Nachricht landet wieder im Posteingang.

12.3.12 Wischgeste

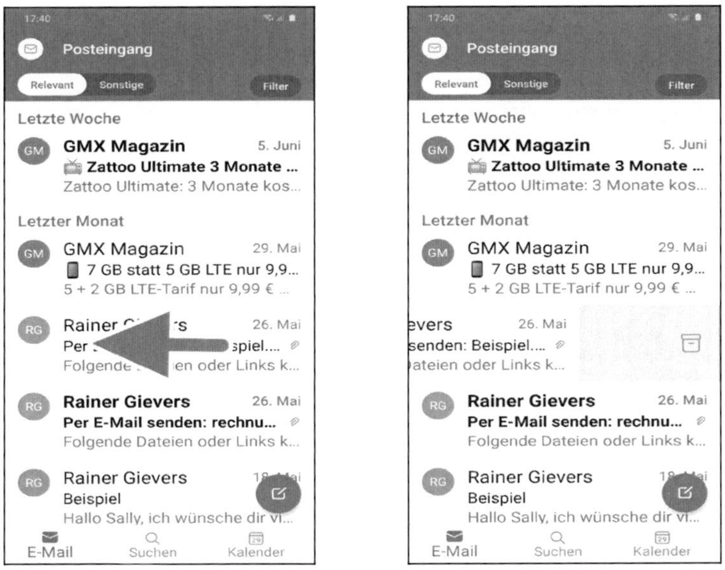

❶❷ Wischen Sie auf einer Nachricht nach links, um sie zu archivieren (siehe Kapitel *12.3.13 Archiv*).

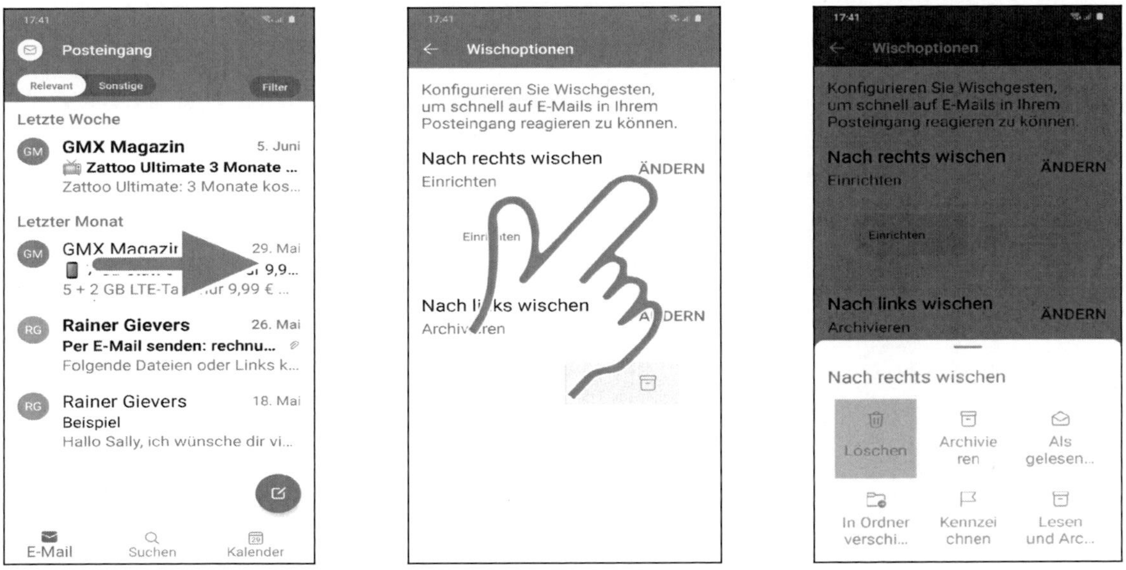

❶ Wischen Sie im Posteingang über eine Nachricht nach rechts.

❷❸ Sie können nun über *ÄNDERN* (Pfeil) festlegen, welche Aktion Outlook bei einer Wischgeste nach rechts durchführen soll. Wir empfehlen die Option *Löschen*.

12.3.13 Archiv

Outlook bietet die Option, E-Mails, die Sie vielleicht später noch einmal benötigen, aus dem Posteingang ins Archiv zu verschieben.

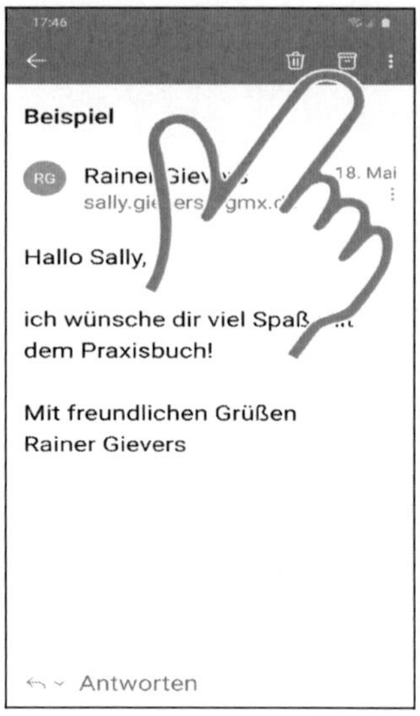

❶ Betätigen Sie in einer Nachricht die 🗃-Schaltleiste.

❷ Alternativ wischen Sie im Posteingang über einer Nachricht nach links.

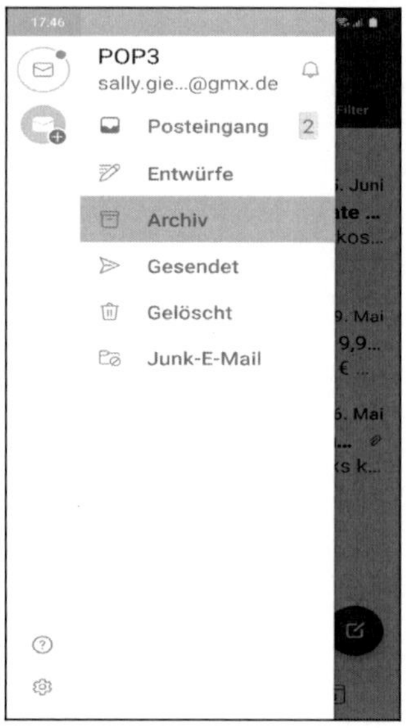

❶❷ Die archivierten Nachrichten zeigt *Archiv* im Ausklappmenü an.

12.4 E-Mail erstellen und senden

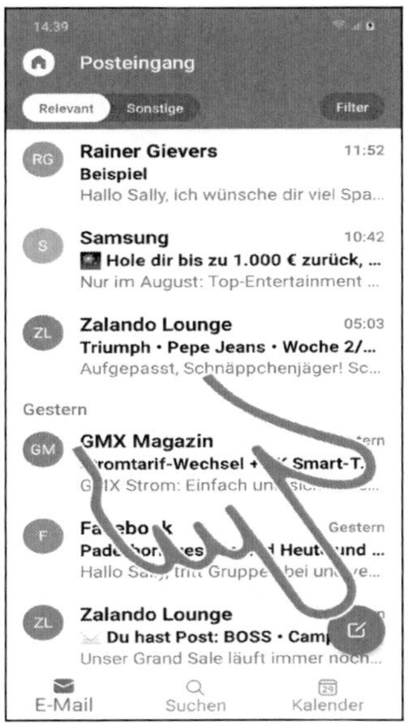

❶ Die blaue Schaltleiste (Pfeil) erstellt eine neue Nachricht.

❷ Sobald Sie einige Buchstaben in das *An*-Feld eingetippt haben, öffnet sich die Empfängerliste. Dabei greift Outlook allerdings nicht auf das Telefonbuch (siehe Kapitel *8 Telefonbuch*) zu, sondern nur auf E-Mail-Adressen, mit denen Sie schon mal Nachrichten ausgetauscht haben.

❸ Geben Sie noch Betreff und Nachrichtentext ein, dann betätigen Sie ➤. Outlook schaltet wieder auf den Posteingang um, während der Versand im Hintergrund erfolgt.

❶❷ Weitere Empfänger lassen sich bei Bedarf übrigens hinzufügen, indem Sie in das *An*-Eingabefeld (Pfeil) tippen und dann einfach die Mail-Adresse eingeben.

12.4.1 Cc/Bcc

❶❷ Eine Besonderheit sind die *Cc/Bcc*-Eingabefelder, die Sie über die ^-Schaltleiste (Pfeil) aktivieren:

- *Cc*: Der Begriff Cc steht für »Carbon Copy«, zu deutsch »Fotokopie«. Der ursprüngliche Adressat (im *An*-Eingabefeld) sieht später die unter *CC* eingetragenen weiteren Empfänger. Die *CC*-Funktion ist beispielsweise interessant, wenn Sie ein Problem mit jemandem per E-Mail abklären, gleichzeitig aber auch eine zweite Person von Ihrer Nachricht Kenntnis erhalten soll.
- *Bcc*: Im Bcc (»Blind Carbon Copy«)-Eingabefeld erfassen Sie weitere Empfänger, wobei der ursprüngliche Adressat im *An*-Feld nicht mitbekommt, dass auch noch andere Personen die Nachricht erhalten.

12.4.2 Entwürfe

❶❷ Betätigen Sie während der Nachrichtenerstellung statt ➤ die ✕-Schaltleiste (Pfeil). Die Nachricht wird als Entwurf gespeichert und Outlook kehrt in den Posteingang zurück.

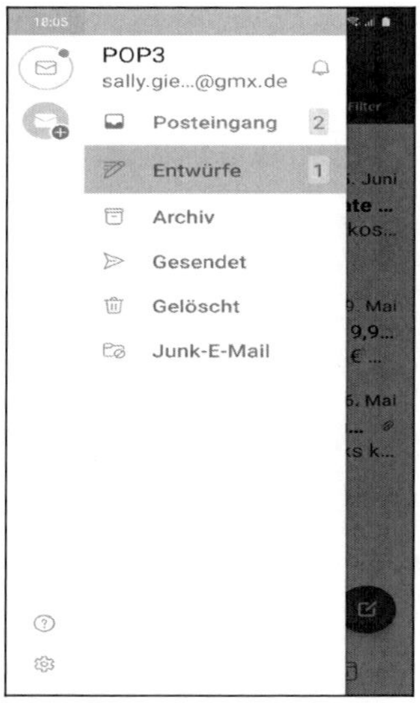

❶ Möchten Sie den Entwurf später senden, rufen Sie das Ausklappmenü auf.

❷❸ Dann gehen Sie in den *Entwürfe*-Ordner. Die hier abgelegten Nachrichtenentwürfe können Sie nach dem Antippen wie gewohnt bearbeiten und dann verschicken.

12.4.3 E-Mail-Anhänge

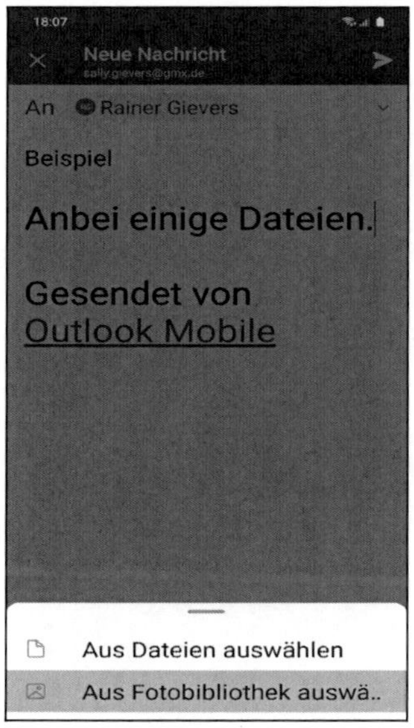

❶ Über 🖇 fügen Sie eine Datei als Anhang hinzu.

❷ Zur Auswahl stehen:

- *Aus Dateien auswählen*: Stellt Dateien zur Verfügung, die Sie zuvor mal in E-Mails empfangen hatten.
- *Aus Fotobibliothek auswählen*: Fotos im Kameraordner zur Auswahl auflisten.

In unserem Beispiel gehen wir auf *Aus Fotobibliothek auswählen*.

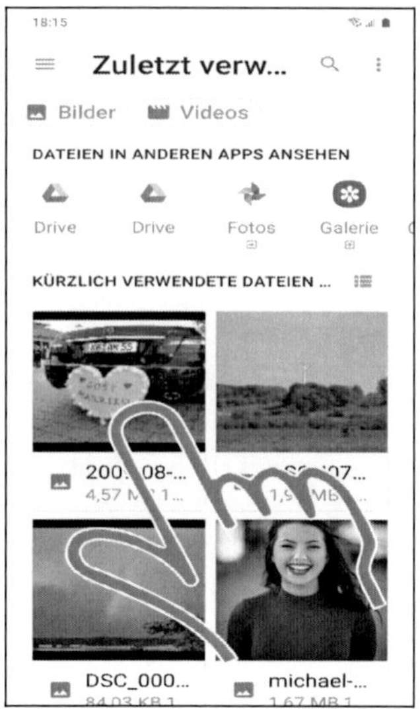

❶ Tippen Sie auf ein Bild.

❷ Wählen Sie anschließend aus, ob das Bild verkleinert werden soll, was bei langsamen Mobilfunkverbindungen empfehlenswert ist.

❸ Gegebenenfalls wiederholen Sie den Einfügevorgang mit weiteren Dateien. Das Bild befindet sich in der E-Mail und können verschickt werden.

12.5 E-Mails auf dem Startbildschirm

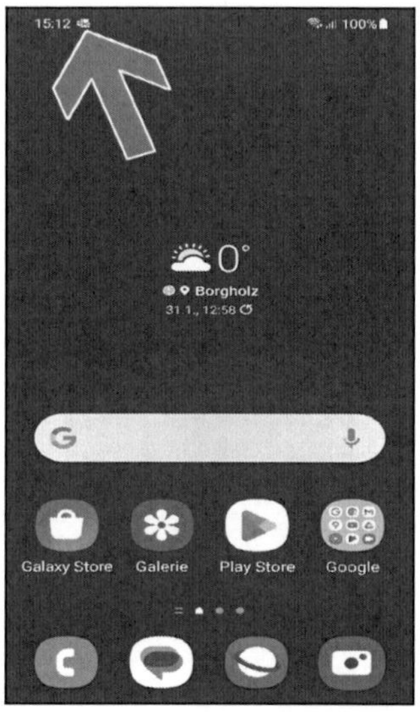

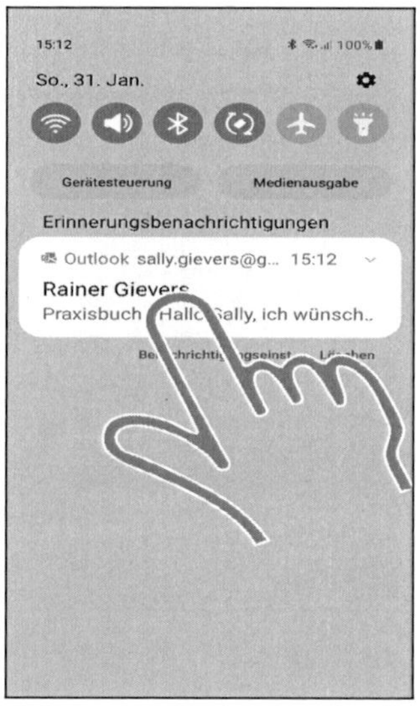

❶ Über neu vorhandene E-Mails informiert die Titelleiste (Pfeil).

❷❸ Öffnen Sie das Benachrichtigungsfeld und gehen Sie auf den E-Mail-Eintrag, worauf die Nachricht anzeigt wird.

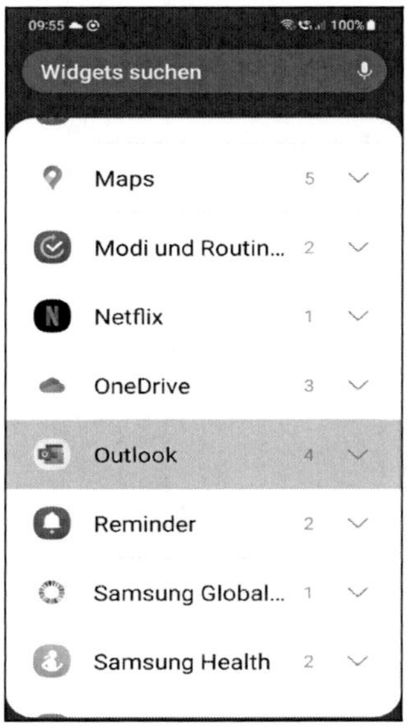

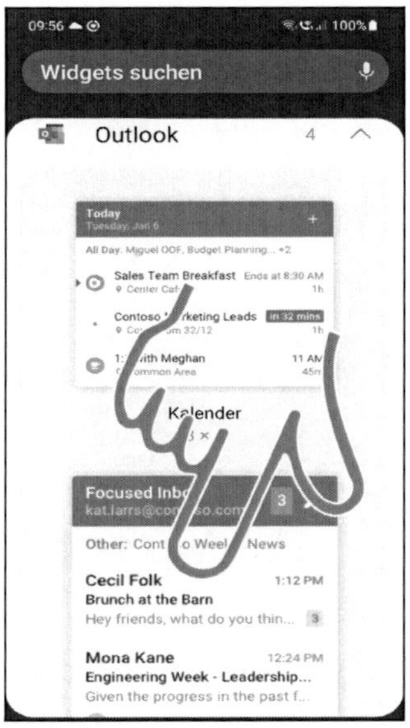

➊ Verwenden Sie das *Outlook*-Widget, um den Posteingang direkt im Startbildschirm anzuzeigen (wie Sie Widgets anlegen, erfahren Sie im Kapitel *4.7.2 Widgets*). Wählen Sie erst *Outlook* aus.

➋ Dann tippen und halten Sie den Finger auf das *E-Mail*-Widget…

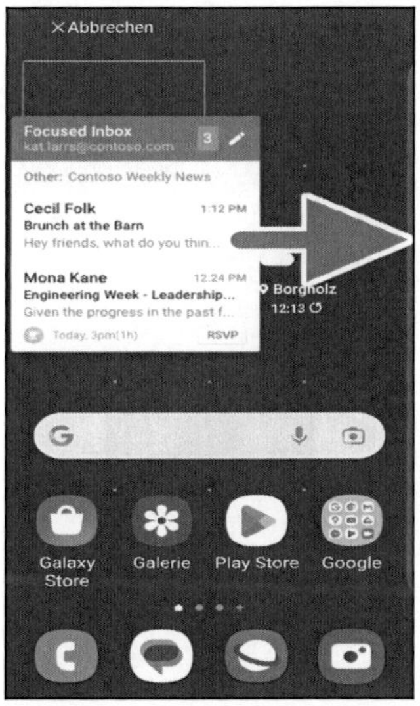

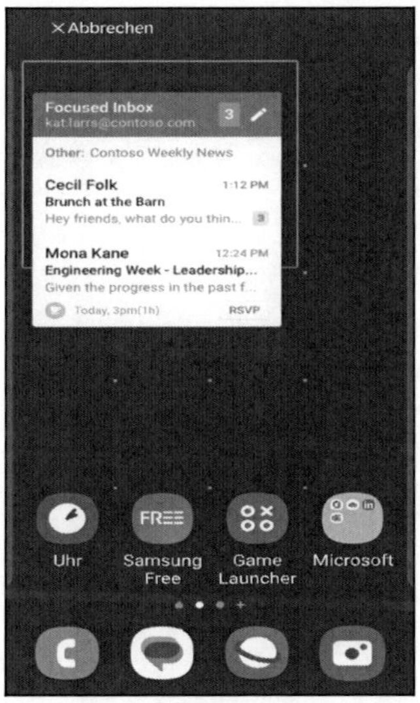

➊➋ … und weil auf dem Startbildschirm eventuell zu wenig Platz ist, lassen Sie das Widget nicht los, sondern ziehen es an den Bildschirmrand, bis das Handy auf eine weitere Bildschirmseite umschaltet. Erst dann lassen Sie den Finger los.

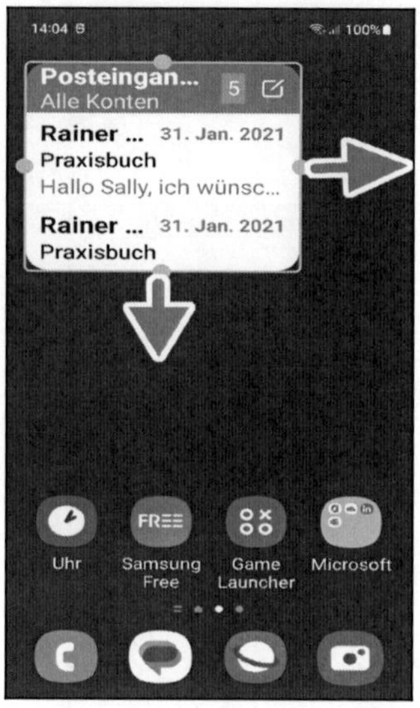

❶ Schließen Sie den Konfigurationsbildschirm mit der *WIDGET HINZUFÜGEN*-Schaltleiste.

❷ Jetzt können Sie noch die Widget-Größe einstellen, indem Sie an dessen Rändern ziehen. Wenn Sie damit fertig sind, tippen Sie entweder in einen freien Bildschirmbereich oder betätigen die ᐸ-Taste.

❸ Damit ist das Widget auf der Startbildschirmseite eingerichtet.

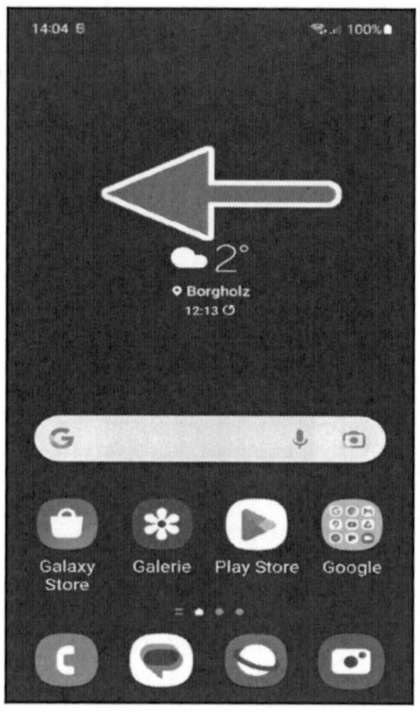

❶❷ Vergessen Sie nicht, dass Sie mit Wischgesten auf dem Startbildschirm zur Bildschirmseite mit dem Widget wechseln.

13. Webbrowser

Das Galaxy besitzt, neben dem hier vorgestellten Webbrowser »Internet«, mit »Chrome« gleich zwei verschiedene Webbrowser, die sich funktionell kaum unterscheiden.

> Eine Beschreibung des Chrome-Webbrowsers finden Sie im Kapitel *14 Chrome-Webbrowser*.
>
> Damit man den Browser nutzen kann, muss eine Internetverbindung (siehe Kapitel *9 Internet einrichten und nutzen*) aktiv sein.

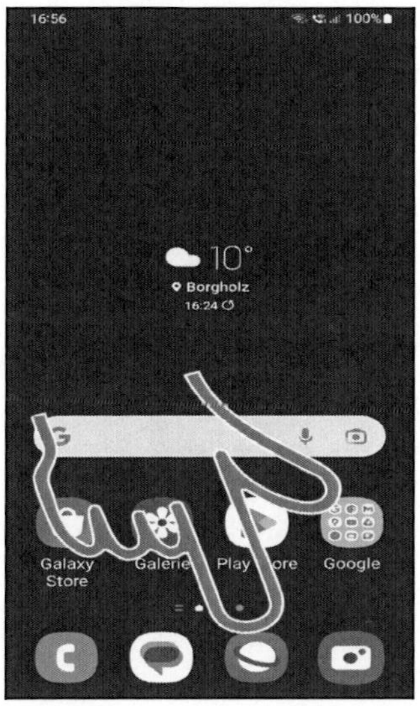

❶ Sie starten die *Internet*-Anwendung aus dem Startbildschirm oder Hauptmenü.

❷ Beim ersten Start erscheint ein Hinweis, den Sie mit *Mehr* und *Weiter* schließen. Auch in der eventuellen Abfrage zum Standard-Browser wählen Sie *Fortsetzen*.

❸ Aktivieren Sie im Popup *Rückwärtsumleitungen blockieren* mit *Einschalten*. Vereinfacht gesagt verhindern Sie damit eine unerwünschte Weiterleitung, wenn Sie mal die ❮-Taste unterhalb des Bildschirms betätigen.

> Sofern Sie den Browser bereits mal nach den Anweisungen im Kapitel *4.8.5 Das Ausklappmenü* gestartet hatten, erscheint direkt die Benutzeroberfläche.

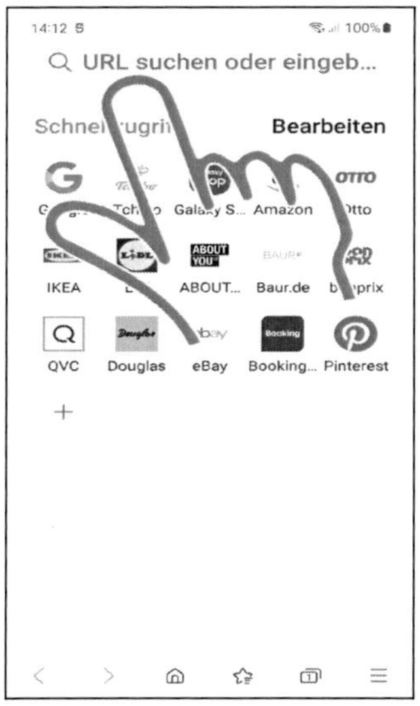

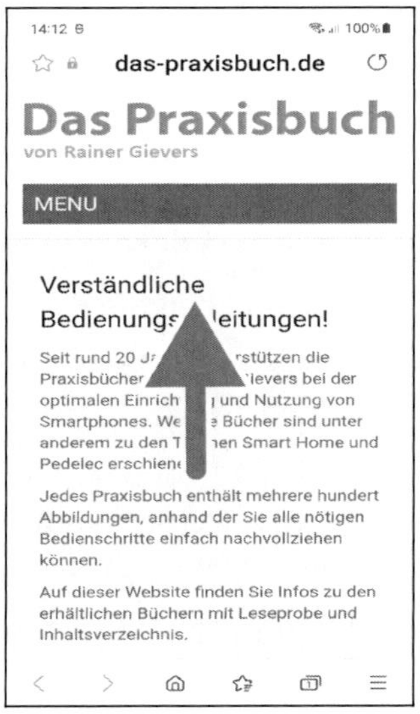

❶❷ Beim Start zeigt der Browser die zuletzt geöffnete Webseite an – beim ersten Aufruf wird dagegen nur ein leerer Bildschirm mit Lesezeichenvorschlägen angezeigt. Tippen Sie in die Adresszeile, um eine Webadresse einzugeben (wenn gerade eine größere Webseite angezeigt wird, ist eventuell die Adresszeile nicht sichtbar, führen Sie dann eine vertikale Wischgeste von oben nach unten durch). Betätigen Sie dann die *Öffnen*-Taste (Pfeil) auf dem Tastenfeld.

❸ Die Webadresse wird geladen und angezeigt. Sie sehen natürlich nur einen Teilausschnitt, den Sie einfach ändern, indem Sie mit dem Finger auf den Bildschirm drücken und dann in die gewünschte Richtung ziehen.

Besonders bei der Webseitenanzeige kann eine horizontale Bildschirmorientierung optimaler sein. Halten Sie dafür einfach das Galaxy waagerecht statt aufrecht.

Auch das sogenannte »Kneifen« wird unterstützt: Tippen und halten Sie Mittelfinger und Daumen gleichzeitig auf dem Bildschirm und ziehen Sie beide auseinander, was in die Webseite herein zoomt. Ziehen Sie dagegen die beiden Finger zusammen, zoomen Sie wieder heraus. Es ist egal, ob Sie nun vertikal oder waagerecht »kneifen«.

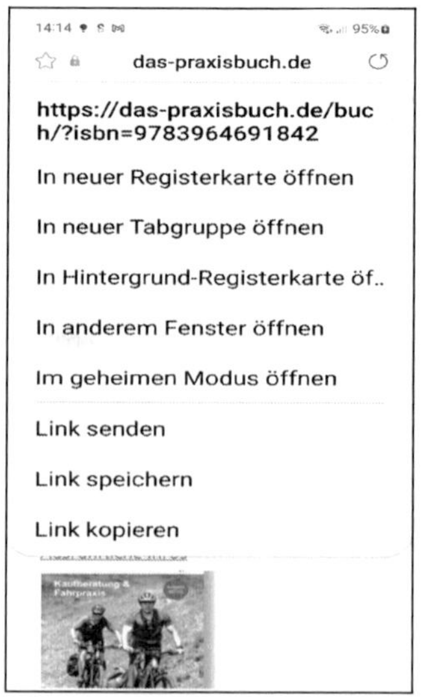

❶❷ Einem Link folgen Sie, indem Sie ihn antippen.

❸ Tippen und halten Sie den Finger über einem Link für weitere Funktionen:

- *In neuer Registerkarte öffnen*: Öffnet den Link in einem neuen Browser-Tab und zeigt diesen an.
- *In neuer Tabgruppe öffnen*: Erstellt eine sogenannte Tabgruppe, der mehrere Tabs zugewiesen werden können. In diesem Buch gehen wir nicht weiter darauf ein, weil die »normalen« Tabs in der Praxis völlig ausreichen.
- *In Hintergrund-Registerkarte öffnen*: Öffnet den Link in einem neuen Browser-Tab im Hintergrund.
- *In anderem Fenster öffnen*: Der Browser-Bildschirm wird zweigeteilt und der Link im unteren Bildschirmbereich geöffnet.
- *In geheimen Modus öffnen*: Im geheimen Modus werden keine Website-Daten (Cookies) gespeichert und einige weitere Sicherheitsmaßnahmen aktiviert. Wenn Sie den geheimen

Modus verlassen löscht der Browser alle Website-Daten.

- *Link senden*: Link an jemand anders senden, beispielsweise per E-Mail.
- *Link speichern*: Speichert die Webseite als HTML-Datei im Verzeichnis *Download* des Gerätespeichers.
- *Link kopieren*: Kopiert die Webadresse des Links in die Zwischenablage, von wo man sie später in andere Anwendungen wieder einfügen kann.
- *Text auswählen*: Markiert die Link-Beschreibung, damit Sie diese in die Zwischenablage einfügen können. Siehe Kapitel *34.4 Texte kopieren, ausschneiden und einfügen*.

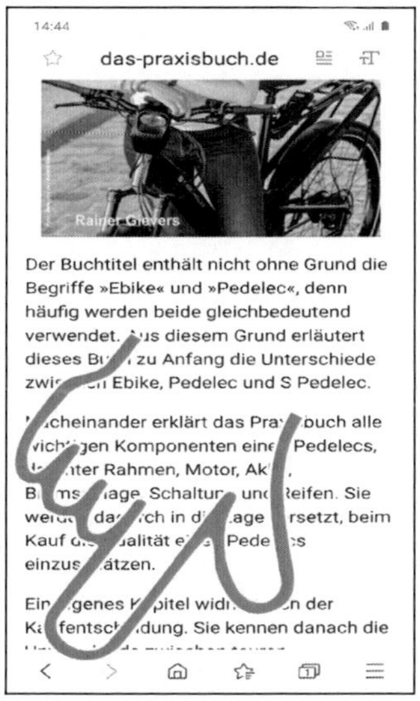

❶❷ Die Schaltleisten am unteren Bildschirmrand sind häufig ausgeblendet und erscheinen erst nach einer Wischgeste von oben nach unten.

Die Schaltleisten:

- ᐸ (Zurück): Zur letzten Webseite zurückkehren. Verwenden Sie dafür alternativ die ᐸ-Taste. Beachten Sie aber, dass der Browser verlassen wird, wenn Sie die ᐸ-Taste drücken, während die zuerst aufgerufene Seite angezeigt wird.
- ᐳ (Vorwärts): Bringt Sie eine Seite vorwärts (dies funktioniert nur, wenn Sie zuvor eine Seite zurückgeblättert hatten).
- ⌂ (Startseite): Startseite, standardmäßig die Samsung-Website, anzeigen. Die Startseite ändern Sie in den Einstellungen (siehe Kapitel *13.4.2 Startseite*).
- ⧉ (Tabs): Geöffnete Browser-Tabs auflisten (siehe Kapitel *13.1 Tabs (Registerkarten)*).
- ☰ (Menü): Diverse Einstellungen, auf die Kapitel *13.4 Einstellungen* eingeht.

❸ Bereits während der Eingabe einer Webadresse macht der Browser Vorschläge, wobei Sie anhand der vorangestellten Symbole erkennen, woher diese stammen:

- ★: Lesezeichen (»Favorit«).
- 🕒: Verlauf (eine bereits von Ihnen besuchte Webseite).
- 🔍: Suchvorschlag von Google aufrufen. Tippen Sie das dahinter stehende ↖ an, um weitere Vorschläge zum Suchbegriff zu erhalten.

Wählen Sie in der Liste einfach die anzuzeigende Webseite aus.

13.1 Tabs (Registerkarten)

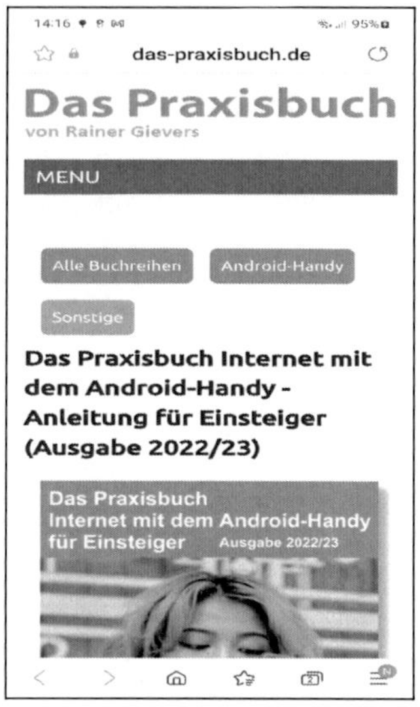

❶❷ Manchmal ist es sinnvoll, mehrere Browserfenster (»Tabs«) gleichzeitig offen zu haben. In diesem Fall tippen und halten Sie einen Finger über dem Link, bis das Popup-Menü erscheint. Wählen Sie dann *In neuer Registerkarte öffnen*.

❸ Sie befinden sich nun im neu geöffneten Browserfenster.

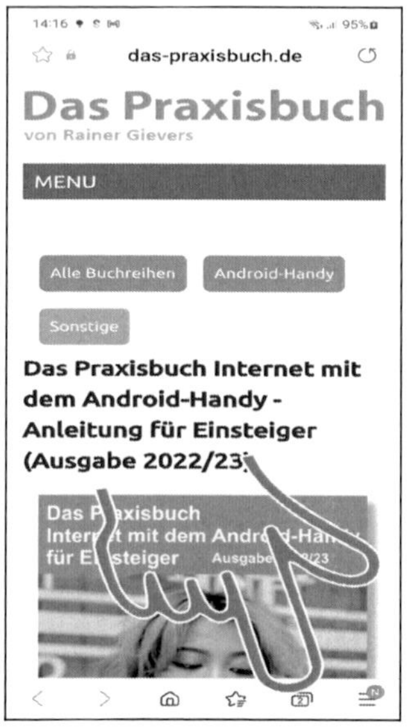

❶ So wechseln Sie zwischen den Browser-Tabs: Gehen Sie auf ⧉ (Tabs) am unteren Bildschirmrand.

❷ Beim ersten Aufruf können Sie die Anzeige auswählen. Wir empfehlen die voreingestellte *Listenansicht*. Betätigen Sie dann *OK*.

❸ Es erscheint die Vorschau der aktiven Fenster, worin Sie das anzuzeigende antippen. Die ✕-Schaltleisten schließen jeweils einen Tab.

Weitere Funktionen erhalten Sie über die Schaltleisten am unteren Bildschirmrand:

- *Geheimen Modus einschalten*: Aktiviert den sogenannten Inkognito-Modus. Sie browsen anonym, das heißt, der Browser speichert nach Verlassen des Inkognito-Tabs keine Daten und löscht von Websites angelegte Cookies.
- *Neue Registerkarte*: Öffnet einen neuen leeren Tab.

Es dürfen maximal 16 Browser-Tabs gleichzeitig geöffnet sein.

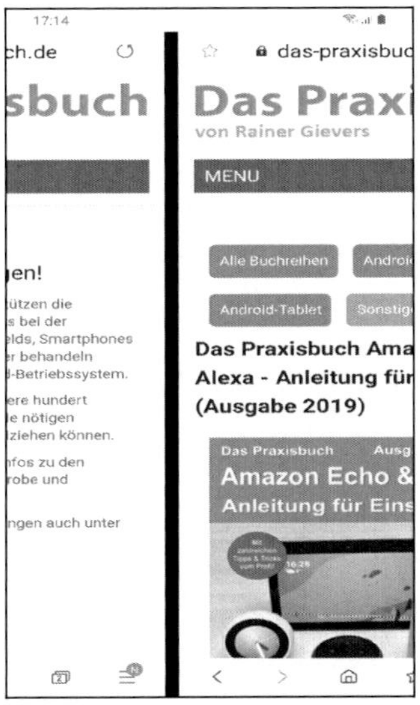

❶❷ Zwischen den Tabs schalten Sie alternativ mit einer Geste um: Wischen Sie über die Adressleiste nach links beziehungsweise rechts.

13.2 Lesezeichen

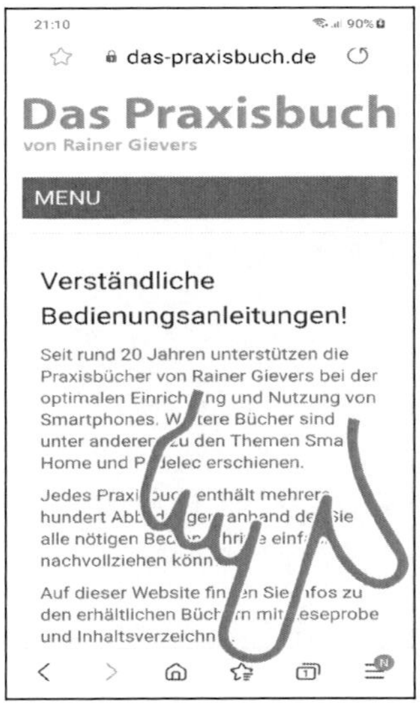

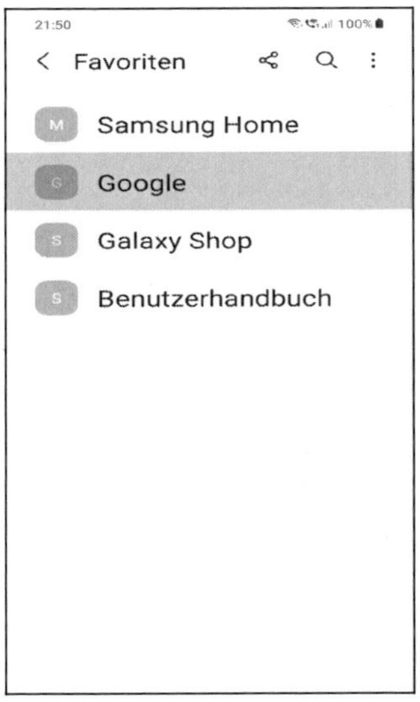

❶ Für die Lesezeichenverwaltung (Favoriten) betätigen Sie die ☆-Schaltleiste (Pfeil).

❷❸ Kurzes Antippen eines Lesezeichens öffnet die zugehörige Webseite.

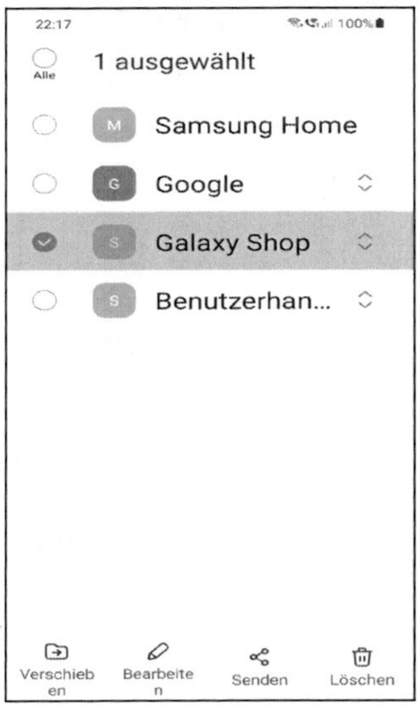

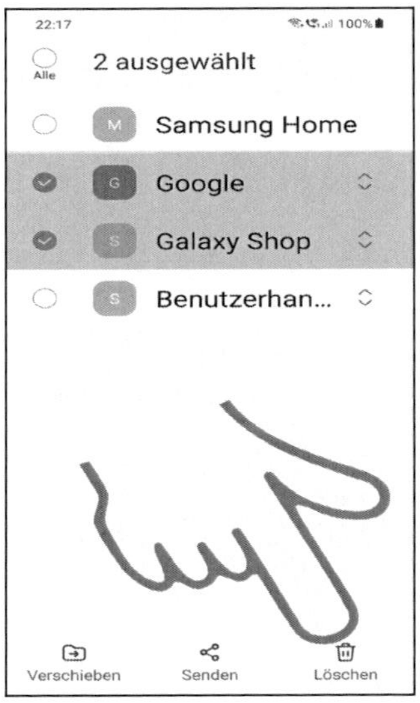

❶ Tippen und halten Sie den Finger über einem Lesezeichen, worauf die Lesezeichenverwaltung auf den Markierungsmodus umschaltet.

❷ Markieren Sie bei Bedarf weitere Lesezeichen durch Antippen, anschließend entfernt *Löschen* die markierten Lesezeichen.

❶❷ Tippen Sie auf den Stern neben der Adressleiste, um eine angezeigte Webseite als Lesezeichen zu speichern.

13.3 Dateien herunterladen

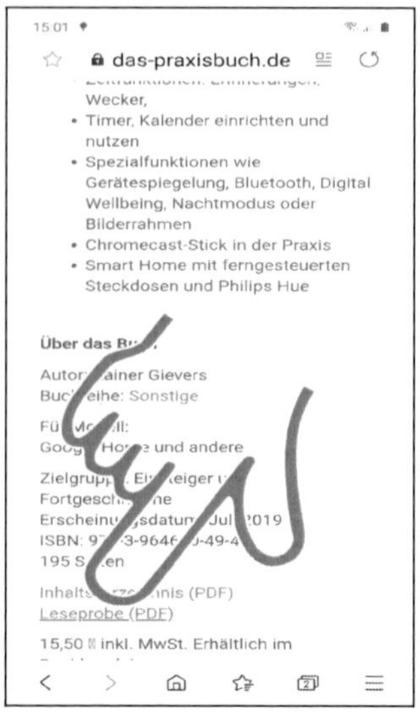

❶❷ Wenn Sie einen Link antippen, der auf eine Datei verweist, müssen Sie eventuell beim ersten Mal das Herunterladen zulassen.

❸ Wählen Sie anschließend das Anzeigeprogramm aus beziehungsweise ob die Datei in den Gerätespeicher heruntergeladen wird.

Alle heruntergeladenen Dateien landen im Verzeichnis *Download* im Gerätespeicher.

13.4 Einstellungen

❶ Für die Browserkonfiguration gehen Sie auf die ☰-Schaltleiste.

❷ Die hier angebotenen Optionen:

- *Downloads*: Von Ihnen heruntergeladene Dateien (siehe Kapitel *13.3 Dateien herunterladen*).
- *Verlauf*: Listet die zuletzt besuchten Webseiten auf.
- *Gespeicherte Seiten*: Von Ihnen auf das Handy heruntergeladene Webseiten.
- *Seite hinzufügen zu*: Aktion auf die gerade geöffnete Webseite durchführen:
  - *Favoriten*: Als Lesezeichen (siehe Kapitel *13.2 Lesezeichen*) speichern.
  - *Schnellzugriff*: Die Schnellzugriffe werden aufgelistet, wenn Sie oben in das Adressfeld tippen. Siehe Kapitel *13.5 Schnellzugriffe*.
  - *Startbildschirm*: Lesezeichen als Verknüpfung auf dem Startbildschirm ablegen.
  - *Gespeicherte Seiten*: Webseite auf dem Gerät abspeichern.
- *Senden*: Webadresse per E-Mail, SMS, usw. senden.
- *Dark Mode*: Zwischen Nachtmodus (dunkle Bildschirmfarben) und Tagmodus umschalten. Damit dies funktioniert, müssen Sie *Dark Mode* in Benachrichtigungsfeld aktiviert haben (siehe Kapitel *4.7.7 Schaltleisten im Benachrichtigungsfeld*).
- *Werbesperren*: Aktivieren Sie einen der angebotenen Werbeblocker, damit keine Werbeanzeigen mehr angezeigt werden. Beachten Sie bitte, dass viele Webseiten Werbeblocker erkennen und dann nur eingeschränkt nutzbar sind.
- *Auf Seite suchen*
- *Desktop-Webseite*: Schaltet zwischen der Handyansicht (*Mobile Version*) und Desktop-Ansicht (*Desktopversion*) um. Siehe Kapitel *13.4.1 Desktop-Anzeige*.
- *Textgröße*: Die Textgröße sollten Sie nicht ändern, weil sonst einige Webseiten nicht mehr korrekt angezeigt werden.
- *Zoom*: Textgröße an die eigenen Sehgewohnheiten anpassen.
- *Add-Ons*: Über Add-Ons (engl. Erweiterungen) erweitern Sie die Funktionalität des Webbrowsers. Derzeit stehen *Amazon Assistant* (Preissuche im Amazon Online-Shop) und *Werbesperren* (Addblocker) zur Verfügung.
- *Drucken/PDF*: Auf die Druckausgabe gehen wir in diesem Buch nicht weiter ein.
- *Datenschutz*: Informiert über sogenannte Tracker (engl. Verfolger). Über diverse Mechanismen verfolgen damit beispielsweise Werbeanbieter Ihre Nutzungsgewohnheiten, um Ihnen passende Werbung anzuzeigen. Wir raten davon ab, hier irgendetwas zu ändern,

weil dann manche Webseiten nicht mehr nutzbar sind.

- *Einstellungen*: Darauf gehen wir unten ein.
- *Übersetzer*: Fremdsprachliche Webseiten nach Deutsch übersetzen.

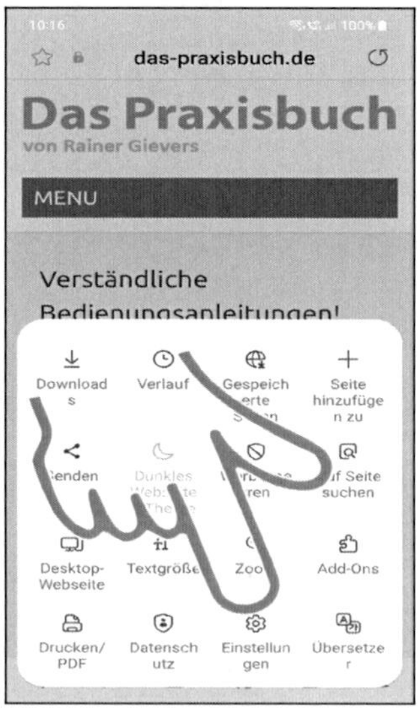

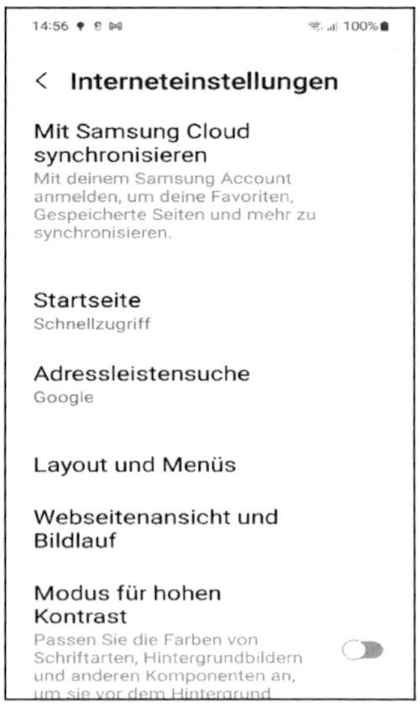

❶❷❸ Gehen Sie auf *Einstellungen* im ☰-Menü:

- *Mit Samsung Cloud synchronisieren*: Die Lesezeichen legt der Browser im Samsung-Konto ab, auf das Kapitel *24 Das Samsung-Konto* eingeht.
- *Startseite*: Sie stellen hier ein, welche Webseite beim Browserstart als Startseite angezeigt wird. Sie können sie jederzeit auch über die ⌂-Taste am unteren Bildschirmrand aufrufen.
- *Adressleistensuche*: Zu Ihren Eingaben in der Adressleiste macht der Browser Vorschläge von der hier eingestellten Suchmaschine. Die Voreinstellung ist dabei *Google*.
- *Layout und Menüs:* Sie können die angezeigten Bedienelemente im Browser an Ihre Vorlieben anpassen:
    - Wählen Sie aus, ob die Adressleiste unten oder oben angezeigt wird.
    - *Statusleiste ausblenden*: Blendet die Titelleiste aus. Wenn Sie eine Webseite durchrollen, wird die Titelleiste wieder angezeigt.
    - *Registerkartenleiste anzeigen*: Blendet die geöffneten Tabs als Schaltleisten im Browser ein.
    - *Lesezeichenleiste anzeigen*: Blendet unter dem Adressfeld eine sogenannte Lesezeichenleiste ein, in der Sie häufig aufgerufene Webseiten hinterlegen. Anschließend können Sie dieser Lesezeichen für den schnelleren Aufruf zuweisen. Wir gehen darauf im Kapitel *14.5 Lesezeichen* ein.
    - *Menüs anpassen*: Schaltleisten im ☰-Menü anpassen.
- *Webseitenansicht und Bildlauf*:
    - *Schaltfläche „Nach oben" anzeigen; Schaltfläche „Nach unten" anzeigen*: Wenn Sie durch eine Webseite rollen, erscheint am unteren Bildschirmrand eine Schaltleiste, über die Sie zum Seitenanfang beziehungsweise Seitenende springen.
    - *Bildlaufleiste*: Wenn Sie mit einer Wischgeste durch längere Webseiten rollen, erscheint auf der rechten Seite eine Schaltleiste, welche die gleiche Funktion erfüllt. Wählen Sie unter *Bildlaufleiste* aus, ob und wo diese Schaltleiste erscheint.
    - *Dark Mode*: Invertiert die Bildschirmdarstellung, was besonders Abends angenehmer für die Augen ist. Siehe auch Kapitel *27.6 Dunkelmodus (Dark Mode).*
    - *Textgröße der Webseite*: Falls Sie Probleme mit der Lesbarkeit von einigen Webseiten haben, können Sie hier die Größe bis auf 200% verändern. Beachten Sie bitte,

dass Sie dann noch mehr durch die Webseiten rollen müssen, weil nicht mehr soviel Text auf den Bildschirm passt.

  - *Für Webseitenzoom Finger zusammenziehen*: Halten Sie zwei Finger (Daumen und Zeigefinger) auf eine Webseite und ziehen Sie diese auseinander oder zusammen für eine Vergrößerung/Verkleinerung der Ansicht.
  - *Desktop-Webseiten anfordern*: Aktiviert die im Kapitel *13.4.1 Desktop-Anzeige* beschriebene Anzeige.
- *Modus für hohen Kontrast*: Invertierter Bildschirm, damit Sie das Handydisplay bei Dunkelheit nicht blendet.

Unter *Datenschutz*:

- *Datenschutz-Dashboard-Browsen*: Auf die Datenschutzeinstellungen gehen wir weiter unten ein.
- *Persönliche Browserdaten*:
  - *Browserdaten löschen*: Alle vom Webbrowser zwischengespeicherten Daten (unter anderem Liste der besuchten Webseiten und Cookies) löschen.
  - *Automatisches Ausfüllen von Formularen*: Hinterlegen Sie hier Ihre Kreditkartendaten, damit der Browser bei Bedarf automatisch Zahlungsfelder beim Online-Shopping ausfüllt. Weil in Europa (im Gegensatz zu anderen Ländern) Kreditkarten keine Rolle spielen, wird diese Funktion in der Praxis nicht benötigt.
  - *Benutzernamen und Passwörter*: Der Browser speichert automatisch Anmeldedaten (Login und Passwort) von Websites die Sie besuchen, damit Sie sich leichter einloggen können. Falls Sie das nicht wünschen, müssen Sie *Anmeldedaten speichern* und *Automatische Anmeldung* deaktivieren.
  - *Einstellungen für geheimen Modus*: Im »geheimen« Modus löscht der Browser automatisch alle zwischengespeicherten Daten. Im Alltag macht der »geheime« Modus allerdings keinen Sinn, weil Sie trotzdem im Internet identifizierbar bleiben.
- *Datenschutzhinweise*: Öffnet eine Samsung-Infoseite im Browser.
- *Berechtigungen*: Listet die Berechtigungen des Webbrowsers auf. In der Praxis ohne Belang.
- *Samsung Internet nicht mehr verwenden*: Löscht alle vom Browser gespeicherten Daten (Lesezeichen, Liste der besuchten Webseiten und Cookies). Anschließend beendet sich der Browser, kann aber jederzeit neu aufgerufen werden. Dabei verhält sich der Browser als ob Sie ihn zum ersten Mal nutzen.
- *Webseiten und Downloads*: Erweiterte Optionen, auf die wir unten eingehen.
- *Nützliche Funktionen*:
  - *Automatische Videowiedergabe zulassen*: In Webseiten eingebettete Videos spielt der Browser sofort ab.
  - *Videoassistent*: Steuerungsschaltleisten bei Videos in Webseiten einblenden.
  - *Lesemodus-Schaltfläche anzeigen*: Blendet oben rechts in einigen Webseiten eine Schaltleiste ein, über die Sie eine vereinfachte Textdarstellung aktivieren.
  - *Links in anderen Apps öffnen*: Es gibt einige zum Download angebotene Dateien, die sich direkt in den zugehörigen Android-Anwendungen öffnen lassen. Wir raten davon aus Sicherheitsgründen ab.
- *Labs*: Hier finden Sie experimentelle Funktionen, die später einmal Eingang in den Browser finden.
- *Info zu Samsung Internet*; *Kontaktieren Sie uns*

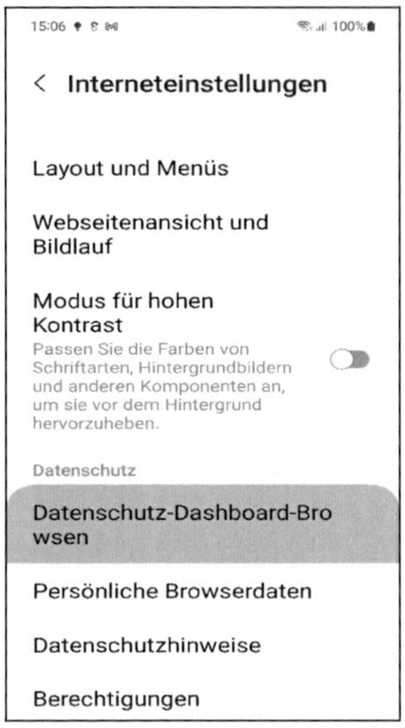

❶❷ Das *Datenschutz-Dashboard-Browsen*-Menü informiert Sie über blockierte Elemente in Webseiten.

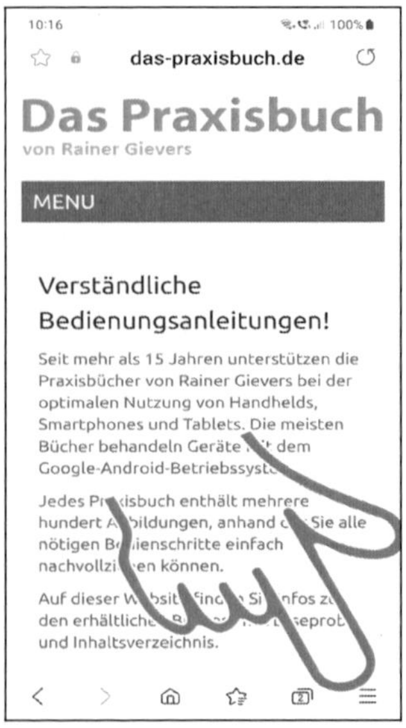

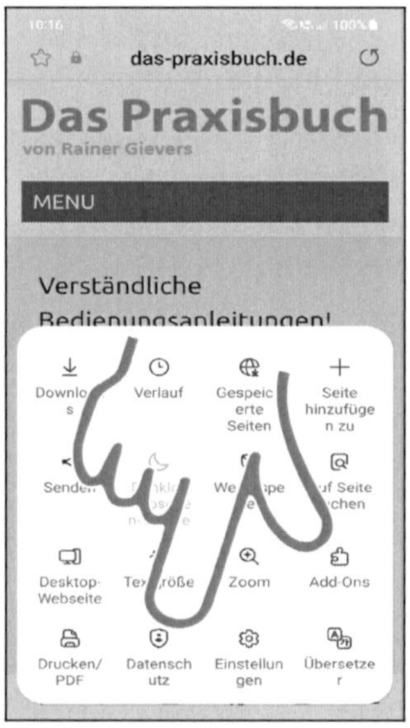

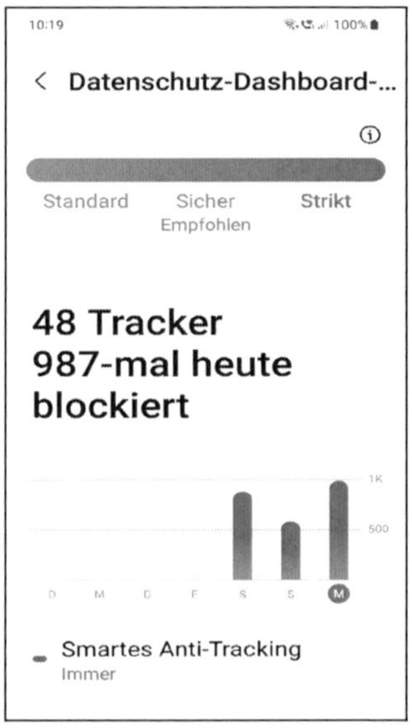

❶❷ Das gleiche Menü rufen Sie allerdings einfacher direkt im Browser auf: Öffnen Sie mit ☰ (Pfeil) das Menü und gehen Sie auf *Datenschutz.*

❸ Für das Verständnis dieses Menüs müssen Sie wissen, dass viele Websites das Verhalten ihrer Besucher auswerten, was unter Datenschutzgesichtspunkten kritisch zu bewerten ist. Auch gibt es einige böswillige Website-Betreiber, die Ihnen mit Tricks Schadprogramme unterschieben möchten.

Sie können hier einstellen:

- *Smartes Anti-Tracking*: Blockiert Versuche von Werbetreibenden, Ihre Webseitenbesuche zu verfolgen. Sie haben die Wahl zwischen *Ein, Nur „Geheimer Modus"* (siehe Kapitel *13.1 Tabs (Registerkarten)*) oder *Aus.* Sollte es Fehlermeldungen geben oder Webseiten nicht wie gewünscht funktionieren, sollten Sie das *Smartes Anti-Tracking* deaktivieren.
- *Rückwärtsumleitungen blockieren*: Einige betrügerische Websites bieten keine Rückkehr auf die zuvor besuchten Seiten an. Auf dieses Problem werden Sie aber nur sehr selten stoßen.
- *Pop-ups blockieren*: Viele Websites öffnen Popup-Fenster, beispielsweise mit Werbung, wenn man sie besucht. Deshalb werden Popup-Fenster standardmäßig blockiert.
- *Apps hindern, „Internet" zu öffnen*: Auf dem Handy installierte Programme dürfen normalerweise Webseiten in diesem Browser öffnen. Das wird häufig genutzt, um

Bedienungsanleitungen anzuzeigen. Im *Apps hindern, „Internet" zu öffnen*-Menü legen Sie fest, welche Programme dies dürfen.

- *Vor schädlichen Webseiten warnen*: Der Browser zeigt eine Warnung an, wenn Sie eine Webseite öffnen, die möglicherweise Schadcode enthält.
- *Automatische Downloads sperren*: Einige Websites starten ungefragt Downloads, die Sie hiermit blockieren.

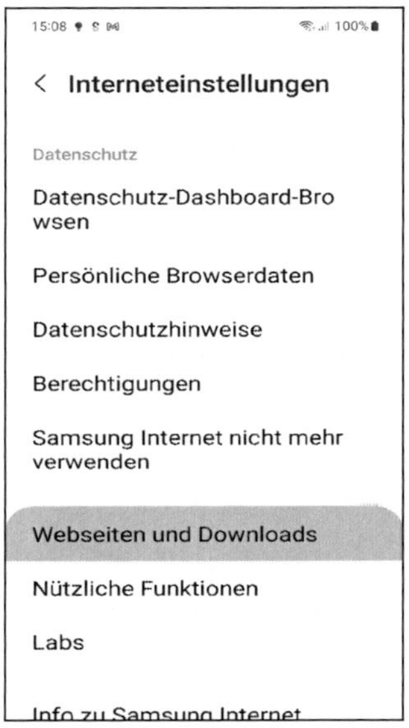

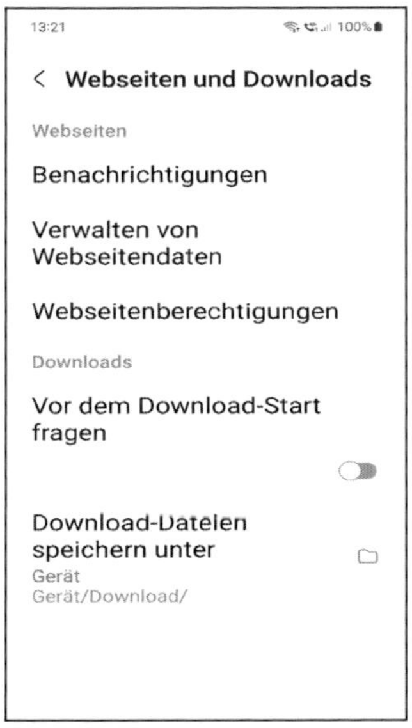

❶❷ Das *Webseiten und Downloads*-Menü konfiguriert:

Unter *Webseiten*:

- *Benachrichtigungen:* Einige Websites nutzen sogenannte Web-Benachrichtigungen, um Sie über Dinge zu informieren, die Ihre Aufmerksamkeit erfordern. Beispielsweise könnte eine Kalender-Website Sie über Termine informieren.
- *Verwalten von Webseitendaten*: Webseiten können sogenannte Cookies hinterlegen, die Sie hierüber löschen. Dies dürfte in der Praxis nie nötig sein.
- *Webseitenberechtigungen*: Hier legen Sie fest, auf welche Funktionen und Gerätedaten Webseiten zugreifen dürfen:
  - *Cookies*: Cookies sind wichtig, damit man von Webseiten eindeutig zugeordnet werden kann. Insbesondere Websites, in die man sich über Login und Passwort einloggen kann, sowie Webshops, sind häufig auf Cookies angewiesen. Sie sollten in dem Menü also keine Änderungen durchführen.
  - *JavaScript zulassen*: JavaScript ist eine Programmiersprache, die in Webseiten eingebettet sein kann, um dort interaktive Funktionen zu realisieren. Dazu gehören zum Beispiel Eingabefeldprüfungen. Weil sonst viele Webseiten nicht mehr funktionieren, sollten Sie JavaScript immer aktiviert haben.
  - *Kamera; Standort; Mikrofon*: Beim Zugriff auf diese Gerätefunktionen erfolgt immer eine Sicherheitsabfrage des Browsers.

Unter *Downloads*:

- *Vor dem Download-Start fragen*: Vor jedem Download, beispielsweise von PDF- oder Word-Dateien, erscheint eine Sicherheitsabfrage.
- *Download-Dateien speichern unter*: Sie können hier einen anderen Speicherort für heruntergeladene Dateien festlegen.

13.4.1 Desktop-Anzeige

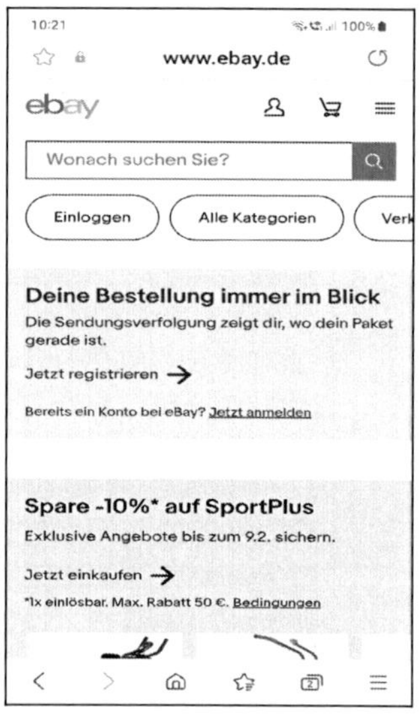

Viele Websites werten den verwendeten Browser aus und optimieren dann die Webseitenanzeige für die Besucher entsprechend. Ein gutes Beispiel ist Ebay, wo man mit Smartphones nur eine vereinfachte Weboberfläche zu sehen bekommt.

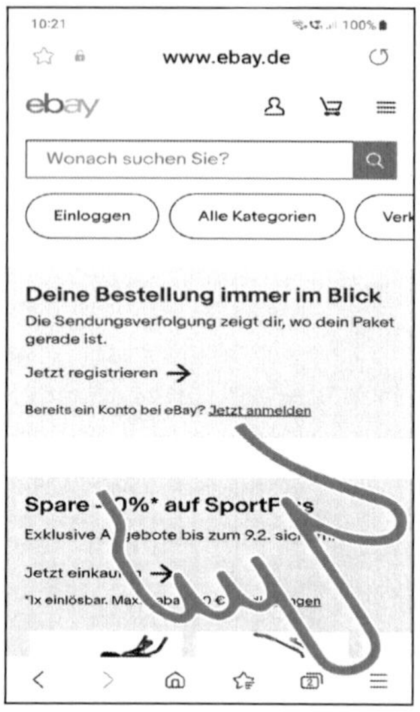

❶❷ Aktivieren Sie das ☰-Menü und gehen Sie auf *Desktopversion*.

❸ Die für PC-Browser optimierte Webseite wird angezeigt. *Mobilversion* aus dem ☰-Menü schaltet die Darstellung wieder auf die Handybrowser-Version um.

13.4.2 Startseite

Sie haben mit Sicherheit eine Lieblingswebseite, die Sie regelmäßig besuchen. Dies kann beispielsweise eine Seite mit Lokalnachrichten oder ein soziales Netzwerk sein. Wenn Sie Ihre Lieblingswebseite als sogenannte Startseite festlegen, können Sie sie mit einer Schaltleiste schnell aufrufen.

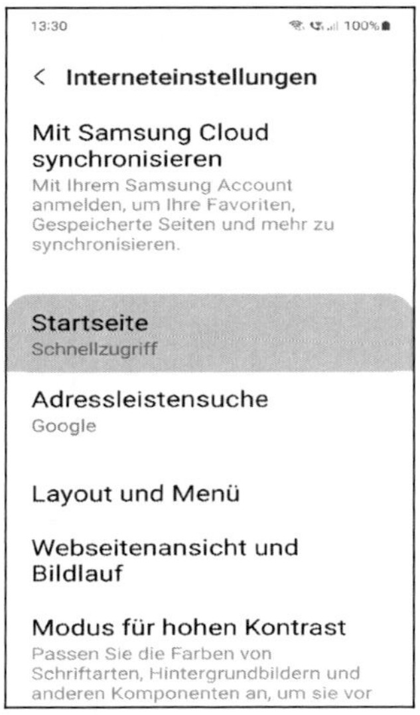

❶❷ Gehen Sie auf *Einstellungen* im ☰-Menü.

❸ Wählen Sie *Startseite*.

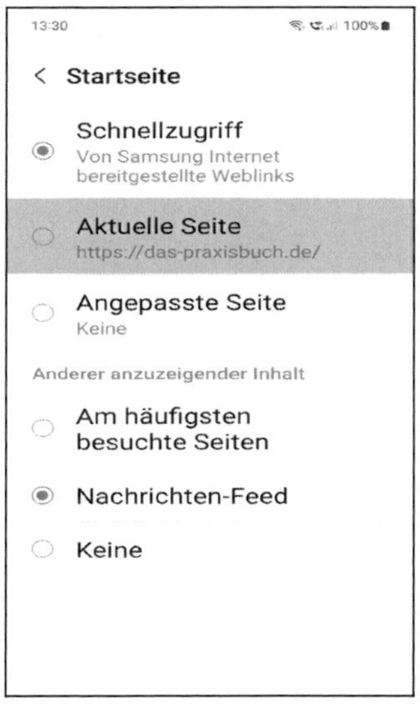

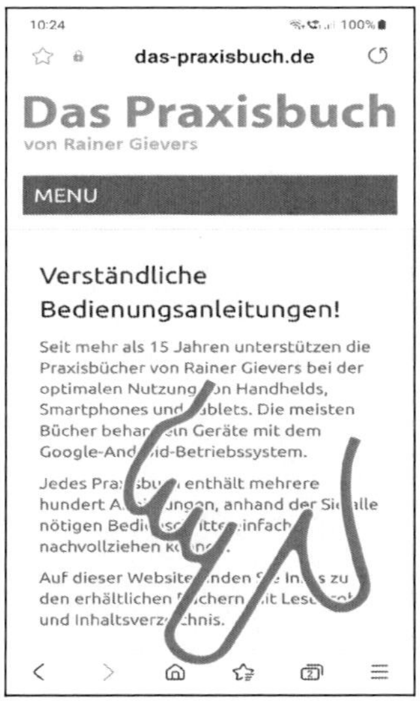

❶ In unserem Beispiel möchten wir die gerade angezeigte Webseite als Startseite übernehmen und gehen daher auf *Aktuelle Seite*. Sie können nun das Menü verlassen.

❷ Antippen der ⌂-Schaltleiste öffnet die zuvor eingestellte Startseite.

13.5 Schnellzugriffe

Der Webbrowser unterstützt zwar Lesezeichen (»Favoriten«), in der Praxis werden Sie aber meistens die Schnellzugriffe nutzen.

❶ Die Schnellzugriffe zeigt der Browser an, sobald Sie in die Adressleiste tippen.

❷ Hier wählen Sie die aufzurufende Webseite aus.

Die vorgegebenen Lesezeichen wurden von den jeweiligen Unternehmen »gekauft«, weshalb nur große Online-Shops vertreten sind.

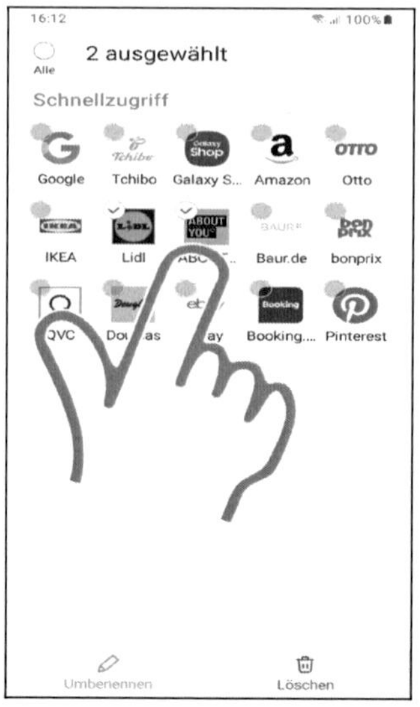

❶ So passen Sie die Schnellzugriffe an: Gehen Sie auf *Bearbeiten* (schließen Sie eventuell vorher das Tastenfeld mit der ∨-Taste).

❷ Im Beispiel markieren wir einige nicht benötigte Schnellzugriffe, die wir anschließend mit *Löschen* (am unteren rechten Bildschirmrand) entfernen.

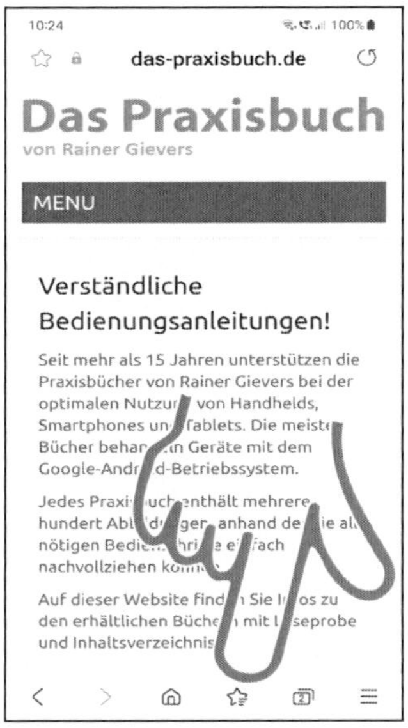

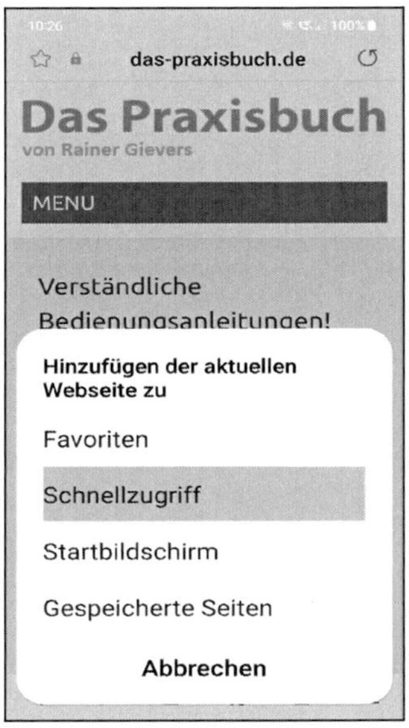

❶ Weitere Webseiten lassen sich einfach den Schnellzugriffen hinzufügen. Tippen und halten Sie den Finger auf der ☆-Schaltleiste.

❷ Wählen Sie *Schnellzugriff.*

❸ Künftig rufen Sie die Webseite aus den Schnellzugriffen direkt auf.

Sie müssen erst einige der Schnellzugriffe löschen (wie zuvor beschrieben), bevor Sie weitere hinzufügen können.

13.6 Lesezeichenleiste

Die Lesezeichenleiste ist eine Alternative zu den im vorherigen Kapitel vorgestellten Schnellzugriffen. Von Ihnen selbst festgelegte Webseiten lassen sich dabei über Schaltleisten unterhalb der Adresszeile aufrufen.

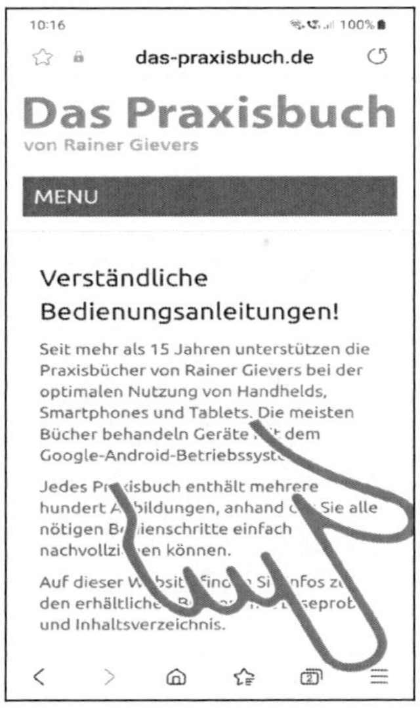

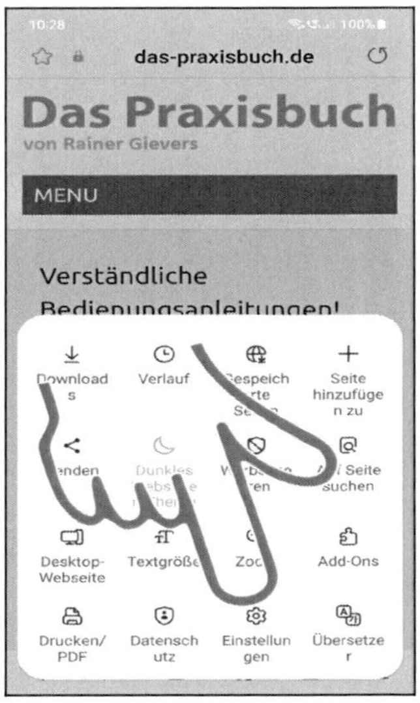

❶❷ Zuerst müssen Sie die Lesezeichenleiste aktivieren. Gehen Sie auf *Einstellungen* im ☰-Menü.

❶ Rufen Sie *Layout und Menüs* auf.

❷ Aktivieren Sie *Lesezeichenleisten anzeigen.* Verlassen Sie dann die Einstellungen.

❶❷ Sie fügen ein Lesezeichen einfach hinzu, indem Sie den Finger auf ☆ tippen und halten, bis das Popup erscheint. Darin wählen Sie *Lesezeichenleiste*.

❸ Künftig rufen Sie die jeweilige Webseite über die Schaltleiste unterhalb der Adresszeile auf.

16:38
das-praxisbuch.de
Das Praxis...
Golem.de
Das Praxisbuch
MENU
Verständliche Bedienungsanleitungen!
Seit rund 20 Jahren unterstützen die Praxisbücher von Rainer Gievers bei der optimalen Einrichtung und Nutzung von Smartphones. Weitere Bücher sind unter anderem zu den Themen Smart Home und Pedelec erschienen.
Jedes Praxisbuch enthält mehrere hundert Abbildungen, anhand der Sie alle nötigen Bedienschritte

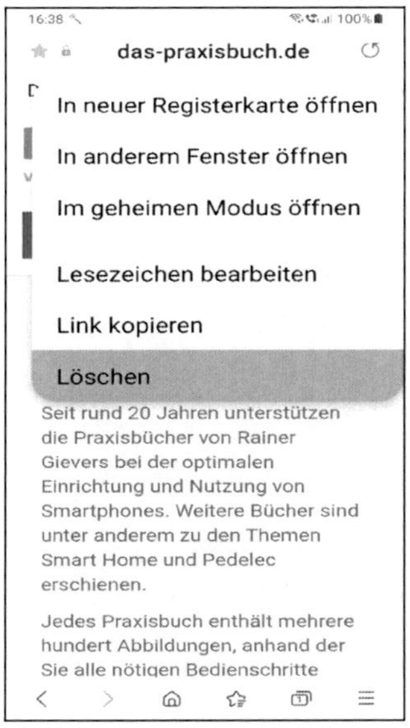
16:38
das-praxisbuch.de
In neuer Registerkarte öffnen
In anderem Fenster öffnen
Im geheimen Modus öffnen
Lesezeichen bearbeiten
Link kopieren
Löschen
Seit rund 20 Jahren unterstützen die Praxisbücher von Rainer Gievers bei der optimalen Einrichtung und Nutzung von Smartphones. Weitere Bücher sind unter anderem zu den Themen Smart Home und Pedelec erschienen.
Jedes Praxisbuch enthält mehrere hundert Abbildungen, anhand der Sie alle nötigen Bedienschritte

❶❷ So löschen Sie ein Lesezeichen in der Lesezeichenleiste: Tippen und halten Sie den Finger auf dem Lesezeichen, bis das Popup erscheint und wählen Sie *Löschen*.

14. Chrome-Webbrowser

Den Chrome-Browser werden Sie vermutlich nur verwenden, wenn Sie ihn bereits auf dem PC nutzen. Sonst empfehlen wir Ihnen die im Kapitel *13 Webbrowser* vorgestellte Anwendung.

11:16
100%
Suchen
Samsung
Google
Microsoft
Play Store
Netflix
Messages
Galerie
Uhr
Kontakte
Einstellun-gen
Kalender
Taschen-rechner
YT Music
Tipps

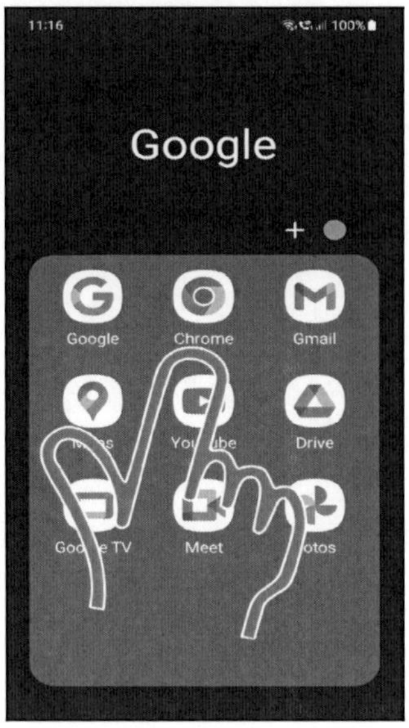
11:16
100%
Google
Google
Chrome
Gmail
Drive
Meet

❶❷ Gehen Sie in den *Google-Ordner* und rufen Sie *Chrome* auf.

11:16
100%
Willkommen bei Chrome
Sally Gievers
sally.gievers@gmail.com
Als Sally fortfahren
Ohne Konto verwenden
Wenn du fortfährst, akzeptierst du damit die Nutzungsbedingungen. Chrome sendet Nutzungsstatistiken und Absturzberichte an Google, damit wir die App verbessern können. Verwalten

11:16
100%
Synchronisierung aktivieren?
Passwörter, Verlauf und mehr auf allen Geräten synchronisieren
Anhand deines Verlaufs kann Google die Google Suche und andere Google-Dienste personalisieren
Du kannst in den Einstellungen auswählen, was du synchronisieren möchtest.
Kein Interesse
Ja, bitte

11:16
100%
Chrome-Benachrichtigungen machen dir das Leben leichter
Du kannst ganz einfach Dinge wie Mediensteuerelemente, Inkognitositzungen und Downloads verwalten
Kein Interesse
Weiter
Zweiter

❶ Beim ersten Aufruf gehen Sie auf *Als xxx fortsetzen.*

❷ Danach müssen Sie die Nutzungsbedingungen akzeptieren, indem Sie *Akzeptieren & Weiter* betätigen.

❸ Gehen Sie auf *Weiter* und schließen Sie das Popup mit *Zulassen.*

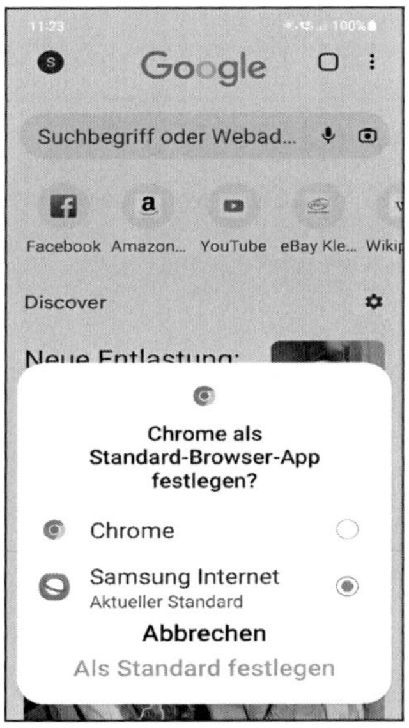

Dieses Popup erscheint zwischendurch. Die hier getroffene Auswahl hat keinen Einfluss auf die Browserfunktionen, sondern betrifft Links in anderen Anwendungen. Wenn Sie beispielsweise einen Link in der Gmail- oder Outlook-Anwendung antippen, öffnet die zugehörige Webseite in dem hier festgelegten Browser.

14.1 Erster Start

❶ Tippen Sie ins das Eingabefeld am oberen Bildschirmrand.

❷❸ Geben Sie einen Suchbegriff oder eine Webadresse ein und betätigen Sie die *Öffnen*-Taste auf dem Tastenfeld. Alternativ können Sie auch einen der Vorschläge unterhalb des Eingabefeld auswählen.

14.2 Weitere Nutzung

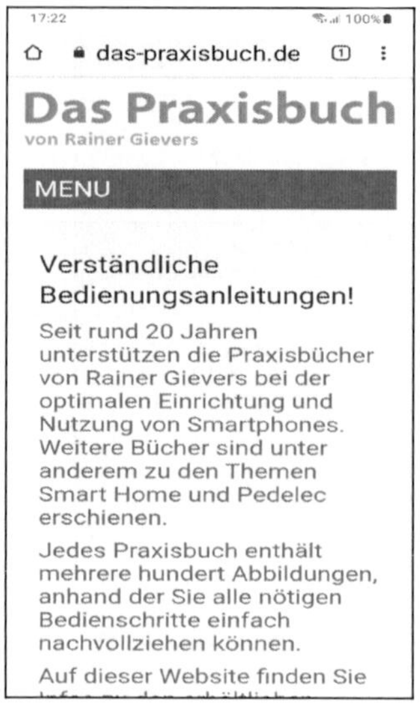

❶ Das Adressfeld steht Ihnen künftig am oberen Bildschirmrand zur Verfügung. Tippen Sie einfach dort hinein, wenn Sie eine andere Webseite aufrufen möchten.

❷❸ Erfassen Sie eine Webadresse oder Suchbegriffe, wobei unter dem Eingabefeld Vorschläge erscheinen, von denen Sie einen antippen.

❶❷ Wird eine umfangreichere Webseite angezeigt, müssen Sie später eventuell erst mit dem Finger auf dem Bildschirm nach unten ziehen (Wischgeste), um die Adressleiste anzuzeigen. Tippen Sie dann in das Eingabefeld.

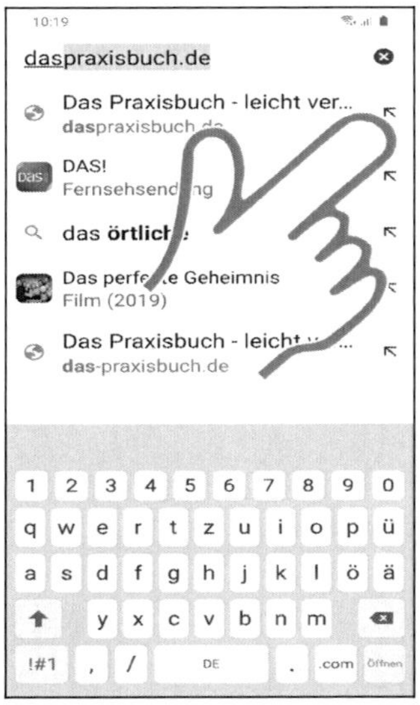

❶ Durch »Kneifen« ändern Sie die Anzeige: Tippen und halten Sie Mittelfinger und Daumen gleichzeitig auf dem Bildschirm und ziehen Sie beide auseinander, was in die Webseite hereinzoomt. Ziehen Sie dagegen die beiden Finger zusammen, zoomen Sie wieder heraus. Es ist egal, ob Sie nun vertikal oder waagerecht »kneifen«.

❷ Die ⇖-Schaltleiste bei den Vorschlägen verzweigt auf weitere Vorschläge.

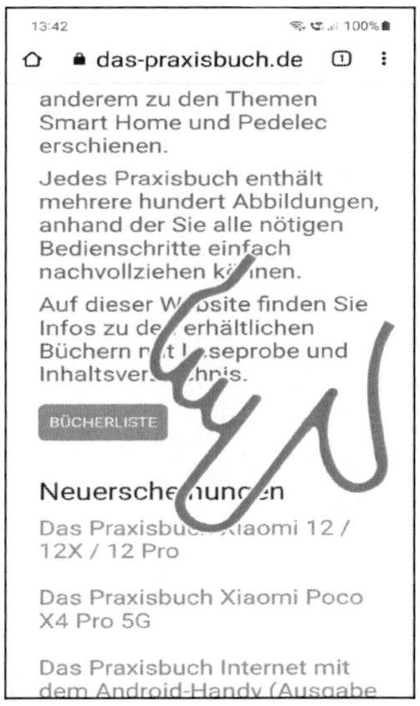

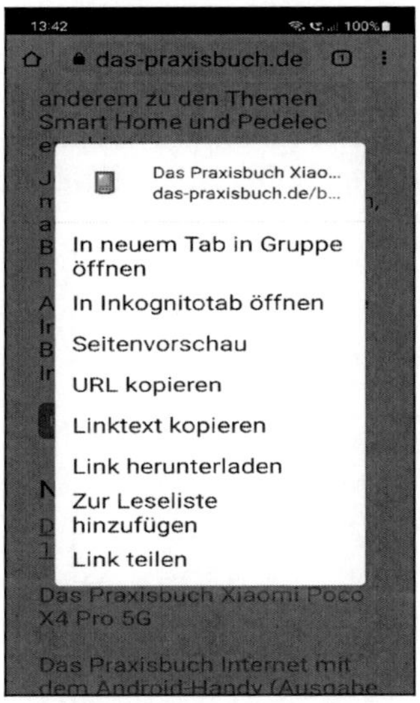

❶ Einem Link folgen Sie, indem Sie ihn antippen.

❷ Tippen und halten Sie den Finger über einem Link für weitere Funktionen:

- *In neuem Tab in Gruppe öffnen*: Öffnet den Link in einem neuen Browser-Tab.
- *In Inkognito-Tab öffnen*: Öffnet den Link im privaten Modus, bei der alle Cookies oder andere Daten wieder gelöscht werden, wenn man den Tab später schließt.
- *Seitenvorschau*: Verlinkte Seite in einem Vorschaufenster anzeigen.
- *URL kopieren; Linktext kopieren*: Kopiert die Webadresse beziehungsweise den Linktext in die Zwischenablage, von wo man sie später in andere Anwendungen wieder einfügt.
- *Link herunterladen*: Speichert die Webseite auf dem Gerät im Verzeichnis *download*.
- *Zur Leseliste hinzufügen*: Der Chrome-Browser fügt die Webseite den Lesezeichen hinzu, sodass Sie sie später noch aufrufen können. Siehe Kapitel *14.6 Leseliste*.
- *Link teilen*: Webadresse an jemand anders per E-Mail, Bluetooth, usw. senden.

Verwenden Sie die ❮-Taste, um zur letzten angezeigten Seite zurückzukehren. Beachten Sie aber, dass der Browser verlassen wird, wenn Sie die ❮-Taste drücken, während die zuerst aufgerufene Seite angezeigt wird.

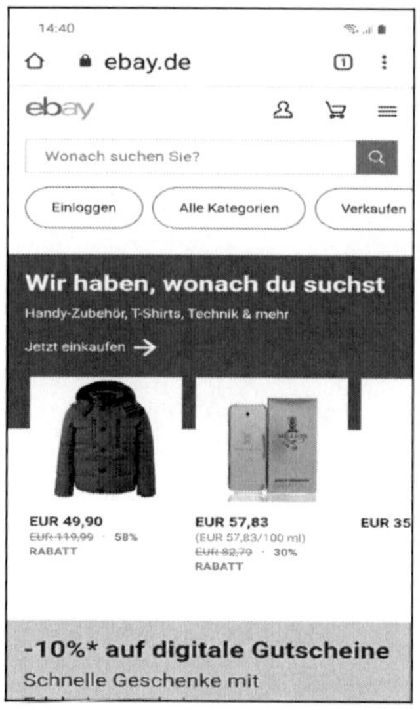

❶ Viele Websites werten den verwendeten Browser aus und optimieren dann die Webseiten für die Besucher entsprechend. Ein gutes Beispiel ist Ebay, wo man mit Smartphones eine vereinfachte Weboberfläche zu sehen bekommt.

❷❸ Eine vollwertige Anzeige erhalten Sie im Browser, wenn Sie ⋮/*Desktopwebsite* aktivieren. Beachten Sie, dass sich dann häufig die Ladezeiten erhöhen.

14.3 Tabs

Jeder PC-Webbrowser bietet die Möglichkeit, mehrere Webseiten gleichzeitig anzuzeigen, wobei die sogenannten Tabs zum Einsatz kommen. Dies ist auch mit dem Chrome-Browser möglich.

❶❷ Tippen und halten Sie einen Finger über ①, bis das Popup erscheint. Wählen Sie dann *Neuer Tab.*

❸ Im Eingabefeld erfassen Sie dann eine Webadresse oder Suchbegriffe.

Einen leeren Tab öffnen Sie alternativ mit ⋮/*Neuer Tab.*

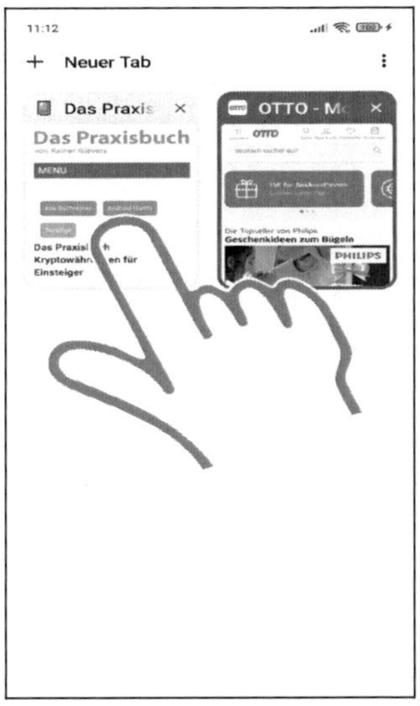

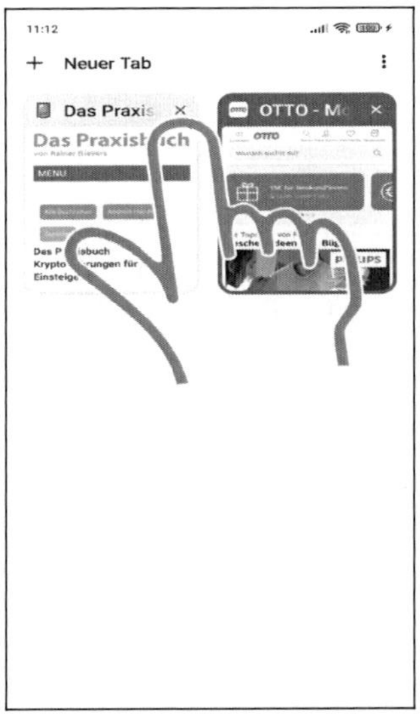

❶ Die geöffneten Tabs zeigt dann die 2-Schaltleiste (Pfeil) an.

❷ Tippen Sie einen Tab an, den Sie wieder im Browser anzeigen möchten.

❸ Die X-Schaltleisten löschen Tabs.

❶❷ Auch mit einer Wischgeste über die Adressleiste ist der Wechsel zwischen den Tabs möglich.

❶❷ Eine Besonderheit ist der Inkognito-Modus, den Sie über *⁝/Neuer Inkognito-Tab* aktivieren: In diesem Tab surfen Sie anonym, das heißt, der Browser speichert nach Verlassen des Inkognito-Tabs keine Daten und löscht von Websites angelegte Cookies.

❶❷ Den Inkognito-Modus verlässt man, indem Sie die [2]-Schaltleiste (Pfeil) antippen und dann die ✕-Schaltleiste betätigen.

14.4 Gruppen-Tabs

Die Gruppen-Tabs verwaltet der Chrome-Browser separat von den im vorherigen Kapitel vorgestellten Tabs.

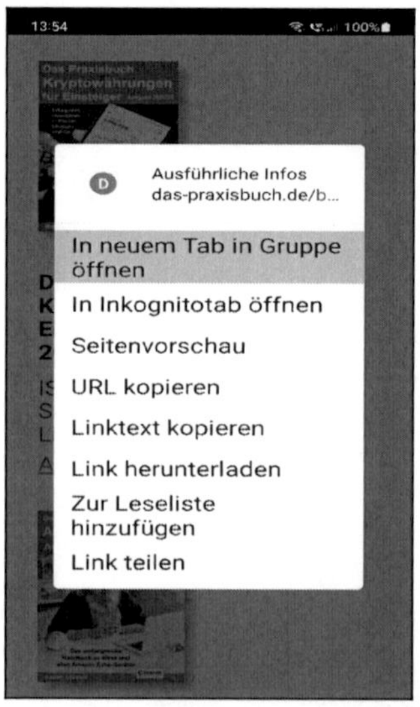

❶❷ Tippen und halten Sie einen Finger über dem Link, bis das Popup-Menü erscheint. Wählen Sie dann *In neuem Tab in Gruppe öffnen*. Der Browser-Tab wird im Hintergrund geöffnet.

Einen leeren Tab öffnen Sie mit ⋮/*Neuer Tab*.

❶ Zwischen den Tabs wechseln Sie über die Schaltleisten am unteren Bildschirmrand.

❷ Den jeweils aktiven (gerade angezeigten) Tab löschen Sie mit der blauen ╳-Schaltleiste.

❸ Einen leeren Tab fügt + hinzu.

14.5 Lesezeichen

Häufig besuchte Webseiten werden Sie als sogenanntes Lesezeichen abspeichern, damit Sie die entsprechende Webadresse nicht immer neu eingeben müssen. Stattdessen rufen Sie einfach das Lesezeichen auf.

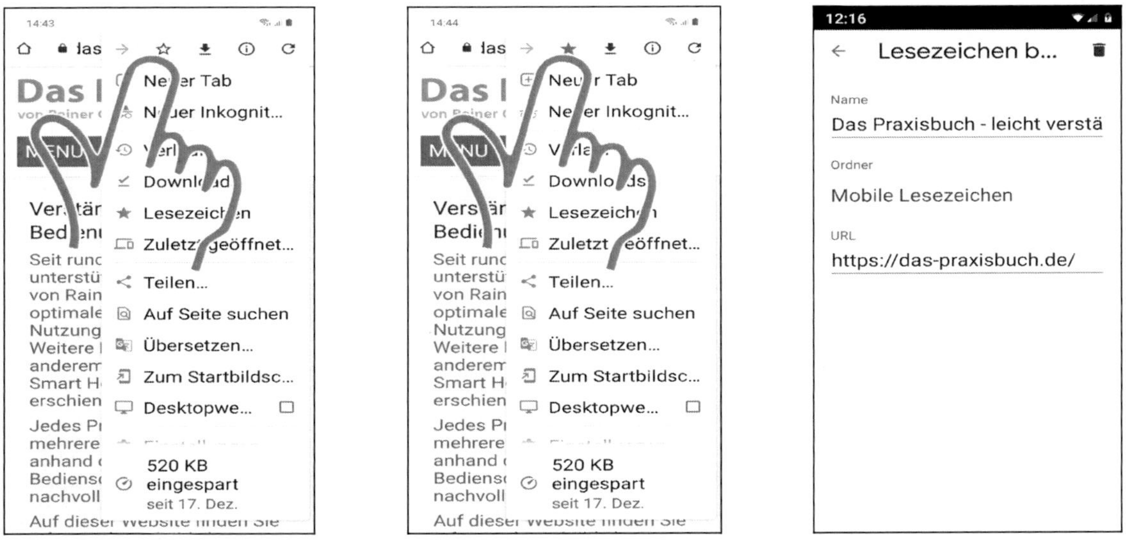

❶ So speichern sie ein Lesezeichen: Aktivieren Sie das ⋮-Menü und tippen Sie darin ★ an. Das Lesezeichen wird angelegt.

❷❸ Falls Sie es noch bearbeiten möchten (zum Beispiel einen anderen Namen geben) dann betätigen Sie *Bearbeiten*. Schließen Sie den Bildschirm über die ←-Schaltleiste oben links.

❶ Mit ⁝/*Lesezeichen* öffnen Sie die Lesezeichenverwaltung.

❷ Gehen Sie auf *Mobile Lesezeichen*, sofern Sie sich noch nicht darin befinden.

❶ Tippen Sie in der Lesezeichenverwaltung ein Lesezeichen an, damit die zugehörige Webadresse im Browser geladen wird.

❷ Halten Sie den Finger über einem Lesezeichen für den Markierungsmodus gedrückt. Bei Bedarf können Sie nun weitere Lesezeichen durch kurzes Antippen markieren. Die Bedeutung der Schaltleisten:

- ✎: Lesezeichen bearbeiten (es darf nur ein Lesezeichen markiert sein).
- ▣: Lesezeichen in einen anderen Ordner verschieben. Auf die Ordner-Funktion geht dieses Buch nicht ein.
- 🗑: Lesezeichen löschen.

Die ᐸ-Taste beendet den Markierungsmodus.

Die Lesezeichen werden mit Ihrem Google-Konto synchronisiert, das heißt, wenn Sie sich auf einem anderen Android-Gerät bei Ihrem Google-Konto anmelden, sind dort im Browser Ihre Lesezeichen verfügbar.

14.6 Leseliste

Sie stoßen häufig auf interessante Webseiten, die Sie später mal genauer durchlesen möchten, weil Sie gerade keine Zeit haben. Webseiten, die Sie ohnehin nur einmal ansehen und dann nie wieder benötigen, werden Sie nicht dauerhaft als Lesezeichen speichern wollen. In diesem Kapitel stellen wir mit der Leseliste eine Alternative dazu vor.

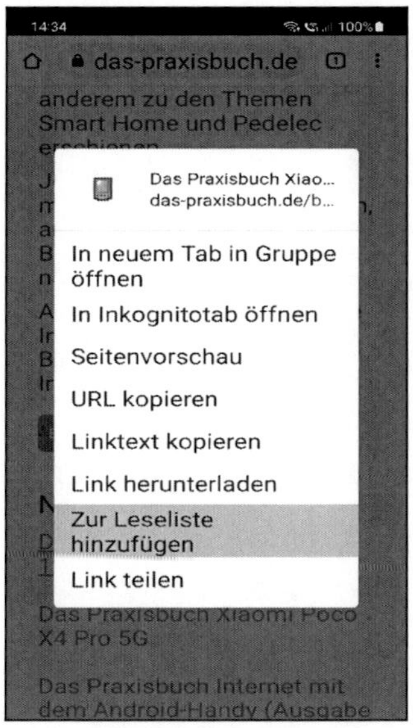

❶❷ Halten Sie den Finger über einem Link gedrückt, dessen zugehörige Webseite Sie speichern möchten. Im Popup wählen Sie *Zur Leseliste hinzufügen.*

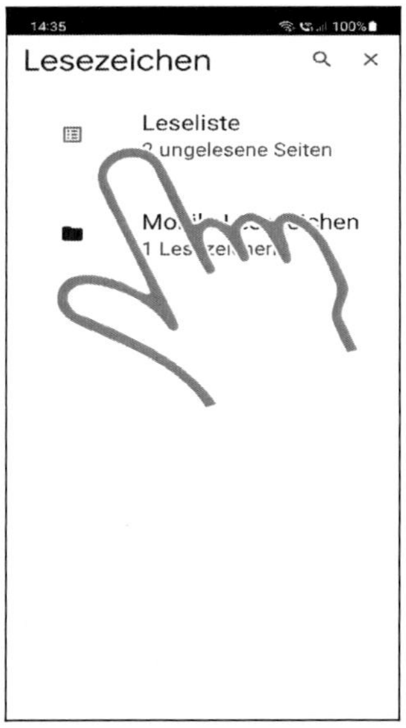

❶❷ Mit ⋮/*Lesezeichen* öffnen Sie die Lesezeichenverwaltung.

❸ Gehen Sie auf *Leseliste*.

❶ Wählen Sie eine Webseite in der Liste aus, die Sie ansehen möchten.

❷❸ X (Pfeil) bringt Sie in die Leseliste zurück.

14.7 Dateien herunterladen

❶❷ Wenn Sie einen Link antippen, der auf eine Datei verweist, fragt Sie das Galaxy eventuell nach dem Programm, mit dem Sie die Datei öffnen möchten. Dies geschieht immer, wenn mehr als eine vorinstallierte Anwendung den gleichen Dateityp verarbeiten kann. Wählen Sie eine der Optionen aus. Für PDF-Dateien ist beispielsweise *Drive* keine schlechte Wahl. Betätigen Sie dann *Immer*.

Alle heruntergeladenen Dateien landen im Verzeichnis *Download* im Gerätespeicher.

14.8 Zum Suchen tippen

Die »Zum Suchen tippen«-Funktion liefert zu von Ihnen in Webseiten markierten Wörtern Suchergebnisse.

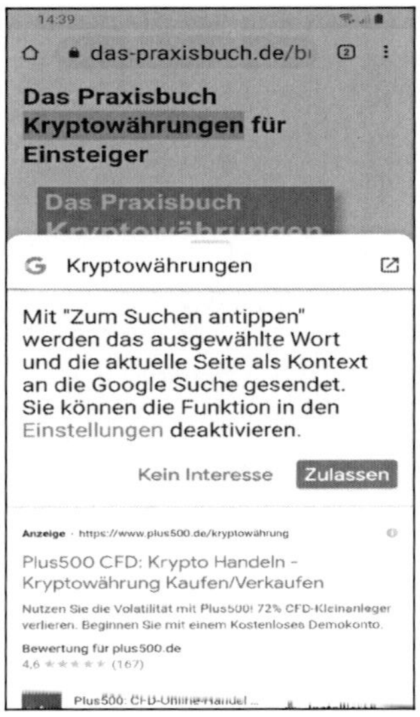

❶ Tippen und halten Sie den Finger auf einer Webseite über einem Wort, zu dem Sie mehr wissen möchten.

❷ Am unteren Bildschirmrand gehen Sie dann auf den Begriff.

❸ Betätigen Sie die blaue *Zulassen*-Schaltleiste.

❶❷ Der Webbrowser zeigt die Google-Suchergebnisse an. Ziehen Sie diese mit einer Wischgeste nach unten, um sie zu schließen, oder nach oben, was sie im Vollbildschirm anzeigt.

14.9 Einstellungen

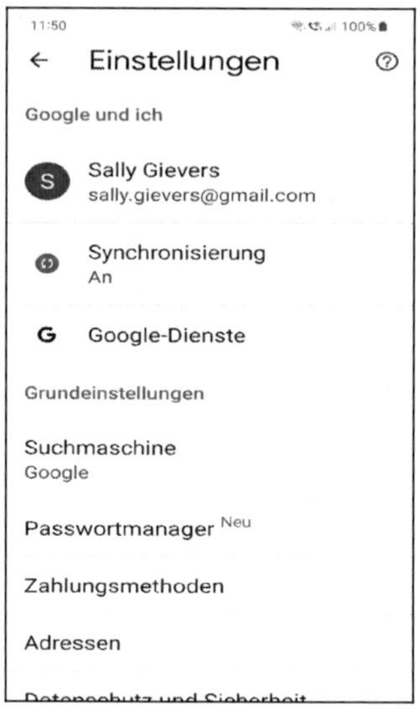

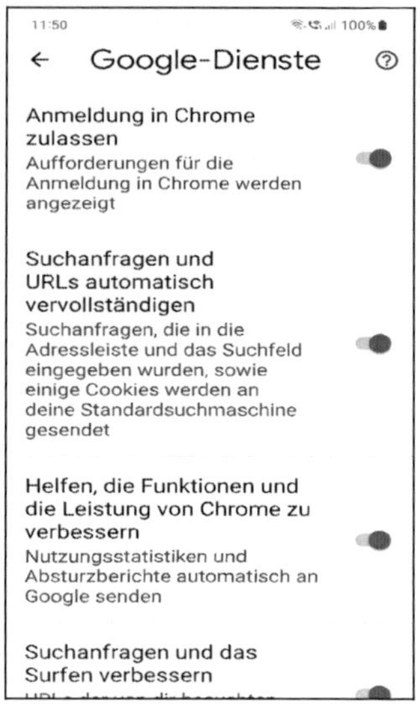

❶ Für die Browserkonfiguration gehen Sie auf ⋮*/Einstellungen.*

❷ Die hier angebotenen Optionen:

- *(Ihr Konto)@gmail.com*: Verwaltet die Synchronisation der Lesezeichen mit Ihrem Google-Konto.
- *Synchronisierung*: Hier können Sie festlegen, welche Daten im Google-Konto abgelegt werden. Die Option *Alles synchronisieren* sollten Sie nicht ändern.
- *Google-Dienste* (❸):
    - *Anmeldung in Chrome zulassen*: Muss aktiv sein, damit Lesezeichen und Einstellungen des Chrome-Browsers in Ihrem Google-Konto gesichert werden.
    - *Suchanfragen und URLs automatisch vervollständigen*: Schon während der Eingabe einer Webadresse beziehungsweise von Suchbegriffen macht der Browser Vorschläge zu den möglicherweise gesuchten Webseiten, die man dann direkt anzeigen lassen kann.
    - *Helfen, die Funktionen und die Leistung von Chrome zu verbessern:* Legt fest, ob der Chrome-Browser anonyme Nutzungsberichte an Google senden darf, die Google dann für Optimierungen verwendet.
    - *Suchanfragen und das Surfen verbessern*: Überträgt alle Ihre besuchten Webseiten an Google.
    - *Google Assistant für Chrome*: Der Browser füllt Ihnen automatisch bestimmte Eingabefelder aus.
    - *Zum Suchen antippen*: Infos zu einem angetippten Begriff anzeigen. Siehe Kapitel *14.8 Zum Suchen tippen.*

Unter *Grundeinstellungen*:

- *Suchmaschine*: Stellt die zu verwendende Suchmaschine ein (die Suche erfolgt automatisch, wenn Sie einen Begriff in der Browser-Adresszeile eingeben).
- *Passwortmanager*: Verwaltet alle Passwörter, die zwischengespeichert und das nächste Mal automatisch eingefügt werden. Sofern das Motorola von mehreren Personen genutzt wird, sollten Sie diese Option deaktivieren.
- *Zahlungsmethoden*: Wenn Sie online einkaufen, füllt Ihnen der Chrome-Browser automatisch Eingabefelder aus, in denen nach Ihrer Kreditkarte gefragt wird. Weil in Europa meistens per Überweisung oder PayPal bezahlt wird, macht dieses Menü keinen Sinn.
- *Adressen*: Die hier erfassten Texte mit Ihren Adressdaten schlägt der Browser automatisch vor, wenn Sie in ein passendes Eingabefeld tippen (zum Beispiel Adressfelder in einem Online-Shop).

- *Datenschutz und Sicherheit*: Löschen Sie hier vom Chrome-Browser gespeicherte Daten und stellen Sie ein, ob der Browser bei der Adresseingabe Vorschläge macht.
- *Sicherheitscheck*: Überprüft, ob der Chrome-Browser aktuell ist und ob Ihre Passwörter sicher sind.
- *Benachrichtigungen*: Die Benachrichtigungen sollten Sie nicht ändern, zumal sie ohnehin nur selten stattfinden.
- *Design*: Anzeige zwischen dunkel und hell umschalten. Siehe Kapitel *27.6 Dunkelmodus (Dark Mode)*.

Unter *Erweitert:*

- *Startseite*: Die Startseite lädt der Chrome-Browser beim ersten Aufruf. Sie können hier eine beliebige andere Webseite einstellen.
- *Bedienungshilfen*: Standardschriftgröße bei den angezeigten Webseiten.
- *Website-Einstellungen*: Cookies, Übermittlung des Standorts, JavaScript, usw. zulassen.
- *Sprachen*: Bei jedem Abruf einer Webseite übermittelt der Chrome-Browser die gewünschte Sprachversion, in der Regel *Deutsch*. Einige Websites werten dies aus und stellen dann die deutsche Sprachversion zur Verfügung.
- *Downloads*: Legen Sie fest, in welchem Verzeichnis heruntergeladene Dateien (siehe Kapitel *14.7 Dateien herunterladen*) abgelegt werden.
- *Über Google Chrome*

14.9.1 Datenschutz und Sicherheit

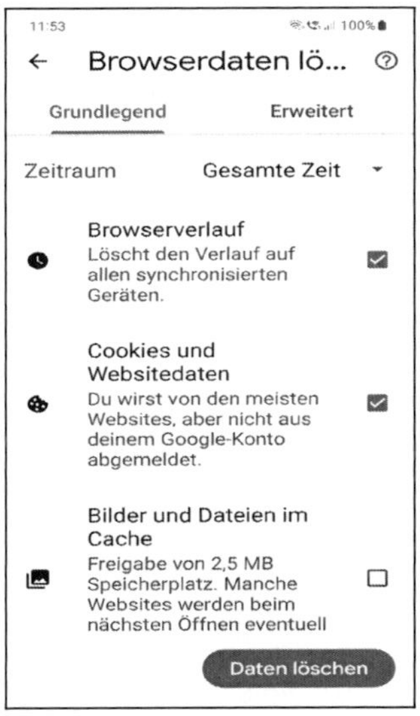

❶❷ Das *Datenschutz und Sicherheit*-Menü konfiguriert:

- *Browserdaten löschen*: Darauf gehen wir unten ein.
- *Safe Browsing*: Schützt Sie vor Angriffen durch bösartige Webseiten. Die Voreinstellung sollten Sie nicht ändern.
- *Immer sichere Verbindungen verwenden*: Der Aufruf Websites ohne Unterstützung von verschlüsselten Verbindungen wird mit einem Warnhinweis quittiert. Wir raten von der Aktivierung dieser Option ab, da sie keine zusätzliche Sicherheit bietet, denn fast alle Websites, die Verschlüsslung unterstützen schalten automatisch beim ersten Aufruf darauf um.
- *Auf Zahlungsmethoden zugreifen*: Nicht von Google dokumentiert.
- *Seiten vorab laden*: Der Browser lädt alle verlinkten Webseiten vorab, die Sie vermutlich als nächstes durch Antippen öffnen.
- *Sicheres DNS verwenden*: Das DNS-Protokoll wird verwendet, um Websites im Internet

zu finden und anzuzeigen (Umsetzung von Website-Namen in IP-Adressen). Sie sollten die Voreinstellung nicht ändern.

- *"Do Not Track"*: Der Browser sendet an aufgerufene Webseiten einen Befehl, dass diese keine Benutzerdaten auswerten darf (beispielsweise für Werbung). In der Praxis hat dies aber keine Auswirkungen, weil sich kein Webseitenbetreiber daran hält.
- *Privacy Sandbox*: Dies ist ein geplantes Feature, mit dem die Privatsphäre der Webnutzer geschützt werden soll. Dazu werden alle für Werbung verwendeten Cookies blockiert.
- *Smartphone als Sicherheitsschlüssel*: Nicht von Google dokumentiert.

❸ Rufen Sie *Browserdaten löschen* auf für das Auswahlmenü:

- *Browserverlauf*: Die Adressen einmal besuchter Seiten speichert der Browser zwischen und zeigt sie dann als Auswahl an, wenn Sie eine ähnliche Webadresse in der Adresszeile angeben.
- *Cookies und Websitedaten*: Cookies sind Daten, die von Webseiten auf Ihrem Gerät abgelegt werden, um Sie bei einem späteren Besuch wiedererkennen zu können. Es dürfte nur sehr selten Sinn machen, die vom Browser angelegten Cookies zu löschen.
- *Bilder und Dateien im Cache*: Zwischengespeicherte Dateien.

Nachdem Sie die gewünschten Optionen eingestellt haben, betätigen Sie *Daten löschen*.

14.9.2 Bedienungshilfen

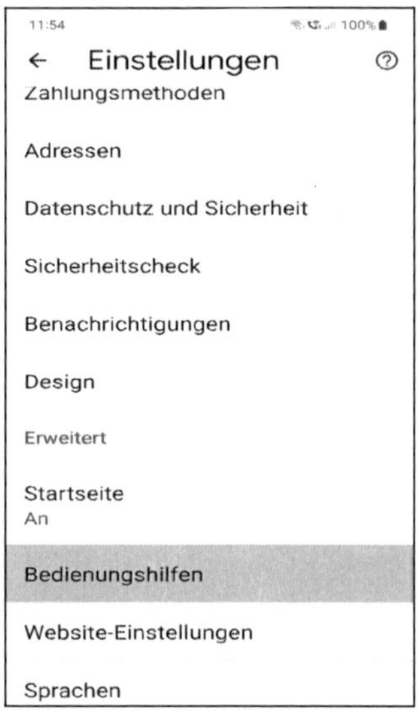

❶❷ Das *Bedienungshilfen*-Menü sind für Personen mit eingeschränkter Sehkraft gedacht:

- *Text-Skalierung*: Vergrößert die Textdarstellung.
- *Zoom zwingend aktivieren*: Manche für Handys optimierte Webseiten lassen sich nicht durch Doppeltippen oder eine Kneifgeste vergößern. Wenn Sie das stört, aktivieren Sie diese Option.
- *Vereinfachte Ansicht für Webseiten; Untertitel*: Nicht von Google dokumentiert.

14.9.3 Website-Einstellungen

❶❷ In den *Website-Einstellungen* legen Sie fest, welche Daten oder Funktionen von Ihnen besuchte Websites nutzen dürfen. Sofern Sie nicht genau wissen, was Sie tun, sollten Sie die Voreinstellungen nicht verändern:

- *Cookies*: Wie bereits oben erwähnt, sind Cookies wichtig, damit man von Webseiten eindeutig zugeordnet werden kann. Insbesondere Websites, in die man sich über Login und Passwort einloggen kann, sowie Webshops, sind häufig auf Cookies angewiesen. Sie sollten also die Option *Cookies* nicht deaktivieren.
- *Standort*: Google kann für Suchanfragen Ihren aktuellen (GPS-)Standort auswerten, genauso verwenden manche Websites Ihren Standort, um für Ihre Standort optimierte Angebote bereitzustellen. Ein Beispiel dafür ist die Google-Suchmaschine selbst.
- *Kamera; Mikrofon*: Nur wenige Websites dürften den Zugriff auf Ihre Kamera oder das Mikrofon benötigen. Uns fällt jedenfalls kein Grund dafür ein.
- *Benachrichtigungen*: Auch wenn die angezeigte Webseite sich gerade im Hintergrund befindet (in einem anderen Browser-Tab), kann sie auf Ereignisse aufmerksam machen.
- *JavaScript*: JavaScript ist eine Programmiersprache, die in Webseiten eingebettet sein kann, um dort interaktive Funktionen zu realisieren. Dazu gehören zum Beispiel Eingabefeldprüfungen. Weil sonst viele Webseiten nicht mehr funktionieren, sollten Sie JavaScript immer aktiviert haben.
- *Pop-ups*: Viele Websites öffnen Popup-Fenster (Tabs), beispielsweise mit Werbung, wenn man sie besucht. Deshalb werden Popup-Fenster standardmäßig blockiert.
- *Hintergrund-Sync*: Auch wenn sich eine angezeigte Webseite im Hintergrund befindet, kann sie die Anzeige aktualisieren.
- *Medien*: Wählen Sie aus, ob kopiergeschützte Videos abgespielt werden dürfen. Auch das Autoplay, mit dem Videos sofort abgespielt werden, sobald sie eine Webseite aufrufen, stellen Sie hier ein.
- *Google Übersetzer*: Der Chrome-Browser unterstützt die automatische Übersetzung von fremdsprachlichen Texten. Sobald sie eine ausländische Webseite aufrufen, werden Sie gefragt, ob eine Übersetzung gewünscht wird.
- *Speicher*: Listet die von den bisher besuchten Websites angelegten Cookies auf.
- *USB*: Listet die Dateien auf einem angeschlossenem USB-Stick auf.
- *Zwischenablage*: Eine Website darf Daten aus der Zwischenablage (siehe Kapitel *34.4 Texte kopieren, ausschneiden und einfügen*) übernehmen.

14.10 Lesezeichen auf dem Startbildschirm

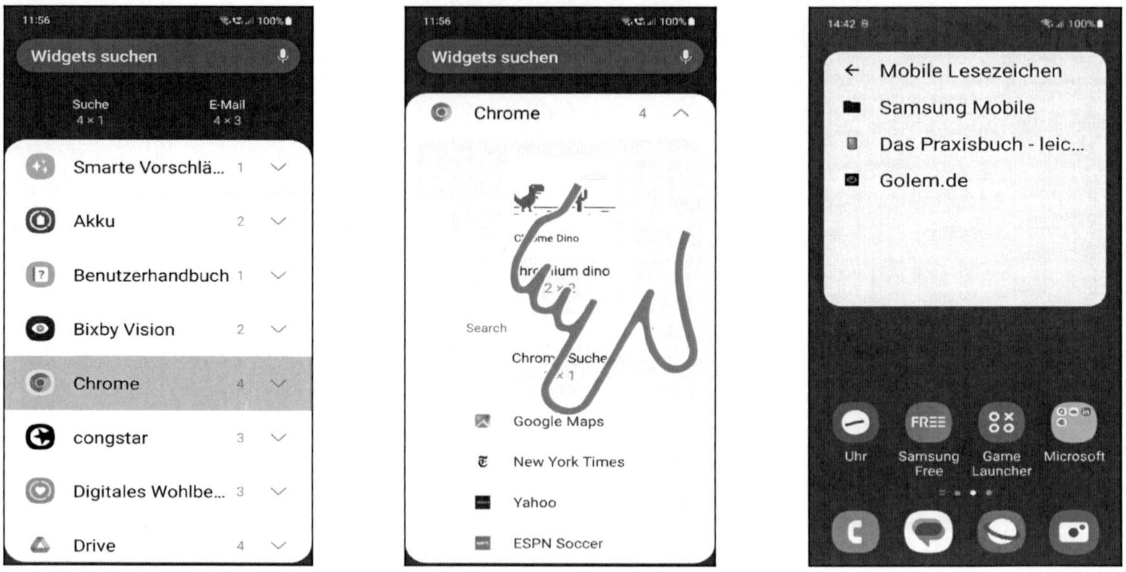

❶❷ Der schnelle Aufruf von Lesezeichen aus dem Startbildschirm ist über das *Chrome-Lesezeichen*-Widget möglich. Gehen Sie dazu auf *Chrome* und dann auf *Chrome-Lesezeichen* in den Widgets. Wie Sie Widgets auf dem Startbildschirm anlegen, erfahren Sie im Kapitel *4.7.2 Widgets*.

❸ Das Chrome-Lesezeichen-Widget ist aktiv.

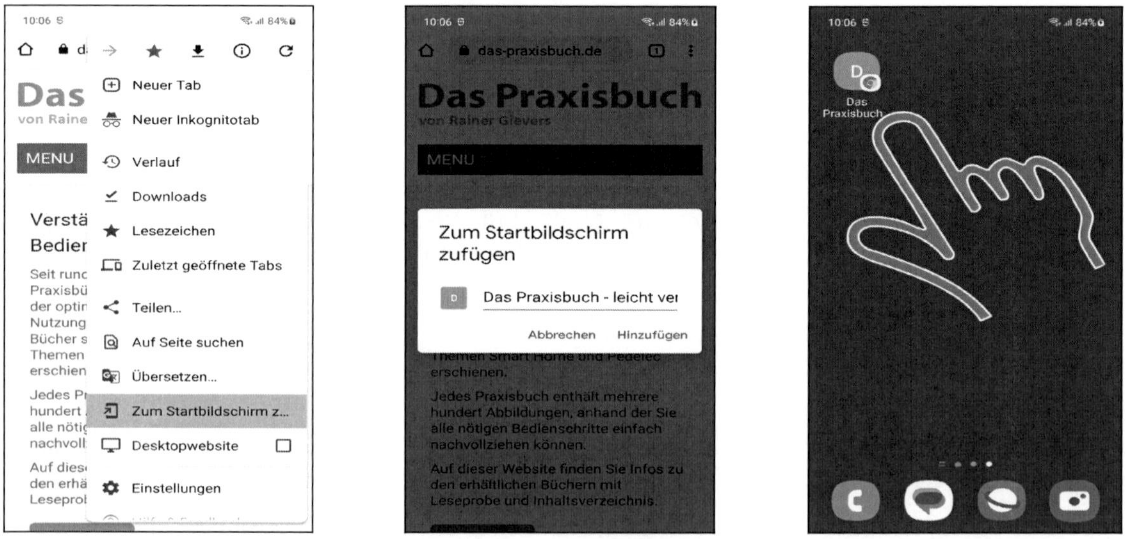

❶❷ Alternativ rufen Sie ⋮/*Zum Startbildschirm zufügen* auf, während eine Webseite angezeigt wird. Ändern Sie gegebenenfalls den Namen und betätigen Sie *Hinzufügen* und dann erneut *Hinzufügen*.

❸ Die Webseite können Sie nun direkt über den Schnellzugriff im Startbildschirm aufrufen.

15. WhatsApp

WhatsApp ist ein sogenannter Messenger (engl. »Botschafter«), über den Sie Nachrichten an andere Personen senden und von diesen empfangen können. Im Prinzip ähnelt die WhatsApp-Funktionsweise dem SMS-Versand, wobei allerdings für die Kommunikation eine Internetverbindung benötigt wird und keine zusätzlichen Kosten anfallen.

Nutzer von WhatsApp müssen sich nicht mit einem Login und Passwort bei WhatsApp anmelden, sondern identifizieren sich durch ihre Handynummer. Dies bringt leider den Nachteil mit sich, dass eine Nutzung nur über Handys und Tablets mit SIM-Karte möglich ist.

15.1 Erster Start

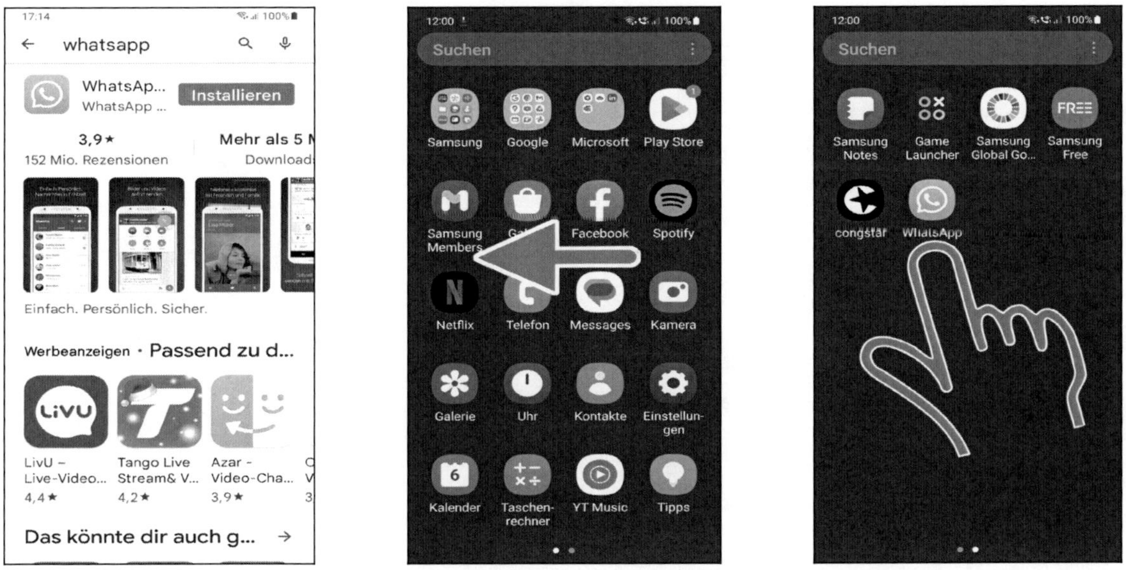

❶ Suchen und installieren Sie *WhatsApp Messenger* aus dem Google Play Store (siehe Kapitel *25.1 Play Store*).

❷❸ Sie finden das installierte Programm im Hauptmenü. Wechseln Sie gegebenenfalls mit einer Wischgeste nach links auf die zweite Bildschirmseite. Dort starten Sie dann *WhatsApp.*

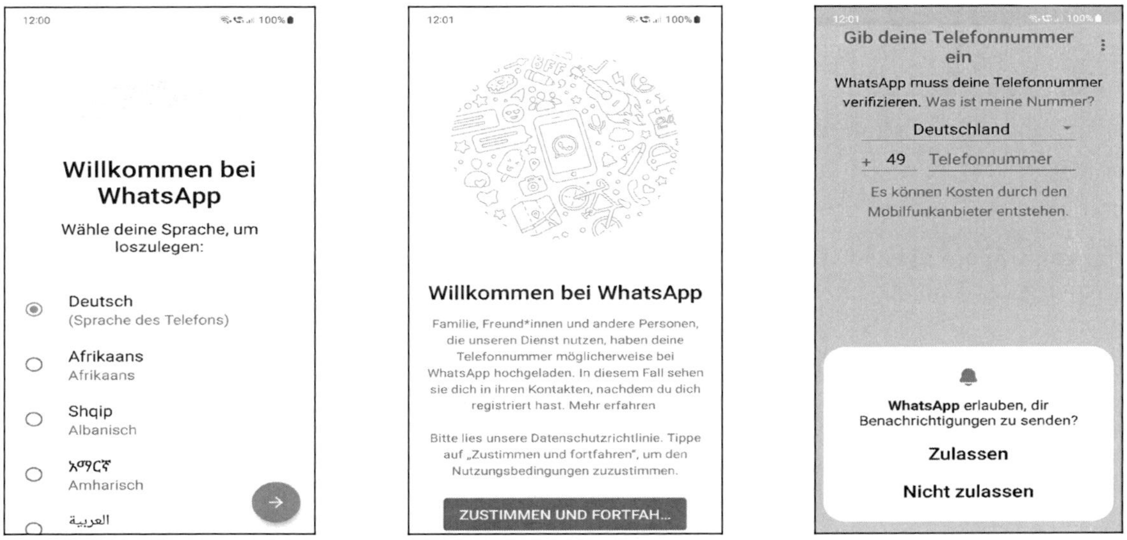

❶ Beim ersten Start bestätigen Sie mit der grünen Schaltleiste die genutzte Sprache.

❷ Dann gehen Sie auf *ZUSTIMMEN UND FORTFAHREN.*

❸ Wie bereits gewohnt, schließen Sie das Popup mit *Zulassen.*

❶ Dann müssen Sie sich erst beim WhatsApp-Netzwerk identifizieren, was über eine SMS geschieht. Geben Sie Ihre Handynummer ein und schließen Sie den Vorgang mit der grünen Schaltleiste neben dem Eingabefeld ab.

❷ Betätigen Sie die Sicherheitsabfrage mit *OK*. Warten Sie, während der Bestätigungsvorgang automatisch im Hintergrund abläuft.

❶ Falls Sie bisher noch kein WhatsApp genutzt haben, betätigen Sie hier *NICHT JETZT* – ansonsten gehen Sie auf *WEITER*.

❷ Betätigen Sie *Zulassen*.

❸ Erfassen Sie Ihren Namen und tippen Sie auf *WEITER*. Danach müssen Sie gegebenenfalls als neuer Nutzer den Datenschutzbestimmungen zustimmen.

❶ Die Register am oberen Bildschirmrand schalten um zwischen:

- : Foto/Video erstellen/versenden.
- *CHATS*: Schreiben Sie mit anderen WhatsApp-Nutzern. Dabei ist es auch möglich, Sprachaufnahmen und Dateien zu versenden.
- *STATUS* (❷): Stellen Sie ein Foto beziehungsweise einen Text ein, den andere für eine bestimmte Zeitspanne zu Gesicht bekommen. Falls Sie die Snapchat-Anwendung kennen, dürfte Ihnen diese Funktion bekannt vorkommen.
- *ANRUFE*: Sie können mit anderen WhatsApp-Nutzern telefonieren. Dabei baut das Handy keine Sprachverbindung über das Mobilfunknetz auf, sondern die Sprachübertragung erfolgt über das Internet. Deshalb fallen keine Telefonkosten an.

15.2 Nachrichten schreiben

Damit Sie einer anderen Person per WhatsApp schreiben können, muss er sich mit seiner Handynummer in Ihrem Telefonbuch (siehe Kapitel *8 Telefonbuch*) befinden. Außerdem ist es notwendig, auf seinem Handy oder Tablet ebenfalls WhatsApp zu installieren.

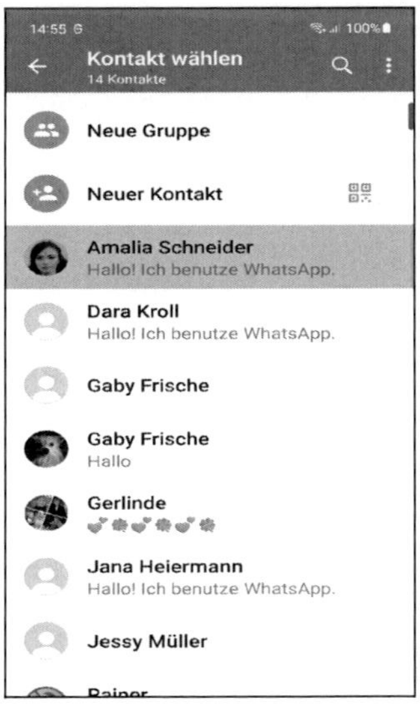

❶ Betätigen Sie .

❷ WhatsApp listet alle Kontakte auf, die das soziale Netzwerk nutzen, aus denen Sie einen auswählen.

❸ Nach Eingabe eines Textes versenden Sie ihn mit ➤.

➊ Ein Haken hinter jeder Ihrer Nachrichten informiert über den Versandstatus:

- ✓: Nachricht wurde erfolgreich versandt, aber noch nicht dem Empfänger zugestellt (beispielsweise weil er sich in einem Funkloch befindet oder sein Handy abgestellt hat).
- ✓✓: Der Doppelhaken erscheint zunächst grau, sobald die Nachricht den Empfänger erreicht. Hat der Empfänger sie gelesen, wir der Doppelhaken blau eingefärbt.

➋ Der Hinweis »online« beziehungsweise das Datum (Pfeil) informiert am oberen Bildschirmrand darüber, ob und wann der Empfänger zuletzt online war.

15.3 Nachrichten empfangen

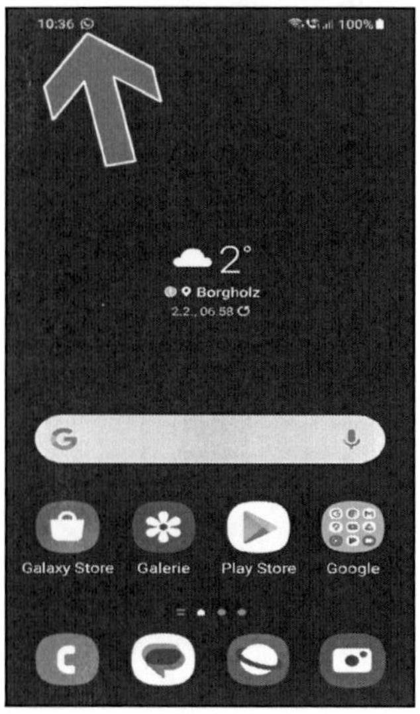

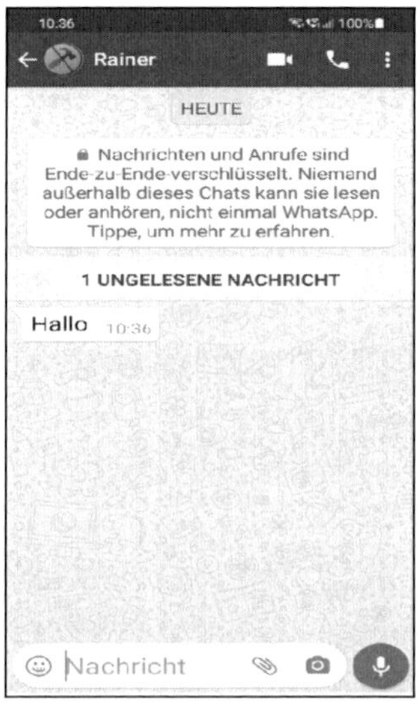

➊ Sie müssen die WhatsApp-Anwendung nicht permanent geöffnet haben, denn auch wenn Sie gerade nicht damit arbeiten, informiert Sie das Galaxy mit akustischem Signal und Hinweis in der Titelleiste (Pfeil) über neu vorliegende Nachrichten.

➋➌ Starten Sie dann entweder die WhatsApp-Anwendung oder gehen Sie im Benachrichtigungsfeld auf den WhatsApp-Eintrag.

15.4 Weitere Funktionen

❶❷ Auf die Konversationen mit Ihren Kontakten greifen Sie über die Auflistung im Hauptmenü zu.

❶ Besonders beliebt ist die Option, Fotos oder Sprachaufnahmen zu verschicken, was über die Schaltleisten am unteren Bildschirmrand (Pfeil) erfolgt.

❷❸ Beim Fotoversand knipsen Sie zunächst mit der blauen Schaltleiste (Pfeil) ein Bild, danach erfolgt mit ✓ der Versand.

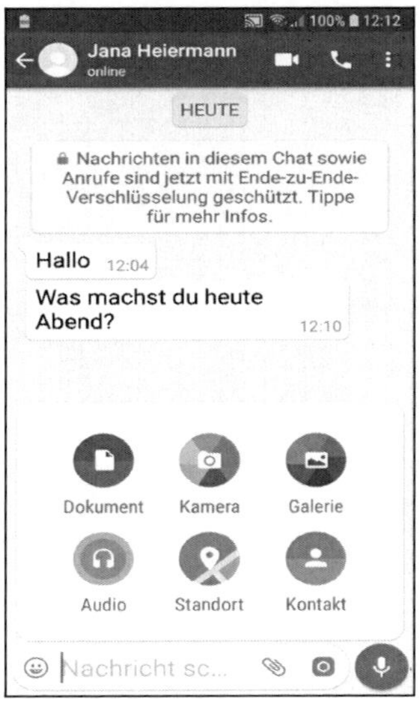

❶❷ Andere Dateien, darunter auch bereits auf dem Handy vorhandene Fotos, verschicken Sie dagegen über die 📎-Schaltleiste.

15.5 Telefonie über WhatsApp

Wie bereits erwähnt, bietet WhatsApp eine Telefonie-Funktion, welche über das Internet statt über eine Mobilfunk-Sprachverbindung erfolgt und deshalb kostenlos ist.

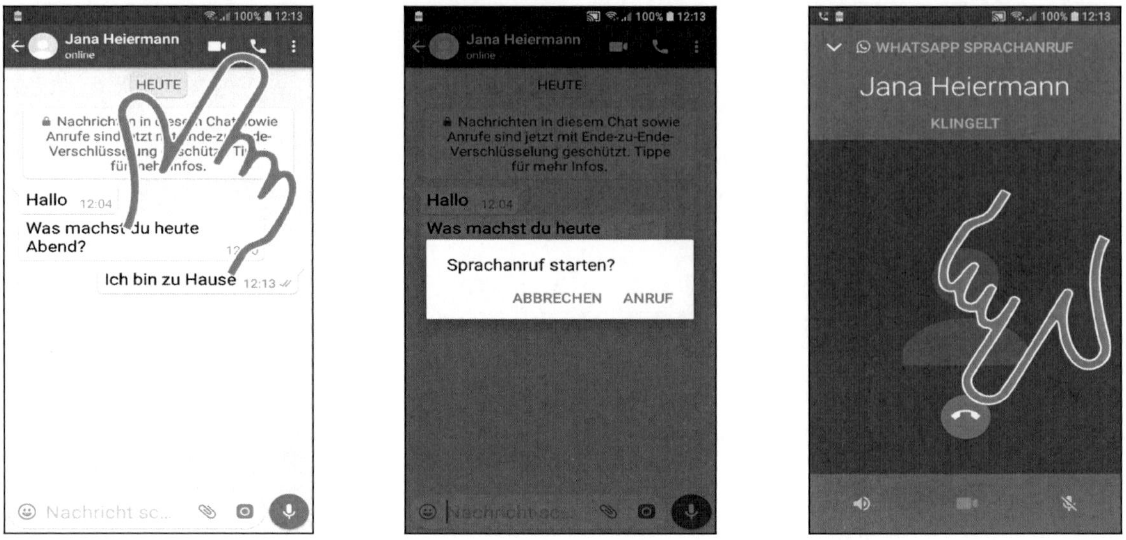

❶❷ Anrufe führen Sie jederzeit in einem Chat über die 📞-Schaltleiste (Pfeil) durch (die Schaltleiste daneben dient Videoanrufen). Schließen Sie die folgenden Popups mit *ANRUF* beziehungsweise *ZULASSEN*.

❸ Die rote Schaltleiste im unteren Bildschirmdrittel beendet später das Gespräch.

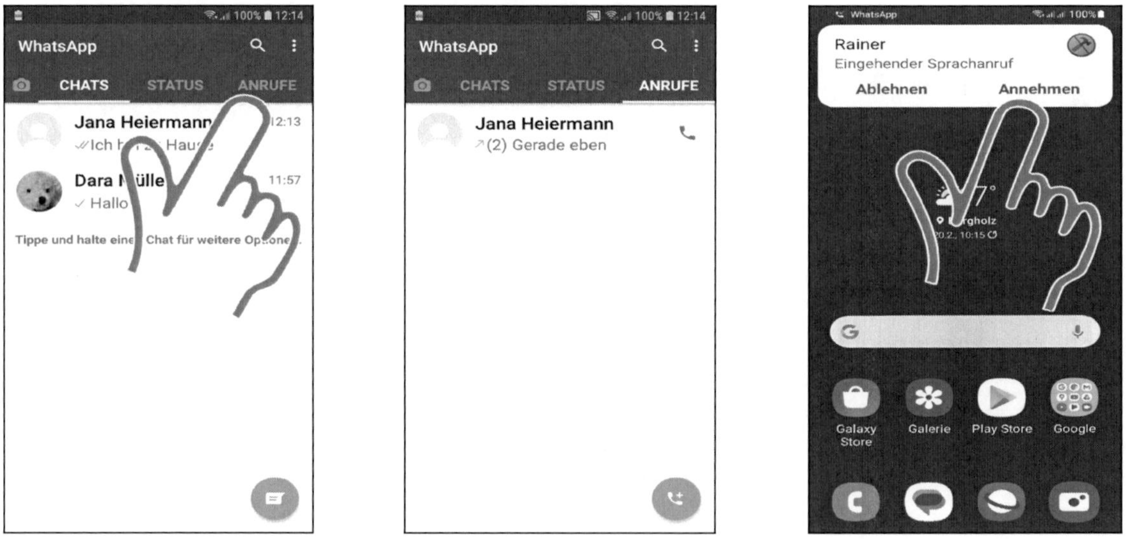

❶❷ Die durchgeführten Anrufe listet das *ANRUFE*-Register (Pfeil) auf.

❸ Nehmen Sie eingehende Anrufe über *Annehmen* im Popup am oberen Bildschirmrand an.

15.6 Videotelefonie

Die Videotelefonie ähnelt der oben vorgestellten Telefonie, allerdings sehen Sie die beiden Kommunikationspartner. Dadurch wird das Gespräch persönlicher.

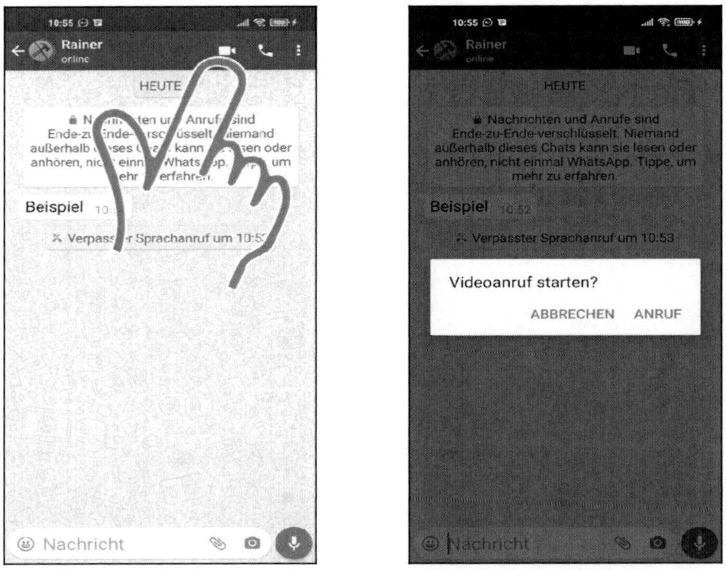

❶❷ Betätigen Sie die -Schaltleiste und bestätigen Sie mit *ANRUF*.

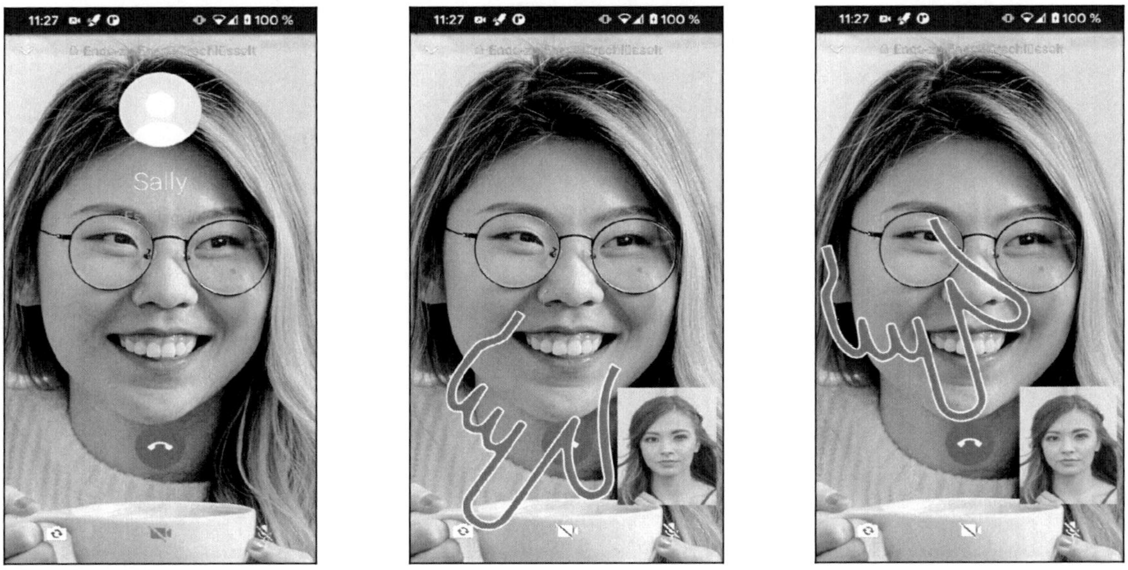

❶ Während Sie warten, dass der Angerufene annimmt, sehen Sie bereits Ihr eigenes Videobild.

❷ Antippen Ihres Videobilds bringt Ihr eigenes Bild in den Vordergrund, während das Bild Ihres Gegenübers als »Briefmarke« erscheint.

Die Schaltleisten am unteren Bildschirmrand (Pfeil):

- : Videoanzeige umschalten
- : Eigenes Videobild ausschalten
- : Eigenes Video stumm schalten

❸ Die rote Schaltleiste beendet das Gespräch.

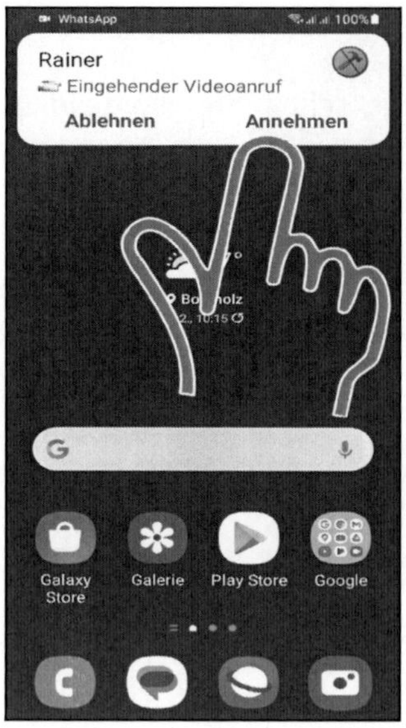

Das Handy informiert über eingehende Videoanrufe mit einem Popup. Betätigen Sie dort *Annehmen*.

15.7 Eigene Kontaktinfos

Sie haben die Möglichkeit, Ihr eigenes WhatsApp-Konto zu personalisieren.

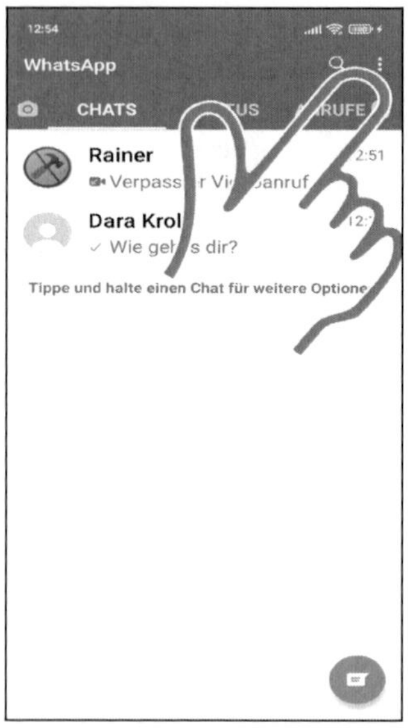

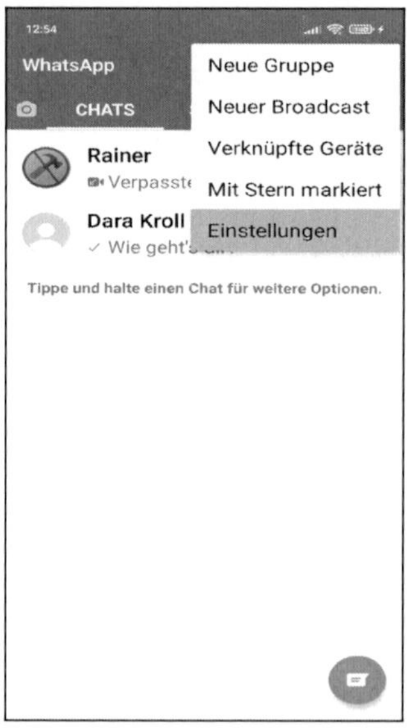

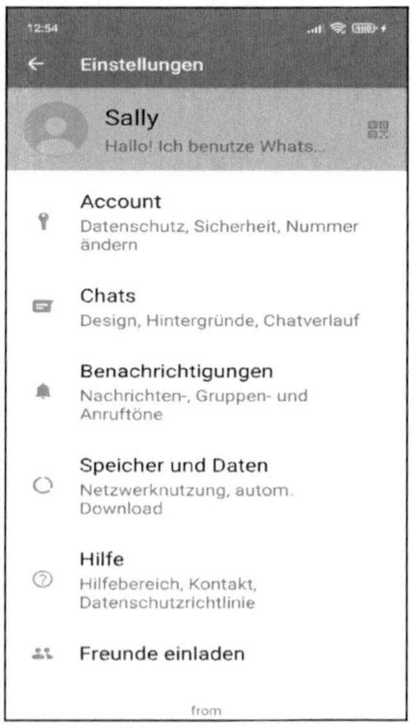

❶❷ Rufen Sie ⁝/*Einstellungen* auf.

❸ Hier gehen Sie auf das erste Menü.

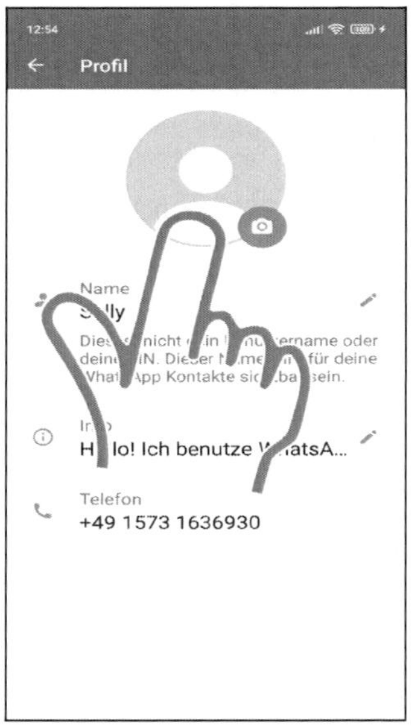

❶ In diesem Bildschirm können Sie bei Bedarf Ihren Namen (den Sie bei der Ersteinrichtung von WhatsApp eingegeben hatten) ändern. Unter *Info* erfassen Sie weitere Infos, beispielsweise Hinweise zur Erreichbarkeit oder über Ihre Person.

❷ Sie möchten Ihr Foto bei WhatsApp hinterlegen, damit Gesprächspartner sofort wissen, wer Sie sind? Dann tippen Sie oben ins runde Kontaktsymbol.

❸ Wählen Sie aus, ob Sie ein bereits vorhandenes Foto (Galerie) verwenden oder lieber mit Kamera eins neu erstellen möchten.

❶❷ Verschieben Sie die Begrenzungen auf den gewünschten Bildausschnitt und gehen Sie auf *FERTIG.*

❸ Das Profilfoto ist nun bei allen Ihren Gesprächspartnern sichtbar.

16. Google Maps

Google Maps zeigt nicht nur Straßenkarten, sondern auch Satellitenansichten an und dient als mobiles Navigationsgerät. Beachten Sie, dass Google Maps die Kartenausschnitte jeweils aus dem Internet lädt, also eine WLAN- oder Mobilfunkverbindung bestehen muss.

Google Maps können Sie auch auf dem Desktop-PC im Webbrowser nutzen: Geben Sie dort *maps.google.de* als Webadresse ein.

16.1 Google Maps nutzen

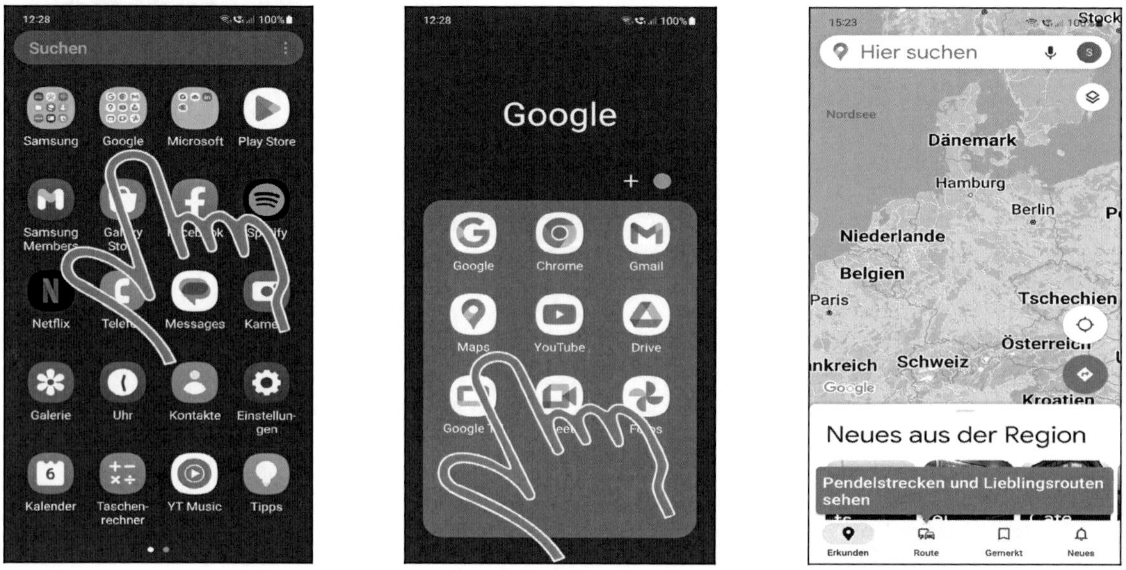

❶❷ Gehen Sie auf den *Google*-Ordner und darin auf *Maps.*

❸ Wir empfehlen Ihnen jetzt, das Handy neu zu starten (siehe Kapitel *4.14 Handy ausschalten oder neu starten*). Rufen Sie dann Google Maps erneut auf. Sie sorgen damit dafür, dass das Programm seine Benutzeroberfläche korrekt einrichtet.

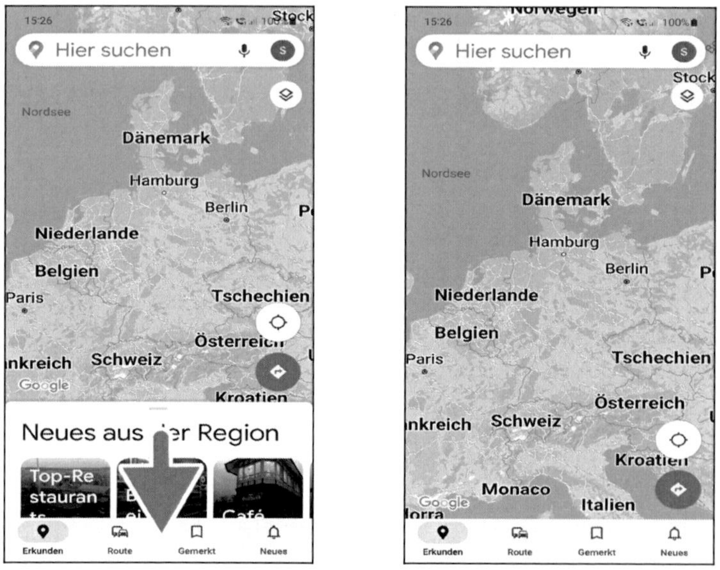

❶❷ Schließen Sie jetzt mit einer Wischgeste nach unten das Ausklappmenü.

❶❷ Sollte unten rechts ein rotes ⊙-Symbol angezeigt werden, dann tippen Sie darauf und schließen das Popup mit *Bei Nutzung der App*. Sie gestatten damit Google Maps den Zugriff auf Ihren aktuellen GPS-Standort.

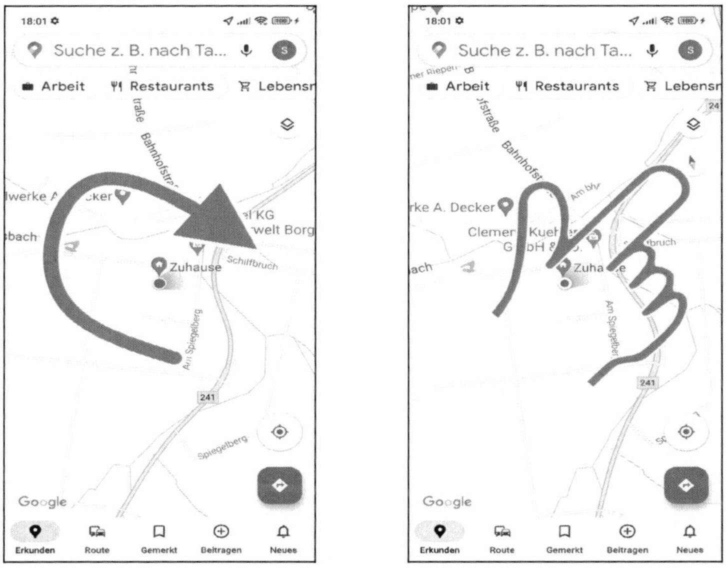

❶ Bei Google Maps ist Norden standardmäßig oben. Fußgänger dürften deshalb die Drehfunktion begrüßen: Tippen Sie mit zwei Fingern, zum Beispiel Daumen und Zeigefinger, auf das Display und drehen Sie beide Finger dann um sich selbst. Der Kartenausschnitt dreht sich mit. Als Fußgänger richten Sie so den Kartenausschnitt genau in Gehrichtung aus.

❷ Eine Kompassnadel oben rechts zeigt nun die Nord/Süd-Achse an. Tippen Sie darauf, richtet sich der Kartenausschnitt wieder nach Norden aus.

❶❷ Nach einiger Nutzungszeit erscheint der Bildschirm *Google Maps ist jetzt schneller und funktioniert auch offline.* Hier sollten Sie *Google Maps beschleunigen* antippen. Die Anwendung speichert nun Kartendaten zwischen, sodass Sie auch bei unterbrochener Internetverbindung damit navigieren können.

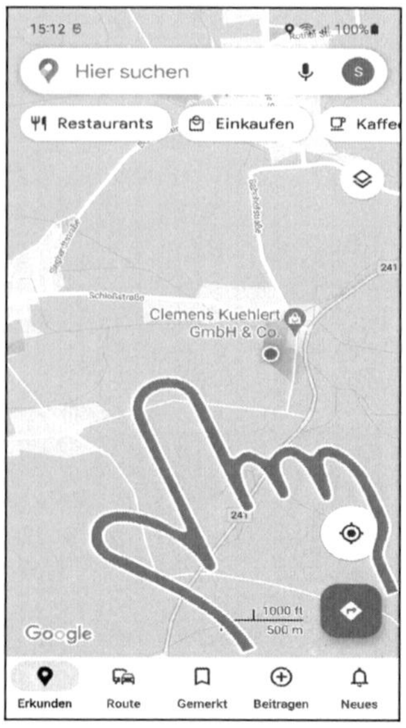

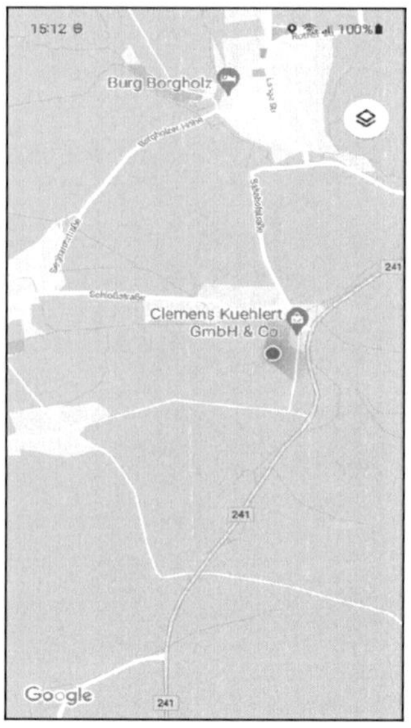

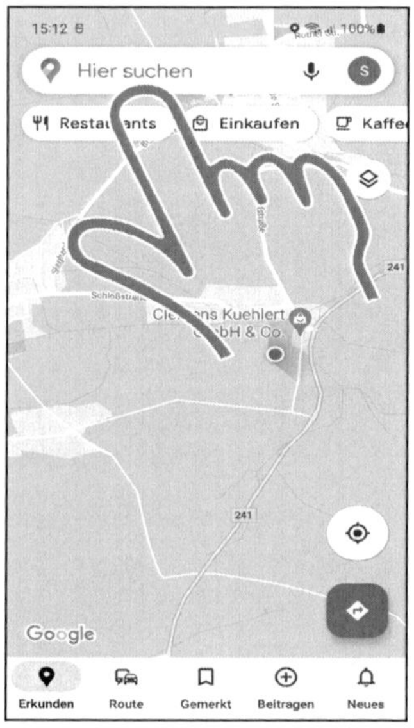

❶❷ Kurzes Tippen in die Karte – auf einen Bereich ohne Beschriftungen oder Symbole – blendet die Bedienelemente ein/aus.

❸ Die Bedienelemente:

- Suchfeld (Pfeil): Nach Orten, Firmen, Adressen oder Sehenswürdigkeiten suchen.
- 🎤 (Sprachsteuerung): Sprechen Sie einen Ort oder einen Point of Interest, nach dem Google Maps suchen soll.
- ⌖ (»Mein Standort«, unten rechts im Bildschirm): Zeigt nach Antippen Ihre vom GPS-Empfänger ermittelte Position auf der Karte an. Dazu muss allerdings der GPS-Empfang (siehe nächstes Kapitel) aktiviert sein.
- ◆ (»*Los*«): Plant eine Route und gibt Ihnen eine Wegbeschreibung.

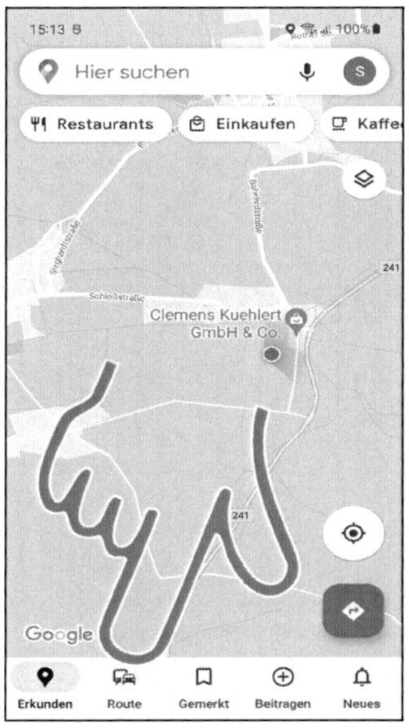

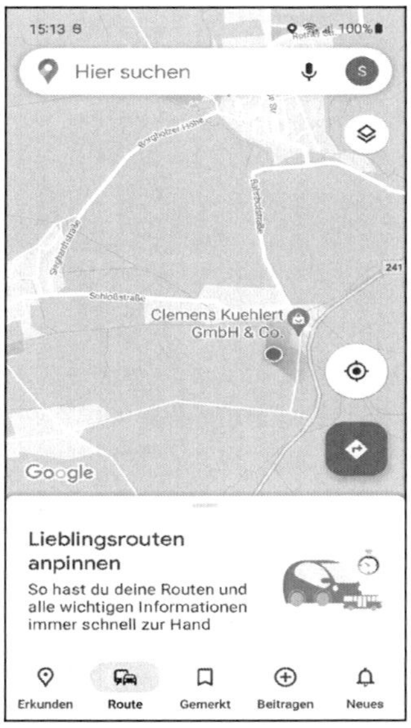

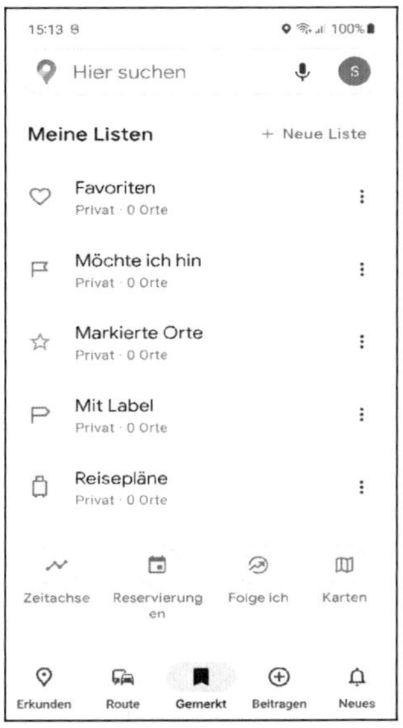

O Die Register am unteren Bildschirmrand:

- *Erkunden*: Die standardmäßige Kartenanzeige.
- *Route* (**❷**): Hinterlegen Sie in Google Maps Ihre Heim- und Arbeitsadresse, dann werden Sie hier über Fahrzeit und optimale Route informiert.
- *Gemerkt* (**❸**): Verwaltet die von Ihnen als Favoriten markierten Points of Interest, worauf Kapitel *16.8.1 Markierungen* noch eingeht.
- Beiträge: Google legt großen Wert auf Nutzerbeteiligung. Beispielsweise dürfen Sie fehlerhafte Daten melden und Rezensionen zu Restaurants, Läden, usw. schreiben.
- *Aktuell*: Weist auf besondere Ereignisse und Veranstaltungen für Ihren Standort hin.

Für die in diesem Buch beschriebene Kartennutzung aktivieren Sie das *Erkunden*-Register.

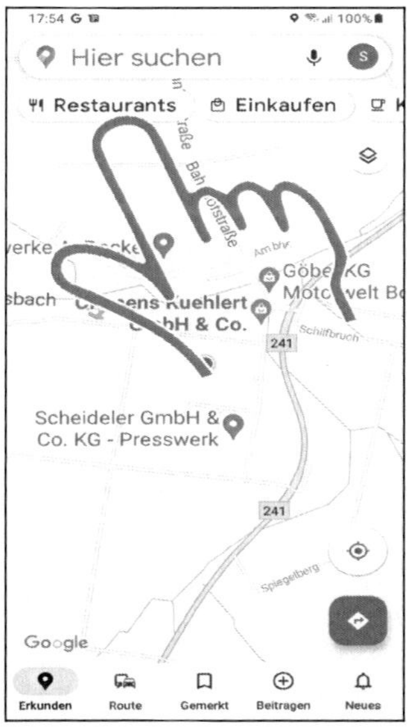

❶❷ Google Maps kennt fast alle Firmen, Geschäfte und Gastronomiebetriebe. Die Schaltleisten am oberen Bildschirmrand listen diese auf – aber darauf kommen wir noch später (Kapitel *16.8 Google Local*).

16.2 Eigene Position

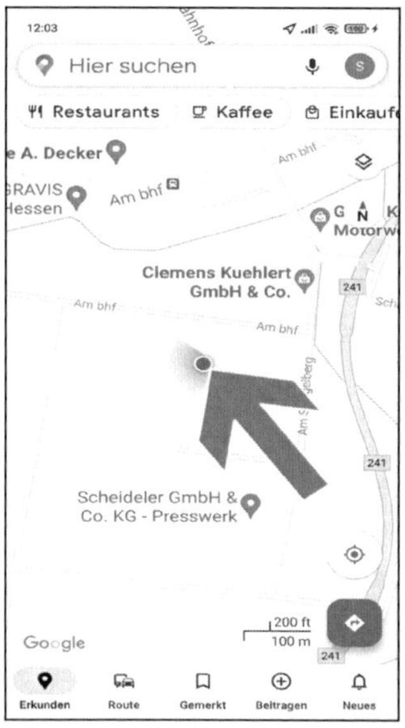

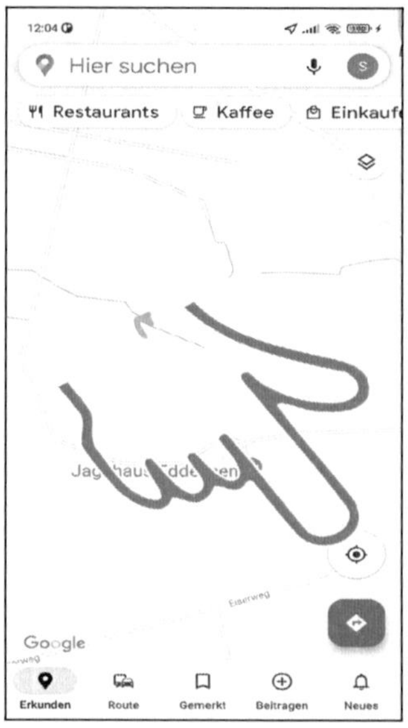

❶ Vielleicht ist Ihnen schon der kleine blaue Punkt aufgefallen, der Ihren aktuellen Standort anzeigt. Der vom blauen Punkt ausgehende Schweif zeigt Ihre ungefähre Blickrichtung (genauer: die Richtung, in die Sie das Handy halten) an.

❷ Sie haben mit Wischgesten die Kartenansicht geändert? Dann bringt Sie einmaliges Antippen von ⊙ wieder zum aktuellen Standort zurück.

❸ Beim ersten Mal wird Sie das Handy zur Kompasskalibrierung auffordern, dem Sie nachkommen sollten. Betätigen Sie dann *Fertig*.

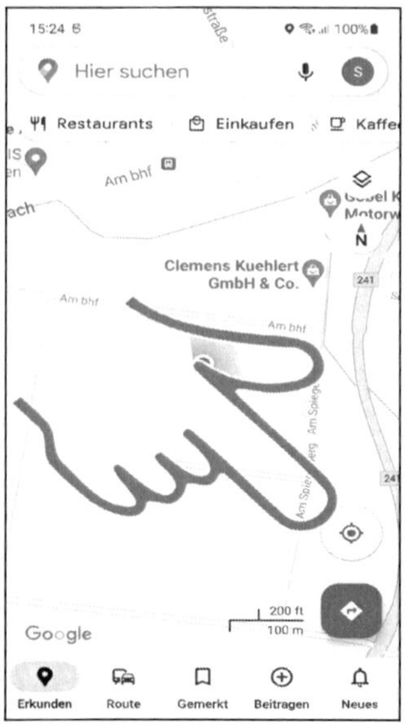

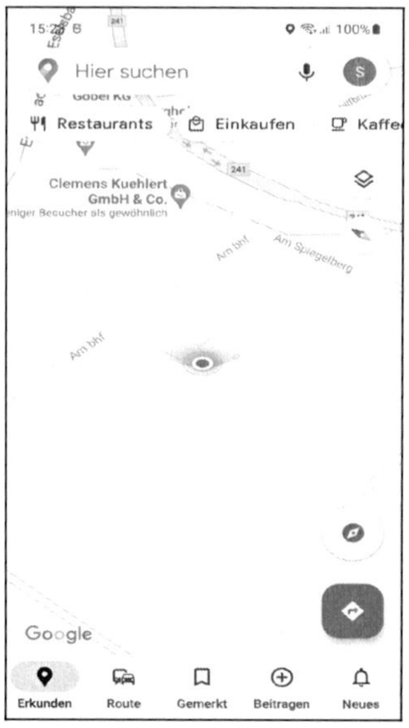

❶❷ Falls Sie zu Fuß unterwegs sind, dürfte die sogenannte isometrische Ansicht für Sie interessant sein: Tippen Sie auf ⊙, worauf sich die Bildschirmanzeige an die Richtung orientiert, in die Sie das Handy halten. Betätigen von ⊘ schaltet wieder auf die Standardansicht um.

16.3 Parken

Falls Sie häufiger an verschiedenen Orten mit Ihrem Auto parken müssen, dürften Sie manchmal nach Ihrem Gefährt später länger gesucht haben. Abhilfe schafft die Parken-Funktion von Google Maps.

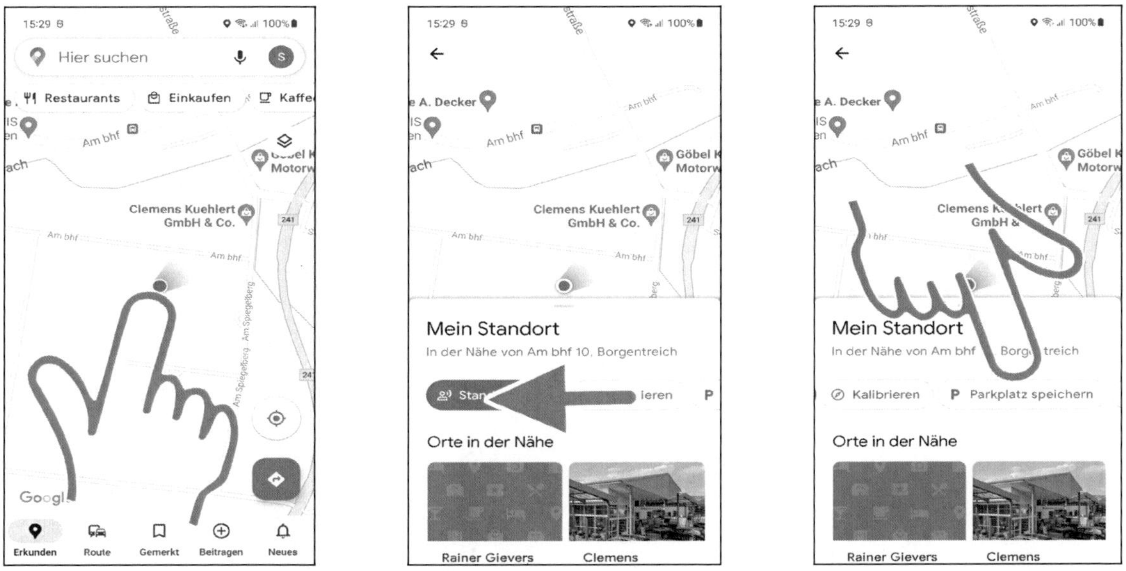

❶ Tippen Sie auf die blaue Standortanzeige.

❷❸ Wischen Sie auf den Schaltflächen nach links und gehen Sie auf *Parkplatz speichern.*

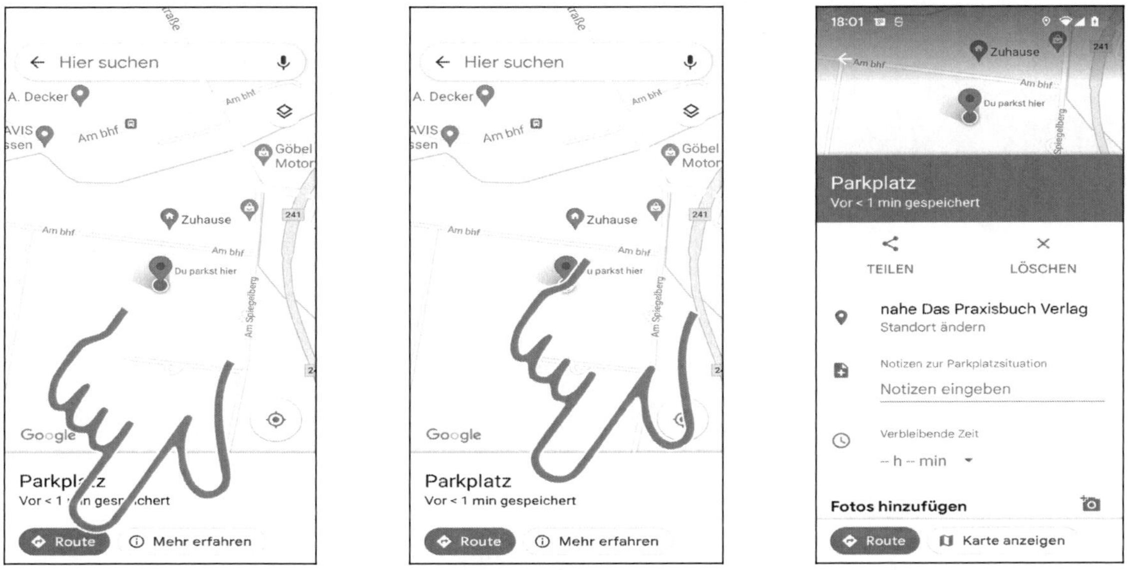

❶ Google Maps informiert mit einer Markierung in der Karte über Ihren Parkplatz. *ROUTE* am unteren rechten Bildschirmrand führt Sie später wieder zu Ihrem Gefährt zurück.

❷❸ Antippen von *Parkplatz* öffnet das Menü, in dem Sie unter *Verbleibende Zeit* einen nützlichen »Wecker« einstellen, damit Sie kein Strafticket erhalten. *LÖSCHEN* beendet die Parkplatz-Funktion.

16.4 Kartenausschnitt auf dem Gerät speichern

Google Maps hat gegenüber normalen Navis den Vorteil, immer tagesaktuelle Karten bereitzustellen, welche aus dem Internet nachgeladen werden. Problematisch wird es nur, wenn man das Handy unterwegs nutzt, da dann ja das Fehlen des WLAN-Empfangs die Kartenaktualisierung verlangsamt, denn häufig steht dann nur eine langsame Mobilfunkverbindung zur Verfügung, mit der Google Maps kaum Spaß macht. Deshalb unterstützt Google Maps die lokale Speicherung der Kartendaten auf dem Gerät.

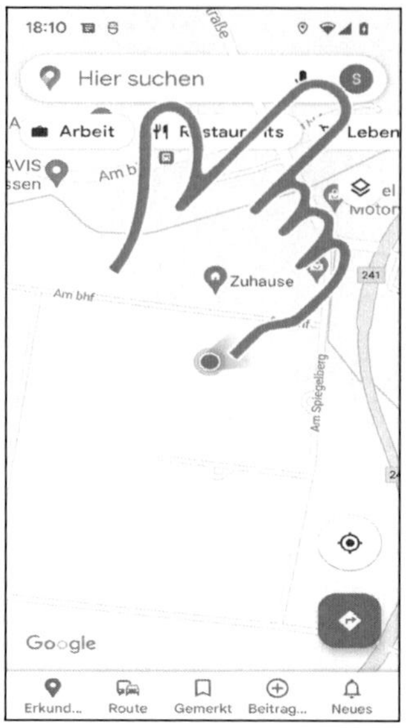

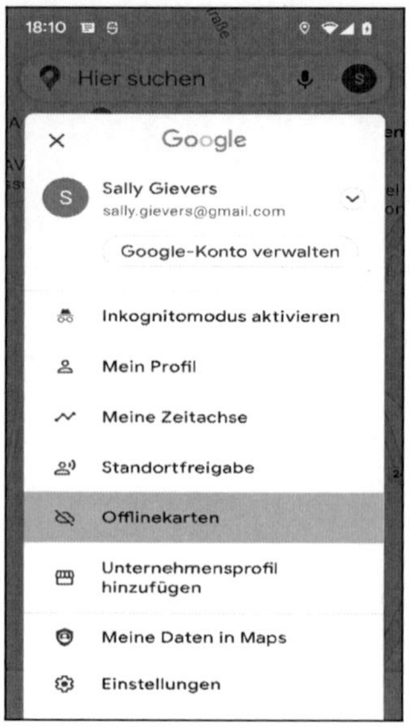

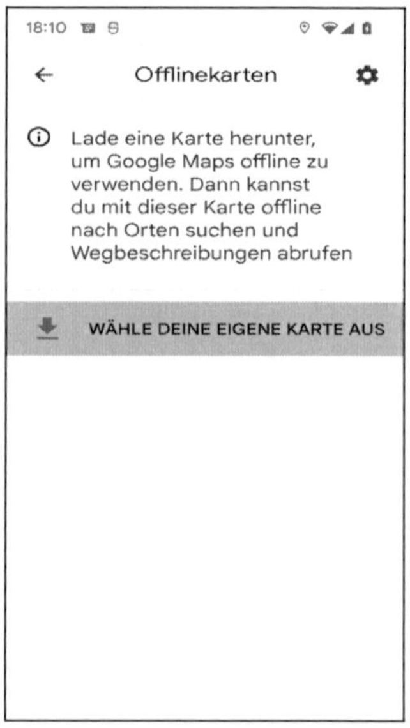

➊ Tippen Sie auf das runde Kontosymbol.

➋ Rufen Sie *Offlinekarten* auf.

➌ Tippen Sie auf *WÄHLE DEINE EIGENE KARTE AUS.*

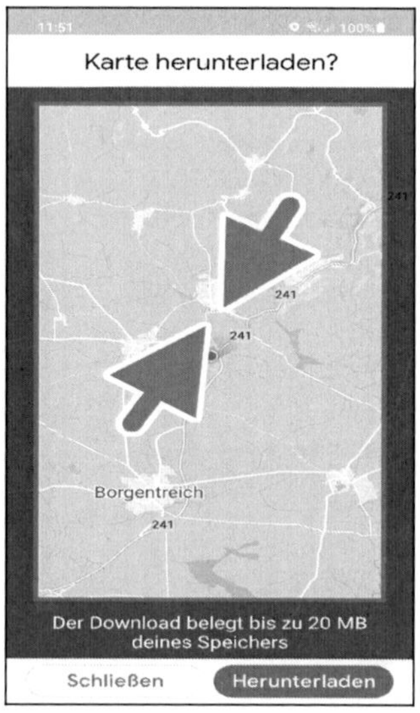

➊➋ Die Größe des lokal gespeicherten Kartenausschnitts stellen Sie ein, indem Sie den Kartenausschnitt vergrößern, beziehungsweise verkleinern (mit zwei Fingern auf das Display halten und dann beide auseinander-/zusammenziehen). Betätigen Sie dann *Herunterladen*. Schließen Sie den Bildschirm mit der ⟨-Taste. Während des Herunterladens können Sie ganz normal mit Ihrem Handy weiterarbeiten.

➊ So aktualisieren beziehungsweise löschen Sie die Kartendaten: Tippen Sie auf das runde Kontosymbol.

➋ Rufen Sie *Offlinekarten* auf.

➊➋ Öffnen Sie das ⋮-Menü. Sie können die Kartendaten nun löschen oder aktualisieren.

16.5 Suche

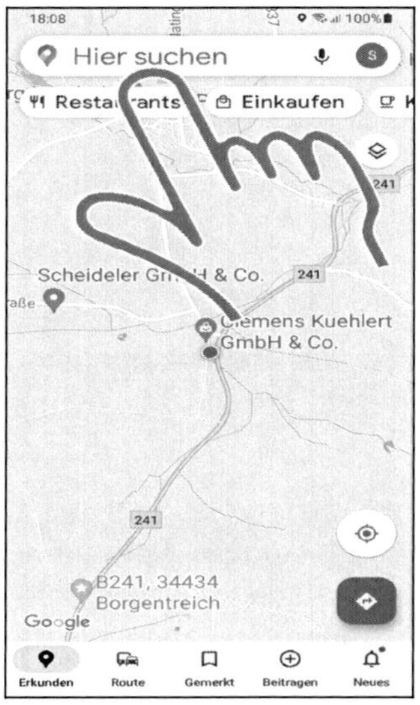

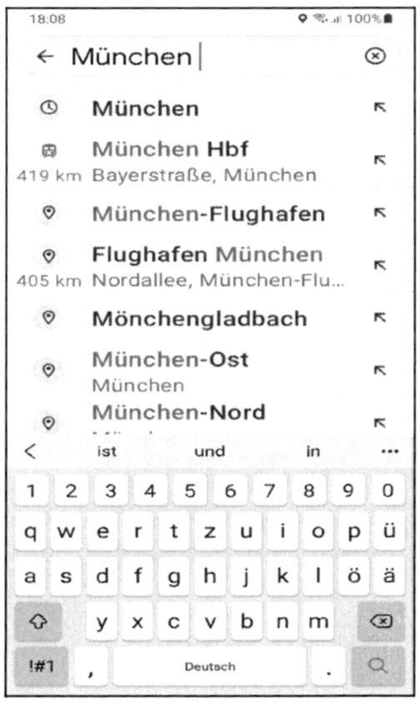

➊ Gehen Sie ins Suchfeld (Pfeil), um Adressen oder Sehenswürdigkeiten (Points of Interest) aufzufinden.

❷ Geben Sie eine Adresse ein und bestätigen Sie mit 🔍 im Tastenfeld. Google Maps macht hier während der Eingabe auch Vorschläge, die Sie direkt auswählen können.

❶ Google Maps zeigt die Adresse mit einer Markierung in der Karte an. Am unteren Bildschirmrand erscheint ein Ortshinweis, daneben die Fahrtzeit mit dem Auto. Tippen Sie auf den Ortshinweis (Pfeil).

❷ Es öffnet sich ein Dialog mit weiteren Bedienelementen:

- *Route*: Fahrtrouten vorschlagen.
- *Starten:* Zum Ort navigieren (siehe Kapitel *16.6 Navigation*).
- *Speichern*: Den Ort als Favorit speichern. Siehe Kapitel *16.8.1 Markierungen*.
- *Teilen*: GPS-Position als Web-Link per Bluetooth, SMS oder E-Mail versenden.

❶ Häufig findet Google Maps auch mehrere Orte oder Points of Interest, die dann aufgelistet werden. Führen Sie in der Liste eine Wischgeste von unten nach oben durch, um die Listeneinträge zu durchblättern. Tippen Sie einen Eintrag für weitere Infos an.

❷❸ Umgekehrt schließen Sie die Liste, indem Sie (gegebenenfalls mehrfach) von oben nach unten wischen, worauf Sie wieder zur Kartenansicht gelangen. Hier stellt Google Maps alle Fundstellen mit Symbolen dar. Wenn Sie weitere Infos über einen Point of Interest haben möchten, tippen Sie ihn an. Zum Löschen der Suchergebnisse in der Karte tippen Sie oben rechts neben dem Suchfeld die ✕-Schaltleiste an.

Tipp 1: Geben Sie im Suchfeld auch die Postleitzahl ein, wenn zu vermuten ist, dass eine gesuchte Stadt mehrfach vorkommt.

Tipp 2: Möchten Sie beispielsweise wissen, welche Sehenswürdigkeiten es in einer bestimmten Region/Stadt gibt, dann wechseln Sie zuerst den entsprechenden Kartenausschnitt (Sie können auch die Stadt suchen) und geben im Suchfeld einen allgemeinen Begriff wie »Museum« ein.

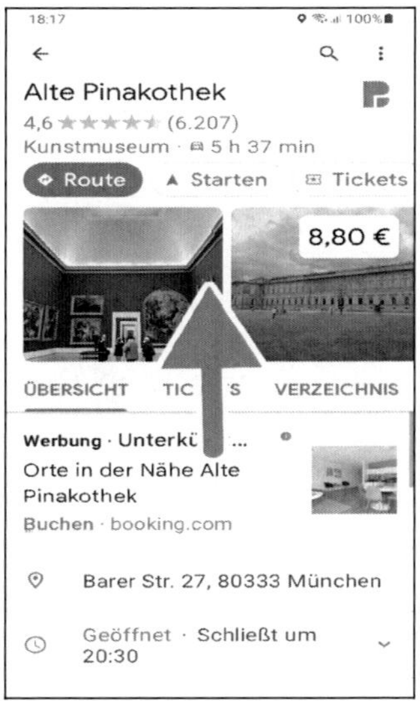

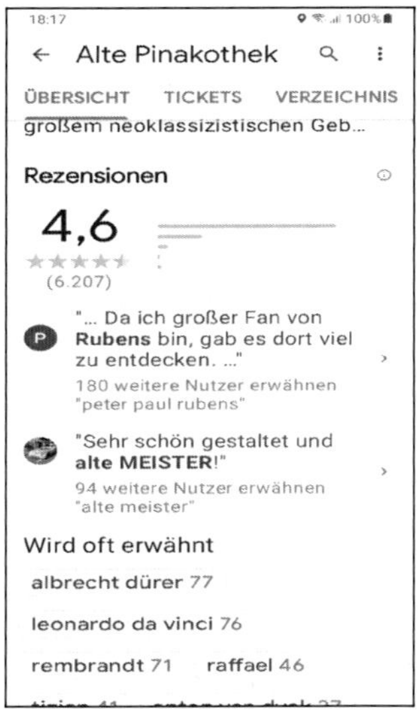

❶ Tippen Sie in der Auflistung am unteren Bildschirmrand für weitere Infos zum Standort, Öffnungszeiten, Bewertungen, usw..

❷❸ Weitere Infos stehen Ihnen mit einer Wischgeste von unten nach oben zur Verfügung.

✕ (Pfeil) beendet die Suche.

16.5.1 Suche über Schaltleisten

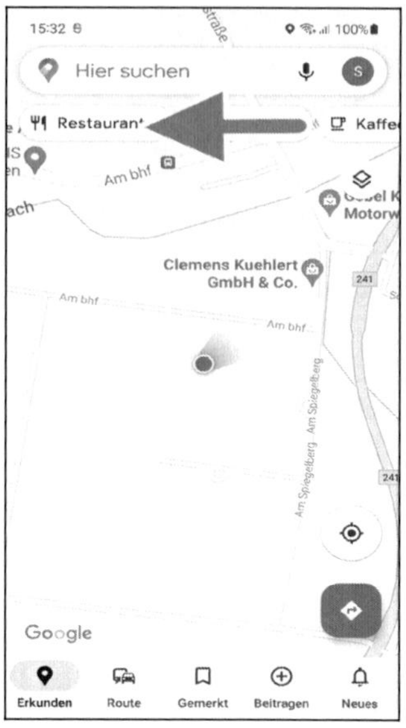

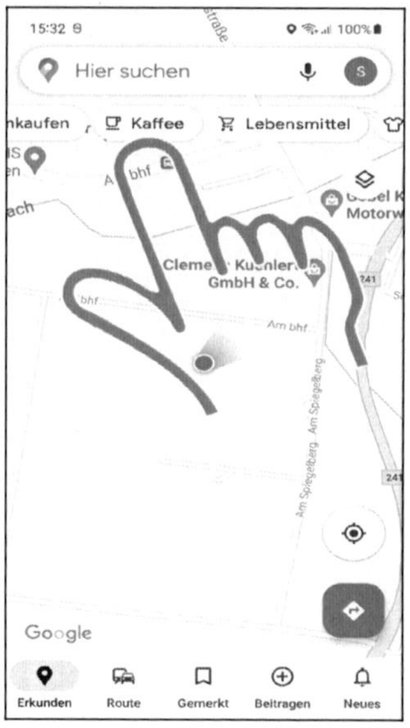

❶ Häufig gesuchte Handels- und Gastronomiebetriebe zeigen die Schaltleisten am oberen Bildschirmrand an. Mit einer Wischgeste nach links/rechts blättern Sie darin.

❷❸ Tippen Sie den gesuchten Begriff, im Beispiel *Kaffee*, für die Auflistung aller Cafés an.

16.6 Navigation

Google Maps Navigation stellt eine vollwertige Alternative zu Autonavigationsgeräten dar, wobei man allerdings den Nachteil in Kauf nehmen muss, dass laufend Kartenmaterial aus dem Internet nachgeladen wird. Für den Praxiseinsatz empfiehlt sich der Kauf einer Universal-Halterung für das Auto.

16.6.1 Routenplaner

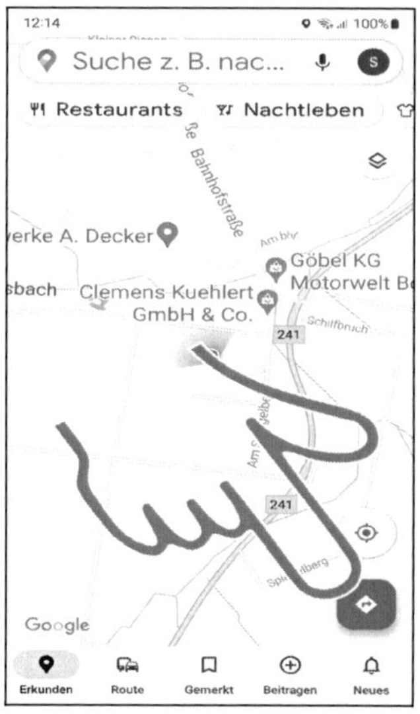

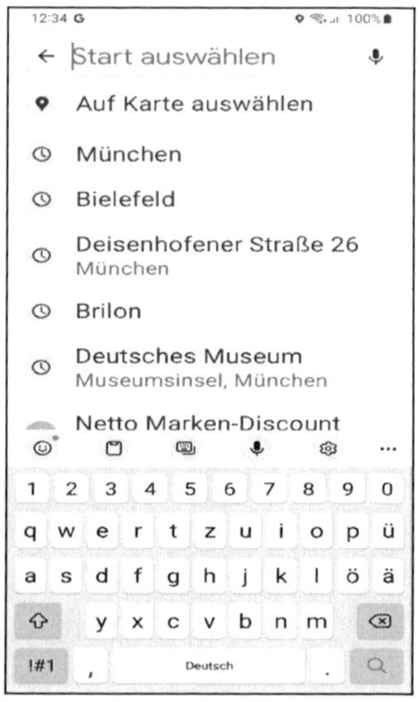

❶ (Pfeil) berechnet den optimalen Fahrtweg zwischen zwei Orten.

❷❸ Tippen Sie auf das erste Eingabefeld *Mein Standort*. **Achtung:** Dies ist nur nötig, wenn Sie nicht Ihren aktuellen Standort (der per GPS ermittelt wird), als Ausgangspunkt verwenden möchten. Geben Sie anschließend den Startort ein. Betätigen Sie 🔍 auf dem Tastenfeld oder wählen Sie einen der Vorschläge unter dem Eingabefeld aus.

Wichtig: Wenn Sie tatsächlich anschließend navigieren möchten, müssen Sie ***Mein Standort* leer lassen**, weil sonst nur eine Routenvorschau möglich ist.

➊ Danach tippen Sie auf *Ziel auswählen.*

➋ Geben Sie auch hier eine Adresse beziehungsweise eine Stadt ein und schließen mit 🔍 auf dem Tastenfeld ab. Alternativ wählen Sie einen der Vorschläge unter dem Eingabefeld aus.

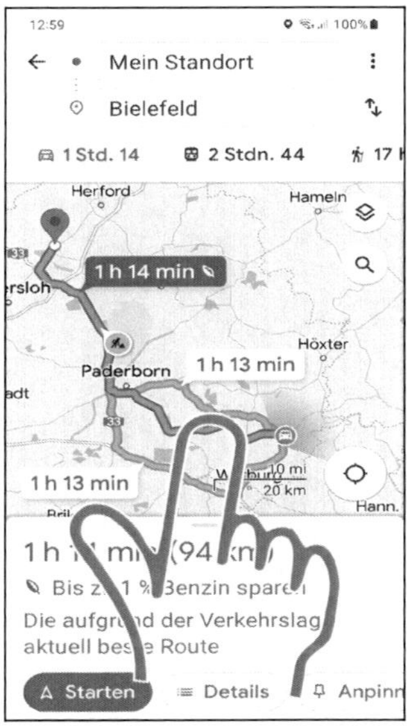

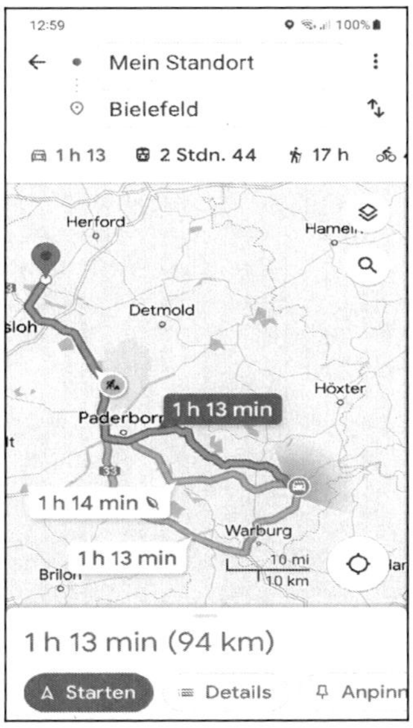

➊➋ Die Route wird berechnet und angezeigt. Bei längeren Strecken existieren häufig Alternativrouten, die Sie durch Antippen in der Kartenansicht auswählen.

Hinweis: Die farbigen Strecken (schwarz, rot, orange oder grün) weisen auf die aktuelle Verkehrslage hin. Die Daten stammen von anderen Android-Handys, welche in anonymer Form ihre Position und Geschwindigkeit an Google-Server übermitteln, woraus Google den Verkehrsfluss berechnet.

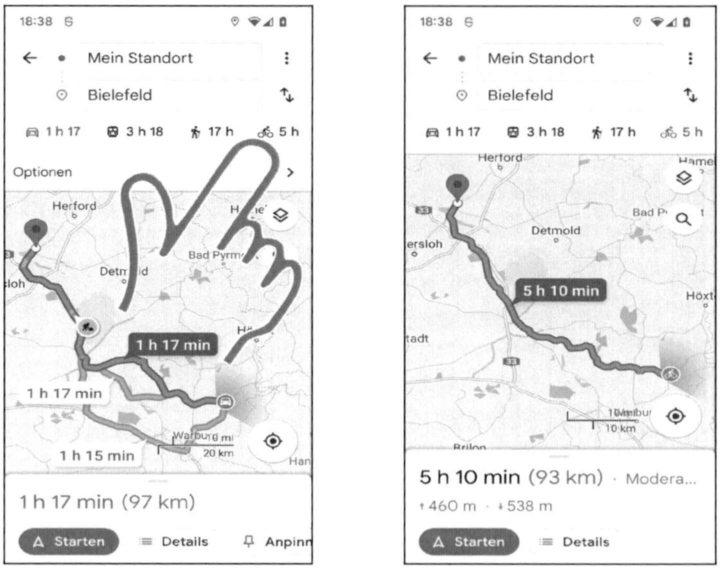

❶❷ Über die Piktogramme am oberen Bildschirmrand (Pfeil) wählen Sie die Art Ihres Fahrzeugs (Auto, öffentliche Verkehrsmittel, Fußgänger oder Fahrrad), was direkte Auswirkungen auf die empfohlene Route hat.

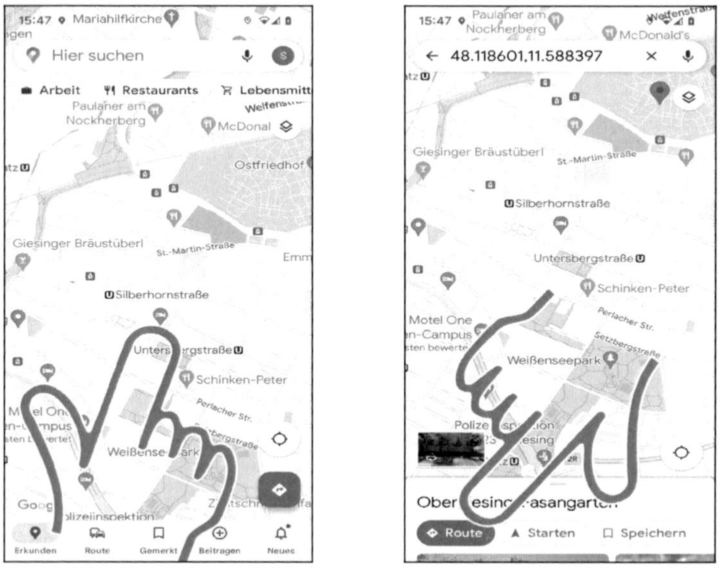

❶ Alternativ tippen und halten Sie den Finger auf einem Point of Interest beziehungsweise Kartenbereich, bis am unteren Bildschirmrand das Popup erscheint.

❷ Danach gehen Sie auf *Route*, worauf der zuvor im Popup angezeigte Ort als Zielort übernommen wird. Wählen Sie, falls nötig wie zuvor bereits beschrieben, einen der Routenvorschläge aus.

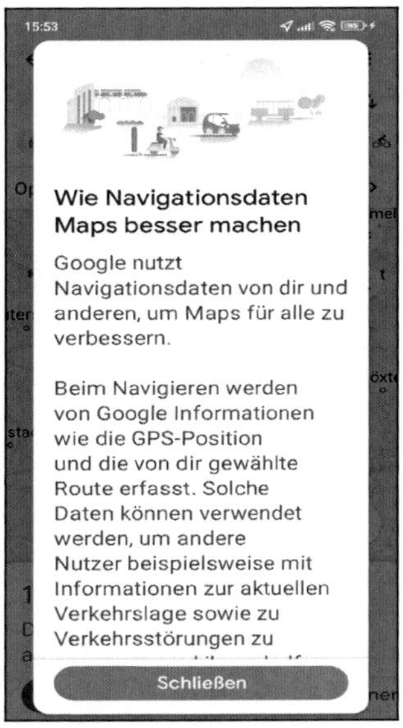

❶ Betätigen Sie *Starten*, worauf Google Maps in den Navigationsmodus wechselt.

❷ Schließen Sie den Hinweis mit *OK*.

❸ Beim ersten Aufruf der Navigationsfunktion macht Sie Google auf die Datenverwendung aufmerksam. Gehen Sie auf *Schließen*.

Da die Navigation innerhalb von Google Maps abläuft, stehen dort viele der bereits ab Kapitel *16 Google Maps* beschriebenen Funktionen zur Verfügung. Zum Beispiel können Sie mit angedrücktem Finger den Kartenausschnitt verschieben, oder durch »Kneifen« mit zwei Fingern im Kartenmaterial heraus- und hineinzoomen.

Praktisch: Ist ein Unternehmen, Restaurant oder eine Freizeitattraktion zur Ankunftszeit bereits geschlossen, erfolgt ein entsprechender Hinweis.

Eine Streckenänderung während der Navigation ist nicht möglich. Sie müssen für diesen Fall den Navigationsmodus mit der X-Taste unten links beenden und dann die Routenplanung erneut aufrufen.

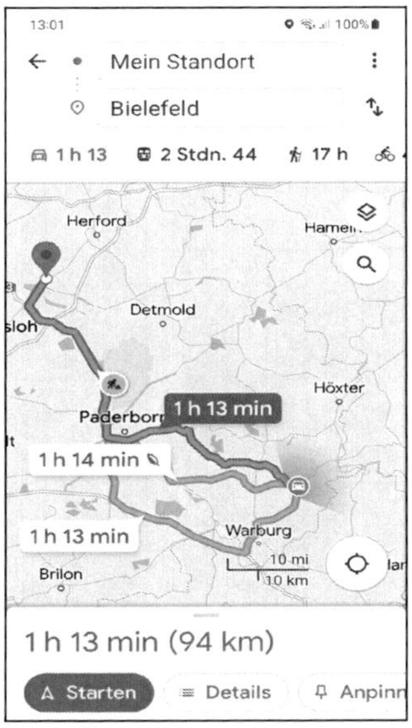

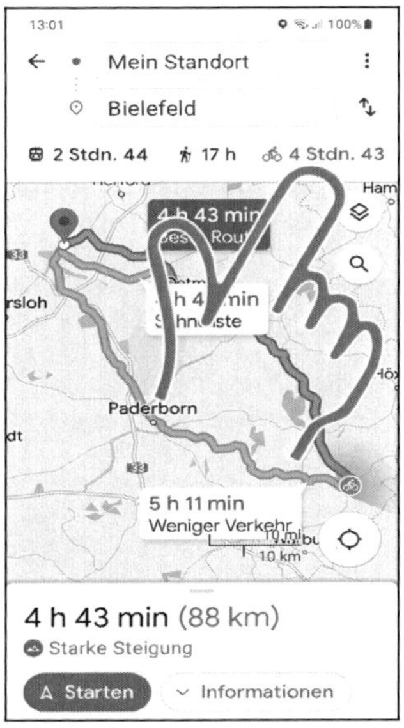

❶❷ Neben der empfohlen Route, werden meistens Alternativen angeboten. Falls Sie eine Alternativroute nutzen möchten, tippen Sie sie einfach in der Karte an.

❸ Google Maps ist zwar primär für die Autonavigation gedacht, es stehen bei Bedarf aber weitere Verkehrsmittel zur Auswahl. Wählen Sie oben über die Piktogramme(Pfeil) zwischen ÖPNV, Fußgänger oder Fahrrad. Die Route wird dann angepasst, das heißt, die Fahrradnavigation berücksichtigt auch Wege, die für Autos gesperrt sind.

Hinweis: Die farbigen Strecken (schwarz, rot, orange oder grün) weisen auf die aktuelle Verkehrslage hin. Die Daten stammen von Android-Handys/Tablets, welche in anonymer Form ihre Position an Google-Server übermitteln, woraus Google den Verkehrsfluss ermittelt.

16.6.2 Navigation in der Praxis

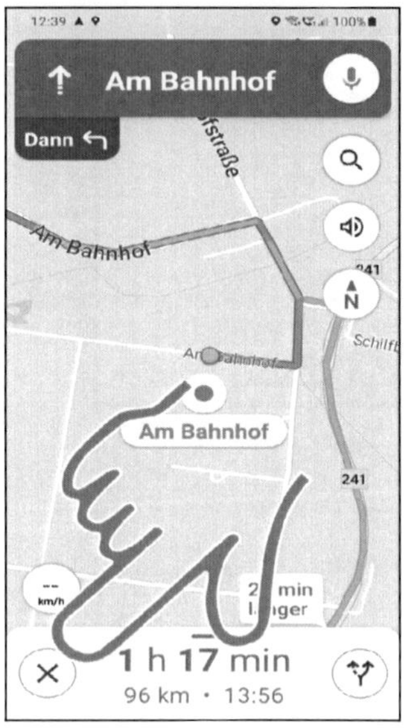

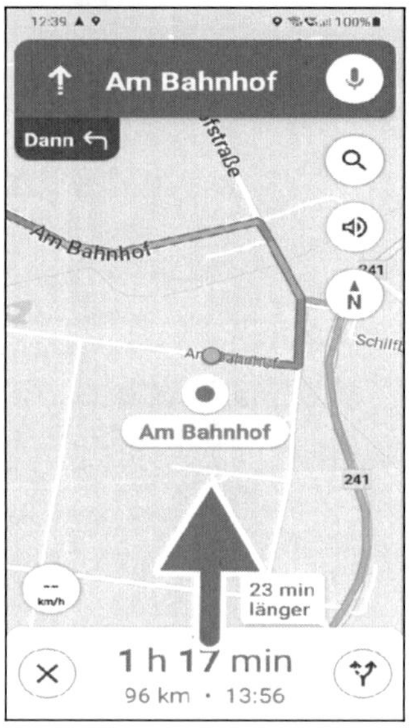

❶ ╳ (unten links) beendet die Navigation.

❷❸ Wischen Sie auf der Fahrtzeitanzeige nach oben für weitere Optionen (alternativ tippen Sie einmal auf die Fahrzeit):

- *Streckenfortschritt teilen*: Ausgewählte Personen sehen Ihre aktuelle Position.
- *Entlang der Route suchen*: Lassen Sie sich Tankstellen, Restaurants, usw. in Routennähe auf der Karte anzeigen.
- *Wegbeschreibung*: Auflistung der Fahrtanweisungen
- *Verkehr auf Karte anzeigen*: Google Maps informiert in der Karte mit Symbolen über das Verkehrsgeschehen.
- *Satellitenkarte anzeigen*: Satellitenbild einblenden. Beachten Sie, dass dabei das aus dem Internet übertragene Datenvolumen stark ansteigt!
- *Einstellungen*: Darauf gehen wir unten ein.

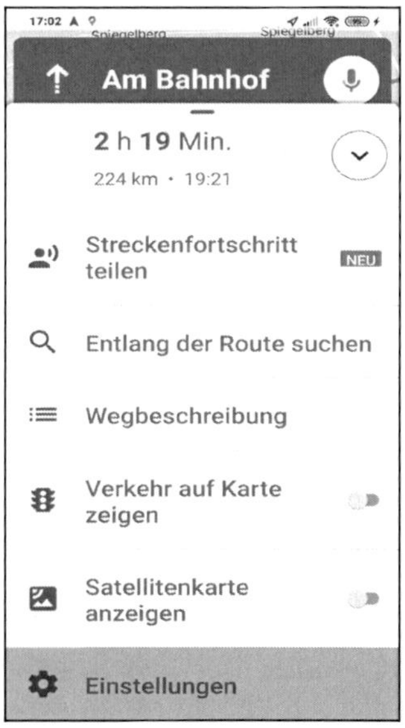

❶❷ Im *Einstellungen*-Menü finden Sie die Optionen:

Unter *Ton und Sprache*:

- *Stumm*: Wählen Sie aus, wie gesprächig die Navigation abläuft.
- *Lautstärke der Sprachführung*: Die Lautstärke lässt sich in drei Stufen einstellen.
- *Stimmenauswahl*: Stellt die verwendete Sprache ein
- *Sprachausgabe über Bluetooth*: Die Navigationsanweisungen werden über ein angeschlossenes Bluetooth-Gerät abgespielt (siehe Kapitel *31.3 Bluetooth-Headset / Freisprecheinrichtung verwenden*).
- *Sprachnavigation bei Anrufen*: Auch während Sie Telefonieren erfolgen Sprachanweisungen durch Google Maps.
- *Audiosignale abspielen*: Nicht von Google dokumentiert.
- *Testton abspielen*: Prüfen Sie die Lautstärke der Sprachanweisungen.
- *Google Assistant-Einstellungen*: Darauf gehen wir in diesem Buch nicht weiter ein.
- *"Ok Google"-Erkennung*: Auf die Spracherkennung geht noch Kapitel 20 Google Assistant ein.
- *Steuerung zur Medienwiedergabe einblenden*: Google Maps kann während der Fahrt Musik von einem Audioplayer wiedergeben. Wenn Sie diese Option zum ersten Mal aktivieren, müssen Sie eine der vorinstallierten Musikanwendungen auswählen und sich gegebenfalls dort anmelden.
- *Standardmedienanbieter für Assistent*: Wählen Sie die für Musikwiedergabe während der Navigation verwendete Anwendung.

Unter *Routenoptionen* können Sie bestimmte Strecken von der Navigation ausschließen:

- *Autobahnen vermeiden*
- *Mautstraßen vermeiden*
- *Fähren vermeiden*
- *Kraftstoffsparende Routen bevorzugen*: Es werden Routen bevorzugt, die aufgrund der nötigen Fahrweise Sprit sparen. Dazu werden beispielsweise Strecken mit vielen Ampeln und zähflüssigem Verkehr gemieden.
- *Motortyp*: Wählen Sie den Motortyp Ihres Autos aus für das Google Maps die Routen optimiert.

Unter *Kartendarstellung*:

- *Farbschema*: Google Maps schaltet automatisch – abhängig von der Uhrzeit – zwischen Tag- und Nachtansicht um. Letztere verwendet eine dunkle Farbgebung, um Blendung im dunklen Auto zu vermeiden.
- *Entfernungseinheiten:* Entfernungsangaben in der Sprachausgabe beziehungsweise in den Bildschirmanzeigen richten sich nach dem Land, in dem Sie sich befinden. Bei Bedarf können Sie aber auch *Kilometer* oder *Meilen* fest einstellen.
- *Norden immer oben*: Kartenansicht folgt nicht Richtungsänderungen. Wir raten von dieser Einstellung ab.

Unter *Optionen für Kraftfahrzeuge:*

- *Tachometer*: Blendet die aktuelle – per GPS ermittelte – Geschwindigkeit ein.
- *Benachrichtigungen beim Fahren*: Nicht von Google dokumentiert.

Unter *Fußwegoptionen*:

- *Live View*: In der Fußgängernavigation zeigt Google Maps bei Bedarf die Straßenansicht mit Fotos an. Weil Google in Deutschland seine Fotokarten aufgrund von Protesten in der Bevölkerung schon seit Jahren nicht mehr aktualisiert hat, macht diese Funktion keinen Sinn.

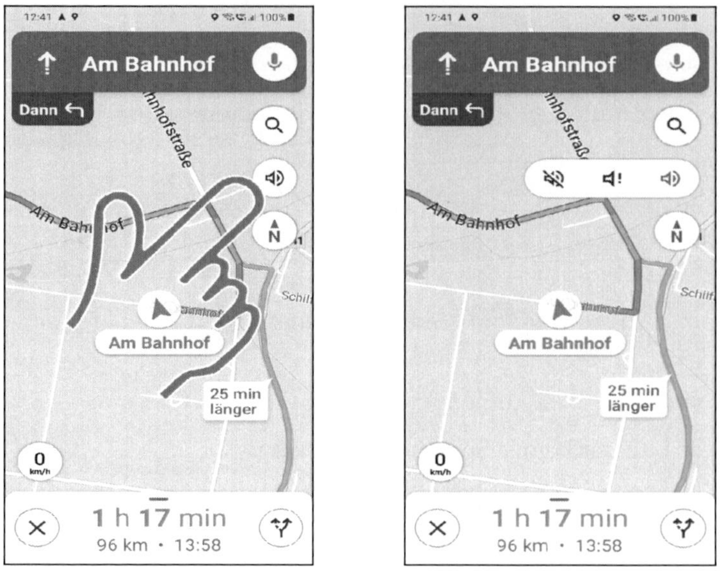

❶❷ 🔊 (Pfeil) klappt zwei Schaltleisten aus, mit denen Sie die Sprachausgabe abschalten oder nur Benachrichtigungen zulassen (beispielsweise »*Kein Empfang*«) oder alle Ansagen wieder erlauben.

16.6.3 Schnelle Navigation

Die Strecke zwischen Wohnort und Arbeit dürften die meisten Anwender am häufigsten fahren. Während Pendler, die nur wenige Kilometer zur Arbeitsstelle zurücklegen, dafür kein Navi brauchen, sieht es für längere Strecken anders aus. Häufig lohnt es sich dann die Navigation über Google Maps, weil es das aktuelle Verkehrsgeschehen berücksichtigt.

16.6.3.a Ersteinrichtung der Pendelstrecke

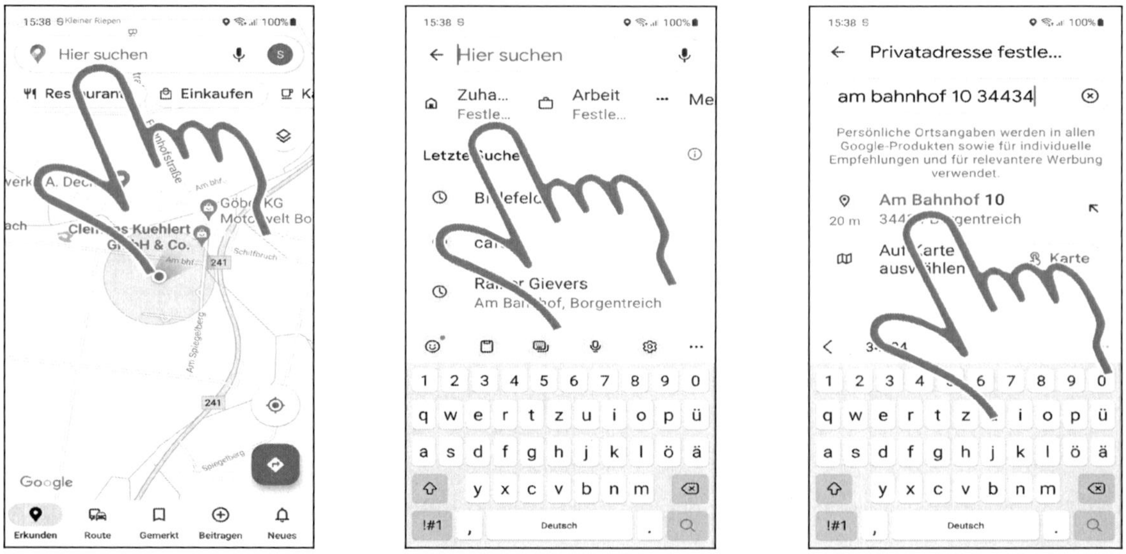

❶ Tippen Sie ins Suchfeld.

❷❸ Hier gehen Sie auf *Zuhause* und erfassen Ihre Privatadresse im Format »Straße Hausnummer PLZ Ort«. Google Maps schlägt unter dem Eingabefeld passende Adressen vor, von denen Sie eine auswählen können.

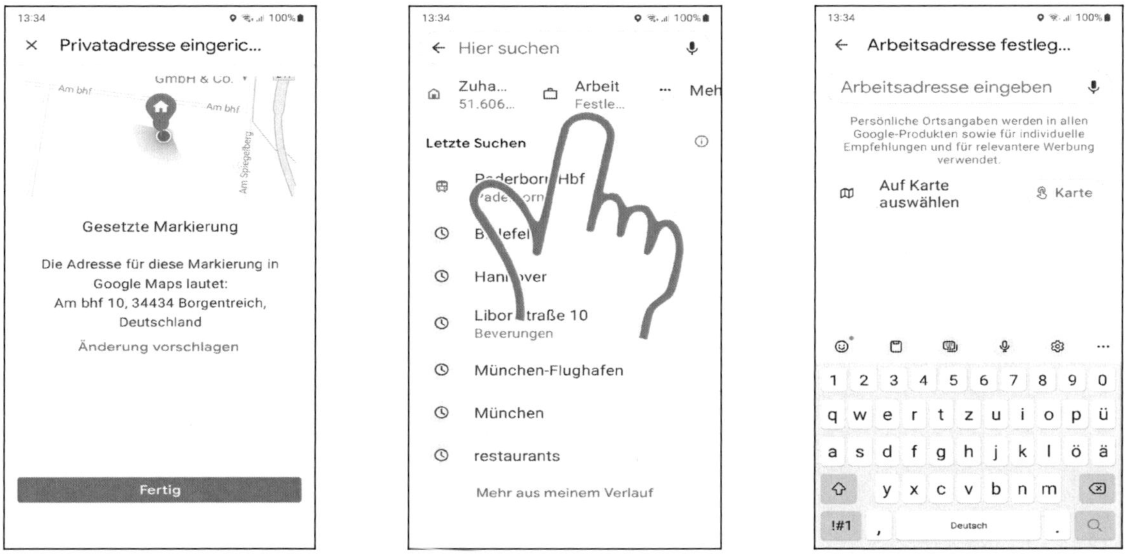

❶ Schließen Sie den Bildschirm mit *Fertig.*

❷ Sie befinden sich wieder im Suchbildschirm, wo Sie auf *Arbeit* gehen und die Adresse Ihres Arbeitsplatzes erfassen.

❸ Verlassen Sie den Bildschirm mit der <-Taste.

16.6.3.b Praxiseinsatz

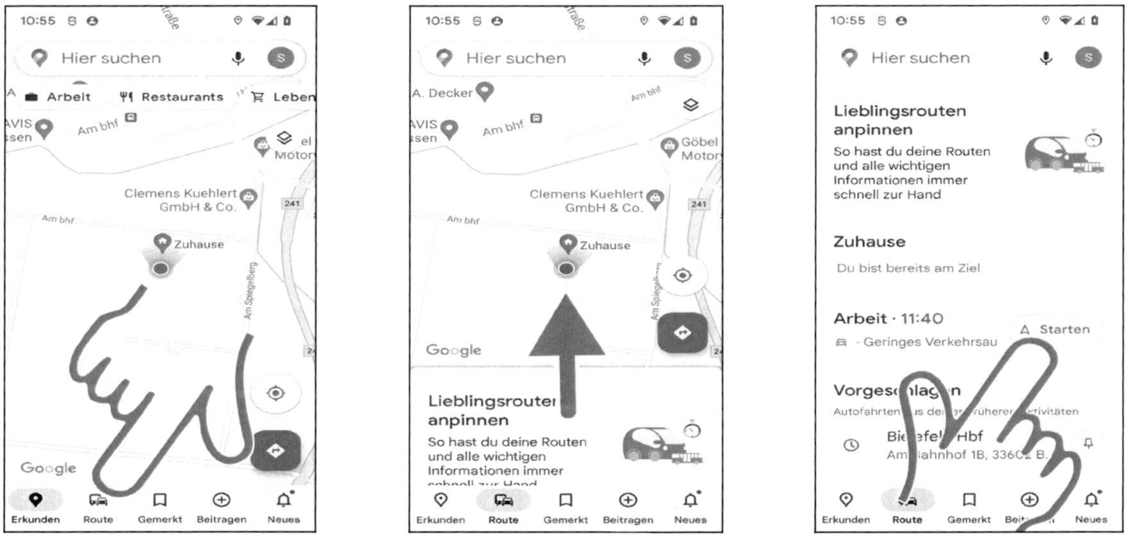

❶❷ Zum Navigieren gehen Sie unten auf *Route* und wischen vom Popup aus nach oben.

❸ Betätigen Sie *Starten*, worauf die Navigation startet.

16.6.3.c Pendelstrecke ändern

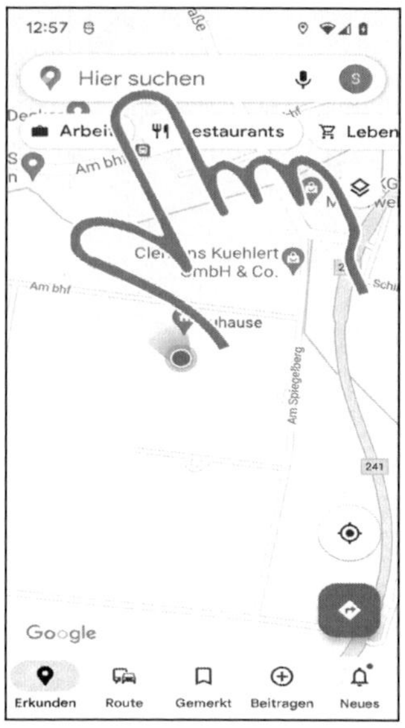

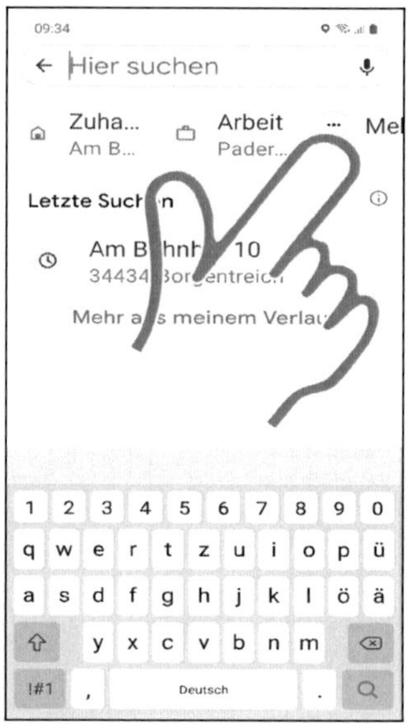

❶ Gehen Sie ins Suchfeld.

❷ Wählen Sie *Mehr* aus.

❸ Aktivieren Sie hinter Zuhause beziehungsweise *Arbeit* das ⋮-Menü.

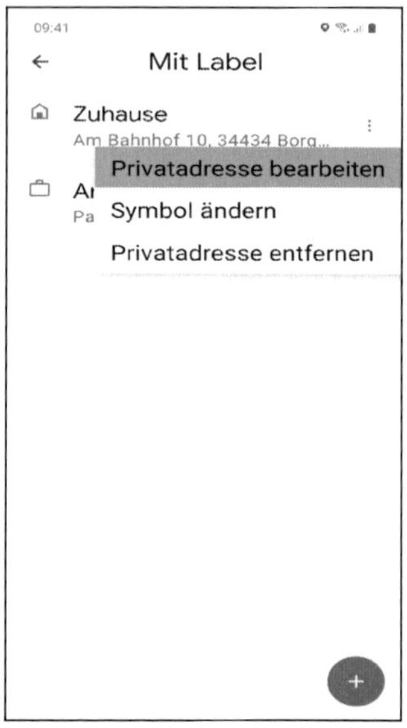

❶❷ Nach der Auswahl von *Privatadresse bearbeiten* geben Sie eine andere Adresse ein.

16.7 Ansichten

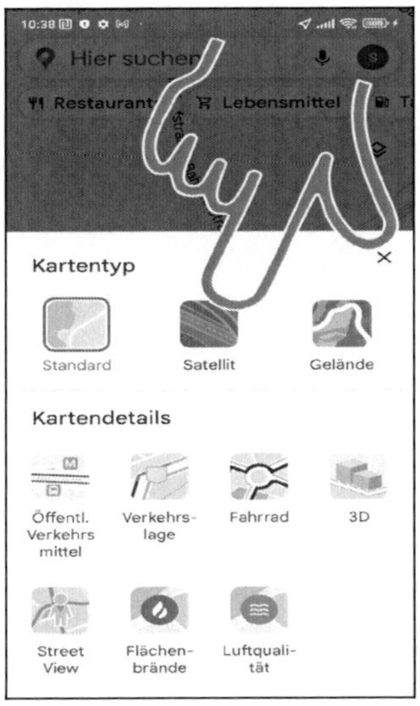

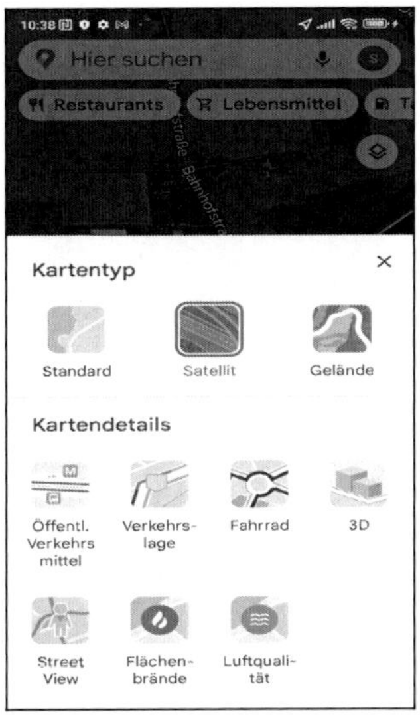

❶❷ Aktivieren Sie über ≎ (Pfeil) das Menü, worin Sie auf *Satellit* gehen. Die Satellitenansicht ist insbesondere dann praktisch, wenn man sich genau orientieren will, weil die normale Kartenansicht kaum Hinweise auf die Bebauung und markante Geländemerkmale gibt.

❸ Das Popup-Menü schließen Sie mit der <-Taste – alternativ tippen Sie auf einen Kartenbereich neben dem Popup.

Um die eingestellten Ansichten wieder auszuschalten, tippen Sie einfach im Popup erneut darauf.

Die Optionen *Flächenbrände* und *Luftqualität* werden in Deutschland nicht unterstützt.

Beachten Sie, dass die Satellitenansicht auf einige Jahre alten Luftbildern basiert. Sensible Zonen und Gebäude, darunter Militär- und Regierungsgebäude, sind teilweise digital verfälscht, damit potenzielle Angreifer keine Planungsgrundlage erhalten.

❶ *Verkehrslage* aus dem Dialog blendet die aktuelle Straßenlage in der Kartenanzeige ein, wobei das Verkehrsgeschehen mit orange/rot (zähflüssig/Stau) oder grün (freie Fahrt) bewertet wird. Für die Staudaten, welche Google Maps im Minutentakt aktualisiert, wertet Google das Bewegungsprofil von Android-Handys aus. Jedes Android-Gerät sendet ja in anonymisierter Form im Minutenabstand seine aktuelle, per GPS ermittelte Position an die Google-Server, woraus sich dann ein Bewegungsmuster errechnen lässt.

❷ Verwenden Sie *Fahrrad* aus dem Dialog, um Fahrradtouren anhand der ausgewiesenen Fahrradwege zu planen.

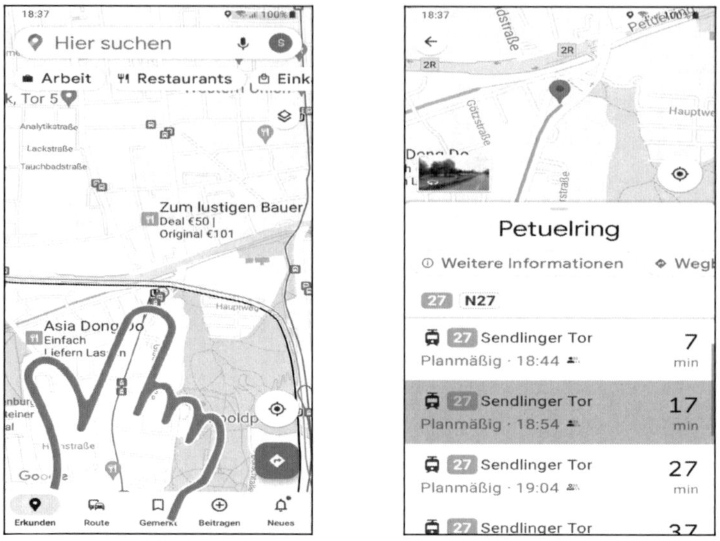

➊ Ebenfalls praktisch ist die Ansicht *ÖPV/ÖPNV*. Google Maps zeichnet dann alle Routen und Haltestellen öffentlicher Verkehrsmittel ein. Tippen Sie auf eine Haltestelle in der Kartenansicht.

➋➌ Tippen Sie eine Linie an, zu der Sie die Route erfahren möchten.

16.8 Google Local

Der Suchmaschinenbetreiber Google führt eine riesige Datenbank mit den Standorten von »Points of Interest« (POIs), darunter Unternehmen, Sehenswürdigkeiten, Restaurants, usw. Wenn Sie eine Suche, beispielsweise nach »Restaurant«, in Google Maps durchführen, greift Google Maps auf diese Datenbank zurück und listet die Fundstellen auf. Mit einem Fingerdruck kann man sich dann die Position eines Restaurants in der Karte, sowie weitere Infos, darunter auch Kundenbewertungen, Öffnungszeiten und Telefonnummern anzeigen. Diese Suche beschreibt bereits Kapitel *16.5 Suche*. Google Local vereinfacht die Suche und arbeitet mit Google Maps zusammen, um die Kartenposition anzuzeigen.

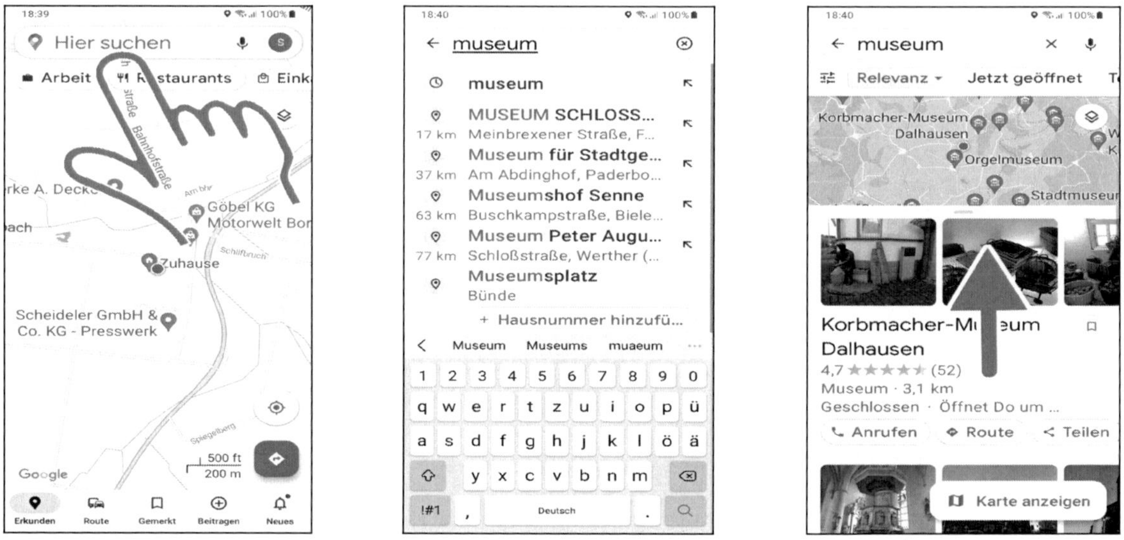

➊ Die Funktionen von Google Local stehen automatisch nach Antippen der Suchleiste zur Verfügung.

➋ Sie haben nun zwei Möglichkeiten; Entweder geben Sie einen Suchbegriff ein oder Sie wählen Sie eine der vorgegebenen Kategorien unterhalb des Suchfelds aus.

➌ Blättern Sie mit einer Wischgeste und wählen Sie einen Eintrag aus, zu dem Sie mehr Infos wünschen. Alternativ beschränken Sie über die Filter am oberen Bildschirmrand jeweils die Anzeige auf eine bestimmte Kategorie, beispielsweise *Jetzt geöffnet* oder *Top bewertet*.

Etwas simpler ist die Option, einfach in den Kartenbereich zu wechseln, für den Sie Points of Interest suchen (zum Beispiel mit der im Kapitel *16.5 Suche* beschriebenen Suchfunktion), die Suche mit ✕ beenden, die Suchleiste erneut antippen und dann eine der Schaltleisten, beispielsweise für Restaurants zu betätigen.

Alle Point of Interest erscheinen zudem direkt in der Karte, wenn Sie tief genug hereinzoomen.

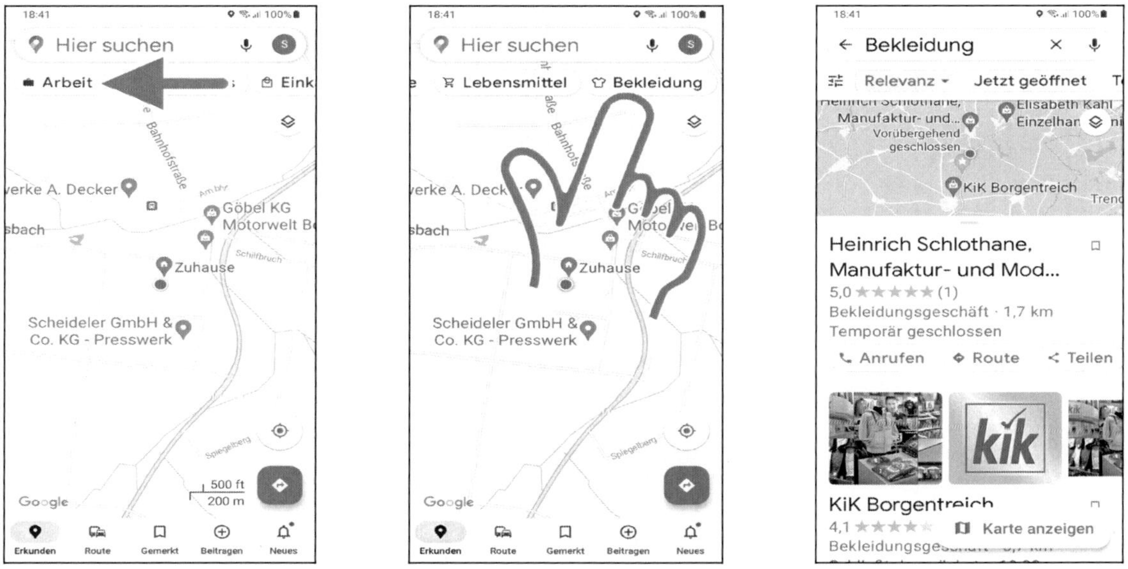

❶ Alternativ nutzen Sie die Vorschläge unter dem Eingabefeld: Mit einer Wischgeste »blättern« Sie in den Schaltleisten.

❷❸ Tippen Sie dann eine Schaltleiste an, beispielsweise *Tankstellen*, wenn Ihnen mal unterwegs der Sprit ausgeht.

16.8.1 Markierungen

Points of Interest, die Sie häufiger benötigen, können Sie für spätere Verwendung markieren. Die Markierungen werden dann in Ihrem Google-Konto und nicht nur lokal auf Ihrem Galaxy gespeichert.

❶ In der Detailansicht setzen Sie eine Markierung durch ☐ (Pfeil).

❷ Anschließend wählen Sie die Favoriten-Art aus.

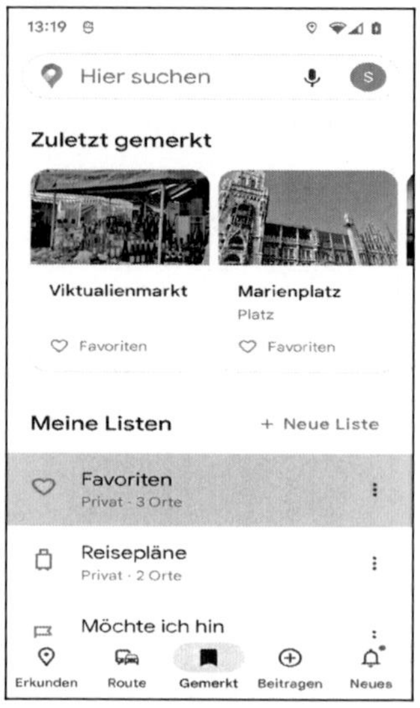

➊ Die von Ihnen gespeicherten Orte finden Sie im *Gemerkt*-Register.

➋➌ Wählen Sie einen Favoritentyp aus, worauf Sie die Favoritenauflistung erhalten.

16.9 Adressen aus dem Telefonbuch

Google verknüpft alle von Ihnen auf dem Handy verarbeiteten Daten. Dies trifft auch auf Ihre Kontakte zu, die in Google Maps angezeigt werden.

➊➋ Haben Sie zu einem Kontakt im Telefonbuch eine Adresse hinterlegt, dann können Sie direkt dort hin navigieren, indem Sie diese antippen.

16.10 Einstellungen

❶ Tippen Sie auf das runde Profilsymbol.

❷ Gehen Sie auf *Einstellungen*.

❸ Die verfügbaren Optionen:

- *App-Sprache*: Anwender, die des Deutschen nicht mächtig sind, können die Benutzeroberfläche inklusive Sprachausgabe auf eine andere Sprache umstellen.
- *Einstellungen für Offlinekarten*: Google Maps hält sein Kartenmaterial nicht auf dem Handyspeicher vor, sondern lädt es aus dem Internet. Damit das Kartenmaterial auch zur Verfügung stehet, wenn Sie mal keinen Internetzugang haben (zum Beispiel bei der Navigation wichtig), sollten Sie die Offline-Einstellungen aktiviert haben.
  - *Offlinekarten automatisch aktualisieren*: Durch die Aktualisierung berücksichtigt Google auch das aktuelle Verkehrsgeschehen und gesperrte Straßen in der Navigation.
  - *Offline-Karten automatisch herunterladen*: Lädt Kartendaten automatisch bei Bedarf herunter. Dies geschieht, sobald Sie sich einen Kartenausschnitt ansehen oder die Navigationsfunktion verwenden.
  - *Downloadeinstellungen*: Falls dies Ihr Mobilfunkvertrag hergibt, können Sie Aktualisierung von Offline-Karten (siehe Kapitel *16.4 Kartenausschnitt auf dem Gerät speichern*) nicht nur über WLAN, sondern auch über Mobilfunkinternet durchführen lassen.
  - *Über Offlinekarten*: Weitere Informationen anzeigen.
- *Nur WLAN*: Hiermit reduzieren Sie die über eine Mobilfunkverbindung heruntergeladene Datenmenge. Beachten Sie, dass dann unterwegs keine Kartenanzeige erfolgt. Sie sollten die Option deshalb nicht aktivieren.
- *Design*: Das Aussehen der Benutzeroberfläche lässt sich zwischen einem hellen und dunklen Design umschalten. Siehe auch Kapitel *27.6 Dunkelmodus (Dark Mode).*
- *Adressen bearbeiten*: Legen Sie für die einfachere Routenberechnung (siehe Kapitel *16.6 Navigation*) Heim- und Arbeitsadresse fest. Diese werden dann bei der Routeneingabe vorgeschlagen.
- *Videoeinstellungen*: Nicht von Google dokumentiert.
- *Einst. für angepinnte Fahrten*: Nicht von Google dokumentiert.
- *Google-Standorteinstellungen*: Diverse Einstellungen für Google Local, auf die Kapitel *16.8 Google Local* eingeht.
- *Persönliche Inhalte*: Darauf gehen wir weiter unten ein.
- *Barriefreiheit-Einstellungen*: Liefert Infos über die Zugänglichkeit von gesuchten oder

angezeigten Orten für Menschen mit Behinderung.

- *Tipps zur Standortgenauigkeit*: Sofern das Handy Ihre Position nicht exakt orten kann, gibt das Gerät hier Hinweise.
- *Google Maps-Verlauf:* Listet alle Orte auf, nach denen Sie gesucht beziehungsweise zu denen Sie navigiert haben. Auch als Favoriten markierte Orte (siehe Kapitel *16.8.1 Markierungen*) werden hier aufgelistet.
- *Elektrofahrzeug-Einstellungen*: Die hier vorgenommene Auswahl des Ladesteckers wird derzeit nicht von Google Maps ausgewertet.
- *Benachrichtigungen*: Informiert über Veranstaltungen (zum Beispiel Sportereignisse), welche die Verkehrssituation in Ihrer Nähe beeinflussen.
- *Chat*: Nicht von Google dokumentiert.
- *Entfernungseinheiten*: Sie können die Anzeige zwischen Meilen und Kilometer umschalten.
- *Maps in Satellitenansicht starten*: Die Satellitenansicht benötigt eine schnelle Internetverbindung und verbraucht in kurzer Zeit ein hohes Datenvolumen, weshalb wir von deren Nutzung abraten.
- *Maßstab auf der Karte anzeigen*: Informiert beim Zoomen in der Karte über den gerade aktiven Kartenmaßstab.
- *Navigationseinstellungen:* Hier können Sie nur über *Karte neigen* festlegen, dass während der Navigation (siehe Kapitel *16.6 Navigation*) die Karte leicht geneigt dargestellt wird.
- *Einstellungen verwalten*: Legen Sie Themen fest, die Sie besonders interessieren oder nicht interessieren, sodass Google Maps dies bei den Navigationsvorschlägen berücksichtigen kann.
- *Gebietseinstellungen verwalten*: Zu den hier vorgenommenen Eingaben erhalten Sie später später in Google Maps gegebenenfalls Vorschläge.
- *Schütteln, um Feedback zu senden*: Falls Sie Verbesserungsvorschläge haben oder auf einen Programmfehler stoßen, können Sie ihn den Entwicklern melden.
- *Infos & Hilfe*
- *Aus Google Maps abmelden*: Über das Menü wechseln Sie das Google-Konto, in dem Google Maps Ihre Nutzungsdaten ablegt.

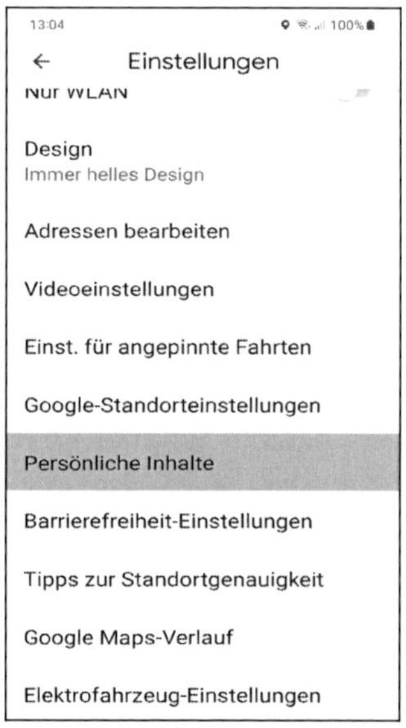

❶❷ Die Optionen in *Persönliche Inhalte* beziehen sich zum großen Teil auf die sogenannte Zeitachse. Dies ist eine Funktion, die genau auflistet, wo Sie sich zu bestimmten Zeitpunkten befunden haben. Wegen des damit verbundenen Eingriffs in Ihre Privatsphäre müssen Sie die Zeitachse erst im Ausklappmenü unter *Meine Zeitachse* aktivieren, bevor Sie sie nutzen können.

Unter *Meine Karte*:

- *Google-Kontakte*: Sofern Sie bei Ihren Kontakten im Telefonbuch (siehe Kapitel *8 Telefonbuch*) eine Adresse eingegeben haben, erscheinen diese in Google Maps.
- *Abholungen*: Google arbeitet mit einigen Händlern zusammen, die einen Abholservice anbieten. Für Deutschland nicht relevant.

Unter *Meine Zeitachse:*

- *E-Mails zu Stationen auf der Zeitachse*: Falls es neues zu Standorten gibt, die Sie mal besucht haben, erhalten Sie eine E-Mail.
- *Google Fotos*: Fotos, die Sie mit der Kamera erstellt haben, werden in der Zeitachse eingeblendet.

Unter *App-Verlauf:*

- *Web- & App-Aktivitäten sind aktiviert*: Steuert, welche Aktivitäten in der Zeitachse verzeichnet werden.

Unter *Standorteinstellungen:*

- *Standorterfassung ist aktiviert; Standortverlauf ist aktiviert*: Erlaubt die Speicherung Ihres Standorts in der Zeitachse.
- *Gesamten Standortverlauf löschen; Bestimmten Zeitraum im Standortverlauf löschen*: Verwaltet Ihren Standortverlauf, der in der Zeitachse erscheint.
- *Standortverlauf automatisch löschen*: Nach Verstreichen des von Ihnen ausgewählten Zeitraums (3 Monate, 18 Monate oder nie) löscht Google automatisch die aufgezeichneten Standortdaten.

Unter *Profileinstellungen*:

- *Beiträge in meinem Profil anzeigen*: Google erlaubt die Bewertung von Geschäften und Institutionen. Von Ihnen geschriebene Bewertungen erscheinen in der Karte.

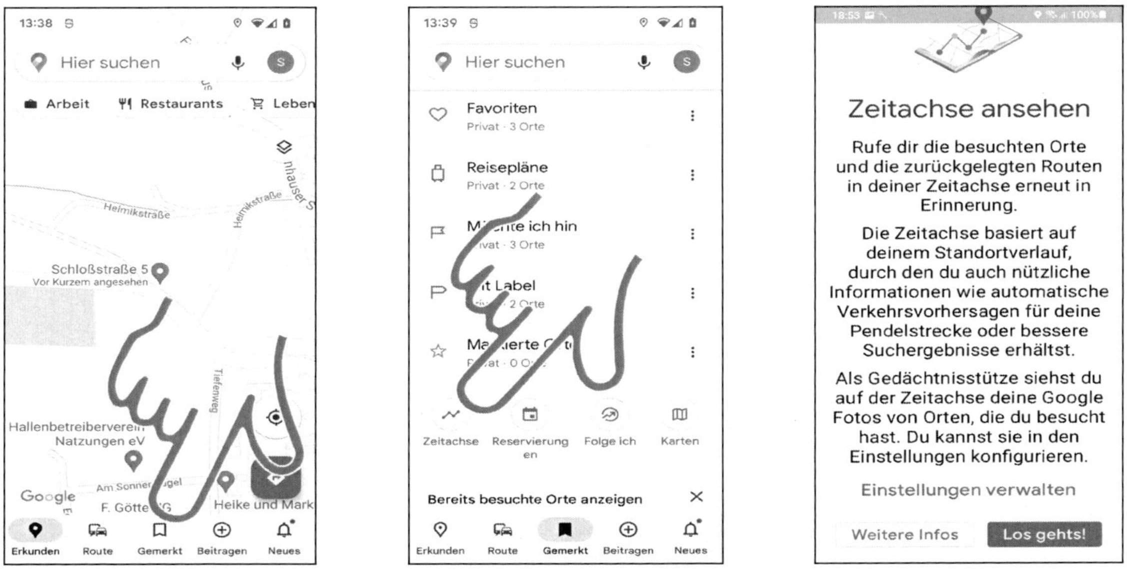
13:38
Hier suchen
Arbeit
Restaurants
Schloßstraße 5
Vor Kurzem angesehen
Hallenbetreiberverein Natzungen eV
Erkunden
Route
Gemerkt
Beitragen
Neues
13:39
Hier suchen
Favoriten
Privat · 3 Orte
Reisepläne
Privat · 2 Orte
Zeitachse
Folge ich
Karten
Bereits besuchte Orte anzeigen
Erkunden
Route
Gemerkt
Beitragen
Neues
Zeitachse ansehen
Rufe dir die besuchten Orte und die zurückgelegten Routen in deiner Zeitachse erneut in Erinnerung.
Die Zeitachse basiert auf deinem Standortverlauf, durch den du auch nützliche Informationen wie automatische Verkehrsvorhersagen für deine Pendelstrecke oder bessere Suchergebnisse erhältst.
Als Gedächtnisstütze siehst du auf der Zeitachse deine Google Fotos von Orten, die du besucht hast. Du kannst sie in den Einstellungen konfigurieren.
Einstellungen verwalten
Weitere Infos
Los gehts!

❶❷❸ Die oben erwähnte Zeitachse finden Sie im *Gemerkt*-Register unter *Zeitachse*.

17. Kamera

Ihr Galaxy verfügt über mehrere Kameralinsen. Diese sind nicht permanent aktiv, sondern werden abhängig vom gewählten Motivprogramm genutzt. Auch wenn Sie den Zoom verwenden, schaltet die Kamera-Anwendung nahtlos zwischen den Linsen um.

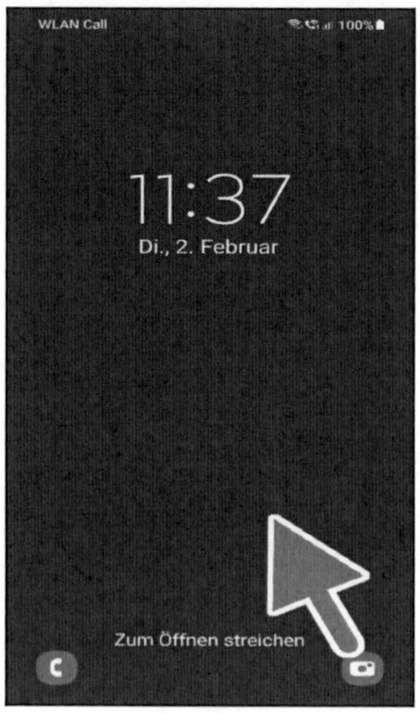

❶ Sie rufen die *Kamera*-Anwendung aus dem Startbildschirm oder Hauptmenü auf.

❷ Auch aus dem Sperrbildschirm ist ein Kamera-Aufruf möglich. Ziehen Sie einfach vom Kamera-Symbol aus nach oben.

Die Kamera legt die Fotos und Videos auf dem Gerät im Verzeichnis *DCIM\Camera* ab.

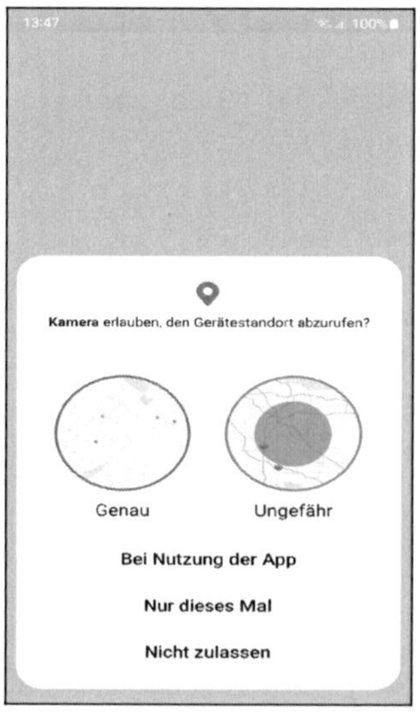

❶❷ Die Frage zum Geotagging erscheint nach einiger Nutzungszeit. Beantworten Sie sie mit mit *Einschalten* und dann *Bei Nutzung der App*. Das Handy speichert nun in den Fotos die Koordinaten des Aufnahmeorts.

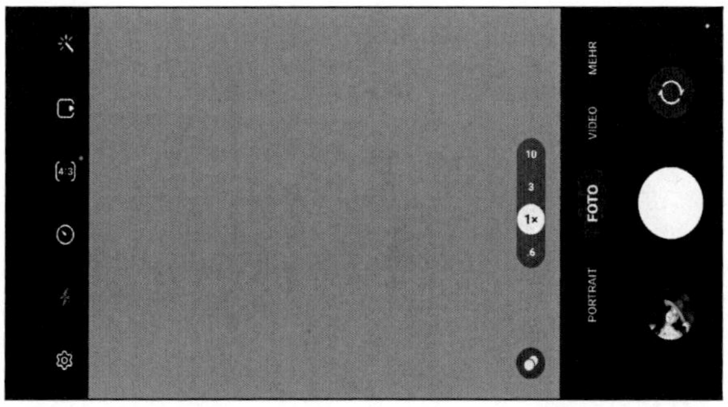

In der Kamera-Oberfläche steuern Sie alle Funktionen über die Schaltleisten:

Die Schaltleisten auf der linken Seite:

- : Diverse Bildverfremdungen.
- : Bewegungsaufnahme: In den Fotos speichert die Kamera einige Sekunden Video, die später im Bildanzeiger abgespielt werden können. Weil dies nur auf dem Handy selbst möglich ist und zudem sehr große Bilddateien erzeugt werden, raten wir davon ab.
- : Bildformat zwischen 4:3, 16:9, 1:1 und Full (»Vollformat«) umschalten. Falls Sie vorhaben, Ihre Bilder später bei einem Fotoshop drucken zu lassen, sollten Sie die Voreinstellung 4:3 nicht verändern. Je nach Dienstleister wird sonst der Rand mehr oder weniger beschnitten.
- : Zeitschalter für automatische Auslösung zwischen 2, 5 oder 10 Sekunden setzen.
- : LED-Blitz ein/aus/automatisch.
- : Weitere Einstellungen.

Mit den Registern auf der rechten Seite schalten Sie zwischen verschiedenen Modi um:

- *PORTRAIT*: Für Personenfotos, wobei mehrere Fotofilter zur Verfügung stehen.
- *FOTO*: Die Standardeinstellung, in der Sie die meisten Fotos erstellen werden.
- *VIDEO*: Videos aufnehmen.
- *MEHR*:
  - *BIXBY VISION*: Analysiert das Foto.
  - *AR-ZONE*: Fotos mit diversen Effekten verfremden.
  - *EXPERT-RAW*: Speichert Ihre Fotos im sogenannten RAW-Format. Für den normalen Anwender macht das keinen Sinn, weil RAW-Dateien mehrere dutzend Megabyte groß sind und zur Anzeige und Weiterverarbeitung auf dem Spezialprogramme benötigt werden.
  - *PRO:* Im Pro-Modus dürfen Sie viele Bildeinstellungen selbst vornehmen, darunter ISO, Belichtung und Fokus.
  - *PROFI-VIDEO*: Video mit frei einstellbaren Parametern (ISO, Belichtung, Weißabgleich und Farbton).
  - *SINGLE TAKE*: Die Kamera erstellt mehrere Fotos und wählt davon automatisch das Beste aus.
  - *NACHT*: Für Fotos bei sehr schlechten Lichtverhältnissen. Sie sollten dabei das Handy sehr ruhig halten.
  - *ESSEN*: Stellt einen runden Bereich (beispielsweise um einen Teller) scharf.
  - *PANORAMA*: Aus mehreren Einzelfotos ein Panorama erstellen.
  - *SUPER-SLOW-MO*: Super Slow Motion (»Super langsame Bewegung«) nimmt Videos mit 960 Bildern pro Sekunde auf, welche sich dann als Zeitlupe abspielen lassen. Optimale Ergebnisse erhalten Sie allerdings nur bei sehr guten Lichtverhältnissen (das Flackern von Leuchtstoffröhren würde stören) und mit der Verwendung eines Stativs/Ständers. Weil die erzeugten Videos nur einen Sekundenbruchteil lang sind, bietet die Kamera einen automatischen Bewegungsauslöser an.

- *ZEITLUPE*: Videos mit hoher Bildzahl aufnehmen, die dann erheblich langsamer abgespielt werden.
- *HYPERLAPSE*: Erstellt Zeitraffer-Videos.
- *HOCHFORMAT-VIDEO*: Nicht von Samsung dokumentiert.
- *REGIEANSICHT*: Gleichzeitige Aufnahme von Front- und Hauptkamera. Außerdem kann man während der Aufnahme zwischen den Kameralinsen umschalten (von Standard bis Weitwinkel).
- *SINGLE-TAKE*: Ein 10-Sekündiges Video erstellen.

Die Schaltleisten auf der rechten Seite:

- ⟳: Zwischen Front- und Rückkamera umschalten. Alternativ wischen Sie einfach auf dem Bildschirm nach links oder rechts.
- (Weiße Schaltleiste): Foto erstellen.
- (Vorschaubild): Zeigt das zuletzt erstellte Foto an. Tippen Sie darauf, um das Foto in der Galerie-Anwendung anzuzeigen.

> Die Kameraelektronik benötigt relativ viel Strom, weshalb sich die Kamera-Anwendung bei Nichtnutzung automatisch beendet.
>
> Abhängig davon, wie Sie das Handy halten, erscheinen die Schaltleisten bei Ihnen auf der jeweils gegenüberliegenden Bildschirmseite.

17.1 Fotomodus auswählen

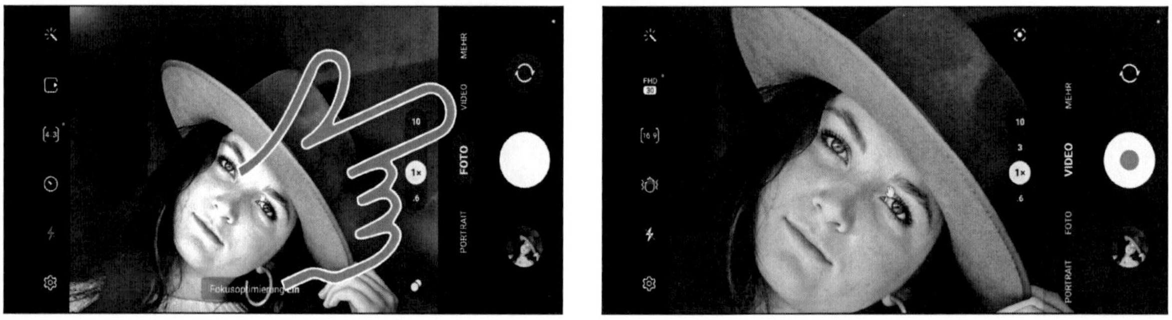

❶❷ Die Fotomodi sind größtenteils selbsterklärend, weshalb wir nur auf einige wichtige in diesem Buch eingehen. Zur Modus-Auswahl wählen Sie einfach eines der Register am rechten Rand aus.

17.2 Foto erstellen

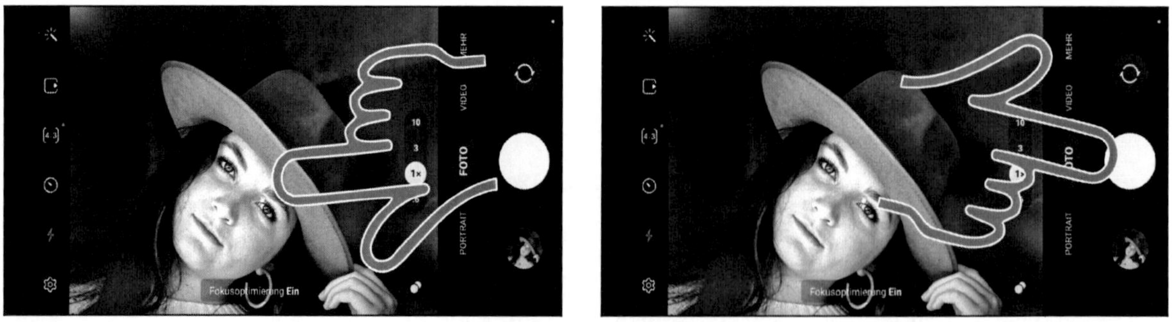

❶ Tippen Sie zuerst auf den scharf zu stellenden Bereich im Sucher. Meistens ist dies übrigens nicht nötig, weil die Kamera automatisch auf das Objekt in der Bildschirmmitte scharf stellt.

❷ Anschließend betätigen Sie die weiße Schaltleiste auf der rechten Seite. Alternativ betätigen Sie eine der Lautstärketasten auf der rechten Geräteseite. Die Kamera speichert das Foto und kehrt sofort in den Fotomodus zurück.

❶ Das erstellte Foto erscheint unten rechts als Vorschau. Tippen Sie es für die Vollbildschirmansicht an.

❷ Tippen Sie gegebenenfalls auf das Foto, um die Bedienelemente zu aktivieren:

- ♡: Als Favorit markieren.
- : Fotoeditor aufrufen.
- : Foto an eine andere Person per E-Mail, usw. senden.
- : Foto ohne Speichern verwerfen.
- : Foto an ein anderes Android-Gerät übertragen.
- : Aktiviert die Bilderkennung (siehe Kapitel *17.10 Bixby Vision*).

Die ‹-Taste bringt Sie wieder in die Kamera-Anwendung zurück.

> Beim Fotografieren gibt es angesichts der vollautomatischen Aufnahmesteuerung moderner Digitalkameras eigentlich nicht viel zu beachten. Trotzdem ruinieren viele Anwender ihre Aufnahmen.
>
> Unsere Tipps: Wischen Sie vor jedem Fotografieren die Kameralinse mit einem Mikrofasertuch ab, damit Ihre Aufnahmen nicht durch »Nebel« entstellt werden. Zum Zweiten sollten Sie nach Möglichkeit Ihre Motive immer so fotografieren, dass die Sonne in Ihrem Rücken steht. Sie überfordern sonst die Belichtungssteuerung.

17.3 Weitere Funktionen

Die nachfolgend beschriebenen Features unterstützen Sie beim Fotografieren.

17.3.1 Zoom

Zoomen Sie mit einer Kneifgeste (zwei Finger gleichzeitig auf das Display halten und auseinander/zusammenziehen). Die Kamera-Anwendung schaltet dann automatisch zwischen den Kameralinsen um.

Ab einer gewissen Zoom-Stufe sollten Sie ein Stativ verwenden oder sich an einem festen Gegenstand, beispielsweise einer Wand oder einem Geländer abstützen.

17.3.2 Kamera zwischen Weit- und Ultraweitwinkel umschalten

Zwischen Weitwinkel und Ultra-Weitwinkel wechseln Sie über separate Schaltleisten.

17.3.3 Lokale Helligkeit

➊ Wie bereits gezeigt, stellt das Handy automatisch auf die im Vorschaubild angetippte Stelle scharf. Dabei wird auch die Helligkeit passend eingestellt.

➋ Für den Fall, dass dann andere Bildbereiche überstrahlen oder zu dunkel ausfallen, können Sie dann selbst mit einer Wischgeste die gewünschte Helligkeit einstellen (vorher einmal in der Vorschau auf eine Stelle tippen).

> Tipp: Halten Sie den Finger für einige Sekunden auf einen Bereich im Vorschaubild für die AF-Sperre. Wenn Sie anschließend die Kamera vom Objekt weg/zum Objekt bewegen, wird die Schärfe nicht mehr angepasst. Antippen von »*AF Sperre*« deaktiviert diese wieder.

17.3.4 Verschobener Auslöser

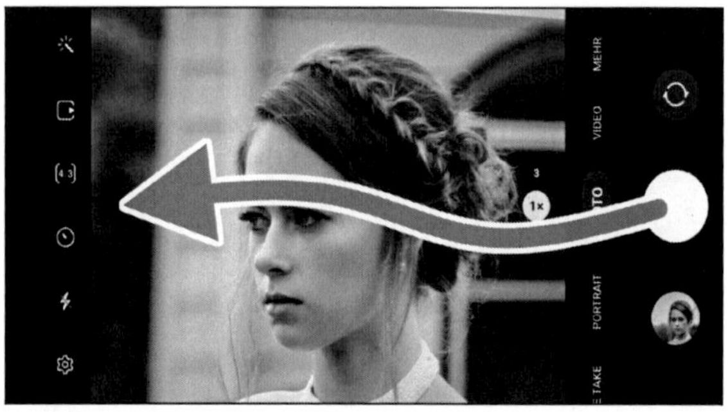

➊ Das Handydisplay ist sehr groß, weshalb Sie in manchen Situationen den Auslöser nicht einhändig bedienen können. Für diesen Fall erstellen Sie einfach eine zweite Taste: Halten Sie den Finger auf dem Auslöser und ziehen Sie ihn dann **sofort** an die gewünschte Position.

➋ Der zweite Auslöser steht nun zur Verfügung. Umgekehrt ziehen Sie den zweiten Auslöser auf den ersten Auslöser zurück, wenn Sie ihn nicht mehr benötigen.

17.3.5 Texterkennung

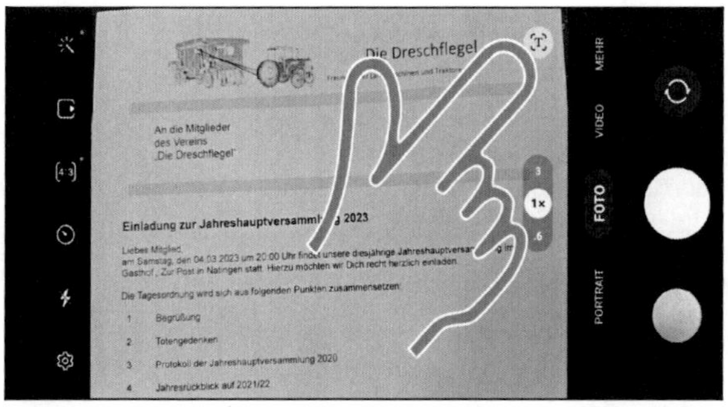

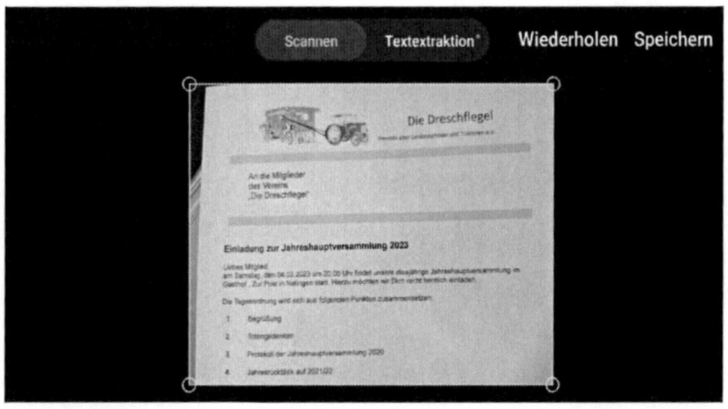

❶❷ Die Kamera erkennt automatisch Texte, worauf die gelbe Schaltleiste hinweist. Betätigen Sie sie, um den Text einzuscannen und weiterzuverarbeiten.

17.4 Einstellungen

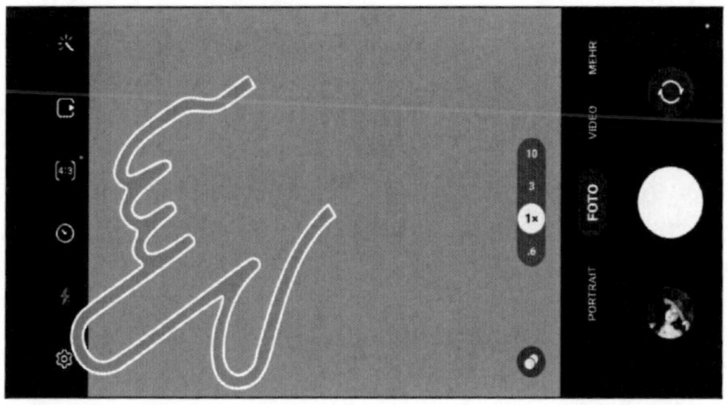

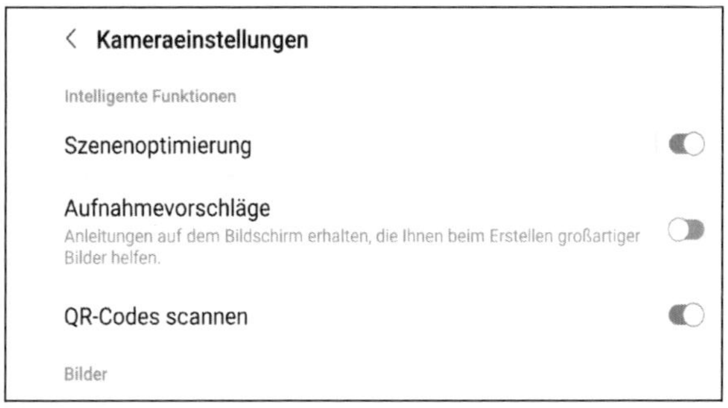

❶❷ Betätigen Sie ⚙ (Pfeil) für weitere Einstellungen:

Unter *Intelligente Funktionen*

- *Szenenoptimierung*: Aktiviert die im Kapitel *17.3.5 Texterkennung* beschriebene Schaltleiste in der Kameravorschau.
- *Aufnahmevorschläge*: Die Kamera weist darauf hin, wenn das Motiv optimal scharf gestellt ist.
- *QR-Codes scannen*: In vielen Werbeanzeigen und auf Plakaten werden sogenannte QR-Codes abgedruckt.Halten Sie die Kamera darauf, erscheint ein Popup, das Sie antippen, worauf der Webbrowser die im QR-Code enthaltene Website öffnet.

Unter *Bilder*:

- *Auslöser gedrückt halten:*
  - *Serienbilder aufnehmen*: Solange Sie die Kameraschaltfläche gedrückt halten, erstellt die Kamera Fotos.
  - *GIF erstellen*: Sogenannte GIF-Datei erstellen, die mehrere Bilder enthält, welche später wie ein Video abgespielt werden.
- *Wasserzeichen*: Fügt einen Text unten in den Fotos ein. Wir raten davon ab, denn das Wasserzeichen lässt sich nicht nachträglich entfernen.
- *Erweiterte Bildoptionen*:
  - *HEIF-Bilder (Foto)*: Das HEIF-Dateiformat ist eine Alternative zu JPEG. Wir raten von dessen Verwendung ab, weil es nur von wenigen Bildverarbeitungsprogrammen und Bildanzeigern unterstützt wird.
  - *Pro-Modus-Bildformat*: Die Kamera erzeugt standardmäßig JPG-Dateien. Alternativ lassen sich RAW-Dateien erstellen. Das RAW-Dateiformat ist für Profis interessant, da es mehr Bildinformationen (Farben in 16 Bit statt 8 Bit) enthält. Zur Weiterverarbeitung sind allerdings Spezialprogramme nötig, weshalb wir von dieser Option abraten. Außerdem belegen RAW-Fotodateien sehr viel Speicherplatz.

Unter *Selfies*:

- *Selfies wie angezeigt speichern*: Selfies (Fotos von Gesichtern) werden nicht passend gedreht gespeichert.

Unter *Videos*:

- *Automatischer FPS-Wert:* Reduziert bei Videoaufnahmen unter schlechten Lichtverhältnissen die Bildrate, sodass der Auslöser länger offen ist. Dies ergibt hellere Videos.
- *Videostabilisierung*: Korrigiert leichte Ruckler, sodass aufgenommene Videos ruhig wirken.
- *Erweiterte Videooptionen*:
    - *Videos mit hoher Effizienz*: Videoaufnahmen werden in einem hochoptimierten Format gespeichert, das Speicherplatz spart. Beachten Sie allerdings, dass viele Geräte später die Videos nicht abspielen können, weil sie das Videoformat nicht unterstützen. Wir raten daher davon ab.
    - *Video, hohe Bitrate (Pro-Video)*: Nur im Pro-Video-Modus können Sie die Bitrate und damit die Videoqualität anpassen.
    - *HDR10+-Videos*: Aktiviert *Videos mit hoher Effizienz* und erhöht durch ein spezielles Verfahren den Bildkontrast und Farbqualität.
    - *Audio-Zoom*: Wenn Sie den Zoom verwenden (siehe Kapitel *17.3.1 Zoom*) erhöht das Handy automatisch die Aufnahmelautstärke. Damit erhalten auch weiter entfernt aufgenommene Szenen den passenden Ton.
    - *360-Audioaufnahme*: Spezialfunktion für Besitzer der Bluetooth-Kopfhörer Galaxy Buds 2 Pro: Diese nehmen Audio auf und sorgen somit für Videos mit 360-Grad-Effekt.

Unter *Allgemein*:

- *Verfolgungs-Autofocus*: Die Kamera stellt automatisch auf ein bewegtes Motiv scharf. Dies kann beispielsweise ein Fahrzeug oder Sportler sein.
- *Raster*: Blendet Gitterlinien im Sucher ein, was bei einigen Motiven, zum Beispiel Architektur, die optimale Kamerapositionierung erleichtert.
- *Geotagging*: Wenn eingeschaltet, werden in jedem Foto die GPS-Koordinaten Ihrer aktuellen Position mitgespeichert. Später können Sie sich in der Galerie-Anwendung die Aufnahmeorte anzeigen lassen.
- *Auslöser*:
    - *Drücken der Lautstärketaste*:
        - *Bild oder Video aufnehmen*: Betätigen Sie eine der beiden Lautstärketasten auf der linken Seite, um ein Foto aufzunehmen.
        - *Heran- oder Herauszoomen*: Mit den Lautstärketasten verändern Sie den Zoom (siehe Kapitel *17.3.1 Zoom*).
        - *Systemlautstärke steuern*: Stellt die Standardfunktion der Lautstärketasten ein.
    - *Sprachbefehle*: Mit den Befehlen »*Lächeln*«, »*Bitte lächeln*«, »*Klick*« oder »*Aufnahme*« macht die Kamera ein Foto. »*Video aufnehmen*« erstellt ein Video.
    - *Schwebender Auslöser*: Eine zweite Aufnahme-Taste lässt sich frei auf dem Bildschirm platzieren.
    - *Zeigen der Handfläche*: Halten Sie kurz die Handfläche über der Kamera und ziehen Sie sie weg. Die Kamera wartet ca. 2 Sekunden und erstellt dann das Foto.
- *Zu behaltende Einstellungen*: Die Kamera verbleibt im zuletzt gewählten Modus, wenn Sie sie beenden und später erneut aufrufen.
- *Vibrationsfeedback*: Betätigung der Schaltleisten quittiert das Handy mit Vibration.
- *Datenschutzhinweise; Berechtigungen*

- *Einstellungen zurücksetzen*: Alle Einstellungen auf den Auslieferungszustand des Handys zurücksetzen.
- *Info zu Kamera*: Versionsinformation und Update durchführen.
- *Kontaktiere uns*

17.5 Positionsdaten

Das Galaxy hinterlegt in den Fotos die jeweiligen Positionsdaten, sodass man später jederzeit anzeigen kann, wo genau die Bilder entstanden sind. Interessant ist so etwas zum Beispiel für Wanderer, Urlauber oder Bootsfahrer, die dann auch gleich ihre genommene Route erfahren.

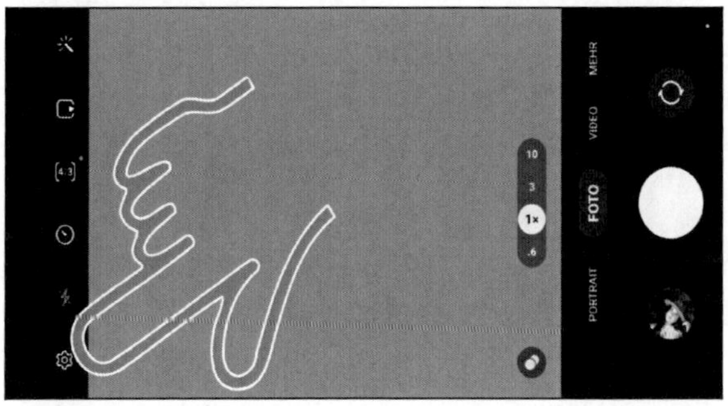

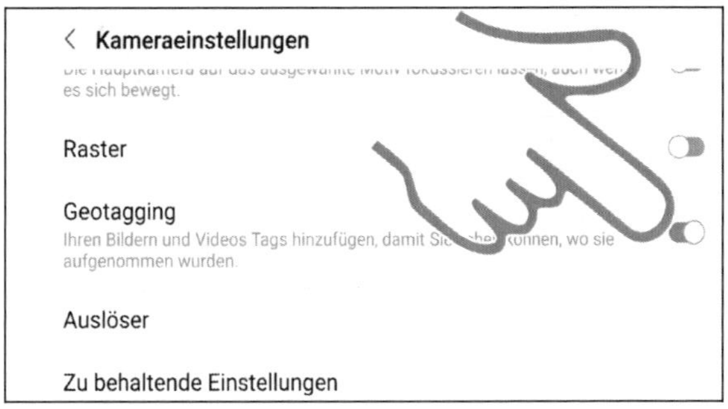

❶ Zuerst müssen Sie dafür sorgen, dass die Kamera die GPS-Koordinaten speichert. Gehen Sie auf ⚙.

❷ Prüfen Sie ob Geotagging aktiviert ist (Schalter ist blau) und schließen Sie den Bildschirm mit der <-Taste. Beantworten Sie das folgende Popup mit *Bei Nutzung der App*.

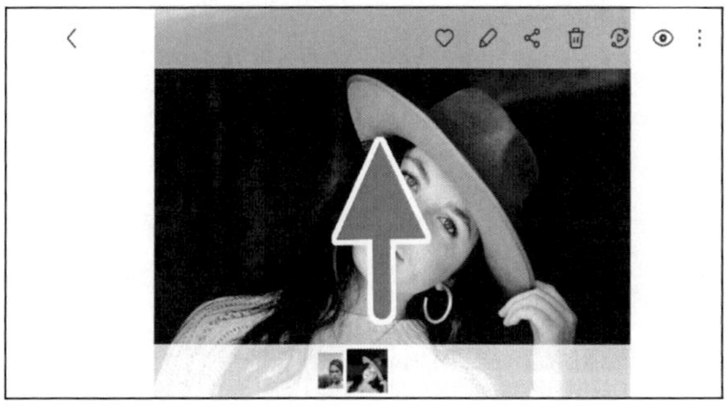

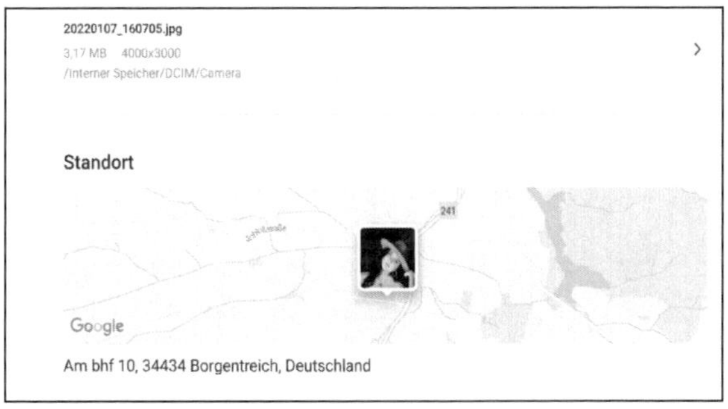

❶ Sie können zum Standort, an dem das Foto entstand, über die Galerie-Anwendung (siehe Kapitel *18 Galerie*) anzeigen: Rufen Sie dort die Vollbildansicht auf und wischen Sie nach oben.

❷ Tippen Sie auf den Kartenausschnitt, worauf die Kartenanwendung Google Maps startet und die Aufnahmeposition anzeigt.

17.6 Motivprogramme

Die Galaxy-Kamera unterstützt diverse Motivprogramme, über die Sie Ihrer Kreativität freien Lauf lassen können.

❶ Betätigen Sie die ⁘-Schaltleiste.

❷ Über die Schaltleisten (Pfeil) wählen Sie zwischen den Filtern. Betätigen Sie nun den Auslöser, um ein Foto mit den Einstellungen aufzunehmen.

17.7 Selfies

Die Frontkamera diente in den Handys, die im letzten Jahrzehnt erstmals damit angeboten wurden, der Videotelefonie (eine Technik, die niemals große Bedeutung erlangte). Inzwischen nutzen viele Anwender die Frontkamera für Selbstportraits, die auch als »Selfies« (self = engl. »selbst«) bezeichnet werden.

❶❷ Auf die Frontkamera schalten Sie mit der ⊙-Schaltleiste um. Alternativ wischen Sie einfach nach links oder rechts auf dem Bildschirm. Auf dem gleichen Wege schalten Sie den Selfie-Modus wieder ab.

17.8 Video-Funktion

❶ Aktivieren Sie das *VIDEO*-Register.

❷ Tippen Sie die ●-Schaltleiste (Pfeil) an, worauf die Aufnahme startet. Mit der Stopp- und Pause-Taste beenden beziehungsweise pausieren Sie die Aufnahme.

Viele Funktionen im Videomodus sind identisch zur Kamerafunktion, auf die bereits die vorhergehenden Kapiteln eingehen.

17.9 Spezialeffekte

Mit den Spezialeffekten sollten Sie sich erst auseinandersetzen, wenn Sie die Kamera-Anwendung bereits einige Zeit genutzt haben.

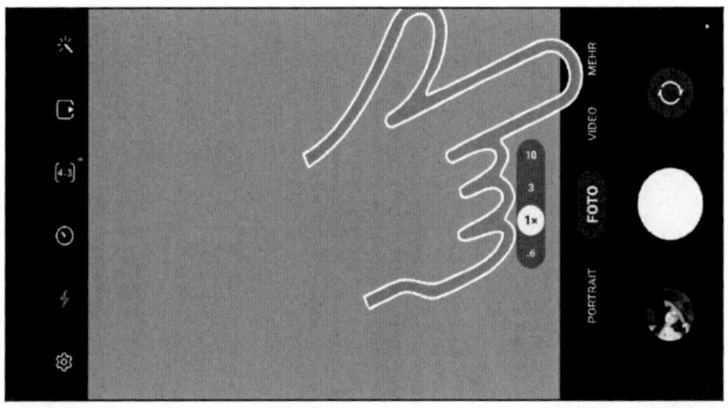

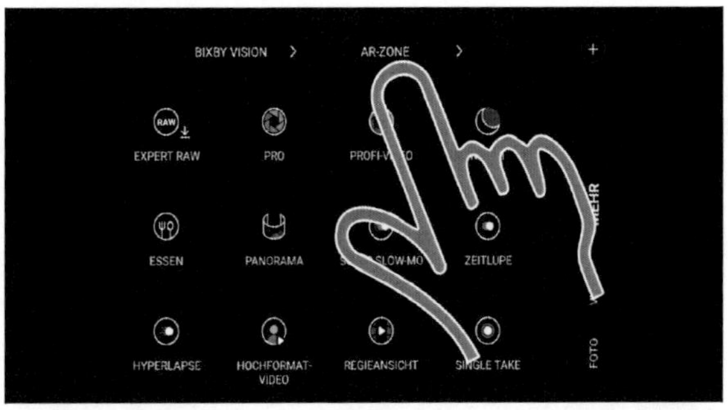

❶❷ Gehen Sie auf *MEHR* und dann auf *AR-ZONE*. Spätestens jetzt sollten Sie allerdings das Handy aufrecht halten.

Zur Auswahl stehen folgende Optionen:

- *AR-Emoji-Studio*: Den mit *AR-Emoji-Stickers* erstellten Avatar individuell »einkleiden«.
- *AR-Emoji-Kamera*: Lustige Figur erstellen, die Sie animieren können.
- *AR-Emoji-Stickers*: Erstellt aus einem Foto einen neuen Avatar.
- *AR-Zeichnung*: Bildbereiche mit einem Stift markieren.
- *Deko-Bild*: Blendet verschiedene Effekte ein, beispielsweise Brillen, Bärte, Hüte, usw.
- *Schnellmessung*: Die Abmessungen von Objekten in bis zu 3 Meter Entfernung ermitteln.

17.9.1 Schnellmessung

Verwenden Sie die Handykamera als intelligenten Zollstock!

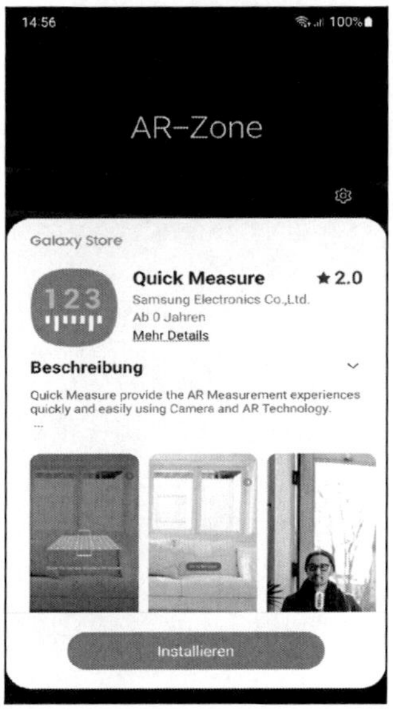

❶ Rufen Sie *Schnellmessung* auf.

❷ Sie müssen nun eventuell einmalig einige rechtliche Infos akzeptieren, wozu Sie auf *Fortsetzen* gehen.

❸ Nach Betätigen von *Installieren* müssen Sie warten, bis die Einrichtung abgeschlossen ist. Anschließend rufen Sie *Schnellmessung* erneut im *AR-Zone*-Menü auf.

❶ Schwenken Sie das Handy einige Sekunden, damit sich die Schnellmessung kalibriert.

❷ Ein Objekt in bis zu 3m Entfernung werden automatisch erfasst, sobald Sie es im Vorschaubild antippen.

17.9.2 Deko-Bild

Mit der Deko-Bild-Funktion fügen Sie Ihren Selfies lustige Effekte hinzu.

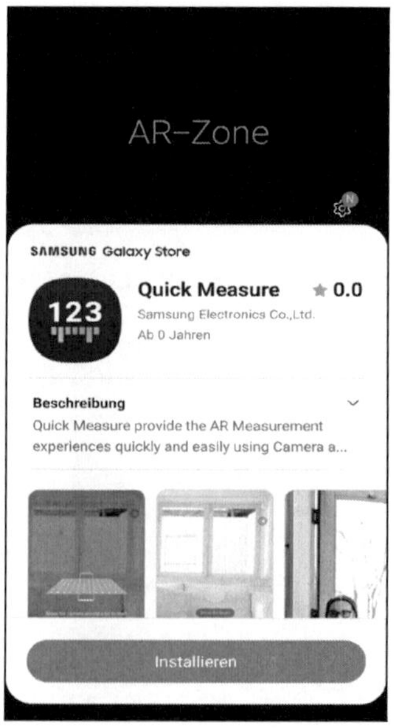

❶ Aktivieren Sie *Deko-Bild.*

❷ Sie müssen nun eventuell einmalig einige rechtliche Infos akzeptieren, wozu Sie auf *Fortsetzen* gehen.

❸ Nach Betätigen von *Installieren* müssen Sie warten, bis die Einrichtung abgeschlossen ist. Anschließend rufen Sie *Deko-Bild* erneut im *AR-Zone-Menü* auf.

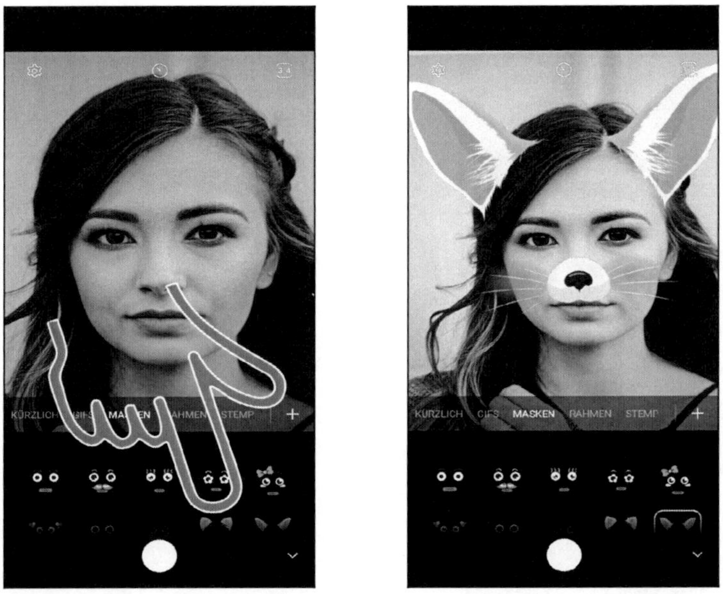

❶ Aktivieren Sie *Deko-Bild*.

❷❸ Wählen Sie einen Effekt aus, der sofort live angewandt wird. Betätigen Sie den Auslöser, um ein Foto zu erstellen.

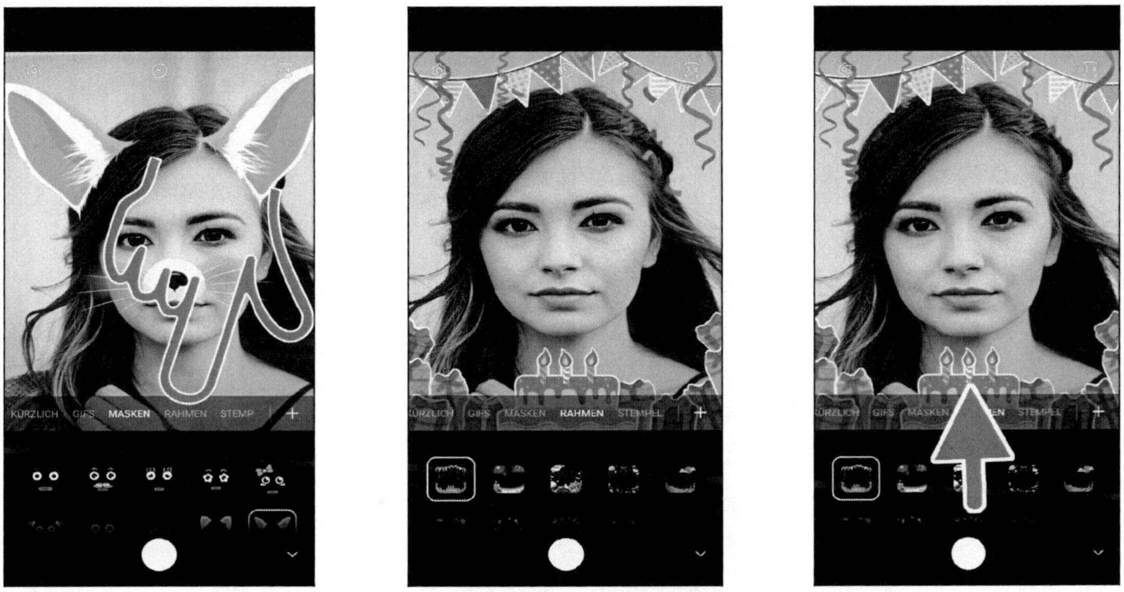

❶❷ Samsung stellt mehrere lustige Effektpakete zur Verfügung (Pfeil).

❸ Denken Sie daran, dass Sie mit einer Wischgeste weitere Effektvorschläge erhalten.

❶❷ Mit ∨ (Pfeil) schalten Sie auf die Vollbildansicht um. Dort können Sie auch mit zwischen Front- und Hauptkamera umschalten.

17.9.3 Eigener Avatar

Die eigenen Emotionen drückt man in E-Mails oder WhatsApp-Nachrichten normalerweise mit sogenannten Emoticons aus (beispielsweise). Falls Sie mal Abwechslung suchen, erstellen Sie einfach einen AR-Emoji mit Ihren eigenen Gesichtszügen.

17.9.3.a Avatar erstellen

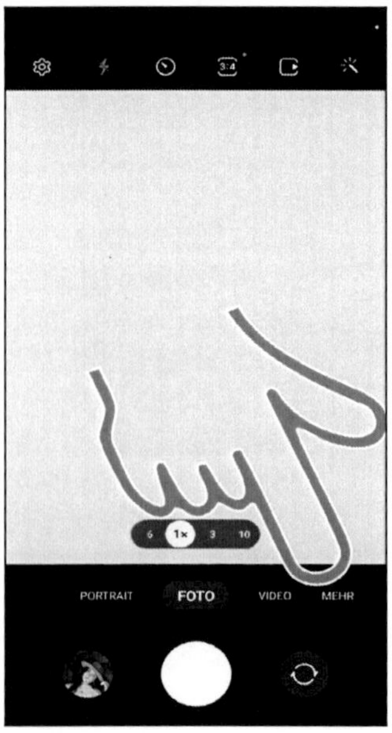

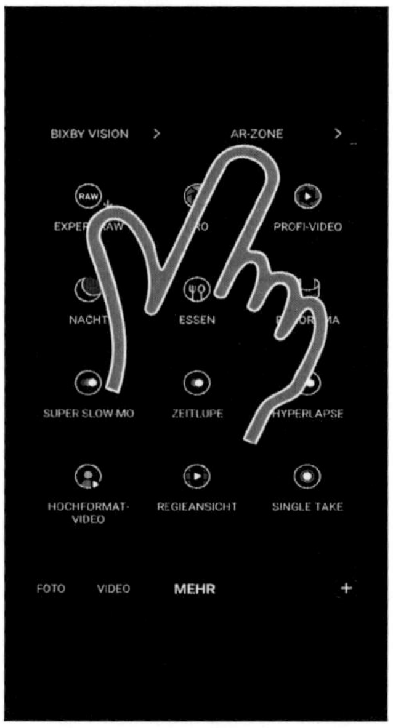

❶❷ Gehen Sie auf *MEHR* und dann auf *AR-ZONE.*

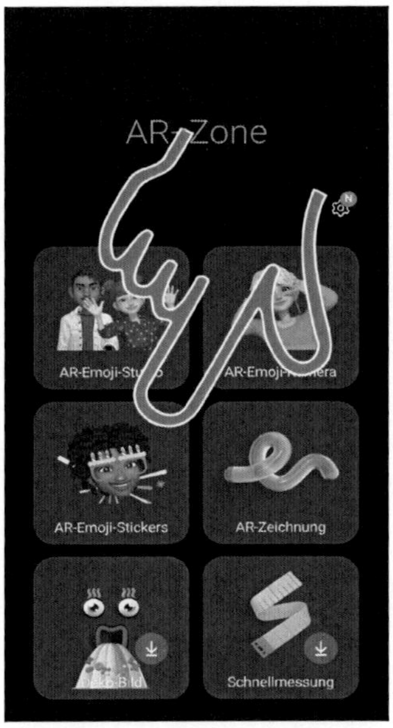

➊ Rufen Sie *AR-Emoji-Stickers* auf.

➋ Betätigen Sie *Mit Kamera erstellen* (alternativ verwenden Sie mit *Von Bild erstellen* ein bereits mit der Kamera aufgenommenes Foto).

➊ Der Kopf muss sich im Kreis befinden. Betätigen Sie nun den Auslöser. Sie können hier mit der ⊙-Schaltleiste zwischen Front- und rückwärtiger Kamera umschalten, wenn Sie den Avatar nicht von sich, sondern von einer anderen Person erstellen möchten.

➋ Aktivieren Sie eine der vier Schaltleisten (Mann, Frau, geschlechtslos) und betätigen Sie *Weiter*.

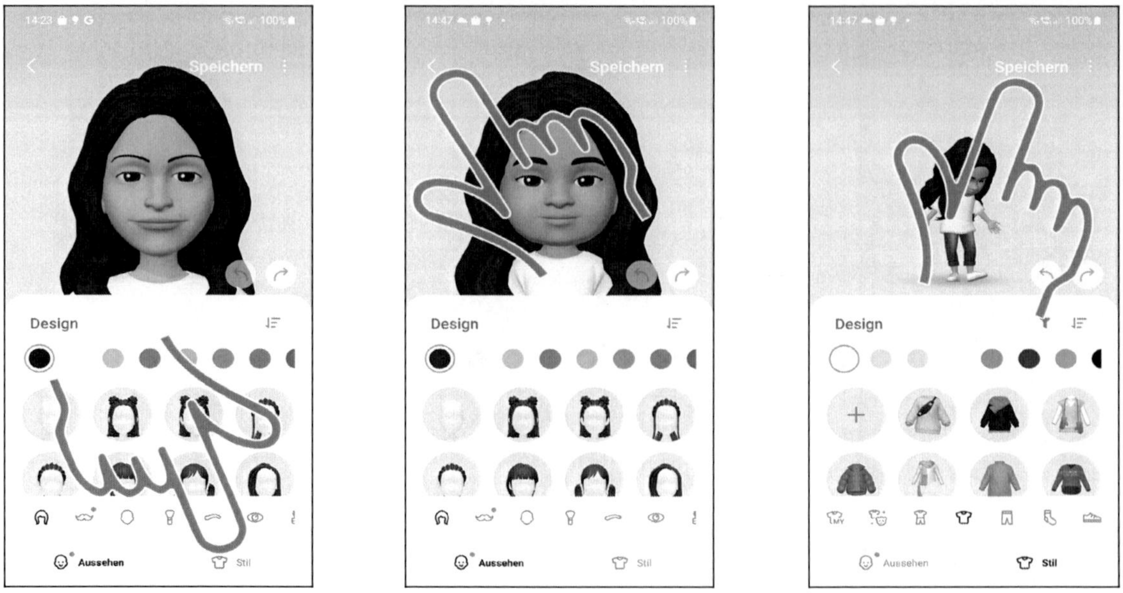

➊ Über die Register am unteren Bildschirmrand gelangen Sie in verschiedene Bearbeitungsoptionen, in denen Sie das Aussehen festlegen.

➋ Die ‹-Schaltleiste bringt Sie wieder in die Übersicht zurück.

➌ Schließen Sie den Vorgang mit *Speichern* ab.

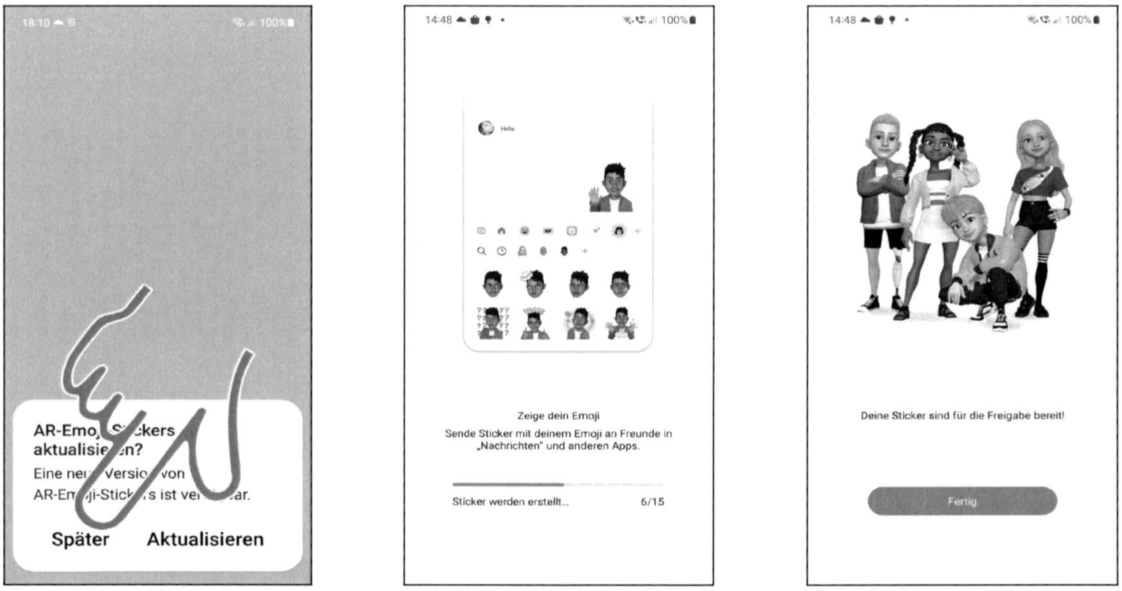

➊ Das Programm verlangt eventuell eine Aktualisierung. Falls Sie möchten, betätigen Sie *Aktualisieren, Fortsetzen* und *Aktualisieren,* müssen dann aber Ihren Avatar von vorne erstellen. Deshalb gehen Sie zunächst auf *Später.*

➋ Ihr Avatar wird erstellt…

➌ Betätigen Sie *Fertig.*

Mit der ‹-Taste beenden Sie die Avatar-Funktion und kehren in die Kamera-Oberfläche zurück.

17.9.3.b Avatar bearbeiten

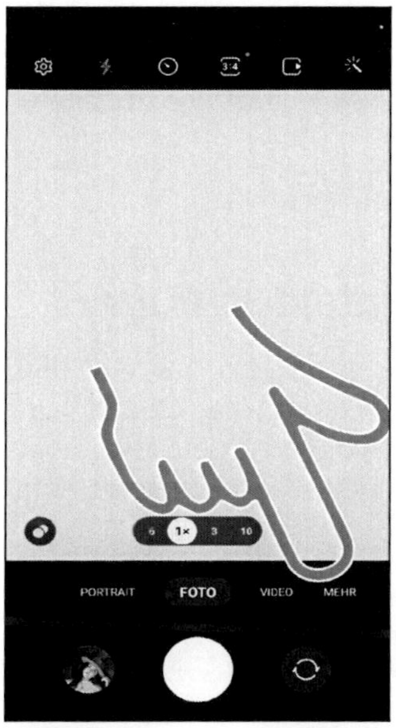

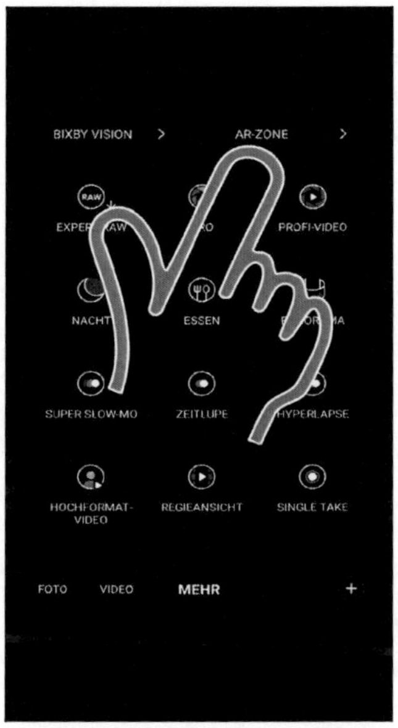

❶❷ Rufen Sie auf *MEHR* und dann *AR-ZONE* auf, sofern Sie sich noch nicht in diesem Bildschirm befinden.

❶ Wählen Sie *AR-Emoji-Studio.*

❷❸ Blättern Sie mit einer Wischgeste durch den Bildschirm. Über die verschiedenen Menüpunkte unter *Neues Aussehen für Ihren Emoji* kleiden Sie Ihren Avatar passend ein.

❶ Sie möchten Ihren AR-Emoji wieder löschen oder einen weiteren AR-Emoji hinzufügen? Dann betätigen Sie die Schaltleiste oben rechts.

❷ Die +-Schaltleiste erstellt einen weiteren Avatar, während 🗑 Avatare löscht.

17.9.4 Eigenen Avatar als Sticker über das Tastenfeld einfügen

Diese Methode, den eigenen Avatar in einer Anwendung direkt einzugeben, wird nur von den Samsung-Anwendungen unterstützt. In der E-Mail-Anwendung (siehe Kapitel *12 Outlook E-Mail*) erscheint Ihr Avartar im Nachrichtentext als Bild. Versucht man dagegen, den Avatar in einer nicht unterstützten Anwendung, beispielsweise WhatsApp, einzufügen, dann erscheint eine Fehlermeldung.

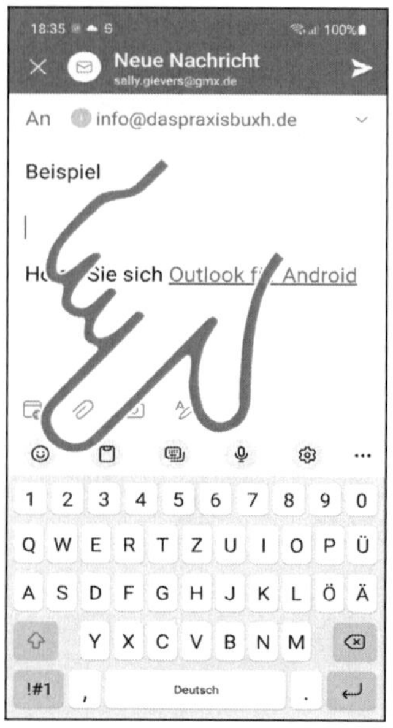

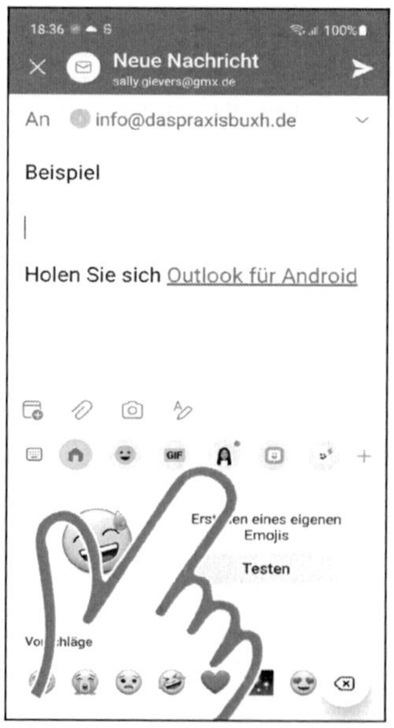

❶ Betätigen Sie ☺.

❷ Aktivieren Sie das Avatar-Register.

❸ Wählen Sie einen Avatar aus. Beim ersten Mal müssen Sie dann mit *Zulassen* den Speicherzugriff gestatten.

❶ Der Avatar wurde in den Text eingefügt.

❷❸ Über die -Schaltleiste kehren Sie gegebenenfalls zum Tastenfeld zurück.

17.10 Bixby Vision

Bixby Vision zeigt zu dem gerade im Kameravorschaubild oder der Galerie-Anwendung (siehe Kapitel *18 Galerie*) angezeigtem Motiv kontextabhängig weitere Infos an. Dazu nutzt das Programm die Dienste von verschiedenen externen Unternehmen. Derzeit sind dies:

- Übersetzer: Übersetzt fremdsprachliche Texte nach Deutsch. Die Übersetzung wird dabei direkt im Kamerabild eingeblendet.
- Bilder: Listet alle Bilder auf, die ein ähnliches Motiv enthalten.
- Ort: Aktuellen Standort in einer Karte anzeigen.
- Speisen: Listet Infos zu einem Gericht beziehungsweise deren Bestandteile auf.
- Wein: Identifiziert Weine anhand des Flaschenetiketts und informiert über Bewertung und passende Speisen.
- QR-Code: QR-Barcode auswerten und die zugehörige Website im Browser aufrufen.

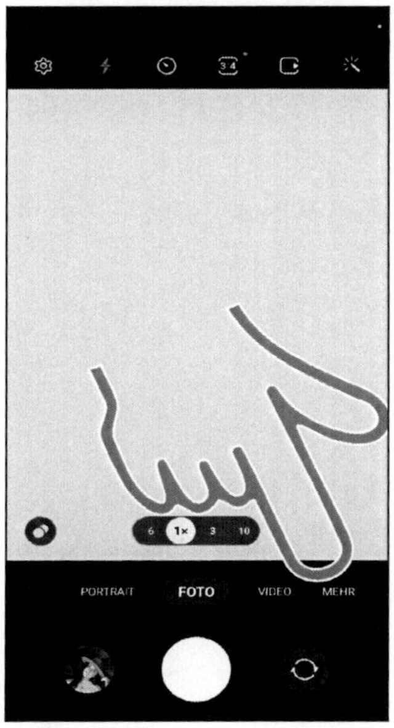

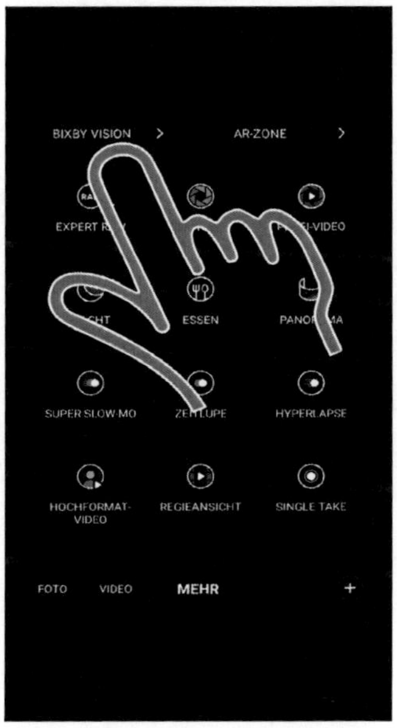

❶❷ Gehen Sie auf *MEHR* und dann auf *BIXBY VISION.* Spätestens jetzt sollten Sie das Handy aufrecht halten.

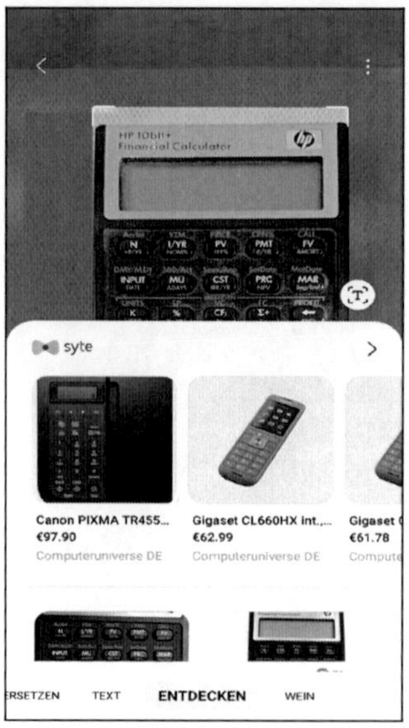

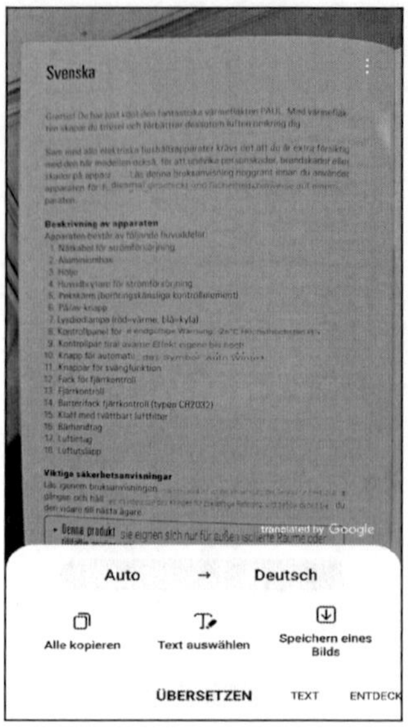

❶❷ Halten Sie einfach die Kamera auf ein Motiv, worauf Bixby Vision den Gegenstand im Vorschaubild identifiziert. Am unteren Bildschirmrand erscheinen Vorschläge, in diesem Beispiel Fotos von Taschenrechnern.

❸ Fremdsprachliche Texte werden automatisch erkannt und übersetzt.

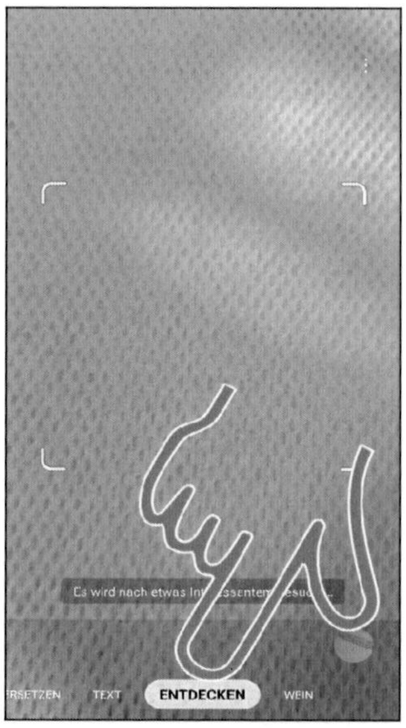

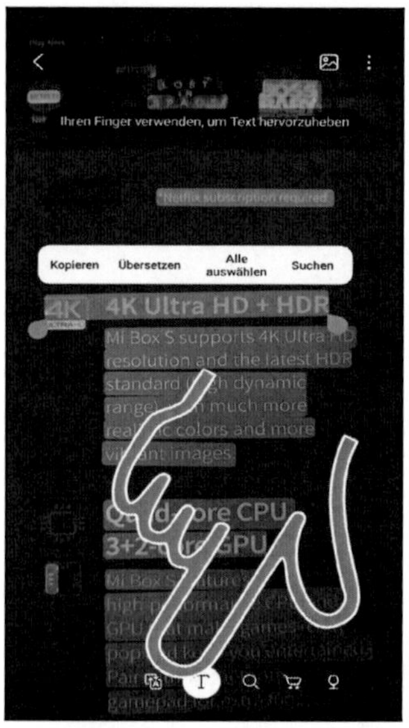

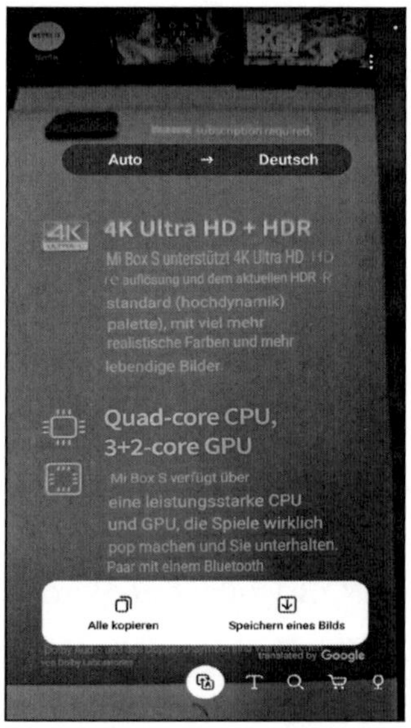

❶ Nicht immer weiß Bixby Vision, was zu tun ist. In diesen Fällen tippen Sie auf einen der Vorschläge am unteren Bildschirmrand.

❷❸ Im Beispiel möchten wir wissen, was ein englischer Text bedeutet und betätigen daher *Übersetzen.*

18. Galerie

Mit der Galerie-Anwendung zeigen Sie Bilder und Videos auf dem Handy an.

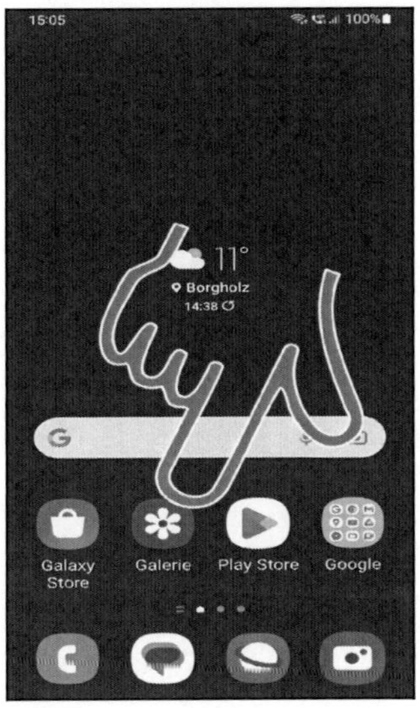

❶❷ Sie starten die *Galerie*-Anwendung aus dem Startbildschirm oder Hauptmenü.

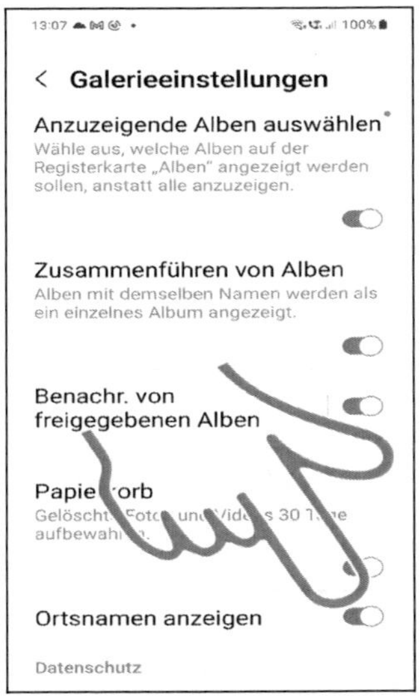

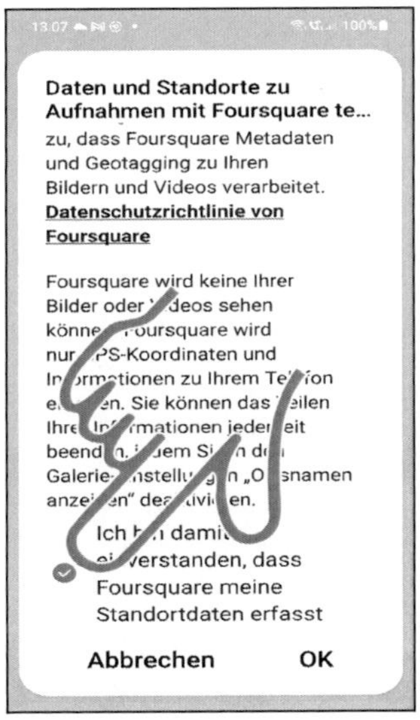

❶ An dieser Stelle können Sie bereits die eine erste Einrichtung vornehmen, damit Ihnen die Galerie-Anwendung Infos zu den Aufnahmeorten Ihrer Fotos anzeigt: Betätigen Sie *Jetzt Einschalten.*

❷ Aktivivieren Sie *Ortsnamen anzeigen.*

❸ Im Popup haken Sie *Ich bin damit einverstanden…* ab und schließen mit *OK* ab.

18.1 Ansichten

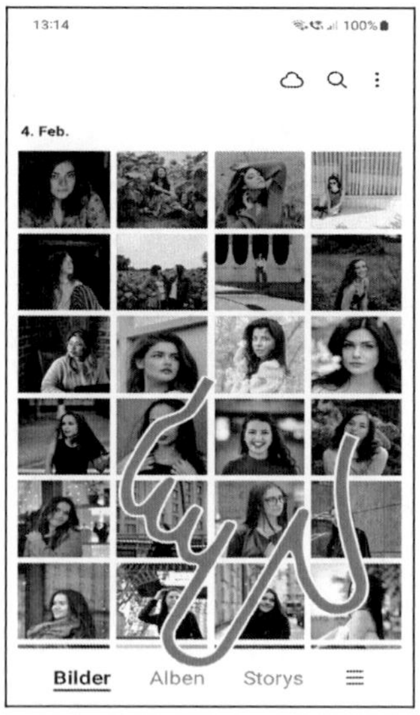

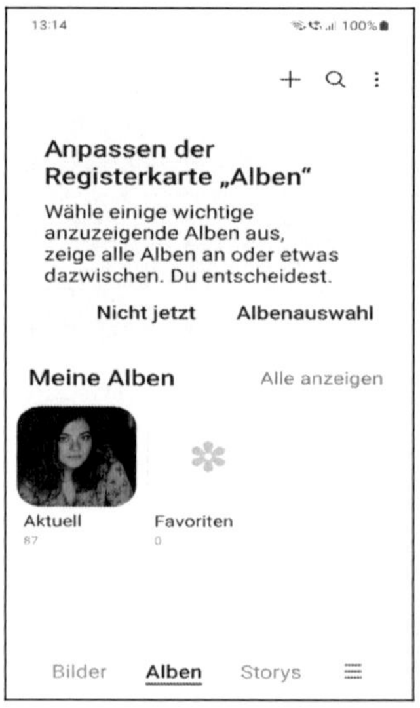

❶ Die Sortierung in der Galerie ist über die Register (Pfeil) umschaltbar zwischen:

- *Bilder*: Datumssortierung.
- *Alben* (❷): Bei den Alben handelt es sich um Verzeichnisse.
- *Storys*: Von Ihnen zusammengestellte Fotoalben.

❶❷ Über eine Kneifgeste (mit zwei Fingern gleichzeitig auf den Bildschirm halten und dann auseinander oder zusammenziehen) verkleinern/vergrößern Sie die Bildervorschau.

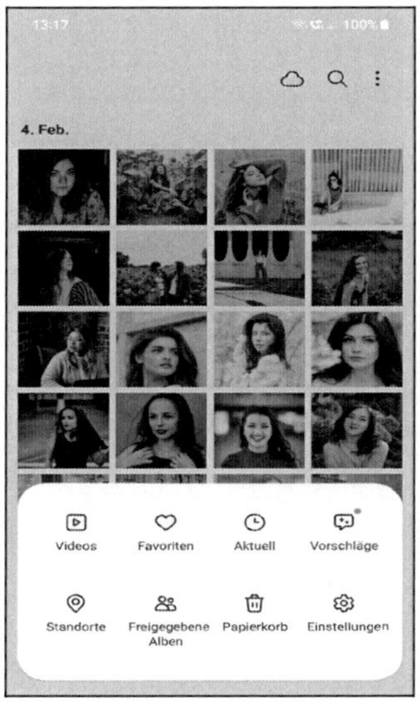

❶❷ Weitere Funktionen finden Sie im Ausklappmenü am unteren Bildschirmrand:

- *Videos*: Anzeige auf Videos beschränken.
- *Favoriten*: Nur als Favoriten markierte Fotos anzeigen.
- *Aktuell*: Nur die 100 aktuellsten Fotos anzeigen.
- *Vorschläge*: Die Galerie-Anwendung macht Vorschläge, wie Sie Ihre Fotos optimieren.
- *Standorte*: Alle Fotos nach Aufnahmestandort gruppieren (siehe Kapitel *17.5 Positionsdaten*).
- *Freigegebene Alben*: Bilder an andere Personen senden. Auf diese Funktion gehen wir nicht ein, weil alle Personen, denen Sie die Bilder zugänglich machen, ein Samsung-Handy besitzen müssen.
- *Papierkorb*: Im Papierkorb werden von Ihnen gelöschte Fotos bis zu 30 Tage aufbewahrt und dann automatisch gelöscht. Versehentlich gelöschte Fotos lassen sich aus dem Papierkorb wieder herstellen.
- *Einstellungen*: Anzeigeeinstellungen.

18.1.1 Datumssortierung

Die Datumssortierung ist praktisch, um Bilder wiederzufinden, von denen Sie das ungefähre Aufnahmedatum wissen.

❶ Aktivieren Sie das *Bilder*-Register.

❷ Die Bildervorschau durchrollen Sie mit einer Wischgeste.

18.2 Bilder verarbeiten

➊ Rufen Sie in der Bildervorschau das ⋮-Menü auf und gehen Sie auf *Bearbeiten*.

➋ Markieren Sie Elemente, indem Sie sie antippen (dabei nicht auf ⤢ tippen, weil damit die Vollbildansicht aufgerufen wird).

Über die Schaltleisten am unteren Bildschirmrand können Sie:

- *Senden*: Dateien per E-Mail oder andere Wegen versenden.
- *Löschen*: Dateien entfernen.

Zusätzliche Weiterverarbeitungsoptionen finden Sie im ⋮-Menü.

18.2.1 Gelöschte Dateien wiederherstellen

Es kommt schon mal vor, dass Sie aus Versehen Dateien löschen, die Sie eigentlich behalten möchten. Für solche (Un)Fälle können Sie sie noch einige Zeit retten.

➊➋ Wenn Sie ein oder mehrere Fotos/Videos löschen, erscheint eine Sicherheitsabfrage, die Sie mit *In den Papierkorb* beantworten.

❶❷ So stellen Sie die gelöschten Dateien wieder her: Rufen Sie das Ausklappmenü auf und wählen Sie *Papierkorb*.

❸ Tippen und halten Sie den Finger über der ersten Datei, bis diese markiert ist, dann markieren Sie die weiteren Dateien mit kurzem Antippen. Nun gehen Sie auf *Wiederherstellen*.

18.3 Vollbildansicht

❶❷ Nach Antippen des Vorschaubilds (Pfeil) erscheint das Foto in der Vollbildansicht. Die Funktionen:

- Ziehen des angedrückten Fingers auf dem Foto nach links/rechts (»Wischgeste«): Vorheriges/nächstes Foto anzeigen.
- Zweimaliges schnelles Antippen auf dem Foto: Vergrößert/verkleinert die Darstellung.
- ⋮-Menü: Weitere Funktionen zum Versenden, Löschen oder Bearbeiten des aktuell angezeigten Fotos, auf die das nächste Kapitel noch eingeht.

Die Bedienelemente am unteren Bildschirmrand (nach einigen Sekunden werden diese ausgeblendet, aber kurzes Antippen des Fotos blendet sie wieder ein):

❷ Tippen Sie gegebenenfalls auf das Foto, um die Bedienelemente zu aktivieren:

- (oben rechts): Foto an ein anderes Android-Gerät übertragen.
- (oben rechts): Aktiviert die im Kapitel *18.3.2 Bixby Vision* beschriebene Funktion.
- ♡: Als Favorit markieren.
- : Fotoeditor aufrufen.

- ≪: Foto an eine andere Person per E-Mail, usw. senden.
- 🗑: Foto löschen.

❸ Wischen nach rechts/links blättert durch die Fotos.

Halten Sie das Handy um 90 Grad gedreht, um gegebenenfalls ein querformatiges Foto auf dem gesamten Bildschirm anzuzeigen.

❶❷ Das Samsung Galaxy unterstützt die »Kneifen«-Geste, um in Fotos herein- oder heraus zu zoomen: Tippen und halten Sie dazu gleichzeitig den Mittelfinger und Daumen einer Hand auf das Display und ziehen dann die beiden Finger auseinander, beziehungsweise zusammen. Übrigens spielt es keine Rolle, ob Sie nun vertikal oder waagrecht »kneifen«.

Alternativ tippen Sie einfach mit einem Finger zweimal schnell hintereinander auf die gleiche Stelle auf dem Bildschirm.

18.3.1 Einzelnes Bild bearbeiten

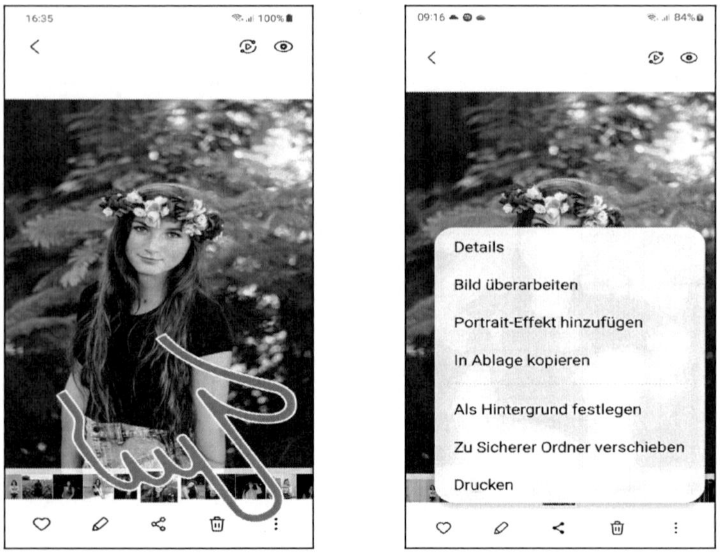

❶❷ Rufen Sie das ⋮-Menü auf:

- *Details*: Bildparameter anzeigen.
- *Bild überarbeiten*: Die Galerie-Anwendung analysiert das Bild und macht einen Optimierungsvorschlag.
- *Portrait-Effekt hinzufügen*: Stellt den Hintergrund unscharf.

- *Als Hintergrund festlegen:* Hintergrund für Displaysperre, Startbildschirm oder beides einstellen (siehe Kapitel *4.7.4 Hintergrundbild*).
- *In Ablage kopieren*: Kopiert das Bild in die Zwischenablage, wovon es sich anschließend in anderen Anwendungen wieder einfügen lässt.
- *Zu Sicherer Ordner verschieben*: Auf die geschützte Dateiablage gehen wir in diesem Buch nicht ein, weil sie in der Praxis keine Vorteile bringt. Sofern Sie die Gerätesperre nutzen (siehe Kapitel *30.2 Gerätesperre*), sind Ihre Dateien ohnehin vor fremden Zugriff geschützt.
- *Drucken*: Auf die Druckausgabe geht dieses Buch nicht ein.

❶ Probieren Sie ⁝/*Portrait-Effekt hinzufügen* oder ⁝/*Bild überarbeiten* aus.

❷ Während Sie bei *Portrait-Effekt hinzufügen* die Hintergrundschärfe mit einem Regler einstellen, macht *Bild überarbeiten* nur einen Vorschlag, den Sie mit *Speichern übernehmen.*

❸ Später lässt sich mit ⁝/*Original zurücksetzen* wieder das Ursprungsbild wieder herstellen.

18.3.2 Bixby Vision

Sie haben Bixby Vision, das kontextabhängig weitere Infos zu einem Foto sucht, bereits im Kapitel *17.10 Bixby Vision* kennen gelernt.

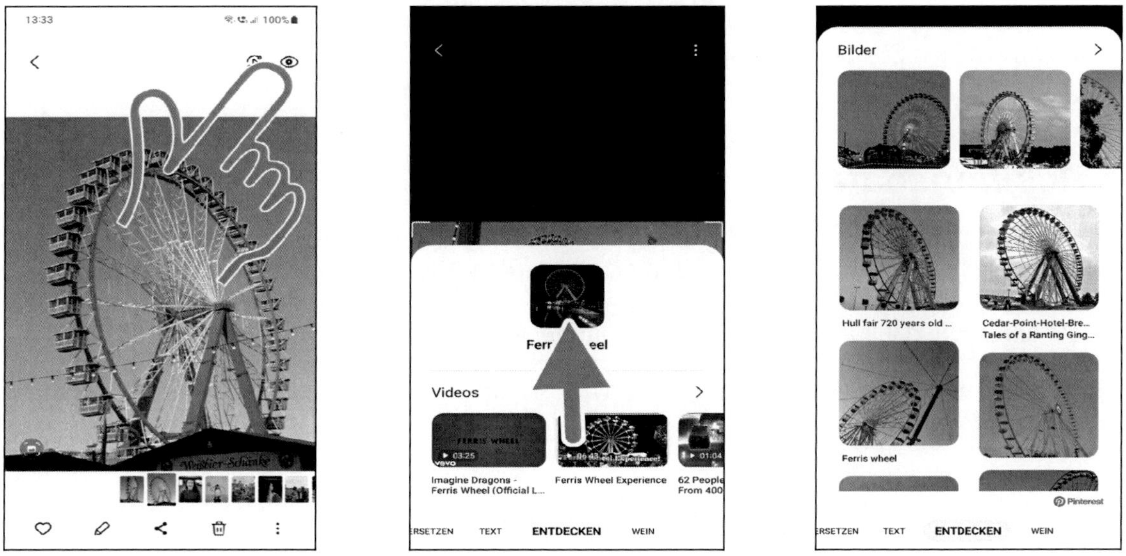

❶ In der Vollbildansicht gehen Sie auf 👁.

❷❸Blättern Sie mit Wischgesten durch die Vorschläge und wählen Sie einen zur Anzeige aus.

18.4 Videos

❶ Fotos und Videos listet die Galerie-Anwendung zusammen auf. Dabei erkennen Sie Videos anhand des ▷-Symbols. Tippen Sie ein Video an.

❷❸ Die Wiedergabe startet nach Antippen von *Video wiedergeben*.

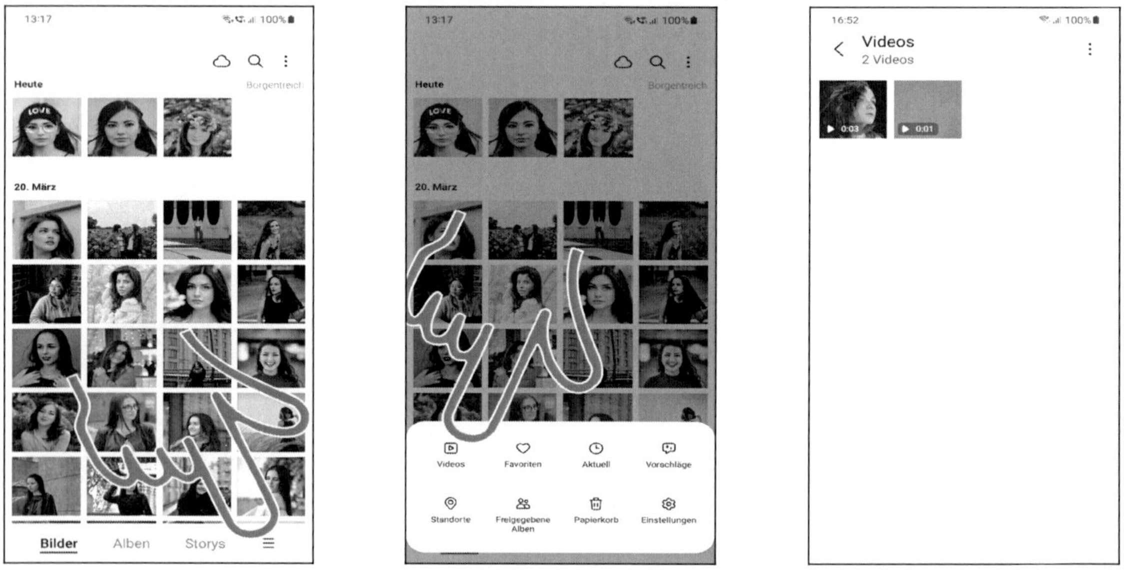

❶❷ Alternativ öffnen Sie das Ausklappmenü und wählen *Videos*.

❸ Alle Videos werden aufgelistet.

18.5 Positionsdaten

Ihr Handy verfügt über einen eingebauten GPS-Empfänger, dessen Koordinaten in den Fotos Ihrer Kamera (siehe Kapitel *17 Kamera*) hinterlegt werden. Später lässt sich dann zu jedem Foto der Aufnahmeort herausfinden. Interessant ist so etwas zum Beispiel für Wanderer, Urlauber oder Bootsfahrer, die dann auch gleich ihre genommene Route erfahren.

In Kapitel *17.5 Positionsdaten* erfahren Sie, wie Sie mit der eingebauten Kamera Fotos mit eingebetteten GPS-Positionsdaten erstellen.

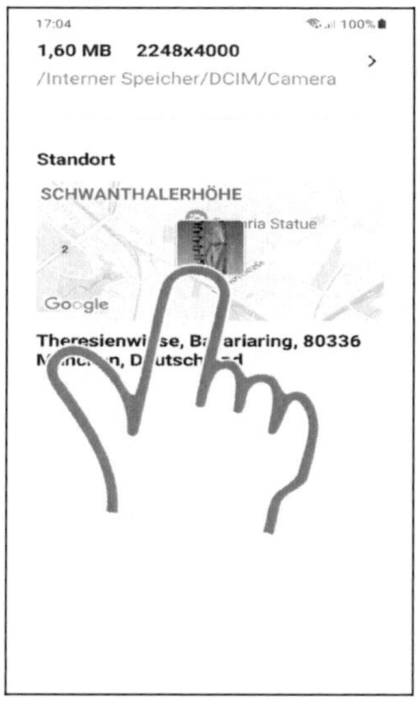

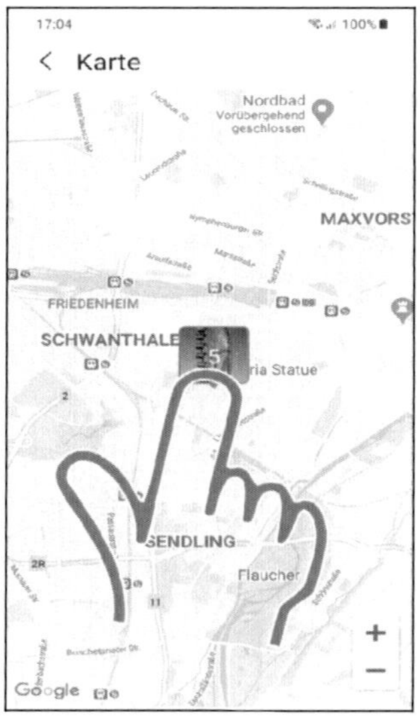

❶ In der Galerie-Anwendung wischen Sie, während ein Bild in der Vollbildansicht angezeigt wird, nach oben.

❷ Tippen Sie die Kartenvorschau an.

❷ Anschließend wischen Sie unten in der Bilderauflistung nach rechts/links und wählen Sie davon eines der anzuzeigenden Fotos aus.

> Beachten Sie bitte, dass die in den Fotos enthaltenen GPS-Koordinaten je nach GPS-Genauigkeit während des Fotografierens um mehrere hundert Meter von der Realität abweichen können.

18.6 Storys

Über die Story-Funktion stellen Sie mehrere Fotos in eine Art Album zusammen. Dieses kann man nur auf dem Handy anzeigen.

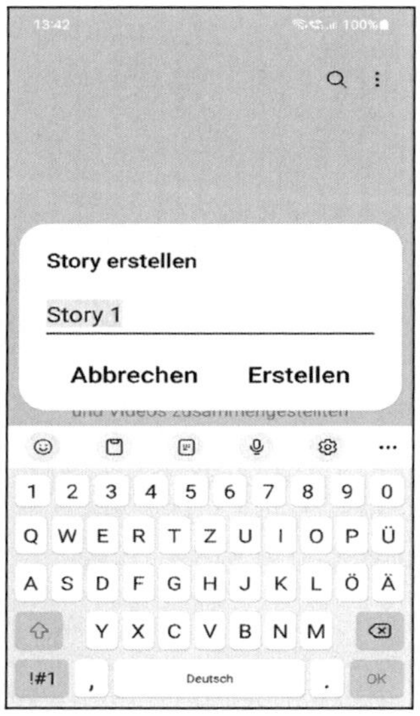

❶ Gehen Sie in das *Storys*-Register.

❷ Über ⁝/*Story erstellen* kreieren wir ein neues Story-Album.

❸ Vergeben Sie dem Album einen Namen.

❶ Markieren Sie mehrere Bilder und gehen Sie auf *OK*.

❷❸ Die Story wird abgespielt. Tippen Sie auf den Bildschirm für die Bedienelemente, über die Sie unter anderem die abgespielte Melodie einstellen.

Die ‹-Taste bringt Sie wieder in die Story-Übersicht zurück.

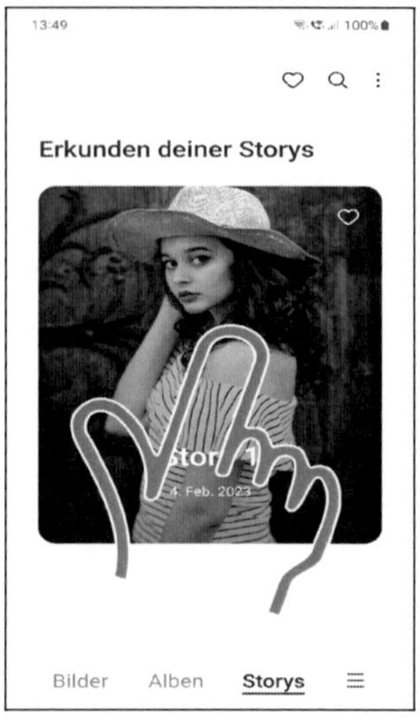

❶ Im *Story*-Register tippen Sie eine abzuspielende Story an.

❷❸ Eine Wischgeste nach links/rechts blättert in den Fotos, alternativ wischen Sie nach oben für Vorschaubilder, über die Sie ein Foto durch Antippen direkt anspringen.

19. Musik

Der Musikmarkt wurde in den letzten Jahrzehnten gleich mehrmals umgewälzt. Zunächst fand die Schallplatte in den 1980er Jahren mit der CD einen Nachfolger, ab den 2000er Jahren kam dann der Kauf von Songs über das Internet in Mode. Seit einigen Jahren revolutioniert allerdings das »Streaming« die Musiknutzung. Beim »Streaming« erfolgt die Wiedergabe direkt aus dem Internet, ohne dass der abgespielte Song lokal auf dem Gerät gespeichert wird. Ein Vorteil des Streamings ist die zentrale Ablage aller Songs auf einem Server, wobei die Wiedergabe auf jedem beliebigen Endgerät, vom PC bis zum Handy möglich ist – es wird nur eine Internetverbindung benötigt, die noch nicht einmal besonders schnell sein muss.

Beim Streaming zahlen Sie – je nach Anbieter – eine monatliche Pauschale von ca. 5 bis 15 Euro, haben dafür aber Zugriff auf mehrere dutzend Millionen (!) Songs. Es ist möglich, sich eigene Abspiellisten zusammenzustellen, einige Streaming-Dienste stellen zudem fertige Abspiellisten zur Verfügung, die jeden Musikgeschmack bedienen. Kündigen Sie ihr Streaming-Abo, dann verlieren Sie auch alle von Ihnen selbst angelegten Abspiellisten.

Einziger Nachteil des Streamings: Die Musik gehört nicht Ihnen und kann auch nicht auf eine CD gebrannt werden. Je nach gewähltem Tarif ist zudem die gleichzeitige Wiedergabe auf ein einzelnes Gerät beschränkt. Läuft die Musik also gerade im Wohnzimmer, dann stoppt sie dort, sobald Sie die Wiedergabe auf dem Gerät in der Küche starten.

Neben Google sind auch noch Spotify, Apple, Deezer, Amazon und einige kleinere Anbieter im Streaming-Markt aktiv.

Die Musikwiedergabe erfolgt sehr flexibel entweder im Webbrowser auf dem PC, über smarte Lautsprecher (Google Home, Apple Homekit, Amazon Alexa, usw.) oder die YouTube Music-App auf dem Handy.

19.1 Die Tarife von YouTube Music

- **YouTube Music**: Für diesen Dienst brauchen Sie sich nicht kostenpflichtig anzumelden oder irgendwas bezahlen, denn die Finanzierung erfolgt durch zwischendurch eingeblendete Werbung.
- **YouTube Music Premium**: Der günstigste Tarif kostet 9,99 Euro im Monat. Als Student können Sie bis zu ca. 4 Jahre den Tarif für 4,99 Euro pro Monat buchen. Jedes Jahr erfolgt dann eine Überprüfung.
- **YouTube Premium**: Falls Sie sehr häufig Videos auf YouTube (in der gleichnamigen App oder auf der Website) anschauen, dann dürfte YouTube Premium interessant sein. Auf YouTube gibt es dann keinerlei nervende Werbung und Sie erhalten Zugriff auf einige weitere exklusive Inhalte (»YouTube Originals«). Zur Anmeldung besuchen Sie *www.youtube.com/premium*. Die Kosten betragen 11,99 Euro.

19.2 YouTube Music-App

In diesem Buch können wir leider aus Platzgründen nur auf die wichtigsten Funktionen der YouTube Music-App eingehen. In der Regel werden Sie ausschließlich die Musikvorschläge nutzen, die bereits alle wichtigen Musikgeschmäcker bedienen.

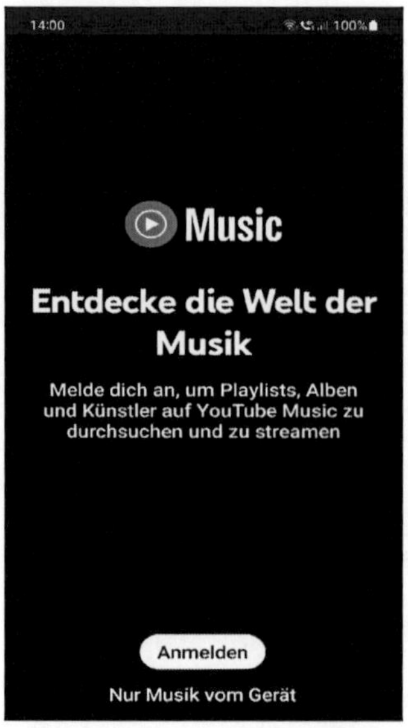

❶❷ Im Hauptmenü rufen Sie *YT Music* auf. Betätigen Sie gegebenenfalls *ANMELDEN.*

❶❷ Eventuell macht Sie das Programm auf eine Besonderheit aufmerksam, denn die Navigationstasten am unteren Bildschirmrand werden automatisch ausgeblendet. Führen Sie eine Wischgeste von unten außerhalb des Bildschirms nach oben durch, was die Navigationstasten einblendet und gehen Sie auf *OK.*

❶ Zunächst sollen Sie die Grundfunktionen der App kennenlernen, weshalb wir im Abo-Bildschirm die ✕-Schaltleiste (Pfeil) antippen.

❷ Auch den folgenden Bildschirm schließen Sie mit gegebenenfalls mit *NEIN DANKE*.

❸ Aktivieren Sie mit dem Finger Interpreten/Bands, deren Musik Sie interessiert und gehen Sie auf *FERTIG*.

19.2.1 Grundfunktionen von YouTube Music

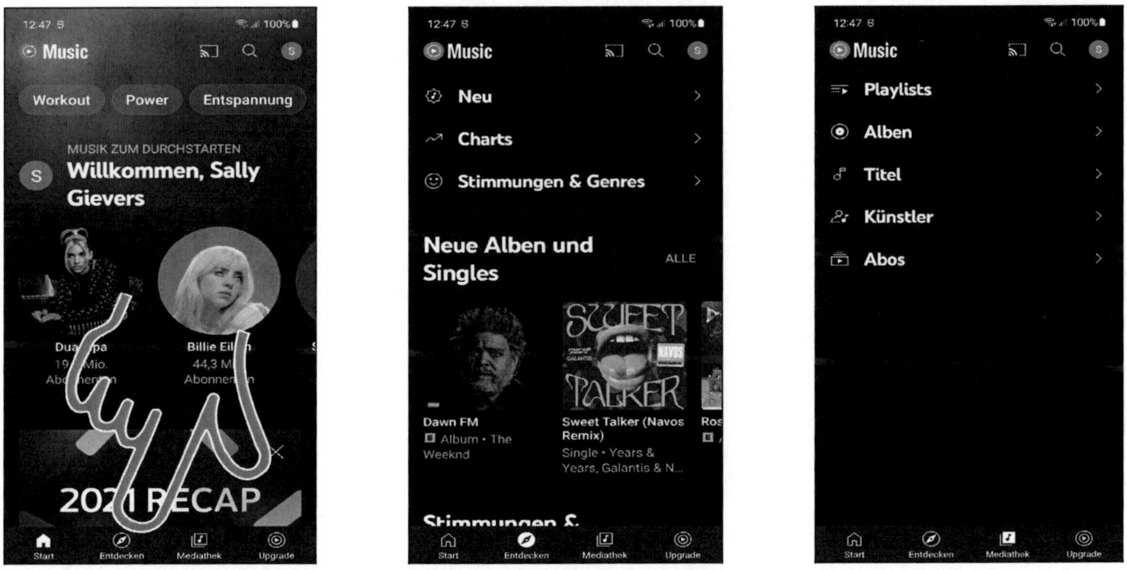

❶ Alle wichtigen Funktion verbergen sich in den Registern (Pfeil):

- *Start*: Schlägt ausgehend von Ihren Interessen und bisher abgespielten Songs passende Playlists und Songs vor.
- *Entdecken* (❷): Angesagte Songs und Musikvideos.
- *Bibliothek* (❸): Verwaltet Playlists, Alben, einzelne Musiktitel und Künstler, die Sie Ihrer Bibliothek hinzugefügt haben.
- *Upgrade*: Kostenpflichtiges YouTube Music-Abo aktivieren und verwalten. Darauf geht Kapitel *19.4 YouTube Music Premium* noch ein.

❶ In unserem Beispiel möchten wir im *Start*-Register vorgeschlagene Musik abspielen. Wischen Sie durch die Vorschläge.

❷ Tippen Sie auf einen der Interpreten/Bands.

❸ Wahlweise tippen Sie einen abzuspielenden Titel an oder betätigen *ZUFALLSMIX* oder *RADIO*, worauf die Wiedergabe startet.

❶ Schließen Sie gegebenenfalls den Hinweis auf YouTube Music Premium mit *NEIN DANKE*.

❷ Tippen Sie in einen beliebigen Bereich des Fortschrittsbalkens (Pfeil), wenn Sie zu einem bestimmten Punkt im abgespielten Song springen möchten.

Weitere Funktionen:

- ⏮ / ⏭: Zum vorherigen/nächsten Titel springen (dies ist auch über eine Wischgeste nach links oder rechts möglich).
- ▶ / ⏸ : Starten/Pausieren der Wiedergabe.

Die kostenlose Musiknutzung finanziert Google durch Werbeclips, die zwischendurch vor den Songs abgespielt werden.

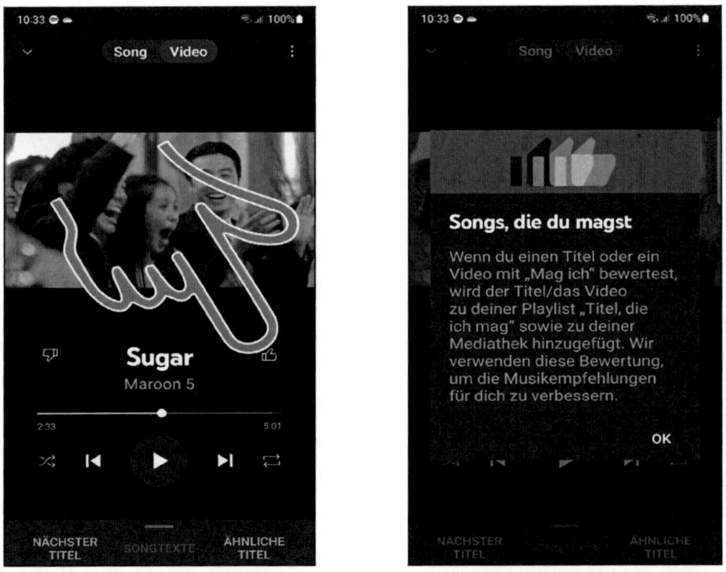

❶ Über die Schaltleisten (»Mag ich/Mag ich nicht«) markieren Sie Songs, die ihnen gefallen oder nicht gefallen. Je mehr Songs Sie auf diese Weise bewerten, desto besser sind die automatischen Musikvorschläge.

❷ Beim ersten Mal weist Sie die App mit einem Popup auf die Vorteile hin. Schließen Sie es mit *OK*.

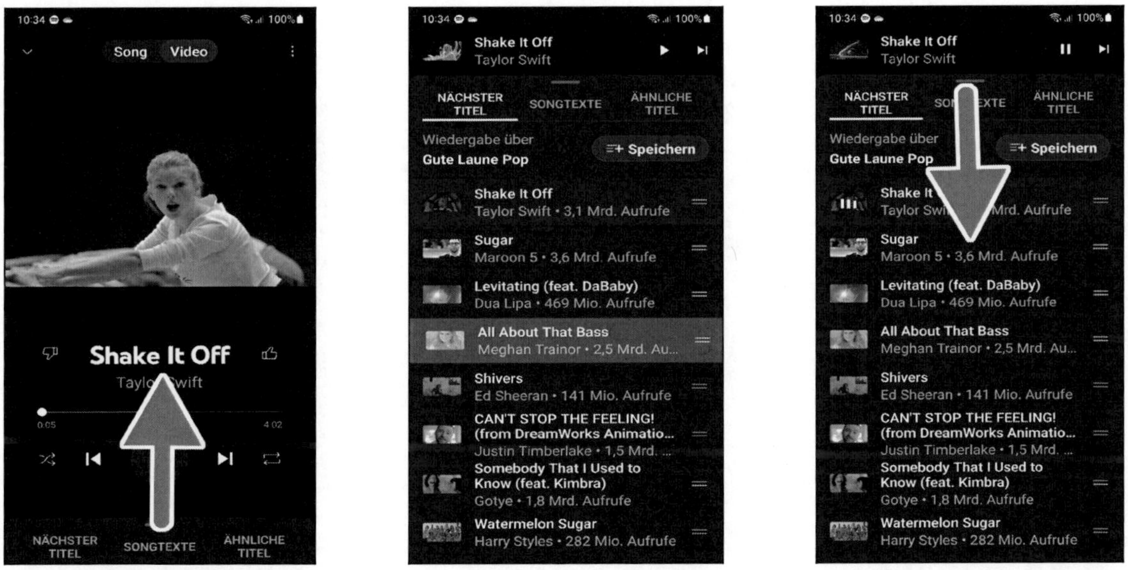

❶ Ihnen gefällt der gerade abgespielte Song eines Radios oder eine Playlist nicht? Dann wischen Sie im unteren Bildschirmrand nach oben.

❷ Antippen eines anderen Titels spielt ihn als Nächstes ab.

❸ Wischen über der »Lasche« nach unten schließt die Titelliste wieder.

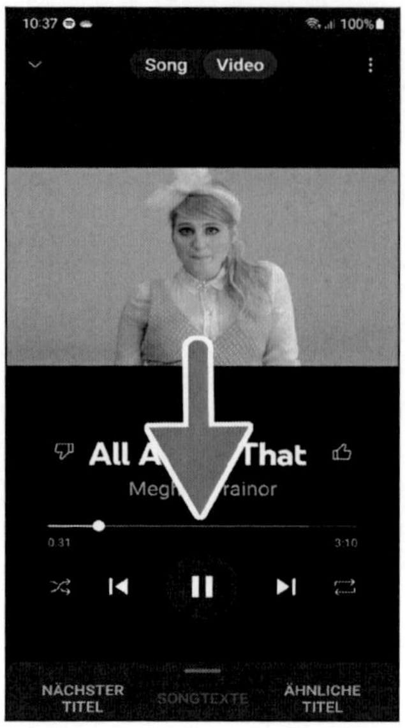

❶❷ Eine Wischgeste nach unten im oberen Bildschirmdrittel minimiert das Wiedergabefenster auf einen kleinen Balken. Antippen des Titels schaltet auf das Wiedergabefenster um, ⏸ pausiert und ✕ beendet die Wiedergabe.

19.2.2 Playlists

YouTube Music bringt bereits unzählige Radiosender beziehungsweise Playlists mit. Sie können allerdings auch eigene Playlists mit Ihren Lieblingssongs anlegen und abspielen.

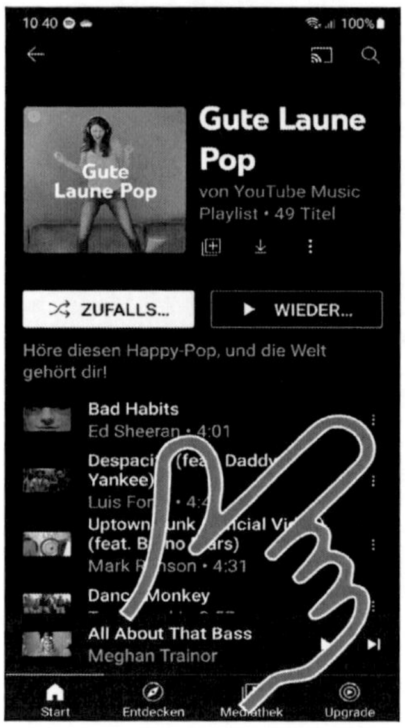

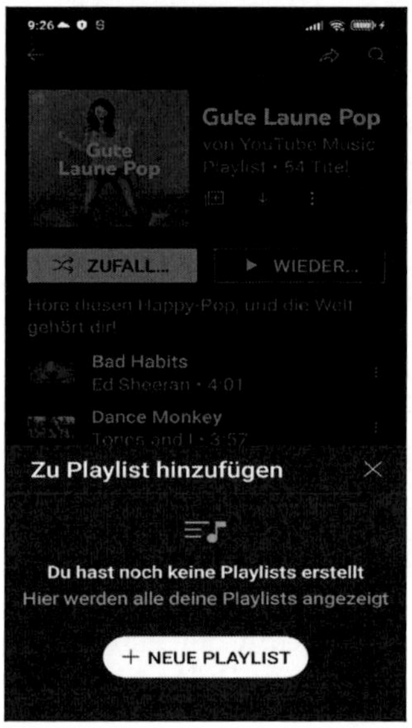

❶❷ In einer Musikauflistung aktivieren Sie mit ⋮ (Pfeil) das Menü und wählen im Popup *Zu Playlist hinzufügen.*

❸ Weil noch keine Playlist vorhanden ist, gehen Sie auf *NEUE PLAYLIST.*

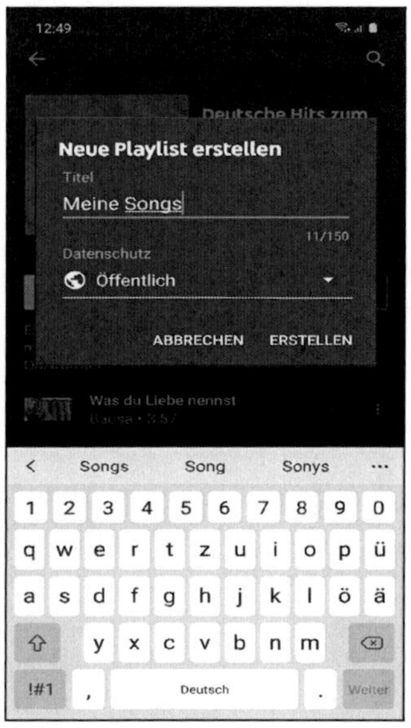

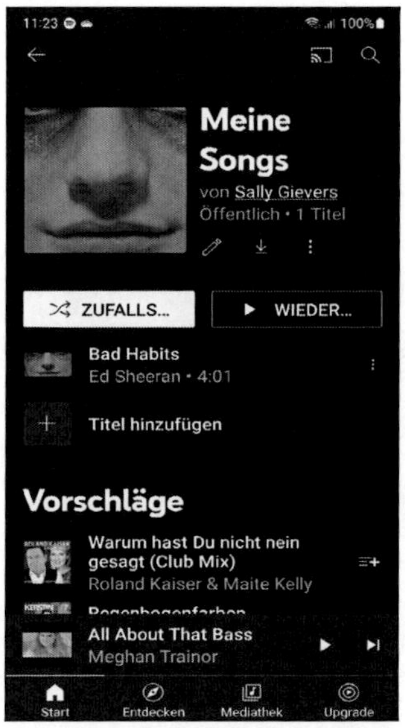

➊ Vergeben Sie einen Namen für die Playlist. Standardmäßig sind Playlists für alle anderen YouTube Music-Nutzer sichtbar, Sie können aber durch Antippen von *Öffentlich* die Playlist verbergen. Schließen Sie den Vorgang mit *ERSTELLEN* ab.

➋ Beim ersten Aufruf müssen Sie erst einen sogenannten Kanal anlegen, unter dem Ihre Playlists für andere YouTube Music-Nutzer zu finden sind. Betätigen Sie einfach *Kanal erstellen.*

➌ Schließen Sie den Bildschirm mit der <-Taste.

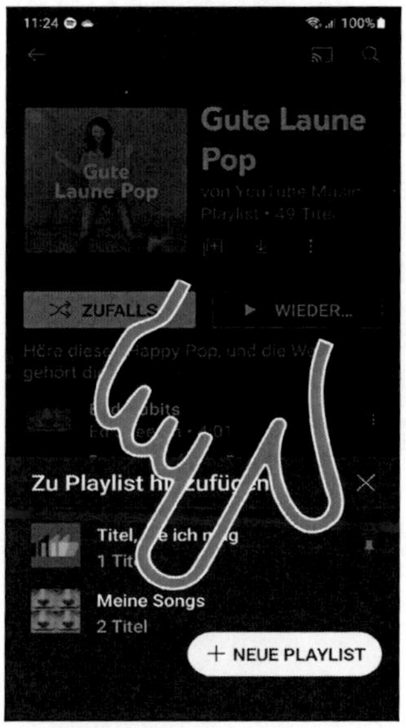

➊➋ Künftig fügen Sie einzelne Titel folgendermaßen der Playlist hinzu: Gehen Sie auf ⋮ und wählen Sie *Zu Playlist hinzufügen* aus.

➌ Wählen Sie die gewünschte Playlist aus oder legen Sie mit *NEUE PLAYLIST* eine weitere an.

❶ Auch mehrere Songs auf einmal lassen sich in eine Playlist übernehmen: Tippen und halten Sie den Finger auf einer der vordefinierten Playlists.

❷ Nach einigen Sekunden erscheint ein Popup, in dem Sie auf *Zu Playlist hinzufügen* gehen.

Zum Abspielen der zuvor erstellten Playlist über Ihr Home-Gerät sprechen Sie einfach »*Ok Google, spiele meine Playlist [Playlist-Name]*«

19.2.2.a Playlists verwalten

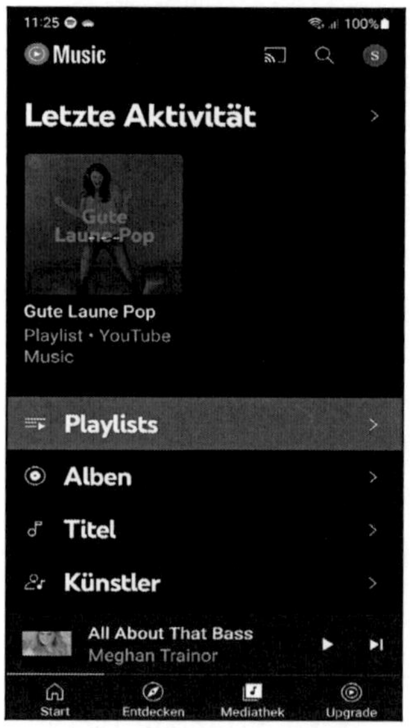

❶ Aktivieren Sie das *Mediathek*-Register (Pfeil).

❷ Wählen Sie *Playlist.*

❸ Die einmalige Sicherheitsabfrage können Sie mit *ZULASSEN* beantworten.

Die App listet neben Ihren eigenen Playlists auch Songs, die ich mag auf. Darauf geht Kapitel 19.3.1 Favorisierte Songs noch ein.

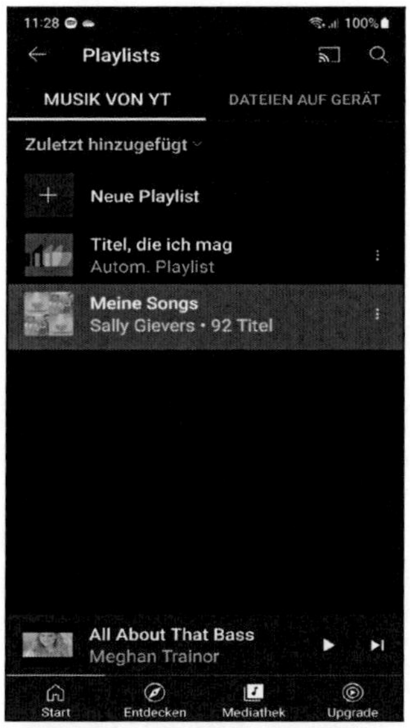

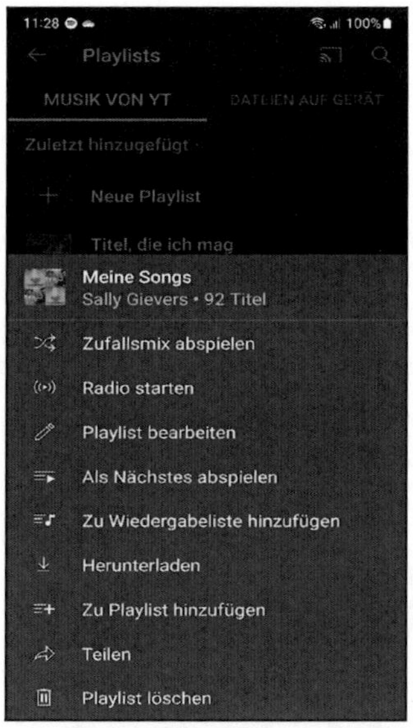

❶❷ Tippen Sie eine Playlist an für den bereits vorgestellten Abspielbildschirm. Alternativ tippen und halten Sie den Finger auf einer Playlist für das Menü (oder Sie tippen die ⁝-Schaltleiste hinter dem Playlistnamen an):

- *Zufallsmix abspielen*: Zufallswiedergabe
- *Radio starten*: Spielt ähnliche Songs wie die in der Playlist enthaltenen ab. Siehe dazu Kapitel *19.3 Radiosender*.
- *Playlist bearbeiten*: Darauf kommen wir unten noch.
- *Als Nächstes abspielen*: Setzt den Song an die erste Stelle in der Abspielliste.
- *Zu Wiedergabeliste hinzufügen*: Reiht den Song hinten in den als nächstes abzuspielenden Titeln ein.
- *Löschen*: Playlist entfernen.
- *Herunterladen*: Lädt alle in der Playlist enthaltenen Songs auf das Handy herunter. Das Abspielen ist dann auch bei nicht vorhandener Internetverbindung möglich.
- *Zu Playlist hinzufügen*: Fügt den Inhalt dieser Playlist einer anderen hinzu.
- *Teilen*: Einen Link auf Ihre YouTube Music-Playlist per E-Mail, usw. an jemand anders senden. Der Empfänger kann dann die Playlist in seinem Webbrowser abspielen.
- *Playlist löschen*

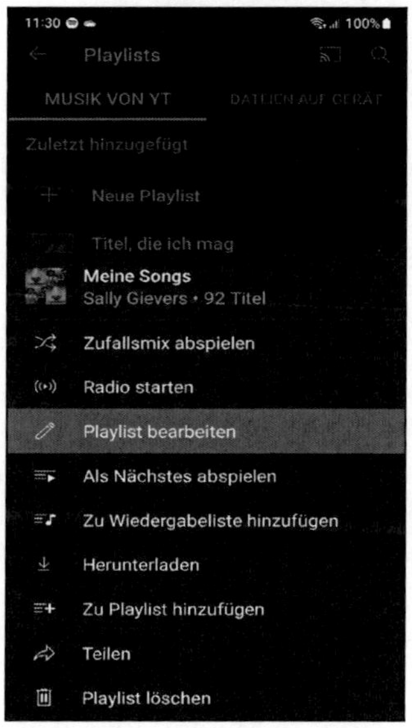

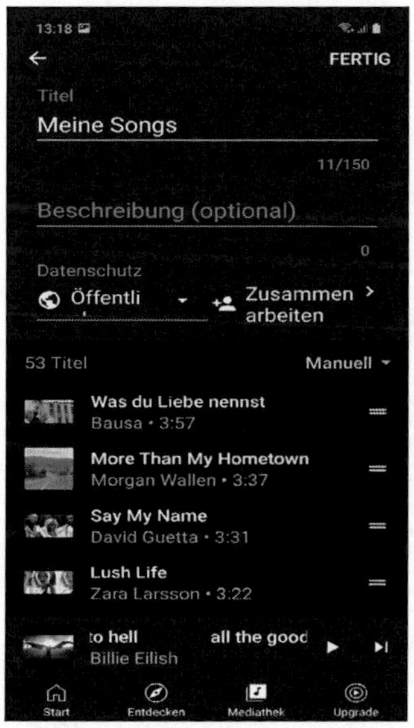

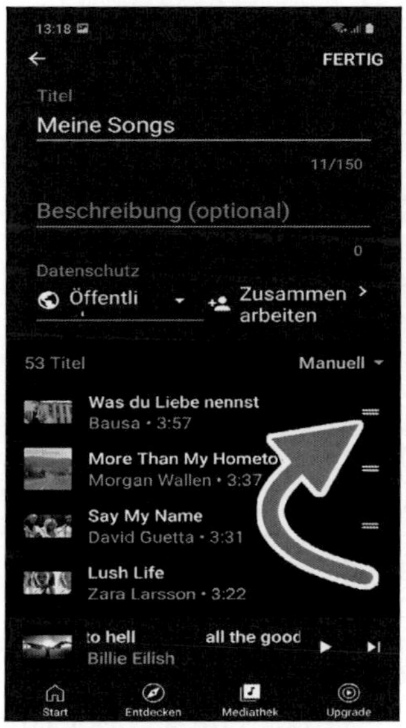

❶❷ *Playlist bearbeiten* im Menü öffnet den Editor. Neben Namen und Beschreibung ändern Sie hier bei Bedarf unter *Datenschutz* die Sichtbarkeit der Playlist für andere YouTube Music-

Nutzer. Die Änderungen übernehmen Sie mit *FERTIG* am oberen rechten Bildschirmrand.

❸ So passen Sie die Abspielreihenfolge an: Halten sie den Finger auf die ☰-Schaltleiste hinter einem Song und schieben Sie sie nun nach oben oder unten. Lassen Sie dann los.

19.3 Radiosender

Der Begriff »Radiosender« ist etwas verwirrend, denn es handelt sich nicht um Sender, wie man sie vom klassischen Rundfunk kennt. Tatsächlich sind alle Google-Radiosender dynamische Playlists, welche sich an Ihre Hörgewohnheiten anpassen. Songs, die Sie überspringen, werden künftig nicht mehr so häufig oder überhaupt nicht mehr gespielt. Nach einiger Zeit spielt der jeweilige Radiosender nur noch Ihre Lieblingsmusik.

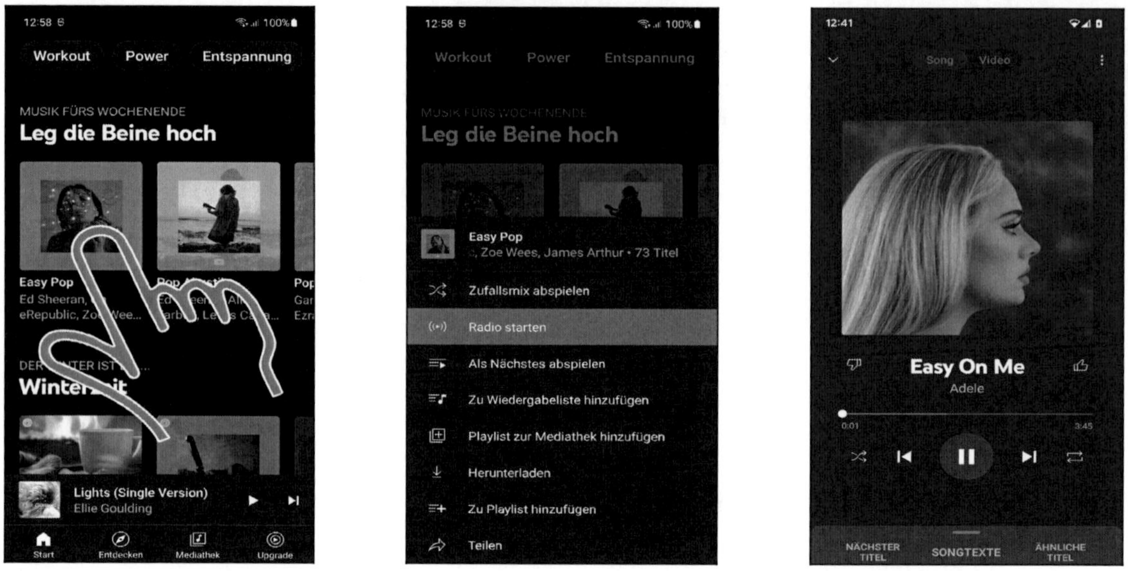

❶❷ Zu jeder Playlist existiert auch ein entsprechender Sender. Halten Sie einfach den Finger auf einer Playlist gedrückt, bis das Popup erscheint, in dem Sie auf *Radio starten* gehen.

❸ Die Wiedergabe startet.

> Im Abspielbildschirm sind alle Funktionen verfügbar, die auch bereits Kapitel *19.2.1 Grundfunktionen von YouTube Music* vorstellt.

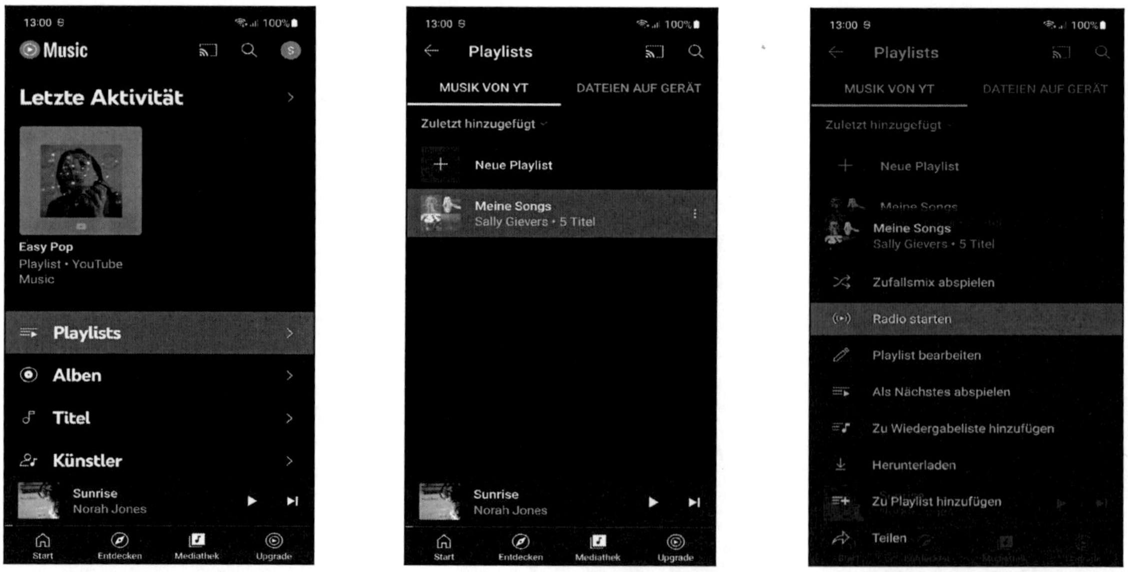

❶ Auch zu den im Kapitel *19.2.2 Playlists* beschriebenen *Playlists* bietet Google Sender an.

❷❸ Halten Sie den Finger auf einem Sender gedrückt, bis das Popup erscheint und wählen Sie *Radio starten*.

19.3.1 Favorisierte Songs

Jeder hat einen anderen Musikgeschmack. Damit Google Ihnen passende Songs/Alben/Interpreten vorschlagen kann und die angebotenen Radiosender nur Ihre Lieblingsmusik spielen, wertet Google einige »Signale« aus, wozu beispielsweise die abgespielten und übersprungenen Titel gehören. Sie helfen dabei erheblich, wenn Sie während der Wiedergabe auf dem Google Home-Gerät den Befehl »*Ok Google, gefällt mir*« oder umgekehrt »*Ok Google, gefällt mir nicht*« geben.

Je nach Nutzungsmuster wird YouTube Music schon nach einigen Tagen in den Radiosendern ausschließlich Ihre Lieblingsmusik spielen.

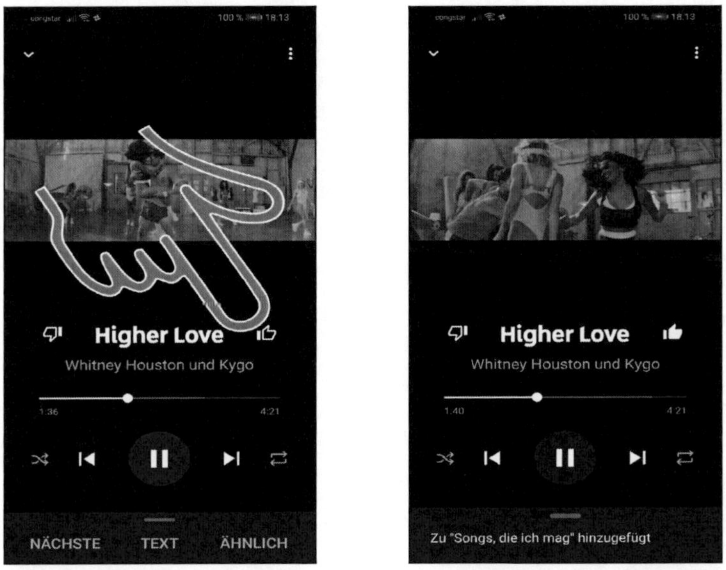

❶❷ Bei einem gerade in der YouTube Music-App abgespielten App favorisieren Sie einen Titel mit 👍. Die 👎-Schaltleiste markiert dagegen einen Titel, der Ihnen nicht gefällt.

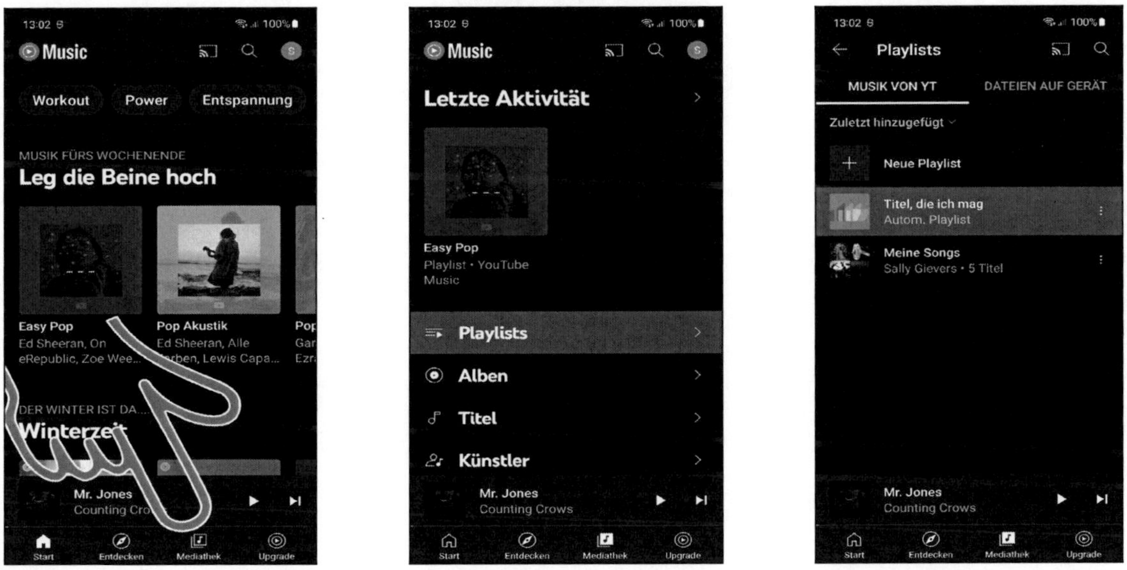

❶ Die favorisierten Songs finden Sie im *Mediathek*-Register, das Sie aktivieren.

❷❸ Wählen Sie *Playlists* aus und gehen Sie auf *Titel, die ich mag*.

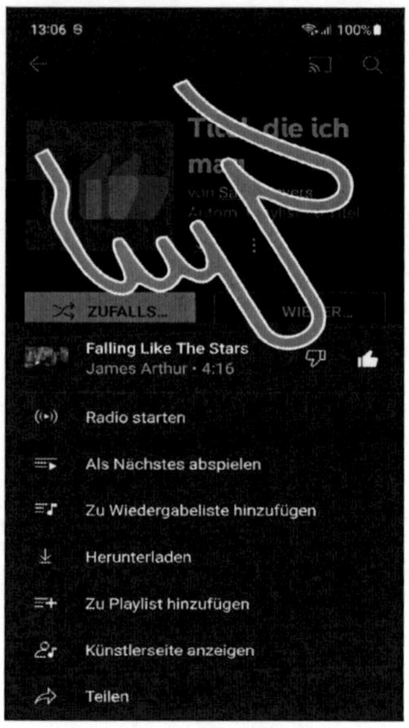

❶ Sie können hier einzelne Titel durch kurzes Antippen abspielen, oder bekommen mit *ZUFALLSMIX* beziehungsweise *WIEDERGEBEN* alle Titel zu hören.

❷❸ Ihnen gefällt ein Song nicht mehr? Tippen und halten Sie den Finger darauf und gehen Sie im Popup auf 👎.

19.3.2 Suche

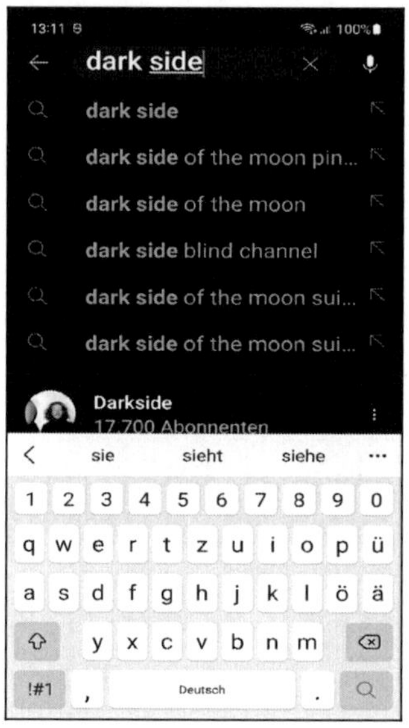

❶ Die Suchfunktion aktivieren Sie über 🔍.

❷ Bereits während der Eingabe erhalten Sie passende Vorschläge, wovon Sie einen auswählen.

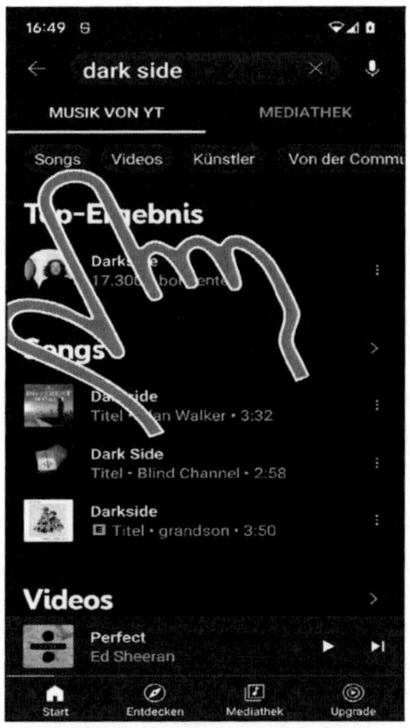

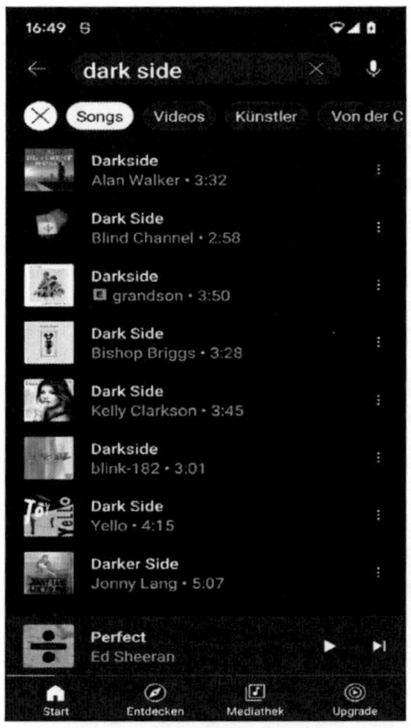

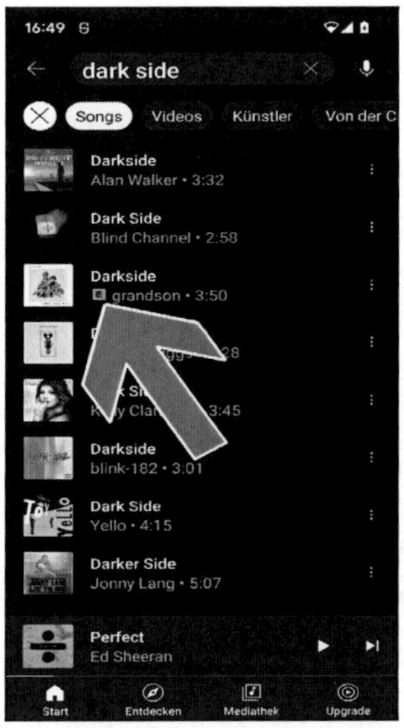

➊➋ Je nach Suchbegriff listet die App mehrere Tausend Ergebnisse auf. Mit den Schaltleisten (Pfeil) am oberen Bildschirmrand grenzen Sie die Suche ein. Wählen Sie dann einen Song, ein Album, Video oder Playlist aus, die dann abgespielt wird.

➌ In der Ergebnisliste wird bei einigen Alben und Songs ein »E« als »explicit« (Pfeil) angezeigt. Damit markiert Google Songs mit jugendgefährdenden Inhalten, beispielsweise Gewalt, Alkohol oder Sex.

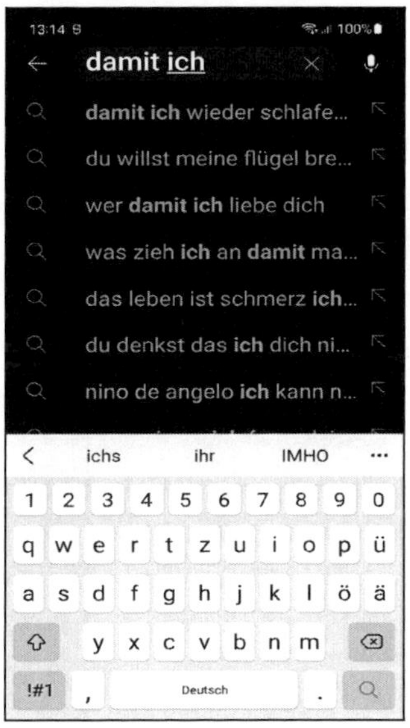

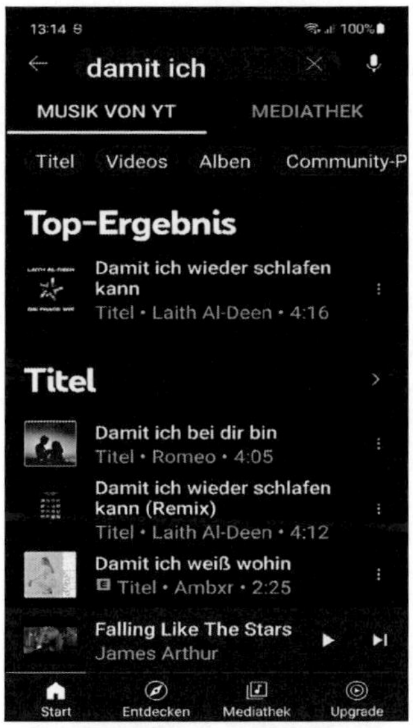

➊➋ Ein tolles Feature ist die automatische Textsuche. Geben Sie einfach als Suchbegriff eine Liedzeile ein, worauf die App passende Songs auflistet, die den Text erhalten. Dies funktioniert nicht nur mit deutschsprachigen, sondern auch Songs in Fremdsprachen.

19.4 YouTube Music Premium

Wie bereits erwähnt, kostet das Musikabo »YouTube Music Premium« standardmäßig 9,99 Euro im Monat. Dafür erhalten Sie folgende zusätzliche Funktionen:

- Keine lästige Werbung mehr.
- Wiedergabe im Hintergrund: Wenn Sie die App verlassen, läuft die Musik weiter.
- Musik herunterladen: Sie können Ihre Lieblingsmusik herunterladen, um Sie auch ohne Internetverbindung abzuspielen.
- Audiomodus: Die App spielt auch – sofern vorhanden – Musikvideos ab. Im Audiomodus wird davon nur die Audiospur abgespielt, was bei schlechter Internetverbindung vorteilhaft ist.

19.4.1 YouTube Music Premium-Abo aktivieren

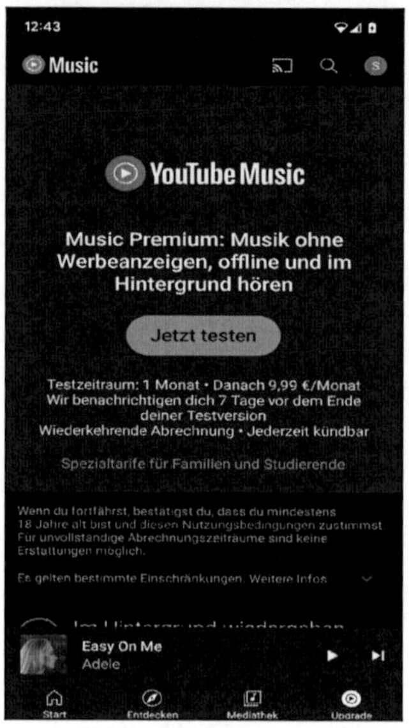

➊ Tippen Sie auf *Upgrade.*

➋ Gehen Sie auf *Jetzt testen.*

➌ Wählen Sie den Musiktarif aus. Falls Sie nur Musik auf dem Handy hören möchten, dürfte *Einzelperson* ausreichen. Sie können jederzeit später noch den Tarif wechseln beziehungsweise beenden. Betätigen Sie dann *Bestätigen.*

19.4.2 YouTube Music Premium-Abo verwalten

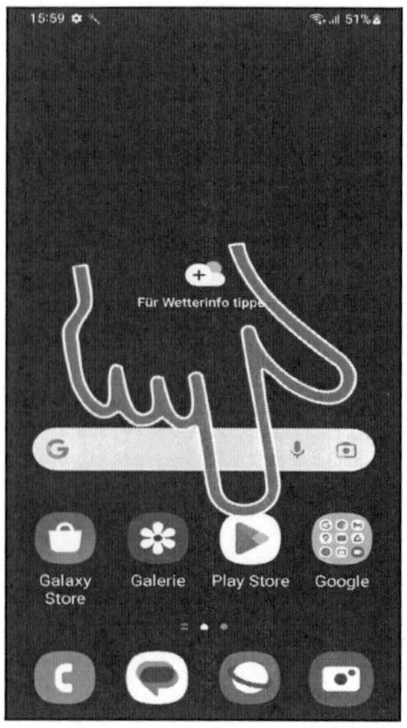

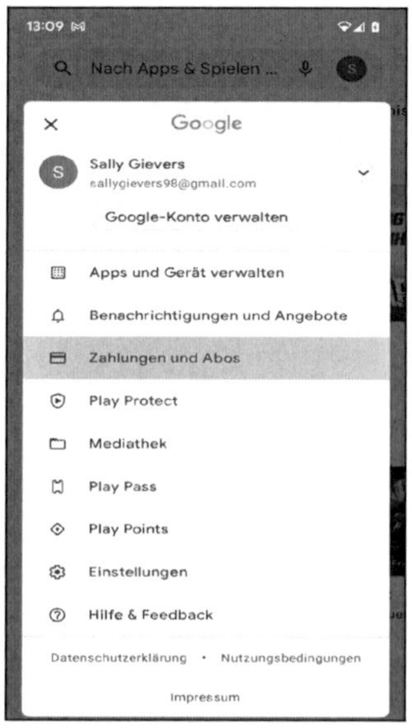

➊ Wir empfehlen, die zentrale Aboverwaltung des Play Stores zu nutzen. Rufen Sie dafür im Startbildschirm den *Play Store* auf.

➋ Tippen Sie oben rechts auf das runde Konto-Symbol.

➌ Wählen Sie *Zahlungen und Abos.*

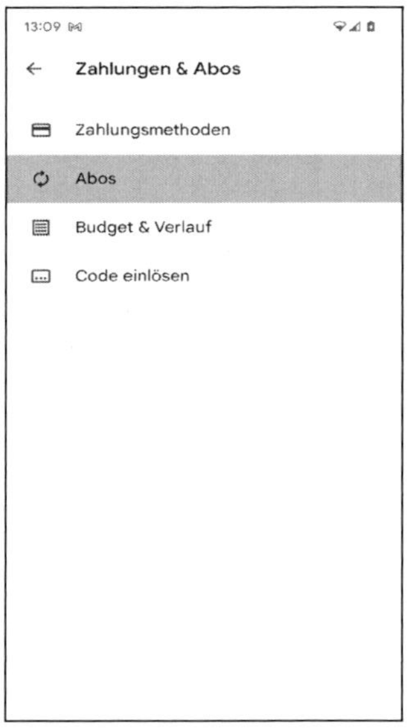

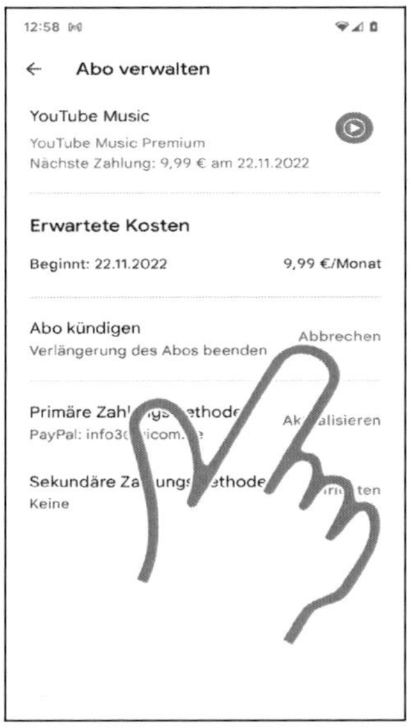

❶ Gehen Sie auf *Abos.*

❷ Hier werden alle aktiven Abos aufgelistet, in unserem Beispiel nur *YouTube Music.*

❸ *Abbrechen* kündigt das Abo (Sie dürfen es jederzeit später erneut abschließen, haben dann aber keinen kostenlosen Probemonat). Betätigen Sie hier *Weiter.*

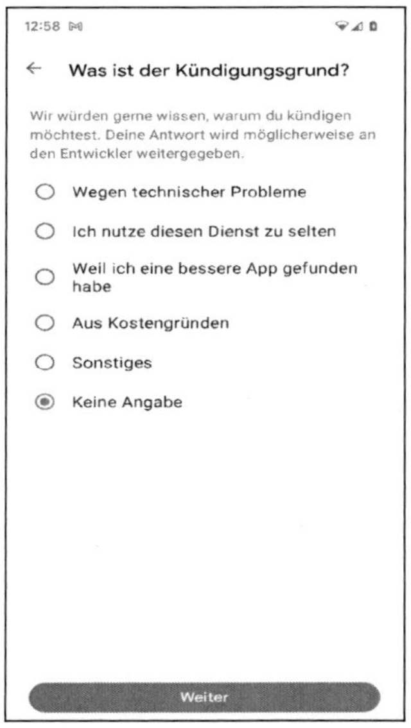

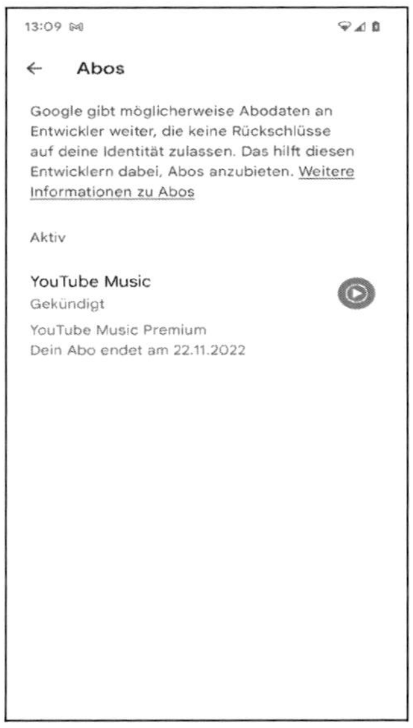

❶❷ Als Grund wählen sie einfach *Keine Angabe* und gehen auf *Weiter.* Damit ist das *YouTube Music*-Abo beendet. Wie oben erwähnt, haben Sie innerhalb des Probemonats keine weiteren Kosten.

19.5 Welcher Song ist das?

Sie kennen sicher das Problem, ab und zu im Radio, TV, Kaufhaus oder Club einen unbekannten Song zu hören, der Ihnen gefällt. Den Songtitel herauszufinden gestaltete sich dann schwierig. Als Problemlösung bietet sich eine Automatik an, die anhand eines mitgehörten Ausschnitts Interpret, Titel und Album ermittelt.

❶ Betätigen Sie – während die Musik gespielt wird – die 🎙-Schaltleiste im Google-Such-Widget (Pfeil) des Startbildschirms.

❷ Tippen Sie dann auf *Musik erkennen* (Pfeil).

❸ Google analysiert nun die Musik und zeigt Songtitel und Interpreten an.

20. Google Assistant

Der Google Assistant (engl. für Assistent) ist eine intelligente Sprachsteuerung. Sie können darüber beispielsweise Termine anlegen, Kontakte anrufen oder im Internet suchen. Mittels künstlicher Intelligenz soll der Google Assistant nach und nach Ihre Vorlieben kennen lernen und entsprechend reagieren.

Sie dürfen den Google Assistant nicht mit dem im Kapitel *22.5 Google-Anwendung* vorgestellten Programm verwechseln, das ähnliche Funktionen anbietet, aber auf manche Sprachbefehle anders reagiert.

20.1 Einrichtung

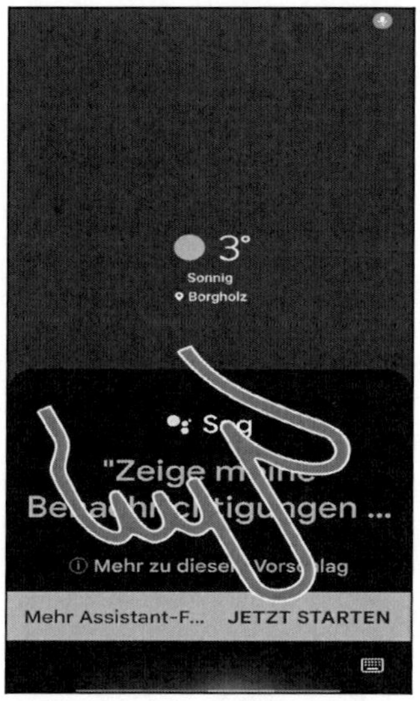

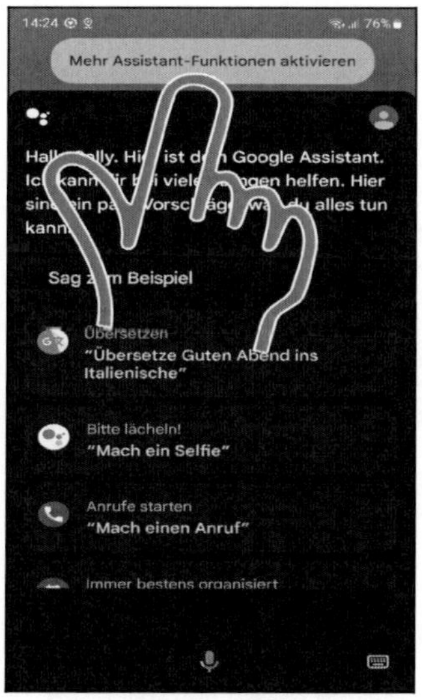

❶ Tippen und halten Sie die O-Taste unterhalb des Displays, bis der Google Assistant startet. Gehen Sie auf *JETZT STARTEN*.

❷ Alternativ tippen Sie auf *Mehr Assistant-Funktionen aktivieren*.

Sofern Sie die Sprachsteuerung bereits bei der Einrichtung nach dem ersten Einschalten durchgeführt haben, wird natürlich die *Mehr Assistant-Funktionen* aktivieren-Schaltleiste nicht erscheinen. Lesen Sie für diesen Fall im nächsten Kapitel weiter.

Manchmal erscheint die blaue *Mehr Assistant-Funktionen aktivieren*-Schaltleiste auch nach mehreren Minuten nicht. In dem Fall betätigen Sie kurz die O-Taste, worauf das Popup geschlossen wird und halten die O-Taste erneut für einige Zeit gedrückt.

14:27
76%
Kontaktdaten auf deinem Gerät speichern?
Wenn du diese Einstellung deines Google-Kontos aktivierst, kannst du noch einfacher eine Verbindung mit deinen Kontakten herstellen
sgievers727@gmail.com
Erhalte bessere Reaktionen auf Sprachbefehle wie:
„Schicke Mama eine SMS"
„Ruf den Zahnarzt an"
Nein danke
Aktivieren

14:27
76%
Google-Partner und -Dienste
Sieh dir an, wie Assistant mit verschiedenen Diensten interagiert, um dir beim Erledigen von Aufgaben zu helfen
sgievers727@gmail.com
Google Partner
Google-Partner sind Unternehmen, die eine geschäftliche Beziehung mit Google haben.
Dienste und Datenschutz
Google sendet den Diensten, mit denen du Kontakt aufnimmst, einen eindeutigen Code.
Weiter

14:27
76%
Mit „Hey Google" auf Assistant zugreifen
Unterstützung per Sprachbefehl von Google Assistant
Nein danke
Weiter

❶ Gehen Sie auf *Aktivieren.*

❷❸ Betätigen Sie zweimal *Weiter.*

Abhängig davon, ob der Google Assistant von Ihnen bereits auf einem anderen Handy verwendet wurde, überspringt Google einige Konfigurationsbildschirme.

14:27
76%
Assistant beibringen, deine Stimme zu erkennen
Wichtige Hinweise
Mit „Voice Match" kann Assistant deine Stimme erkennen und dich von anderen Personen unterscheiden. Assistant nimmt deine Stimme auf, um ein eindeutiges Sprachmodell zu erstellen, das nur auf deinen Geräten gespeichert ist. Dieses
Mehr

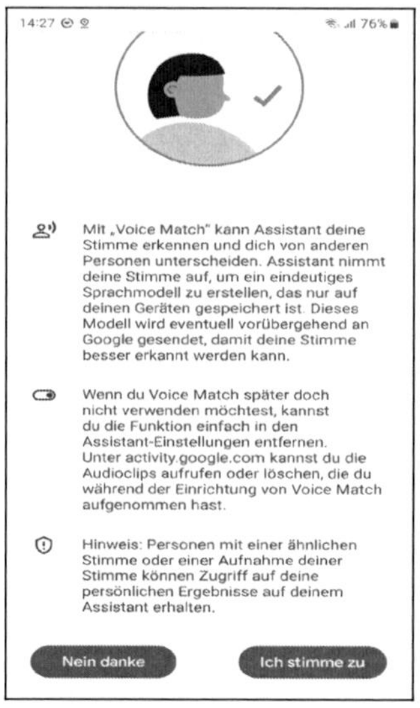
14:27
76%
Mit „Voice Match" kann Assistant deine Stimme erkennen und dich von anderen Personen unterscheiden. Assistant nimmt deine Stimme auf, um ein eindeutiges Sprachmodell zu erstellen, das nur auf deinen Geräten gespeichert ist. Dieses Modell wird eventuell vorübergehend an Google gesendet, damit deine Stimme besser erkannt werden kann.
Wenn du Voice Match später doch nicht verwenden möchtest, kannst du die Funktion einfach in den Assistant-Einstellungen entfernen. Unter activity.google.com kannst du die Audioclips aufrufen oder löschen, die du während der Einrichtung von Voice Match aufgenommen hast.
Hinweis: Personen mit einer ähnlichen Stimme oder einer Aufnahme deiner Stimme können Zugriff auf deine persönlichen Ergebnisse auf deinem Assistant erhalten.
Nein danke
Ich stimme zu

❶❷ Gehen Sie auf *Mehr* und dann *Ich stimme zu.*

Sag einfach "Ok Google, wie wird das Wetter morgen?"
Abbrechen

14:28
76%
Google Assistant optimal nutzen
E-Mails mit den neuesten Tipps erhalten
Mit unseren E-Mails bist du immer über die neuesten Funktionen deines Assistant informiert
Weiter

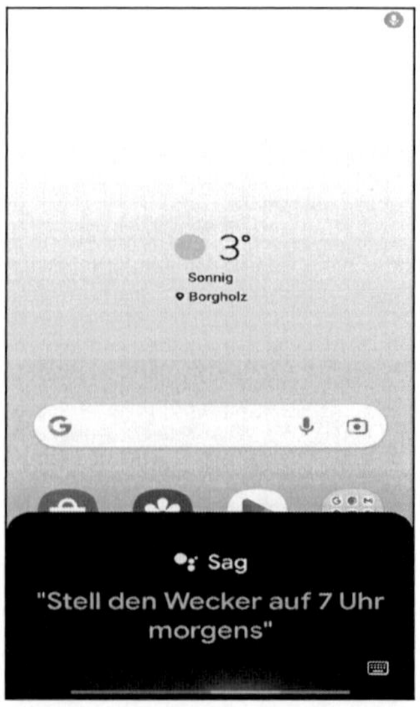
3°
Sonnig
Borgholz
Sag
"Stell den Wecker auf 7 Uhr morgens"

❶ Sprechen Sie die angezeigten Befehl nach, damit später die Spracherkennung optimal funktioniert.

❷ Den Hinweis schließen Sie mit *Weiter.*

❸ Fertig! Der Google Assistant steht bereit.

20.2 Aufruf

Künftig rufen Sie den Google Assistant auf zwei Wegen auf:

- Sie halten die ▢-Taste gedrückt.
- Sie sprechen »*Ok Google*« oder »*Hey Google*«.

Die ‹-Taste beendet den Assistenten.

20.3 Funktionen des Galaxy steuern

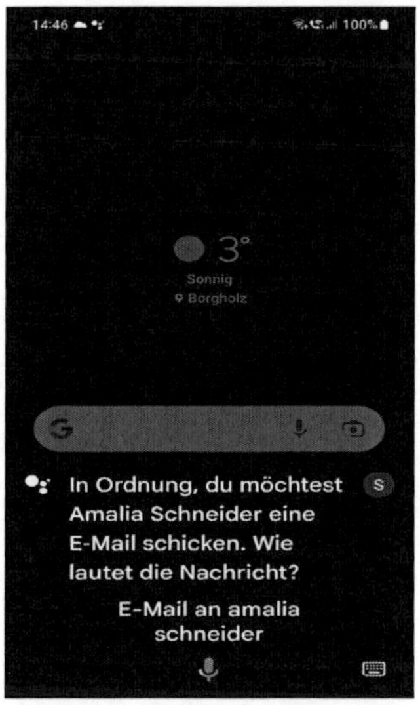

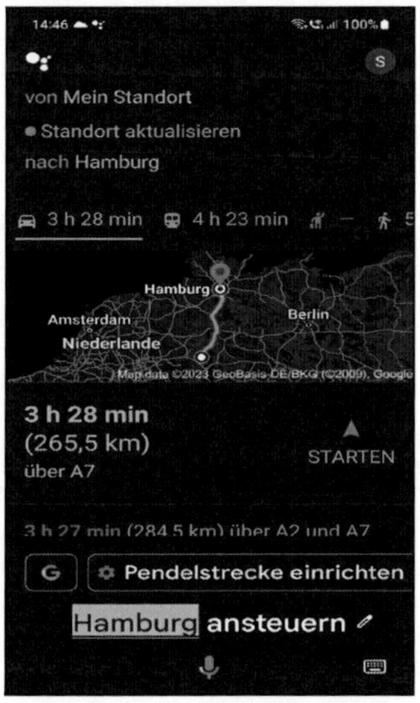

Über den Google Assistant lassen sich auch Dinge erledigen, für die Sie sonst erst umständlich auf dem Bildschirm eine Anwendung starten müssten. Einige Beispiele sollen die Möglichkeiten verdeutlichen. Rufen Sie mit »*Ok Google*« den Assistenten auf und sprechen Sie einen Befehl (**fett** jeweils die Schlüsselwörter):

- »**E-Mail an** Dara«: E-Mail-Editor starten, die E-Mail-Adresse des Kontakts *Dara* aus dem Telefonbuch als Empfänger übernehmen (❶).
- »Antonia **mobil anrufen**«: Kontakt auf Handynummer aus dem Telefonbuch anrufen.
- »Hamburg **ansteuern**«, »**Weg zu** Hamburg«, »**Weg zu** Brandenburger Tor«: Startet die Navigation in Google Maps, berechnet die Route zum Zielort und startet die Routenführung (❷).
- »**Karte von** Berlin«: Den genannten Ort in Google Maps anzeigen.
- »**Zeige mir** Flughäfen (Restaurants/Tankstellen/Museen/...) **in** Berlin«: Points auf Interest in der Karte anzeigen (❸).
- »**Spiele** Beatles«: Musikanwendung starten und dort nach den Interpreten/Song suchen.
- »**Zeige** Beatles Yesterday **in YouTube**«: Bestimmten Song von Band/Interpret suchen und in einer Musikanwendung abspielen.
- **Abbrechen**: Die gerade laufende Aktion vorzeitig beenden (alternativ betätigen Sie die ‹ -Taste oder Wischen auf dem Bildschirm einmal nach unten).
- **Was steht heute an**: Liefert die Uhrzeit, die Wettervorhersage und listet die anstehenden Termine auf.
- **Öffne Kontakte**: Telefonbuch anzeigen.

Die Spracherkennung beantwortet auch Ihre Fragen, die Sie am Besten möglichst kurz halten, da Google nur die Schlüsselworte und keine langen Sätze auswertet.

- »Wer ist Bundeskanzler in Deutschland«
- »Wetter in Berlin«
- »Wo ist der nächste Burger King«

Sollte die Spracherkennung mal ein Wort oder einen Satz nicht erkennen, führt das Handy eine Google-Websuche durch.

Eine aktuelle Liste aller unterstützten Sprachbefehle gibt es unseres Wissens von Google nicht.

Google gibt auf seiner Website selbst einige weitere Beispiele zu den Sprachbefehlen (hier wörtlich von der Webadresse *support.google.com/websearch/answer/2940021* übernommen). Wir geben hier nur diejenigen Sprachbefehle an, die bei uns im Test auch funktionierten:

- Wecker einstellen: "Wecker auf 7 Uhr einstellen"
- Erinnerung einrichten: "Erinnern an: um 18.00 Uhr Max anrufen" oder "Erinnern an: Eisdiele am Marienplatz testen"
- Termin im Google Kalender erstellen: "Erstelle einen Termin in meinem Kalender: Abendessen in München, Samstag um 19.30 Uhr"
- Freund anrufen: "Martina Müller anrufen" oder "Mama anrufen"
- SMS an einen Freund: "SMS an Stefan: Komme 5 Minuten später"
- E-Mail senden: "E-Mail senden an Kerstin: Betreff: neue Schuhe, Nachricht: Ich muss dir unbedingt meine neuen Schuhe zeigen"
- Routen abrufen: "Navigieren von Berlin nach Köln" oder "Wegbeschreibung von Berlin nach Frankfurt am Main"
- Orte in der Nähe finden: "Wo ist das nächste Café?"
- Nach der Uhrzeit fragen: "Wie spät ist es in London?"
- Nach dem Wetter fragen: "Wie ist das Wetter morgen Früh?"
- Interessante Antworten auf Fragen: "Wo wurde Albert Einstein geboren?" oder "Wie alt ist Beyonce?"
- Worte oder Sätze übersetzen: "Was heißt Gurke auf Spanisch?"
- Wort definieren: "Was bedeutet Adipositas?"
- Einheiten umrechnen: "Was sind 12 Zoll in Zentimeter?"
- Mathematische Gleichungen lösen: "Was ist die Wurzel aus 2209?"

Auch die Systemeinstellungen ändert die Sprachsteuerung:

- **Taschenlampe einschalten; Taschenlampe aussschalten**: Die Kamera-LED ein/ausschalten.
- **Bildschirm dunkler; Bildschirm heller**: Displayhelligkeit ändern.
- **Musik lauter/leiser**; **Klingelton lauter/leiser**: Lautstärke ändern.

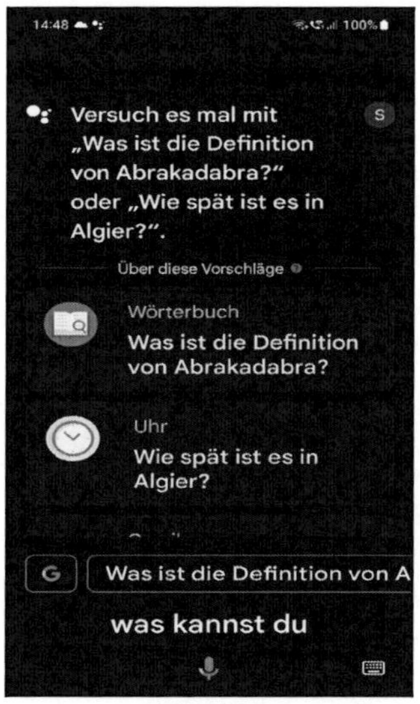

Sie möchten wissen, was der Assistent alles an Befehlen drauf hat? Dann sprechen Sie »*Was kannst du*«.

Bitte beachten Sie, dass viele Befehle vor der Ausführung weitergehende Berechtigungen benötigen, worauf Sie das Handy aufmerksam macht.

Einige Befehle setzen zudem die Installation zugehöriger Anwendungen aus dem Play Store (siehe Kapitel *25.1 Play Store*) voraus.

20.4 Google Lens

Google Lens analysiert Fotos und wertet Gegenstände, Orte, Barcodes und Texte aus. Je nach vermuteten Kontext schlägt Google Lens anschließend eine Aktion vor, beispielsweise bei Produkten eine Google-Suche nach der Produktbezeichnung. Weil Google Lens selbstlernend ist (»künstliche Intelligenz«), ändern sich mit der Zeit eventuell die Erkennungsergebnisse.

Laut Google werden unter anderem folgende Funktionen unterstützt:

- Visitenkarte: Telefonnummer oder Adresse für einen Kontakt speichern.
- Buch: Rezensionen oder andere Informationen abrufen.
- Sehenswürdigkeit oder Gebäude: Weitere Informationen recherchieren.
- Gemälde in einem Museum: Weitere Informationen recherchieren.
- Pflanze oder Tier: Weitere Informationen recherchieren.
- Flyer oder Plakat für Veranstaltung: Ereignis im Kalender hinzufügen.

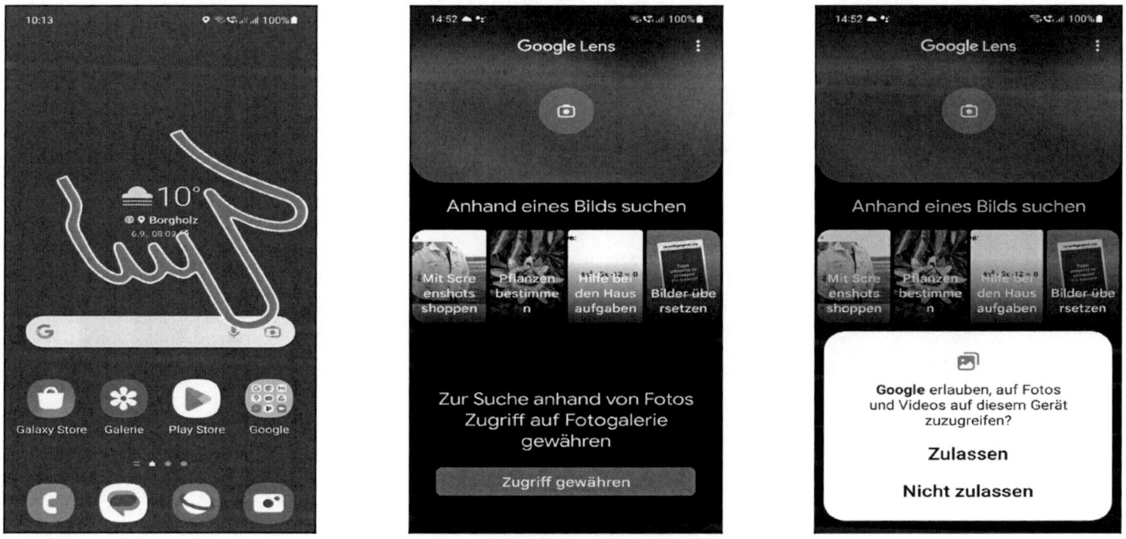

❶ Starten Sie die Google Lens-Funktion mit der -Schaltleiste im Startbildschirm.

❷❸ Betätigen Sie *Galerie öffnen* und dann *Zugriff gewähren* beziehungsweise *Immer zulassen.*

Die ‹-Taste bringt Sie jederzeit in den Google Lens-Hauptbildschirm beziehungsweise in den Startbildschirm zurück.

20.4.1 Galerie-Bild untersuchen

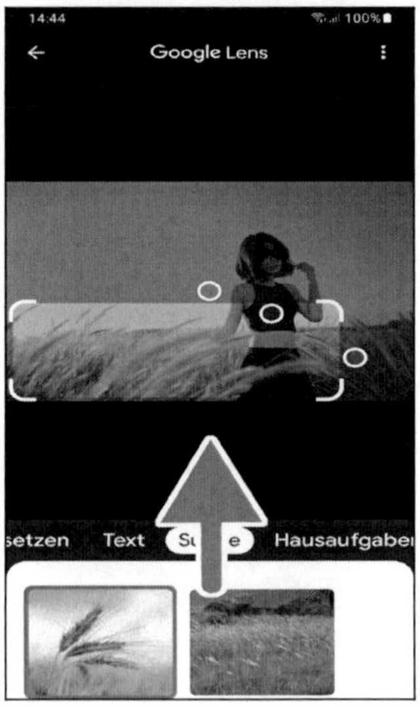

❶ Im Beispiel möchten wir ein bereits vorhandenes Bild, das wir mal mit der Kamera-Anwendung aufgenommen hatten, untersuchen. Tippen Sie es in der Auflistung an.

❷ Die drei Kreise weisen in unserem Beispiel auf Bildbereiche hin, zu denen Google Lens weitere Infos anbieten kann. Tippen Sie einen Kreis an.

❸ Google listet die gefundenen Infos auf. Mit einer Wischgeste blättern Sie durch die Ergebnisse.

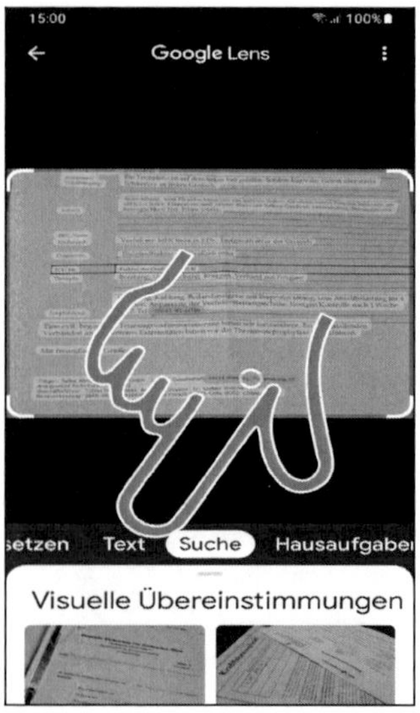

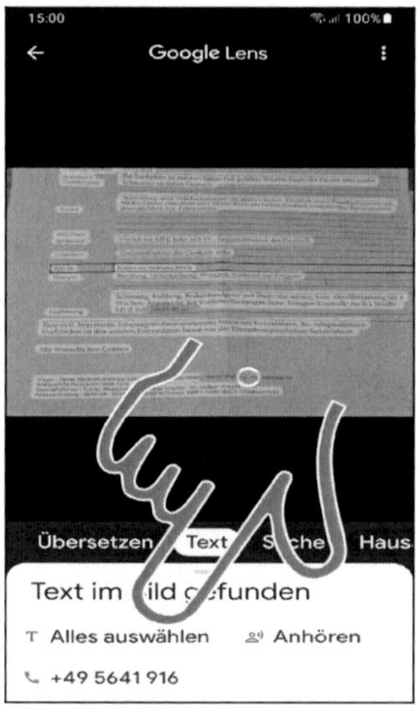

❶ Manchmal wird der Bildinhalt falsch erkannt, worauf Sie selbst über die Register die Auswertungsart einstellen müssen.

❷ Abhängig vom Bildtyp stehen dann weitere Infos oder Bearbeitungsfunktionen am unteren Bildschirmrand bereit.

20.4.2 Kamera-Bild untersuchen

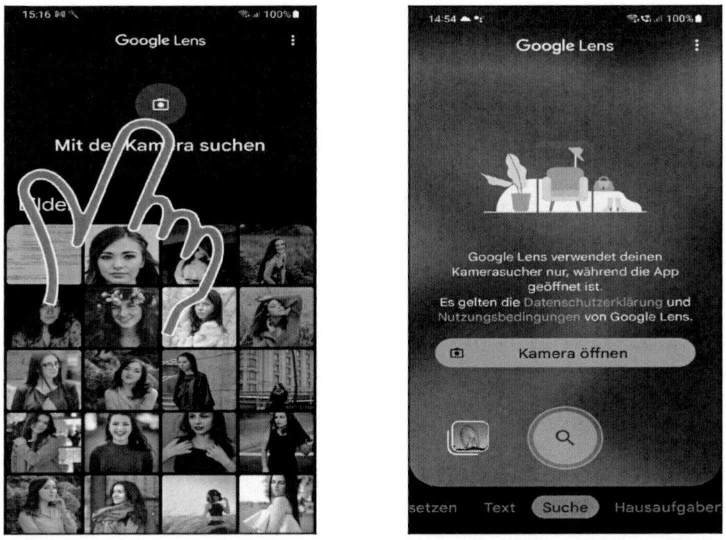

➊➋ Für die Auswertung des Livebilds von der Kamera gehen Sie auf *Mit der Kamera suchen* und dann auf *Kamera öffnen.*

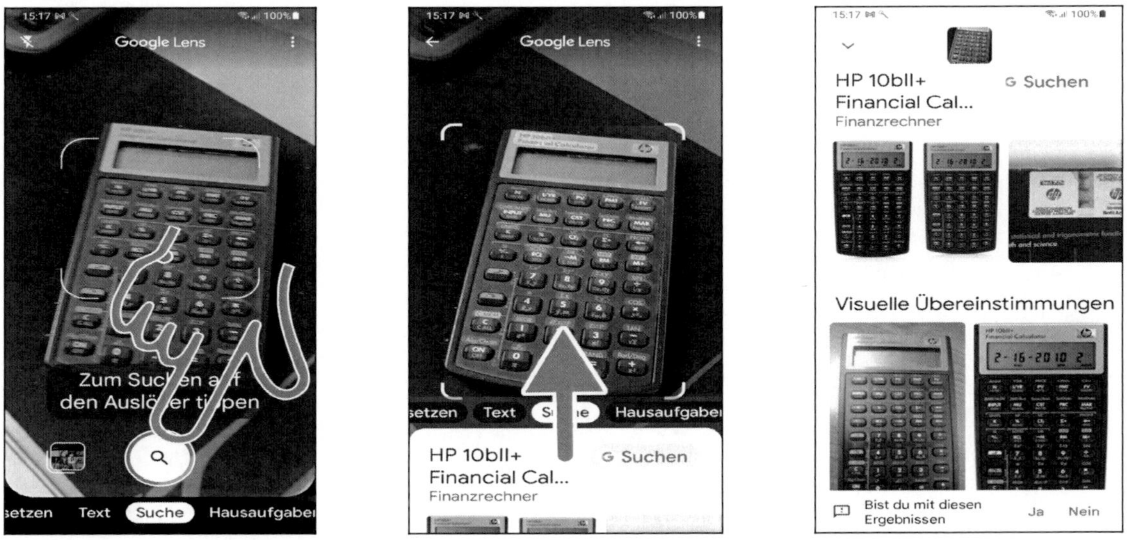

➊ Halten Sie die Kamera auf einen Gegenstand und tippen Sie auf die weiße Schaltleiste.

➋➌ In diesem Beispiel wird der Gegenstand identifiziert und das Handy zeigt Fotos aus der Suche an. Eine Wischgeste nach oben listet weitere Fotos auf.

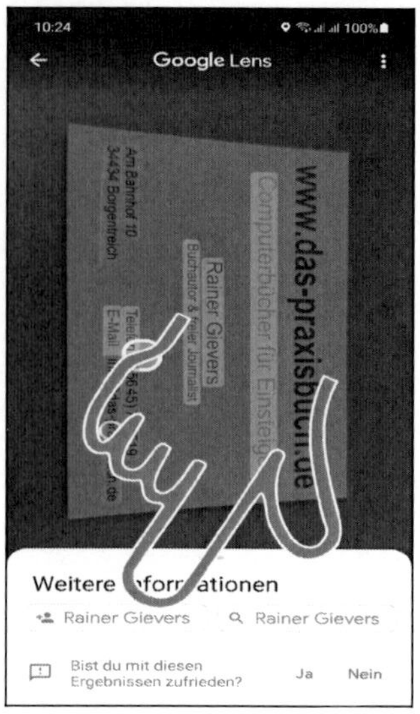

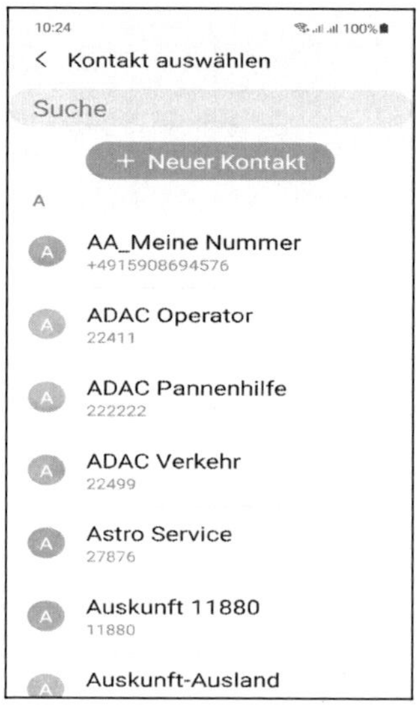

❶❷ Visitenkarten werden automatisch erkannt. Sie können nun den Kontakt ins Telefonbuch aufnehmen (Pfeil).

21. Kalender

Der Kalender verwaltet Ihre Termine, die sich mit dem Google-Kalender synchronisieren lassen.

❶❷ Sie finden den *Kalender* im Hauptmenü (Pfeil).

❸ Beim Galaxy S23 Ultra wird ein Bedienstift (Stylus) mitgeliefert. Die Kalender-Anwendung bietet bei diesem Gerät einige zusätzliche Funktionen (Pfeil), auf die Kapitel *36.7 Zeichnungen im Kalender* eingeht.

Sofern Sie bereits ein Google-Konto auf dem Galaxy eingerichtet haben, erscheinen in der Kalender-Anwendung schon beim ersten Aufruf diverse im Google-Kalender hinterlegte Termine.

21.1 Kalenderansichten

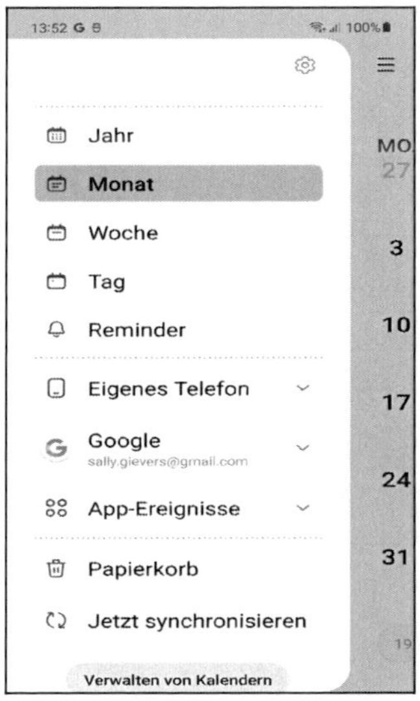

❶❷ Der Kalender zeigt beim Start standardmäßig den aktuellen Monat an. Um auf eine andere Kalenderansicht umzuschalten, aktivieren Sie das Ausklappmenü und gehen auf *Jahr Monat, Woche, Tag* oder *Reminder*. Letzteres ist eine separate Anwendung zur Aufgabenverwaltung, die Sie auf dem Handy bei Bedarf nachinstallieren können.

21.1.1 Jahresansicht

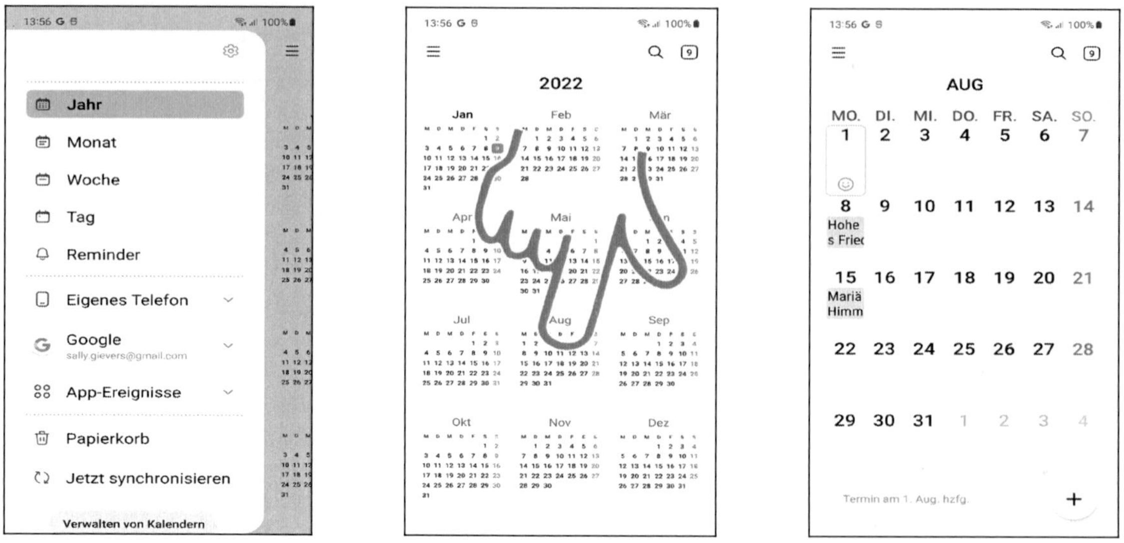

❶ Über *Jahr* im Ausklappmenü springen Sie schnell zu einem bestimmten Monat.

❷❸ Tippen Sie dann einfach einen Monat im angezeigten Kalender an.

21.1.2 Monatsansicht

❶ Tippen Sie einen Kalendertag kurz an, so listet der Kalender alle zugehörigen Termine in einem Popup auf.

❷❸ Dort wählen Sie dann den anzuzeigenden Termin aus.

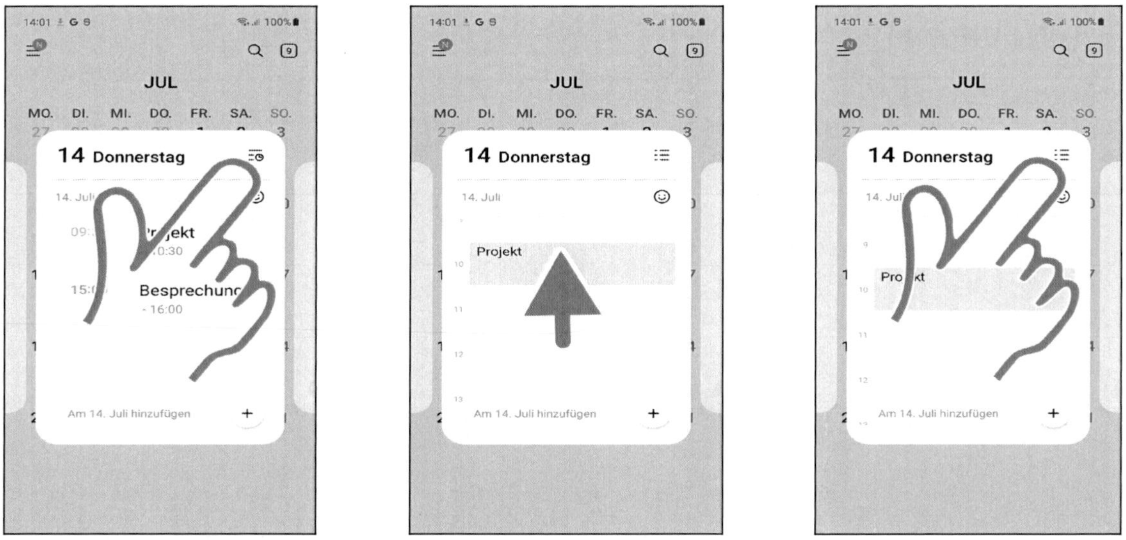

❶❷ ☰◷ (Pfeil) schaltet auf eine alternative Ansicht um. Sie können dann mit einer Wischgeste in der Zeitachse des ausgewählten Tags blättern.

❸ :☰ wechselt wieder zur Terminauflistung.

Auf die Bedeutung der ☺-Schaltleiste geht später Kapitel *21.6 Sticker* ein.

❶ Über eine Wischgeste von unten nach oben schalten Sie auf eine alternative Ansicht um.

❷ Tippen Sie einen Tag an, worauf im unteren Bildschirmdrittel die Tagestermine angezeigt werden.

❸ Wischen Sie nach unten, um die alternative Ansicht wieder auszuschalten.

21.1.3 Wochenansicht

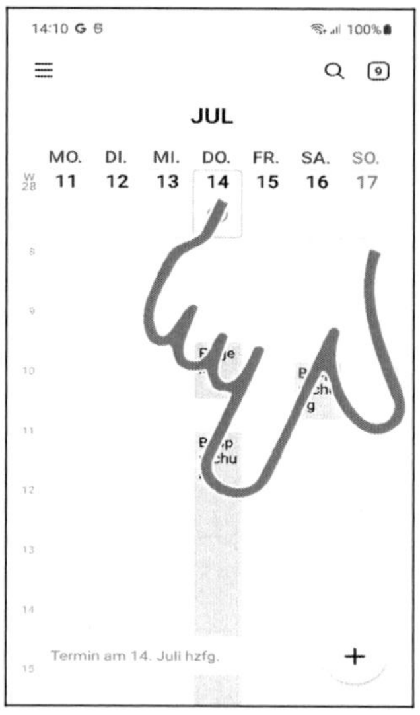

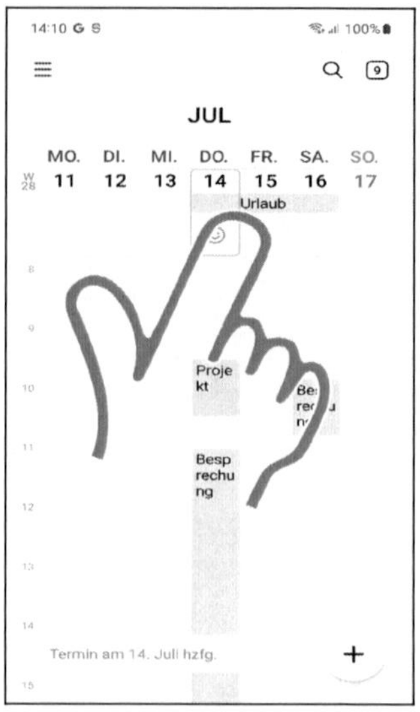

❶❷ In der Wochenansicht sind alle Termine als Balken auf einer Zeitachse angelegt. Man sieht auf diesem Wege sofort, ob und wo noch freie Zeiträume sind. Antippen eines Termins (Pfeil) zeigt diesen wiederum an.

❸ Ganztagstermine blendet der Kalender jeweils am oberen Bildschirmrand ein. Diese können Sie für Termindetails antippen.

21.1.4 Tagesansicht

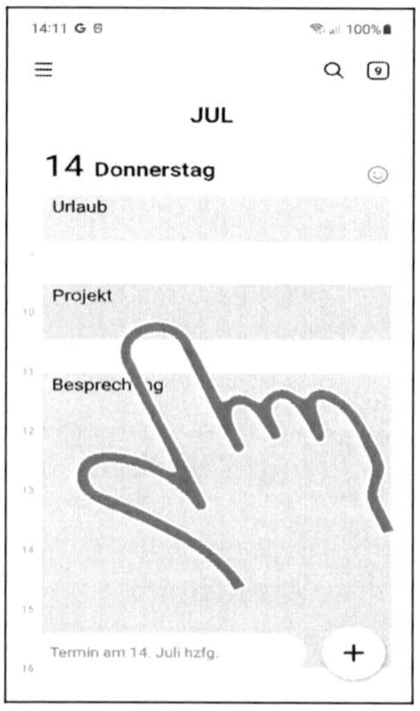

❶❷ Auch die Tagesansicht stellt die Termine in einer Zeitachse dar. Tippen Sie einen Termin (Pfeil) für die Detailansicht an.

21.2 Navigation im Kalender

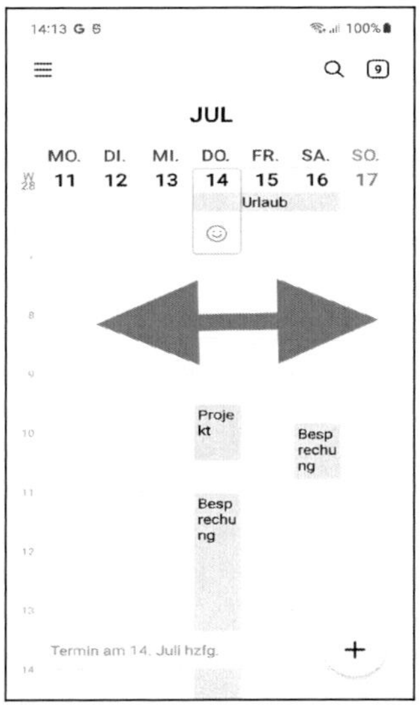

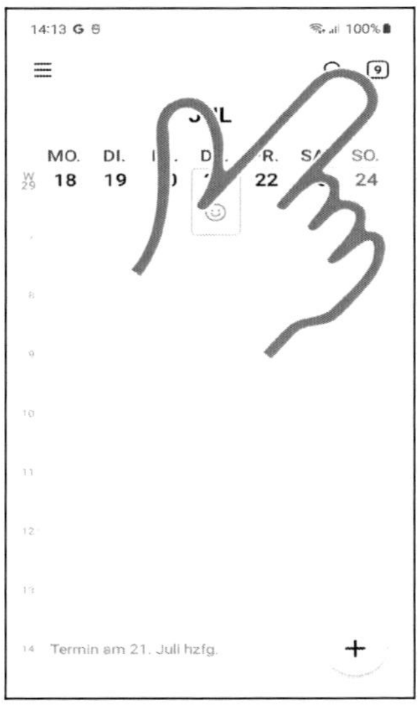

❶ Mit einer Wischgeste nach links/rechts blättern Sie in den Terminen vor oder zurück.

❷ Über die Schaltleiste am oberen rechten Bildschirmrand kehren Sie zum aktuellen Datum zurück.

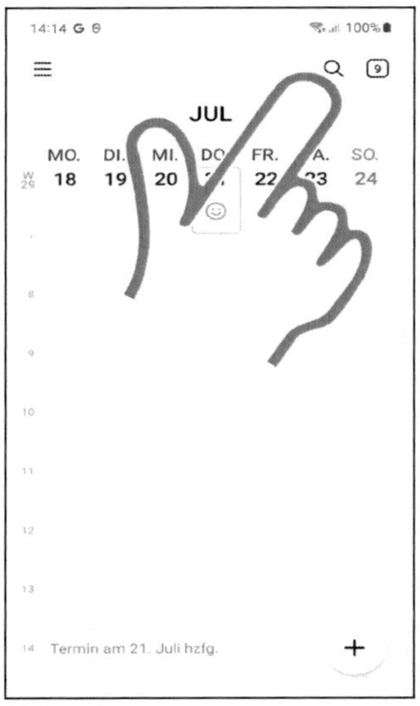

❶❷ Als Hilfreich erweist sich die Suche mit 🔍. Bereits während der Eingabe werden Fundstellen angezeigt.

21.3 Neuen Termin hinzufügen

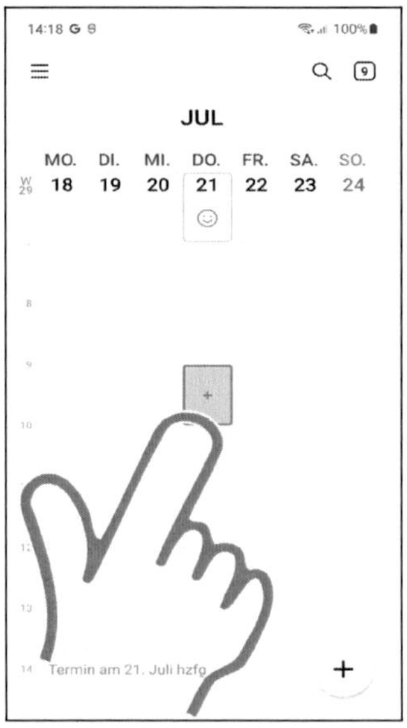

❶ In allen Kalenderansichten erzeugt die +-Schaltleiste einen neuen Termin.

❷ Sie ersparen sich so übrigens etwas Arbeit, indem Sie vor Betätigen der +-Schaltleiste kurz auf den Kalendertag (Monatsansicht) oder in die Zeitleiste (Wochen- und Tagesansicht) tippen (Pfeil). Der Kalendertag wird dann in den Termineditor übernommen.

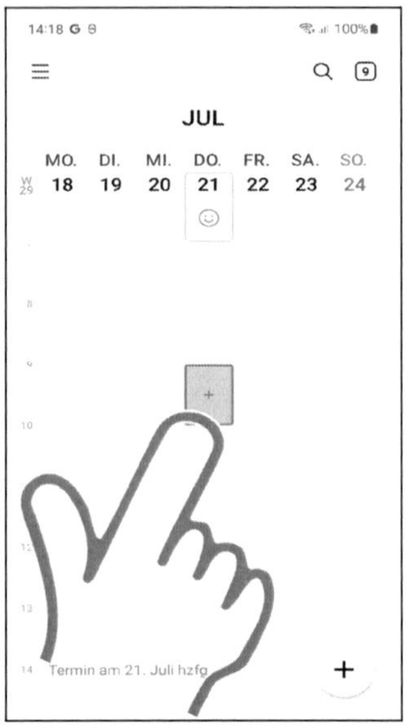

❶ Der Kalender unterstützt noch eine weitere Methode für die Terminerfassung: Doppeltippen Sie mit dem Finger auf einen Kalendertag beziehungsweise eine Uhrzeit in der Zeitleiste von Tages- oder Wochenansicht.

❷ Erfassen Sie im Bearbeitungsbildschirm die Termindaten. Sofern es sich um einen Termin ohne feste Uhrzeit, beispielsweise einen Geburtstag, handelt, aktivieren Sie *Ganzen Tag*.

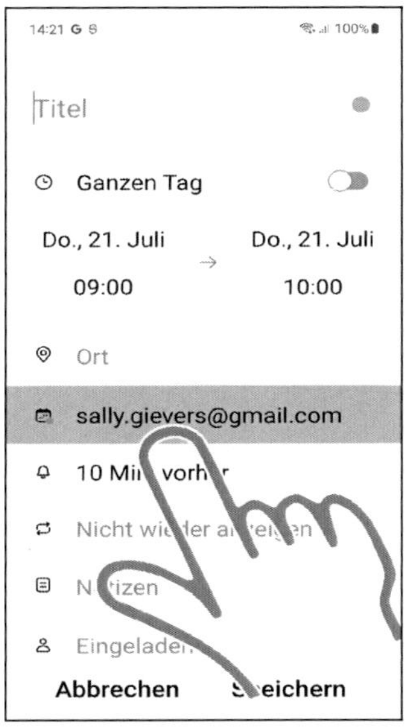

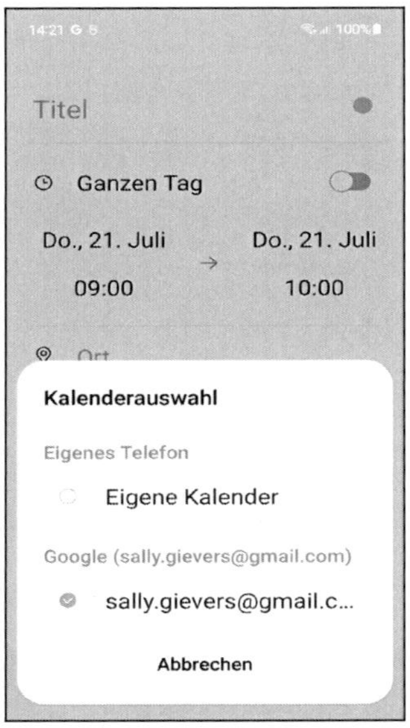

❶❷ Über das Auswahlmenü (Pfeil) stellen Sie ein, was mit den Daten geschieht:

- *Eigene Kalender*: Der Termin bleibt auf dem Gerät und wird weder mit dem Samsung-Konto noch dem Google-Konto abgeglichen.
- *Samsung Calendar*: Dieser Menüeintrag wird nur angezeigt, wenn Sie ein Samsung-Konto nutzen (siehe Kapitel *24 Das Samsung-Konto*) abzulegen. Wir gehen in diesem Buch nicht darauf ein.
- *(Ihr Konto)@gmail.com*: Datenabgleich des Termins mit Google Kalender über das Internet. Diese Einstellung wird von uns empfohlen.

Sie sollten immer Ihr Google-Konto verwenden, da die Speicherung auf dem Gerät keinen Sinn macht.

❶ Die Terminzeit stellen durch Antippen von Kalendertag beziehungsweise Uhrzeit ein.

❷ Wischen Sie einfach über die Uhrzeitziffern nach oben oder unten. Falls Sie die Uhrzeit lieber über ein Tastenfeld erfassen möchten, tippen Sie auf die Zahlen.

❸ Tippen Sie nun die Endzeit an, um diese einzustellen.

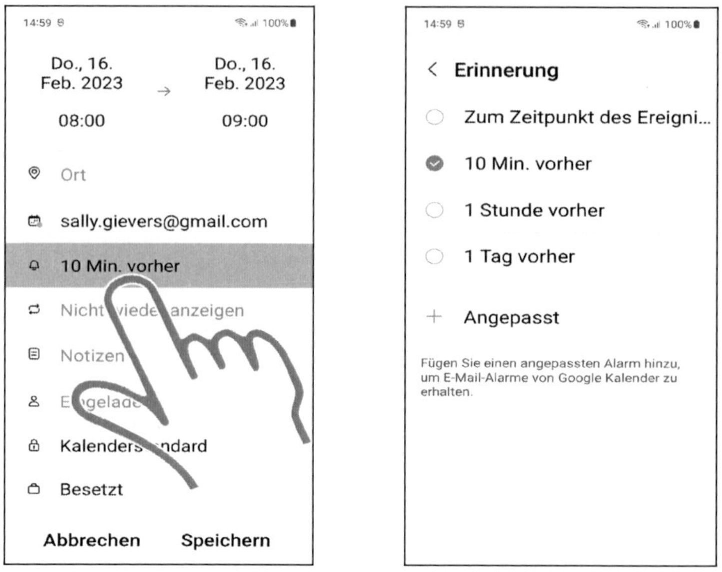

❶❷ Das Handy macht Sie standardmäßig auf den Termin 10 Minuten vorher aufmerksam. Diese Erinnerung können Sie durch Antippen jederzeit auf einen anderen Zeitraum ändern.

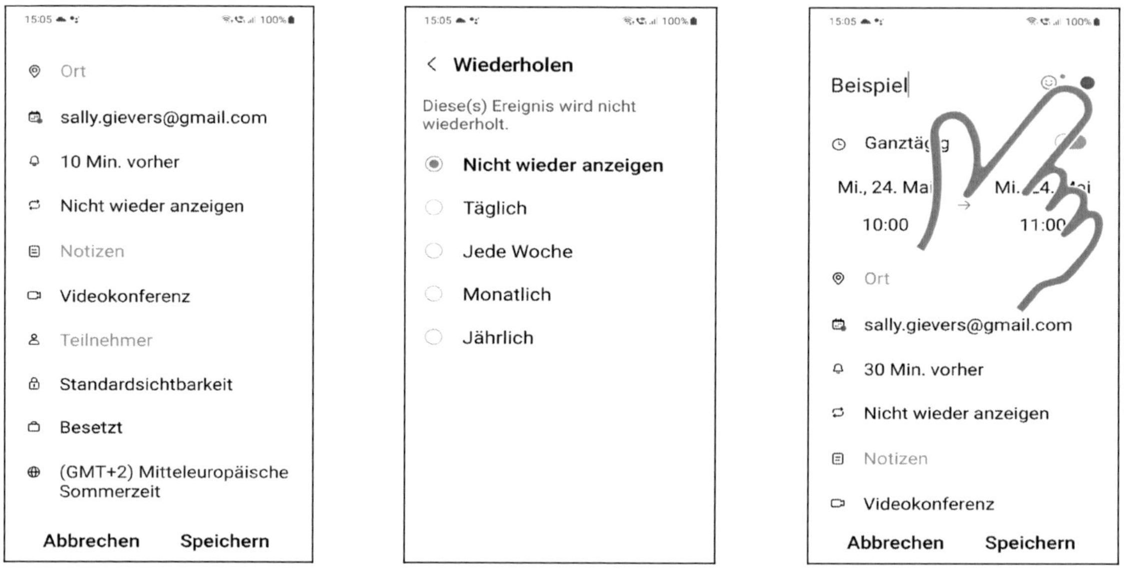

❶ Die Eingabefelder in der Übersicht:

- *Ort*: Wo der Termin stattfindet.
- *xxx@gmail.com*: Termine werden in Ihrem Google-Konto gespeichert.
- *30 Min. vorher*: Erinnerung erfolgt 30 Minuten vor dem Termin.
- *Nicht wieder anzeigen* (❷) ermöglicht es, den Termin in bestimmten Zeiträumen automatisch erneut anzusetzen, beispielsweise wöchentlich oder monatlich.
- *Notizen*
- *Name oder E-Mail eing.*: Wählen Sie Kontakte aus dem Telefonbuch (siehe Kapitel *8 Telefonbuch*) aus, die automatisch per E-Mail über den Termin informiert werden, sobald Sie ihn speichern.
- *Videokonferenz*: Sofern Sie mit den unter Teilnehmer aufgeführten Personen eine Videokonferenz führen möchten, müssen Sie hierüber *Google Meet* freischalten.
- *Teilnehmer*: Legen Sie Kontakte aus dem Telefonbuch fest, die automatisch über Terminupdates per E-Mail informiert werden. In diesem Buch gehen wir nicht weiter auf Termineinladungen ein.
- *Standardsichtbarkeit; Besetzt*: Nur für Anwendungsfälle, bei denen Sie den Kalender mit mehreren Personen teilen. In diesem Buch gehen wir nicht weiter darauf ein.

- *(GMT+2)*: Die Zeitzone ist ausschließlich für Anwender interessant, die Termine in anderen Ländern wahrnehmen. Standardmäßig rechnet der Kalender alle Terminuhrzeiten auf die jeweilige Lokalzeit des Aufenthaltslandes um. Wenn Sie dies nicht möchten, stellen Sie die Zeitzone entsprechend ein.

❸ Die Hintergrundfarbe des Termins in der Tages- und Wochenansicht legen Sie über die Schaltleiste oben rechts fest.

Betätigen Sie anschließend *Speichern* am unteren Bildschirmrand.

❶❷ Der Termin erscheint im Kalender. Tippen Sie ihn an für die Termindetails. Falls Sie ihn ändern möchten, tippen Sie einfach eines der angezeigten Datenfelder an, was automatisch in den Bearbeitungsmodus umschaltet.

21.4 Schneller Termin

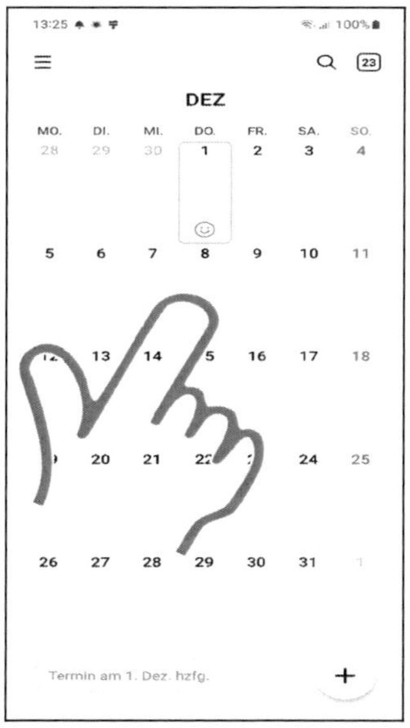

In der Tag-, Wochen- und Monatsansicht ist auch eine »schnelle Termineingabe« möglich:

❶ Beispielsweise tippen Sie in der Monatsansicht kurz auf einen Wochentag, zu dem Sie einen Termin anlegen möchten.

❷ Tippen Sie dann unten auf die Schaltleiste.

❸ Erfassen Sie den Termineintrag und schließen Sie mit der blauen Schaltleiste ab.

Standardmäßig wird ein Ganztagstermin erstellt. Einen normaler Termin erstellen Sie durch Angabe einer Uhrzeit, beispielsweise mit »*15:00 Mama abholen*« oder »*Besprechung um 15 Uhr*«.

21.5 Weitere Terminverwaltungsfunktionen

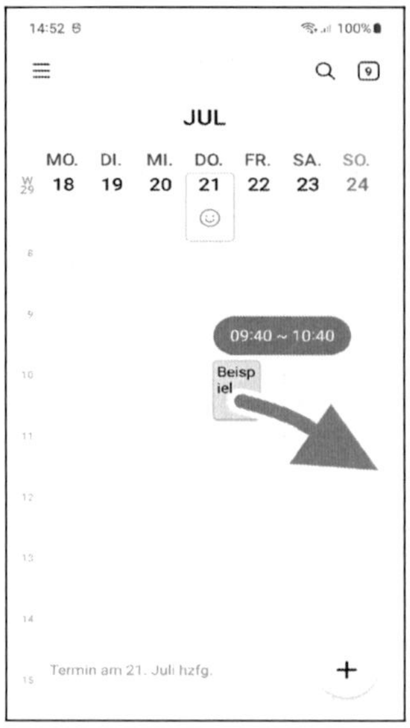

❶❷ In der Tages- und Wochenansicht lassen sich Termine sehr einfach auf eine andere Uhrzeit oder sogar ein anderes Datum verlegen, ohne dass man sie erst in der Bearbeitungsansicht öffnen muss: Tippen und halten Sie für einige Sekunden den Finger auf einem Eintrag und ziehen Sie ihn dann auf der Zeitachse an die gewünschte Position.

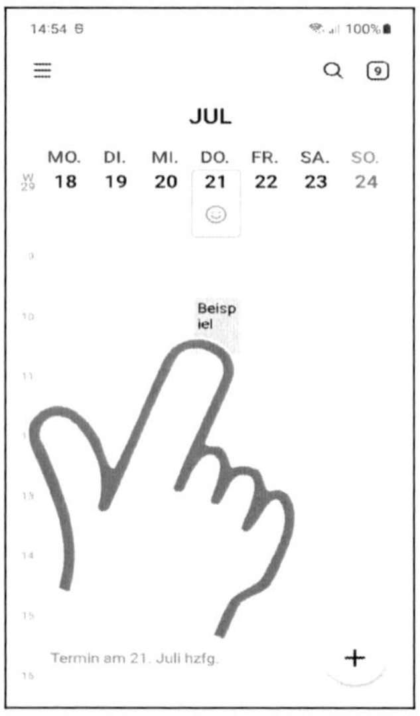

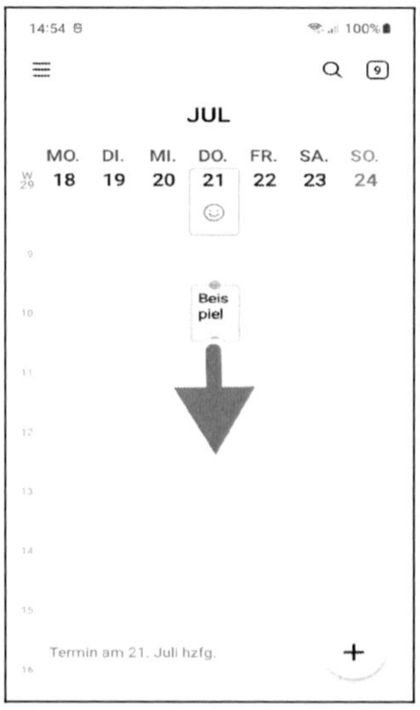

❶❷ Die Terminlänge lässt sich ebenfalls ändern: Tippen und halten Sie den Finger für einige Sekunden auf einem Termin, bis dieser »markiert« ist. Danach ziehen Sie unten oder oben an den Kugeln.

21.6 Sticker

Die sogenannten Sticker ersetzen keine Kalendertermine, sondern dienen als zusätzlicher Hinweis. Vielleicht haben Sie ja in Ihrem Papierkalender auch schon mal farbige Etiketten eingeklebt?

❶ In der Monatsansicht tippen Sie zunächst in den Tag, zu dem Sie einen Hinweis hinzufügen möchten.

❷ Nun betätigen Sie ☺.

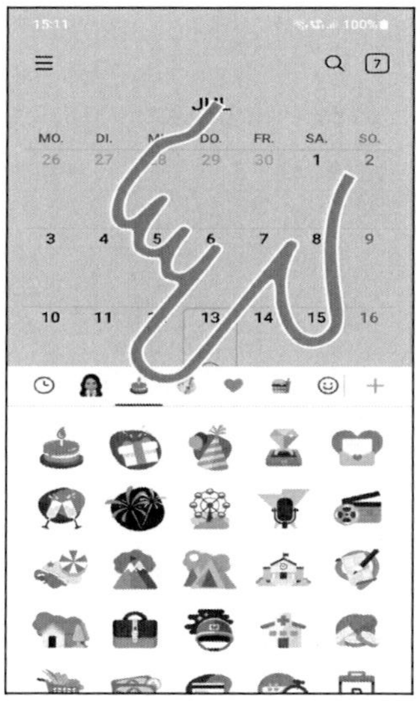

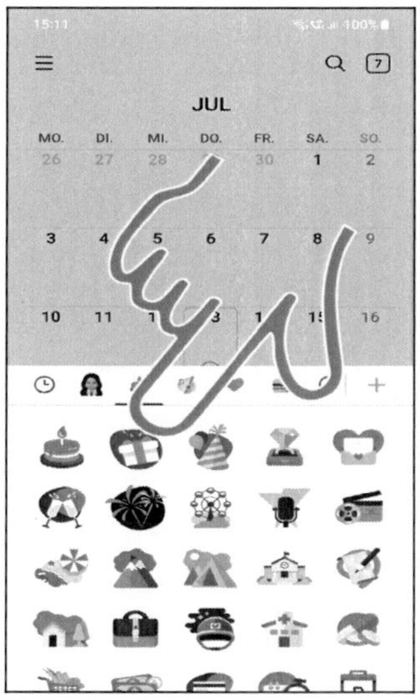

❶❷ Wählen Sie erst ein Register aus, danach tippen Sie auf eines der angebotenen Symbole.

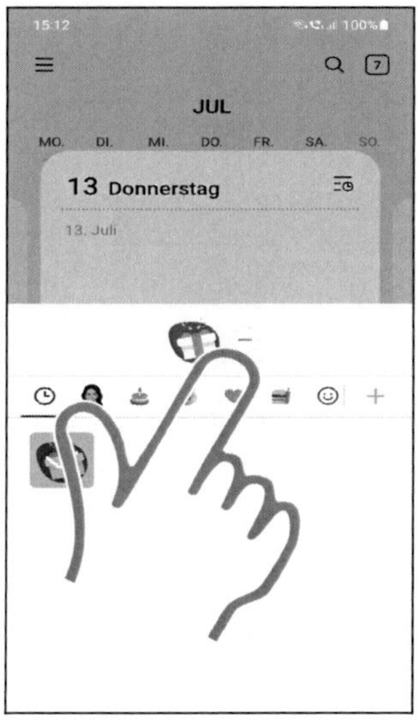

❶ Der Sticker wird in der Monatsansicht angezeigt. Tippen Sie den Wochentag an, um den Sticker wieder zu löschen.

❷❸ Tippen Sie auf den den Sticker, anschließend betätigen Sie die Minus-Schaltleiste.

21.7 Terminerinnerung

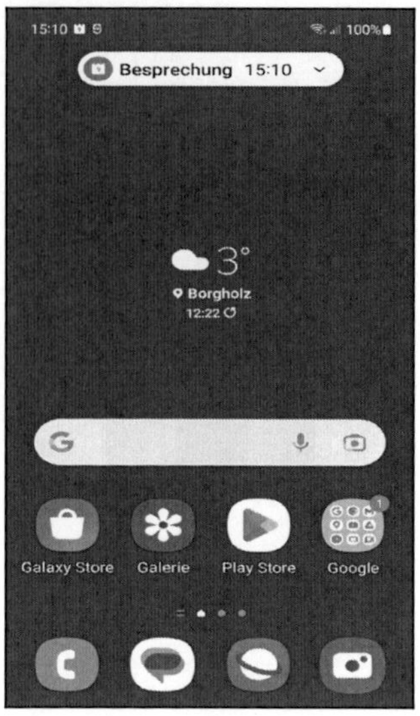

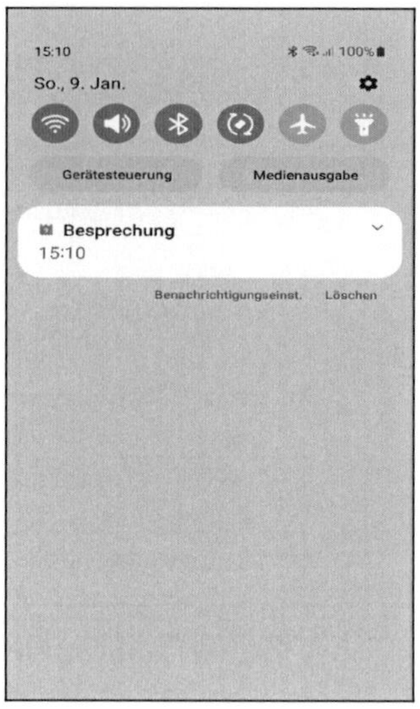

➊ Zum eingestellten Termin ertönt der Erinnerungston und ein Popup erscheint am oberen Bildschirmrand.

➋ Auch im Benachrichtigungsfeld ist ein Terminhinweis vorhanden.

Den Alarmton für Kalendertermine stellen Sie, wie im Kapitel *4.12 Medienlautstärke und Signaltöne* erläutert, ein.

21.8 Einstellungen

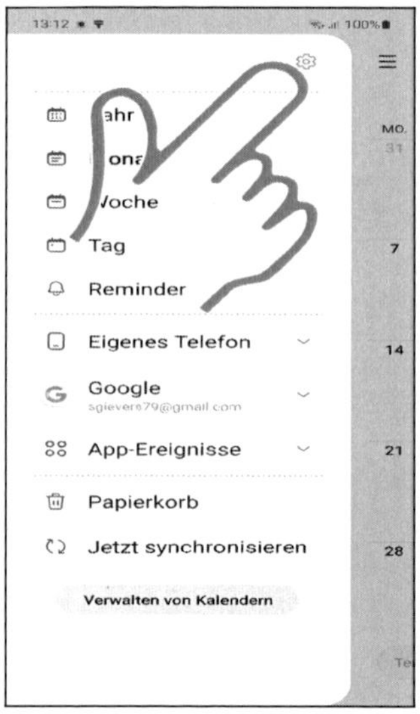

➊➋ ⚙ im Ausklappmenü öffnet die Einstellungen:

Unter *Farben und Konten*:

- Verwalten von Kalendern (➌): In den Menü können Sie die Anzeige von Kalenderdaten ein/ausschalten:
  - *Eigenes Telefon*: Termine, die nicht mit Ihrem Google-Konto synchronisiert werden.
  - *Google*: Die in Ihrem Google-Konto abgelegten Termine. Wenn Sie, wie in diesem Buch beschrieben, Ihren ersten Termin angelegt haben, landen dieser und auch alle folgenden automatisch im Google-Konto.
  - *Reminder*: Im Reminder abgelegte Aufgaben (siehe Kapitel *21.9 Reminder*).

Unter *Aussehen und Handhabung*:

- *Erster Tag der Woche*: In manchen Kulturkreisen beginnt die Woche bereits am Sonntag, was Sie hier festlegen.

- *Kurze Ereignisse hervorheben*: Termine, die weniger als einen Tag dauern in der Monatsansicht hervorheben.
- *Ereignistitel in zweite Zeile umbrechen*: Lange Termintitel in den Kalenderansicht nicht abschneiden.
- *Schriftgröße des Ereignistitels*: Schriftgröße des Termintitels in der Kalenderansicht.

Unter *Optionale Informationen*:

- *Alternativer Kalender*: Kalender auf asiatische Gegebenheiten umstellen.
- *Wochennummern anzeigen*: Wochennummer in der Wochenansicht einblenden (oben im Bildschirm).
- *Wettervorhersage anzeigen*: Zeigt in der Wochen- und Tagesansicht an der Oberseite ein Symbol für das zu erwartende Wetter an. In der Monatsansicht erscheint das Wettersymbol direkt im Tageskästchen.
- *Abgeschlossene Erinnerungen anzeigen*: Dies betrifft Erinnerungen eines separat zu installierenden Kalenderprogramms, auf die dieses Buch nicht eingeht.
- *Abgelehnte Ereignisse ausblenden*: Terminanfragen, die Sie ablehnen (in diesem Buch gehen wir nicht weiter darauf ein), blendet der Kalender aus.

Unter *Warnungen*:

- *Warnungsstil*: Wählen Sie das Aussehen der Terminerinnerung auf dem Bildschirm aus. Außerdem stellen Sie hier eine der vordefinierten Klangfolgen beziehungsweise die Vibration als Terminalarm ein.
- *Warnungseinstellungen*: Legt die voreingestellte Terminerinnerung fest:
  - *Highlights*: Als Voreinstellung setzt der Kalender bei der Terminneuanlage jeweils *10 Minuten* ein, können aber auch kürzere oder längere Zeiträume einstellen. Sie haben so genügend Zeit, um sich auf die Wahrnehmung Ihrer Termine zu konzentrieren.
  - *Ganztägige Ereignisse*: An einen ganztägigen Termin werden Sie um 17 Uhr des Vortags erinnert.
  - *Geburtstage von Kontakten*: In Kontakten (siehe Kapitel *8 Telefonbuch*) hinterlegte Geburtstage.

Unter *Weitere Einstellungen*:

- *Zeitzone festlegen*: Befinden Sie sich in einer anderen Zeitzone, so rechnet das Galaxy automatisch alle Termine von Mitteleuropäischer Zeit auf die besuchte Zeitzone um. Stellen Sie hier dagegen ein, in welcher Zeitzone Sie sich befinden, so erfolgt keine automatische Umrechnung der Terminzeiten.
- *Papierkorb*: Gelöschte Termine werden zunächst im sogenannten Papierkorb aufbewahrt, aus dem Sie sie wieder herstellen können. Sie finden den *Papierkorb* unten im Ausklappmenü.
- *Zeit aus Ereignistiteln entfernen*: Nutzen Sie die im Kapitel *21.4 Schneller Termin* vorgestellte Funktion, dann wird die Uhrzeit aus dem Termintext entfernt.

Unter *Datenschutz*:

- *Berechtigungen*: Listet die Berechtigungen der Kalender-Anwendung auf.
- *Personalisierter Dienst*: Nicht von Samsung dokumentiert.

21.9 Reminder

Das englische Wort »Reminder« lässt sich mit »Erinnerungen« übersetzen, was die Funktion des Programms bereits beschreibt. Die Erinnerungen verwaltet das Galaxy getrennt vom Kalender (siehe Kapitel *21 Kalender*).

21.9.1 Aufruf

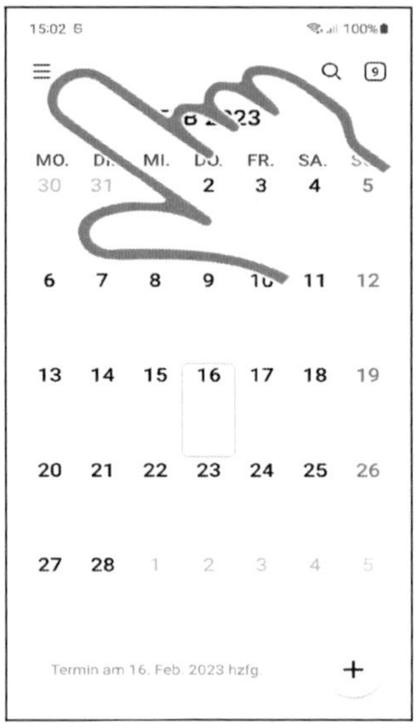

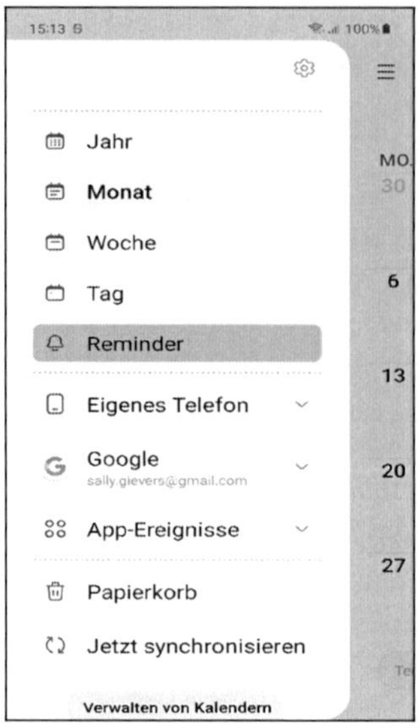

❶❷ *Reminder* rufen Sie im Ausklappmenü des Kalenders (siehe Kapitel *21 Kalender*) auf.

❸ Gehen Sie auf *Reminder öffnen.*

Sofern beim Auswählen von *Reminder* nichts passiert, wurde dieser bereits aktiviert. Sie finden den Reminder, wie unten beschrieben, im Hauptmenü.

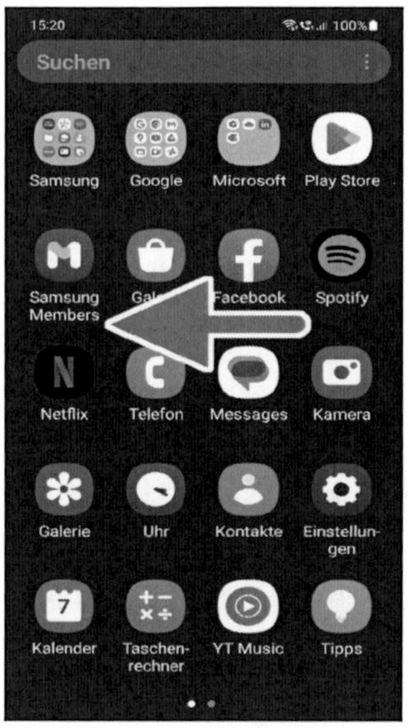

❶ Schließen Sie die einmaligen Hinweise mit *Zulassen* und *Nicht jetzt.*

❷❸ Für die Reminder-Anwendung wurde nun eine Verknüpfung im Hauptmenü angelegt, sodass Sie nicht immer den Umweg über die Kalender-Anwendung gehen müssen. Wischen Sie dazu im Hauptmenü gegebenenfalls einmal nach links und rufen Sie *Reminder* auf.

Eventuell hatten Sie den Reminder bereits im Rahmen der Telefoniefunktionen bereits genutzt (siehe Kapitel *6.4 Anruf annehmen*), weshalb er bereits im Hauptmenü zu finden ist.

21.9.2 Reminder in der Praxis

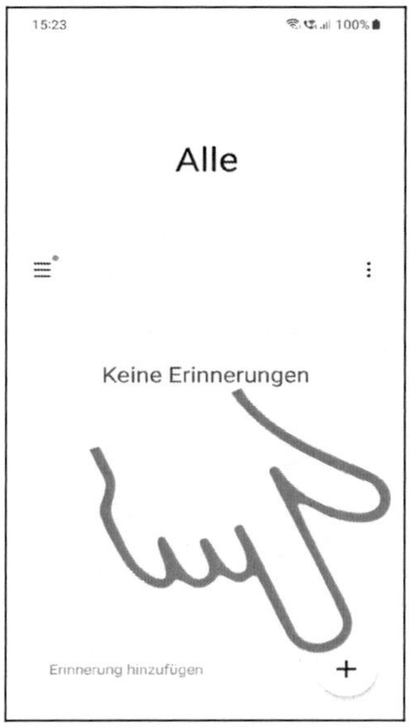

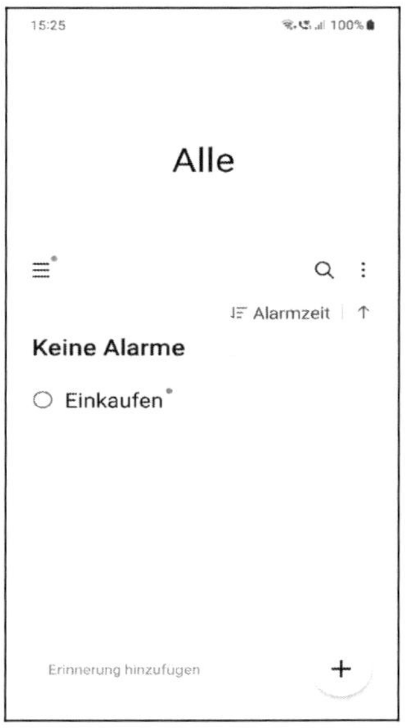

❶❷ + erstellt eine neue Erinnerung. Schließen Sie mit *Speichern* ab.

❸ Die neue Erinnerung erscheint in der Auflistung.

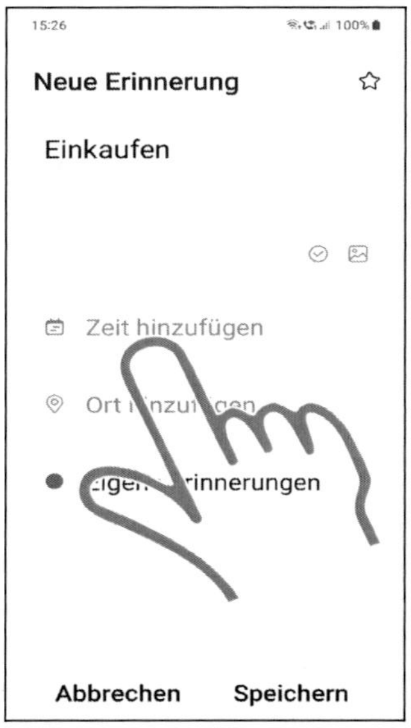

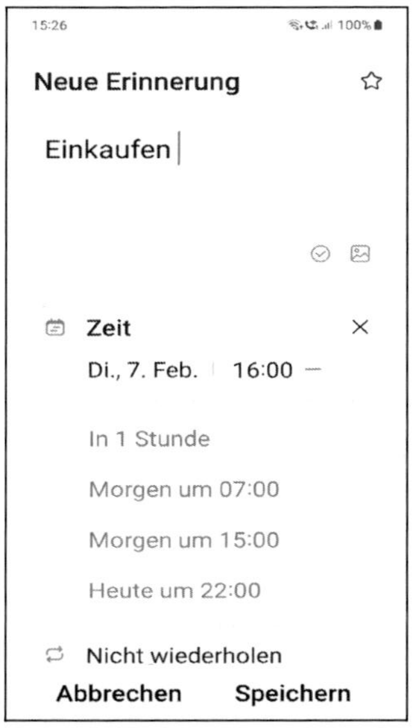

❶❷ Während der Erinnerungsanlage legen Sie weitere Termineinstellungen fest:

- *Zeit*: Reminder erinnert Sie zu einer bestimmten Uhrzeit.
- *Ort*: Wenn Sie einen bestimmten Standort erreichen, erfolgt der Alarm.

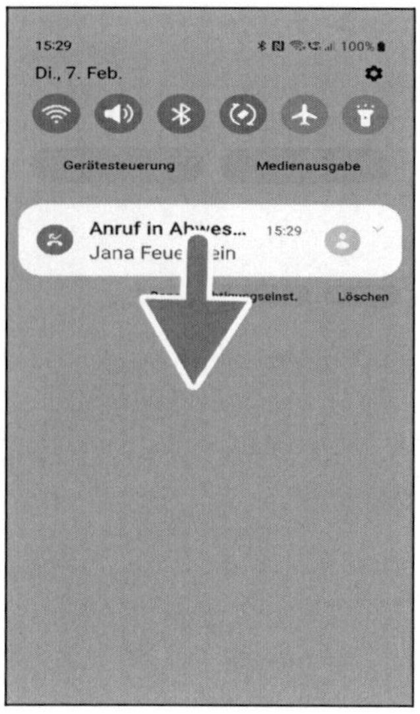

❶❷❸ So legen Sie Erinnerungen auf verpasste Anrufe an: Beim verpassten Anruf im Benachrichtigungsfeld ziehen Sie mit dem Finger nach unten, worauf die Schaltleisten erscheinen. Betätigen Sie *Neue Erinnerung.*

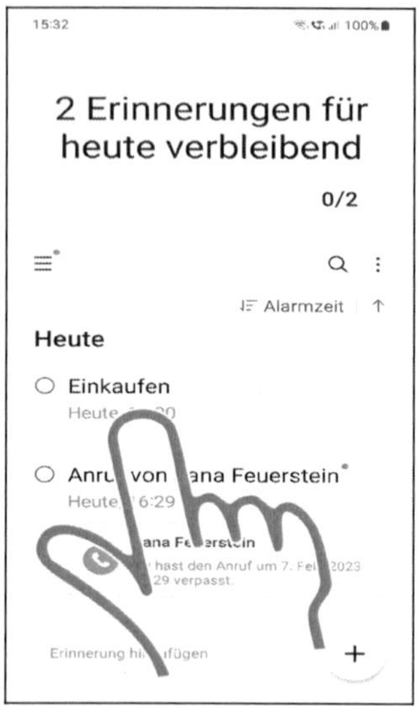

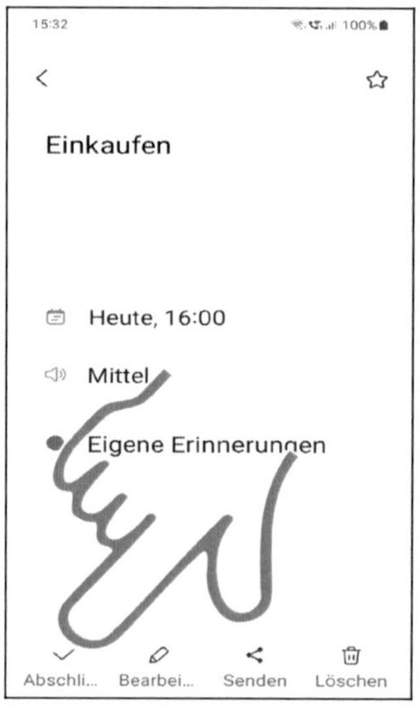

❶❷ So entfernen Sie erledigte Erinnerungen: Tippen Sie die jeweilige Erinnerung an und gehen Sie dann auf *Abschließen.*

❸ Alternativ tippen Sie das Abhakkästchen vor einer Erinnerung an, was diese aus der Liste entfernt.

21.10 Kalender im Startbildschirm

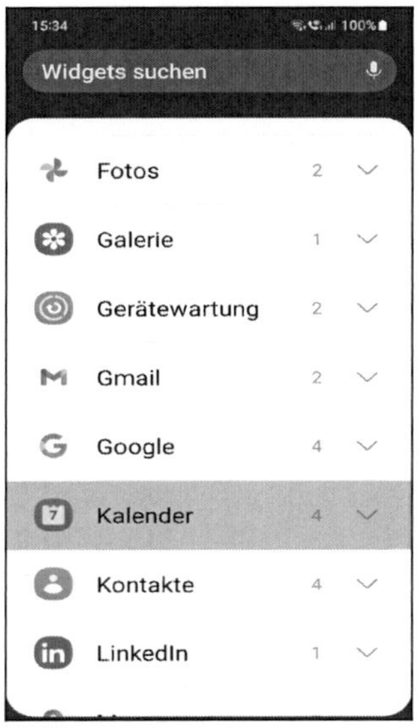

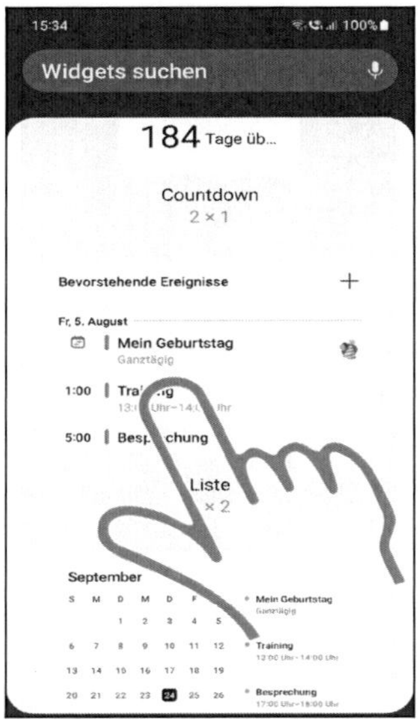

❶❷ Im Widget-Bildschirm stehen nach Antippen von *Kalender* drei verschiedene Kalender-Widgets zur Verfügung. Wählen Sie davon eines aus.

❸ Beispiel für das *Bevorstehende Ereignisse*-Widget.

Die Widgets beschreibt bereits Kapitel *4.7.2 Widgets*. Weil das Widget meistens nicht auf die erste Startbildschirmseite passt, müssen Sie eine weitere anlegen, was im Zusammenhang mit dem E-Mail-Widget gezeigt wird (siehe Kapitel *12.5 E-Mails auf dem Startbildschirm*).

22. Weitere Programme

22.1 Taschenrechner

➊ Sie finden den *Taschenrechner* im Hauptmenü.

➋ Alle Eingaben erfolgen in natürlicher Schreibweise. Das Rechenergebnis erhalten Sie dann nach Betätigen der »=«-Taste auf dem Tastenfeld. Die ⌫-Taste löscht ein Rechenergebnis.

➌ Tippen und halten Sie den Finger auf den Ausgabebereich, um Rechenoperationen, beziehungsweise Ergebnisse in die Zwischenablage zu kopieren und in andere Anwendungen wieder einzufügen.

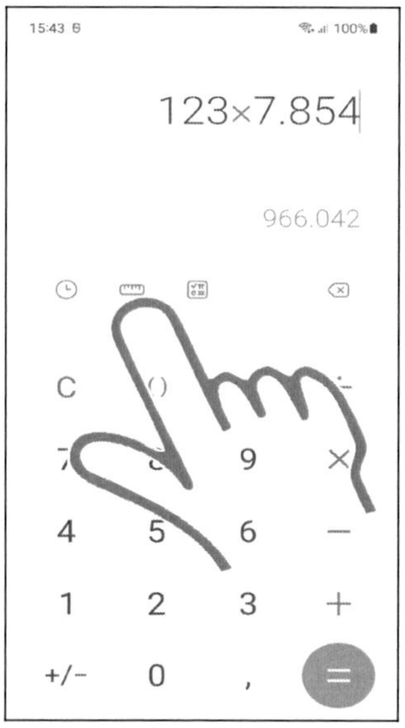

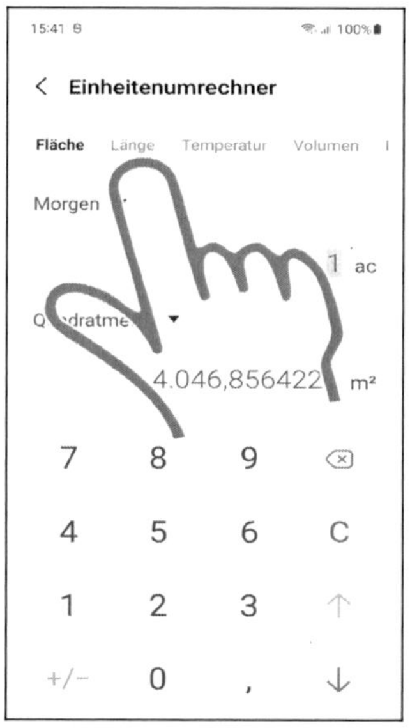

➊ Die 📏-Schaltleiste aktiviert den Einheitenumrechner.

➋ Wählen Sie einen der angebotenen Umrechner aus. Die ‹-Taste bringt Sie in den Taschenrechner zurück.

22.2 Wetter

Das *Wetter*-Widget liefert aktuelle Wetter-Infos zu einem einstellbaren Standort.

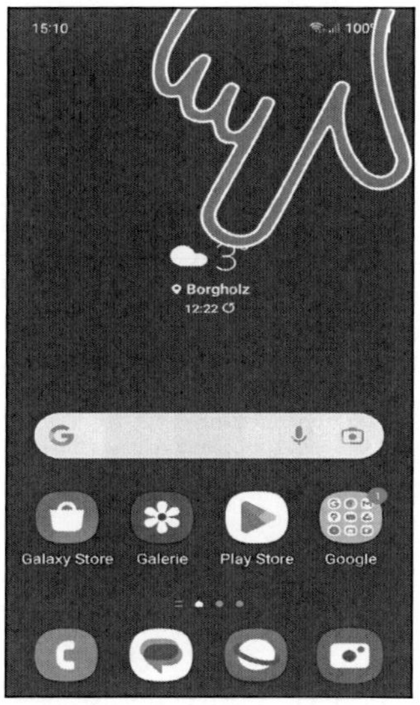

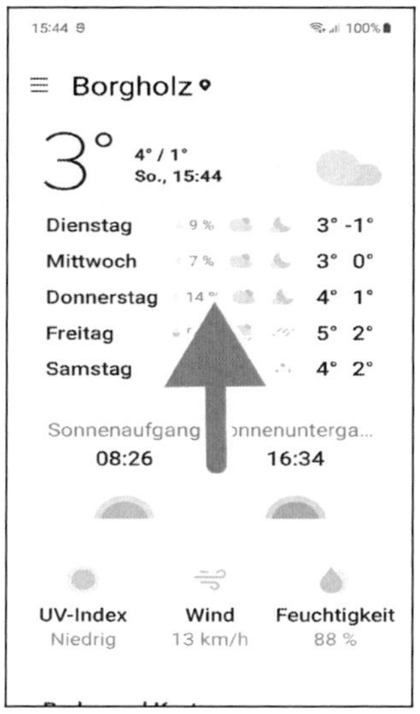

❶❷ Das Wetter-Widget ist im Startbildschirm bereits vorinstalliert. Tippen Sie darauf für die aktuelle Vorhersage.

❸ Weitere Wetterdaten erhalten Sie über die Wischgeste nach oben.

Falls Sie sich wundern, dass das Wetter zu Ihrem Heimatort angezeigt wird: Die Wetter-Anwendung wertet den per GPS ermittelten Standort Ihres Handys aus.

22.3 YouTube

Die YouTube-Anwendung bietet eine ähnliche Funktionalität wie das Videoportal, das Sie unter *www.youtube.com* im Web finden.

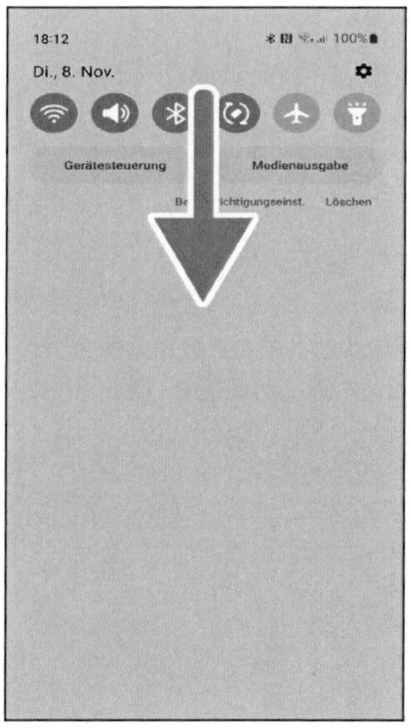

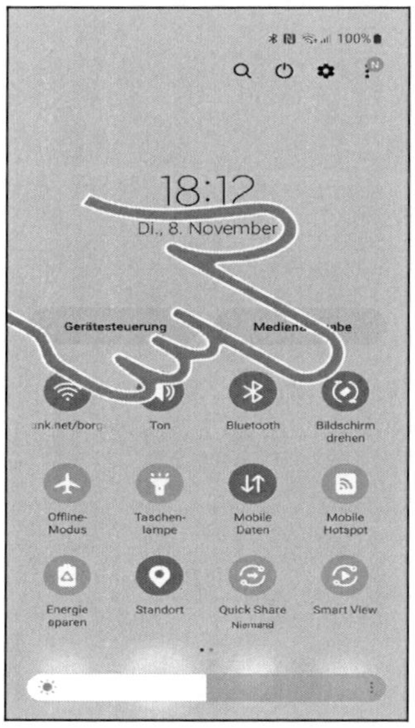

❶❷ Achten Sie darauf, dass im erweiterten Benachrichtigungsfeld die Option *Bildschirm drehen* aktiv ist, damit Sie Videos auf YouTube im Querformat genießen können.

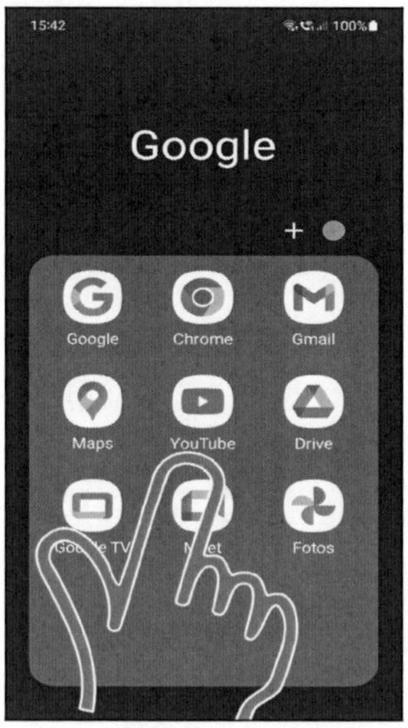

❶❷ Sie finden *YouTube* im *Google*-Ordner des Hauptmenüs.

Für optimale Nutzung empfehlen wir das Handy um 90 Grad gedreht zu halten, damit die abgespielten Videos den Bildschirm ausfüllen.

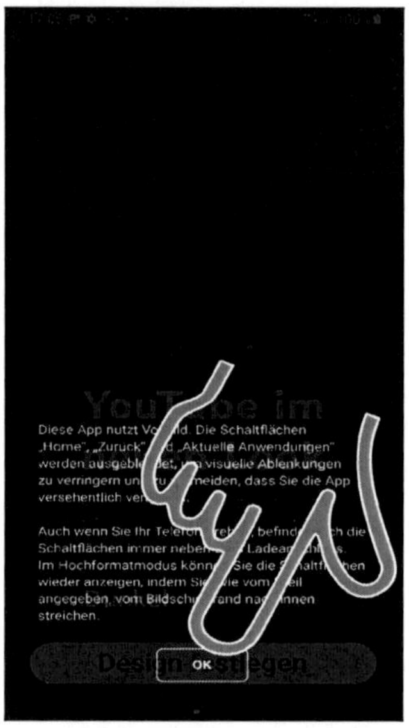

❶❷ Beim ersten Aufruf macht Sie YouTube eventuell auf eine Besonderheit aufmerksam: Die Navigationstasten werden ausgeblendet. Um sie wieder einzublenden, wischen Sie mit dem Finger von der unteren Displaykante nach oben. Schließen Sie den Hinweis dann mit *OK*.

Über die Register schalten Sie um zwischen:

- *Start*: Startseite
- *Short*: »Shorts« (engl. »klein«) sind Kurzvideos mit maximal 60 Sekunden Dauer.

- ⊕: Eigene Videos hochladen oder Video live streamen.
- *Abos*: Von Ihnen abonnierte Kanäle (=Anbieter).
- *Mediathek*:
    - *Verlauf*: Liste der bereits aufgerufenen Videos.
    - *Meine Videos*: Von Ihnen selbst hochgeladene Videos.
    - *Meine Filme und Serien*: Listet die von Ihnen erworbenen Filme und Kanäle auf.
    - *Später ansehen*: Für späteres Ansehen markierte Videos.
    - *Playlists*: Von Ihnen markierte Videos sowie zusammengestellte Playlists.

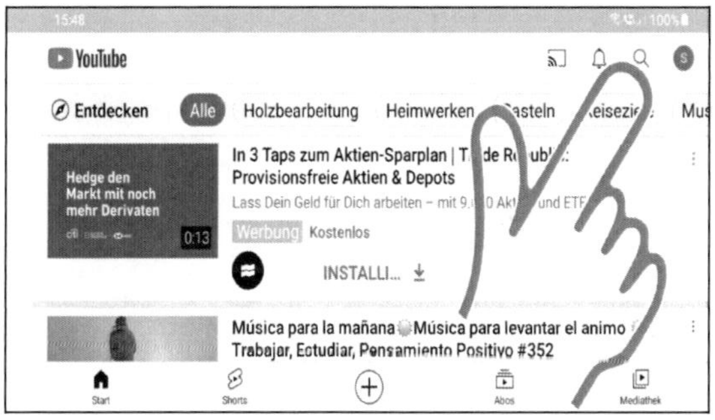

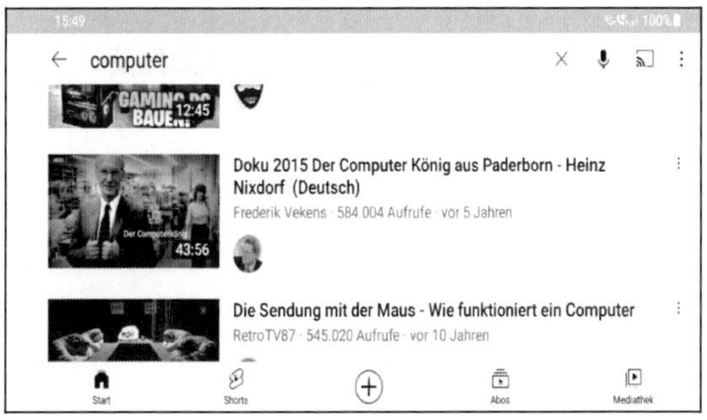

❶❷ Zum Auffinden von Videos tippen Sie oben auf , geben den Suchbegriff ein und betätigen auf dem Tastenfeld. Tippen Sie in den Suchergebnissen das anzuzeigende Video an.

Die ersten Einträge in der Ergebnisliste sind meistens Werbung, durch die sich YouTube finanziert. Wischen Sie einfach nach oben, um die eigentlichen Suchergebnisse anzuzeigen.

❶❷ Die Wiedergabe erfolgt. Tippen Sie auf den Bildschirm, um Bedienelemente anzuzeigen. Die -Taste bringt Sie wieder auf in das Hauptmenü. (Pfeil) schaltet dagegen in ein kleines Videofenster um.

Bitte wundern Sie sich nicht, wenn ein Video nicht den gesamten Bildschirm ausfüllt, sondern ein schwarzer Rand bleibt. Bis vor 10 Jahren unterstützten TV-Sender und Aufnahmegeräte häufig nur das 3:4-Format (gelesen als »Länge zu Breite«), während heute 16:9 (HD-Format) üblich ist. Die von anderen YouTube-Nutzern hochgeladenen Videos im 3:4-Format stammen also aus älteren Quellen oder von veralteten Aufnahmegeräten.

➊➋ Navigationstasten werden standardmäßig ausgeblendet. Wischen einmal von außerhalb des Bildschirms nach links, um sie wieder anzuzeigen.

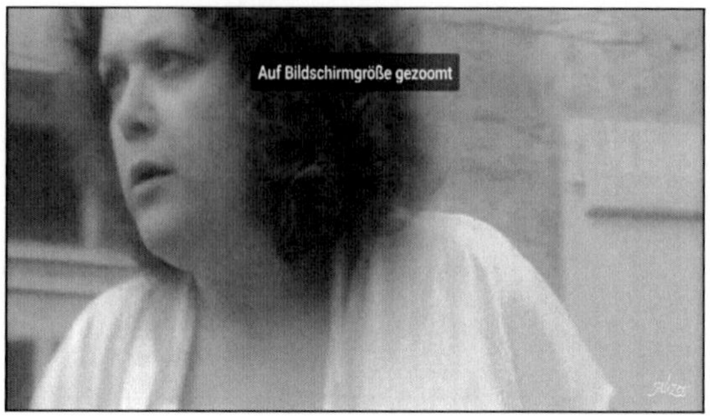

➊➋ Sogenannte HD-Videos (Bildschirmformat 16:9) können Sie mit einer Kneifgeste nach außen (Zeigefinger und Daumen auf den Bildschirm setzen und dann auseinander ziehen) vergrößern.

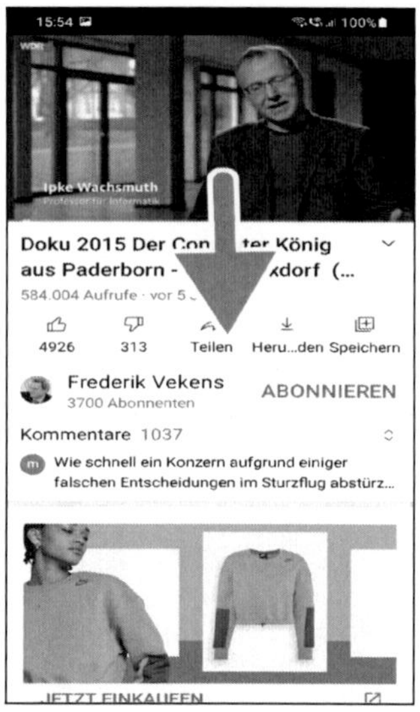

➊ Wenn Sie das Handy aufrecht halten, verkleinern Sie mit einer Wischgeste nach unten das Videofenster.

➋ Sie können dann in YouTube weiter stöbern, während das Video weiterläuft. ✕ beendet die Wiedergabe.

➌ Wischen nach oben vergrößert das Videofenster wieder.

22.3.1 Helles oder dunkles Design

YouTube unterstützt den sogenannten Dunkelmodus mit schwarzem Hintergrund (❶). Alternativ ist aber auch eine helle Darstellung möglich (❷). Die Auswahl zwischen den beiden Designs haben Sie beim ersten Aufruf der YouTube-Anwendung vorgenommen.

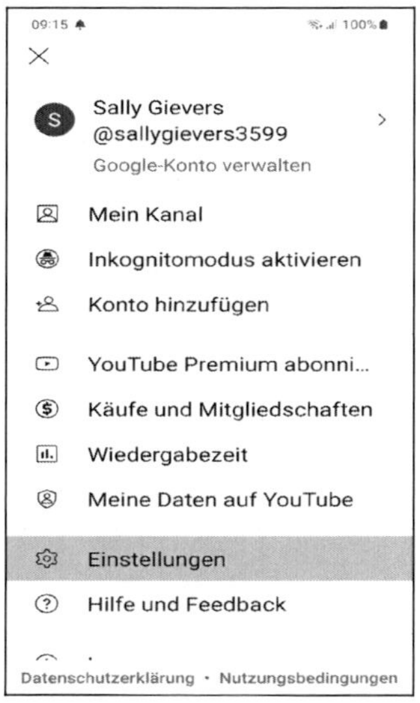

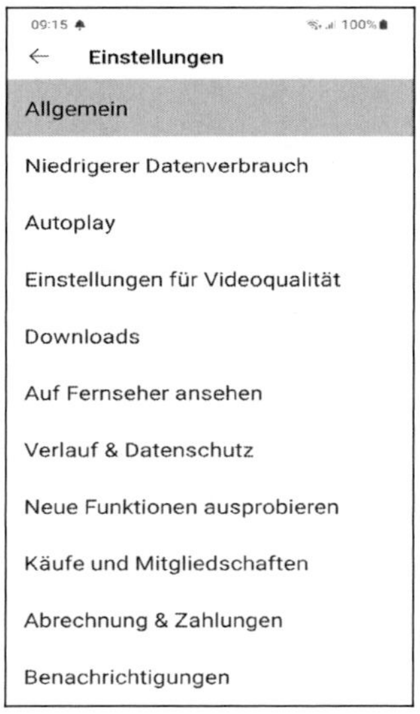

❶ So ändern Sie das »Design«: Tippen Sie das runde Kontosymbol oben rechts an.

❷❸ Im Menü gehen Sie auf *Einstellungen* und *Allgemein.*

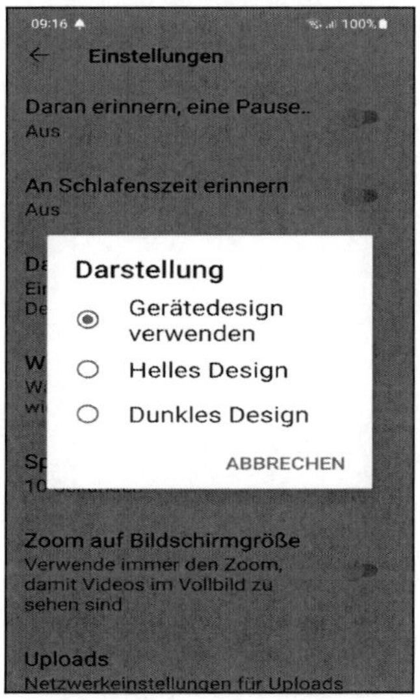

❶ Wählen Sie *Darstellung.*

❷ Am besten stellen Sie hier *Gerätedesign verwenden* ein. Die invertierte/weiße Darstellung orientiert sich dann an der globalen Voreinstellung, auf die Kapitel *27.6 Dunkelmodus (Dark Mode)* eingeht.

22.4 Gerätewartung

Die Gerätewartung fasst viele Infos, die sonst in den Einstellungen des Samsung Galaxy verborgen sind, in einem Programm zusammen. Darüber hinaus sind auch einige Wartungsfunktionen vorhanden.

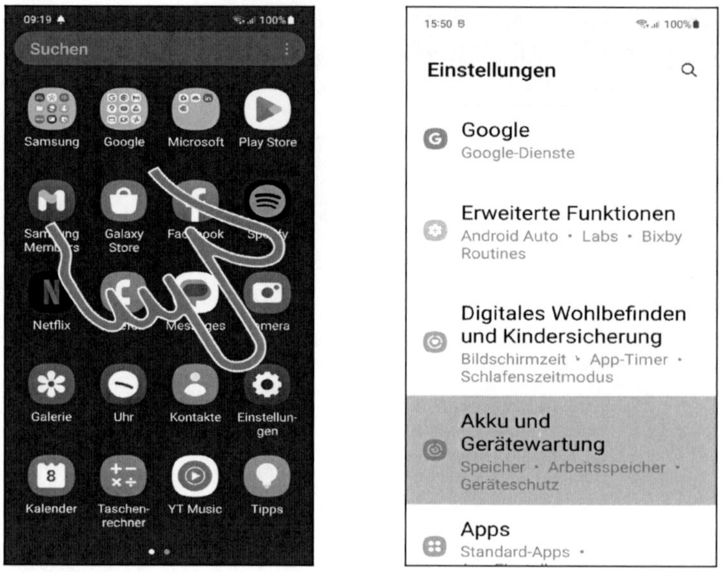

❶❷ Rufen Sie die *Einstellungen* aus dem Hauptmenü auf und gehen Sie darin auf Akku und *Gerätewartung.*

❶ Sie haben Zugriff auf die Menüs:

- *Akku* (❷): *Informiert* über den Akkuladezustand. Außerdem stellen Sie hier bei Bedarf einen *Energiesparmodus* ein, um die Akkubetriebsdauer zu erhöhen.
- *Speicher* (❸): Belegten Gerätespeicher anzeigen und gegebenenfalls Speicher wieder freigeben.
- *Arbeitsspeicher*: Aktuell im Hintergrund laufende Programme auflisten. Sie können hier auch Programme beenden.
- *Geräteschutz*: Hier finden Sie einen Virenscanner, der Schadsoftware auf Ihrem Handy aufspüren soll. Wir halten diesen aber für nutzlos, da Google selbst alle Programme, die Sie im Play Store (siehe Kapitel *25.1 Play Store*) herunterladen auf regelmäßig auf Schadfunktionen überprüft.

Unter *Zusätzliche Pflege*:

- *Software-Update*: Auf neue Betriebssystem-Updates prüfen und diese installieren.
- *Diagnose*: Öffnet die Gerätediagnose-Funktionen der Samsung Member-Anwendung (siehe Kapitel 22.3 Samsung Members.

Betätigen Sie *Jetzt optimieren*, damit das Samsung nicht benötigte Daten (beispielsweise von Programmen angelegte, aber nicht mehr genutzte Dateien) löscht.

22.5 Google-Anwendung

Die Google-Anwendung stellt die zum aktuellen Zeitpunkt wichtigen Infos auf einem Blick zur Verfügung. Dazu wertet das Programm das Nutzerverhalten im Hintergrund aus und versucht daraus Schlüsse zu ziehen, welche Infos für Sie gerade nützlich sein könnten.

Je nach Situation werden laut Google folgende Infos angezeigt:

- *Wetter*: Wetteraussichten
- *Verkehr*: Falls Sie unterwegs sind.
- *Öffentliche Verkehrsmittel*: Falls Sie sich in der Nähe einer Haltestelle öffentlicher Verkehrsmittel befinden.
- *Flüge*: Wird nach einer Flug-Suche angezeigt.
- *Sport*: Punktezahlen für eine Mannschaft, nach der gesucht wurde.
- *Nächster Termin*: Anstehende Kalendertermine.
- *Übersetzung*
- *Währung*: Währungsumrechnung.
- *Uhrzeit zu Hause*: Wenn Sie sich in einer anderen Zeitzone befinden.
- *Orte*: Points of Interest in der Nähe.

Einige Funktionen der Google-Anwendung überschneiden sich mit dem im Kapitel *20 Google Assistant* beschriebenen.

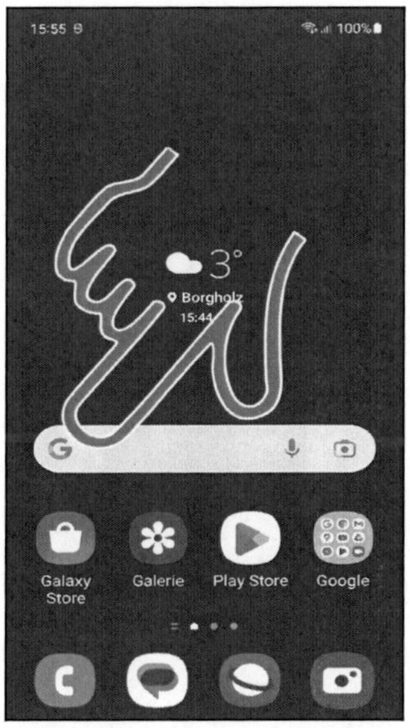

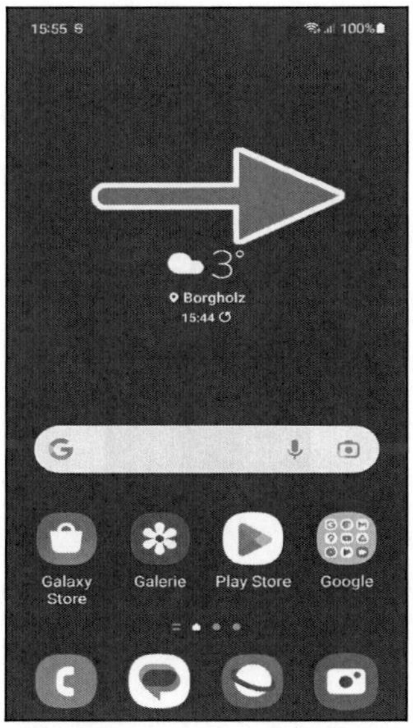

❶ Tippen Sie im Google-Widget auf das »G«.

❷ Alternativ wischen Sie im Startbildschirm nach rechts.

❸ Rollen Sie mit einer Wischgeste durch die angezeigten »Notizkarten« und tippen Sie sie an, um den vollständigen Artikel zu lesen.

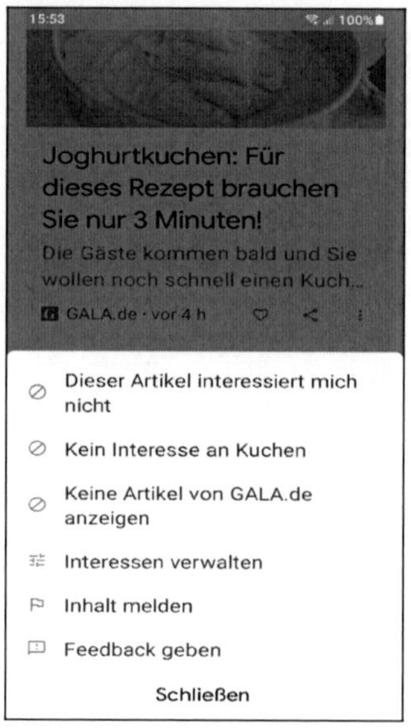

❶❷ Jede »Karte« lässt sich über das ⋮-Menü (Pfeil) anpassen.

In den ersten Tagen der Nutzung wird die Google-Anwendung zunächst nur kaum nützliche Infos anzeigen, was sich aber mit der Zeit ändert.

Die Google-Anwendung bringt auch eine Suche mit. Geben Sie einfach im Suchfeld am oberen Bildschirmrand den Suchbegriff ein beziehungsweise betätigen Sie die 🎤 für die Sprachbefehle.

22.6 Uhr

❶ Die *Uhr* starten Sie aus dem Hauptmenü.

❷ Über das Register am unteren Bildschirmrand schalten Sie zwischen den Funktionen der Uhr-Anwendung um: *Alarm, Weltuhr, Stoppuhr* und *Timer.*

22.6.1 Alarm

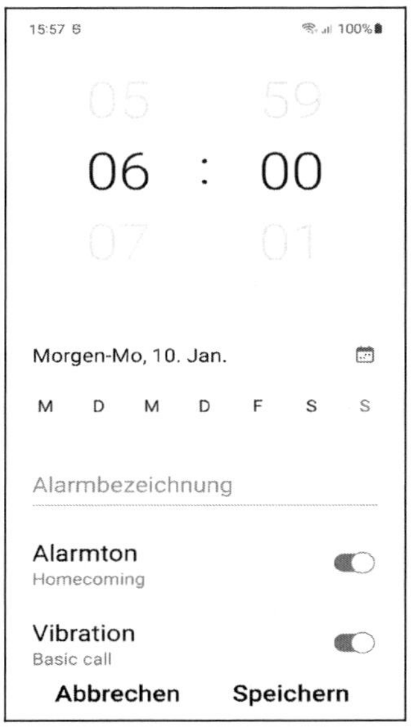

❶ Gehen Sie im *Alarm*-Register auf +.

❷ Stellen Sie hier ein:

- *(Uhrzeit)*: Tippen Sie die Ziffern an, um eine Alarmzeit einzustellen. Sofern Sie die Alarmzeit lieber über ein Tastenfeld eingeben möchten, tippen Sie einfach auf eine Zahl.
- *(Datum)*: Datum, ab dem der Alarm aktiv ist. Sie ändern das Datum über die 📅-Schaltleiste.
- *(Wochentage)*: Die Wochentage, an denen der Alarm erfolgen soll.
- *Alarmbezeichnung*: Vergeben Sie dem Alarm bei Bedarf eine Bezeichnung.
- *Alarmton*: Alarm-Melodie und Lautstärke festlegen.
- *Vibration*: Vibrationsart
- *Erinnern*: Der Alarm ertönt nach der eingestellten Zeitspanne erneut, beziehungsweise wird x Mal wiederholt.

Gehen Sie zum Abschluss auf *Speichern*.

Wie man eigene Alarmtöne auf dem Galaxy einrichtet, erfahren Sie im Kapitel *32.2 Eigene Klingel- und Benachrichtigungstöne*.

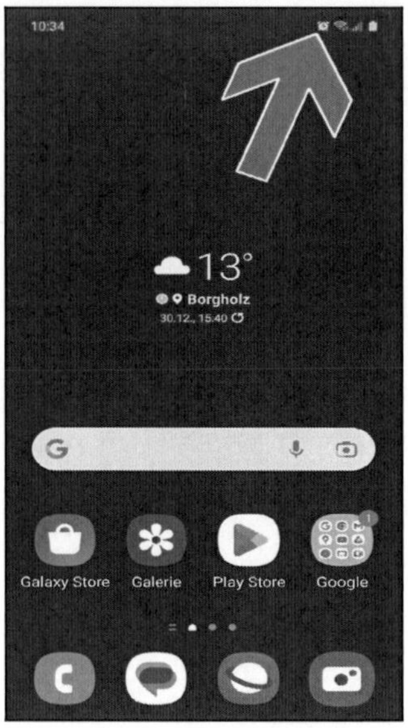

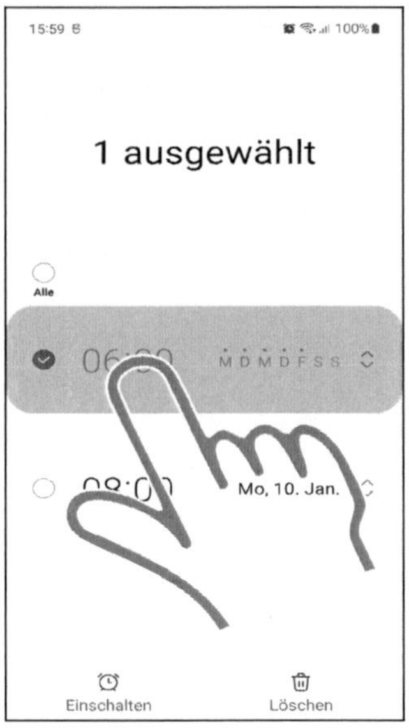

➊ Einen Alarm aktivieren/deaktivieren Sie jederzeit über den Schalter (Pfeil). Zum Bearbeiten tippen Sie einen Alarm an.

➋ Dass mindestens ein Alarm aktiv ist, erkennen Sie am ⏰-Symbol in der Titelleiste (Pfeil).

➌ So entfernen Sie die Alarme wieder: Tippen und halten Sie den Finger auf einem Alarm, bis dieser markiert ist. Danach tippen Sie die weiteren Alarm-Einträge zum Markieren kurz an. *Löschen* entfernt dann die markierten Alarm-Einträge.

Zum eingestellten Zeitpunkt ertönt der Alarm. Ziehen Sie zum Beenden des Alarms von *Verwerfen* aus in eine beliebige Richtung.

22.6.2 Weltuhr

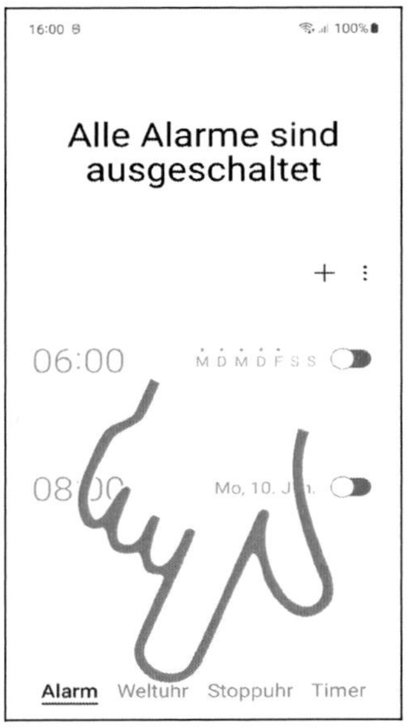

❶ Die Weltzeituhr, die Sie im *Weltuhr*-Register (Pfeil) finden, zeigt die Lokalzeit für jeden denkbaren Standort an.

❷ Über **+** legen Sie weitere Weltzeitorte an.

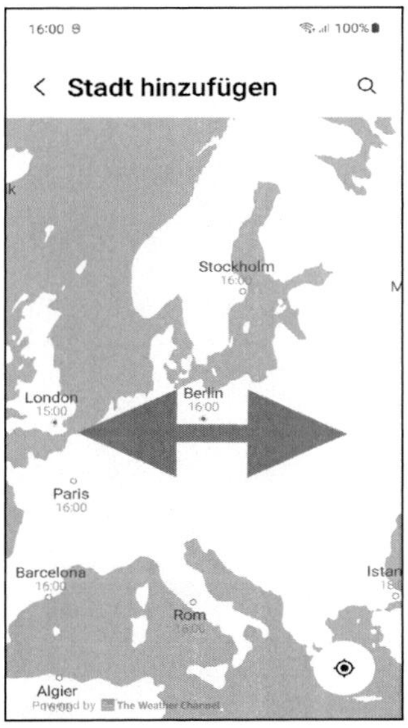

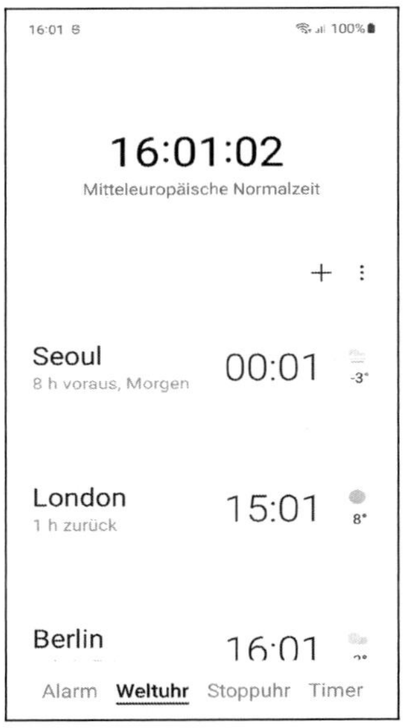

❶❷ Zwar ist es möglich, eine Stadt über das *Stadt hinzufügen*-Eingabefeld aufzufinden, eleganter ist aber die direkte Stadtauswahl auf der virtuellen Weltkugel. Sie drehen die Kugel mit einer Wischgeste oder vergrößern/verkleinern die Ansicht über eine Kneifgeste.

❷❸ Tippen Sie eine Stadt an und betätigen Sie *Hinzufügen*.

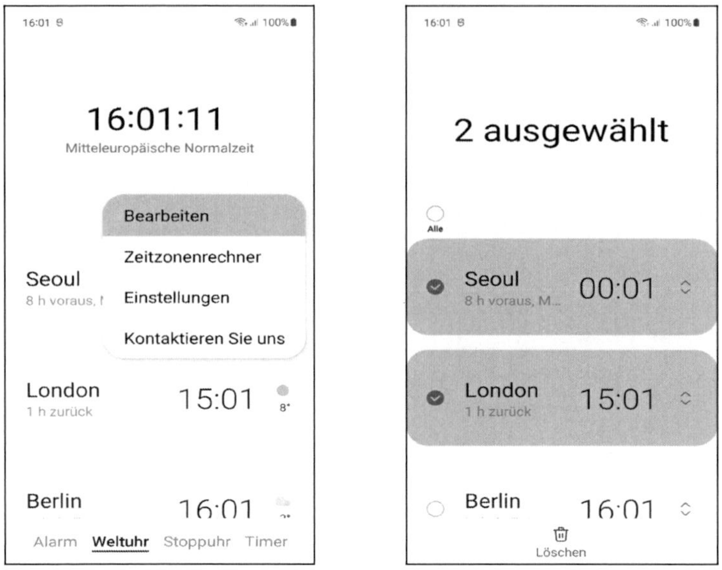

❶❷ Das Entfernen von Städten erfolgt über ⋮/*Bearbeiten*. Haken Sie nun eine oder mehrere Städte ab und gehen Sie auf *Löschen*.

22.1 Google TV

In der Google TV-Anwendung sind der Kauf oder die Miete von Spielfilmen und Serien möglich. Einmal angefangene Filme sind leider nur 48 Stunden verfügbar, lassen sich aber erfreulicherweise nicht nur online ansehen (als sogenanntes »Streaming« in verschiedenen Qualitätsstufen), sondern auch herunterladen. Unerlaubtes Vervielfältigen verhindert ein Kopierschutz.

Zusätzlich listet Google TV die Inhalte der kostenlosen Mediatheken diverser deutschsprachiger TV-Sender wie ZDF und Kabel eins. Uns erscheint das allerdings unsinnig, denn deren Wiedergabe direkt in der Google TV-Anwendung ist nicht möglich.

❶❷ Öffnen Sie den *Google*-Ordner im Hauptmenü und rufen Sie *Google TV* auf.

❶❷ Die folgenden Bildschirme schließen Sie einfach mit Antippen der weißen Schaltleiste (Pfeil) und *Fertig.* Sie befinden sich danach in der Google TV-Benutzeroberfläche.

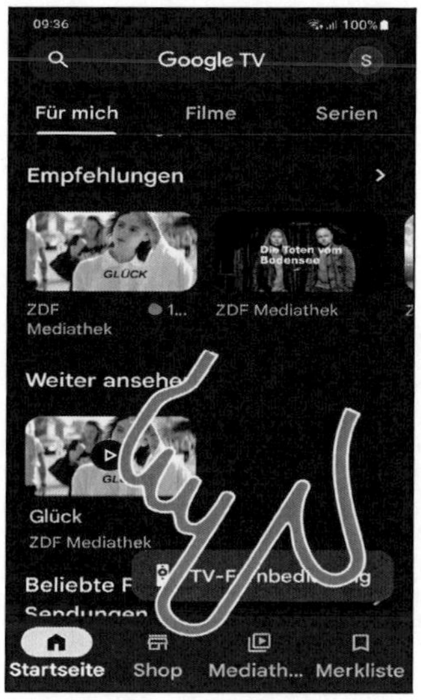

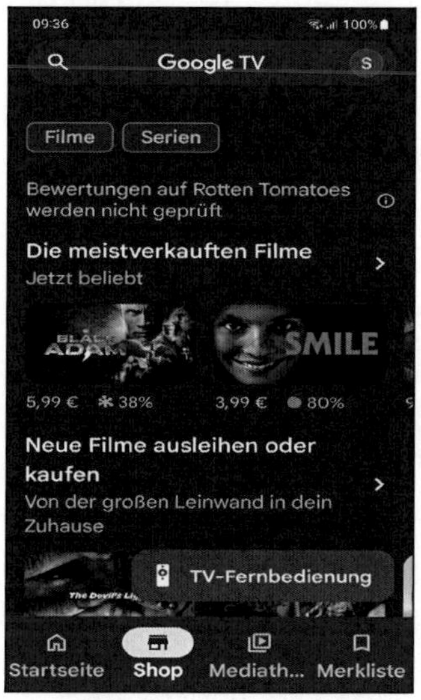

❶ Die Register am unteren Bildschirmrand:

- *Startseite*: Listet Vorschläge auf.
- *Shop* (❷): Kauf oder Miete von Filmen/Serien.
- *Mediathek*: Ohne Funktion.
- *Merkliste*: Von Ihnen markierte Filme/Serien.

➊ Neben den von Google angebotenen Produkten finden Sie in der Auflistung auf der Startseite auch Filme/Serien von öffentlich-rechtlichen und kommerziellen TV-Sendern, sowie Videodiensten wie Amazon Prime. Im Beispiel wählen wir einen Film des ZDF aus.

➋ Betätigen Sie die Mediathek-Schaltleiste (Pfeil).

➌ Wählen Sie *Google Play* Store im Popup und betätigen Sie *Immer.* Sie landen im Google Play Store, wo Sie die zugehörige Mediathek-Anwendung installieren. Wenn Sie das nächste Mal einen Film des betreffenden Senders in Google TV auswählen, öffnet automatisch die Mediathek-Anwendung und spielt ihn ab.

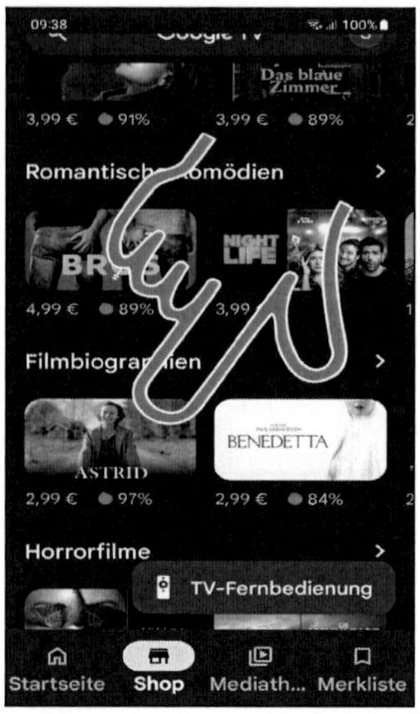

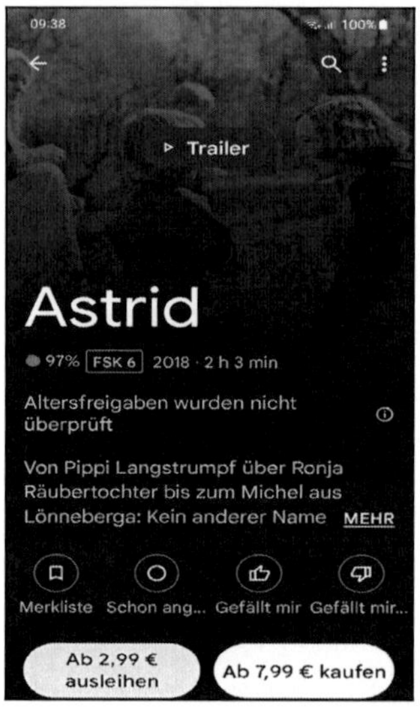

➊➋ So funktioniert das Ausleihen/Kauf von Filmen: Wählen Sie einen Film aus. Wahlweise leihen Sie ihn, was die bereits oben erwähnten Beschränkungen mit sich bringt, oder Sie kaufen ihn für unbegrenzte Nutzung. Ob ein Kauf oder Leihe möglich sind, hängt vom Kinostart des jeweiligen Films ab; neuere Filme kann man meist nur ausleihen, ältere dagegen auch kaufen.

➌ Häufig stehen zu unterschiedlichen Preisen die Qualitätsversionen HD (4K-Qualität) oder SD (TV-Qualität) zur Verfügung, wovon Sie eine auswählen. Folgen Sie den Zahlungsanweisungen.

Beachten Sie, dass viele Filme den Abschluss eines Monatsabos beim jeweiligen Anbieter (u.a. Amazon Prime, Netflix, Disney+, usw.) voraussetzen.

22.2 Google Drive

Bei Google Drive handelt es sich um einen Online-Speicher, worin Sie beliebige Dateien ablegen. Das Arbeitsprinzip kennen Sie vielleicht schon vom Konkurrenten Dropbox. Google Drive ist mit Ihrem Google-Konto verknüpft.

Beachten Sie, dass Google Drive zwar 15 Gigabyte Online-Speicher zur Verfügung stellt, dieser aber mit anderen Google-Diensten wie Google Drive (siehe Kapitel *22.2 Google Drive*) und Gmail (siehe Kapitel *11 Gmail*) geteilt wird.

Die übliche Vorgehensweise:

1. Laden Sie von Ihrem Handy aus beliebige Dateien wie Fotos oder Office-Dokumente in Google Drive hoch.
2. Der Zugriff auf die Dateien lässt sich anschließend für andere Nutzer freigeben.
3. Über eine Weboberfläche (*drive.google.com*) ist auch die Dateiverwaltung über einen PC-Webbrowser möglich. Dort können Sie auch ein PC-Programm herunterladen, das Ihnen die Arbeit mit Google Drive erleichert.

Zusätzlich unterstützt Google Drive das Erstellen und Bearbeiten von Microsoft Office-Dateien (Word, Excel und PowerPoint). Dies geschieht über die Zusatzprogramme Google Docs, Google Tabellen und Google Präsentationen. Google Drive ist sehr umfangreich, weshalb wir hier nur auf die interessantesten Funktionen eingehen können.

❶❷ Das Programm *Drive* rufen Sie aus dem *Google*-Ordner im Hauptmenü auf.

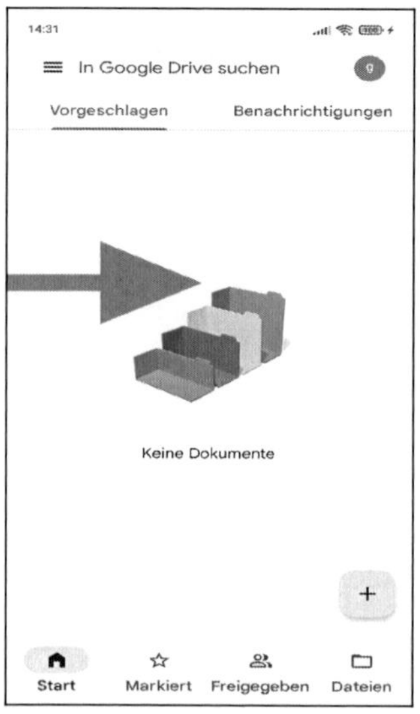

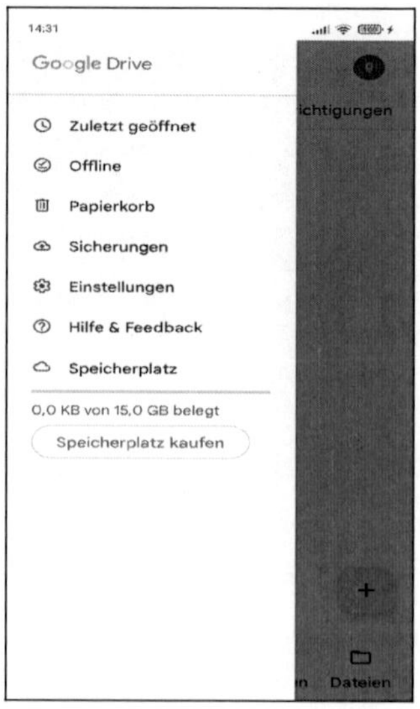

❶❷ Mit einer Wischgeste nach rechts öffnen Sie das Ausklappmenü, welches Sie durch Wischen nach links wieder schließen. Die enthaltenen Funktionen:

- *Zuletzt geöffnet*: Dateien, auf die Sie zuletzt zugegriffen haben (Zugriffsverlauf).
- *Offline*: Aus Google Drive heruntergeladene Dateien. Sie haben darauf auch offline – also ohne Internetverbindung – Zugriff.
- *Papierkorb*: Von Ihnen in Google Drive gelöschte Dateien.
- *Sicherungen:* Nicht von Google dokumentiert.
- *Einstellungen*: Diverse Datensicherungseinstellungen.
- *Hilfe & Feedback*
- *Speicherplatz*: Informiert über den freien und belegten Speicher und bietet die Möglichkeit, weiteren Speicherplatz dazu zu mieten.

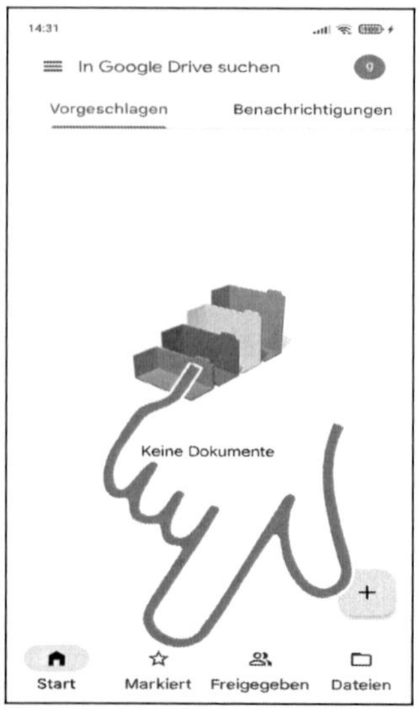

❶❷ Die Register am unteren Bildschirmrand:

- ⌂: Start (Hauptseite)
- ★: Markiert: Von Ihnen als Favoriten markierte Dateien.
- 👥: Freigegeben: Von anderen Anwendern für Ihr Google-Konto freigegebene Dateien.
- ▭: Dateien: Von Ihnen ins eigene Google-Konto hochgeladene Dateien.

22.2.1 Dateien bei Google Drive hochladen

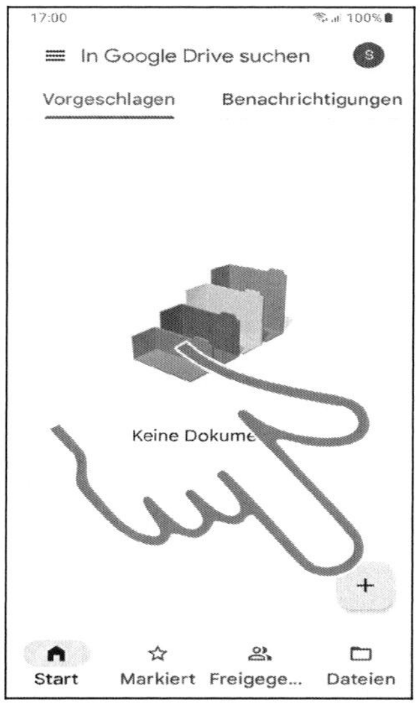

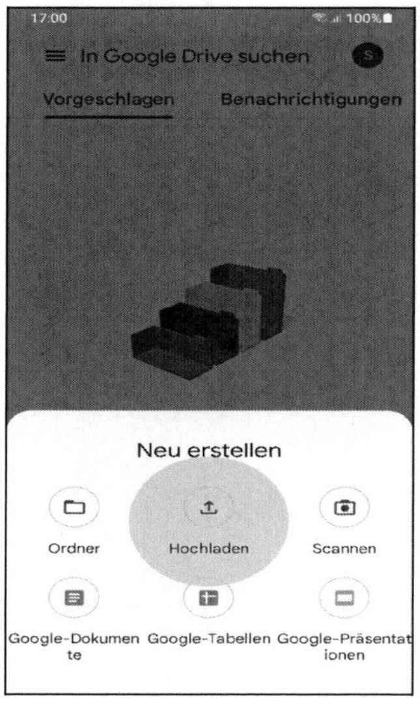

❶❷ Gehen Sie auf + und dann auf *Hochladen*.

❸Über die Schaltleisten am oberen Bildschirmrand wählen Sie den Dateityp, im Beispiel *Bilder*, aus.

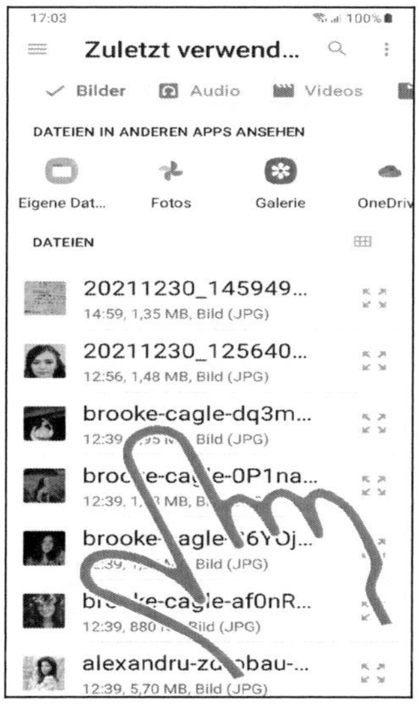

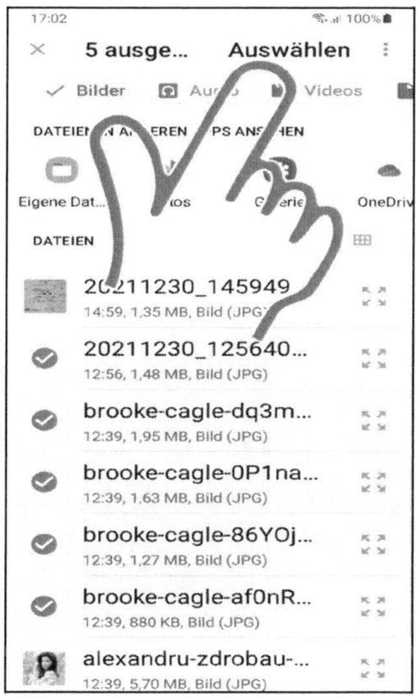

❶❷ Wählen Sie ein Foto aus. Sie können auch mehrere Bilder auf einmal hochladen, indem Sie zunächst den Finger auf einem Foto halten, bis dieses markiert ist und dann die restlichen Bilder kurz antippen. Schließen Sie den Vorgang mit *Auswählen* (Pfeil) ab. Sie müssen nun einmalig den Dateizugriff der Drive-Anwendung mit *Zulassen* freigeben.

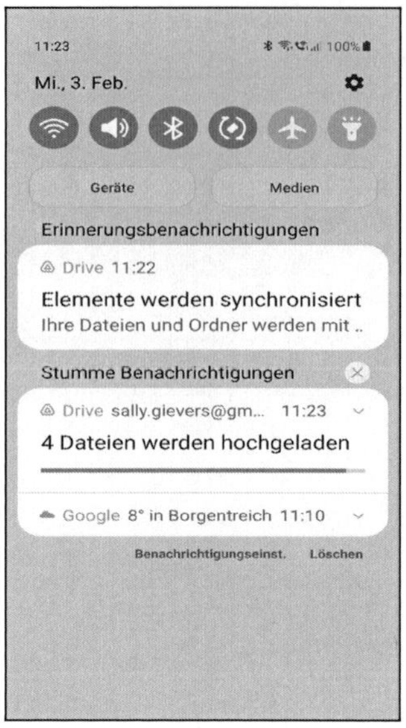

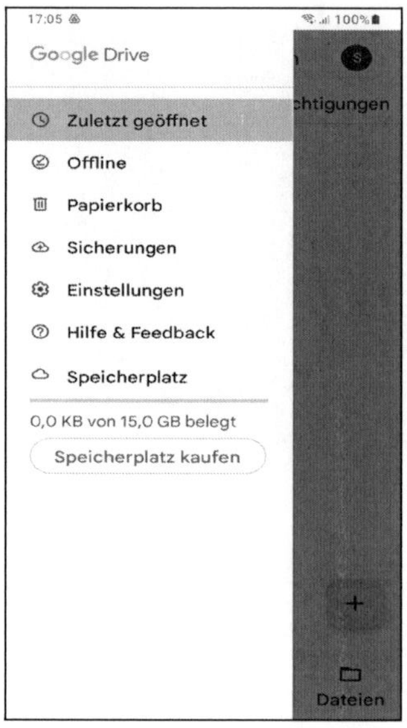

❶ Im Benachrichtigungsfeld finden Sie während und nach dem Hochladen einen Hinweis.

❷ Die hochgeladenen Dateien erscheinen unter *Zuletzt Geöffnet*.

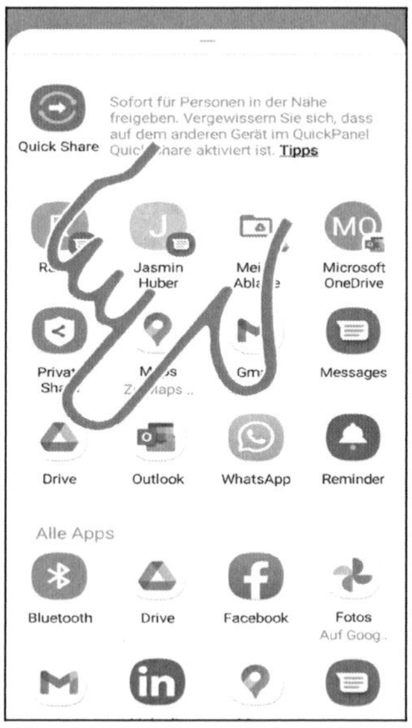

❶ Möchten Sie mehrere Dateien, in diesem Beispiel Fotos, bei Google Drive hochladen, dann empfehlen wir, die jeweils zuständige Anwendung zu bemühen. Starten Sie die *Galerie*-Anwendung aus dem Hauptmenü. Hier tippen und halten Sie den Finger über dem ersten zu markierenden Foto, das dann ein Häkchen erhält. Markieren Sie anschließend weitere Fotos durch kurzes Antippen. Betätigen Sie dann *Senden.*

❷ Rollen Sie mit einer Wischgeste nach oben.

❸ Das Hochladen erfolgt über *Senden*. Gehen Sie dann auf *In Drive speichern* (eventuell in der Symbolauflistung mit einer Wischgeste nach oben durchrollen, bis Sie *In Drive speichern* sehen). Wählen Sie zum Schluss noch das Google-Konto (nur wenn Sie Google Drive mit mehreren Google-Konten nutzen) und den Zielordner bei Google Drive aus, dann gehen Sie auf *Speichern*.

22.2.2 Office-Datei erstellen

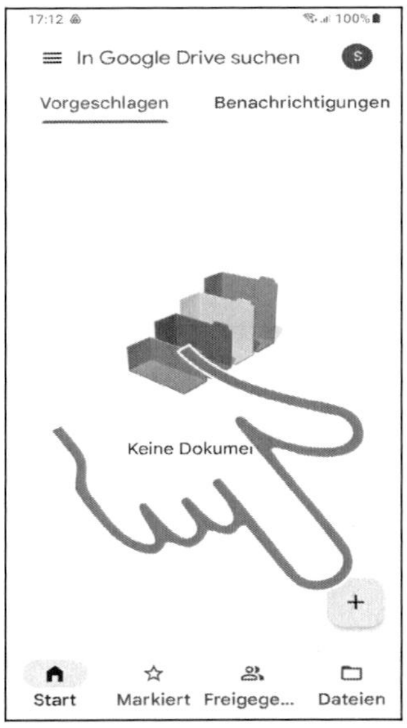

Google bietet Programme an, mit denen Sie Office-Dokumente auf dem Gerät, aber auch in Google Drive hochgeladene Office-Dateien bearbeiten können. Unterstützt werden dabei die Microsoft-Dateiformate Word, Excel und PowerPoint.

❶❷ Gehen Sie auf + und dann auf *Google-Dokumente, Google-Tabellen* oder *Google-Präsentationen.*

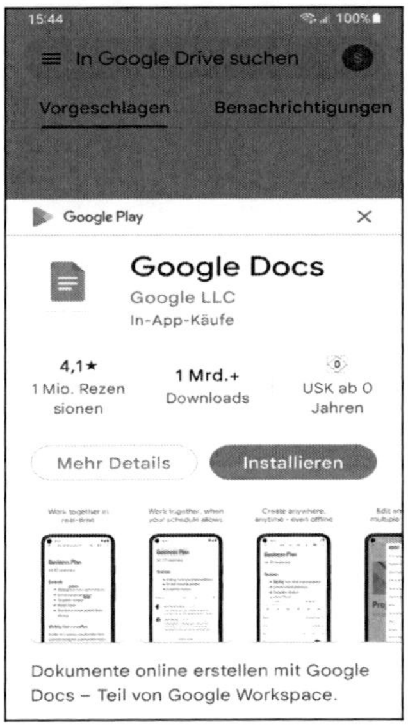

❶ Die Bearbeitungsfunktionen sind auf dem Galaxy nicht vorinstalliert. Sie werden daher beim ersten Aufruf gegebenenfalls aufgefordert, die Installation nachzuholen. Gehen Sie deshalb auf *Installieren.*

❷❸ Sie müssen nun warten, bis die Installation abgeschlossen ist. Betätigen Sie dann *Öffnen.*

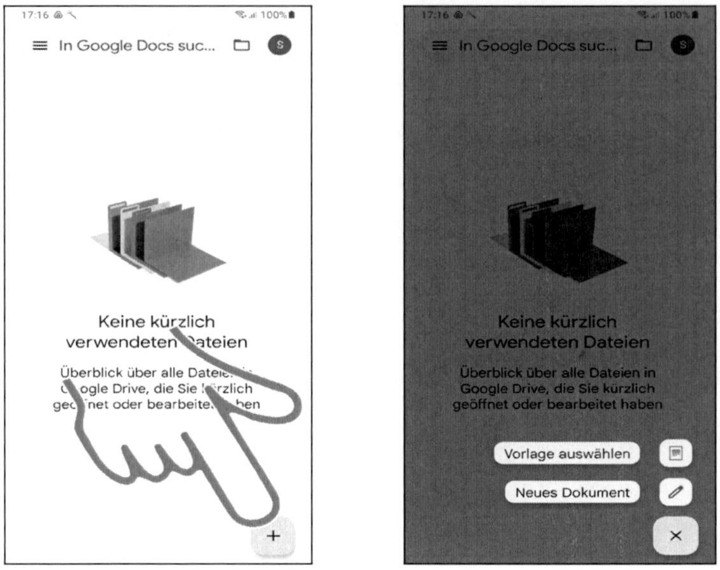

❶❷ Betätigen Sie + und gehen Sie entweder *Vorlage auswählen* oder *Neues Dokument.*

❶❷ Das jeweilige Programm startet mit einem leerem Dokument/einer leeren Tabelle. Sie befinden Sie im Editor. Nach der Bearbeitung speichern Sie die Datei mit ✓ (Pfeil) und kehren mit ← nach Google Drive zurück. Sie finden die Datei im *Dateien*-Register von Google Drive.

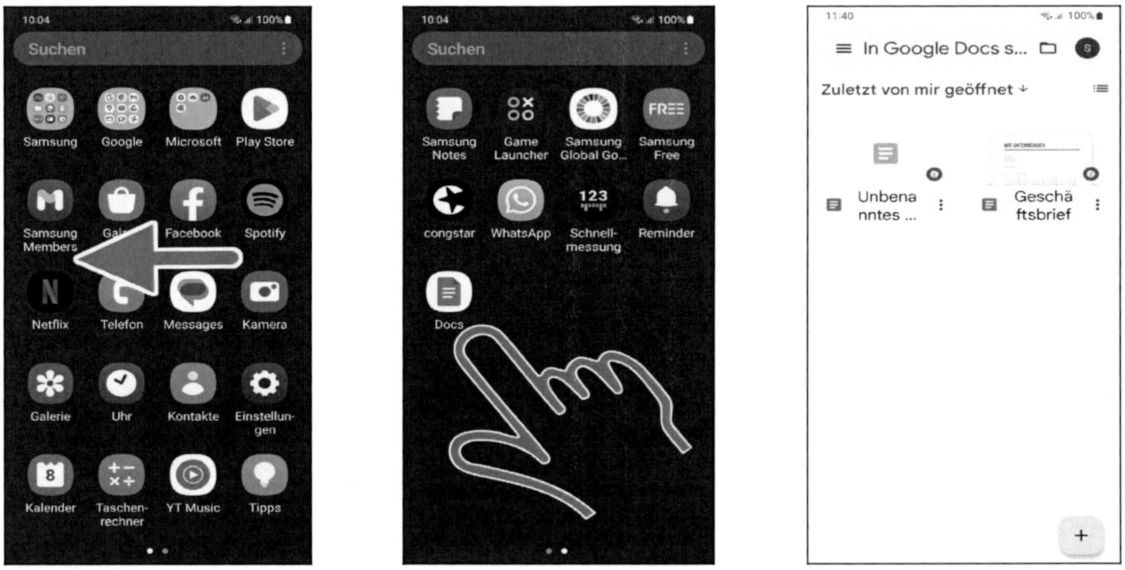

Google-Dokumente, Google-Tabellen und Google-Präsentationen sind eigenständige Anwendungen. Sie brauchen also nicht den Umweg über Google Drive zu nehmen, sondern gehen einfach im Hauptmenü auf *Docs*, *Tabellen* oder *Präsentationen*.

❶❷❸ Für neu installierte Programme müssen Sie einmal im Hauptmenü nach links wischen. In unserem Beispiel rufen wir dann Google Docs über *Docs* auf.

22.2.3 Dateien freigeben

Standardmäßig haben nur Sie Zugriff auf Ihre in Google Drive abgelegten Dateien. Sie können aber Dateien oder Verzeichnisse für Dritte freigeben. Über einen Link, den Sie beispielsweise per E-Mail verschicken, können die Empfänger die jeweilige Datei im Webbrowser anzeigen.Dateien freigeben

Standardmäßig haben nur Sie Zugriff auf Ihre in Google Drive abgelegten Dateien. Sie können aber einzelne Dateien oder ganze Verzeichnisse für Dritte freigeben.

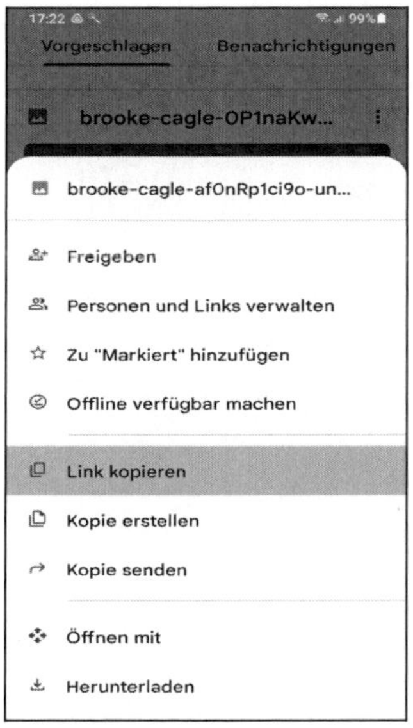

❶ Tippen Sie hinter dem Dateinamen auf ⋮ (Pfeil).

❷ Gehen Sie auf *Link kopieren*. Google Drive hat eine Webadresse (»Freigabelink«) in die Zwischenablage kopiert.

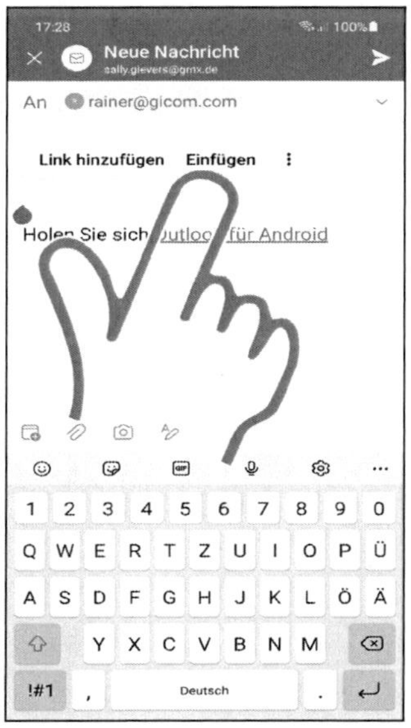

❶ In unserem Beispiel möchten wir jemand anderem die Datei per E-Mail zugänglich machen. Verlassen Sie Google Drive und rufen Sie eine E-Mail-Anwendung, im Beispiel Outlook, auf. Erstellen Sie dort eine neue Nachricht. Tippen und halten Sie den Finger in den Eingabebereich, bis das Popup erscheint, gehen Sie dann auf *Einfügen*.

❷ Sie können nun die E-Mail mit dem Link versenden.

22.3 Samsung Members

Samsung selbst beschreibt die Samsung Members (Members = engl. Mitglieder)-App so: »Samsung Members ist eine App für den Support sowie der Gerätediagnose und ermöglicht das Übermitteln von Fragen und Feedback. Sie können außerdem Informationen mit anderen Mitgliedern der Galaxy Community austauschen oder Neuigkeiten und Tipps zu verschiedenen Produkten und Aktionen einsehen«.

Melden Sie sich vor der Nutzung von Samsung Members bei Ihrem Samsung-Konto an (siehe Kapitel *24 Das Samsung-Konto*). Die meisten Funktionen stehen allerdings auch ohne Samsung-Konto zur Verfügung.

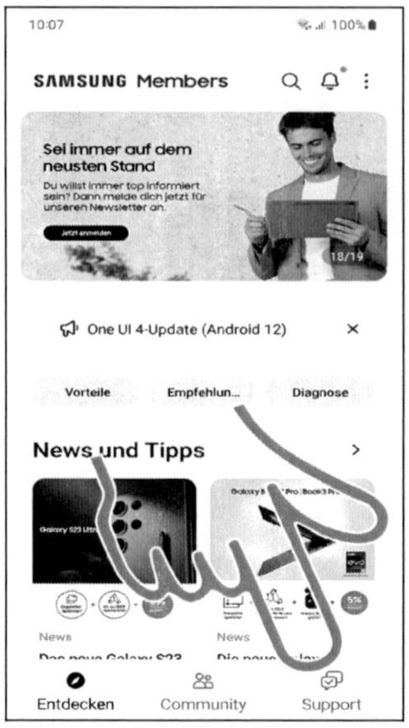

❶ Gehen Sie auf *Samsung Members* im Hauptmenü.

❷ So erhalten Sie Unterstützung bei Problemen: Aktivieren Sie das *Support*-Register.

❸ Sie können hier über *Telefondiagnose* die Gerätefunktionen automatisch überprüfen lassen. Außerdem ist über die Schaltleiste eine Kontaktaufnahme mit dem Samsung-Service möglich.

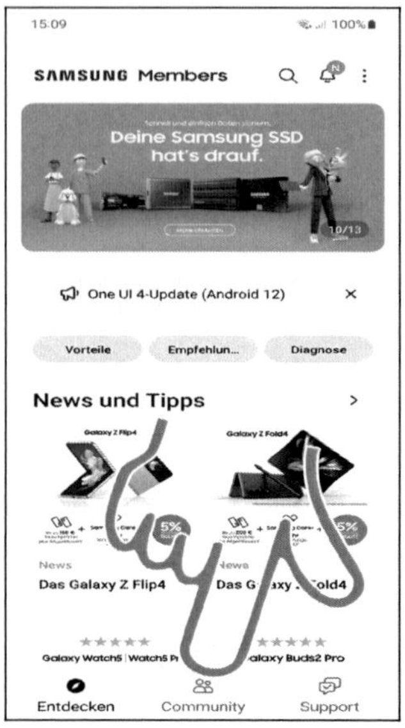

❶❷ Im *Community*-Register finden Sie das offizielle Samsung-Diskussionsforum. Sie müssen sich dafür mit Ihrem Samsung-Konto anmelden (siehe Kapitel *24 Das Samsung-Konto*).

Sie können das Samsung-Diskussionsforum auch in einem Webbrowser unter der Webadresse *eu.community.samsung.com/t5/German/ct-p/de* besuchen.

22.4 Samsung Notes

Über die Samsung Notes-Anwendung erstellen und verwalten Sie Notizen.

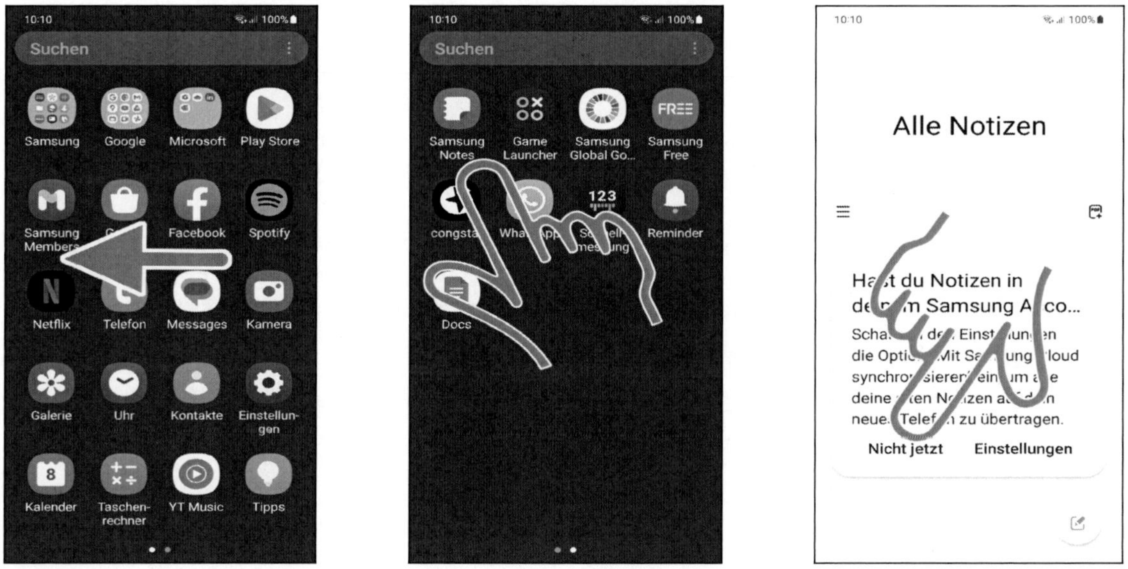

❶❷ Im Hauptmenü wischen Sie einmal nach links für den Wechsel auf die zweite Bildschirmseite und gehen auf *Samsung Notes.*

❸ Gehen Sie im Hinweis auf *Nicht jetzt*.

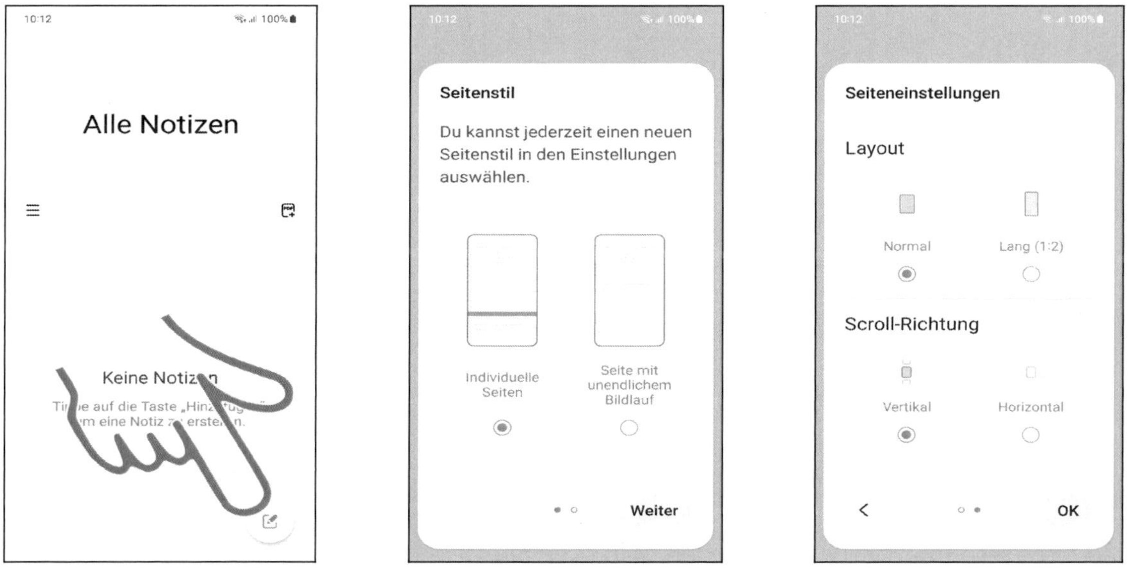

❶ Zunächst zeigt Samsung Notes nur einen leeren Bildschirm an. Gehen Sie auf (Pfeil), um Ihre erste Notiz anzulegen. Wenn Sie diese mit dem S Pen (nur Galaxy S23 Ultra) antippen, schaltet die Anwendung direkt in den Malmodus.

❷❸ Die einmaligen Hinweise schließen Sie mit *Weiter* beziehungsweise *OK.*

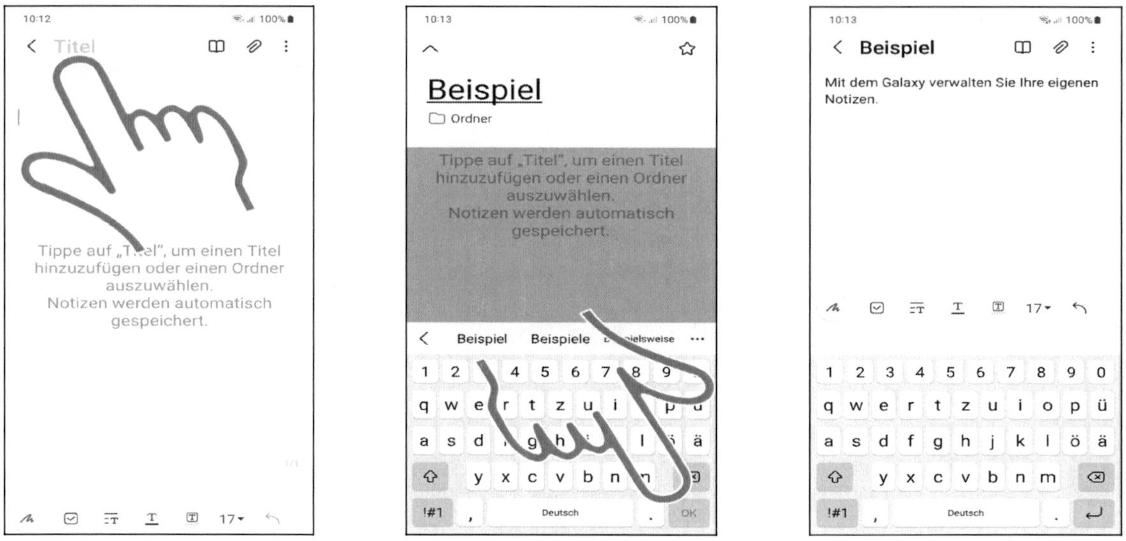

❶ Tippen Sie zunächst ins obere Eingabefeld, womit Sie der Notiz einen Titel vergeben.

❷ Danach schließen Sie den Vorgang mit *OK* auf dem Tastenfeld ab.

❸ Erfassen Sie die Notiz. Über die Schaltleisten am unteren Bildschirmrand fügen Sie bei Bedarf handschriftliche Notizen, Bilder oder Sprachaufnahmen hinzu.

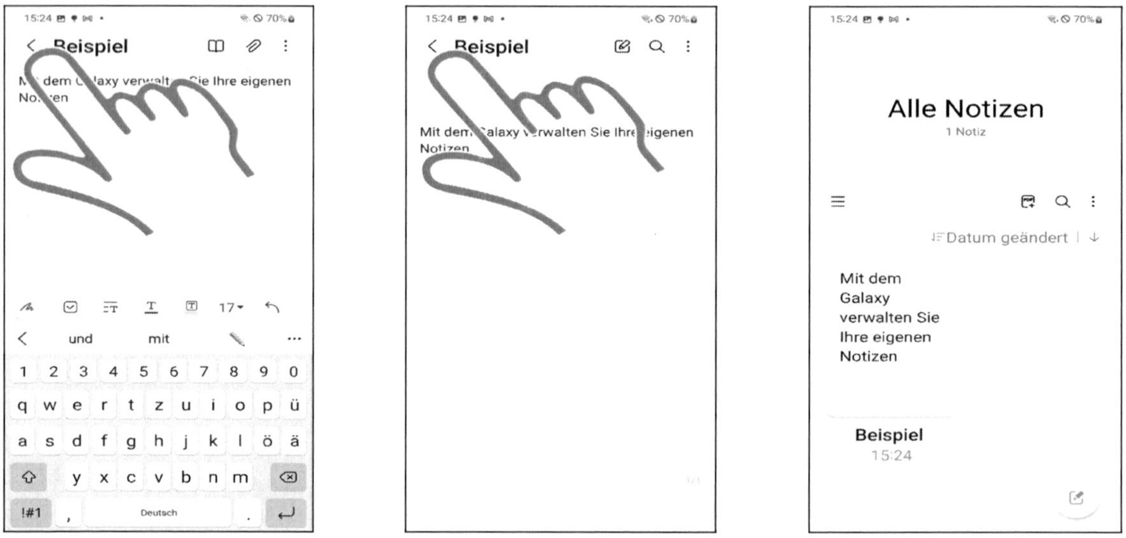

❶❷❸ Die ‹-Schaltleiste bringt Sie erst in eine Vorschau und dann in den Hauptbildschirm zurück.

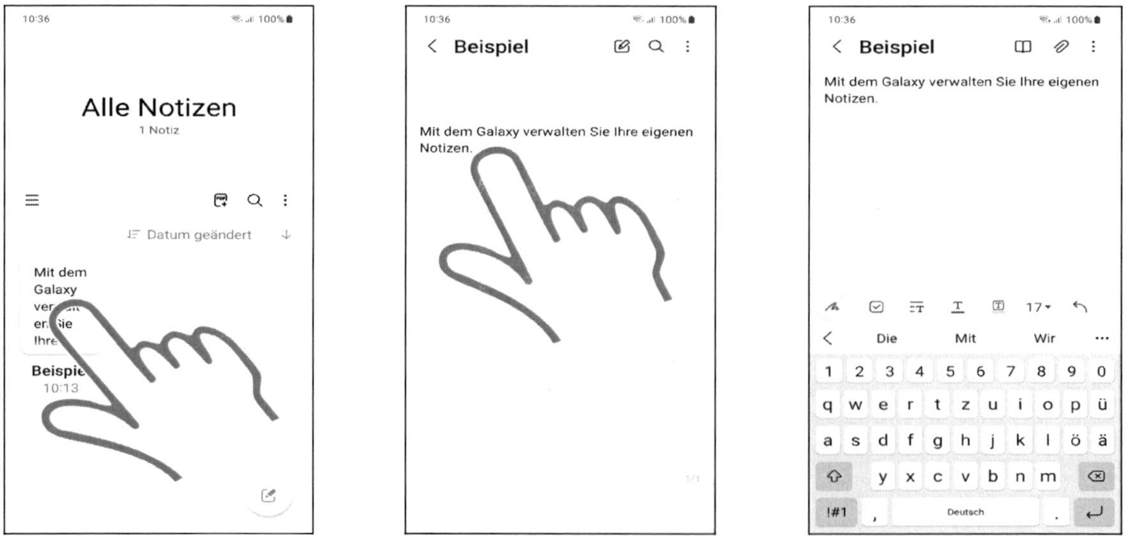

❶❷❸ Zum Editieren gehen Sie auf eine Notiz, danach tippen Sie an die Stelle, wo Sie sie bearbeiten möchten.

22.4.1 Handschriftliche Notiz

Beispiel
Mit dem Galaxy verwalten Sie Ihre eigenen Notizen.

Beispiel
Mit dem Galaxy verwalten Sie Ihre eigenen Notizen.

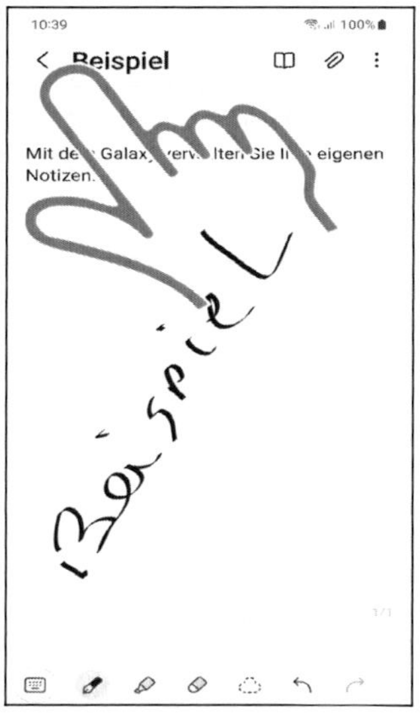

❶ Über die 𝓂-Schaltleiste am unteren Bildschirmrand wechseln Sie in den Notizenmodus.

❷ Einige zusätzliche Funktionen werden am unteren Bildschirmrand eingeblendet (Pfeil).

❸ Den Mal/Schreibvorgang schließen Sie mit der <-Schaltleiste ab.

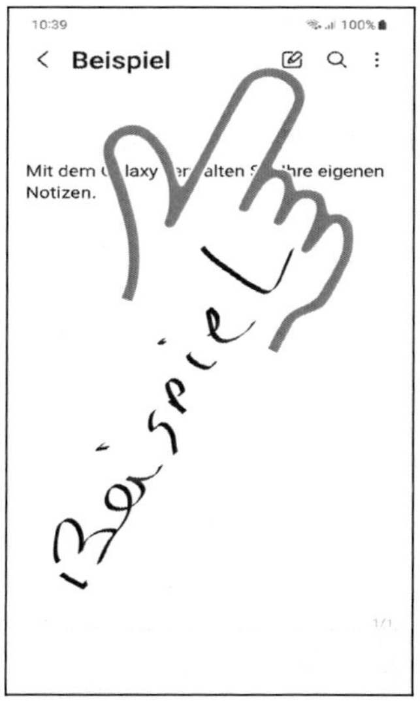
Beispiel

Beispiel
Mit dem Galaxy verwalten Sie Ihre eigenen Notizen.

❶❷ Von hier aus wechseln Sie mit ✎ erneut in den Texteditor.

22.4.2 Notizen verwalten

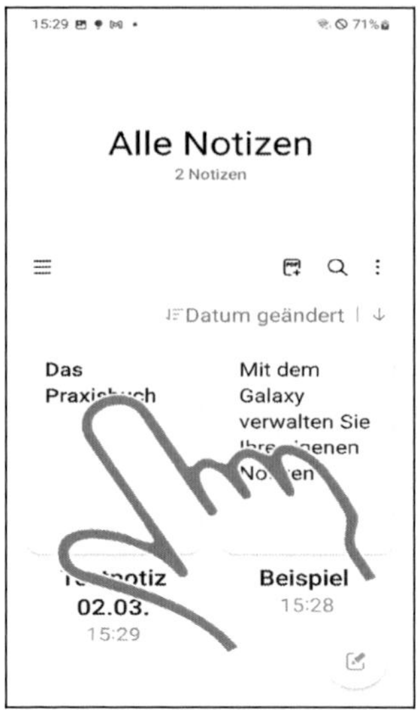

❶❷ So entfernen Sie nicht mehr benötigte Notizen: Tippen und halten Sie den Finger auf einer Notiz im Hauptmenü, bis diese markiert ist. Anschließend markieren Sie gegebenenfalls weitere Notizen und gehen unten auf *Löschen*.

22.4.3 Text einscannen

Häufig gibt im Alltag einen sogenannten Medienbruch: Statt in digitaler Form wird heute vieles noch auf Papier verteilt. Ihr Handy bietet daher die Option, Dokumente einzuscannen und in Text umzuwandeln.

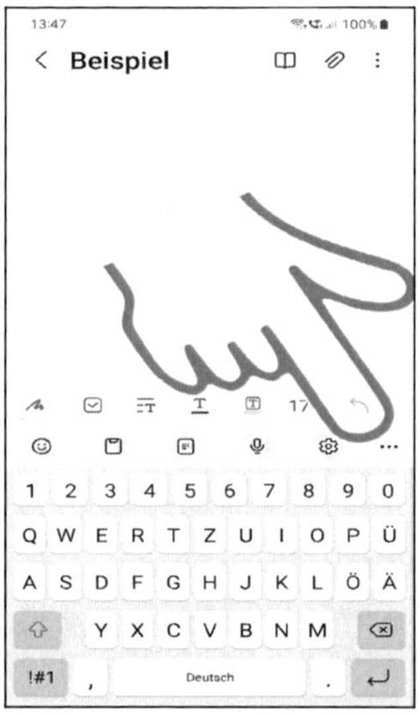

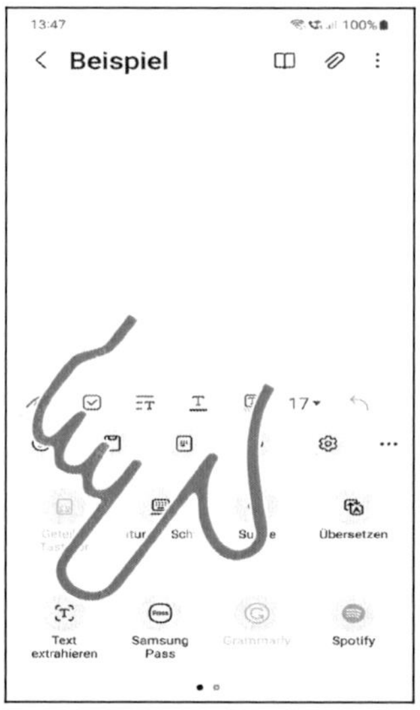

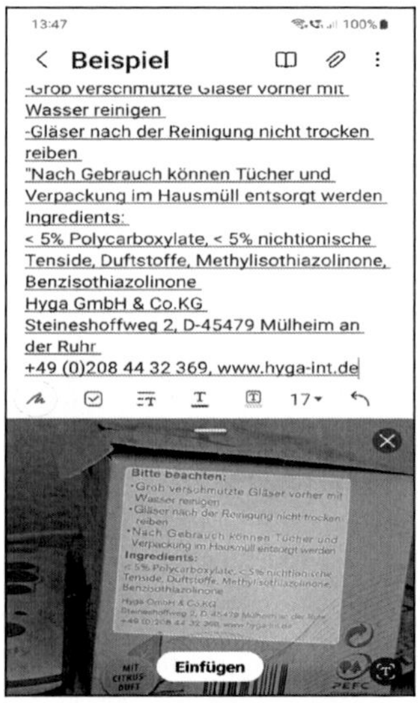

❶ Erstellen Sie eine neue Notiz, dann gehen Sie über dem Tastenfeld auf •••.

❷❸ Betätigen Sie *Text extrahieren*, dann halten Sie die Kamera auf das einzulesende Dokument und betätigen *Einfügen.*

23. Das Google-Konto

Google betreibt im Internet zahlreiche kostenlose Online-Dienste, wovon natürlich die Google-Suchmaschine die bekannteste ist. Weitere Web-Anwendungen sind unter anderem Gmail (E-Mail), Google Maps (Karten und Navigation), YouTube (Videos) und Google Fotos (Bilder und Videos). Android bietet mit den gleichnamigen Anwendungen die Möglichkeit, Googles Web-Anwendungen direkt auf dem Handy zu nutzen.

Damit Sie Fotos, Dokumente, Kontakte, Termine, usw. auf verschiedenen Geräten (PC-Webbrowser, Android-Handy und Android-Tablet) nutzen können, hat Google das sogenannte **Google-Konto** ersonnen: Sie sind dabei permanent mit Ihrem Google-Konto auf dem Tablet/Handy angemeldet. Legen Sie beispielsweise auf dem Handy einen neuen Kontakt oder einen neuen Termin an, so wird dieser im Google-Konto gespeichert und steht auch auf allen anderen Android-Geräten und im PC-Webbrowser zur Verfügung. Der dazu nötige Datenabgleich erfolgt automatisch über Googles Internetserver im Hintergrund. Einzige Voraussetzung ist, dass Sie auf den anderen Geräten ebenfalls mit Ihrem Google-Konto angemeldet sind.

Ein anderes Beispiel: Sie können tagsüber während der Arbeit auf dem Handy E-Mails mit der Gmail-Anwendung verarbeiten, am Abend loggen Sie sich auf dem Desktop-PC-Webbrowser in die Gmail-Oberfläche ein und sehen den gleichen Nachrichtenstand wie auf dem Handy.

Auch wenn Sie kein Fan von Google sind, kommen Sie nicht darum herum, ein Google-Konto zu eröffnen, denn Sie benötigen es spätestens, wenn Sie über den Google Play Store (siehe Kapitel *25.1 Play Store*) weitere Spiele oder Anwendungen auf dem Gerät installieren wollen.

23.1 Einrichtung in einer Google-Anwendung

Wenn Sie eine Google-Anwendung wie Gmail, Play Store, usw. starten, werden Sie aufgefordert, sich mit Ihrem Google-E-Mail-Konto anzumelden, sofern Sie dies nicht schon vorher getan hatten. Die Anmeldung mit der Gmail-Adresse ist nur einmalig notwendig. Danach können sie Gmail, Google Play Store, usw. ohne erneute Anmeldung nutzen.

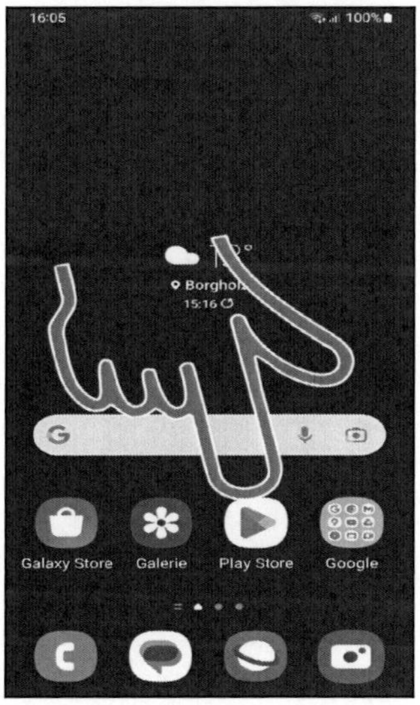

❶ Starten Sie jetzt eine Anwendung, die ein Google-Konto benötigt, im Beispiel *Play Store*, aus dem Startbildschirm.

❷ Betätigen Sie *Anmelden*.

Falls direkt die Benutzeroberfläche des Programms angezeigt wird, ohne dass Ihre Kontodaten abgefragt werden, dann haben Sie bereits die nur einmalig notwendige Anmeldung durchgeführt, beispielsweise bei der Inbetriebnahme (siehe Kapitel *3 Erster Start*).

Google
Anmeldung
Mit dem Google-Konto anmelden.
Weitere Informationen
E-Mail oder Telefonnummer
Weiter

Google
Anmeldung
Mit dem Google-Konto anmelden.
Weitere Informationen
E-Mail oder Telefonnummer
sally.gievers@gmail.com
Weiter

❶❷ Nach Antippen des entsprechenden Eingabefelds erfassen Sie Ihr Google-Konto und betätigen Sie *Weiter* (falls Sie die *Weiter*-Schaltleiste nicht sehen, müssen Sie das Tastenfeld mit der ∨-Taste schließen).

Sie brauchen nur den ersten Teil Ihrer Google-Mail-Adresse vor dem »@« einzugeben, denn »@gmail.com« wird automatisch ergänzt, wenn Sie ins Passwortfeld wechseln.

Die Anmeldung mit der Gmail-Adresse ist nur einmalig notwendig. Danach können sie Gmail, Google Play Store, usw. ohne erneute Anmeldung nutzen.

Google
Sally Gievers
sally.gievers@gmail.com
Passwort eingeben
Passwort anzeigen
Weiter

Wir veröffentlichen die Nutzungsbedingungen von Google, damit Sie wissen, was Sie bei der Nutzung unserer Dienste erwarten können. Wenn Sie „Ich stimme zu" anklicken, erklären Sie sich mit diesen Nutzungsbedingungen einverstanden.
Ich stimme zu

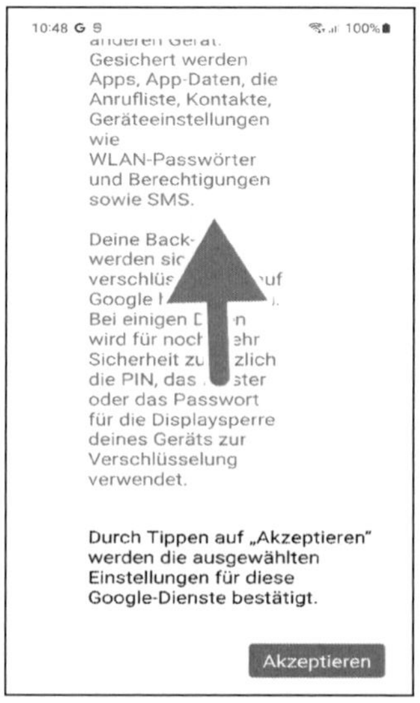
Gesichert werden Apps, App-Daten, die Anrufliste, Kontakte, Geräteeinstellungen wie WLAN-Passwörter und Berechtigungen sowie SMS.
Durch Tippen auf „Akzeptieren" werden die ausgewählten Einstellungen für diese Google-Dienste bestätigt.
Akzeptieren

❶ Gehen Sie genauso mit dem nächsten Eingabefeld vor, in dem Sie das Passwort Ihres Google-Kontos eingeben.

❷ Wischen Sie durch die Hinweise und betätigen Sie *Ich stimme zu.*

❸ Auch im nächsten Bildschirm wischen Sie einmal nach oben und gehen auf *Akzeptieren.*

Die Play Store-Anwendung (siehe Kapitel *25.1 Play Store*) startet und lässt sich jetzt nutzen.

23.2 Google-Konto entfernen

Es dürfte nur sehr selten nötig sein, das eigene Google-Konto zu entfernen. Alle in Ihrem Google-Konto im Internet hochgeladenen Daten bleiben erhalten und werden auf einem anderen Gerät wieder hergestellt, wenn Sie sich dort erneut mit dem gleichen Google-Konto anmelden.

Falls Sie vorhaben, Ihr Handy an einen Dritten abzugeben, dann sollten Sie nicht Ihr Google-Konto vom Gerät entfernen, weil sich dann noch alle Daten im Gerätespeicher befinden, sondern, das Handy, wie im Kapitel *35.2 Allgemeine Verwaltung* beschrieben, komplett auf den Werkszustand zurücksetzen.

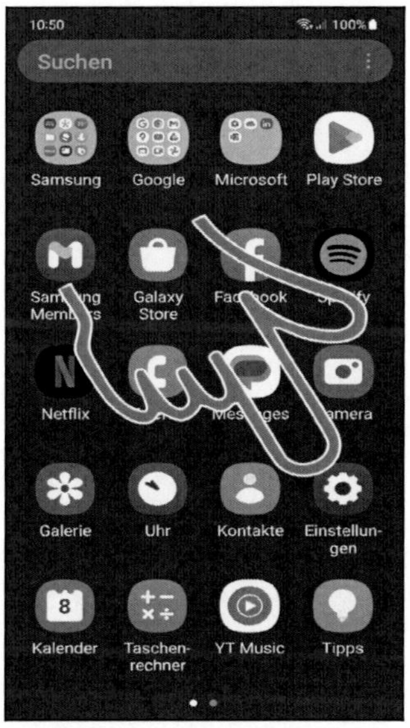

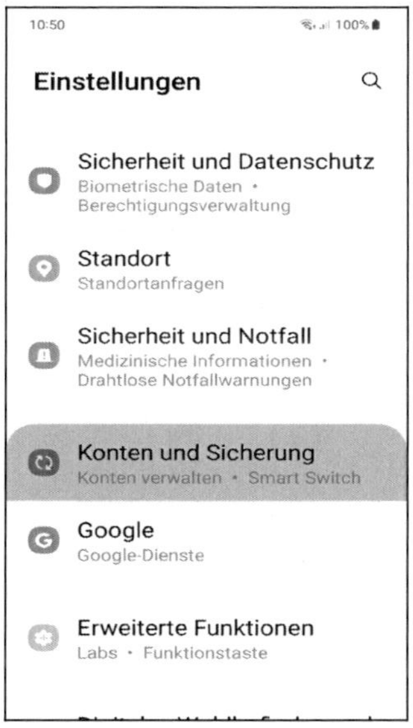

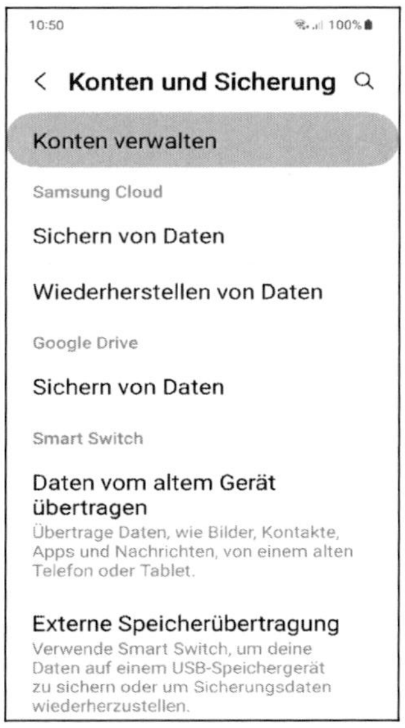

❶ Rufen Sie *Einstellungen* im Hauptmenü auf.

❷❸ Rollen Sie mit einer Wischgeste durch die Menüauflistung und gehen Sie auf *Konten und Sicherung* und dann auf *Konten verwalten.*

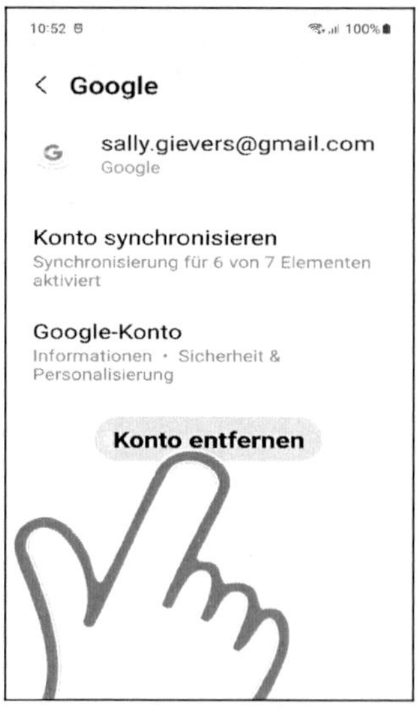

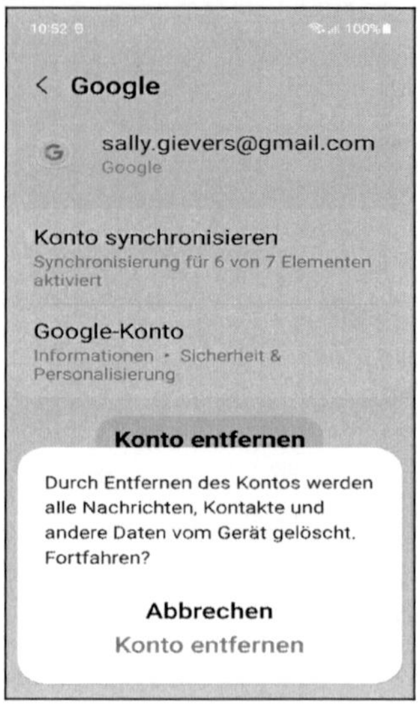

➊ Wählen Sie Ihr Google-Konto aus.

➋➌ Betätigen Sie *Konto entfernen* und im Popup erneut *Konto entfernen.*

24. Das Samsung-Konto

Einige Funktionen auf dem Galaxy setzen die vorherige Einrichtung eines sogenannten Samsung-Kontos voraus, wozu Galaxy Apps (siehe Kapitel *25.2 Galaxy Store*) und Find My Mobile (siehe Kapitel *30.5 Maßnahmen gegen Diebstahl* zählen.

Neben den oben erwähnten Funktionen dient das Samsung-Konto dazu, einige Daten aus den Samsung-eigenen Anwendungen im Internet zu sichern. Unterstützt werden dabei die Anwendungen Kontakte (Telefonbuch), Kalender, Samsung Notes, Samsung Internet (Webbrowser) und einige mehr. Das Samsung-Konto konkurriert also mit dem Google-Konto.

24.1 Erste Einrichtung

Als Erstes müssen wir unser Samsung-Konto anlegen. Falls Sie bereits ein Samsung-Konto besitzen, lesen Sie bitte ab Kapitel *24.2 Anmeldung* weiter.

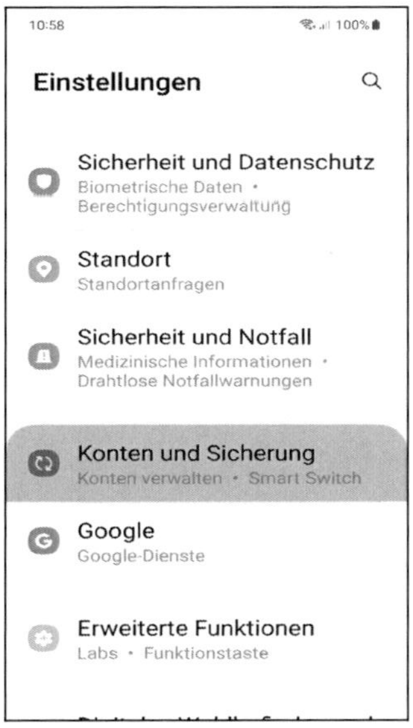

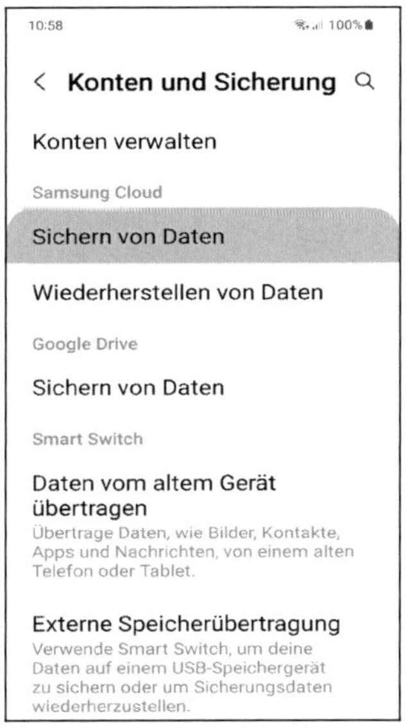

❶ Rufen Sie im Hauptmenü die *Einstellungen* auf.

❷❸ Gehen Sie dann auf *Konten und Sicherung* und wählen Sie *Sichern von Daten.*

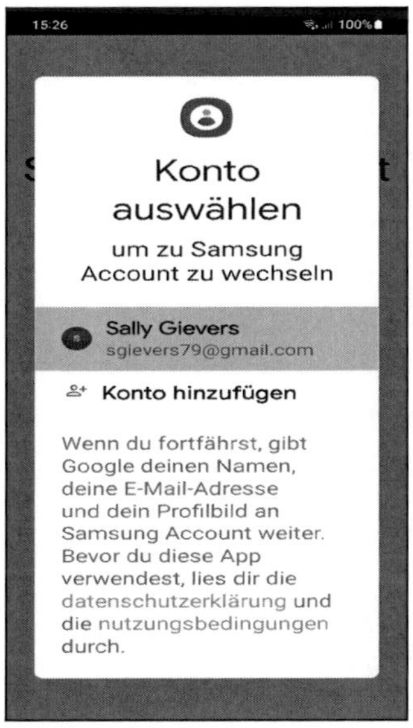

❶❷ Betätigen Sie *Anmeldung mit Google* und wählen Sie Ihr Konto aus.

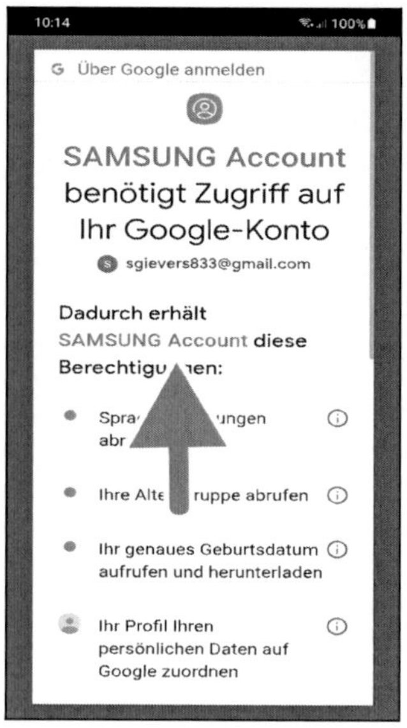
10:14
100%
Über Google anmelden
SAMSUNG Account benötigt Zugriff auf Ihr Google-Konto
sgievers833@gmail.com
Dadurch erhält SAMSUNG Account diese Berechtigungen:
Ihr genaues Geburtsdatum aufrufen und herunterladen
Ihr Profil Ihren persönlichen Daten auf Google zuordnen

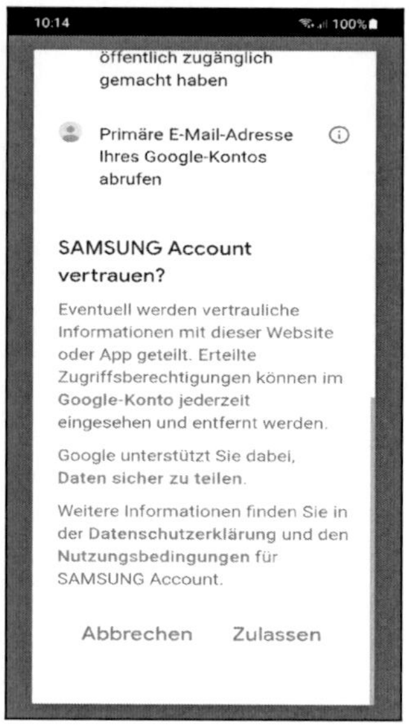
10:14
100%
öffentlich zugänglich gemacht haben
Primäre E-Mail-Adresse Ihres Google-Kontos abrufen
SAMSUNG Account vertrauen?
Eventuell werden vertrauliche Informationen mit dieser Website oder App geteilt. Erteilte Zugriffsberechtigungen können im Google-Konto jederzeit eingesehen und entfernt werden.
Google unterstützt Sie dabei, Daten sicher zu teilen.
Weitere Informationen finden Sie in der Datenschutzerklärung und den Nutzungsbedingungen für SAMSUNG Account.
Abbrechen
Zulassen

❶❷ Wischen Sie durch die Liste und betätigen Sie *Zulassen.*

15:27
100%
Willkommen bei Ihrem Samsung Account
Details
Erhalten Sie angepassten Inhalt (einschließlich Werbung und Direktmarketing) auf
Mehr

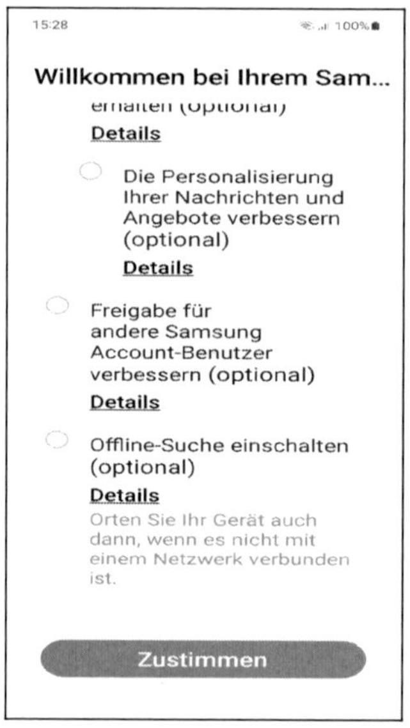
15:28
100%
Willkommen bei Ihrem Sam...
Details
Die Personalisierung Ihrer Nachrichten und Angebote verbessern (optional)
Details
Freigabe für andere Samsung Account-Benutzer verbessern (optional)
Details
Offline-Suche einschalten (optional)
Details
Orten Sie Ihr Gerät auch dann, wenn es nicht mit einem Netzwerk verbunden ist.
Zustimmen

Zwei-Schritt-Verifizierung
Bestätigen Ihrer Telefonnummer
+49 15908694576
Wenn wir bestätigen müssen, dass Sie die Person sind, die versucht sich anzumelden, senden wir Ihnen eine SMS an die folgende Nummer.
OK
Andere Nummer verwenden

❶❷ Auch in diesen Bildschirm wischen Sie nach oben und gehen auf *Zustimmen.*

❸ Bestätigen Sie mit *OK.*

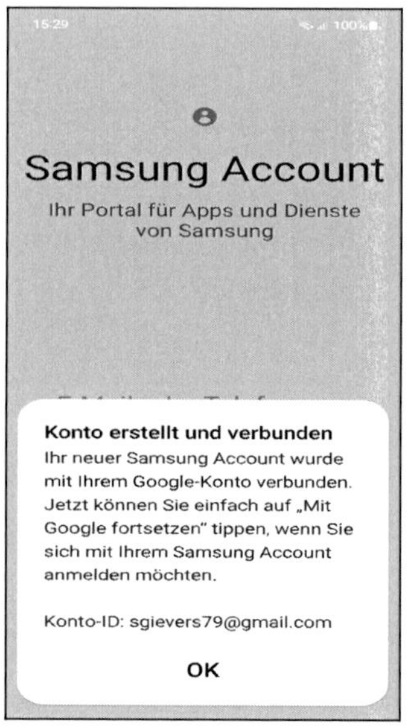
Samsung Account
Ihr Portal für Apps und Dienste von Samsung
Konto erstellt und verbunden
Ihr neuer Samsung Account wurde mit Ihrem Google-Konto verbunden. Jetzt können Sie einfach auf „Mit Google fortsetzen" tippen, wenn Sie sich mit Ihrem Samsung Account anmelden möchten.
Konto-ID: sgievers79@gmail.com
OK

15:29
100%
Samsung Account
Fügen Sie eine Telefonnummer oder E-Mail-Adresse hinzu, unter der wir Sie erreichen können, wenn wir verdächtige Aktivitäten in Ihrem Konto feststellen oder Sie gesperrt wurden.
Nicht jetzt
Wiederh.-Methode hzfg.
S
Sally Gievers
sgievers79@gmail.com
Profilinformationen
Geräte
Galaxy Z Flip4
Orte

❶❷ Betätigen Sie *OK* und schließen Sie den Bildschirm mit der ‹-Taste.

24.2 Anmeldung

Sie haben bereits ein Samsung-Konto, weil Sie es bereits früher mal auf einem anderen Samsung-Gerät angelegt hatten? Dann brauchen Sie sich auf dem Galaxy jetzt nur noch damit anzumelden.

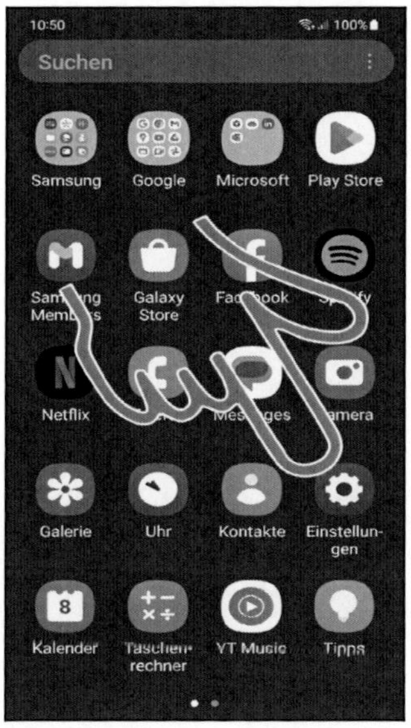

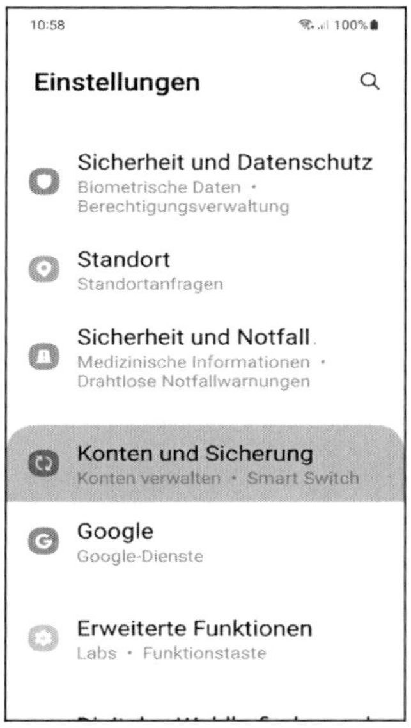

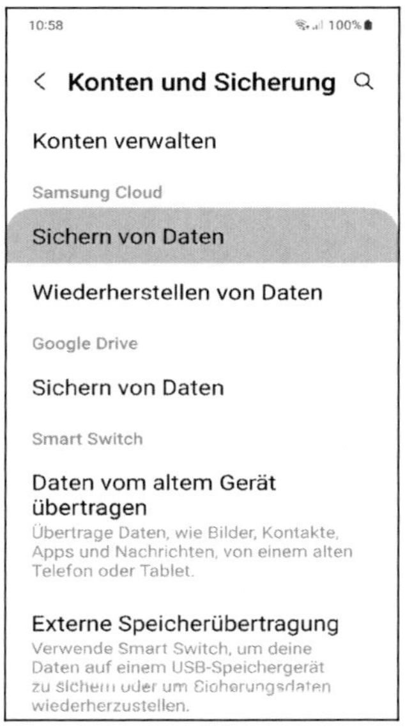

❶ Rufen Sie im Hauptmenü die *Einstellungen* auf.

❷❸ Gehen Sie dann auf *Konten und Sicherung* und wählen Sie *Sichern von Daten*.

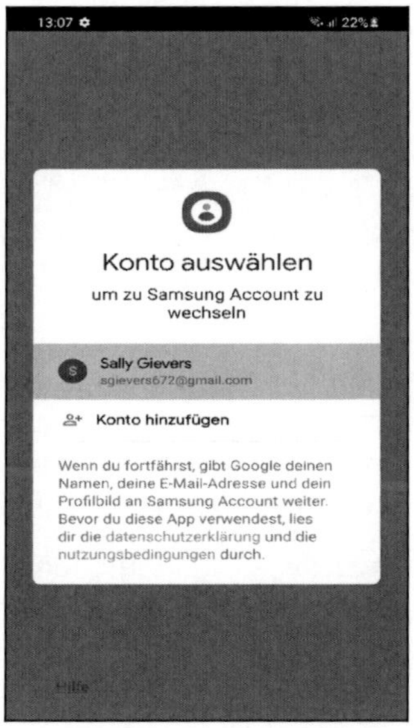

❶❷ Betätigen Sie *Anmeldung mit Google* und wählen Sie Ihr Konto aus.

❶ Samsung schickt nach einigen Sekunden eine SMS als Sicherheitsüberprüfung, die automatisch im Eingabefeld landet. Sie brauchen dann nur *Bestätigen* antippen.

❸ Den Übersichtsbildschirm können Sie nun verlassen.

Sofern Sie das Samsung-Konto auf einem anderen Galaxy-Handy nutzen, wird dort ein Code angezeigt, den Sie stattdessen eingeben. Ist das andere Handy gerade nicht greifbar, können Sie sich aber trotzdem den Code per SMS senden lassen.

24.3 Samsung-Konto in der Praxis

Um es vorweg zu sagen: Wenn Sie die Google-eigenen Anwendungen Gmail (siehe Kapitel *11 Gmail*) oder Chrome (siehe Kapitel *14 Chrome-Webbrowser*) bereits intensiv nutzen, werden Sie das Samsung-Konto kaum benötigen. Das Samsung-Konto hat darüber hinaus den Nachteil, dass es nur auf Samsung-Geräten funktioniert, während Ihr Google-Konto auf Android-Geräten aller Hersteller genutzt werden kann.

Trotzdem ist das Samsung-Konto manchmal nützlich, falls Sie mehrere Samsung-Geräte, beispielsweise ein Tablet neben dem Galaxy-Handy, verwenden. Sind Sie auf beiden Geräten mit dem gleichen Samsung-Konto angemeldet, stehen zum Beispiel die Lesezeichen des Samsung-Webbrowsers (siehe Kapitel *13 Webbrowser*) auf beiden Geräten zur Verfügung.

Mussten Sie Ihr Handy zurücksetzen, wurde es geklaut oder wechseln Sie zu einem anderen Samsung-Handy, dann melden Sie sich einfach bei Ihrem Samsung-Konto für die Wiederherstellung an.

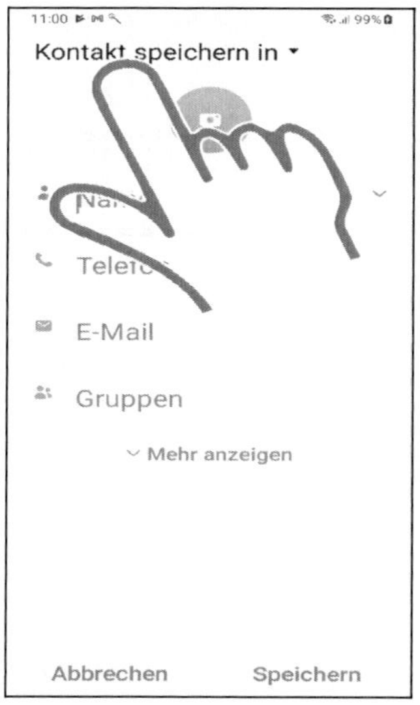

➊➋ Sie möchten dennoch das Samsung-Konto statt dem Google-Konto für die Sicherung von Kontakten und Terminen nutzen? Dann achten Sie darauf, das Konto während der Kontakt-/Terminanlage entsprechend einzustellen.

25. Programmverwaltung

Die mitgelieferten Programme auf Ihrem Handy decken bereits die wichtigsten Anwendungsfälle ab. Weitere Anwendungen und natürlich Spiele können Sie bei Bedarf über den sogenannten Play Store nachinstallieren, der mehr ca. 2 Millionen Programme enthält. Sie finden wirklich zu jedem noch so exotischen Anwendungsfall ein passendes Programm. Neudeutsch spricht man statt von Programmen auch von **Apps**, es ist damit aber das selbe gemeint.

Etwa Zweidrittel aller Programme sind kostenlos beziehungsweise finanzieren sich über eingeblendete Werbung. Im Vergleich zu PC-Software sind die kostenpflichtigen Android-Programme in der Regel mit Preisen von unter 5 Euro recht günstig.

Es gibt mehrere Möglichkeiten, Programme zu installieren:

- **Google Play Store**: Über die Play Store-Anwendung haben Sie Zugriff auf Tausende von Anwendungen und Spielen. Auch der Kauf von Programmen im Play Store ist möglich. Die meisten Anwender nutzen ausschließlich den Play Store und nicht die anderen hier aufgelisteten Installationsmöglichkeiten.
- **Galaxy Store**: Wird von Samsung betrieben und bietet, ähnlich wie der Google Play Store, zahlreiche Programme zum Download an.

25.1 Play Store

Lassen Sie sich bitte nicht von leider manchmal umständlichen und unübersichtlichen Bedienung des Play Stores beeindrucken. Spätestens, wenn Sie einige Programme installiert haben, dürften Sie die wesentlichen Vorgehensweisen verstanden haben.

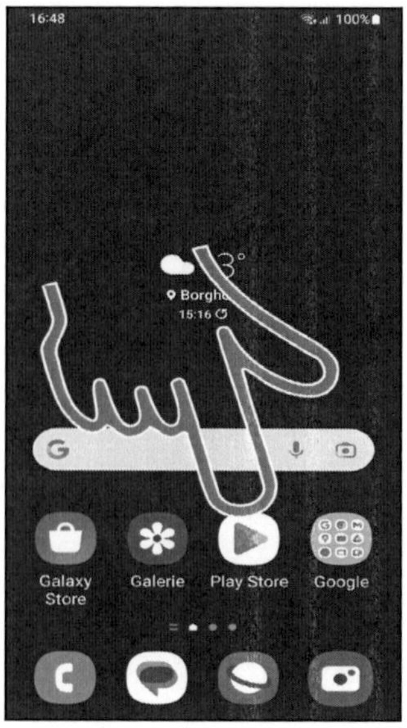

Sie finden den *Play Store* im Startbildschirm (❶) beziehungsweise Hauptmenü (❷).

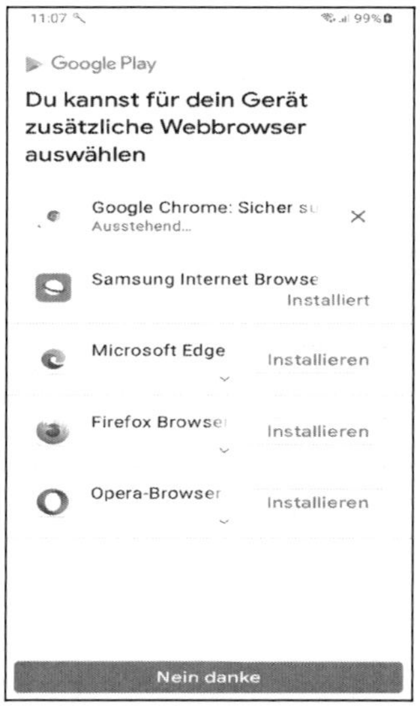

❶ Falls Sie Google auf zusätzliche Suchdienste oder Webbrowser hinweist, gehen Sie jeweils auf *Nein danke.*

❷❸ Das allgemeine Softwareangebot wird standardmäßig im Hauptbildschirm aufgelistet. Zunächst sollten Sie am unteren Bildschirmrand auswählen, ob Sie *Spiele* oder *Apps* (Anwendungen) suchen. Auf die ebenfalls angebotenen *Bücher* (Ebooks) gehen wir hier nicht ein.

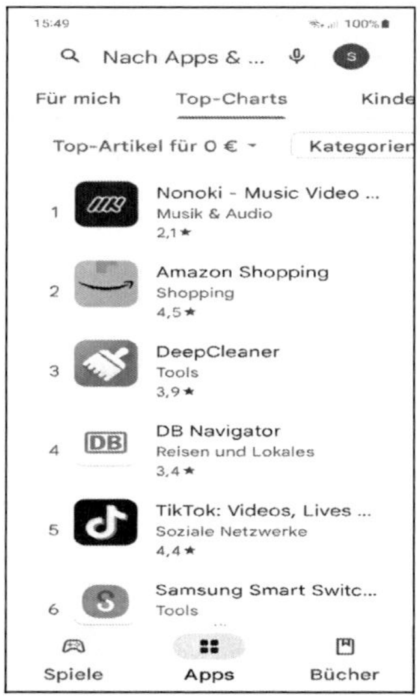

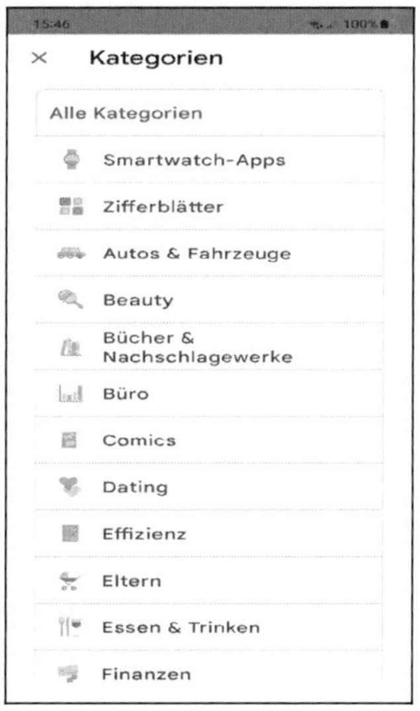

❶ Die Benutzeroberfläche besitzt mehrere Register, über die Sie mit den Schaltleisten (Pfeil) wechseln:

- *Für mich*: Von Google zusammengestellte Empfehlungen.
- *Top-Charts* (❷)
- *Kinder*: Wählen Sie die zu installierenden Anwendungen und Spiele nach empfohlener Altersstufe aus.
- *Kategorien* (❸): Alle Programme sind im Play Store nach Kategorien sortiert, die Sie einfach nach interessanten Anwendungen oder Spielen durchblättern können. Bitte beachten Sie, dass in den Kategorien auch viele Programme zu finden sind, welche keinerlei Nutzwert haben.

❶❷ Betätigen Sie im Hauptmenü (S) oben rechts für das Ausklappmenü. Die Menüpunkte:

- *(Ihr Konto)@gmail.com*: Das Google-Konto, mit dem Sie angemeldet sind.
- *Apps und Gerät verwalten*: Zeigt die von Ihnen installierten Programme an und ermöglicht diese wieder zu deinstallieren. Außerdem sehen Sie hier, ob Updates zu installierten Programmen im Play Store vorliegen (❸).
- *Benachrichtigungen und Angebote*: Hier finden Sie Hinweise auf Sonderangebote im Play Store.
- *Zahlungen und Abos*: Einige Programme, beispielsweise aus dem Lernbereich, können »abonniert« werden, das heißt man muss regelmäßige Zahlungen leisten. Die Abos verwalten Sie in diesem Menü.
- *Play Protect*: Google überprüft Ihre installierten Programme auch nach der Installation auf Schadfunktionen. So wird beispielsweise verhindert, dass teure Telefonnummern angerufen oder Ihre persönlichen Daten ausgelesen werden. Sie sollten Play Protect deshalb nie deaktivieren.
- *Mediathek*: Die von Ihnen im Play Store erworbenen Ebooks und Spielfilme (siehe Kapitel *22.1 Google TV*).
- *Play Pass*: Google bietet ein kostenpflichtiges Abo für 4,99 Euro/Monat an, in dessen Rahmen Sie einige Anwendungen und Spiele kostenlos nutzen dürfen.
- *Play Points*: Die Play Points sind ein Kundenbindungsprogramm, für das Sie sich anmelden müssen. Für jeden Kauf im Play Store erhalten Sie Punkte, die Sie später für Rabatte nutzen.
- *Einstellungen*: Auf die Einstellungen geht Kapitel *25.1.5 Einstellungen* ein.

25.1.1 Konten

Welche Programme Sie aus dem Play Store installiert beziehungsweise gekauft haben, speichert der Play Store in Ihrem Google-Konto ab. Es ist möglich, auf dem Handy mehrere Google-Konten gleichzeitig zu nutzen (beispielsweise privat und geschäftlich). Wenn Sie ein Anwender mit mehreren Google-Konten sind, müssen Sie jeweils darauf achten, welches Konto Sie gerade verwenden, denn gekaufte Programme lassen sich nicht zwischen den Google-Konten übertragen.

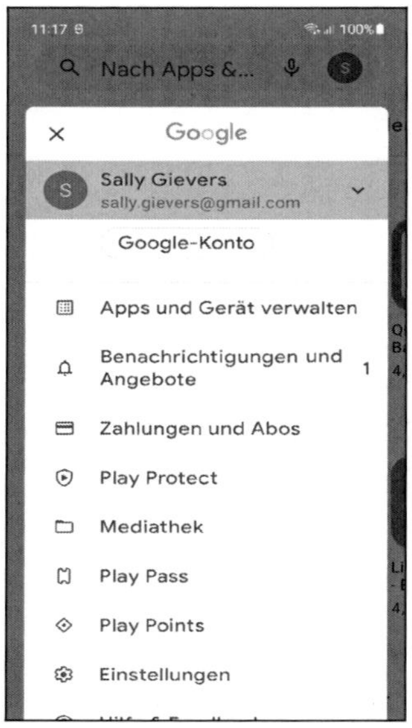

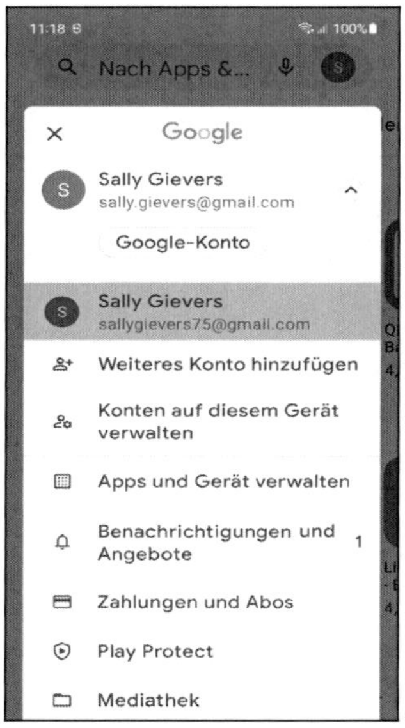

❶ Tippen Sie auf das runde Kontosymbol.

❷ Gehen Sie auf den Google-Konto-Namen.

❸ Wählen Sie nun das im Play Store zu nutzende Google-Konto aus.

25.1.2 Programme installieren

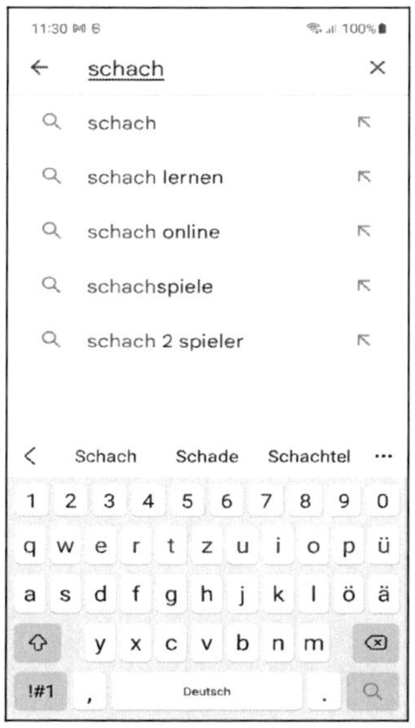

❶❷ Gehen Sie auf die Suchleiste im Hauptbildschirm und geben Sie den Suchbegriff ein. Es werden der Name und die Beschreibung aller Programme durchsucht. Bereits während der Eingabe listet der Play Store einige Fundstellen auf, Sie können alternativ aber auch mit 🔍 im Tastenfeld eine Volltextsuche durchführen.

➊ Die Fundstellen werden mit Namen, Bewertung und Preis aufgelistet. Tippen Sie eines der angebotenen Programme an.

➋ Neben einer ausführlichen Beschreibung finden Sie hier die Bewertungen von anderen Benutzern, Infos zum Entwickler mit der Möglichkeit, seine weiteren Programme im Play Store anzuzeigen, sowie Kontaktmöglichkeiten zum Entwickler. Betätigen Sie *Installieren,* um das Programm auf dem Handy zu installieren. Der Download erfolgt anschließend im Hintergrund.

➊➋ Wenn Sie das erste Mal ein Programm installieren, erscheint einmalig der Hinweis *Kontoeinrichtung abschließen*. Betätigen Sie dann *Weiter* und *Überspringen.* Wie Sie kostenpflichtige Programme installieren, erläutert noch Kapitel *25.1.6 Softwarekauf im Google Play Store*.

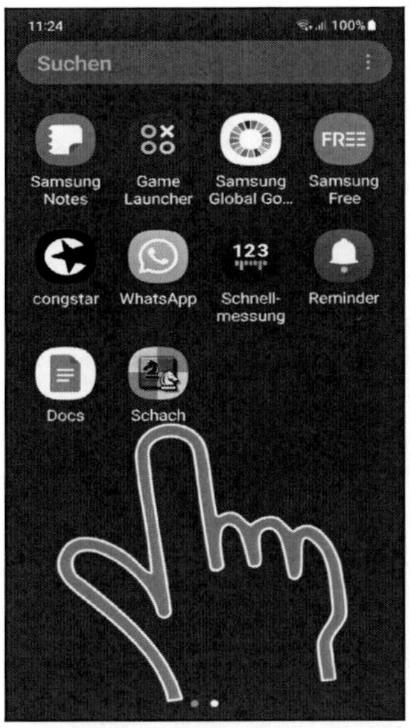

➊➋ Sie finden das neue Programm im Hauptmenü. Weil die erste Bildschirmseite des Hauptmenüs bereits voll belegt ist, müssen Sie erst mit einer Wischgeste zur nächsten Seite blättern.

➊ Tipp: Falls Sie ein Programm nicht wiederfinden beziehungsweise prüfen möchten, ob Sie es bereits vor einiger Zeit installiert hatten, dann gehen Sie auf *Finder-Sucher* im Hauptmenü.

➋ Bereits während der Eingabe des Suchbegriffs werden die gefundenen Programme aufgelistet.

25.1.3 Ausgeblendete Navigationstasten

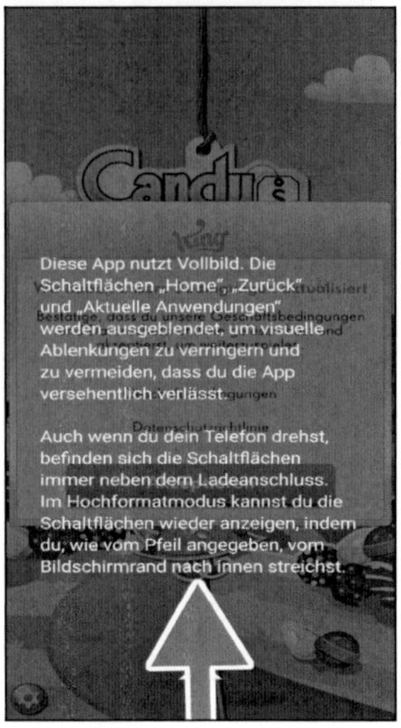
Diese App nutzt Vollbild. Die
Schaltflächen „Home“, „Zurück“
und „Aktuelle Anwendungen“
werden ausgeblendet, um visuelle
Ablenkungen zu verringern und
zu vermeiden, dass du die App
versehentlich verlässt.
Auch wenn du dein Telefon drehst,
befinden sich die Schaltflächen
immer neben dem Ladeanschluss.
Im Hochformatmodus kannst du die
Schaltflächen wieder anzeigen, indem
du, wie vom Pfeil angegeben, vom
Bildschirmrand nach innen streichst.

11:40
100%
Diese App nutzt Vollbild. Die
Schaltflächen „Home“, „Zurück“
und „Aktuelle Anwendungen“
OK

❶❷ Beim ersten Aufruf eines Spiels macht Sie das Handy eventuell auf eine Besonderheit aufmerksam: Die Navigationstasten werden ausgeblendet. Um sie wieder einzublenden, wischen Sie mit dem Finger von der unteren Displaykante nach oben. Schließen Sie den Hinweis dann mit *OK*.

Candy Crush SAGA
Spielen

11:41
100%
Candy Crush SAGA
Game Booster
Prioritätsmodus
Leistung
Gut
Wird geladen...
Gut
Dein Nutzerverhalten wird erlernt...

❶❷ Probieren Sie das zuvor Gelernte einfach mal aus, indem Sie nach oben wischen. Die Navigationstasten blenden sich dann nach einigen Sekunden wieder aus.

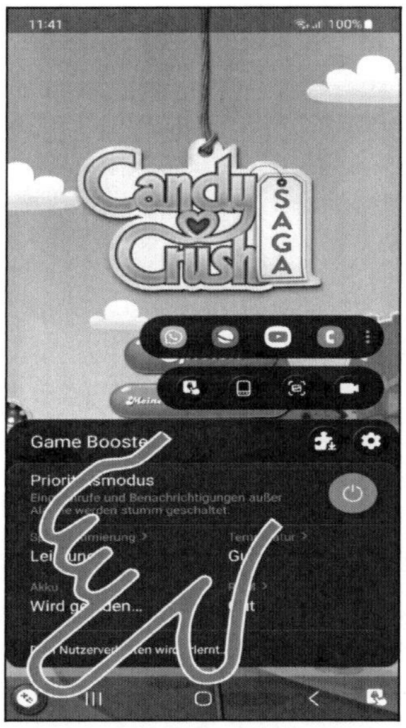
11:41
100%
Game Booster

11:41
100%
Prioritätsmodus
Leistung
Gut
Wird geladen...
Gut
Dein Nutzerverhalten wird erlernt...

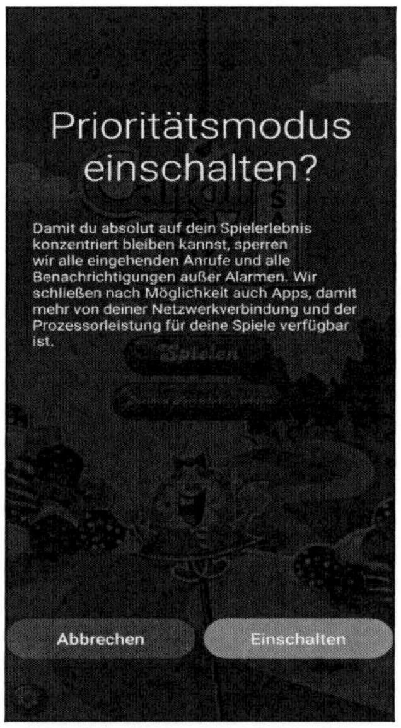
Prioritätsmodus einschalten?
Damit du absolut auf dein Spielerlebnis konzentriert bleiben kannst, sperren wir alle eingehenden Anrufe und alle Benachrichtigungen außer Alarmen. Wir schließen nach Möglichkeit auch Apps, damit mehr von deiner Netzwerkverbindung und der Prozessorleistung für deine Spiele verfügbar ist.
Abbrechen
Einschalten

❶ Für ein ungetrübtes Spielerlebnis tippen Sie auf ❸.

❷ Es öffnet sich ein Menü, in dem Sie die große runde Schaltleiste betätigen.

❸ Bestätigen Sie mit *Einschalten.* Sie werden nun während des Spiels nicht durch Anrufe oder sonstige Benachrichtigungen belästigt. Der Wecker (siehe Kapitel *22.6.1 Alarm*) bleibt aber weiterhin aktiv.

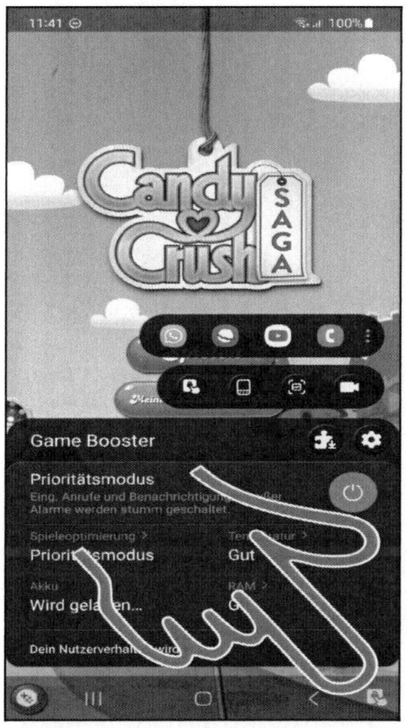
11:41
100%
Game Booster
Prioritätsmodus

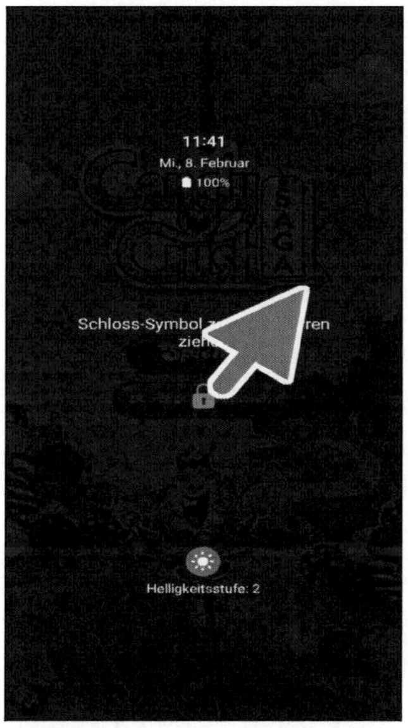
11:41
Mi., 8. Februar
100%
Helligkeitsstufe: 2

❶ sperrt den Bildschirm.

❷ Nach einer Wischgeste über dem Schloßsymbol können Sie weiterspielen.

25.1.4 Gute von schlechter Software unterscheiden

- Häufig geladene (und damit meist gute) Software findet in den Kategorien *Top-Charts Empfehlungen*, usw. Eingang.
- Auch wenn Sie die Suchfunktion nutzen, erscheinen in der Auflistung zuerst die am häufigsten heruntergeladenen Programme.
- Zusätzlich finden Sie bei jedem Programm eine Sterne-Bewertung sowie Kommentare der Nutzer. Insbesondere bei Kaufprogrammen (die Sie ja nicht vorab testen können) sollten Sie sich die Nutzerbewertungen durchlesen.
- Manche Kaufprogramme sind auch als in der Funktion eingeschränkte Version kostenlos im Play Store erhältlich, sodass man zumindest einen groben Überblick über deren Tauglichkeit erhält. Es gibt übrigens häufig auch Programme, die sowohl kostenlos, als

auch als Kaufversion erhältlich sind. Die kostenlose Version finanziert sich dann meistens durch Werbebanner. Werbebanner haben allerdings den Nachteil, häufig aus dem Internet Daten nachzuladen (irgendwoher müssen die Werbebanner ja kommen) und teilweise den GPS-Empfänger zu aktivieren. Letzteres dient dazu, dem Nutzer für sein Land optimierte Werbung anzuzeigen. Leider reduziert sich dadurch die Handy-Akkulaufzeit...

- Die Softwareentwickler bestimmen selbst ob ihre Programme für bestimmte Handys und Handys geeignet sind. Programme, die nicht auf Ihrem Handy funktionieren, werden erst gar nicht im Play Store anzeigt. Trotzdem werden Sie ab und zu auf Programme, insbesondere Spiele stoßen, die nicht gut angepasst sind, was sich u.a. in pixeliger Darstellung, verschobenen Schaltleisten, überstehenden Texten, usw. bemerkbar macht. Falls Ihnen ein Programm trotzdem gefällt, sollten Sie einfach das Programm installiert lassen. Der Play Store meldet zu jeder installierten Software automatisch im Benachrichtigungsfeld, wenn ein Update vorliegt, das vielleicht die Probleme beseitigt.

❶ Sofern der Installationsbildschirm des Programms angezeigt wird, tippen Sie auf den Programmnamen.

❷❸ Die Bewertungen erhalten Sie dann nach einer Wischgeste angezeigt.

Hohe Stern-Bewertungen und große Downloadzahlen führen manchmal auch in die Irre: Der Play Store fasst die weltweit auflaufenden Nutzerbewertungen zusammen. Beispielsweise wird ein Buchhaltungsprogramm, das in den USA entwickelt wurde, dort von den Anwendern hochgelobt und entsprechend bewertet werden, während es für deutsche Anwender nicht geeignet ist.

Einige Programme werden zudem nicht weiterentwickelt, weshalb unter Umständen eine hohe Bewertung heute nicht mehr gerechtfertigt wäre.

Der Play Store zeigt nur deutsche Bewertungstexte an. Es kann deshalb vorkommen, dass Sie bei einem international angebotenen Programm zwar viele Bewertungen, aber kaum Bewertungstexte sehen.

> Tipp: Von vielen höherwertigen Programmen wird im Play Store eine kostenlose Version mit beschnittenen Funktionsumfang angeboten, Sie können so das jeweilige Programm schon vorab auf Herz und Nieren testen und anschließend die Vollversion erwerben.

25.1.5 Einstellungen

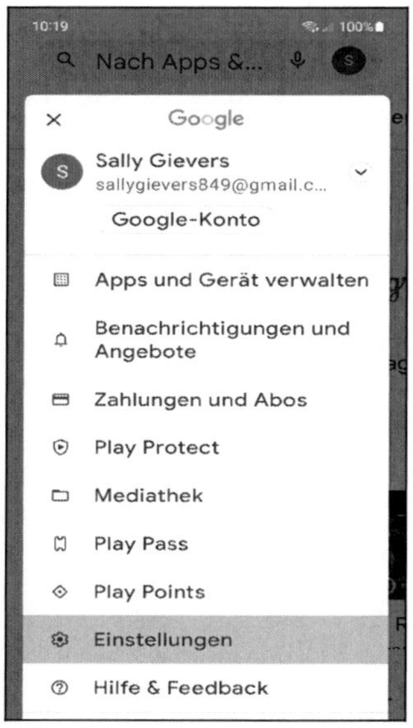

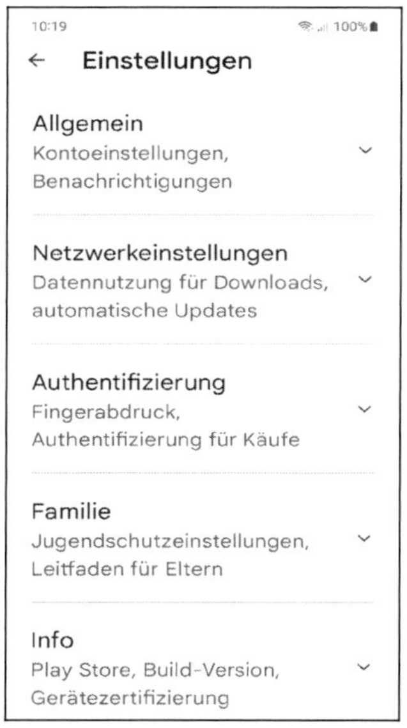

❶❷❸ Tippen Sie auf das runde Kontosymbol und gehen Sie auf *Einstellungen*:

Unter *Allgemein*:

- *Kontoeinstellungen*: Ihre E-Mail-Adresse und Herkunftsland.
- *Konto und Geräteeinstellungen*: Verwaltet die Zahlungsmethoden, die Sie für Käufe von Spielen und Anwendungen benötigen.
- *Benachrichtigungen*:
  - Konto: Über anstehende Abo-Abbuchungen oder Zahlungsprobleme werden Sie informiert.
  - *Updates verfügbar*: Wenn zu einem aus dem Play Store installiertem Programm Updates vorliegen, erhalten Sie eine Benachrichtigung.
  - *Updates abgeschlossen*: Sie erhalten einen Benachrichtigung, sobald ein Update im Hintergrund installiert wurde.
  - *Vorregistrierung; Angebote und Werbeaktionen*: Sie erhalten eine Benachrichtigung, wenn Entwickler neue Programme auf den Markt bringen, die für Sie interessant sein könnten.
- *Bevorzugte Downloadvariante für Apps*: Legen Sie fest, wie die Installation erfolgt:
  - *Über beliebiges Netzwerk*: Downloads erfolgen über Mobilfunkinternet, wenn kein WLAN zur Verfügung steht.
  - *Nur über WLAN*
  - *Jedes Mal fragen*: Wählen Sie aus, ob der Download über WLAN oder Mobilfunkinternet erfolgt.
- *Design*: Die Anzeige lässt sich zwischen *Hell* und *Dunkel* umschalten. Darauf geht bereits Kapitel *27.6 Dunkelmodus (Dark Mode)* ein.
- *Google Play Instant*: Legen Sie fest, welchem Google-Konto die sogenannten Instant Apps zugeordnet werden. Instant Apps sind auf dem Handy installierte Programme, die sich auch über einem Link im Webbrowser aufrufen lassen. Derzeit haben Instant Apps noch keine große Bedeutung, zumal sie nicht alle Handys unterstützen.
- *Optimierung der App-Installation*: Liefert eine Nutzungsstatistik an Google, von der andere Nutzer in Form einer schnelleren Installation profitieren.

Unter *Netzwerkeinstellungen*:

- *Bevorzugte Downloadvariante für Apps*: Wählen Sie aus, ob das Herunterladen von neu zu installierenden Programmen über WLAN oder das Mobilfunkinternet zu erfolgen hat.

- *Apps automatisch aktualisieren*: Installierte Programme werden automatisch im Hintergrund aktualisiert,
- *Videos automatisch wiedergeben*: In der Produktvorschau sind ab und zu Videos eingebunden. Sie können hier festlegen, ob diese auch über Mobilfunkverbindungen wiedergegeben werden. Die Voreinstellung *Automatische Wiedergabe von Videos nur über WLAN zulassen* sollten Sie aber nicht ändern.

Unter *Authentifizierung*:

- *Authentifizierung für Käufe erforderlich*: Sie können die Programminstallation von einer vorher einzugebenden PIN abhängig machen.

Unter *Familie*:

- *Für Familienmediathek registrieren*: Die Familienmediathek ermöglicht es, Apps, Spiele, Ebooks, Filme und Serien mit bis zu 5 weiteren Personen zu teilen. In diesem Buch gehen wir nicht weiter darauf ein.
- *Jugendschutzeinstellungen*: Legen Sie fest, welche Programme und Medien der Play Store für jugendliche Nutzer ausblendet.
- *Leitfaden für Eltern*: Infos zur kinder- und jugendsicheren Nutzung des Play Stores.

Unter *Info*: Diverse technische Informationen zum Play Store.

25.1.6 Softwarekauf im Google Play Store

Viele Programme im Play Store sind kostenpflichtig, wobei als Zahlungsmethode neben einer Kreditkarte auch PayPal (ein Zahlungsdienstleister), die Handyrechnung (nicht bei allen Netzbetreibern möglich) und Gutscheine akzeptiert werden (auf Letztere geht Kapitel *25.1.8 Google-Gutscheine* noch genauer ein). Damit Sie nicht die »Katze im Sack« kaufen, lassen sich Käufe innerhalb von 2 Stunden rückgängig machen. Eine Rückgabe ist beim erneuten Kauf dann aber nicht mehr möglich. Die erworbenen Programme werden mit Ihrem Google-Konto verknüpft und lassen sich beim Gerätewechsel ohne erneuten Kauf herunterladen und installieren.

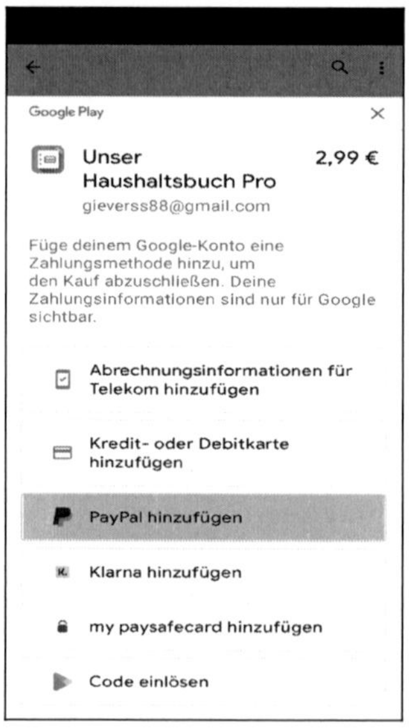

❶ Betätigen Sie bei einem Kaufprogramm die Preisschaltleiste (Pfeil).

❷ Wählen Sie nun eine der Zahlungsmethoden aus:

- *Abrechnungsinformationen für xxx hinzufügen*: Die Zahlung erfolgt über Ihren Mobilnetzbetreiber und taucht dann auf Ihrer nächsten Mobilfunkrechnung auf. Beachten Sie bitte, dass nicht jeder Netzbetreiber mobile Zahlungen akzeptiert. Haben Sie beim Netzbetreiber »Inkasso von Dritten« deaktivieren lassen, ist ebenfalls kein Kauf über die Mobilfunkrechnung möglich.
- *Kredit- oder Debitkarte hinzufügen*: Zahlung über Ihre Kreditkarte.
- *Klarna hinzufügen*: Klarna ist ein unabhängiger Zahlungsabwickler, der verschiedene

Bezahlmethoden unterstützt.

- *my paysafecard hinzufügen*: Nutzung eines aufladbaren Gutscheinkontos.
- *PayPal hinzufügen*: Zahlungsabwicklung über PayPal. Dieser Zahlungsabwickler wird bucht Rechnungen von Ihrem Bankkonto oder Ihrer Kreditkarte ab oder nutzt ein auf PayPal überwiesenes Guthaben. Siehe auch die PayPal-Website unter *www.paypal.com*.

In diesem Beispiel wählen wir *PayPal hinzufügen.*

❸ Bei PayPal müssen Sie sich beispielsweise mit dem PayPal-Konto anmelden. Folgen Sie den weiteren Anweisungen.

> Gekaufte Software lässt sich immer nur auf einem Gerät gleichzeitig nutzen.
>
> Beachten Sie bitte, dass manche Software nur für bestimmte Geräte angeboten wird. Insbesondere Spiele unterstützten nicht alle Android-Handys und Tablets. Problematisch sind auch Programme, deren Entwicklung eingestellt wurde und daher nicht für neue Geräte freigegebenen wurden, obwohl sie darauf laufen könnten.

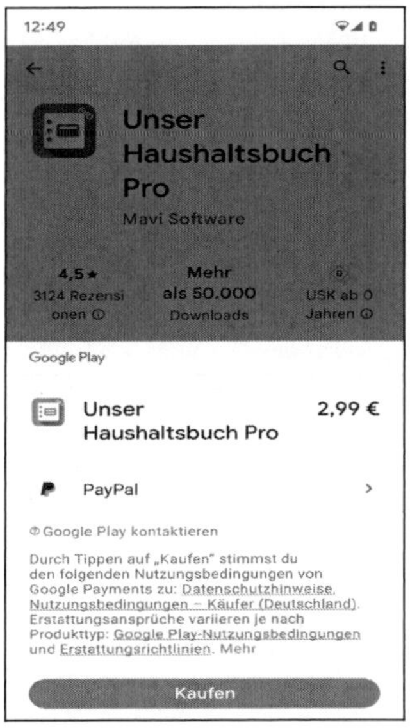

❶ Betätigen Sie *Kaufen*.

❷ Geben Sie das Passwort Ihres Google-Kontos ein und schließen Sie mit *Bestätigen* ab. Dies ist dann auch bei künftigen Käufen nötig.

❸ Einmalig erfolgt die Nachfrage, ob Sie jeden Kauf im Play Store mit Ihrem Passwort bestätigen möchten. Wir empfehlen aus Sicherheitsgründen *Ja, immer*. Schließen Sie das Popup mit *OK*. Gleiches gilt auch für das abschließende Popup.

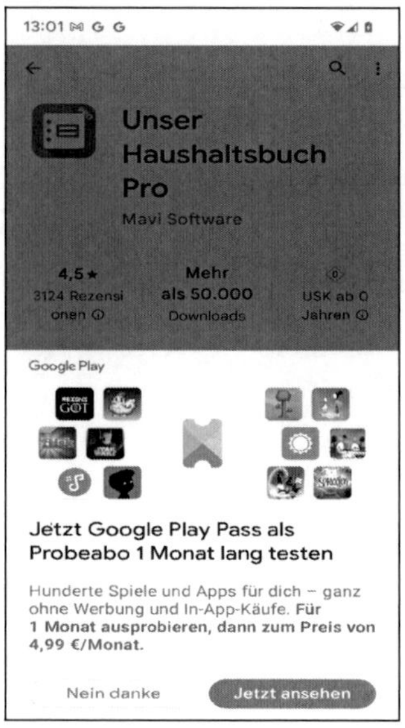

Schließen Sie den Hinweis auf das kostenpflichtige Google Play Pass-Abo mit *Nein danke.*

25.1.7 Kauf rückgängig machen

Wie bereits erwähnt, können Sie einen Kauf noch bis zu 15 Minuten später wieder stornieren. Dies kann beispielsweise sinnvoll sein, wenn ein Programm nicht wie angegeben funktioniert.

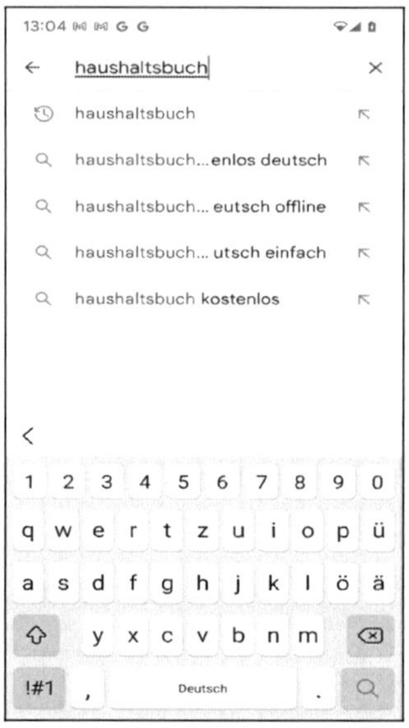

❶❷ Damit Sie die Erstattung erhalten, müssen Sie das betreffende Programm im Play Store suchen und anzeigen.

❸ Betätigen Sie *Erstatten.*

25.1.8 Google-Gutscheine

Es sind Gutscheine für den Google Play Store in Stückelungen von 15 und 25 Euro bei diversen Tankstellen, in Supermärkten und Elektronikketten erhältlich.

Vorsicht ist übrigens bei günstigen Gutscheinen von Internet-Shops geboten! Häufig sind diese nicht in Deutschland gültig.

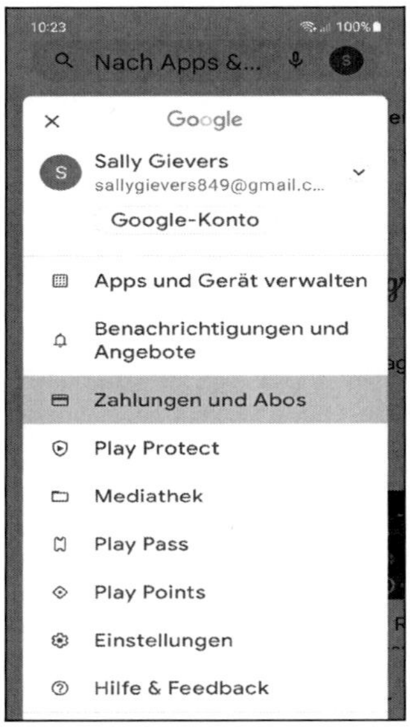

❶❷ Tippen Sie auf das runde Kontosymbol oben rechts und gehen Sie auf *Zahlungen und Abos.*

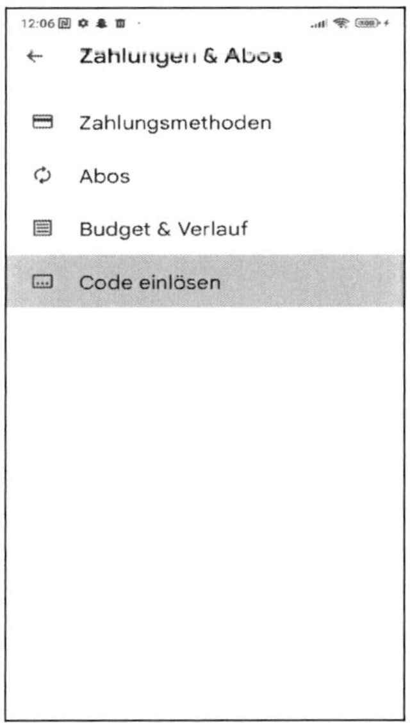

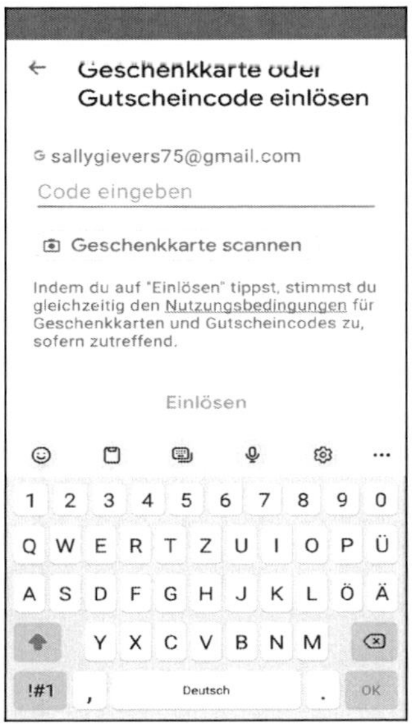

❶❷ Wählen Sie *Code einlösen.* Geben Sie dann den Code von der Karte ein.

❸ Wählen Sie gegebenenfalls während des Kaufvorgangs über *Zahlungsoptionen* das *Google Play*-Guthaben aus.

25.1.9 In-App-Käufe

Programmentwickler können sich grundsätzlich auf drei Arten finanzieren: Durch den Verkauf ihrer Programme, die Einblendung von Werbung oder durch ein Freemium-Modell (Wortspiel aus engl. Free = Frei und engl. Premium = kostenpflichtig). Freemium-Modelle kommen vorwiegend bei Computerspielen vor. Freemium heißt, dass das Programm kostenlos ist, Sie aber zusätzliche Inhalte oder Funktionen jederzeit erwerben dürfen. Dies können in einem Ballerspiel beispielsweise leistungsfähigere Waffen sein oder bei einem Fitness-Programm weitere Trainings. Für Kinder sind solche Programme ungeeignet, da sie die dadurch entstehenden Kosten nicht einschätzen können.

Damit wir uns nicht missverstehen: Grundsätzlich sind Freemium-Programme nicht immer schlecht, denn insbesondere bei Spielen leidet der Spaß nur geringfügig, wenn man auf In-App-Käufe verzichtet.

Gegenüber dem »normalen« Kauf im Play Store haben In-App-Käufe einige Nachteile (wörtlich übernommen von *support.google.com/googleplay/answer/1061913*):

- Es gibt kein zweistündiges Erstattungsfenster.

- Erstattungen werden im Allgemeinen nach dem Ermessen des App-Entwicklers gewährt.
- Für die Bereitstellung von In-App-Käufen sind die Entwickler zuständig.

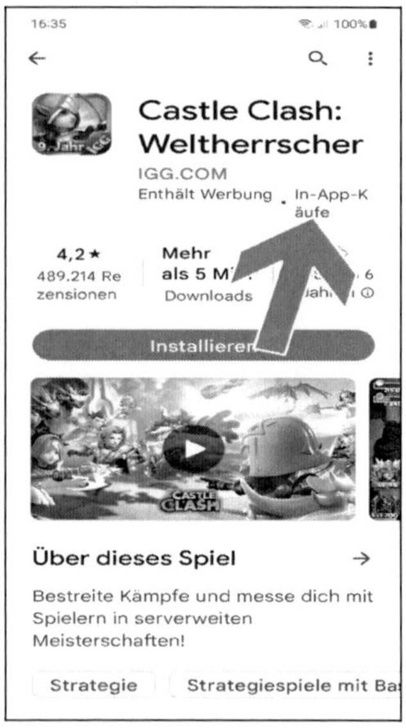

Im Play Store erkennen Sie In-App-Käufe anhand der Berechtigungen, die **vor** der Installation aufgelistet werden (siehe Kapitel *25.1.2 Programme installieren*).

Bei jedem In-App-Kauf müssen Sie zur Sicherheit das Passwort zu Ihrem Google-Konto eingeben.

25.2 Galaxy Store

Galaxy Store ist ein Online-Angebot des Herstellers, über das sich weitere Anwendungen, aber auch Spiele, für das Galaxy herunterladen lassen. Auch kommerzielle Programme sind dort vorhanden, welche man über Kreditkarte oder Handyrechnung kaufen kann.

Galaxy Store bietet nur relativ wenige Programme zum Download an, hat aber den Vorteil, dass im Vergleich zum Google Play Store manche Programme kostenlos sind, für die man im Google Play Store bezahlen müsste. Es lohnt sich also ab und zu mal einen Blick in den Galaxy Store zu werfen.

Damit Sie den Galaxy Store nutzen können, richten Sie bitte zuerst Ihr Samsung-Konto, wie im Kapitel *24 Das Samsung-Konto* beschrieben, ein.

25.2.1 Galaxy Store in der Praxis

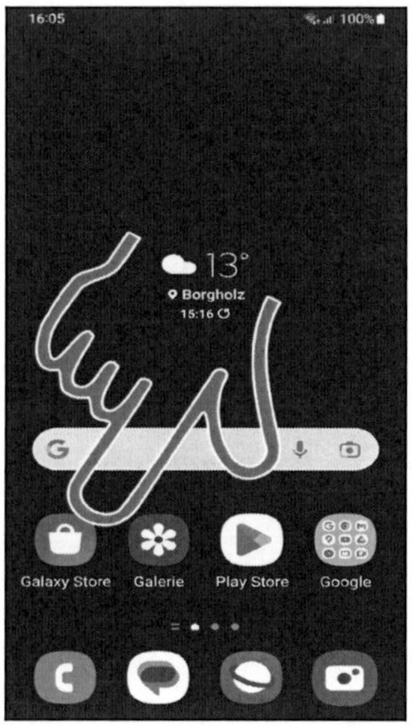

Starten Sie *Galaxy Store* aus dem Startbildschirm oder Hauptmenü. Eventuell müssen Sie nun die Geschäftsbedingungen annehmen.

❶ Es wird bereits eine Reihe von Programmen vorgeschlagen. Wischen Sie durch die Auflistung für einen Überblick.

❷❸ Über die Register am unteren Bildschirmrand grenzen Sie die Anzeige auf *Spiele* oder *Apps* (Anwendungen) ein.

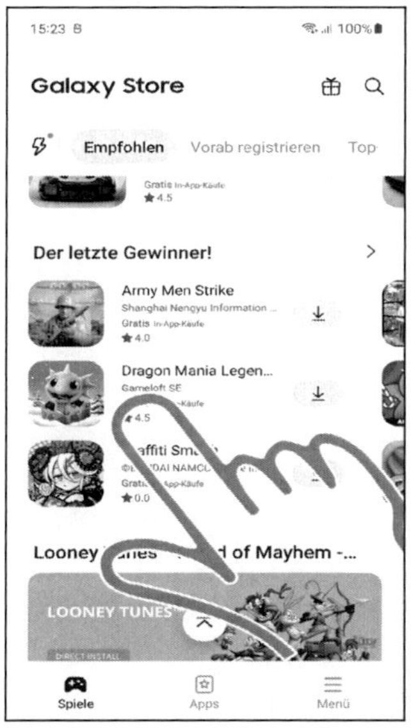

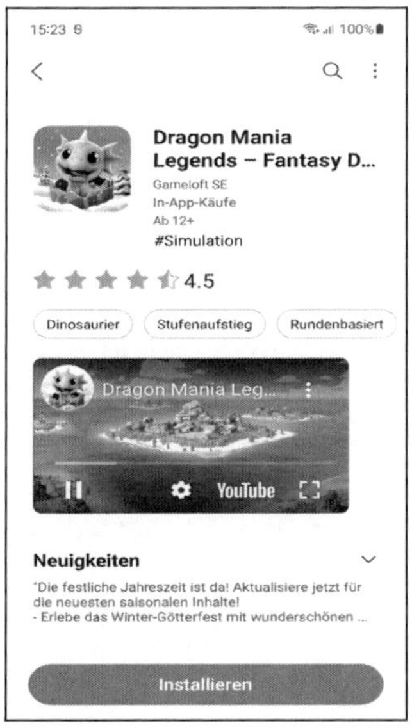

❶ Gehen Sie auf einen Programmeintrag.

❷ Es erscheint eine kurze Programmbeschreibung. Betätigen Sie *Installieren*. Das Programm wird nun im Hintergrund heruntergeladen und installiert. Sie können währenddessen mit dem Galaxy ganz normal weiterarbeiten. Anschließend finden Sie das installierte Programm im Hauptmenü wieder, wo Sie es auch starten.

Für den Kauf von Programmen stehen die Zahlungsmethoden Mobilrechnung, PayPal oder Kreditkarte zur Verfügung.

25.3 Programme deinstallieren

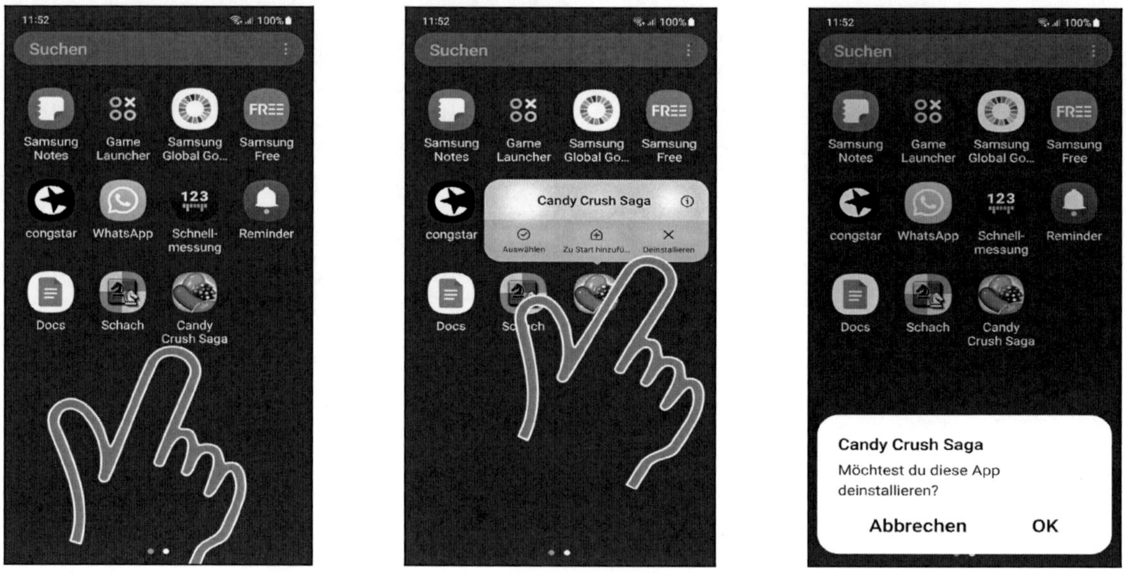

➊ Tippen und halten Sie den Finger über einem Programmeintrag, bis das Popup erscheint.

➋➌ Wählen Sie im Popup *Deinstallieren* und betätigen dann *OK.*

> Programme, die für das einwandfreie Funktionieren des Handys benötigt werden, lassen sich nicht deinstallieren.

25.4 Programme im Hintergrund

Genauso wie unter Windows auf dem PC dürfen auch auf Android mehrere Programme gleichzeitig aktiv sein. Zum Beenden eines Programms unter Android betätigen Sie einfach die ᐸ-Taste. Soll dagegen das gerade aktive Programm im Hintergrund weiterlaufen, drücken Sie die O-Taste. In das Hintergrund-Programm kehren Sie entweder durch erneuten Programmaufruf aus dem Hauptmenü zurück, oder Sie verwenden dazu die nachfolgend beschriebene Vorgehensweise.

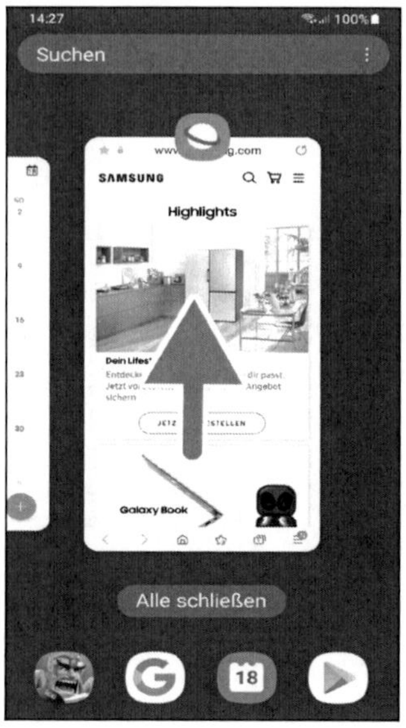

Wenn Sie die III-Taste unterhalb des Displays betätigen, listet das Galaxy die zuletzt aufgerufenen Programme auf – was übrigens nicht heißt, dass diese noch im Hintergrund laufen. Ziehen Sie mit angedrücktem Finger ein Vorschaubild nach oben, um es aus der Liste zu entfernen beziehungsweise zu beenden. Alternativ betätigen Sie *Alle schließen* am unteren Bildschirmrand.

> Grundsätzlich dürfte es nur äußerst selten nötig sein, im Hintergrund laufende Programme zu beenden.

26. Bixby Voice

Die Sprachsteuerung Bixby Voice ist derzeit nur auf Galaxy-Handys und Tablets zu finden. Samsung hat allerdings angekündigt, Bixby Voice auch für Geräte anderer Hersteller anzubieten.

Bixby Voice konkurriert mit dem Google Assistant (siehe Kapitel *20 Google Assistant*), der auf die Google-Anwendungen (Gmail, Chrome-Browser, Google Fotos, usw.) zugeschnitten ist. Bixby ist dagegen auf die Samsung-eigenen Anwendungen (E-Mail, Internet-Browser, Galerie, Kalender, Kontakte, usw.) ausgerichtet.

Sie müssen sich zuvor bei Ihrem Samsung-Konto angemeldet haben, worauf Kapitel *24 Das Samsung-Konto* eingeht.

26.1 Einrichtung

Deutsch (Deutschland)
Bixby
Erledigen Sie Ihre Aufgaben freihändig
Egal, ob Sie gerade kochen oder trainieren, sprechen Sie jederzeit mit Bixby, indem Sie „Hi, Bixby" sagen.
Erledigen Sie Ihre Aufgaben schneller
Erledigen Sie Aufgaben schneller, indem Sie einfach etwas sagen. Sie können „Hi Bixby, schalte die Taschenlampe ein." sagen.
Steuern Ihrer Geräte
Steuern Sie Ihre Geräte mit SmartThings, indem Sie einfach
Fortsetzen

Samsung Bixby verwendet diese Berechtigungen
Mikrofon
Wird zum Erkennen und Aufnehmen Ihrer Stimme verwendet, sodass Sprachbefehle erkannt werden
Kalender
Wird zum Überprüfen Ihres Zeitplans und zum Erstellen von Ereignissen verwendet
Anrufprotokolle
Wird zum Lesen und Löschen Ihres Anrufverlaufs verwendet
Fortsetzen

❶❷ Drücken und halten Sie den Ein-/Ausschalter, bis der *Bixby*-Bildschirm erscheint. Betätigen Sie jetzt zweimal *Fortsetzen*.

26.2 Bixby-Sprachsteuerung in der Praxis

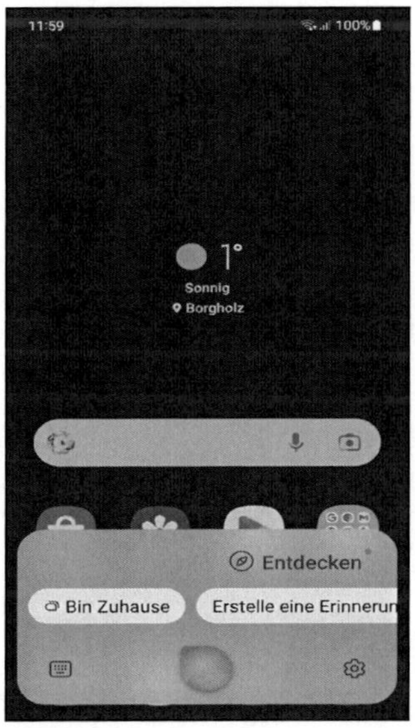
11:59
Sonnig
Borgholz
Entdecken
Bin Zuhause
Erstelle eine Erinnerun

11:59
Entdecke Bixby
Alarm und Timer
Zeige mir alle Wecker
AR Emoji
Mach ein AR Emoji-Bild

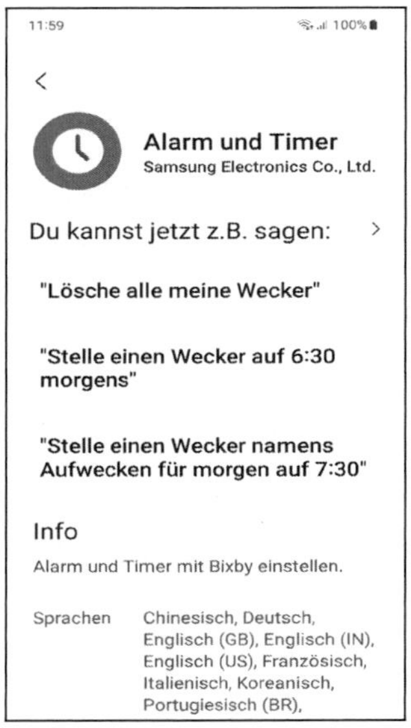
11:59
Alarm und Timer
Samsung Electronics Co., Ltd.
Du kannst jetzt z.B. sagen:
"Lösche alle meine Wecker"
"Stelle einen Wecker auf 6:30 morgens"
"Stelle einen Wecker namens Aufwecken für morgen auf 7:30"
Info
Alarm und Timer mit Bixby einstellen.
Sprachen
Chinesisch, Deutsch, Englisch (GB), Englisch (IN), Englisch (US), Französisch, Italienisch, Koreanisch, Portugiesisch (BR),

❶ Sprechen Sie jetzt testweise mal »*Hi Bixby*« und **warten Sie auf den Signalton**. Erst danach sprechen Sie »*Was kannst du tun?*«

❷❸ Nun werden alle Programme aufgelistet, die von Bixby unterstützt werden. Tippen Sie einen der Einträge für die unterstützten Sprachbefehle an. Wie andere Sprachassistenten wertet Bixby auch Synonyme aus und berücksichtigt den jeweiligen Kontext.

Einige Beispiele (wörtlich aus der Bixby-Hilfe entnommen):

Alarm und Timer (siehe Kapitel *22.6 Uhr*):

- *Stelle den 7 Uhr Wecker auf 6:30*
- *Lass den Timer 5 Minuten laufe*
- *Stelle einen Wecker auf 6:30 morgens*
- *Stelle einen Wecker namens Aufwecken für morgen auf 7:30*
- *Richte einen Wecker für jeden Tag um 15 Uhr ein*
- *Zeige mir alle Wecker*
- *Zeige mir alle Wecker für morgen*
- *Verwerfe den Wecker*
- *Öffne den Timer*
- *Schalte alle Wecker aus*
- *Öffne die Stoppuhr*
- *Lösche alle meine Wecker*
- *Schalte den Wecker für 6 Uhr morgens ein*
- *Schalte alle Wecker ein*

Allgemeine Fragen

- *Wie weit sind Mond und Erde voneinander entfernt?*
- *Warum ist Gras grün?*
- *Was ist das stärkste Tier auf der Welt?*
- *Wieviele Kalorien hat ein Apfel? Wie schreibt man Bronchitis?*

Datum und Zeit:

- *Wie spät ist es jetzt?*
- *Wie spät ist es in New York?*
- *Was ist heute für ein Wochentag?*
- *Auf welches Datum fällt das Erntedankfest nächstes Jahr?*
- *Auf welchen Wochentag fällt dieses Jahr Weihnachten?*
- *In welchem Monat ist Ostern 2018?*
- *Welches Jahr haben wir?*
- *Welches Jahr ist nächstes Jahr?*
- *Was ist die Zeitverschiebung zwischen New York und meinem Standort?*
- *Was ist die Zeitverschiebung zwischen New York und meinem Standort?*
- *Wie viele Stunden beträgt der Zeitunterschied zwischen Paris und London?*
- *Wie spät ist es in Los Angeles, wenn es 16 Uhr hier ist?*
- *Wie spät ist es in New York, wenn es 17 Uhr in Frankfurt ist?*

Bixby Vision (siehe Kapitel *17.10 Bixby Vision*):

- *Öffne QR-Code in Bixby Vision.*
- *Zeig mir die 100 Meter Umgebung mit Bixby Vision.*
- *Such nach ähnlichen Bildern in Bixby Vision.*

Das Örtliche:

- *Gibt es in der Nähe ein Fitnessstudio?*
- *Zeig mir Friseure in dieser Stadt*
- *Wo finde ich hier ein Restaurant?*
- *Gibt es in der Nähe einen Geldautomaten?*
- *Ich suche einen Geldautomaten von der Cash Group*
- *Zeig mir Bankautomaten in der Nähe*
- *Wo finde ich Bankautomaten der Sparkasse?*
- *Zeig mir Geldautomaten im Umkreis von 500 m*

Diktiergerät:

- *Starte eine Sprachaufnahme*
- *Starte eine Aufnahme im Interview-Modus*

E-Mail (funktioniert nur, wenn Sie Samsung E-Mail aus dem Play Store installiert haben):

- *Lösche die E-Mail, die heute eingegangen ist*
- *Zeig mir meine ungelesenen Mails*
- *Suche nach E-Mails mit Anhang*
- *Lies die E-Mails, die als wichtig markiert wurden*
- *Lies die ungelesenen E-Mails vor Schicke eine E-Mail an Robert*

Reminder (siehe Kapitel *21.9 Reminder*)

- *Erinnere mich daran, am zweiten November zu trainieren*
- *Erinnere mich ans Pflanzengießen wenn ich Zuhause bin*
- *Merke meinen Parkplatz in der 3. Etage*
- *Zeige mir meine Erinnerungen mit dem Schlüsselwort kaufen*
- *Zeige mir meine To-do-Liste für heute*
- *Zeige mir meine Erinnerung, wo ich geparkt habe*

Eigene Dateien:

- *Öffne die Datei, die 'Plan' heißt*
- *Suche nach dem Word-Dokument*
- *Finde das Dokument, das kürzlich geöffnet wurde*
- *Zeige die Dateien in der Kategorie Dokumente*
- *Zeige den Katzen-Ordner auf der SD Karte*

Einstellungen:

- *Schalte den Bitte nicht stören Modus aus*
- *Aktiviere den Bitte nicht stören Modus*
- *Erhöhe die Schriftgröße*
- *Verringere die Schriftgröße*
- *Zeig mir das Benutzerhandbuch*
- *Zeig mir die Kamera im Benutzerhandbuch*

Flugstatus:

- *Wie ist der Status von Lufthansa 1290?*
- *Status von easyJet Flügen von Frankfurt nach München*

- *Wie ist der Status der Flüge von FRA nach MUC?*
- *Ist der Flug London nach New York pünktlich?*
- *Ist M355 verspätet heute?*
- *Von welchem Gate startet die Alaska 350?*
- *Status der nonstop Alaska Airlines Flüge von San Francisco nach New York heute*
- *Von welchem Gate startet die Alaska 350?*
- *Status der nonstop Alaska Airlines Flüge von San Francisco nach New York heute*
- *Wie wahrscheinlich ist es, dass Jetblue 133 zu spät kommt?*
- *Sind irgendwelche Flüge von LAX nach SFO verspätet?*

Galerie (siehe Kapitel *18 Galerie*)

- *Zeig mir meine Fotoansicht*
- *Zeig mir meine Fotoalben*
- *Zeig mir meine Storys*
- *Zeige mir, was gestern in New York aufgenommen wurde*
- *Zeig meine Selfies*
- *Starte eine Diashow*

Gerätewartung (siehe Kapitel *22.4 Gerätewartung*):

- *Optimiere mein Handy*
- *Zeig mir meinen Gerätestatus*
- *Schalte den Spielemodus ein*
- *Schalte den mittleren Energiesparmodus ein*
- *Schalte den Spielemodus aus*

Kalender (siehe Kapitel *21 Kalender*)

- *Zeig mir meine Arzt Termine für diesen Monat*
- *Zeig mir meinen heutigen Termin.*
- *Erstelle einen Termin.*
- *Erstelle einen Arzt Termin für morgen 8 Uhr*
- *Ändere die Zeit meines 11 Uhr Termins auf 14 Uhr*
- *Sage den heutigen Abendessen Termin ab*
- *Zeig mir den Kalender für diesen Monat*
- *Teile das heutige Meeting*

Kamera (siehe Kapitel *17 Kamera*)

- *Wechsel zur vorderen Kamera*
- *Mach ein Foto*
- *Öffne die Kamera-Einstellungen*
- *Stell die Kamera auf Pro-Modus*

Kontakte (siehe Kapitel *8 Telefonbuch*)

- *Finde meine Mama in meinen Kontakten*
- *Erstelle mir einen neuen Kontakt mit Thomas Müller als Name und 1234567890 als Telefonnummer*
- *Lösche alle Kontakte mit dem Namen Manuel Lahm*
- *Zeige mir mein Profil*

- *Sende Kontaktinformationen von Phillip Steiner als VCF über WhatsApp*

Karten

- *Wo ist Boston?*
- *Zeige mir den Weg zur Schillerstraße 132*
- *Zeig mir Berlin*

Samsung Internet-Browser (siehe Kapitel *13 Webbrowser*)

- *Öffne samsung.com*
- *Suche nach Autos in Google*
- *Suche im Internet nach Veranstaltungen am Wochenende*

Nachrichten (siehe Kapitel *7 SMS mit Messages*)

- *Sende eine Nachricht ich komme etwas später*
- *Lies meine Nachrichten von Stefanie vor*
- *Lies meine ungelesenen Nachrichten vor*
- *Lösch die letzte Nachricht*

Rechner (siehe Kapitel *22.1 Taschenrechner*)

- *1 Tonne in Gramm*
- *Berechne 3 + 1-^2-1x2*
- *Wie groß ist n?*

Upday (Nachrichten)

- *Zeig mir die Schlagzeilen*
- *Was sagt Upday heute?*
- *Kann ich die Top News sehen?*

Wetter (siehe Kapitel *22.2 Wetter*)

- *Wie ist das Wetter?*
- *Wie ist das Wetter in Berlin?*
- *Wann geht die Sonne auf?*

YouTube (siehe Kapitel *22.3 YouTube*)

- *Finde Galaxy S20 Bewertungen auf YouTube*
- *Spiele Yoga Videos auf YouTube ab*
- *Suche John Oliver Videos auf Youtube*

AR Emoji (siehe Kapitel *17.9 Spezialeffekte*):

- *Erstelle ein AR-Emoji*
- *Nimm ein AR-Emoji-Bild auf*

26.3 Bixby Voice deaktivieren

Finden Sie auch die Sprachsteuerung Bixby Voice unnötig und störend? Dann sind Sie nicht allein! Die Bixby-Funktionen sind auf dem Handy fest vorinstalliert und lassen sich unseres Wissens nach nicht vollständig deaktivieren. Sie können aber zumindest dafür sorgen, dass Sie nicht mehr davon behelligt werden.

An Bixby Voice stört vor allem die Belegung des Ein-/Ausschalters auf der rechten Geräteseite. Sie können diese aber anpassen, damit Sie nicht mehr Bixby Voice, sondern tatsächlich den Ausschaltbildschirm erhalten. Damit stellen Sie also das Verhalten wieder her, das Sie vielleicht noch von einem älteren Galaxy-Handy her kennen.

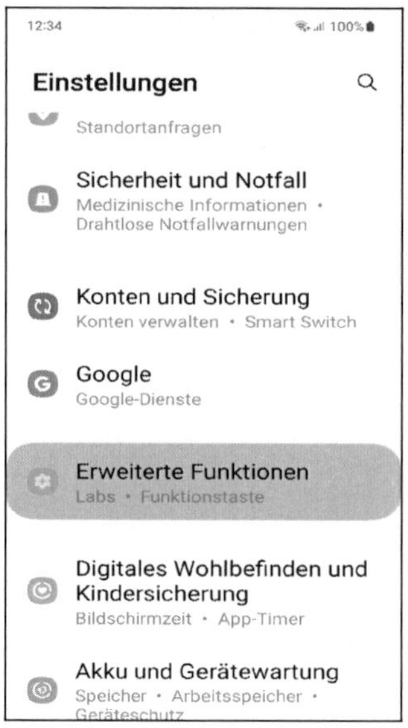

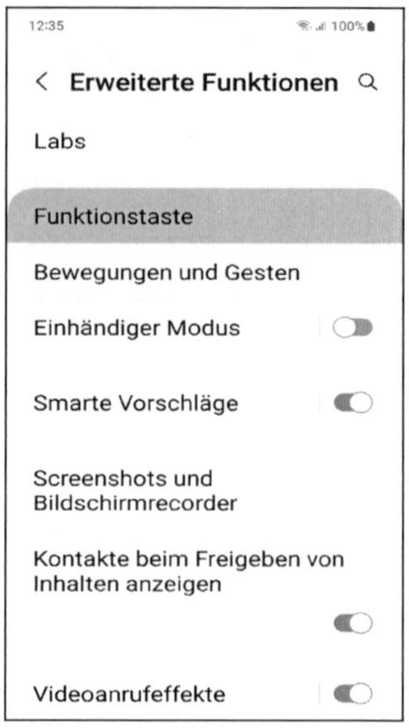

❶ Rufen Sie *Einstellungen* aus dem Hauptmenü auf.

❷❸ Gehen Sie auf *Erweiterte Funktionen* und dann *Funktionstaste.*

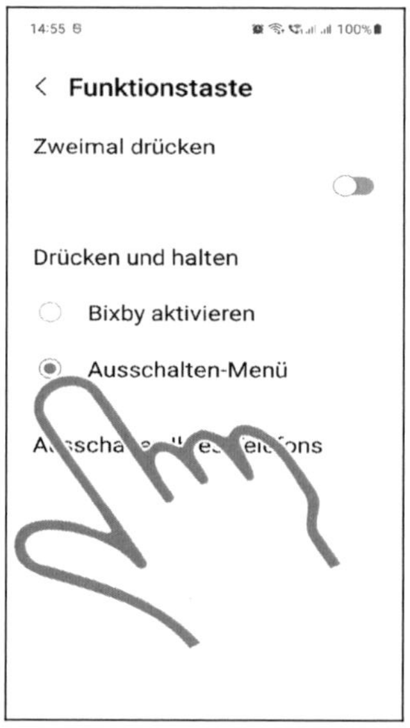

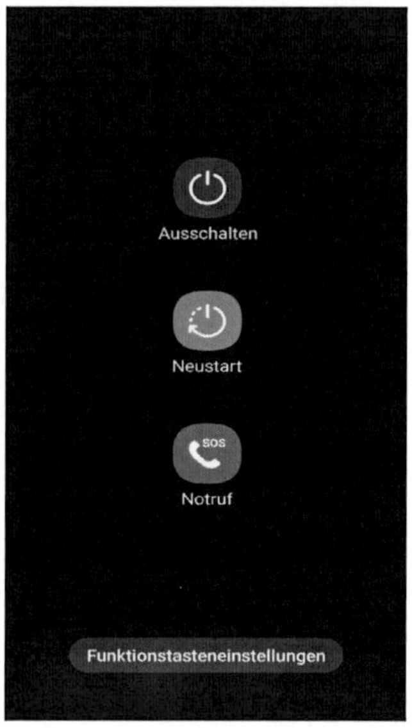

❶ Deaktivieren Sie *Zweimal drücken …*

❷ … und aktivieren Sie die Option *Ausschalten-Menü.*

❸ Wenn Sie künftig den Ein-/Ausschalter auf der rechten Geräteseite gedrückt halten, erscheint dieser Bildschirm, in dem Sie das Handy neu starten oder ausschalten können.

27. Benutzeroberfläche optimal nutzen

In diesem Kapitel werfen wir einen Blick auf die zahlreichen Optionen, mit denen Sie das Galaxy an Ihre Bedienweise anpassen.

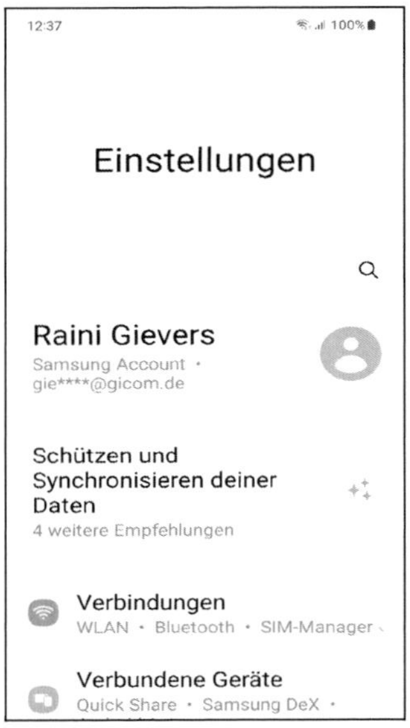

❶❷ Für die in den nachfolgenden Kapiteln beschriebenen Funktionen greifen Sie häufig auf die *Einstellungen*-Anwendung zurück, die Sie im Hauptmenü starten.

27.1 Bildschirmanzeige anpassen

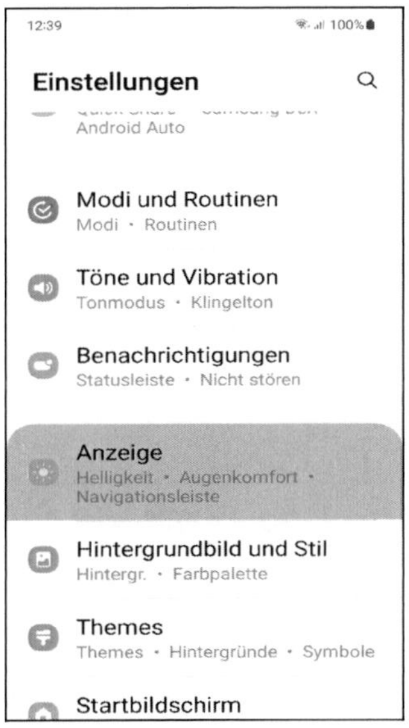

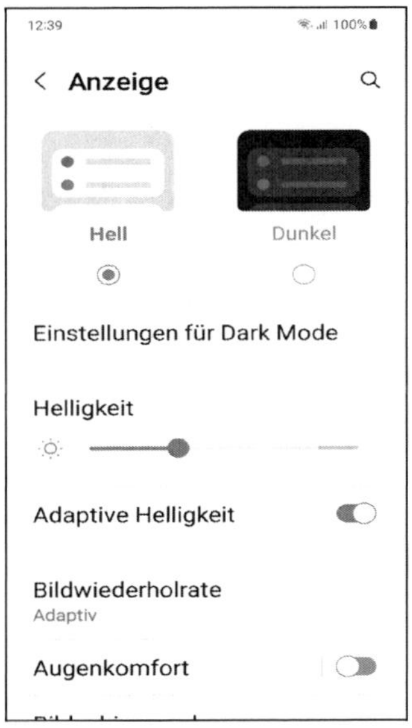

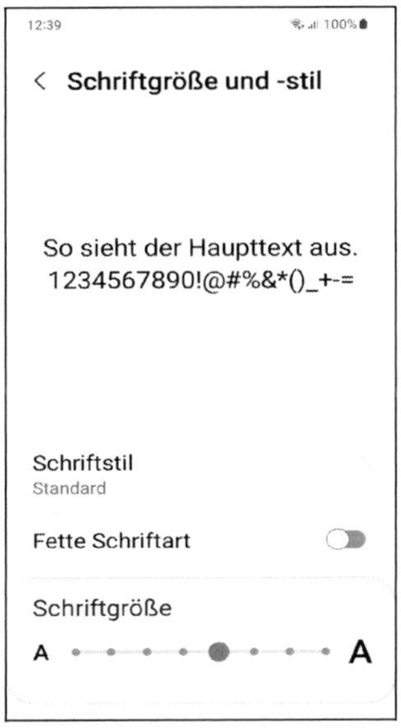

❶❷ In *Anzeige* konfigurieren Sie die Bildschirmanzeige:

- *Hell; Dunkel*: Invertiert die Bildschirmfarben, was bei Dunkelheit gegen Blendung hilft. Siehe Kapitel *27.6 Dunkelmodus (Dark Mode)*.
- *Einstellungen für Dark Mode*: Sie können die Zeiten festlegen, zu denen sich der Dunkelmodus automatisch einschaltet.
- *Helligkeit*: Diese können Sie einfacher über den Helligkeitsregler im Benachrichtigungsfeld anpassen.
- *Adaptive Helligkeit*: Die Displaybeleuchtung passt sich automatisch an das Tageslicht an.
- *Bildwiederholrate*: Durch die höhere Bildwiederholrate von 120 Hz erhalten Sie ruckelfreie Animationen, was sich weniger im Alltag als bei Spielen bemerkbar macht. Allerdings ist damit ein höherer Stromverbrauch verbunden (geringere Akkulaufzeit).

- *Augenkomfort*: Die Wissenschaft macht den Blauanteil in der Displaybeleuchtung für negative Effekte wie schlechten Schlaf und Konzentrationsstörungen verantwortlich.
- *Bildschirmmodus*: Passen Sie die Farbdarstellung an Ihre Vorstellungen an.
- *Schriftgröße und Stil* (❸): Neben der Schriftgröße lässt sich auch die Schriftart einstellen. In diesem Buch verwenden wir beispielsweise eine etwas größere Schrift, damit die Bildschirmabbildungen besser lesbar sind.
- *Bildschirmzoom*: Größe aller Schaltleisten und Bildschirmtexte anpassen.
- *Bildschirmauflösung* (nur Galaxy S23 Ultra): Sie können zwischen drei verschiedenen Bildschirmauflösungen wählen. Die voreingestellte mittlere Auflösung ist ein guter Kompromiss zwischen Auflösung und damit verbundenen Akkuverbrauch.
- *Vollbild-Apps*: Sie können hier Anwendungen auswählen, die den Bildschirm voll ausnutzen, indem die Titelleiste ausgeblendet wird. Auf dem Galaxy macht so etwas aber wenig Sinn, weil das Gerät ohnehin ein sehr längliches Display verwendet.
- *Kameraauschnitt*: Die Kamera auf der Displayoberseite lässt sich »verstecken«, indem man auf eine schwarze Titelleiste umschaltet.
- *Bildschirm-Timeout*: Nach der eingestellten Zeitspanne schaltet sich das Display aus. Alternativ betätigen Sie dafür den Ein/Ausschalter.
- *Einfacher Modus*: Schaltet die Bildschirmdarstellung im Startbildschirm auf große Symbolschaltleisten um.
- *Seitenpaneele*: Die Seitenpaneele, aktiviert man jederzeit mit einer Wischgeste. Darauf geht Kapitel *28 Der Seitenbildschirm* ein.
- *Navigationsleiste*: Farbe und Funktion der Navigationsleiste (die Tasten unterhalb des Bildschirms) konfigurieren.
- *Schutz vor versehentlicher Berührung*: Verhindert, dass das Handy aus Versehen während des Transports Funktionen auslöst. Dazu werden die verschiedenen Sensoren im Handy ausgewertet.
- *Berührungsempfindlichkeit*: Falls Sie eine Displayschutzfolie verwenden, müssen Sie eventuell *Berührungsempfindlichkeit* aktivieren, damit Ihre Fingergesten erkannt werden.
- *Ladeinformationen anzeigen*: Auch bei abgeschalteten Display wird der Ladezustand des Akkus angezeigt, wenn Sie das Handy per USB-Kabel am PC oder Netzteil angeschlossen haben.
- *Bildschirmschoner*: Legt fest, was das Galaxy anzeigt, wenn es an eine Stromversorgung angeschlossen ist. Neben einem Farbverlauf können Sie auch Fotos anzeigen lassen.

Die Optionen *Helligkeit* und *Bildschirm-Timeout* haben großen Einfluss auf die Akkubetriebsdauer, weshalb Sie sie nicht zu hoch einstellen sollten.

27.2 Always On Display

Aus Energiespargründen schaltet sich das Display nach einer einstellbaren Zeitspanne (siehe Kapitel *4.2 Displaysperre*) automatisch aus. Für den Anwender ist das ärgerlich, denn jedes Mal, wenn er wissen möchte, ob beispielsweise neue SMS vorliegen, muss er erst den Ein-/Ausschalter betätigen.

❶ Abhilfe schafft beim Galaxy das sogenannte Always On Display (engl. »Immer-an-Display«). Dazu tippen Sie einmal kurz auf das ausgeschaltete Display, worauf das Handy die Uhrzeit und einige andere Infos anzeigt.

❷ Beim ersten Mal müssen Sie zweimal auf die Uhrzeit tippen.

❸ Künftig erscheinen im Always On Display neben der Uhrzeit Symbole, die beispielsweise über verpasste Anrufe oder ungelesene E-Mails informieren. Wenn Sie das Handy nutzen möchten, drücken Sie kurz den Ein-/Ausschalter und gelangen dann zur Displaysperre. Alternativ tippen Sie zweimal schnell hintereinander auf den ausgeschalteten (Always On)-Bildschirm.

Bitte beachten Sie auch die Einführung im Kapitel *4.2 Displaysperre*.

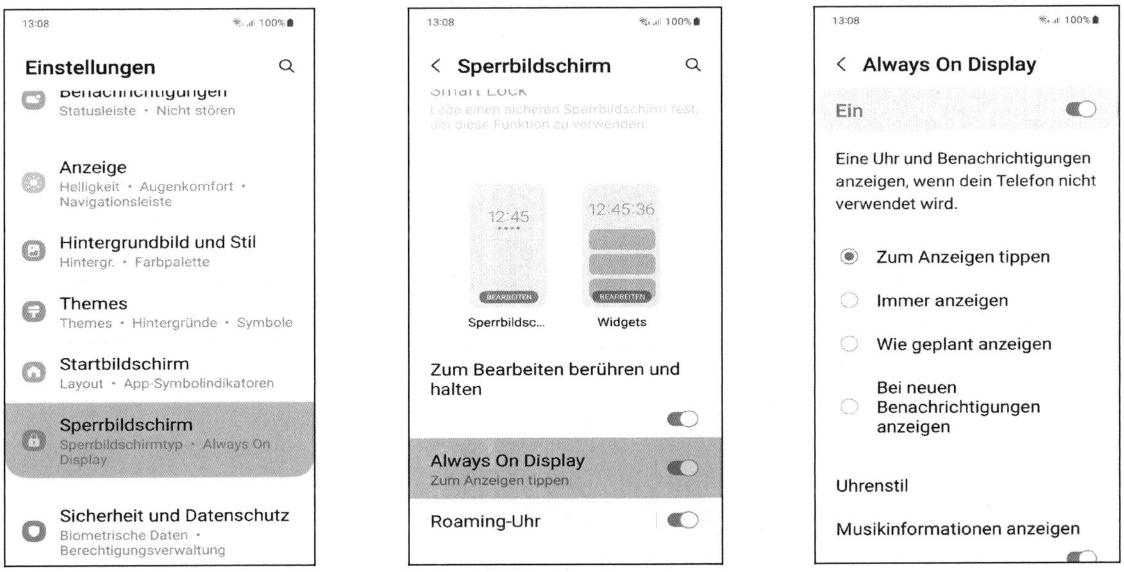

❶❷ Rufen Sie in den *Einstellungen* das *Sperrbildschirm*-Menü auf und gehen auf *Always On Display*.

❸ Die verfügbaren Optionen:

- *Ein*: Über den Schalter am oberen Bildschirmrand aktivieren/deaktivieren Sie das Alway On Display.
- Die folgenden Optionen legen fest, unter welche Bedingungen das Always On Display angezeigt wird:
  - *Zum Anzeigen tippen*: Tippen Sie einmal mit dem Finger kurz auf den Bildschirm, worauf das Always On Display für 10 Sekunden erscheint.

  - *Immer anzeigen*: Das Always On Display ist immer sichtbar.
  - *Wie geplant anzeigen*: Das Handy unterstützt die tageszeitabhängige Anzeige des Always On Displays.
  - *Bei neuen Benachrichtigungen anzeigen*
- *Uhrenstil*: Design der Uhrzeitanzeige im Always On Display.
- *Musikinformationen anzeigen*: Falls Sie die Musiksteuerung in der Displaysperre nutzen, werden entsprechende Infos im Always On Display angezeigt.
- *Bildschirmausrichtung*: Die Anzeige passt sich wahlweise daran an, wie herum Sie das Handy halten.
- *Automatische Helligkeit*: Das Handy passt die Helligkeit des Always On Displays an die Umgebungsbedingungen an.

27.2.1 Foto im Always On Display

Das Galaxy unterstützt auch die Anzeige von Bildern im Always On Display. Wir raten davon aber ab, weil der einhergehende zusätzliche Energieverbrauch die Akkulaufzeit etwas reduziert.

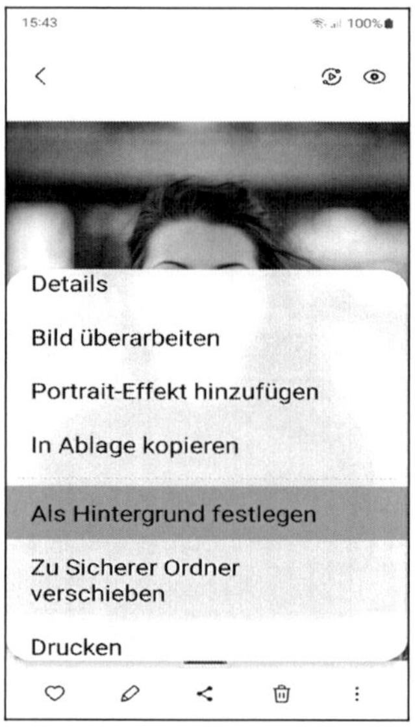

❶❷ So weisen Sie dem Always On Display ein Bild zu: Rufen Sie im Bildanzeiger (siehe Kapitel *18 Galerie*) ein Foto in der Vollbildansicht auf und gehen Sie auf ⋮*/Als Hintergrund festlegen/Always On Display*.

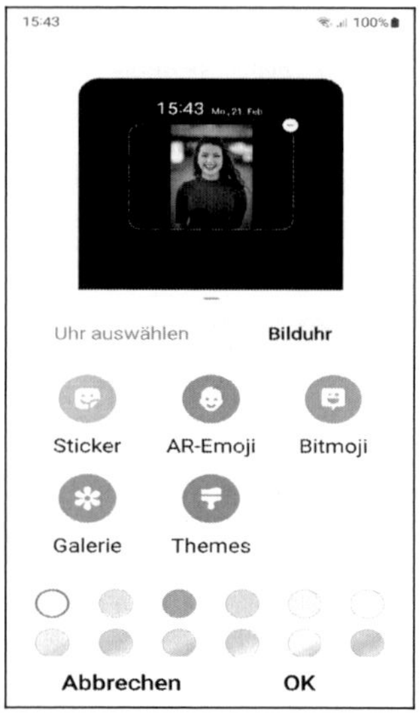

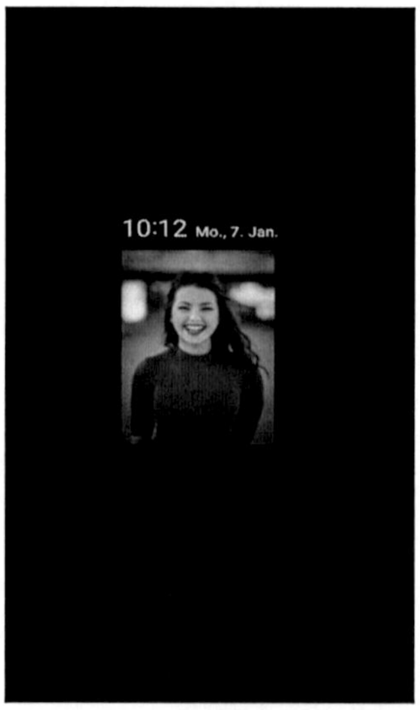

❶ Betätigen Sie *OK*.

❷ Das Bild erscheint nun immer, wenn Sie das Handydisplay ausgeschaltet ist.

Wie Sie das Bild aus dem Always On Display entfernen, erfahren Sie im nächsten Kapitel.

27.2.2 Always On Display individualisieren

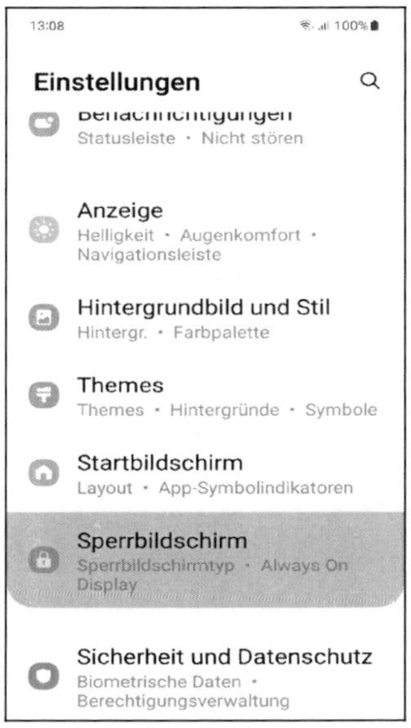

❶ Im Startbildschirm gehen Sie auf *Einstellungen.*

❷❸ Rufen Sie das Menü *Sperrbildschirm* und dann *Always On Display* auf.

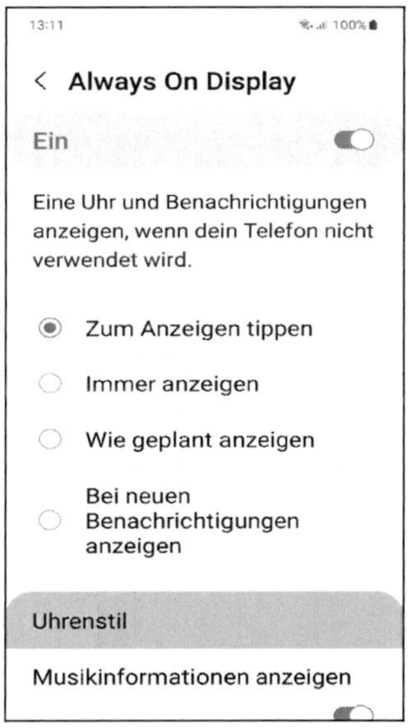

❶ Gehen Sie auf *Uhrenstil*.

❷ Aktivieren Sie entweder *Uhr auswählen* (nur Uhrzeitanzeige) oder *Bilduhr* (Foto im Hintergrund) aus. Stellen Sie hier das gewünschte Design ein und schließen Sie mit *OK* ab.

27.3 Design der Displaysperre anpassen

Wie bereits im Kapitel *4.2 Displaysperre* erwähnt, aktiviert sich nach einer voreingestellten Zeitspanne (wie Sie diese festlegen, erfahren Sie im Kapitel *4.4 Erste Schritte*) die Displaysperre. Im Folgenden erfahren Sie, wie man sie an die eigenen Bedürfnisse anpasst.

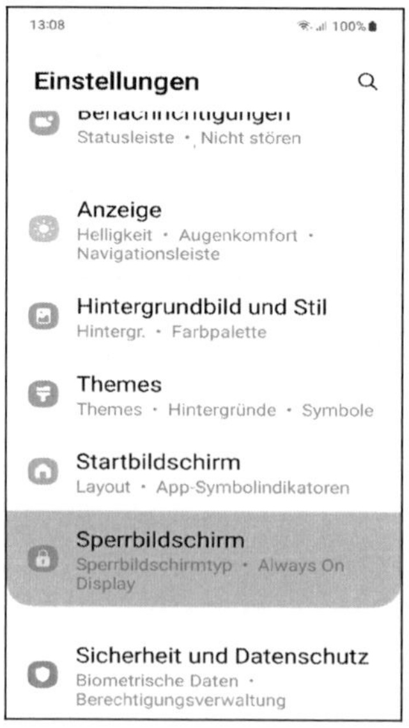

❶ Im Startbildschirm gehen Sie auf *Einstellungen.*

❷ Dann rufen Sie *Sperrbildschirm* auf.

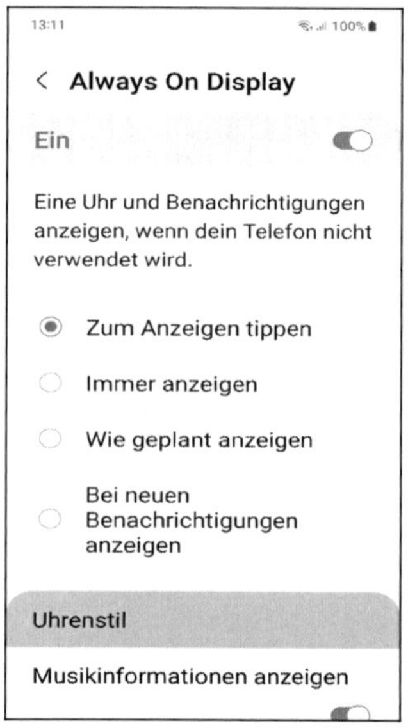

❶ Gehen Sie auf *Uhrenstil.*

❷ Eines der vorgegebenen Designs wählen Sie aus.

27.4 Funktionen in der Displaysperre

Je nach Voreinstellung (unter *Einstellungen/Anzeige/Bildschirm-Timeout*) aktiviert sich nach bis zu 10 Minuten die Displaysperre, wenn Sie das Gerät nicht nutzen. Alternativ schaltet sich die Displaysperre auch ein, wenn Sie kurz den Ein/Ausschalter betätigen.

Manche der in den folgenden Kapiteln vorgestellten Funktionen machen bei genauerer Betrachtung kaum Sinn. Es ist also Ihnen überlassen, ob Sie sie im Alltag nutzbringend verwenden können.

Abhängig von Ihrem persönlichen Nutzungsmuster, ist es eventuell sinnvoll, bestimmte Bildschirmelemente in der Bildschirmsperre ein- oder auszuschalten.

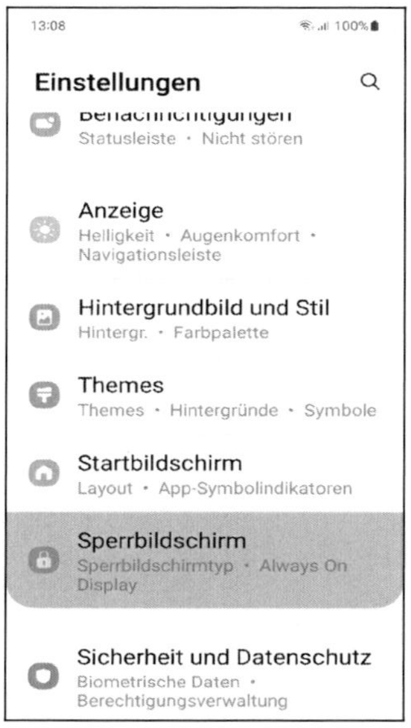

❶❷❸ In *Einstellungen/Sperrbildschirm* lassen sich weitere Einstellungen vornehmen:

- *Sperrbildschirmtyp*: Bildschirmsperre durch PIN, Passwort, Muster oder biometrische Merkmale (siehe Kapitel *30.2 Gerätesperre*).
- *Smart Lock*: Wenn bestimmte Umgebungsbedingungen (Standort, Ihre Stimme, oder Ähnliches) auftreten, entsperrt sich das Handy automatisch. Wir raten aus Sicherheitsgründen von dessen Verwendung ab.
- *Sperrbildschirm:* Aussehen der Displaysperre anpassen.
- *Widgets*: Verwaltet die Zusatzfunktionen (sogenannte Widgets) in der Displaysperre.
- *Zum Bearbeiten berühren und halten*: Wenn Sie in der Displaysperre einen Finger auf einen leeren Bereich tippen und halten, können Sie die angezeigten Bildschirmelemente bearbeiten. Deaktivieren Sie *Zum Bearbeiten berühren und halten*, damit dies nicht möglich ist.
- *Always On Display*: Dieser wird bereits im Kapitel *27.2 Always On Display* beschrieben.
- *Roaming-Uhr*: Falls Sie sich im Ausland befinden und das Handy in einem fremden Mobilfunknetz (Roaming) eingebucht ist, erscheint eine weitere Uhr.

27.4.1 Shortcuts

Die sogenannten Shortcuts werden in der Displaysperre angezeigt.

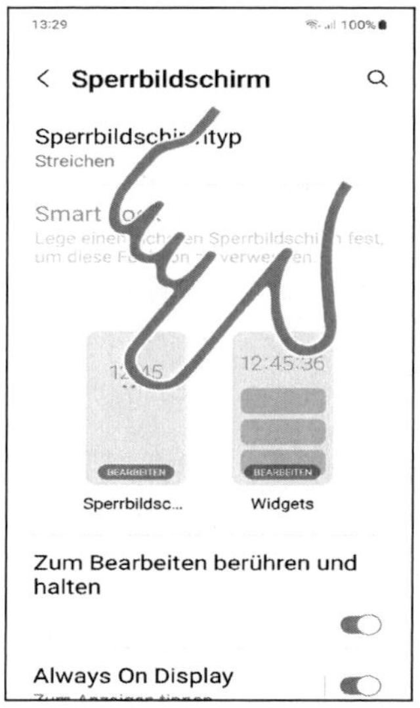

❶ Wählen Sie *Sperrbildschirm* aus.

❷❸ Gehen Sie auf eines der beiden Symbole und wählen Sie jeweils den gewünschten Shortcut (engl. »Abkürzung«). Vordefiniert sind *Telefon* und *Kamera*.

So rufen Sie ein Programm aus der Displaysperre auf: Tippen und halten Sie den Finger auf einer Verknüpfung und ziehen Sie ihn in eine beliebige Richtung.

27.4.2 Widgets

Sie können im Sperrbildschirm mit einer Wischgeste verschiedene kleine Schaltleisten und Informationsfenster anzeigen, die Samsung als Widgets bezeichnet.

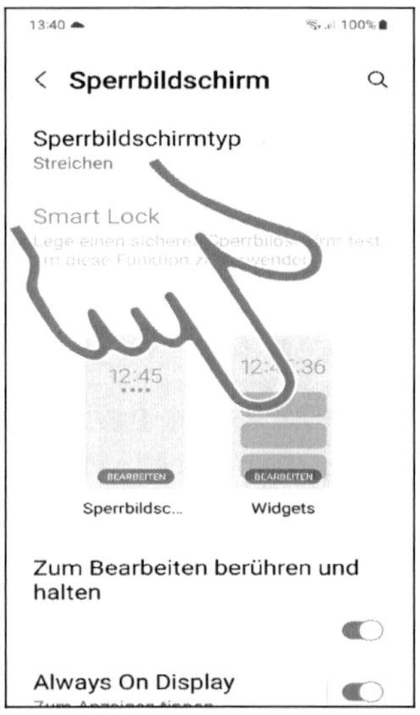

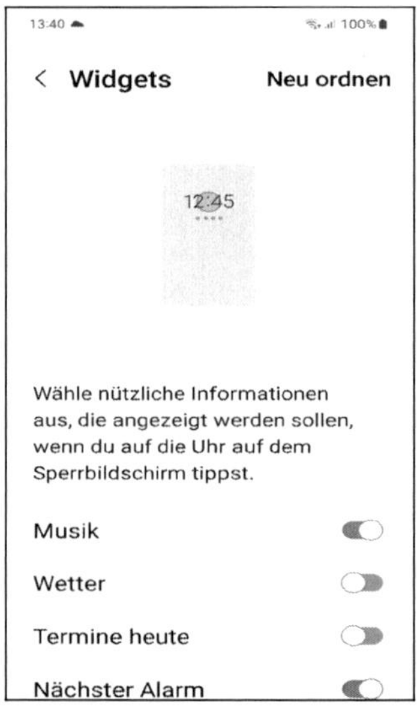

❶❷ Rufen Sie *Widgets* auf und aktivieren Sie diejenigen Elemente, die Sie benötigen.

❶ Tippen Sie in der Displaysperre auf die Uhrzeit.

❷❸ Das Handy listet die Widgets auf. Tippen Sie eines an, damit die zugehörige Anwendung startet.

27.5 Ruhemodus

In bestimmten Fällen, beispielsweise, wenn man außerhalb seiner Arbeitszeit keine Anrufe annimmt, ist es sinnvoll, die Signaltöne des Galaxy zu deaktivieren. Damit Sie nicht am nächsten Morgen vergessen, die Signaltöne wieder einzuschalten, besitzt das Handy dafür einen Timer.

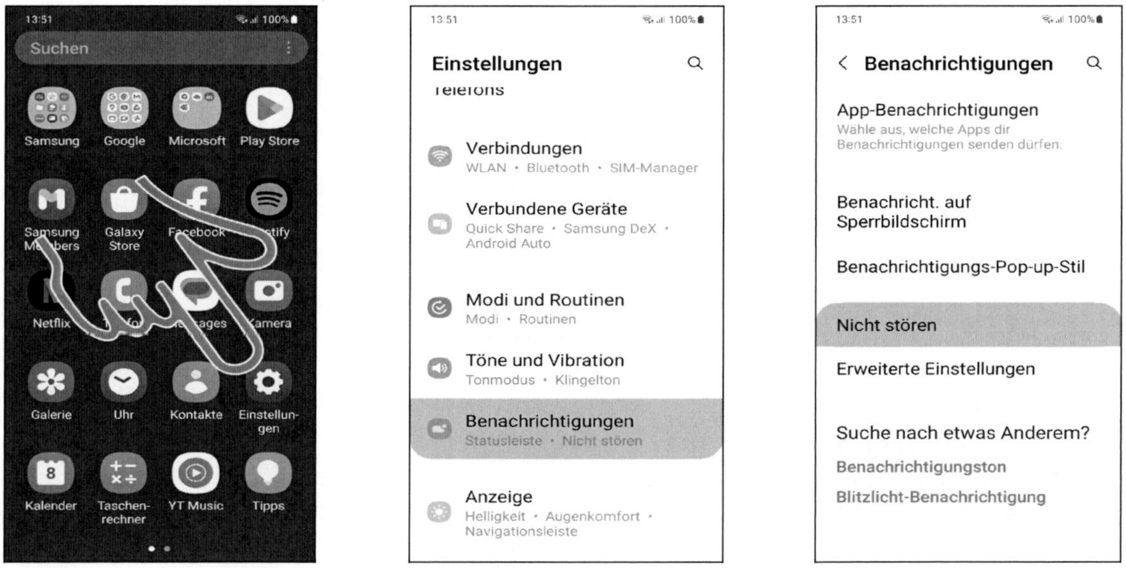

❶ Rufen Sie die *Einstellungen* aus dem Hauptmenü auf.

❷❸ Gehen Sie auf *Benachrichtigungen* und dann *Nicht stören.*

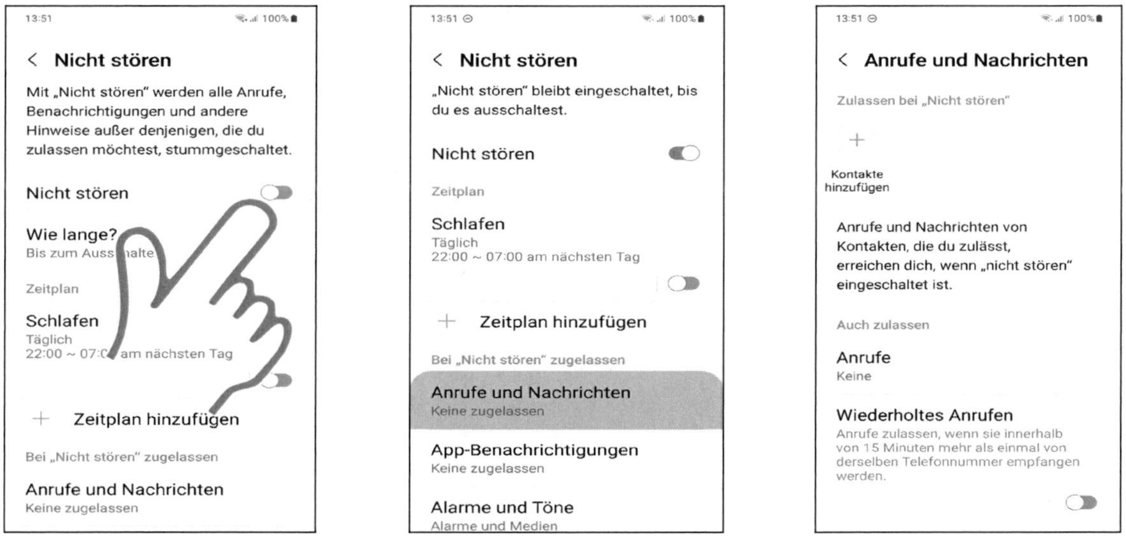

❶ Aktivieren Sie *Nicht stören.*

❷❸ Weitere Optionen im *Anrufe und Nachrichten*-Menü:

Unter *Zulassen bei „Nicht stören":*

- *Kontakte hinzufügen*: Anrufe und Nachrichten der hier ausgewählten Kontakte (siehe Kapitel *8 Telefonbuch*) schaltet das Handy nicht stumm.

Unter *Auch zulassen*:

- *Anrufe*: Konfiguriert, welche Telefonbuchkontakte durchkommen, wenn Sie alle Signale deaktiviert haben:

   - *Alle*: Deaktiviert.
   - *Nur Kontakte*: Alle Kontakte, deren Rufnummer in Ihrem Telefonbuch (siehe Kapitel *8 Telefonbuch*) enthalten sind.
   - *Nur bevorzugte Kontakte:* Favoriten-Kontakte (siehe Kapitel *8.7 Favoriten*).
   - *Keine*: Keine Kontaktdatenauswertung.
- *Wiederholtes Anrufen*: Anrufer durchlassen, die innerhalb von 15 Minuten zweimal anrufen.
- *Nachrichten*: Wie *Anrufe*, aber auf eingehende SMS bezogen (siehe Kapitel *7 SMS mit Messages*).

Verlassen Sie den Bildschirm mit der ᐸ-Taste.

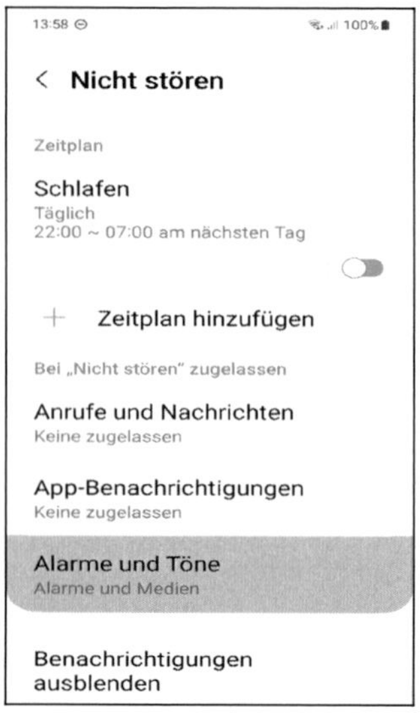

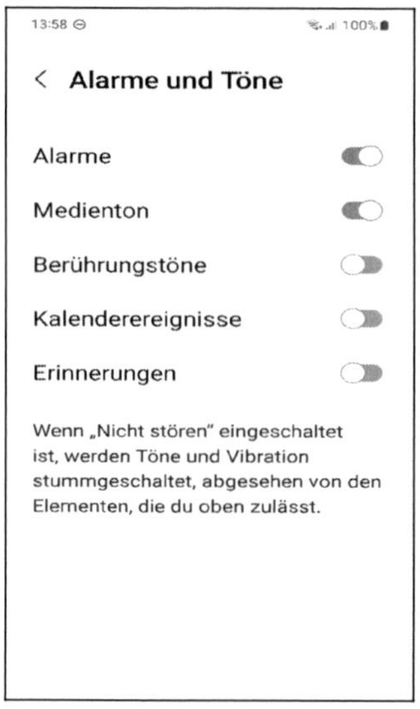

❶❷ In *Alarme und Töne* legen Sie fest, welche Benachrichtigungen auch im Ruhemodus aktiv sind. Standardmäßig sind *Alarme* (siehe Kapitel *22.6.1 Alarm*) und *Medien* (Musikwiedergabe mit dem im Kapitel *19 Musik* beschriebenen Programm) immer eingeschaltet:

- *Alarme*: Weckeralarm (siehe Kapitel *22.6.1 Alarm*).
- *Medienton*: Musikwiedergabe.
- *Berührungstöne*: Ton bei Berühren des Bildschirms beziehungsweise von Schaltleisten.
- *Kalenderereignisse*: Kalendertermine.
- *Erinnerungen*: Benachrichtigungen von Anwendungen erlauben.

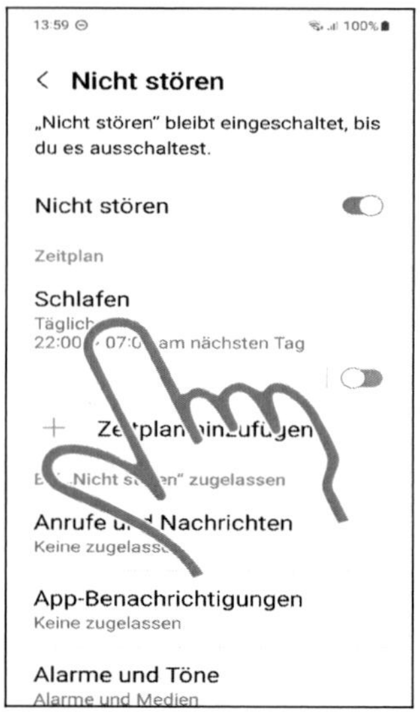

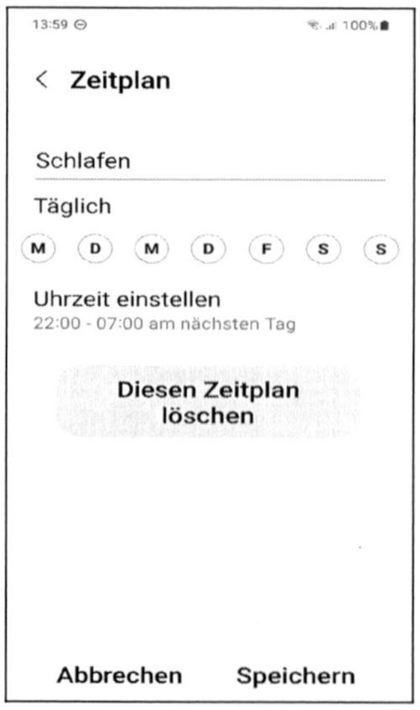

❶ In der Voreinstellung ist der Ruhemodus solange aktiv, bis Sie ihn wieder deaktivieren. Wir empfehlen deshalb, die Zeitsteuerung zu verwenden, die Sie unter *Zeitplan festlegen* finden. Vordefiniert ist bereits *Schlafen* (❷). Sie können aber auch über *Zeitplan hinzufügen* weitere Zeiten anlegen. Anschließend stellen Sie die betreffenden Wochentage, sowie Start- und Endzeit ein.

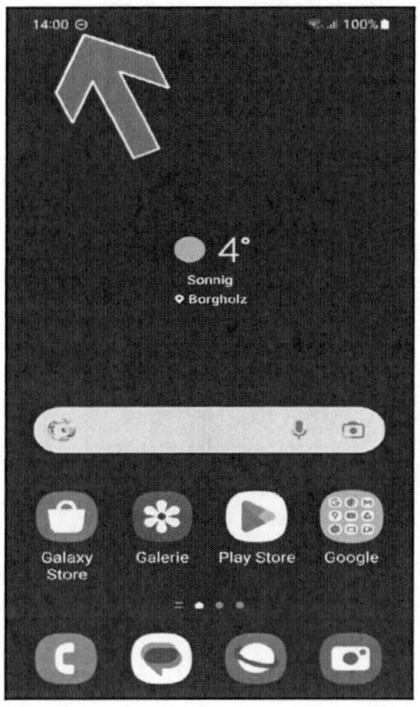

❶ Wenn der Ruhemodus aktiv ist, erscheint in der Titelleiste das ⊖-Symbol.

❷ In das Ruhemodus-Menü gelangen Sie nach Antippen der *„Nicht stören" aktiviert*-Schaltleiste im Benachrichtigungsfeld.

27.6 Dunkelmodus (Dark Mode)

Sie haben vielleicht schon festgestellt, dass das Handy-Display Abends beziehungsweise in dunkler Umgebung ziemlich blendet. Zwar können Sie dann, wie im Kapitel *4.7.6 Titelleiste und Benachrichtigungsfeld* beschrieben, mit dem Regler im Benachrichtigungsfeld die Displayhelligkeit reduzieren, eine gute Lösung ist das aber nicht. Aus diesem Grund wurde der »Dunkelmodus« (engl. »Dark Mode«) ersonnen, der die Bildschirmdarstellung invertiert.

Je nach Ihren Vorlieben schalten Sie entweder von Hand den Dunkelmodus ein oder Sie stellen die Zeitsteuerung ein, welche automatisch tageszeitabhängig den Dunkelmodus aktiviert beziehungsweise wieder ausschaltet. Praktischer Nebeneffekt ist eine längere Akkubetriebsdauer, denn das (helle) Display ist ein großer Stromfresser.

Bitte beachten Sie, dass viele Programme aus dem Play Store den Dunkelmodus nicht unterstützen.

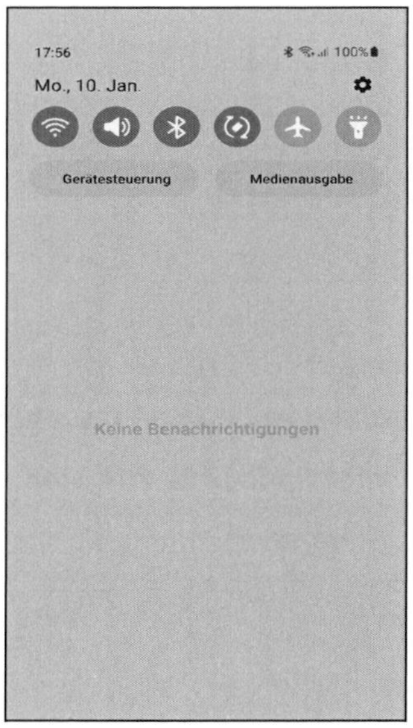

Benachrichtigungsfeld im dunklen (❶) und hellen (❷) Modus.

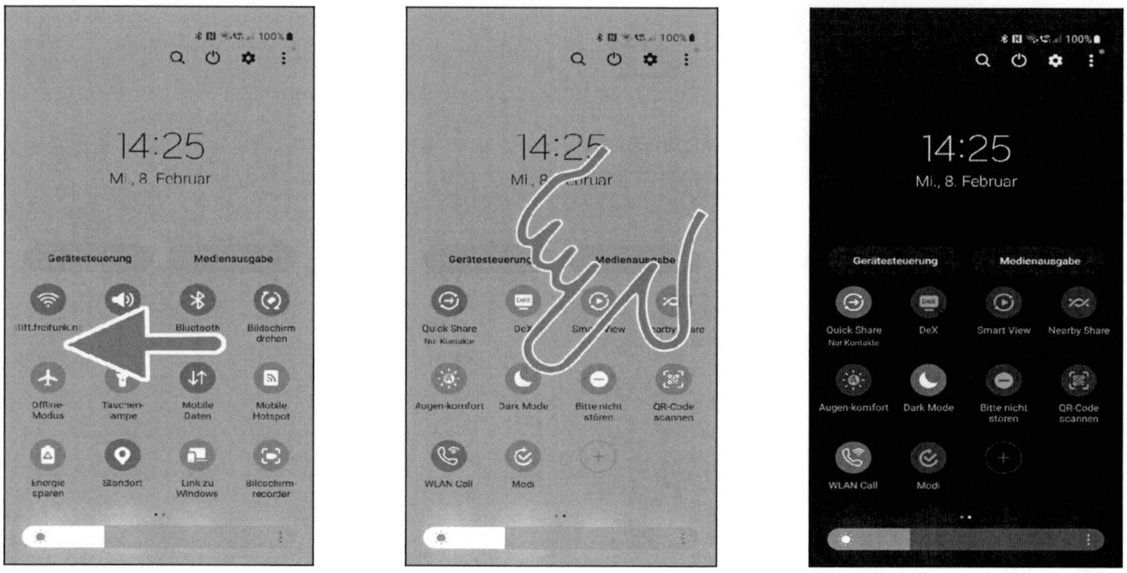

❶❷ So aktivieren Sie den Dunkelmodus: Im Benachrichtigungsfeld wischen Sie einmal nach links und gehen auf *Dark Mode.*

❸ Der Dunkelmodus ist aktiv. Tippen Sie erneut auf *Dark Mode* für die gewohnte helle Bildschirmanzeige.

27.7 Modi

Über die Modi passen Sie die Systemaktivitäten Ihres Handys an Ihre aktuelle persönliche Situation an. Möchten Sie beispielsweise beim Autofahren nicht durch Anrufer gestört werden, dann schalten Sie einfach den Autofahrer-Modus ein.

Falls Sie regelmäßig zu bestimmten Uhrzeiten oder Wochentagen Ihre Ruhe haben möchten, empfehlen wir alternativ die im Kapitel *27.5 Ruhemodus* vorgestellte Funktion.

❶ Öffnen Sie das Benachrichtungsfeld und wischen Sie darin nach links.

❷ Auf der nun angezeigten Bildschirmseite tippen Sie auf *Modi.*

❸ Wählen Sie einen der Modi aus, den Sie nutzen möchten.

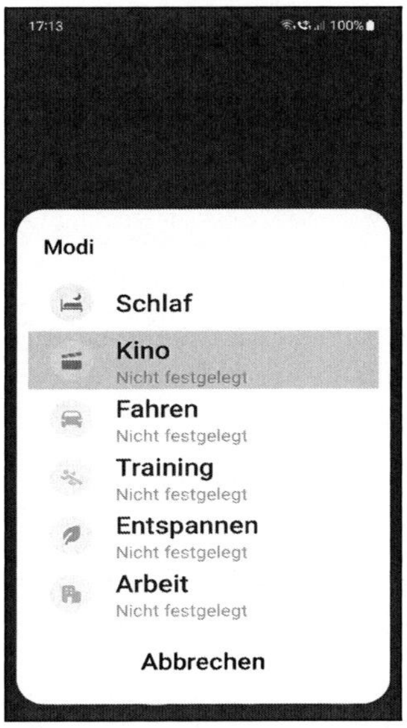

❶❷ Beispiel *Kino*-Modus: Zu einer bestimmten Uhrzeit und/oder an einem bestimmten Standort werden die Benachrichtigungen und Klingeltöne deaktiviert.

28. Der Seitenbildschirm

Der sogenannte Seitenbildschirm – damit ist der rechte Bildschirmrand gemeint – unterstützt folgende Funktionen

- App-Anzeige: Dient dem schnellen Aufruf von Programmen.
- VIP-Anzeige: Legen Sie bis zu 5 verschiedene Kontakte als VIPs (= very important Person = dt. sehr wichtige Person) fest, die alle eine unterschiedliche Farbe haben. Ruft Sie jemand an, so leuchtet der Seitenbildschirm in der eingestellten Farbe. Diese Funktion ist nur verfügbar, wenn das Handy umgedreht auf einem Tisch liegt.
- Seitenpaneele: Anzeige von Benachrichtigungen (zum Beispiel verpasste Anrufe, neue E-Mails oder SMS, usw.),
- Seitenlicht: Der Seitenbildschirm blinkt bei eingehenden Anrufen, sowie neu empfangenen SMS oder E-Mails. Dies geschieht aber nur, wenn das Galaxy mit dem Display zuerst auf einem Tisch liegt.
- Diverse weitere Funktionen, darunter die Anzeige der Wettervorhersage, Kalendertermine, Nachrichten, usw.

Auf dem ersten Blick mag es unvorsichtig sein, das teure Handy für bestimmte Funktionen umgedreht auf einen Tisch zu legen, da ja Kratzer entstehen könnten. Beim Galaxy ist das Display allerdings (wie bei vielen anderen Handys dieser Preisklasse) gegen Kratzer besonders versiegelt.

Die Seitenbildschirm-Funktion bringt keinen großen Nutzen, denn viele Funktionen lassen sich über Verknüpfungen und Widgets (siehe Kapitel *4.7 Startbildschirm konfigurieren*) einfacher aufrufen.

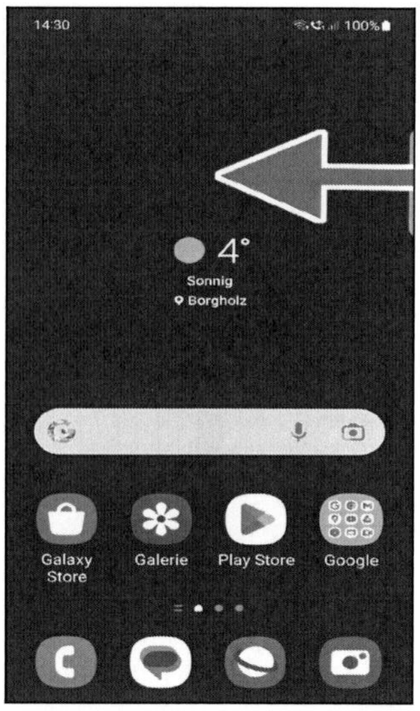

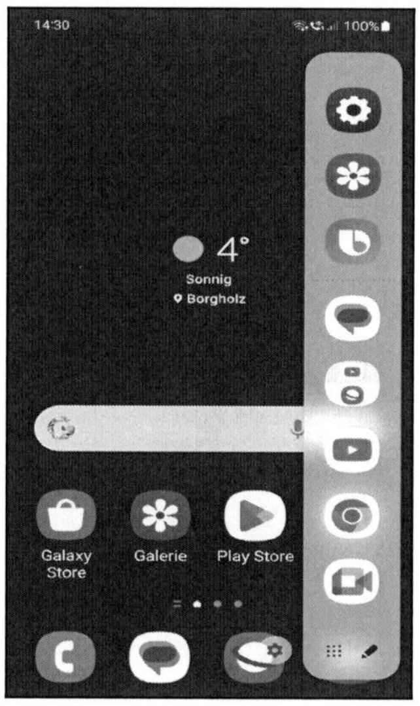

❶ Egal, in welcher Anwendung Sie sich gerade befinden, öffnet eine Wischgeste vom blauen Balken aus den sogenannten Seitenbildschirm.

❷ Standardmäßig begrüßt Sie die sogenannte App-Anzeige, über die Sie Programme aufrufen. Sie schließen das Paneel mit der O- oder <-Taste unterhalb des Displays.

Sie können selbst festlegen, welche Paneele angezeigt werden und auch den Inhalt der Paneele teilweise an Ihre Bedürfnisse anpassen. Darauf kommen wir noch.

28.1 Einstellungen

Die Paneele passen Sie recht einfach an Ihre Bedürfnisse an.

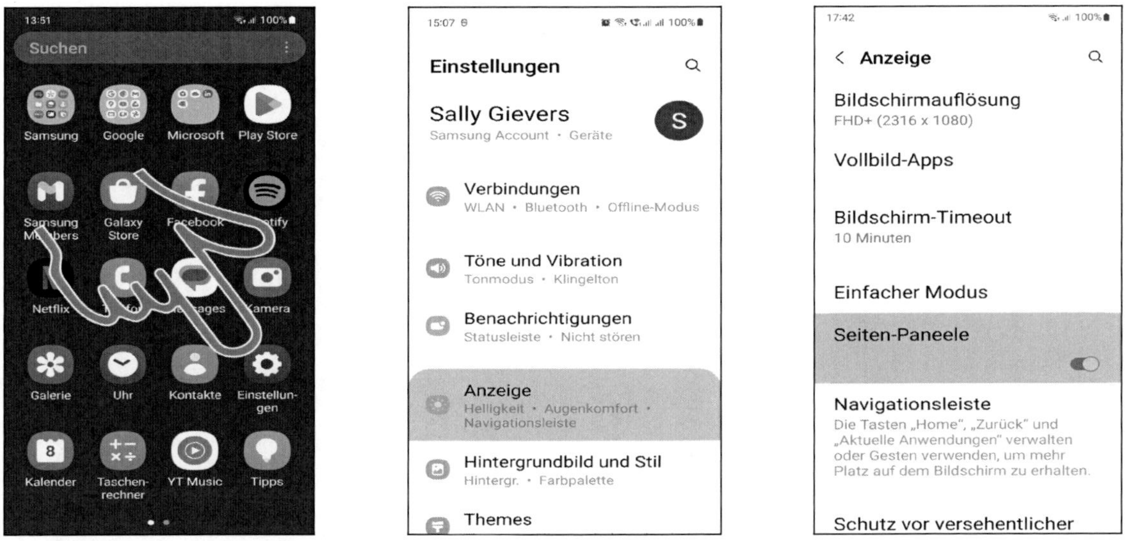

➊ Rufen *Einstellungen* im Hauptmenü auf.

➋➌ Gehen Sie auf *Anzeige* und dann *Seiten-Paneele*. Die einzelnen Menüs stellen die nächsten Kapitel vor.

28.1.1 Seiten-Paneele

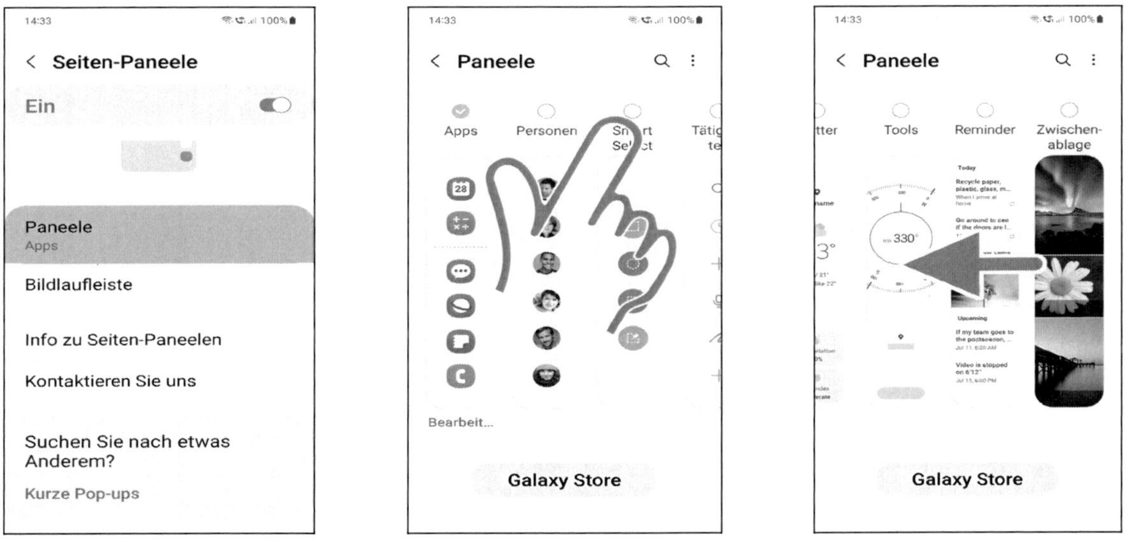

➊ Rufen Sie *Paneele* auf.

➋ Aktivieren Sie die anzuzeigenden Paneele (Abhakkästchen).

➌ Gegebenenfalls blättern Sie mit einer Wischgeste durch die Paneele.

Jedes der Paneele hat eine bestimmte Aufgabe:

- *Apps*: Häufig verwendete Anwendungen.
- *Personen*: Schneller Zugriff auf Kontakte im Telefonbuch.
- *Smart Select*: Einen Bildausschnitt als animierte Bilddatei (GIF) speichern.
- *Tätigkeiten*: Häufig genutzte Anwendungen wie Uhr, Kalender, Sprachmemo, usw.
- *Wetter*
- *Tools*: Kompass, Lineal, Steuerung der LED-Lampe.
- *Reminder*: Erinnerungen anzeigen (siehe Kapitel *21 Kalender*).

- *Zwischenablage*: Zugriff auf in der Zwischenablage gespeicherte Texte.

Verlassen Sie danach diesen Bildschirm durch einmaliges Betätigen der <-Taste.

Über die *Galaxy Store*-Schaltleiste am unteren Bildschirmrand installieren Sie weitere Seiten-Paneele von Drittanbietern. Bitte beachten Sie, dass die meisten davon kostenpflichtig sind.

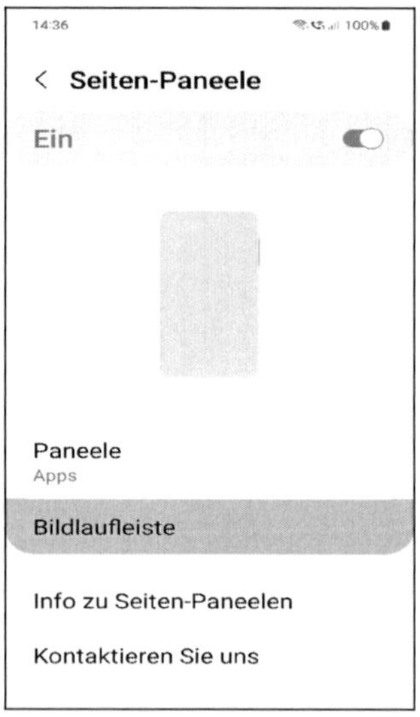

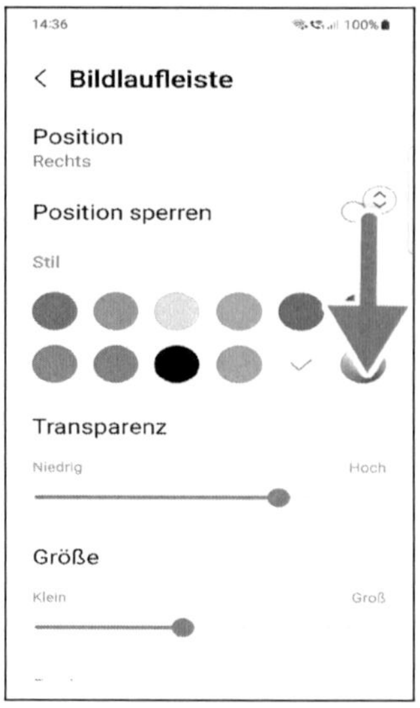

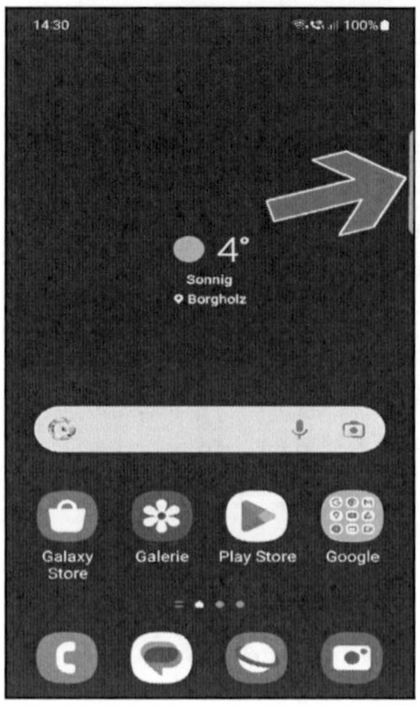

❶❷ Im *Seiten-Paneele*-Bildschirm stellen Sie ein:

Unter *Position*:

- *Position*: Seitenpanel auf linker oder rechter Seite einblenden.
- *Position des Sperrpfeils*: Wenn diese Option aktiviert ist, können Sie die Seitenpaneel-Position auch im Startbildschirm ändern. Dazu halten Sie den Finger auf dem Startpaneel und ziehen ihn nach oben/unten.

Unter *Stil*:

- *(Farbauswahl)*: Wählen Sie eine Farbe für das Seitenpaneel aus.
- *Transparenz*: Standardmäßig ist das Paneel zu 30 Prozent durchsichtig.
- *Größe*: Die Paneelgröße ist stufenlos einstellbar.

Die Position des grauen Balkens ändern Sie mit einer Wischgeste auf der rechten Seite. Der graue Balken wird bei ausgeblendetem Paneel angezeigt (❸). Um das Paneel anzuzeigen, müssen Sie vom grauen Balken aus wischen, wie wir bereits erläutert haben. Deshalb kann es sinnvoll sein, ihn an eine ergonomisch günstige Position zu verschieben.

28.1.2 VIP-Anzeige

Legen Sie bis zu 10 verschiedene Kontakte aus Ihrem Telefonbuch als VIP fest. Der Seitenbildschirm leuchtet bei Anrufen der VIP-Kontakte farbig, allerdings nur, wenn das Handy mit dem Display zuerst auf einem Tisch liegt.

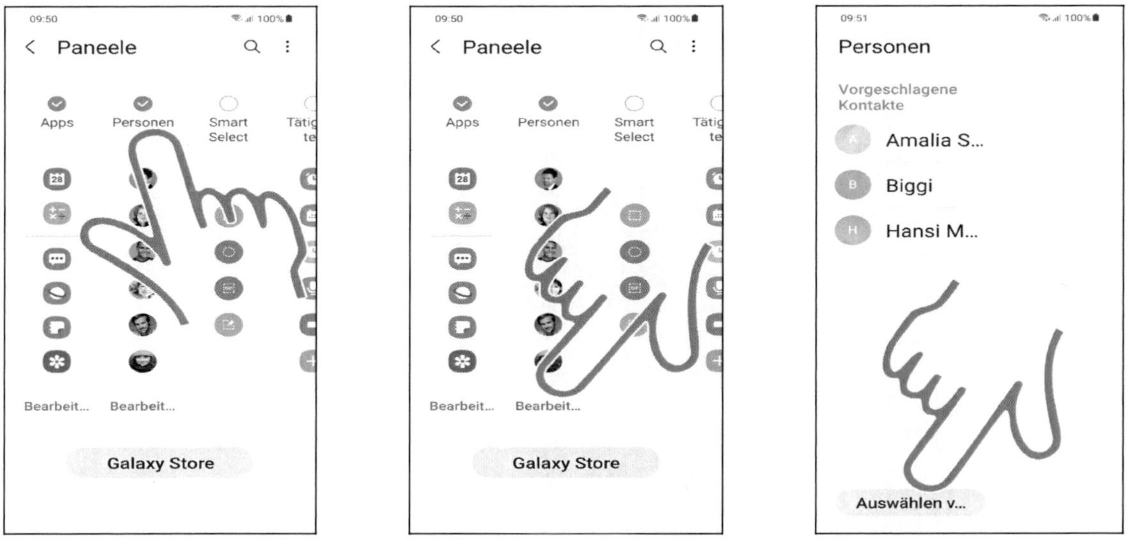

❶ Achten Sie darauf, dass das *Personen*-Paneel aktiv ist (Pfeil).

❷ Als ersten Schritt legen wir die VIP-Kontakte über *Bearbeiten* an.

❸ Betätigen Sie *Auswählen von Kontakten.*

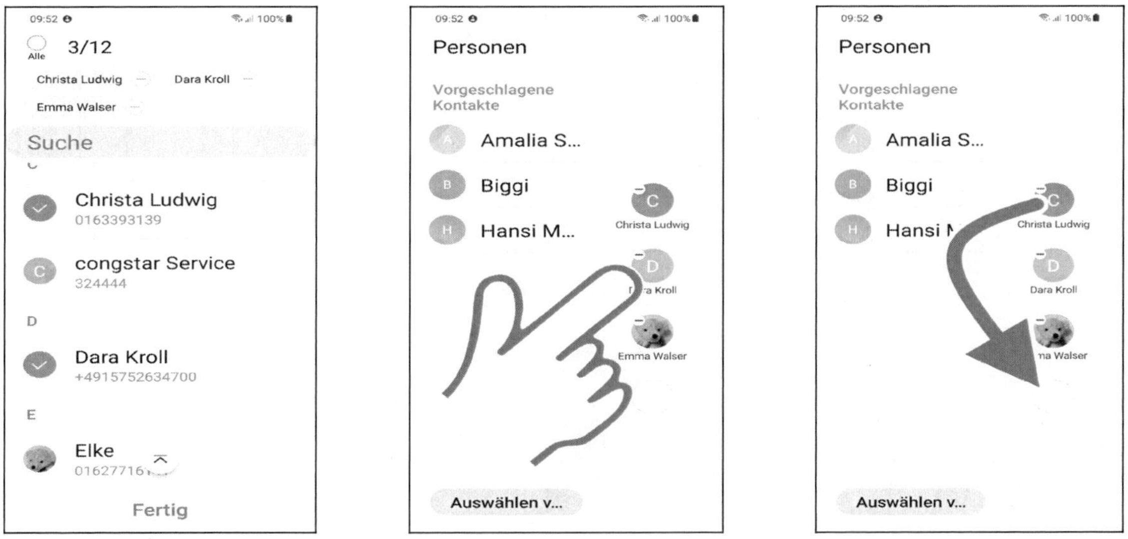

❶ Markieren Sie die als VIP vorgesehenen Kontakte und schließen Sie den Vorgang mit *Fertig* ab.

❷ Nicht mehr benötigte VIPs löschen Sie durch kurzes Antippen.

❸ Sie möchten die Position eines Kontaktsymbols ändern? Halten Sie den Finger über einem Kontaktsymbol gedrückt und ziehen Sie es dann an die gewünschte Position. Die anderen Symbole rutschen dann nach unten.

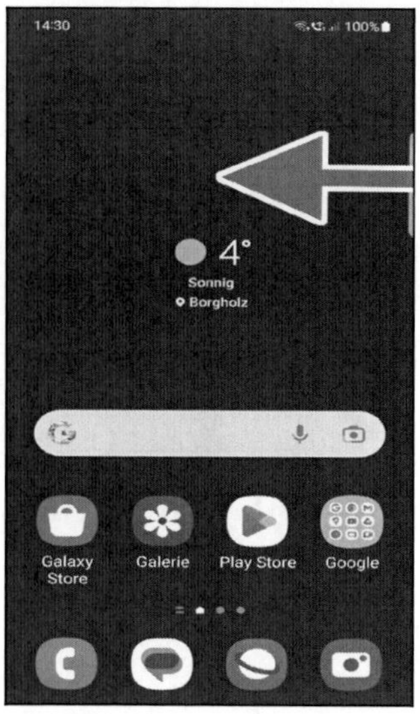

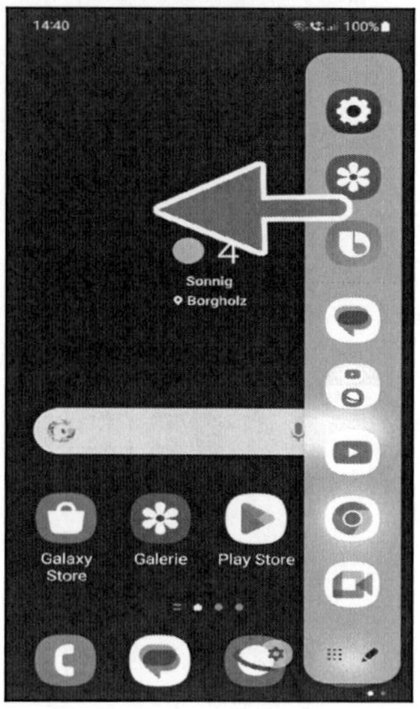

❶ Öffnen Sie mit einer Wischgeste das Paneel. Dazu werden Sie vermutlich am Anfang mehrere Versuche benötigen.

❷ Gegebenenfalls wischen Sie mehrmals durch die Paneele, bis zu *Personen*.

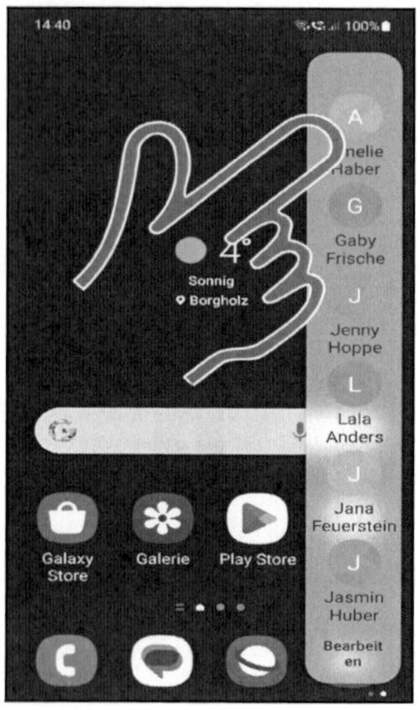

❶❷ Im *Personen*-Paneel tippen Sie zum Anrufen oder SMS-Schreiben einfach einen VIP-Kontakt an und anschließend auf das Symbol für Telefonie oder SMS.

29. Gerätespeicher

Schon vor Jahren hat sich die Erweiterbarkeit des Handys durch Speicherkarten eingebürgert. Für den Hersteller hatte dies damals den Vorteil, dass sie ihre Geräte nur mit dem gerade notwendigsten Speicherausbau ausliefern konnten, was Produktionskosten sparte. Weil Fotos, Videos und Musikdateien viel Speicherplatz benötigen, musste dann der Kunde für eine nachträglich erworbene Speicherkarte tief in die Tasche greifen.

Heute sieht es glücklicherweise anders aus: Handy-Hersteller packen die inzwischen sehr günstigen Speicherchips gleich im Gigabyte-Pack in ihre Handys.

Der Speicher des Samsung Galaxy ist in zwei Bereiche unterteilt:

- *Telefonspeicher*: Hier speichert das Gerät beispielsweise Kontaktdaten, Termine, Programme und sonstige Verwaltungsinformationen.
- *Gerätespeicher*: Freier Speicherbereich für Musikdateien, Videos, Fotos, usw.

Beim erstmaligem PC-Anschluss erfolgt eine Sicherheitsabfrage, die Sie mit *Zulassen* bestätigen müssen.

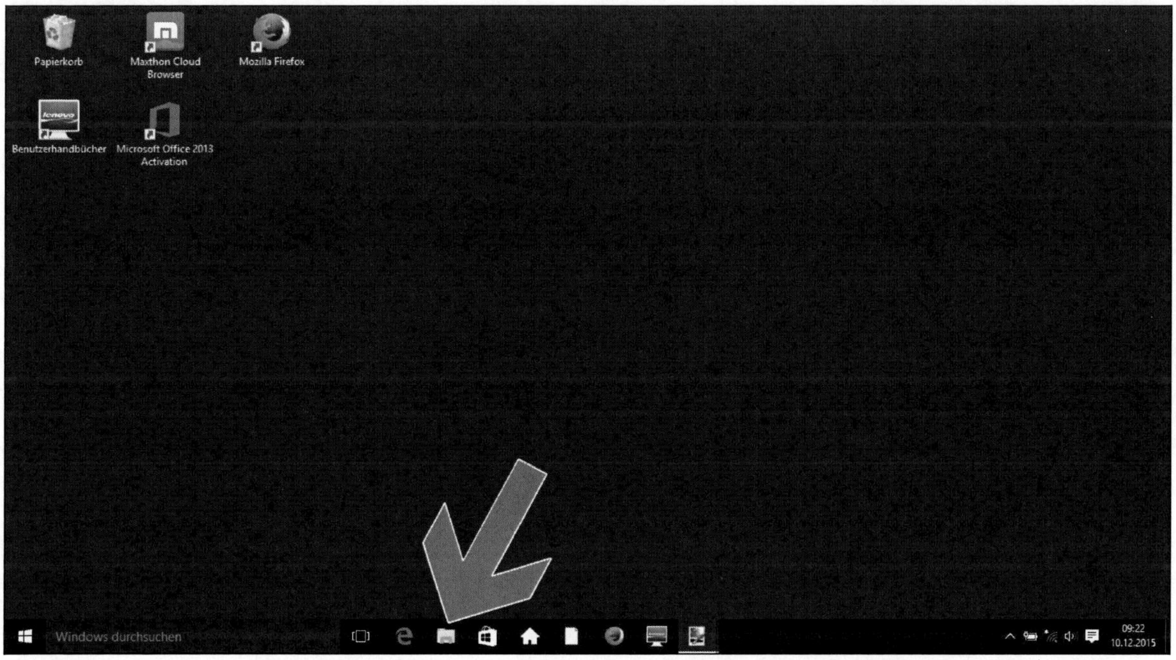

Im Desktop von Windows klicken Sie dagegen auf die Ordner-Schaltleiste am unteren Bildschirmrand.

Gehen Sie dort links im Verzeichnisbaum unter *Dieser PC* auf den Gerätenamen des Galaxy-Handys. Der Gerätespeicher erscheint unter *Interner Speicher*.

Falls zwar das Handy im Verzeichnisbaum auftaucht, aber nur ein leeres Verzeichnis enthält, dann haben Sie vergessen, den PC auf dem Handy freizugeben. Wie die PC-Freigabe funktioniert, haben wir bereits zu Kapitelanfang beschrieben.

29.1 Allgemeine Hinweise

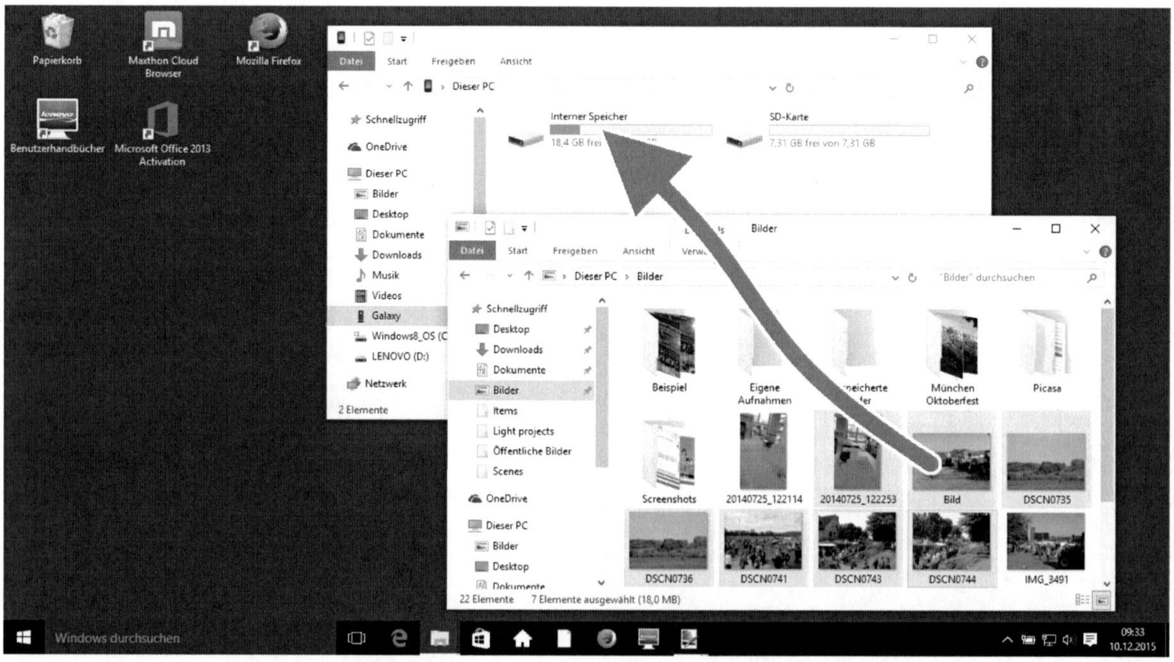

Tipp: Ziehen Sie auf dem PC einfach die markierten Dateien mit der Maus aus dem Fenster auf das Galaxy. Das Handy speichert die Dateien dann automatisch im richtigen Verzeichnis. Bilder landen beispielsweise in *Pictures*.

29.2 Speicherverwaltung

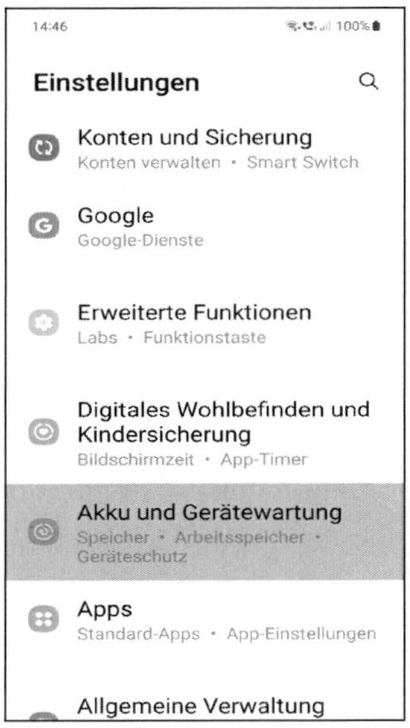

❶❷ Für die Speicherverwaltung rufen Sie im Hauptmenü *Einstellungen* auf und gehen auf *Akku und Gerätewartung*.

Die Gerätewartung wird im Kapitel *22.4 Gerätewartung* genauer vorgestellt.

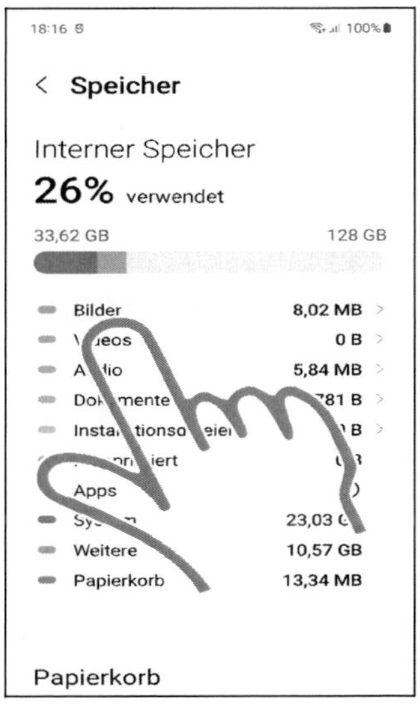

❶ Gehen Sie auf *Speicher*.

❷❸ Der Bildschirm informiert Sie über die von den jeweiligen Dateitypen beziehungsweise Programmen belegten Speicherplatz. Die Bereinigung, das heißt das Löschen von nicht benötigten Dateien, ist ganz einfach. Wählen Sie einen Dateityp aus, dann aktivieren Sie die Abhakkästchen vor den Dateien und betätigen *Löschen*.

29.3 Verzeichnisse

Die Anwendungen auf dem Galaxy legen bei Bedarf die von ihnen benötigten Verzeichnisse selbst an. Wir weisen in diesem Buch in den jeweiligen Kapiteln darauf hin, falls Sie selbst mal ein Verzeichnis anlegen müssen. Beachten Sie bitte, dass Android bei Verzeichnis- und Dateinamen – im Gegensatz zu Windows auf dem PC – zwischen Groß- und Kleinschreibung unterscheidet.

Die wichtigsten Verzeichnisse:

- *Sounds*: Mit der Sprachmemo-Anwendung aufgenommene Sprachaufnahmen.
- *DCIM*: Enthält die mit der Kamera (Kapitel *17 Kamera*) aufgenommenen Fotos und Videos.
- *Download*: Aus E-Mails (siehe Kapitel *11.1.2 Dateianlagen*) gespeicherte Dateien.
- *Ringtones; Notifications; Alarms*: In diesen Verzeichnissen legt man zusätzliche Klingel- und Benachrichtigungstöne ab, die dann für Signalisierungen zur Verfügung stehen (siehe Kapitel *4.12.1 Signaltöne*).

30. Zugriffssperren

Sie haben die Möglichkeit, Ihr Galaxy auf Geräteebene (»Gerätesperre«) oder SIM-Ebene (»SIM-Sperre«) gegen unbefugten Zugriff zu sichern. Sobald Sie eine der beiden Sperren aktivieren, lässt sich das Handy erst nach Eingabe des jeweiligen Codes nutzen. Beachten Sie, dass auf Sie erhebliche Probleme zukommen, wenn Sie den Code vergessen: Im Fall der Gerätesperre können Sie Ihr Galaxy nur noch durch einen Hard-Reset wieder entsperren, wodurch aber alle Daten verloren gehen. Wenn Sie dagegen die PIN bei der SIM-Sperre dreimal falsch eingeben, erfolgt eine Sperre, die Sie immer noch über die »General-PIN«, die PUK, beenden können. Geben Sie die PUK allerdings zehnmal falsch ein, erfolgt eine Dauersperre und Ihnen bleibt nichts anderes übrig, als dies dem Netzbetreiber zu melden, der Ihnen eine neue SIM-Karte zuschickt.

Neben der Geräte- und SIM-Sperre gibt es noch die Displaysperre, die einfach nur gegen ungewollte Tastenbetätigung schützt, wenn Sie das Gerät gerade nicht nutzen.

Damit ein Dieb nichts mit den Daten auf dem Smartphone und der SIM-Karte anfangen kann, sollten SIM-Sperre und Gerätesperre mit Codeschutz gleichzeitig aktiv sein.

PIN und PUK senden die Netzbetreiber ihren Kunden automatisch beim Vertragsabschluss zu.

30.1 Displaysperre

Die Displaysperre, welche bereits im Kapitel *4.2 Displaysperre* beschrieben wird, aktiviert sich automatisch nach einiger Zeit der Nichtnutzung.

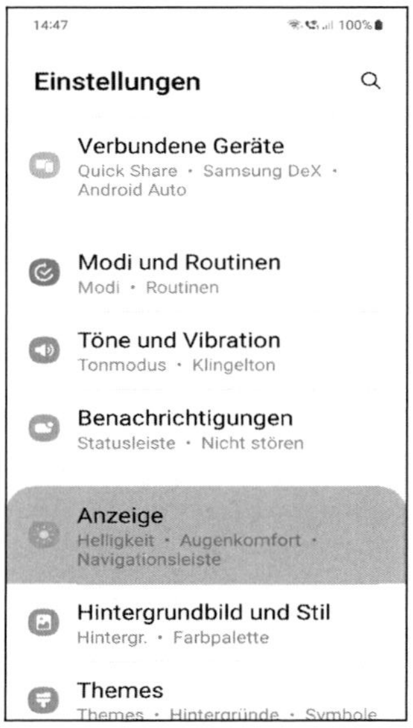

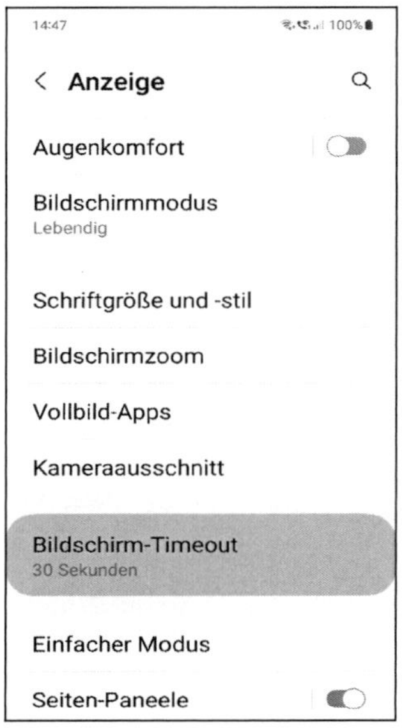

❶❷❸ Den Zeitraum bis zum Einsetzen der Displaysperre konfigurieren Sie in den *Einstellun-*

gen. Dazu rufen Sie im Hauptmenü die *Einstellungen* auf. Gehen Sie anschließend in das Menü *Anzeige/Bildschirm-Timeout*. Wählen Sie dort die Verzögerung aus.

30.2 Gerätesperre

Einen Schutz vor unbefugtem Zugriff auf das Galaxy bietet der Kennwortschutz für die Displaysperre. Wenn das Display entsperrt oder das Gerät eingeschaltet wird, muss der Benutzer entweder erst ein Entsperrmuster mit dem Finger auf dem Gerät malen, ein Passwort eingeben oder mit dem Finger über den Fingerabdrucksensor wischen, bevor er es nutzen kann.

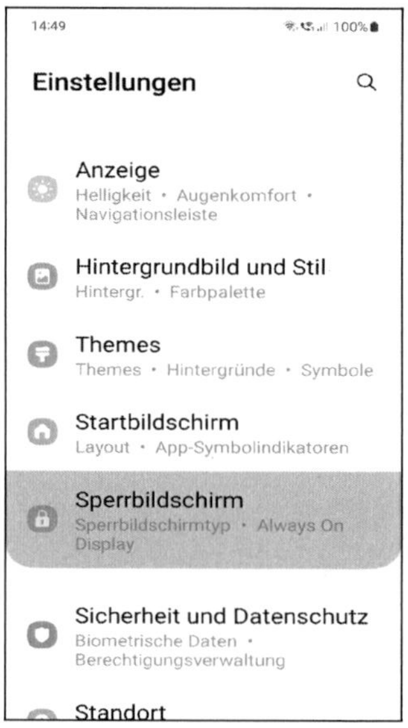

❶❷ Rufen Sie *Einstellungen* im Hauptmenü auf und gehen Sie auf *Sperrbildschirm/Sperrbildschirmtyp*.

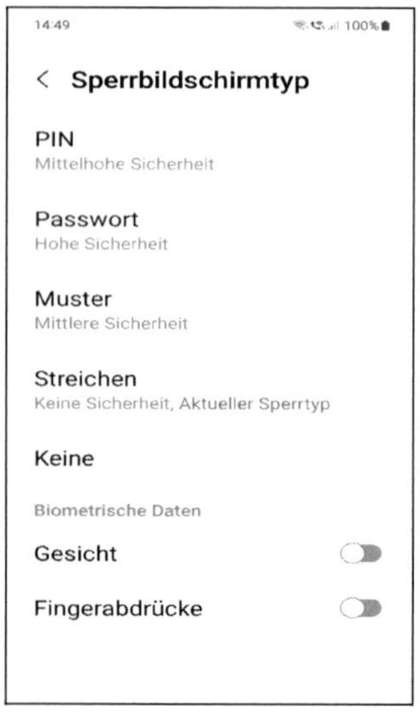

Sie haben nun die Wahl zwischen:

- *Streichen*: Zum Entsperren reicht es, mit dem Finger über das Display zu wischen (keine Gerätesperre).
- *Muster*: Sperre, die das Gerät nach Malen eines Musters frei schaltet.
- *PIN*: PIN-basierte Sperre (nummerisches Kennwort).
- *Passwort*: Gerät wird nach Eingabe des Passworts (alphanumerisches Kennwort) frei gegeben.
- *Keine*: Gerätesperre nie aktivieren. Ideal, wenn das Galaxy nur zuhause genutzt wird.

Unter *Biometrie*:

- *Gesicht*: Halten Sie Ihr Gesicht in die vordere Kamera.
- *Fingerabdrücke*: Halten Sie Ihre Fingerkuppe auf den Fingerabdrucksensor.

Auf die weiteren Optionen in diesem Menü geht bereits Kapitel *30.3 Optionen während der Sperre* ein.

Sollten Sie die Entsperrgeste, die PIN oder das Passwort vergessen haben beziehungsweise das biometrische Merkmal nicht funktionieren, so steht als letzter Rettungsanker die Find My Mobile-Funktion zur Verfügung, die Kapitel *30.5 Maßnahmen gegen Diebstahl* beschreibt. Über *Entsperren* heben Sie den Schutz wieder auf.

30.2.1 Muster-Sperre

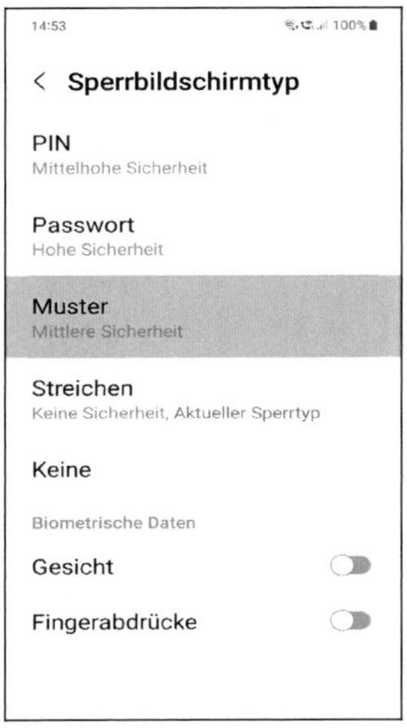

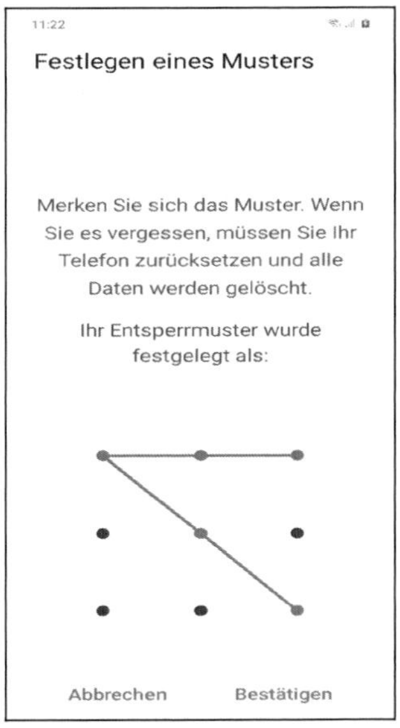

❶ Gehen Sie auf *Muster*.

❷ Nun sind Sie an der Reihe: Verbinden Sie mindestens vier der Knöpfe auf dem Bildschirm, indem Sie mit angedrücktem Finger darüber fahren. Merken Sie sich das Muster und schließen Sie mit *Weiter* ab.

❸ Das Muster ist dann erneut zu zeichnen. Betätigen Sie dann *Bestätigen*.

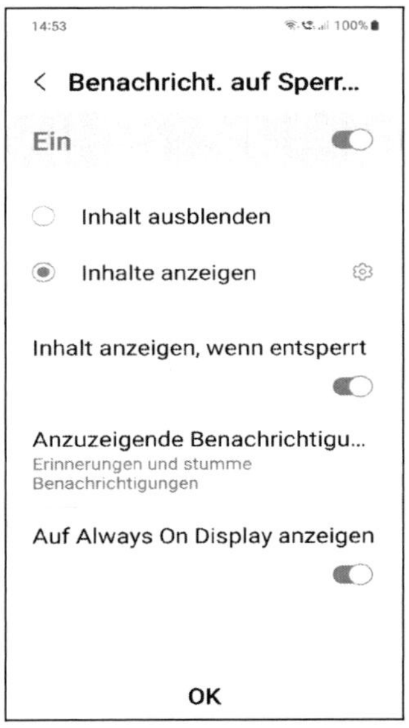

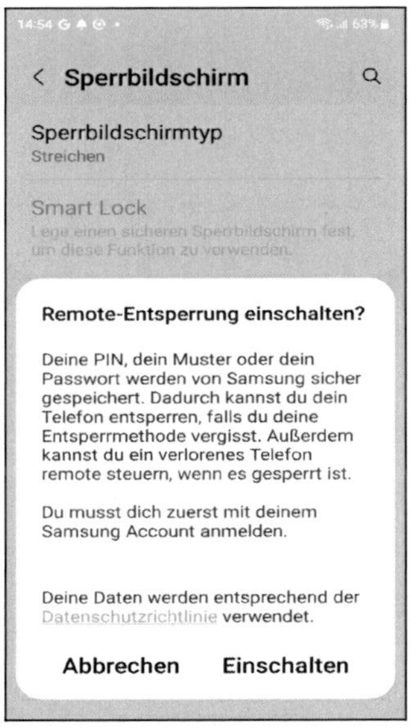

❶ Zum Schluss wählen Sie aus, ob das Galaxy Benachrichtigungen (über verpasste Anrufe, neue SMS oder E-Mails, Termine, usw.) auf dem Sperrbildschirm anzeigen soll. Mitunter ist es aus Datenschutzgründen sinnvoll, dort keine Benachrichtigungen erscheinen zu lassen. Schließen Sie mit *OK* ab.

❷ Der Hinweis *Remote-Entsperrung einschalten*? macht auf eine Besonderheit aufmerksam: Falls Sie mal die Entsperrgeste vergessen haben, lässt sich die Gerätesperre über den Find My Mobile-Dienst (siehe Kapitel *30.5 Maßnahmen gegen Diebstahl*) zurücksetzen. Schließen Sie den Hinweis mit *Abbrechen*.

❶❷ So sieht der Bildschirm bei aktiver Gerätesperre aus: Wischen Sie zunächst einmal über das Display und malen Sie dann das zuvor erstellte Muster, um das Gerät zu entsperren.

> Sie haben fünf Versuche, das Muster korrekt einzugeben und müssen danach jeweils 30 Sekunden warten.

30.2.2 PIN- und Passwortsperre

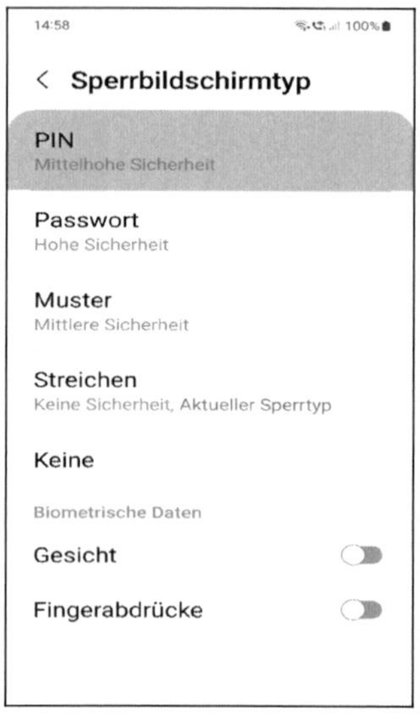

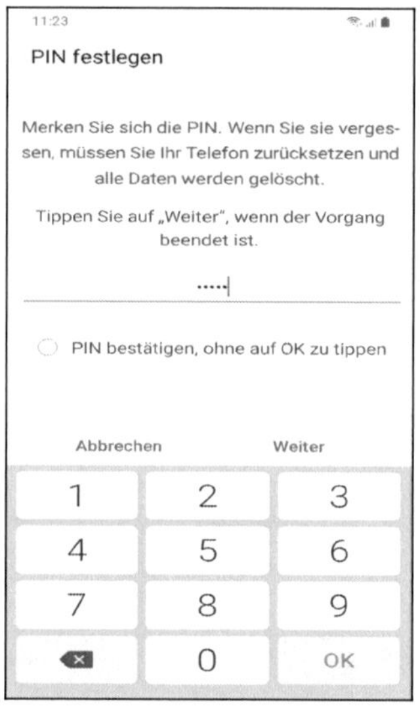

❶ Gehen Sie auf *PIN* oder *Passwort.*

❷ Geben Sie dann das Kennwort ein, betätigen Sie *Weiter*, erfassen Sie das Kennwort erneut und schließen Sie den Bildschirm mit *OK*.

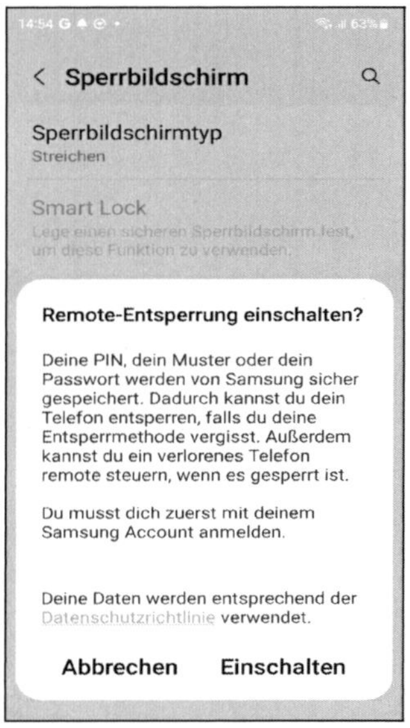

❶ Schließen Sie den Hinweis mit *Abbrechen.*

❷ Die Gerätesperre verlangt nun beim nächsten Mal das Kennwort.

30.2.3 Fingerabdrucksperre

Die Fingerabdrucksperre setzt zwingend die vorherige Einrichtung einer Gerätesperre, wie sie Kapitel *30.2.2 PIN- und Passwortsperre* beschreibt, voraus.

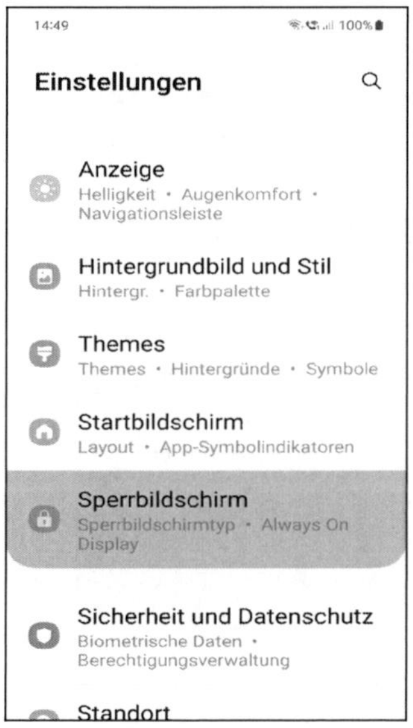

❶❷❸ Rufen Sie *Einstellungen* im Hauptmenü auf und gehen Sie auf *Sperrbildschirm/Sperrbildschirmtyp*.

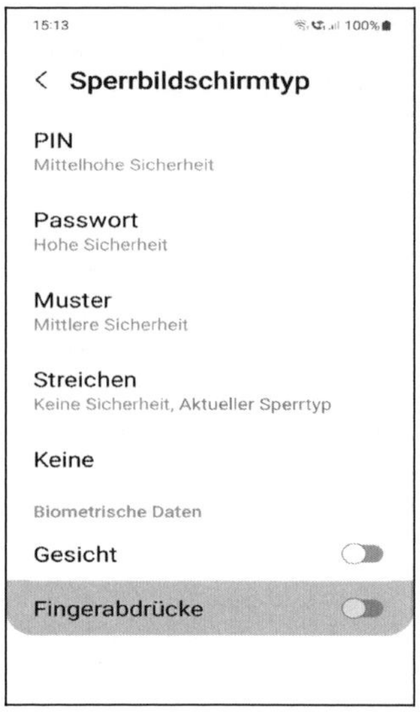
15:13
100%
Sperrbildschirmtyp
PIN
Mittelhohe Sicherheit
Passwort
Hohe Sicherheit
Muster
Mittlere Sicherheit
Streichen
Keine Sicherheit, Aktueller Sperrtyp
Keine
Biometrische Daten
Gesicht
Fingerabdrücke

15:13
100%
Fingerabdrücke
Eine schnelle und einfache Methode zum Entsperren deines Telefons und für die Anmeldung in Apps. Deine Fingerabdruckdaten werden von Knox geschützt.
· Vergewissere dich, dass du bei der Registrierung von Fingerabdrücken keine Displayschutzfolien verwendest.
· Eine dicke Schutzfolie kann die Leistung beeinflussen. Überprüfe bei Verwendung
Weiter

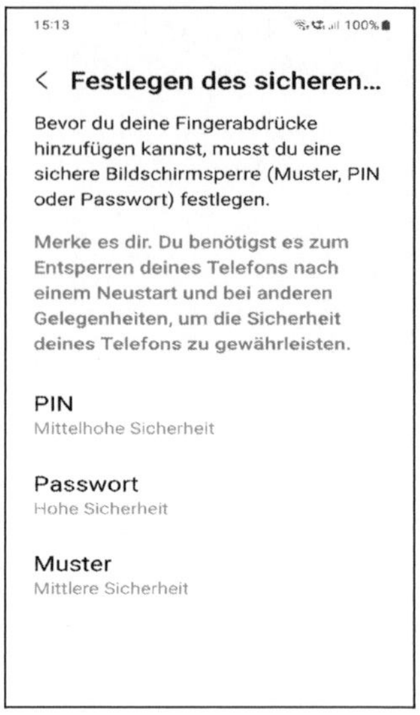
15:13
100%
Festlegen des sicheren...
Bevor du deine Fingerabdrücke hinzufügen kannst, musst du eine sichere Bildschirmsperre (Muster, PIN oder Passwort) festlegen.
Merke es dir. Du benötigst es zum Entsperren deines Telefons nach einem Neustart und bei anderen Gelegenheiten, um die Sicherheit deines Telefons zu gewährleisten.
PIN
Mittelhohe Sicherheit
Passwort
Hohe Sicherheit
Muster
Mittlere Sicherheit

❶ Rufen Sie *Fingerabdrücke* auf. Sie müssen gegebenenfalls nun PIN, Passwort oder Muster eingeben, die Sie zuvor eingerichtet hatten.

❷ Betätigen Sie *Weiter*.

❸ Ist noch keine Gerätesperre per Muster, Pin oder Passwort vorhanden, dann erscheint dieser Hinweis. Betätigen Sie *Weiter*. Richten Sie nun eine der im Kapitel *30.2.2 PIN- und Passwortsperre* beschriebenen Sperren ein.

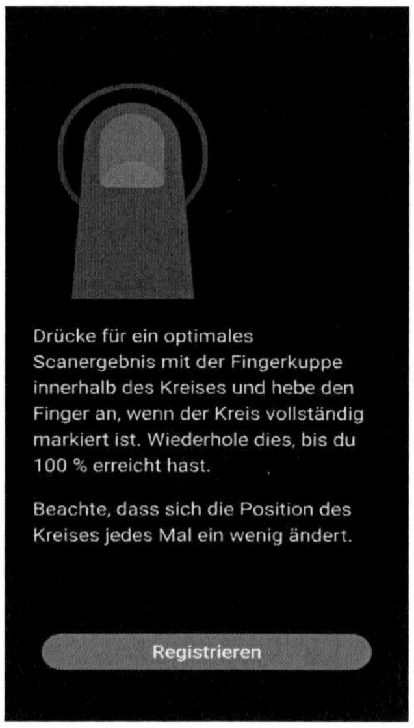
Drücke für ein optimales Scanergebnis mit der Fingerkuppe innerhalb des Kreises und hebe den Finger an, wenn der Kreis vollständig markiert ist. Wiederhole dies, bis du 100 % erreicht hast.
Beachte, dass sich die Position des Kreises jedes Mal ein wenig ändert.
Registrieren

Drücke mit dem Finger innerhalb des Kreises. Hebe den Finger an, wenn der Kreis vollständig markiert ist. Drücke dann erneut.
20%

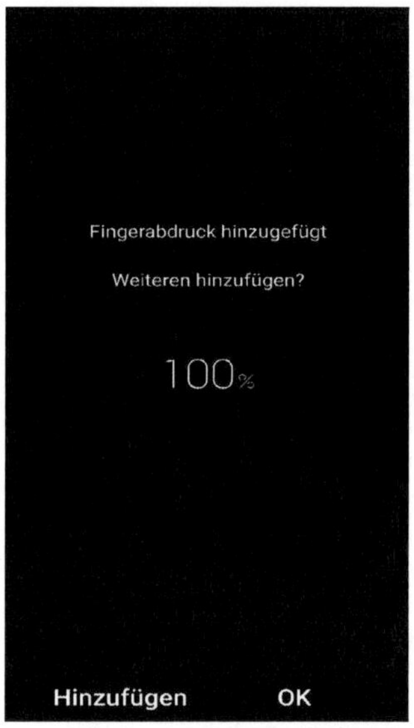
Fingerabdruck hinzugefügt
Weiteren hinzufügen?
100%
Hinzufügen
OK

❶ Betätigen Sie *Registrieren*.

❷ Jetzt registrieren Sie einen Ihrer Finger – welchen Sie verwenden, ist Ihnen überlassen – indem Sie ihn unten im Display auf die hervorgehobene Sensorfläche halten. Eine Prozentanzeige informiert Sie über den Fortschritt.

❸ Den Erfolgshinweis schließen Sie mit *OK*.

➊ Künftig entsperren Sie einfach, wie bereits von Ihnen bei der Fingererfassung durchgeführt, durch Berühren der Sensorfläche auf dem Bildschirm.

➋➌ Die alternative Entsperrung per PIN, Passwort oder Muster aktivieren Sie bei Bedarf mit einer Wischgeste nach oben.

30.2.3.a Fingerabdrücke verwalten

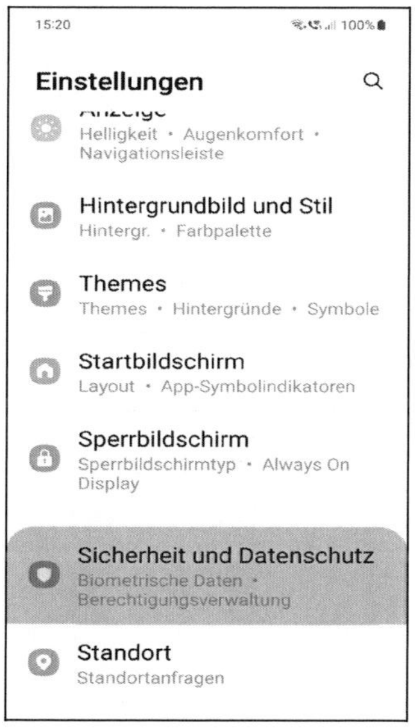

➊➋➌ Für die Fingerabdruckverwaltung gehen Sie die *Einstellungen* und dann in *Sicherheit und Datenschutz/Sperrbildschirm*.

Sie müssen nun die Entsperr-PIN beziehungsweise das Entsperrmuster eingeben.

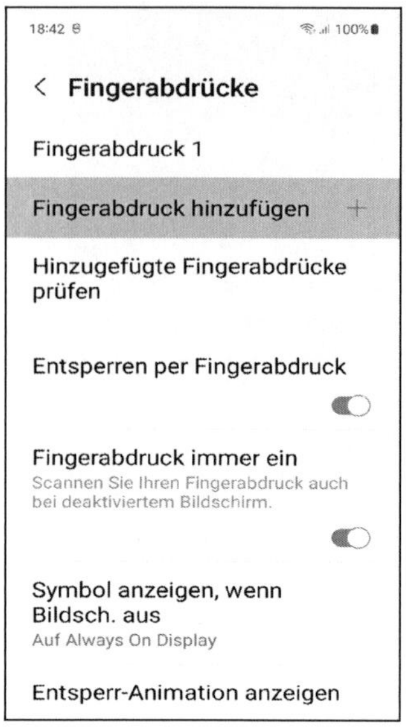

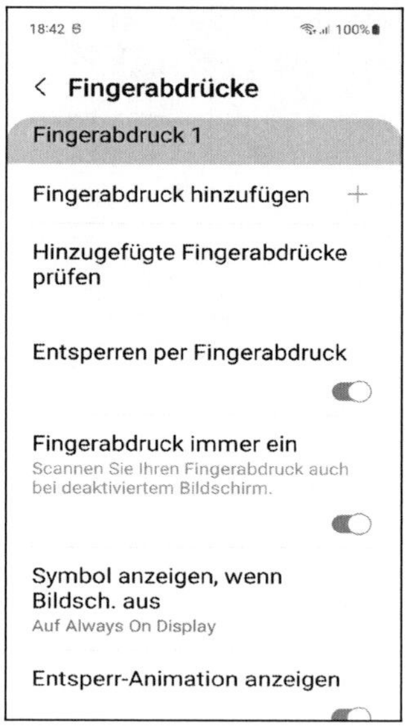

➊ Weitere Fingerabdrücke können Sie im *Fingerabdruck hinzufügen*-Menü jederzeit anlegen, beispielsweise, um das Gerät sowohl mit dem Daumen als auch den Zeigefinger zu entsperren.

➋➌ Ihren gespeicherten Fingerabdruck entfernen Sie, indem Sie das *Fingerabdruck 1*-Menü aufrufen und dann *Entfernen* betätigen.

30.2.4 Gesichtserkennung

Die Gesichtserkennung ist ziemlich unsicher, denn es reicht, wenn jemand ein Foto von Ihnen in die Kamera hält.

Sie müssen vor dem Einrichten der Gesichtserkennung erst eine PIN oder ein Passwort als Sperre festlegen (siehe Kapitel *30.2.2 PIN- und Passwortsperre*).

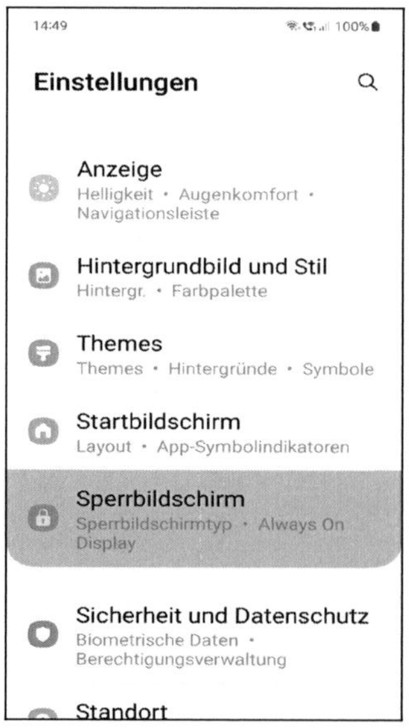

➊➋➌ Rufen Sie *Einstellungen* im Hauptmenü auf und gehen Sie auf *Sperrbildschirm/Sperrbildschirmtyp*.

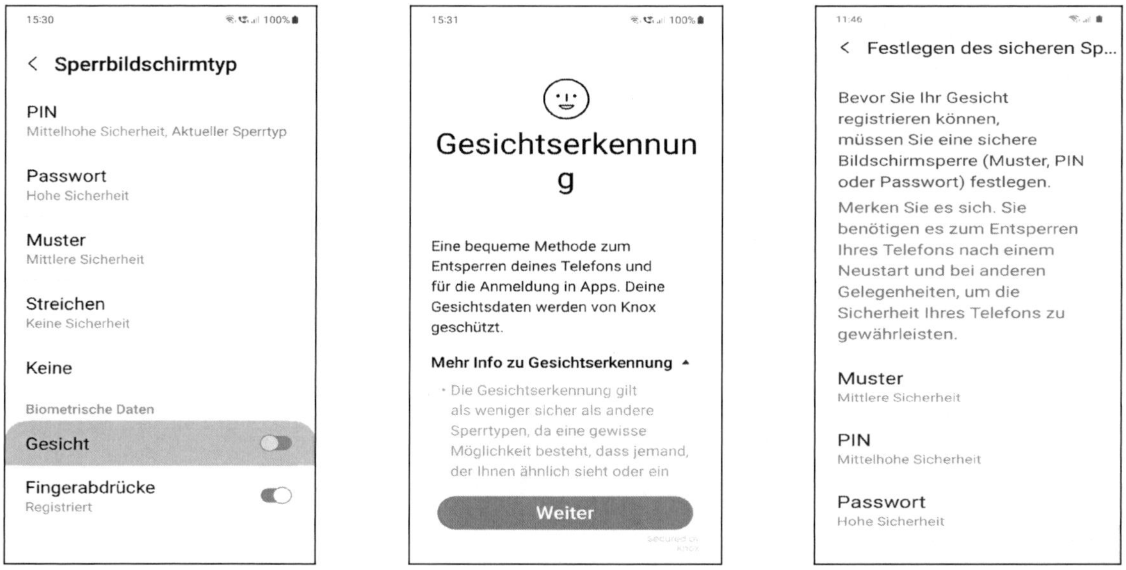

❶ Gehen Sie auf *Gesicht.*

❷ Betätigen Sie *Weiter.*

❸ Sofern Sie noch keine Muster-, PIN- der Passwortsperre angelegt hatten, müssen Sie dies nachholen.

Halten Sie nun das Handy so, dass die Kamera Ihr Gesicht erfassen kann und folgen Sie den Anweisungen.

Künftig erfolgt die Displayentsperrung automatisch, sobald Sie das Handy ca. 20 - 50 cm vor Ihr Gesicht halten.

30.3 Optionen während der Sperre

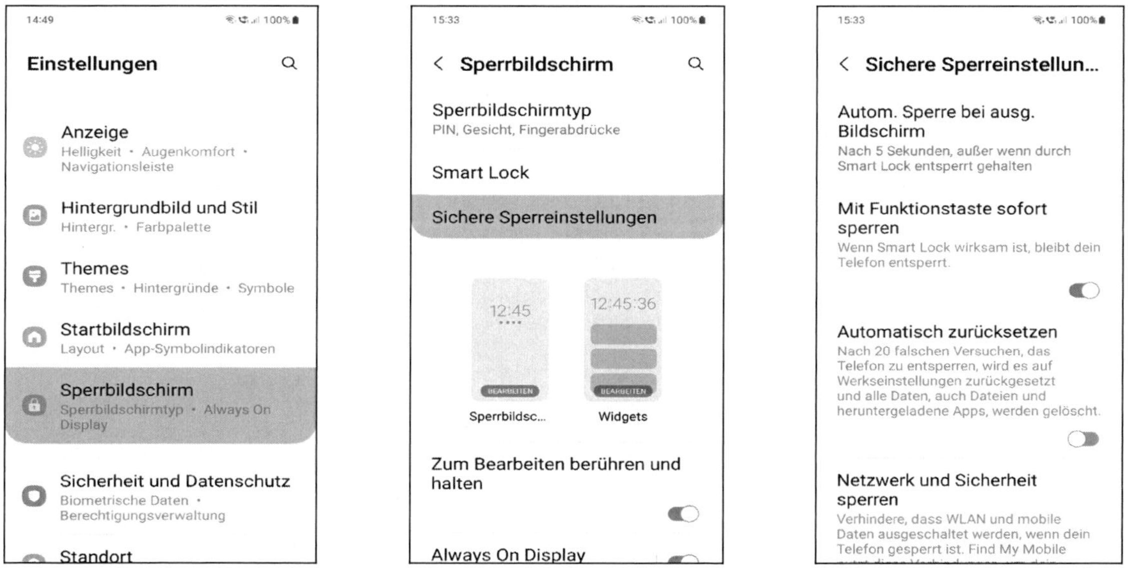

❶❷❸ Unter *Sperrbildschirm/Sichere Sperreinstellungen* sind nun weitere Optionen freigeschaltet:

- *Muster sichtbar machen*: Diese Option ist nur bei Verwendung der Mustersperre verfügbar. Lassen Sie sie aktiviert, damit Sie anhand der angezeigten Wischspur das von Ihnen gemalte Muster erkennen.
- *Autom. Sperre bei ausg. Bildschirm*: Zeitspanne, die das Handy nach dem Displayabschalten wartet, bevor es die Sperre aktiviert.
- *Mit Funktionstaste sofort sperren*: Kurzes Drücken des Ein/Ausschalters aktiviert die Sperre.

- *Automatisch zurücksetzen*: Geben Sie 15 Mal den Entsperrcode falsch ein, so setzt sich das Handy automatisch auf die Fabrikeinstellungen zurück.
- *Netzwerk und Sicherheit sperren*: Diese Funktion soll Netzwerkverbindungen von außen erleichtern, was die Ortung (siehe Kapitel *30.5 Maßnahmen gegen Diebstahl*) bei Geräteverlust ermöglicht.
- *Sperroption anzeigen*: Drücken und halten des Ein-/Ausschalters zeigt eine *Sperrmodus*-Schaltleiste an, über die Sie die Fingerabdruck-, Iris- oder Gesichtsentsperrung deaktivieren. Das Entsperren des Geräts ist dann nur noch über Pin/Passwort möglich.

30.4 SIM-Sperre

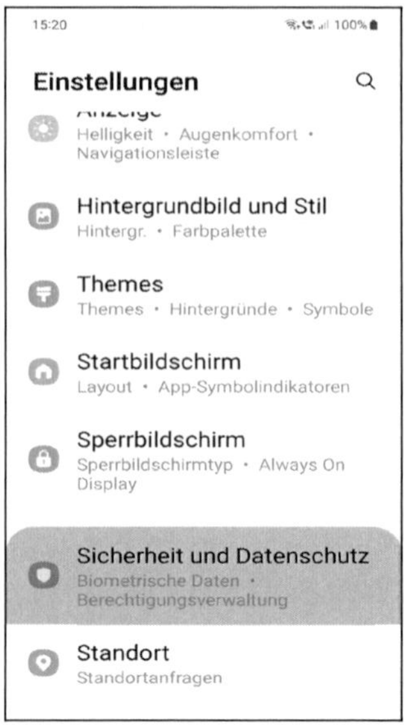

❶ Das Gerät kann man bei der SIM-Sperre erst nach Eingabe der PIN Ihrer SIM-Karte nutzen, wenn man es einschaltet.

❷❸ So konfigurieren Sie die SIM-Sperre: Rufen Sie im Hauptmenü die *Einstellungen* auf und gehen Sie ins *Sicherheit und Datenschutz*-Menü.

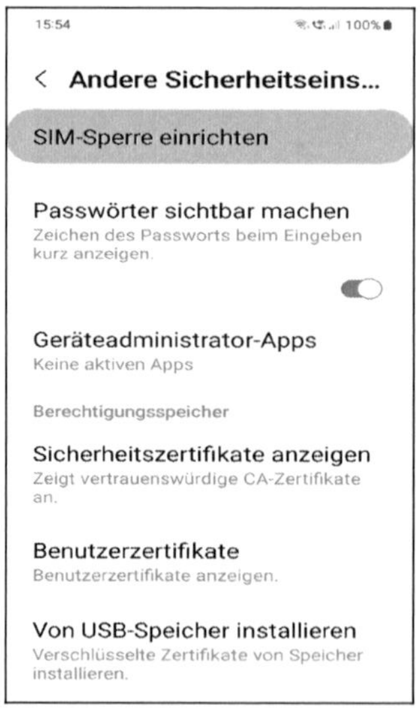

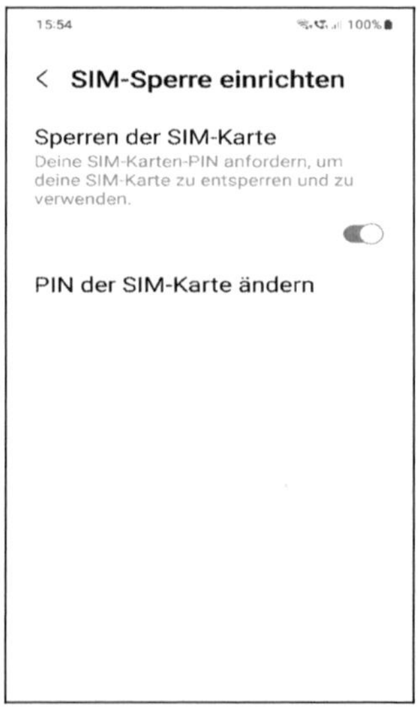

❶❷ Gehen Sie auf *Andere Sicherheitseinstellungen/SIM-Sperre einrichten*.

❸ Aktivieren/Deaktivieren Sie die SIM-PIN-Abfrage über *Sperren der SIM-Karte*. Über *PIN der SIM-Karte ändern* können Sie die vom Netzbetreiber vorgegebene vierstellige PIN ändern.

30.5 Maßnahmen gegen Diebstahl

Jeden Tag gehen in Deutschland mehrere Tausend Mobilgeräte verloren, sei es durch Diebstahl oder Vergesslichkeit. Falls Sie mal Ihr Galaxy verlieren sollten, ist dies glücklicherweise nicht so schlimm, denn alle Daten, die Sie mit den mitgelieferten Google-Anwendungen verwalten, werden automatisch im Internet in Ihrem Google-Konto gesichert. Melden Sie sich dann mit Ihrem Google-Konto auf einem anderen Android-Tablet/Handy an, stehen Ihre Daten automatisch nach einigen Minuten wieder zur Verfügung. Haben Sie außerdem Ihr Galaxy, wie im Kapitel *30.2 Gerätesperre* beschrieben, gegen fremden Zugriff geschützt, brauchen Sie auch kaum Angst haben, dass jemand mit Ihren Daten Missbrauch treibt.

Ärgerlich bleibt ein Geräteverlust aber trotzdem. Mit den in diesem Kapitel vorgestellten Anwendungen können Sie daher Ihr Handy lokalisieren. Von Erfolg sind die Ortungsmaßnahmen nur gekrönt, wenn das Handy eingeschaltet ist und der Dieb/Finder es nicht über eine Tastenkombination zurücksetzt. Deshalb gilt: Je schneller Sie die Ortung durchführen, desto größer ist die Wahrscheinlichkeit, es wiederzufinden.

Find My Mobile ist eine von Samsung mitgelieferte Fernzugriffsfunktion, über die Sie nicht nur das Galaxy lokalisieren, sondern auch anrufen oder fern löschen können.

Damit Sie diese Funktion nutzen können, müssen Sie vorher erst ein Samsung-Konto anlegen. Siehe dazu Kapitel *24 Das Samsung-Konto*.

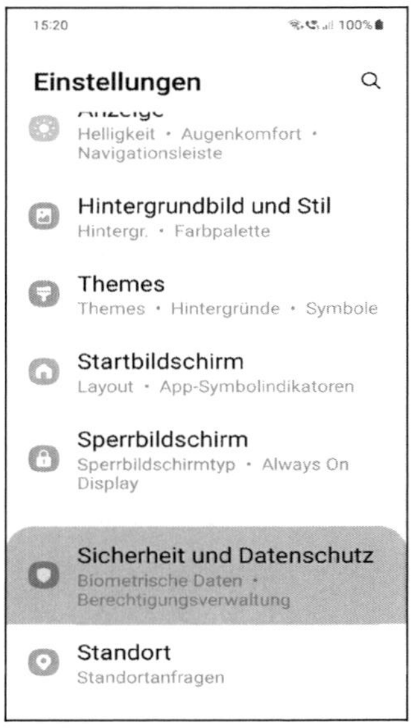

❶❷ Nachdem Sie die *Einstellungen* im Hauptmenü aufgerufen haben, gehen Sie auf *Sicherheit und Datenschutz*.

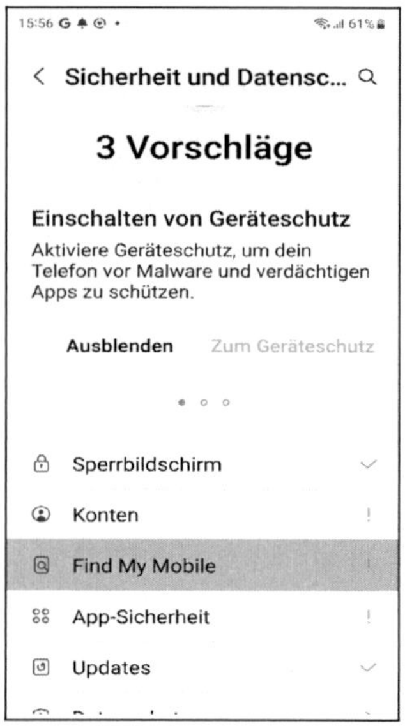

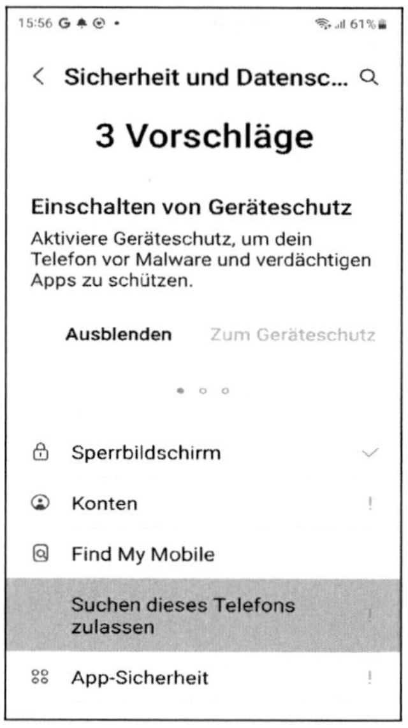

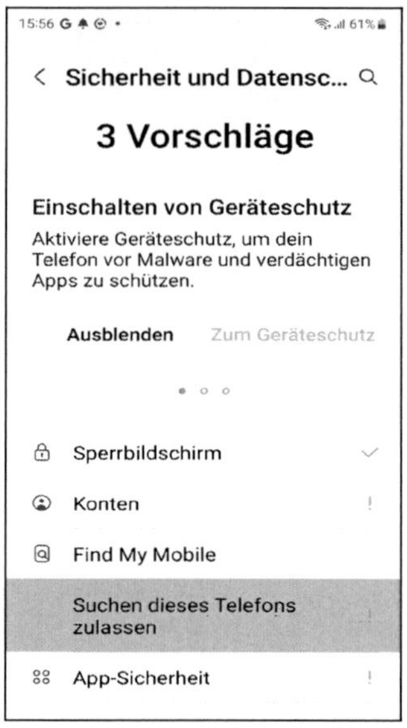

❶❷ Die Diebstahlschutz-Funktionen sind unter *Find My Mobile/Suchen dieses Telefons zulassen* zusammengefasst. Sie müssen dann erst aus Sicherheitsgründen das Passwort Ihres Samsung-Kontos (siehe Kapitel *24 Das Samsung-Konto*) angeben – sofern Sie dort nicht bereits angemeldet sind.

Prüfen Sie, ob oben der Schalter auf *Ein* steht, und dass die Optionen *Remote-Entsperrung* und *Letzten Standort senden* aktiv sind. Verlassen Sie den Übersichtsbildschirm mit der ❮-Taste.

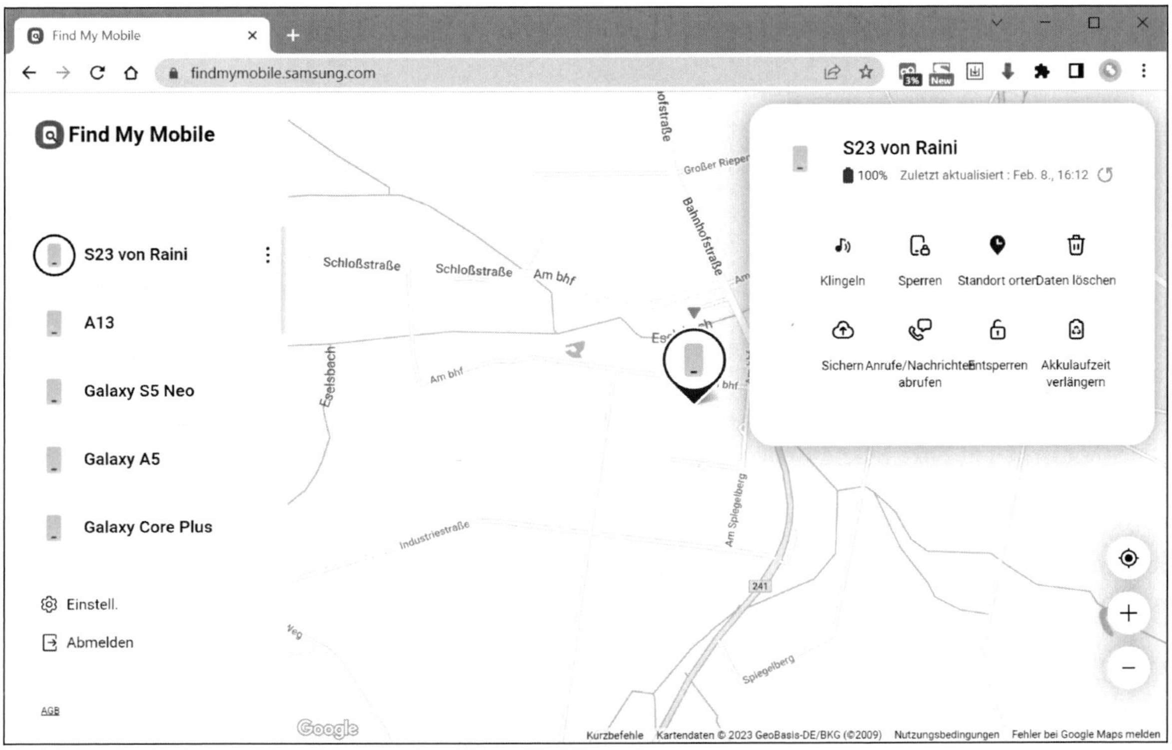

Ihr Galaxy (und andere Samsung-Geräte mit Fernzugriffsfunktion) verwalten Sie nun über den Webbrowser mit »Find my Mobile« (*findmymobile.samsung.com*). Loggen Sie sich auf der Website mit Ihren Samsung-Konto-Logindaten ein. Achtung: Da Sie sich mit Ihrem Google-Konto registriert hatten, müssen Sie im Anmeldebildschirm auf *Mit Google fortsetzen* klicken.

Sofern Sie mehrere Samsung-Handys/Tablets einsetzen, müssen Sie erst das zu lokalisierende oben links auswählen.

Folgende Funktionen stehen zur Verfügung:

- *Klingeln*: Signalton auf dem Handy aktivieren.
- *Sperren:* Geben Sie eine vierstellige PIN ein. Das Handy wird darauf hin gesperrt und lässt sich erst durch die PIN wieder entsperren.
- *Standort orten*
- *Daten löschen*: Löscht alle Daten auf dem Handy.
- *Anrufe/Nachrichten abrufen*: Sie erfahren, mit welchen Rufnummern auf dem Handy telefoniert wurde.
- *Entsperren*: Entsperrt ein mit Gerätesperre (siehe Kapitel *30.2 Gerätesperre*) versehenes Handy. Die eingestellte Gerätesperre wird entfernt.
- *Akkulaufzeit verlängern*: Versetzt das Galaxy in einen Energiesparmodus, der die Akkubetriebsdauer auf 4-5 Tage erhöht.

Beachten Sie: Damit Find My Mobile funktioniert, muss das Gerät Internetzugang über Mobilfunk oder WLAN haben. Schaltet ein Dieb das Galaxy einfach aus, beziehungsweise besteht kein Internetzugang, bringt Find My Mobile natürlich nichts. Auch wenn der Dieb es schafft, das Gerät zurückzusetzen, ist die Fernwartungsfunktion nutzlos.

Das von Ihnen über der Find My Mobile-Website ferngesteuerte Mobilgerät blendet in der Titelleiste einen Hinweis ein. Eine unbemerkte Nutzung ist also nicht möglich.

31. Bluetooth

Bluetooth ist ein Funkstandard zur schnurlosen Verbindung verschiedener Geräte wie PCs, Handys, Drucker und natürlich Mobilcomputer. Mit Bluetooth kann man in der Praxis Distanzen von etwa zwei bis zehn Metern überbrücken, wobei theoretisch Übertragungsgeschwindigkeiten bis 24 Mbit/s möglich sind. Es ist kein Sichtkontakt zwischen den Geräten nötig.

Jede Datenübertragung zwischen zwei Bluetooth-Geräten setzt eine vorherige Kopplung voraus. Dabei kann es sich um eine kurzzeitige Kopplung handeln oder eine permanente. Während der Kopplung muss einer der Teilnehmer ein Kennwort eingeben beziehungsweise bestätigen. Die permanente Kopplung hat den Vorteil, dass man das Kennwort jeweils nur einmalig eingeben muss.

Auch wenn Bluetooth sehr viel mehr kann, wird es von den meisten Anwendern selten für die Datenübertragung von Handy zu Handy oder Anbindung von Fitness-Uhren verwendet. In diesem Buch beschränken wir uns daher auf die Nutzung von Bluetooth-Headsets und Bluetooth-Lautsprechern.

31.1 Bluetooth ein/ausschalten

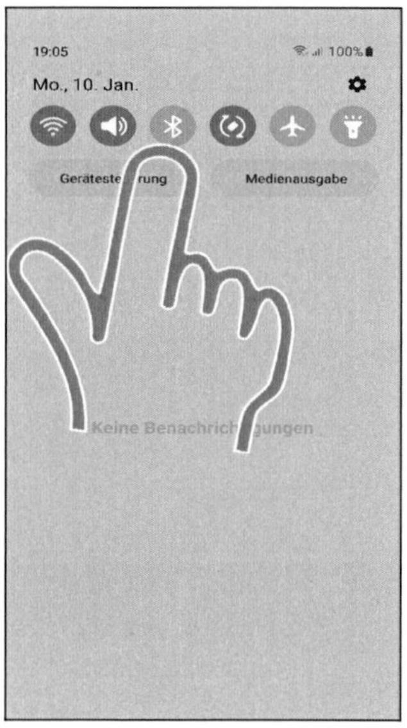

❶ Aktivieren Sie Bluetooth, indem Sie das Benachrichtigungsfeld öffnen und auf ᛒ tippen (Pfeil). Erneutes Antippen beendet Bluetooth wieder.

❷ Das Popup erscheint, wenn Sie Bluetooth neu aktiviert haben. Falls Bluetooth also bereits aktiv ist, betätigen Sie einfach zweimal hintereinander die ᛒ-Schaltleiste. Sie haben dann die Möglichkeit, eine Kopplung mit anderen Geräten durchzuführen. Schließen Sie das Popup mit *Stopp* beziehungsweise der ᐸ-Taste.

> Das Benachrichtigungsfeld beschreibt ausführlich das Kapitel *4.7.6 Titelleiste und Benachrichtigungsfeld.*
>
> Sobald Bluetooth aktiv ist, können Sie ausgehend vom Galaxy-Handy mit einem anderen Gerät koppeln.

31.2 Bluetooth konfigurieren

Damit Sie Bluetooth sinnvoll nutzen können, müssen Sie es erst einrichten. In den Standardeinstellungen kann nämlich kein anderes Gerät mit Ihrem Gerät koppeln und Daten übertragen.

31.2.1 Koppeln aus dem Benachrichtigungsfeld

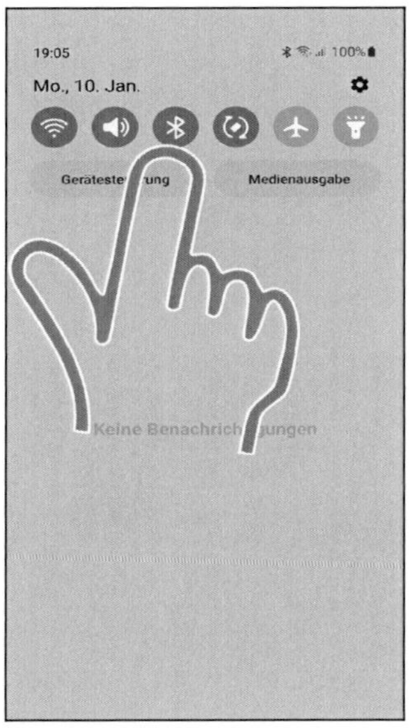

❶❷ Sobald Sie ✱ aus dem Benachrichtigungsfeld aktivieren, erscheint das Popup-Menü. Während dieses aktiv ist, können andere Geräte mit Ihrem Galaxy koppeln. Sollte Bluetooth bereits aktiv sein, dann betätigen Sie sie die ✱-Schaltleiste einfach zweimal hintereinander, um das Popup zu erhalten (beim ersten Antippen wird Bluetooth ausgeschaltet, beim zweiten Mal wieder aktiviert).

Auf anderen Bluetooth-Geräten wird Ihr Hand, je nach Modell, als »*S23*«, »*S23+*« oder »*S23 Ultra*« anzeigt. Sie können diesen Namen einfach, wie im Kapitel *35.3.1 Geräteinformationen* beschrieben, ändern.

❶❷ Verwenden Sie die *Scannen*-Schaltleiste, um nach zu koppelnden Bluetooth-Geräten zu suchen. Meist ist dies allerdings nicht nötig, weil das Bluetooth-Menü bereits beim Aufruf nach Bluetooth-Geräten sucht und sie anzeigt.

31.2.2 Koppeln aus den Einstellungen

Das Koppeln aus den Einstellungen ist nicht so bequem wie direkt im Benachrichtigungsfeld, bietet aber mehr Optionen.

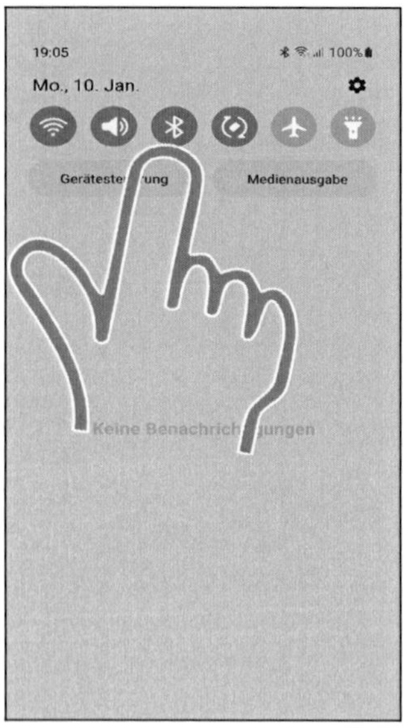

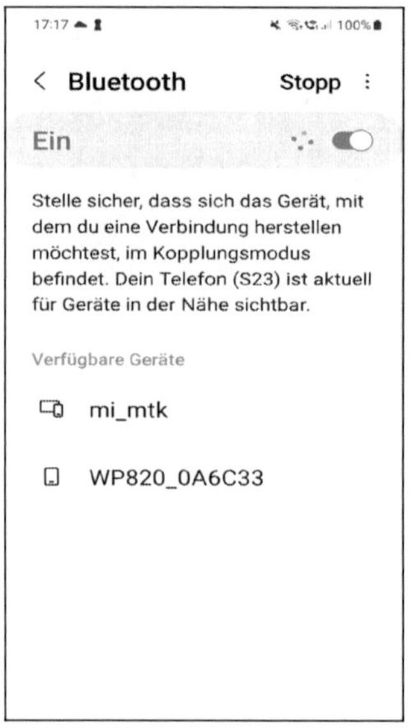

❶❷ Öffnen Sie das Benachrichtigungsfeld, tippen und halten Sie die ᛒ-Schaltleiste, bis der Bluetooth-Bildschirm erscheint.

Solange Sie sich im Bluetooth-Bildschirm befinden, können anderen Geräte mit Ihrem Galaxy koppeln. Verwenden Sie die *Scannen*-Schaltleiste, um nach zu koppelnden Bluetooth-Geräten zu suchen. Meist ist dies allerdings nicht nötig, weil das Bluetooth-Menü bereits beim Aufruf nach Bluetooth-Geräten sucht und sie anzeigt.

31.3 Bluetooth-Headset / Freisprecheinrichtung verwenden

Bluetooth eignet sich besonders gut für den Betrieb von drahtlosen Headsets. In unserem Beispiel verwenden wir ein Headset von Samsung (Modell HM1100). Es funktionieren aber natürlich auch Headsets fast aller anderen Hersteller, zum Beispiel von Motorola oder Hama.

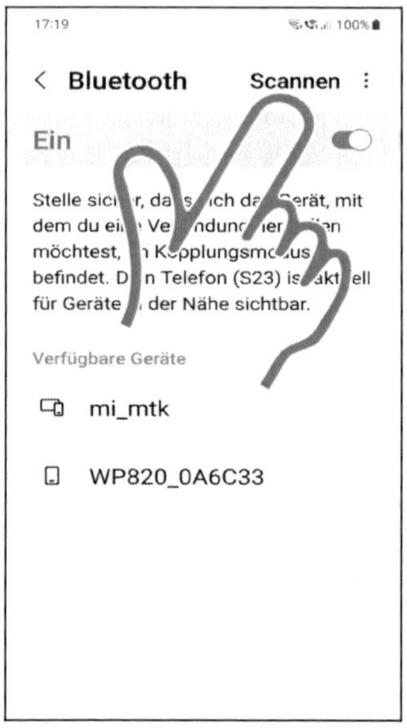

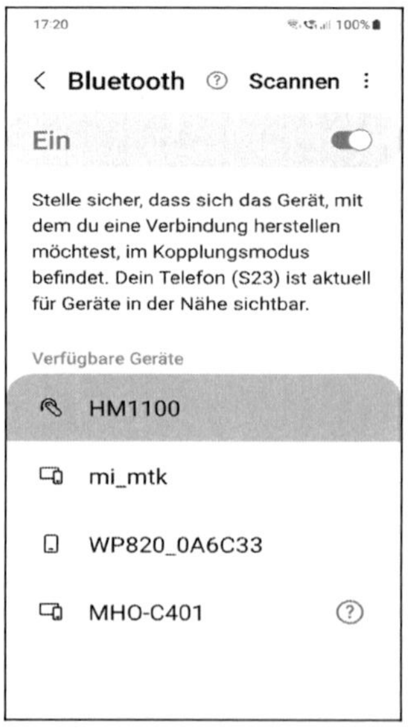

❶❷ Gehen Sie, wie im vorherigen Kapitel beschrieben, in den *Bluetooth*-Bildschirm. Rufen Sie gegebenenfalls *Scannen* auf, falls das Headset dort nicht bereits in der Liste der gefundenen Geräte angezeigt wird. Nach einigen Sekunden wird die Freisprecheinrichtung gefunden und angezeigt. Tippen Sie deren Namen an. Das folgende Popup schließen Sie mit *OK*.

❸ Das Galaxy meldet nun »*Für Anrufe verbunden*« beim Headset.

Auf dem Headset müssen Sie zuvor in den Kopplungs-Modus schalten, beim Samsung HM1100 beispielsweise, indem Sie die Sprechtaste mehrere Sekunden drücken. Eine LED blinkt dann blau.

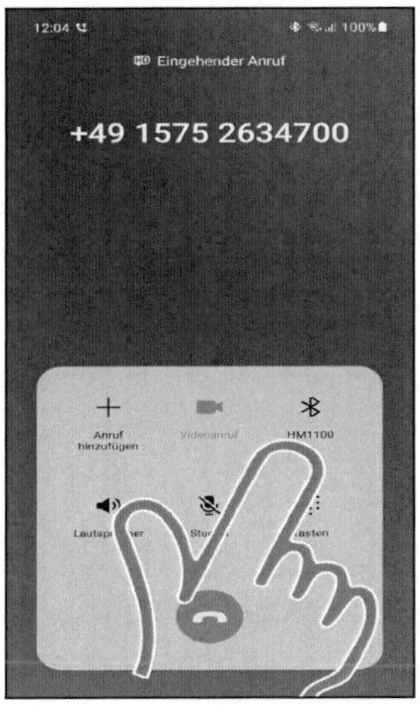

❶ Geht jetzt ein Anruf ein, können Sie ihn wie gewohnt, oder alternativ über die Sprechtaste des Bluetooth-Headsets, entgegennehmen.

❷ Zwischen Telefon-Lautsprecher und Headset schalten Sie jederzeit mit der *Bluetooth*-Schaltleiste (Pfeil) um.

Wenn Sie das Headset ausschalten, wird natürlich auch automatisch die Bluetooth-Verbindung zum Galaxy beendet. Umgekehrt baut das Headset beim Einschalten automatisch wieder die Bluetooth-Verbindung auf.

Sehr Praktisch ist die Verwendung von Bluetooth-Freisprecheinrichtungen, die es bereits ab 20 Euro für den nachträglichen Einbau ins Auto gibt. Verlassen Sie das Auto mit Ihrem Handy, so wird automatisch die Bluetooth-Verbindung abgebaut, beim Einsteigen wieder aufgebaut. Sie brauchen also nicht die Freisprecheinrichtung jeweils ein/auszuschalten. Wichtig ist nur, daran zu denken, dass die Bluetooth-Verbindung auch dann aktiv ist, wenn Sie einige Meter neben dem Auto stehen – eingehende Anrufe laufen dann über die Freisprecheinrichtung.

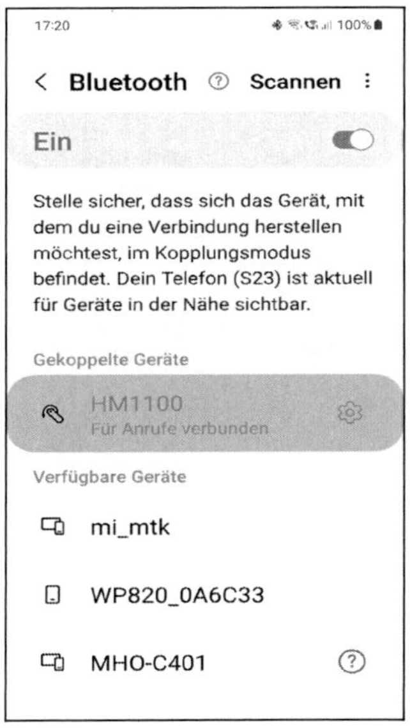

❶❷ So heben Sie die Verbindung mit dem Headset auf: Tippen Sie mit dem den Finger kurz auf das Bluetooth-Headset in der Geräteauflistung. Alternativ können Sie natürlich auch einfach das Headset ausschalten.

❶❷ Weitere Funktionen erhalten Sie nach Antippen der ⚙-Schaltleiste:

- *Anrufe*: Das vom gekoppelten Bluetooth-Gerät unterstützte Bluetooth-Profil.
- *Umbenennen*: Vergibt dem verbundenen Bluetooth-Gerät einen neuen Namen.
- Trennen: Verbindung beenden. Mit *Verbinden* können Sie die Verbindung jederzeit erneut herstellen.
- *Entkoppeln*: Beendet die Bluetooth-Verbindung, sodass keine Daten mehr zwischen den beiden Geräten übertragen werden können. Für eine erneute Datenverbindung können Sie allerdings eine erneute Kopplung durchführen.

31.4 Bluetooth-Audio

Sie können unterwegs zwar über den Handy-Lautsprecher Musik hören (beispielsweise über YouTube, siehe Kapitel *22.3 YouTube* oder YouTube Music, siehe Kapitel *19 Musik*), wir empfehlen für diesen Zweck aber Bluetooth-Lautsprecher. Diese besitzen in der Regel einen eigenen Akku und haben den Vorteil, dass man sie beliebig im Haus positionieren kann. Vernünftige Bluetooth-Lautsprecher ab ca. 30 Euro bieten einen besseren Klang und sind lauter als das Handy. Einige Exemplare bieten weitere Features wie eine Telefon-Freisprechfunktion, eine Lademöglichkeit für das Handy oder sind wasserdicht für den Außeneinsatz.

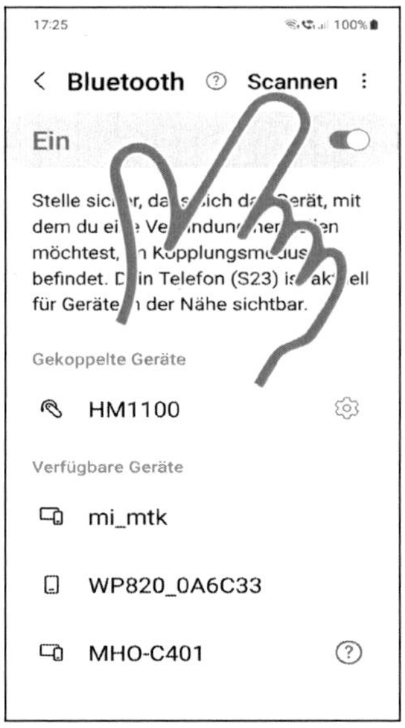

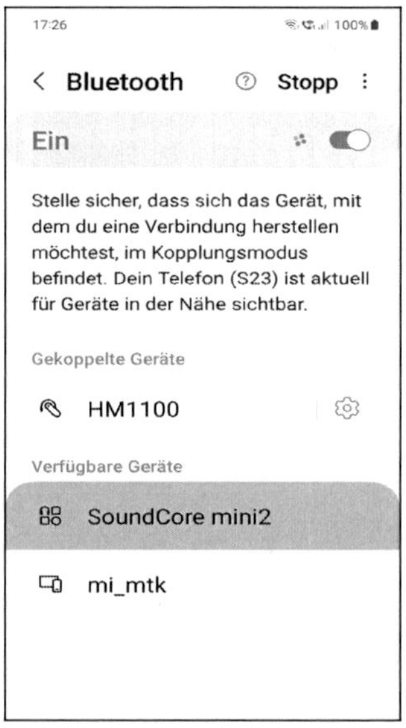

❶ Gehen Sie in den Bluetooth-Bildschirm und betätigen Sie *Scannen* (Pfeil), sofern die Bluetooth-Box nicht bereits gefunden wurde.

❷ Tippen Sie kurz den gefundenen Eintrag, in unserem Beispiel *SoundCore mini2,* an, worauf die Verbindung hergestellt wird.

❸ Bestätigen Sie mit *OK*.

Meistens zeigt eine LED an der Bluetooth-Box die Kopplungsbereitschaft an. Beachten Sie dazu auch das Handbuch zu Ihrer Bluetooth-Box.

❶❷ Zum Deaktivieren der Audioausgabe über Bluetooth schalten Sie entweder die Bluetooth-Box aus, entfernen sich aus dessen Empfangsreichweite oder schalten Bluetooth am Handy aus. Alternativ gehen Sie auf ⚙ und deaktivieren dann das Abhakkästchen bei *Audio* (Medienwiedergabe). Aktivieren Sie es später wieder, damit die Audioausgabe erneut über Bluetooth läuft.

Viele Bluetooth-Boxen unterstützen auch eine Freisprechfunktion. Wenn Sie dies nicht wünschen, müssen Sie *Anrufe* deaktivieren.

32. Tipps & Tricks

Das Galaxy lässt sich einfach in Betrieb nehmen und nutzen. Mit der Zeit werden Sie allerdings auf einige Eigenarten stoßen, auf die wir in diesem Kapitel eingehen.

32.1 Das Speicherlimit von Google

Vorweg gesagt: Falls Sie Ihr Handy hauptsächlich zum Telefonieren nutzen, müssen Sie sich nicht mit diesem Kapitel auseinander setzen. Verwenden Sie dagegen intensiv Gmail für Ihre E-Mails (siehe Kapitel *11 Gmail*) oder erstellen Sie viele Fotos/Videos mit der Kamera-Anwendung (siehe Kapitel *17 Kamera*), dann müssen Sie sich dagegen früher oder später mit dem Speicherplatz auseinander setzen.

Zusammen mit Ihrem Google-Konto (siehe Kapitel *23 Das Google-Konto*) erhalten Sie 15 GB (Gigabyte) Speicherplatz auf den Google-Servern. Dieser wird von allen Google-Anwendungen (Gmail, Kontakte, Google Fotos, Google Maps, Chrome-Webbrowser, Google Drive...) auf Ihrem Handy genutzt.

Achtung: Es ist zu unterscheiden zwischen dem **Gerätespeicher**, der bei Ihrem Handy – je nach Modellvariante 128 bis 512 GB (Gigabyte) beträgt – und dem **Speicherplatz Ihres Google-Kontos auf den Google-Servern**.

Die Datenspeicherung auf den Google-Servern läuft permanent automatisch im Hintergrund ab, weshalb Sie sich nicht damit beschäftigen müssen. Für Sie hat dies den angenehmen Effekt, dass Ihre Daten nicht verlorengehen können. Wenn Sie beispielsweise Ihr Handy verlieren oder es kaputt geht, kaufen Sie einfach ein neues und melden sich dort mit Ihrem Google-Konto bei der Ersteinrichtung an. Die Daten werden dann automatisch auf dem Handy wieder hergestellt.

Übrigens ist auch der Betrieb von mehreren Handys/Tablets mit einem Google-Konto möglich. Einzige Voraussetzung: Alle Geräte müssen Android als Betriebssystem verwenden. Wenn Sie nun auf einem Gerät beispielsweise einen neuen Kontakt im Telefonbuch anlegen, erscheint dieser auch auf allen anderen Geräten. Nicht unterstützt werden vom Google-Konto die Anwendungen von Samsung und Dritten, das heißt beispielsweise, Notizen von Samsung Notes (siehe Kapitel *22.4 Samsung Notes*) fallen nicht unter die Sicherung.

Wie erwähnt, stehen für Ihre Daten 15 GB (Gigabyte) Speicher zur Verfügung, die sich alle Google-Anwendungen teilen.

32.1.1 Speicherplatzinfo

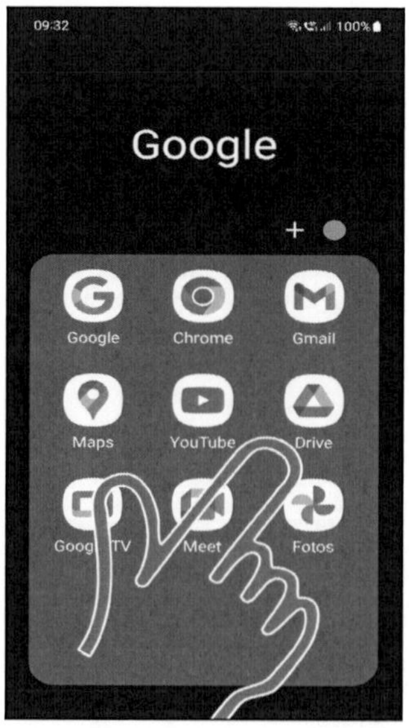

❶❷ So überprüfen Sie, wieviel Speicher im Google-Konto belegt ist: Im Hauptmenü gehen Sie auf *Google* und rufen *Drive* auf.

❸ Öffnen Sie das Ausklappmenü.

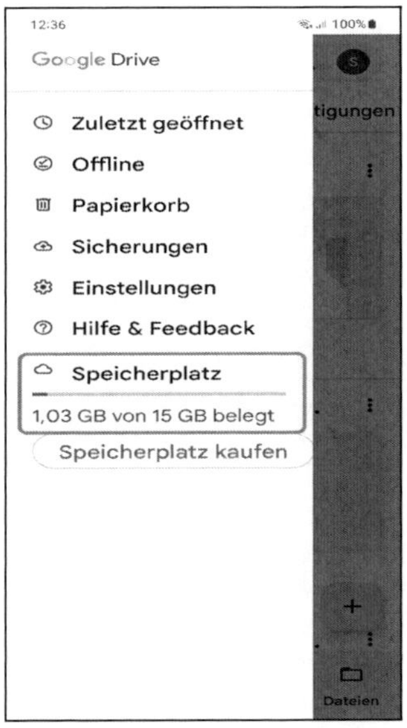

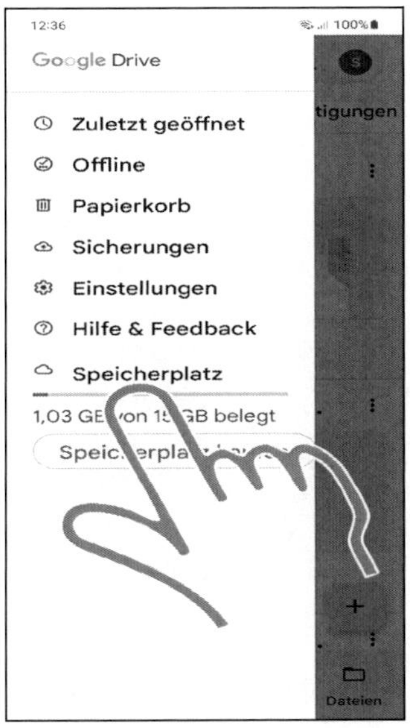

❶ In unserem Beispiel sind vom Google-Speicher bereits 1,03 GB belegt.

❷❸ Antippen des Speicherhinweises öffnet eine Übersicht, in der Google die Anwendungen mit ihrem Speicherverbrauch auflistet. Unter *Weitere Informationen zum Verwalten von Speicherplatz* gibt Ihnen Google Hinweise, wie Sie Speicher in den Anwendungen Gmail, Google Drive und Google Fotos wieder freigeben.

Unser Tipp: Damit Sie niemals in Speicherplatznöte beim Google-Konto geraten, sollten Sie nicht mehr benötigte E-Mails in Gmail (siehe Kapitel *11 Gmail*) immer sofort nach Kenntnisnahme löschen. Insbesondere E-Mails mit Dateianhängen (siehe Kapitel *11.1.2 Dateianlagen*) sind richtige Speicherfresser! Verzichten Sie auf die im Kapitel *11.2.4 Archivieren* vorgestellte Funktion.

32.1.2 Google One

Für die wenigsten Anwender dürfte das Angebot der hier vorgestellten Speicherplatzerweiterung Sinn machen. Zu Preisen zwischen 1,99 bis 9,99 Euro pro Monat lässt sich der Google-Speicherplatz auf 100 GB bis 2000 GB erweitern.

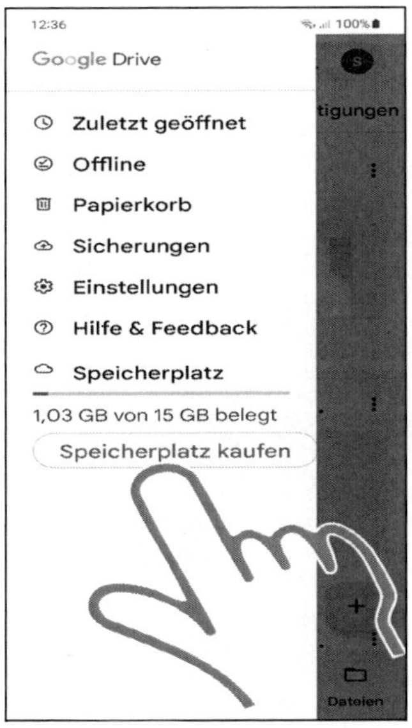

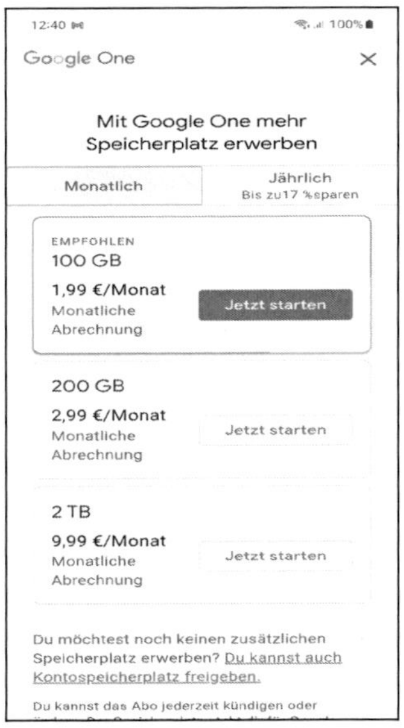

❶ Rufen Sie, wie im vorherigen Kapitel beschrieben, Google Drive auf und öffnen Sie das Ausklappmenü.

❷ Gehen Sie auf *Speicherplatz kaufen.*

❸ Wählen Sie einen Tarif und danach die Zahlungsmethode aus.

32.1.3 Speicherfunktion von Google Fotos ausschalten

Neben dem im Kapitel *18 Galerie* beschriebenen Bildanzeiger ist auf Ihrem Galaxy auch die Anwendung »Google Fotos« vorinstalliert. Wir haben auf eine Beschreibung von Google Fotos in diesem Buch verzichtet, weil das Programm keinen Mehrwert im Vergleich zur Galerie-Anwendung bietet. Wenn Sie möchten, können Sie Google Fotos natürlich trotzdem nutzen. Wichtig ist dann aber, die automatische Speicherung im Google-Konto zu deaktivieren.

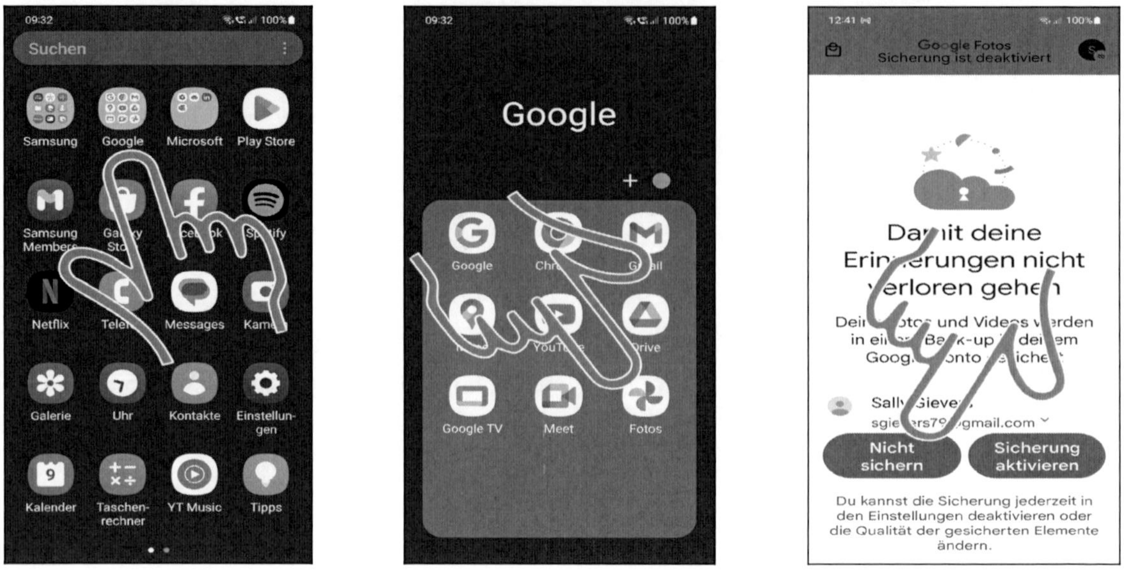

➊➋ Sie rufen Google Fotos im *Google*-Ordner unter *Fotos* auf.

➌ Sofern Sie das Programm zum ersten Mal nutzen, erscheint ein Popup, das Sie mit *Nicht sichern* schließen. Sie können nun das Programm verlassen.

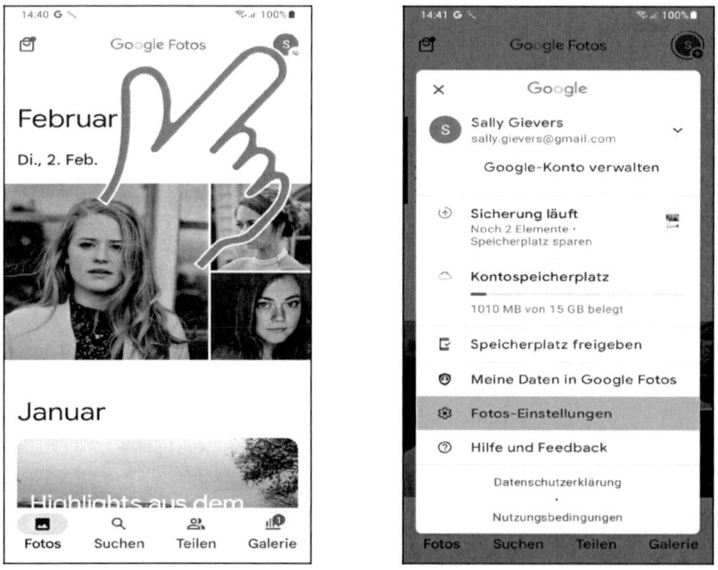

➊ Falls direkt nach dem Start die Benutzeroberfläche von Google Fotos erscheint, haben Sie die Anwendung bereits mal genutzt. In diesem Fall tippen Sie auf das runde Kontosymbol.

➋ Wählen Sie *Fotos-Einstellungen.*

❶❷ Gehen Sie auf *Backup & Sync* und deaktivieren Sie *Backup & Sync.*

32.2 Eigene Klingel- und Benachrichtigungstöne

Standardmäßig bietet das Galaxy nur eine kleine Auswahl an Klingel- und Benachrichtigungs-signalen. Sie dürfen aber weitere Audiodateien installieren.

32.2.1 Einrichtung über den PC

Schließen Sie das Galaxy am PC an (siehe auch Kapitel *29 Gerätespeicher*). Wählen Sie als Gerät *Phone* aus.

Sie finden folgende Verzeichnisse vor:

- *Ringtones*: Für Klingeltöne (siehe Kapitel *6.4.2 Klingelton und Klingeltonlautstärke*)
- *Notifications*: Für Benachrichtigungen (Kalender, neue Nachrichten)
- *Alarms*: Für den Alarm (siehe Kapitel *22.6.1 Alarm*)

Kopieren Sie nun Audiodateien in die entsprechenden Verzeichnisse.

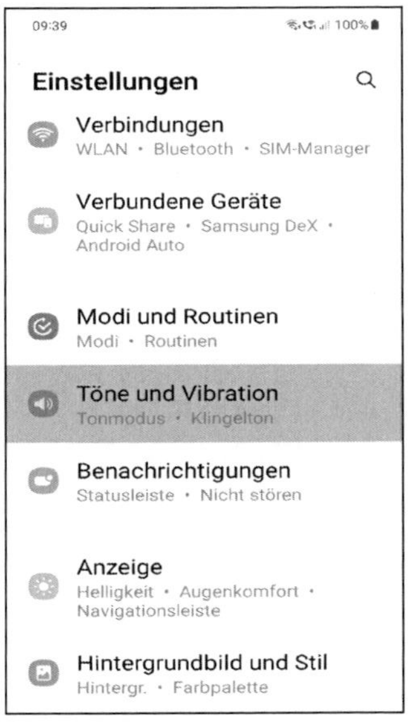

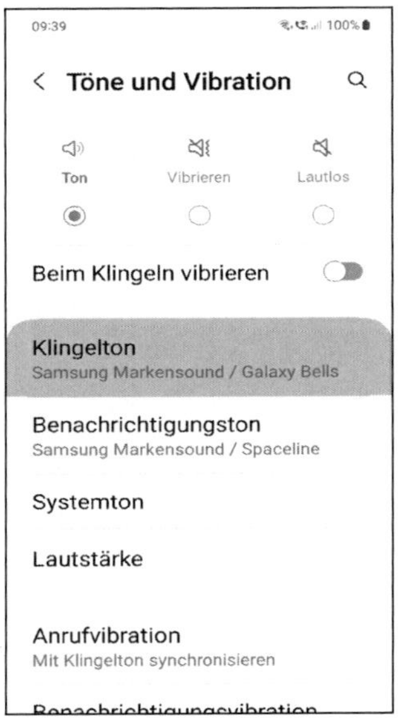

❶ Die neuen Klingel- und Benachrichtigungstöne lassen sich nun verwenden (siehe Kapitel *6.4.2 Klingelton und Klingeltonlautstärke*): Gehen Sie dazu im Hauptmenü in die *Einstellungen.*

❷❸ Wählen Sie *Töne und Vibration/Klingelton*.

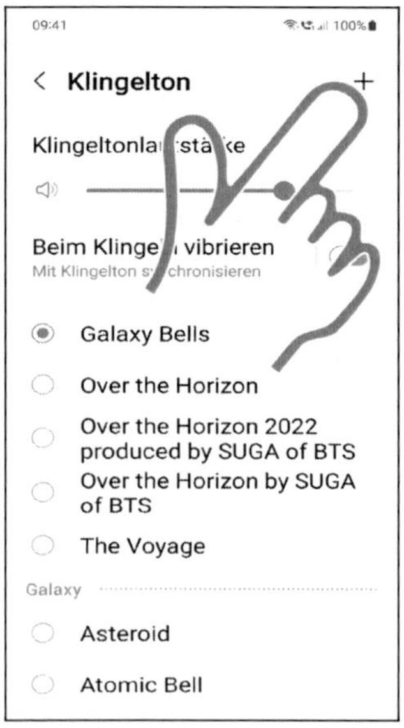

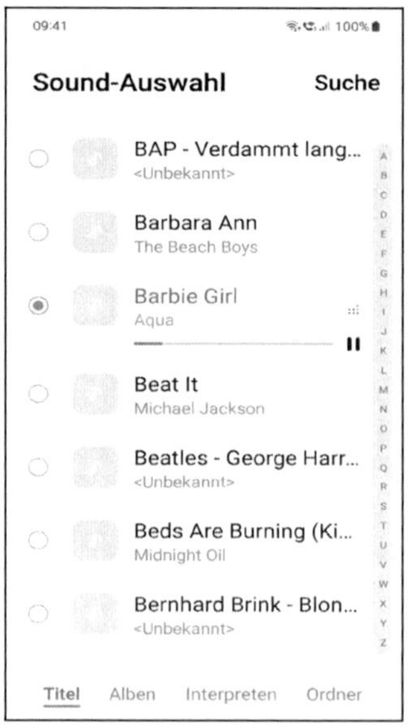

❶❷ Stellen Sie den gewünschten Klingelton ein. Alternativ können Sie hier auch über die +-Schaltleiste einen Song, der sich an beliebiger Stelle im Gerätespeicher befinden darf, als Signalton einstellen.

32.3 Zip-Dateien

Auf dem PC sind Zip-Archive, die mehrere Dateien und Verzeichnisse komprimiert speichern, Standard. Zip-Archive, die Sie an der Dateiendung ».zip« erkennen, werden häufig für im Internet angebotene Downloads verwendet, das heißt, wenn Sie häufig Dateien mit Ihrem Webbrowser herunterladen, dürften Sie früher oder später auch auf Zip-Dateien stoßen. Der mitgelieferte Datei-Manager kann diese entkomprimieren.

❶ Beispiel: Sie haben in Gmail eine E-Mail erhalten, die eine Zip-Datei als Dateianhang enthält (die Gmail-Anwendung beschreibt Kapitel *11 Gmail*). Tippen Sie die Datei an.

❷ Nach dem Herunterladen öffnet sich der Datei-Manager, worin Sie *Entpacken* betätigen.

❸ Im Popup bestätigen Sie den Vorgang mit *Entpacken.*

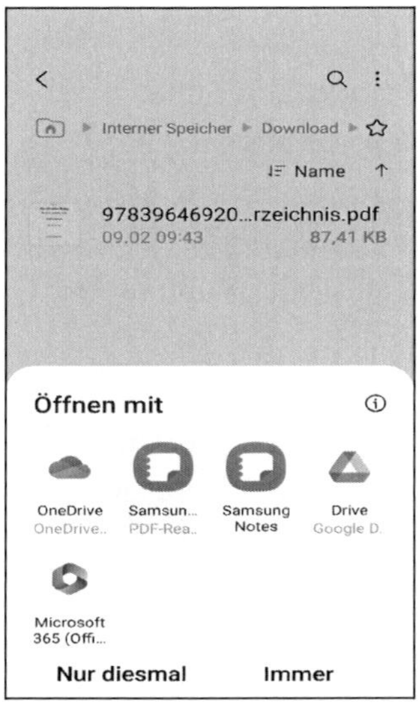

❶ Das Handy zeigt das Verzeichnis an, in dem sich die Datei befindet. Tippen Sie sie an.

❷❸ Häufig sind mehrere Anwendungen vorinstalliert, die diese Dateiart öffnen können (darauf gehen wir noch im nächsten Kapitel ein). Wählen Sie eine davon aus und betätigen Sie *Immer*.

32.4 Handy verloren oder geklaut – was nun?

Vorsorge ist immer die beste Versicherung, um das eigene Handy oder Tablet wiederzubekommen, wenn Sie es irgendwo mal liegen lassen oder es gestohlen wird. Wichtig ist erst einmal, dass ein ehrlicher Finder, beziehungsweise die Polizei die Möglichkeit hat, Sie zu kontaktieren. Zwar lassen sich auf dem Galaxy die Kontaktdaten so einstellen, dass sie beim Einschalten angezeigt werden, ist der Akku aber leer, bringt dies dem Finder auch nichts. Wir bringen deshalb auf unseren elektronischen Geräten, die wir unterwegs dabei haben, Adressaufkleber mit unseren Kontaktdaten an. Beim Galaxy ist dies leider mit einem Risiko verbunden, da der Kleber eventuell mit dem Plastikgehäuse reagiert. Entfernt man den Aufkleber später, beispielsweise weil man das Handy weiterverkaufen will, bleibt ein verfärbter Bereich sichtbar. Die meisten Anwender dürften sich aber für unterwegs ohnehin eine Schutzhülle anschaffen, sodass dort ohne Probleme ein Adressaufkleber angebracht werden kann.

32.4.1 Datenschutz

Ein weiteres wichtiges Thema ist der Schutz Ihrer persönlichen Daten auf dem Handy. Ein Finder/Dieb könnte nämlich zum Beispiel Folgendes:

- Kontakte und Termine ändern oder löschen.
- Die im Webbrowser gespeicherte Formulardaten, zum Beispiel das Login von Ebay oder einer Shopping-Website ausnutzen, um Käufe in Ihrem Namen durchzuführen.
- Diffamierende E-Mails oder SMS in Ihrem Namen über die E-Mail/Nachrichten-Anwendung verschicken.
- Nach peinlichen SMS, E-Mails, Fotos oder Videos suchen und diese im Web oder anderswo veröffentlichen.
- Sex-Hotlines oder sonstige teure 0900er-Premiumnummern über Ihre SIM-Karte anrufen.
- Im Google Play Store über Ihre dort gespeicherte Kreditkarte fröhlich Ihr Geld für teure Software ausgeben (nur möglich, wenn Sie Ihr Google-Konto-Passwort dort gespeichert haben).

An dieser Stelle wollen wir erst gar nicht über den Einsatz Ihres Android-Handys in einem sensiblen Firmenbereich reden. Das Galaxy speichert viele Daten wie Kontakte, Termine, Browser-Lesezeichen, usw. auf Google-Server, auf die amerikanische Behörden problemlos Zugriff haben. Es soll auch Firmen geben, die Software anbieten, um abgesicherte Geräte auszulesen, wozu nur der physische Zugriff auf das Gerät nötig ist (zum Beispiel auf Flughäfen bei der

Zollkontrolle). Natürlich lässt sich das Galaxy auch ohne Google-Konto (und damit ohne Google-Server) nutzen, dann könnte man sich aber auch genauso gut ein Notizblock zulegen.

Damit es Diebe nicht zu einfach haben, hier einige Tipps:

- Aktivieren Sie in *Einstellungen/Sperrbildschirm/Sperrbildschirmtyp* die Gerätesperre (Muster, PIN, Passwort oder Fingerabdruck). An die Daten in Ihrem Gerätespeicher kommt dann der Dieb nicht heran (siehe Kapitel *30.2 Gerätesperre*).
- Den Google Play-Store können Sie mit einer PIN in dessen Einstellungen absichern. Käufe sind dann erst nach PIN-Eingabe möglich.
- *Einstellungen/Biometrische Daten und Sicherheit/Andere Sicherheitseinstellungen/SIM-Sperre einrichten* stellt die SIM-Kartensperre ein, sodass ein Dieb Ihre SIM-Karte nicht einfach entnehmen und in seinem Handy für teure Anrufe nutzen kann. Stattdessen wird der Dieb an der Abfrage der SIM-PIN scheitern.
- Aktivieren Sie *Einstellungen/Biometrische Daten und Sicherheit/Find My Mobile* und schalten Sie in dem Menü *Letzten Standort senden* ein (siehe Kapitel *30.5 Maßnahmen gegen Diebstahl*). Probieren Sie danach unbedingt die Find my Mobile-Website aus, damit Sie im Schadensfall schnell reagieren können.
- Notieren Sie sich die IMEI Ihres Handys (in der Telefonoberfläche des Handys **#06#* eingeben) und schreiben Sie diese am besten auf Ihre Rechnung für das Gerät, sofern sie dort nicht bereits aufgeführt ist. Bei einer Diebstahlsmeldung können Sie die IMEI dann mit angeben.

Der Diebstahl/Verlust ist eingetreten:

Abhängig von der Situation, also wenn Sie nicht sicher sind, ob die zuvor aufgeführten Sicherheitsmaßnahmen greifen, gehen Sie wie folgt vor:

- Rufen Sie sich selbst an. Sind Sie mit mehreren Personen vor Ort, sollten diese zuvor ausschwärmen lassen, damit das Handy schnell lokalisiert wird. Ein markanter Klingelton ist da natürlich hilfreich. Der Selbstanruf ist auch von der Find my Mobile-Website (siehe Kapitel *30.5 Maßnahmen gegen Diebstahl*) möglich, wobei auch ein auf lautlos gestelltes Gerät mit voller Lautstärke klingelt.
- Loggen Sie sich auf der Google-Website in Ihr Google-Konto ein und ändern Sie Ihr Passwort.
- Erstatten Sie Anzeige bei der Polizei (den Polizei-Beleg benötigen Sie eventuell, damit Ihre Versicherung den Verlust erstattet). Eventuell hat sich dort auch schon der ehrliche Finder gemeldet.
- In Hotels, Bahnhöfen, Flughäfen gibt es extra Fundbüros, vielleicht hat dort jemand zwischenzeitlich das Gerät abgegeben.
- Lassen Sie beim Mobilnetzbetreiber Ihre SIM-Karte sperren.
- Falls Sie sich nach einiger Zeit sicher sind, dass Sie das Gerät nicht wieder erhalten, beziehungsweise wenn wichtige Daten drauf sind, die nicht in falsche Hände geraten sollen, führen Sie über die Find My Mobile-Website die Fernlöschung durch.

32.4.2 Schutz von Firmendaten

Im Jahr 2013 wurde bekannt, dass amerikanische Geheimdienste systematisch Telefon- und Internetdaten sammeln. Unterstützt werden sie dabei von praktisch allen im Internetgeschäft aktiven Unternehmen, darunter Google und Microsoft, die dafür spezielle Abhörschnittstellen bereitstellen. Weil auch die amerikanischen Betreiber der sogenannten Internetbackbones den Geheimdiensten helfen, können Sie davon ausgehen, dass alle Daten, die irgendwie durch die USA fließen, aufgezeichnet und ausgewertet werden.

Auch außerhalb der Vereinigten Staaten ist man nicht sicher, denn die britischen und französischen Geheimdienste sind natürlich ebenfalls im Lauschgeschäft aktiv. Offiziell dienen die beschriebenen Aktivitäten zwar der Terrorabwehr, laut Geheimdienstquellen profitieren von den gesammelten Informationen aber auch verschiedene Großunternehmen.

Wir empfehlen deshalb Unternehmen, auf die sogenannten Cloud-Dienste, bei denen Informationen auf Internetservern abgelegt und abgerufen werden, entweder zu verzichten oder besondere Sicherungsmaßnahmen zu ergreifen. Hilfreich sind Cloud-Dienste, deren Server ausschließlich in Deutschland stehen. Es sollte klar sein, dass Sie die Google-Dienste (Google-Konto) ebenfalls nicht nutzen dürfen, da Ihre Kontakte, Termine, Fotos, Webbrowser-Favoriten, Fotos, Bewegungsprofile (Google Maps, Google-Anzeigen mit Ortsauswertung in kostenlosen Programmen aus dem Play Store) usw. den US-Geheimdiensten praktisch auf dem Servierteller gereicht werden. Sofern Sie den Google-Speicher Drive nutzen, sollten Sie die hochgeladenen Dateien erst mit Verschlüsselungssoftware behandeln.

Erwähnenswert ist auch die Möglichkeit der Grenzbeamten in Großbritannien und den USA, anlasslos Daten von Notebook, Tablets oder Handys herunterzukopieren.

32.5 Anwendungen als Standard

Sie haben wahrscheinlich zu diesem Zeitpunkt schon einige dutzend Programme aus dem Google Play Store (siehe Kapitel *25.1 Play Store*) installiert. Häufig überlappen sich dabei die Programmfunktionen, beispielsweise unterstützen viele Anwendungen PDF, Word- oder Excel-Dokumente.

Wenn Sie auf dem Galaxy eine Funktion auslösen, für die mehrere Anwendungen in Frage kämen, fragt das Gerät nach. Im Fall einer Word-Datei, die Sie in einer E-Mail antippen, erscheint eine Rückfrage. Wählen Sie dann das gewünschte Programm aus und betätigen Sie *Immer*. Künftig wird der Dateityp jeweils immer in der gewählten Anwendung geöffnet.

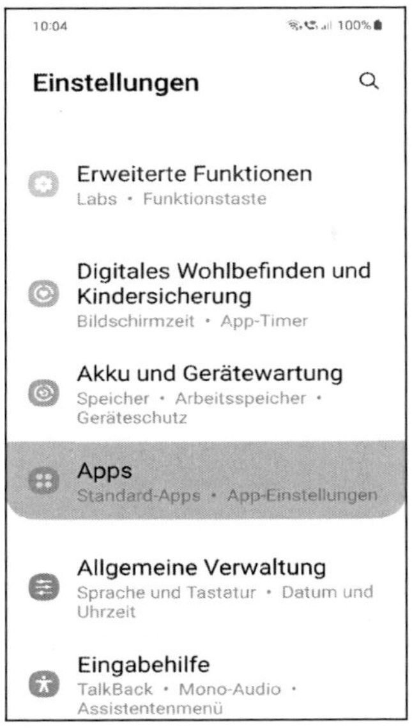

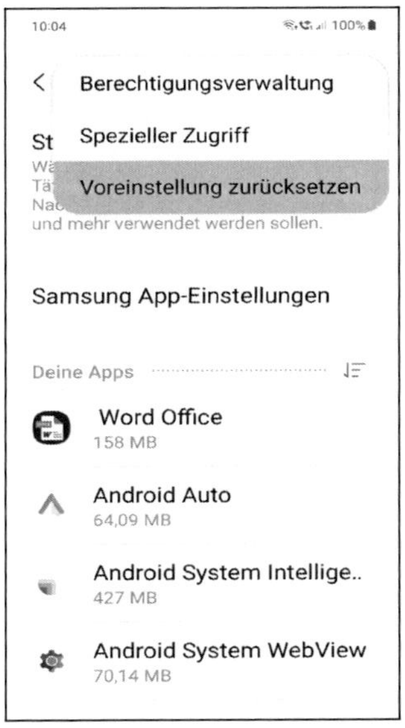

❶ So setzen Sie die oben erwähnte *Immer*-Voreinstellung wieder zurück: Gehen Sie *Einstellungen* im Hauptmenü.

❷ Wählen Sie *Apps* aus.

❸ Der Einfachheit halber setzen wir alle Standardwerte zurück, was über ⁝/*Voreinstellung zurücksetzen* geschieht. Schließen Sie den Warnhinweis mit *Zurücksetzen*.

32.6 Akkulaufzeit erhöhen

Mit einigen kleinen Kniffen erhöhen Sie die Akkulaufzeit Ihres Galaxy-Handys:

- Wenn Sie keine GPS-Positionsbestimmung benötigen, deaktivieren Sie diese durch Ausschalten in den *Einstellungen* unter *Verbindungen/Standort.*
- Gleiches gilt auch für WLAN oder Bluetooth, die Sie bei Nichtverwendung im Benachrichtigungsfeld deaktivieren.
- Passen Sie über den Helligkeitsregler im Benachrichtigungsfeld die Displaybeleuchtung an. Das Display ist die Handy-Komponente mit dem höchsten Stromverbrauch.
- Die Displayabschaltdauer stellen Sie in den *Einstellungen* unter *Anzeige/Bildschirm-Timeout* ein.
- Der im Kapitel *32.8 Energiesparmodi* vorgestellte Energiesparmodus kann ebenfalls die Akkulaufzeit positiv beeinflussen.
- Widgets im Startbildschirm (siehe Kapitel *4.7.2 Widgets*) dienen dazu, immer aktuelle Infos für den Anwender bereit zustellen, laden dafür aber teilweise in regelmäßigen Abständen Daten aus dem Internet (beispielsweise bei Newstickern). Reduzieren Sie die Aktualisierungshäufigkeit in den Einstellungen des Widgets oder löschen Sie nicht benötigte Widgets vom Startbildschirm).
- Beenden Sie alle Anwendungen und Spiele, wenn Sie sie nicht nutzen (mit der <-Taste, sofern es keine andere Beendigungsoption gibt).

Im Handel sind sogenannte Power-Packs erhältlich, die aus einem großen Akku bestehen, an die Sie Ihr Handy zum Nachladen anschließen. Ein Power-Pack reicht – je nach Kapazität – für mehrere Ladungen, bevor sie das Power-Pack selbst an einer Steckdose aufladen müssen.

Einen großen Einfluss hat auch das Mobilfunknetz. Befinden Sie sich an einem Standort mit schlechten Empfang (oben rechts in der Titelleiste werden nur ein oder zwei Balken für die Empfangsstärke angezeigt), dann versucht das Handy mit verstärkte Leistung zu senden, was die Akkulaufzeit reduziert. Wir empfehlen dann:

- Falls möglich, wechseln Sie den Standort. In Gebäuden ist der Empfang in Fensternähe oder in einem höheren Stockwerk meist besser.
- Befinden Sie sich längerfristig an einem Ort mit schlechtem Mobilfunkempfang, dann sollten Sie solange den Flugmodus aktivieren (sofern Sie weder telefonieren noch das Internet nutzen müssen). Den Flugmodus beschreibt Kapitel *9.2.2 Mobilfunk-Internet aktivieren/deaktivieren*.
- Vermeiden Sie Telefonate bei schlechtem Mobilfunkempfang. Nicht nur reduzieren Sie damit die Akkulaufzeit erheblich, sondern Sie setzen sich unnötigem Elektrosmog aus. Ein eindeutiger Einfluss von elektromagnetischen Wellen auf die Gesundheit wurde bisher allerdings noch nicht nachgewiesen.

32.6.1 Akku-Lebensdauer

Der Akku in Ihrem Handy bestimmt die Nutzungsdauer Ihres Handys, denn er verliert nach einigen Jahren deutlich an Kapazität. Sie müssen dann Ihr Handy häufiger am Tag aufladen. Ab einem gewissen Kapazitätsverlust werden Sie den Akku ersetzen wollen.

Leider können Sie den fest verbauten Akku nicht selbst tauschen, sondern müssen sich an einen Spezialisten wenden: Im Internet bieten neben den von Samsung autorisierten Service-Centern (siehe *www.samsung.com/de/support/service-center*) auch zahlreiche weitere Unternehmen den Akkuaustausch an. Wegen der damit verbundenen Kosten werden Sie aber eher das alte Handy zum Elektrorecycling geben und sich ein neues Gerät kaufen.

Ob Sie mit dem Aufladen des Handy-Akkus warten, bis das Handy sich wegen niedrigem Akkustand abschaltet oder regelmäßig zwischendurch aufladen, spielt übrigens bei der Akkulebensdauer keine Rolle. Die im Akku verbaute Li-Ion-Technik ist nämlich nicht mit den alten NiCad- oder NiMH-Zellen zu vergleichen, die durch falsche Handhabung beim Laden deutlich Kapazität verlieren (sogenannter Memory-Effekt).

32.7 Screenshots (Bildschirmkopien)

In jeder beliebigen Anwendung dürfen Sie einen Screenshot (Bildschirmkopie) erstellen.

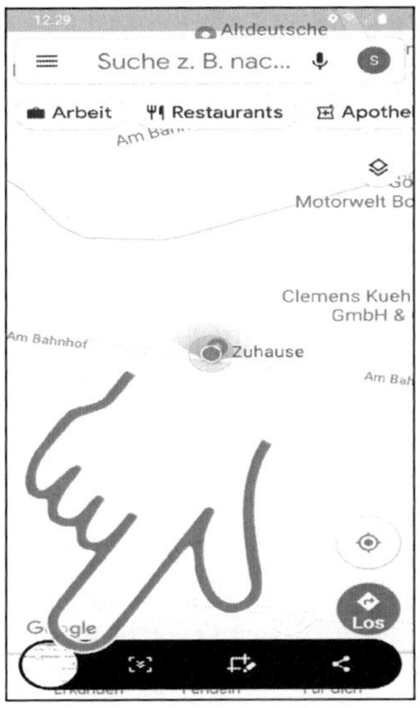

❶ Drücken Sie in der Anwendung, von der Sie einen Screenshot erstellen möchten, für einige Sekunden gleichzeitig den Ein/Ausschalter und die Lautstärke-leiser-Taste (linke Geräteseite). Ein aufblitzender Rahmen informiert über den erfolgreichen Vorgang. Am unteren Bildschirmrand erscheint für einige Sekunden eine schwarze Leiste:

- (Vorschaubild): Öffnet den Screenshot in einem Bildanzeiger (❷). Wählen Sie *Galerie* aus und betätigen Sie *Immer.*
- [⇣]: Durchrollender Bildschirm: Screenshot von größerem Bildschirmausschnitt erstellen. Tippen und halten Sie diese Schaltleiste, bis der gewünschte Bildschirmbereich erfasst wurde.
- ✎: Screenshot bearbeiten.
- <: Screenshot versenden.

Die Screenshot-Bilder finden Sie im Gerätespeicher im Verzeichnis *DCIM\Screenshots.*

32.8 Energiesparmodi

Nicht immer hat man Zeit und Gelegenheit, den Akku des Galaxy zeitnah aufzuladen. Für solche Notfälle können Sie den Energieverbrauch reduzieren.

Beachten Sie auch Kapitel *32.6 Akkulaufzeit erhöhen*, das auf weitere Energiesparmöglichkeiten am Handy eingeht.

Wir raten wegen des damit verbundenen Komfortverlustes von der Verwendung der Energiesparmodi ab. Sollte Ihnen die Akkulaufzeit nicht ausreichen, empfehlen wir Ihnen stattdessen die Anschaffung eines sogenannten Powerpacks, über den Sie Ihr Handy unterwegs nachladen können.

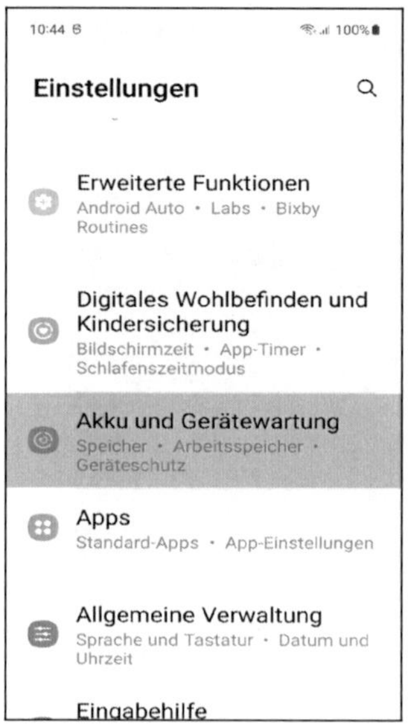

❶ Gehen Sie auf *Einstellungen* im Hauptmenü.

❷ Rufen Sie *Akku und Gerätewartung* auf.

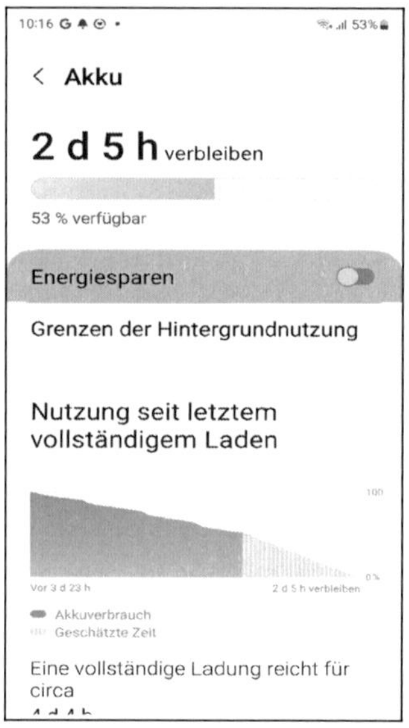

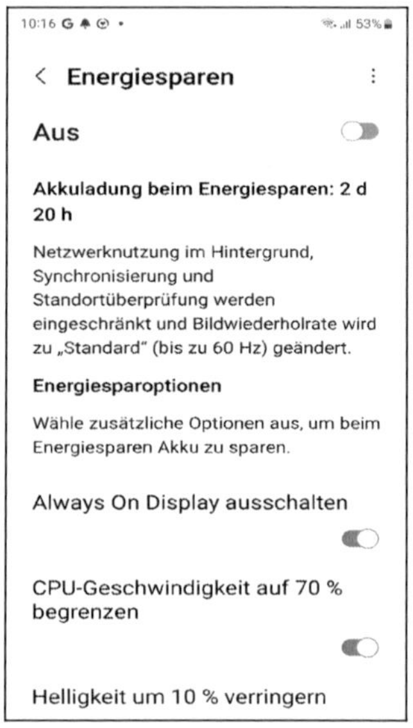

❶ Das *Akku*-Menü rufen Sie als Nächstes auf.

❷❸ Unter *Energiesparmodus* legen Sie fest, welche Funktionen deaktiviert oder eingeschränkt werden.

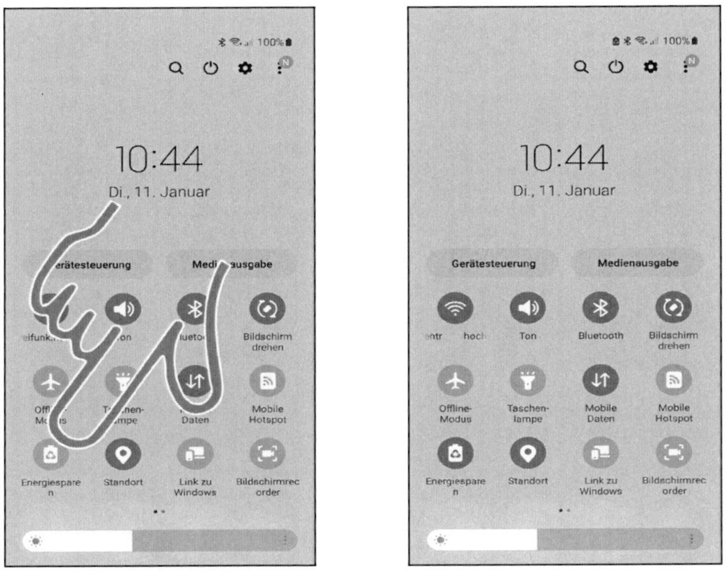

❶❷ Über die *Energiesparmodus*-Schaltleiste im Benachrichtigungsfeld schalten Sie die Stromsparmaßnahmen ein/aus.

32.9 Benachrichtigungen einschränken

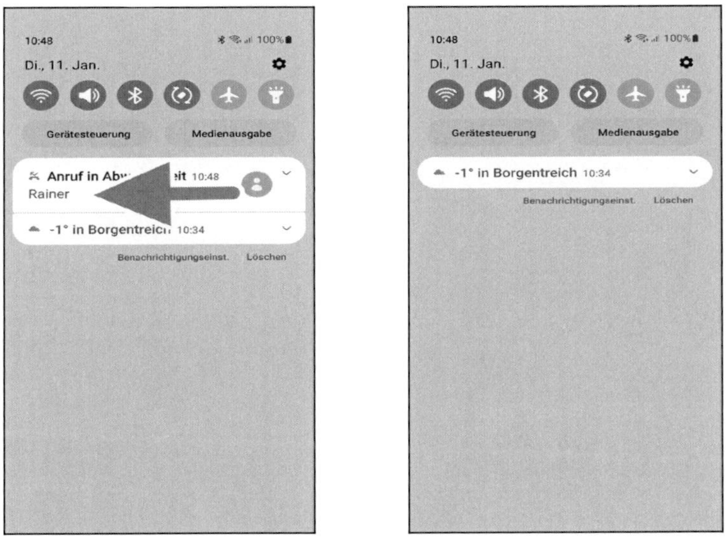

❶❷ Das Benachrichtigungsfeld fasst alle Meldungen der auf dem Galaxy vorhandenen Programme zusammen. Zur Kenntnis genommene Meldungen können Sie, wie bereits im Kapitel *4.7.6 Titelleiste und Benachrichtigungsfeld* gezeigt, mit einer horizontalen Wischgeste entfernen.

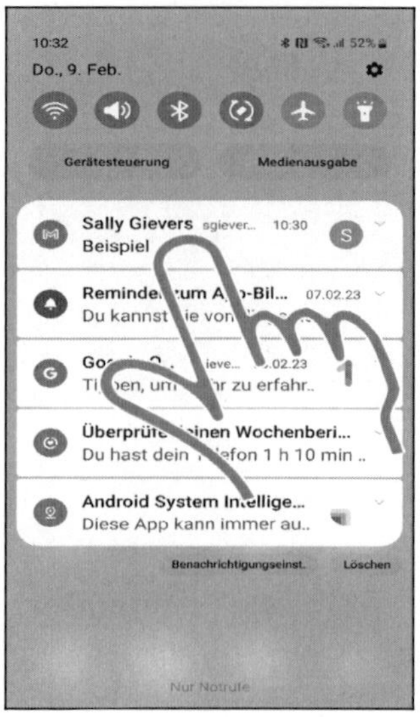

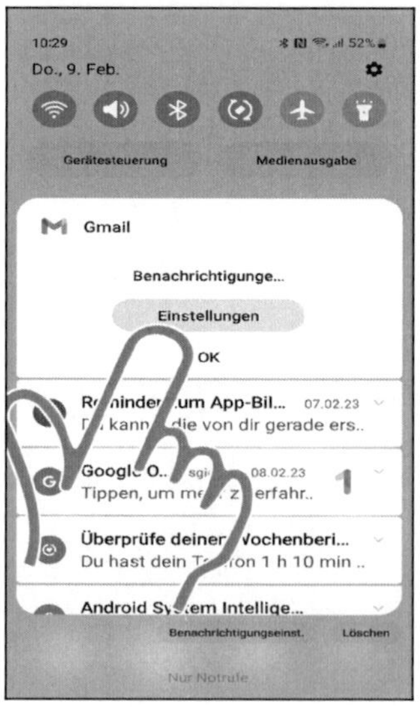

❶ Von manchen Anwendungen wünschen Sie vielleicht keine Benachrichtigungen: Abhilfe schafft dann die Benachrichtigungseinstellung, die Sie durch Tippen und Halten des Fingers über einem Eintrag aufrufen.

❷ Betätigen Sie *Einstellungen.*

❸ Falls Sie keinerlei Benachrichtigungen der Anwendung wünschen, deaktivieren Sie *Benachrichtigungen zulassen.* Alternativ deaktivieren Sie einzelne Benachrichtigungstypen.

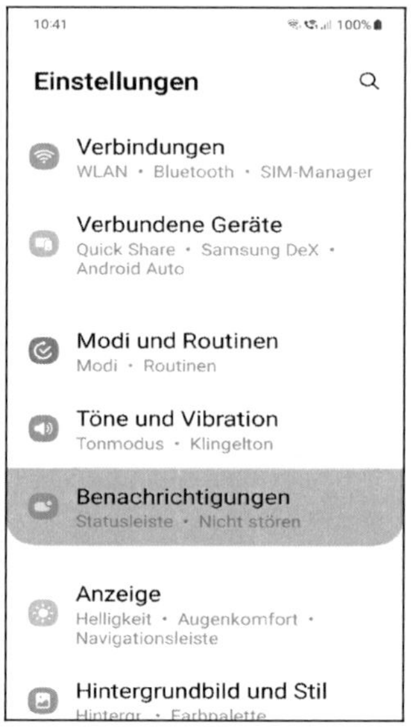

❶ Alternativ bearbeiten Sie die Benachrichtigungen über die *Einstellungen* aus dem Hauptmenü.

❷ Wählen Sie *Benachrichtigungen* aus.

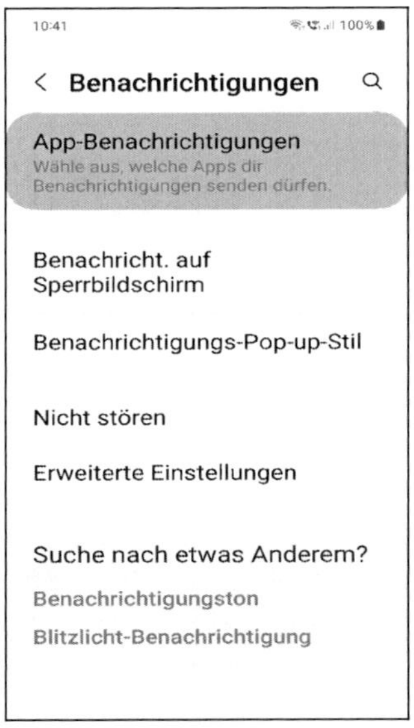

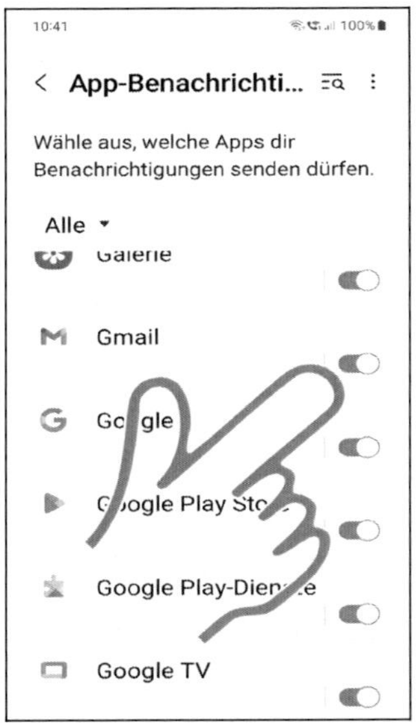

❶❷ Gehen Sie auf *App-Benachrichtigungen* und deaktivieren Sie die Schalter bei den Anwendungen, die sich nicht mehr bemerkbar machen sollen.

32.10 NFC

Der Begriff »NFC« steht für Near Field Communication (zu deutsch »Nahfeld-Kommunikation«), was schon einen Hinweis auf dessen Arbeitsweise gibt. Im Gegensatz zu anderen Funkstandards wie WLAN oder Bluetooth ist NFC für die drahtlose Datenübertragung über kurze Distanzen von wenigen Zentimetern gedacht. Auch in punkto Geschwindigkeit kann man über NFC mit 424 kBit/s (noch langsamer als bei älteren Bluetooth-Handys, die heute 2 Mbit/s und mehr erreichen) keinen Blumentopf gewinnen, aber dafür ist NFC auch nicht gedacht. Der NFC-Einsatzbereich erstreckt sich auf einige wenige Spezialgebiete, zum Beispiel dem drahtlosen Bezahlen, drahtlosen Eintrittskarten oder Zugangskontrollen.

Bei den Android-Handys und Tablets wird NFC vor allem verwendet, um – abhängig von der gerade laufenden Anwendung – Daten zu übertragen. Beispielsweise würden der Webbrowser und Youtube die gerade angezeigte Seite an die Gegenseite übertragen, das Telefonbuch dagegen den gerade angezeigten Kontakt.

Neuerdings ist auch die Zahlung an Ladenkassen möglich. Dies geschieht über die zusätzlich einzurichtenden Dienste Google Pay oder Samsung Pay.

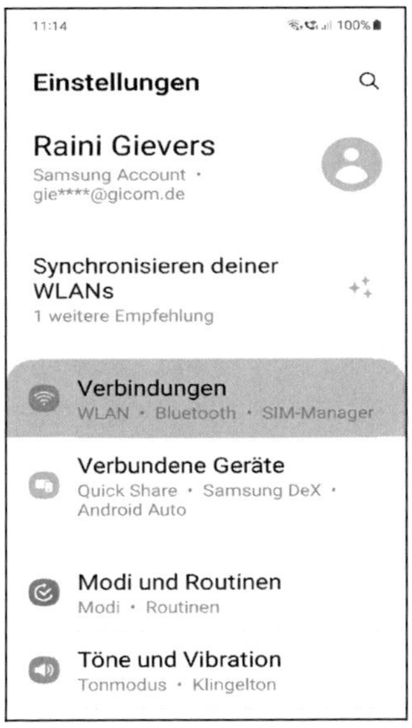

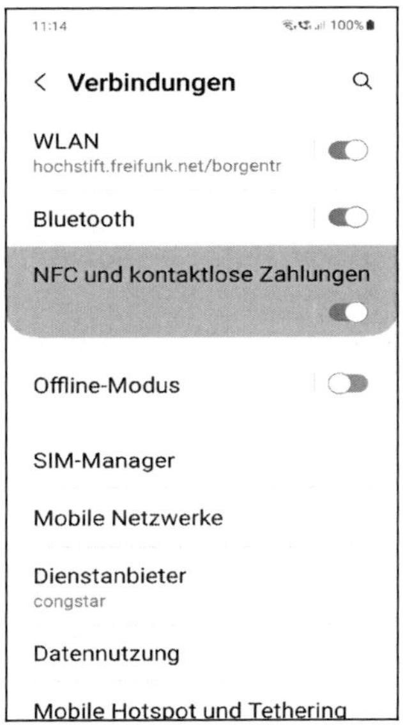

❶ Zuerst müssen Sie NFC aktivieren: Gehen Sie auf *Einstellungen* im Hauptmenü.

❷❸ Rufen Sie *Verbindungen/NFC und kontaktlose Zahlungen* auf.

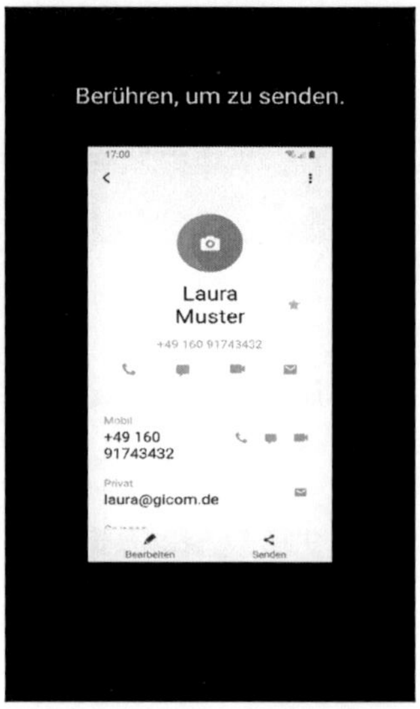

➊ Prüfen Sie, ob *NFC* eingeschaltet ist (Schalter am oberen Bildschirmrand ist blau).

➋ Es gibt keine extra Funktion, die festlegt, welches Gerät als Sender und welches als Empfänger fungiert. Halten Sie einfach beide Geräte mit den Rückseiten gegeneinander, worauf ein Signal ertönt und Sie auf dem Gerät, das senden soll, den Bildschirm antippen. Eventuell muss der Empfänger anschließend noch auswählen, wie die empfangenen Daten weiterverarbeitet werden.

Anwendungsbeispiele:

- Browser: Webseite im Browser auch auf dem Empfänger-Handy öffnen.
- YouTube: Geöffnetes Video in der YouTube-Anwendung auch auf dem Empfänger-Handy anzeigen
- Telefonbuch: Daten eines im Telefonbuch angezeigten Kontakts auf dem Empfänger-Handy im Telefonbuch speichern.
- Google Maps: Maps-Karte im Empfänger-Handy öffnen.
- Google Play Store: Programmdetails auf dem Empfänger-Handy anzeigen.

Wichtig: Bankkarten oder andere Karten mit NFC-Unterstützung können das Handy verwirren und Fehlermeldungen hervorrufen. Deshalb sollten Sie das Handy immer separat davon transportieren!

32.10.1 Samsung Wallet

Vielleicht haben Sie bereits mal mit Ihrer Girocard (alte Bezeichnung: EC-Karte) kontaktlos gezahlt. Dazu legt man seine Girocard auf das Zahlungsterminal, welches per Funk Kontakt mit dem enthaltenen Chip aufnimmt. Anschließend geben Sie die PIN für Ihre Girocard ein – bei kleineren Beträgen ist dies sogar meistens nicht nötig.

Die gleiche Funktion kann auch Ihr Samsung-Handy mit über Samsung Wallet mit seinem NFC-Funkmodul übernehmen. Auch andere Konkurrenten wie Google und Apple bieten ähnliche Zahlungsabwicklungsfunktionen über NFC an.

Wir möchten darauf hinweisen, dass sich unserer Ansicht nach mit der Zahlungsabwicklung durch Samsung Wallet keinerlei Vorteil gegenüber der Zahlung per Girocard ergibt. Ganz im Gegenteil: Aus Datenschutzgründen – das Unternehmen erfährt Ihre Kaufgewohnheiten – ist Samsung Wallet als problematisch anzusehen.

Weil Samsung sein Zahlungssystem intensiv bewirbt, beschreiben wir an dieser Stelle trotzdem dessen Einrichtung. Beachten Sie dass Samsung Wallet die Beantragung eines Bankkontos voraussetzt, was Auswirkungen auf Ihre Bonität bei der Schufa hat.

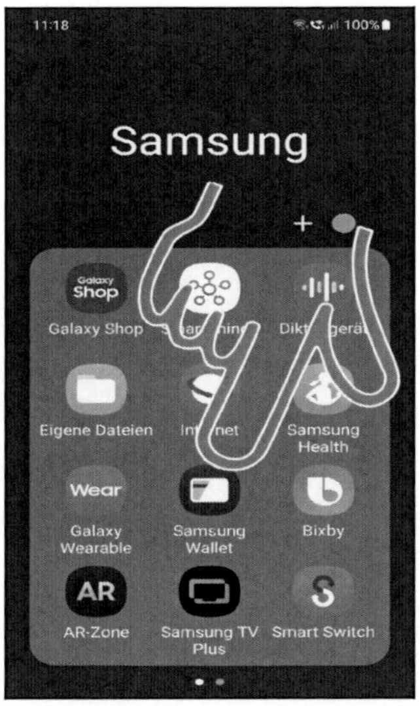

❶❷ Öffnen Sie im Hauptmenü den *Samsung*-Ordner und gehen Sie auf *Samsung Pay*.

❸ Betätigen Sie *Installieren* und warten Sie, bis das Programm heruntergeladen wurde.

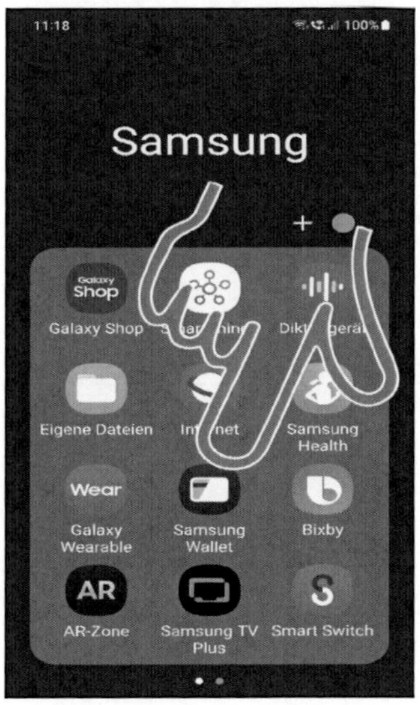

❶ Danach rufen Sie *Samsung Pay* erneut auf.

❷ *Folgen Sie den Anweisungen.*

33. Bedienungshilfen

Mit den folgenden Tipps lösen Sie einige häufiger benötigte Funktionen mit einer Geste aus.

33.1 Gestensteuerung

Den Bewegungssensor, die Frontkamera, das berührungsempfindliche Display und ausgefuchste Software versetzen das Galaxy in die Lage, bestimmte Gesten in Aktionen umzusetzen. Allerdings werden Sie viele der unterstützten Bewegungssteuerungen wohl nie nutzen, da sie einfach zu umständlich sind, oder gewohnte Abläufe stören.

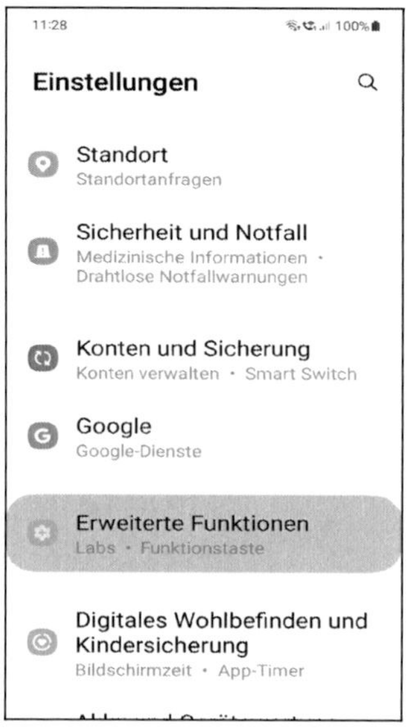

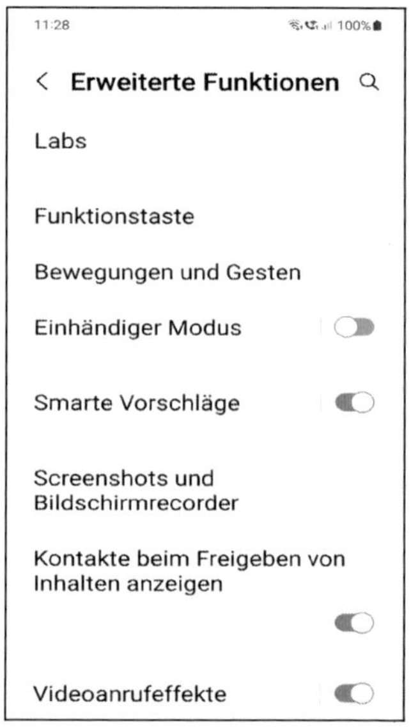

❶ Rufen Sie die *Einstellungen* aus dem Hauptmenü auf.

❷ Rufen Sie das *Erweiterte Funktionen*-Menü auf.

❸ Die Optionen (nicht alle der aufgeführten Menüs haben etwas mit der Bewegungssteuerung zu tun, weshalb wir an dieser Stelle nicht auf diese eingehen):

- *Labs*: Diverse experimentelle Funktionen, die möglicherweise nicht korrekt funktionieren.
- *Funktionstaste:* Stellen Sie ein, was passiert, wenn Sie den Ein-/Ausschalter zweimal schnell hintereinander betätigen. Wählen Sie aus, ob dann die Kamera-Anwendung (siehe Kapitel *17 Kamera*) oder eine bestimmte Anwendung startet.
- *Bewegungen und Gesten*: Darauf gehen wir unten ein.
- *Einhändiger Modus*: Verkleinert die Bildschirmanzeige, damit Sie das Handy mit einer Hand nutzen können.
- *Smarte Vorschläge*: In den Samsung-Anwendungen Tastatur, Kalender, Erinnerung und Nachrichten (diese Anwendung ist auf Ihrem Handy standardmäßig deaktiviert, weil dort die Messages-Anwendung für die SMS-Verarbeitung aktiv ist), erscheinen passend zu Ihrer Nutzung Eingabevorschläge.
- *Screenshots und Bildschirmrecorder*: Betrifft die im Kapitel *32.7 Screenshots (Bildschirmkopien)* beschriebene Funktion:
  - *Nach Aufnahme Toolbar anzeigen*: Nach einem Screenshot die Symbolleiste am unteren Bildschirmrand anzeigen.
  - *Nach Teilen von Symbolleiste löschen*: Versendete Screenshots anschließend löschen.
  - *Status-/Navigationsleisten ausbl.*: Screenshots werden automatisch oben und unten auf den Bildschirminhalt beschnitten.
  - *Format*: Dateiformat der Bildschirmaufnahmen.
  - *Ton; Videoqualität; Selfie-Videogröße; Tippen und Berührungen anzeigen; Bild-*

schirmaufnahme speichern unter: Betrifft die Bildschirmvideoaufnahme, die Sie aus dem Benachrichtigungsfeld mit der *Bildschirmrecorder*-Schaltleiste auslösen.

- *Kontakte beim Freigeben von Inhalten anzeigen*: Nicht von Samsung dokumentiert.
- *Videoanrufeffekte*: Filtert automatisch den Hintergrund bei Videoanrufen (beispielsweise Google Meet oder bei WhatsApp heraus). Sie sollten sich vor einem einfarbigen Hintergrund, beispielsweise einer grünen Wand befinden und dann die passende Farbe einstellen.
- *Game Launcher*: Das Handy erstellt automatisch im Hauptmenü einen Ordner namens *Game Launcher*, in der alle von Ihnen installierten Spiele abgelegt werden.
- *Videohelligkeit*: Standardmäßig spielt das Handy Videos mit der eingestellten Displayhelligkeit (siehe Kapitel *4.7.7.a Weitere Funktionen*) ab. Sie können alternativ für Videos eine eigene Helligkeit einstellen.
- *Dual Messenger*: Erstellt ein zweites Konto für WhatsApp oder Facebook, beispielsweise wenn Sie das Handy sowohl privat als auch beruflich verwenden. In der Praxis nicht sinnvoll.

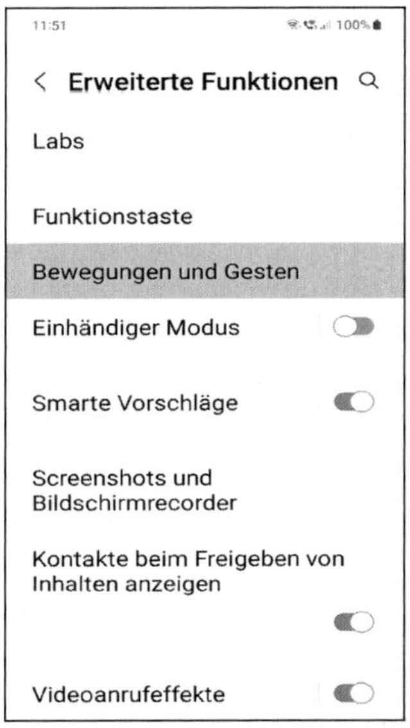

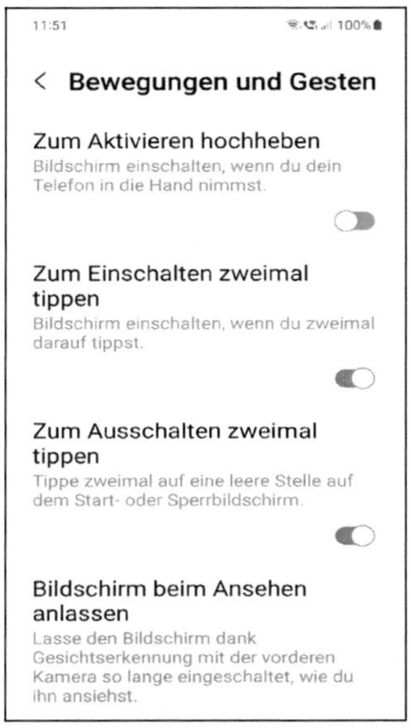

❶ Unter *Bewegungen und Gesten*:

- *Zum Aktivieren hochheben*: Sobald Sie das Handy von einem Tisch aufnehmen, schaltet sich das Display ein.
- *Zum Einschalten zweimal tippen*: Wenn das Display ausgeschaltet ist, tippen Sie zweimal schnell hintereinander darauf, um es einzuschalten.
- *Zum Ausschalten zweimal tippen*: Tippen Sie zweimal schnell hintereinander auf eine leere Stelle im Startbildschirm oder der Displaysperre.
- *Bildschirm beim Ansehen anlassen*: Auch wenn Sie keine Aktion durchführen, bleibt der Bildschirm eingeschaltet. Dazu verfolgt das Handy über die Kamera Ihre Augenbewegungen, was die Akkulaufzeit erheblich reduziert.
- *Beim in die Hand nehmen benachrichtigen*: Das Telefon vibriert, sobald Sie das Handy in die Hand nehmen, sofern neue SMS oder verpasste Anrufe vorliegen.
- *Mit Gesten stummschalten*: Halten Sie Ihre Handfläche auf das Display oder legen Sie das Handy umgedreht mit dem Display auf einen Tisch, um Anrufe stummzuschalten.
- *Screenshot*: Wischen Sie mit der Handkante über das Display, um einen sogenannten Screenshot anzufertigen. Siehe Kapitel *32.7 Screenshots (Bildschirmkopien)*.

33.2 Einhändiger Betrieb

Der Bildschirm lässt sich verkleinern, damit sich das Handy mit einer Hand bedienen lässt.

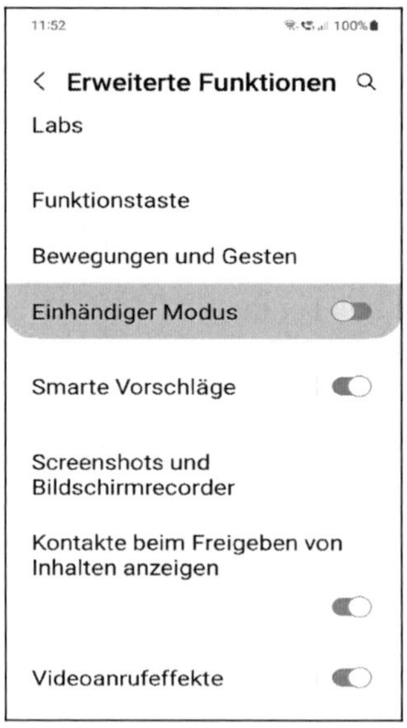

❶ Rufen Sie die *Einstellungen* aus dem Hauptmenü auf.

❷ Rufen Sie das *Erweiterte Funktionen/Einhändiger Modus*-Menü auf.

❸ Die *Aus*-Option oben rechts: Aktivieren Sie darüber den einhändigen Modus.

Die weiteren Funktionen:

- *Geste*: Diagonal mit dem Finger von unten nach oben auf dem Bildschirm wischen. Wir empfehlen, diese Voreinstellung nicht zu ändern.
- *Schaltfläche*: Dreimaliges schnelles Betätigen der O-Taste verkleinert die Bildschirmdarstellung.

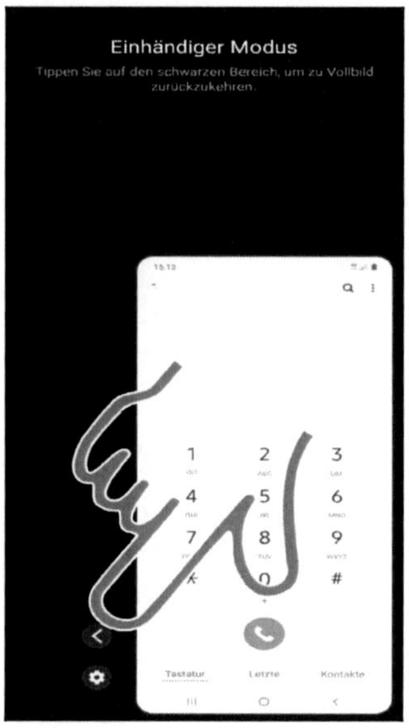

❶ Wenn die Option *Einhändiger Modus* aktiv ist, wischen Sie einmal von unten links nach oben rechts.

❷ Über die Schaltleiste auf der linken beziehungsweise rechten Seite (Pfeil) ändern Sie die Anordnung. Sie beenden die verkleinerte Ansicht, wenn Sie die außerhalb des »Bildschirms« tippen.

33.3 Mehrfensteransicht

Normalerweise läuft auf Android-Geräten immer nur ein Programm im Vordergrund. Es ist zwar möglich, zwei Programme mit der hier beschriebenen Funktion »geteilter Bildschirm« gleichzeitig in Fenstern laufen zu lassen, praktisch ist das aber nicht.

33.3.1 Geteilter Bildschirm

❶ Aktivieren Sie zunächst mit der III-Taste unterhalb des Displays die Liste der zuletzt genutzten Anwendungen. Mit einer Wischgeste nach links/rechts blättern Sie durch die Auflistung. Tippen Sie auf das runde Symbol.

❷ Im Popup wählen Sie nun *In geteilter Bildschirmansicht öffnen* aus.

❶ Wählen Sie ein zweites Programm in den Vorschlägen aus.

❷ Das Galaxy wechselt in die Mehrfensteransicht.

❶❷ Den Anzeigebereich ändern Sie durch Tippen, Halten und Ziehen der Markierung (Pfeil). Die Mehrfensteransicht wird mit der ▢-Taste beendet.

❶❷ Das Galaxy merkt sich allerdings das zuletzt geöffnete Fenster. Betätigen der |||-Taste listet neben den zuletzt aufgerufenen Programmen auch die Fenster auf, welche Sie mit Antippen erneut aktivieren.

33.3.2 Popup-Fenster

13:53
100%
Suchen
Neuerscheinungen
Alle schließen

13:53
100%
Suchen
App-Info
In geteilter Bildschirmansicht öffnen
In Pop-up-Ansicht öffnen
Geöffnet lassen
Neuerscheinungen
Alle schließen

➊ Aktivieren Sie zunächst mit der III-Taste unterhalb des Displays die Liste der zuletzt genutzten Anwendungen. Mit einer Wischgeste nach links/rechts blättern Sie durch die Auflistung. Tippen Sie oben auf das runde Symbol.

➋ Wählen Sie *In Popup-Ansicht öffnen*.

13:54
100%
das-praxisbuch.de
Das Praxisbuch
von Rainer Gievers
MENU
Verständliche Bedienungsanleitungen!
Seit rund 20 Jahren unterstützen die Praxisbücher von Rainer Gievers bei der optimalen Einrichtung und Nutzung von Smartphones. Weitere Bücher sind unter

13:54
100%
das-praxisbuch.de
Das Praxisbuch
von Rainer Gievers
MENU
Verständliche Bedienungsanleitungen!
Seit rund 20 Jahren unterstützen die Praxisbücher von Rainer Gievers bei der optimalen Einrichtung und Nutzung von Smartphones. Weitere Bücher sind unter
Galaxy Store
Galerie
Play Store

13:55
100%
das-praxisbuch.de
Das Praxisbuch
von Rainer Gievers
MENU
Verständliche Bedienungsanleitungen!
Seit rund 20 Jahren unterstützen die Praxisbücher von Rainer Gievers bei der optimalen Einrichtung und Nutzung von Smartphones. Weitere Bücher sind unter anderem zu den Themen Smart Home und Pedelec erschienen.
Jedes Praxisbuch enthält mehrere hundert Abbildungen, anhand der Sie alle nötigen Bedienschritte einfach nachvollziehen können.
Auf dieser Website finden Sie Infos zu den erhältlichen Büchern mit Leseprobe und

➊ Tippen und halten Sie den Finger auf der Fensteroberseite, worauf Sie das Fenster verschieben können.

➋➌ Für die Veränderung der Fenstergröße halten Sie den Finger auf einem der Ränder und warten Sie, bis sich das Fenster hellblau färbt. Ziehen Sie dann in die gewünschte Richtung und lassen Sie den Finger los. Eventuell benötigen Sie dafür mehrere Versuche.

❶❷ Tippen Sie die Markierung über dem oberen Fensterrand kurz an, worauf die Schaltleisten erscheinen:

- : Fenstergröße ändern.
- : Ohne Funktion.
- : Transparenz des Popup-Fensters anpassen.
- : Popup-Fenster auf ein Symbol minimieren.
- : Popup-Fenster maximieren.
- X beendet eine Anwendung. Alternativ betätigen Sie die <-Taste.

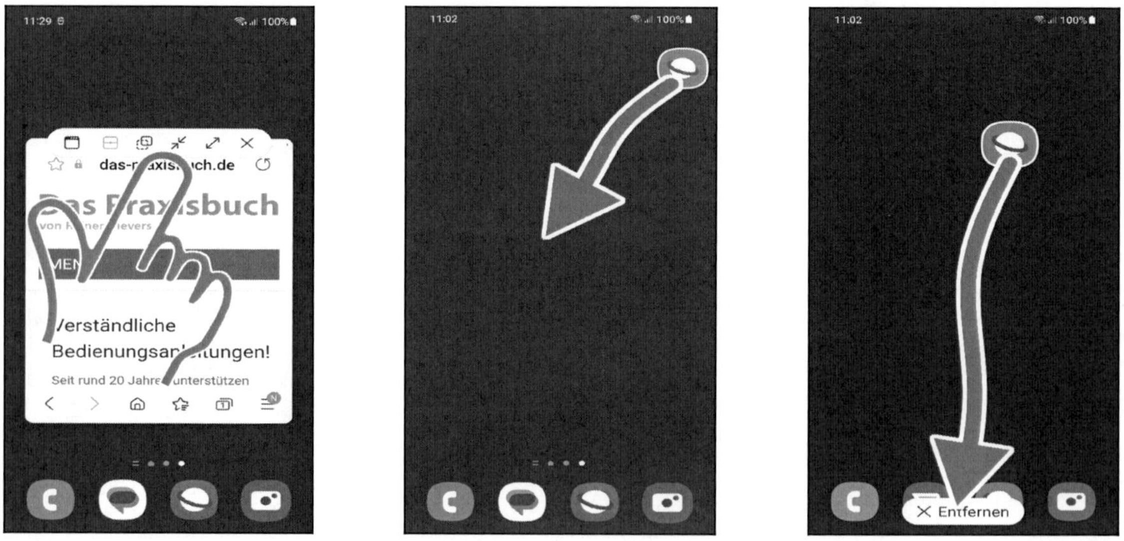

❶❷ Ein mit zum Symbol minimiertes Fenster lässt sich mit dem Finger verschieben; ein Antippen öffnet das Popup-Fenster wieder.

❸ Zum Löschen halten Sie den Finger auf dem Symbol gedrückt und verschieben es auf *Entfernen.*

33.4 Einstellungen für Startbildschirm und Hauptmenü

Die im Folgenden beschriebenen Optionen sollten Sie erst ausprobieren, wenn Sie sich bereits mit dem Handy eingehend vertraut gemacht haben. Sie ändern damit erheblich Aussehen und Verhalten von Startbildschirm und Hauptmenü.

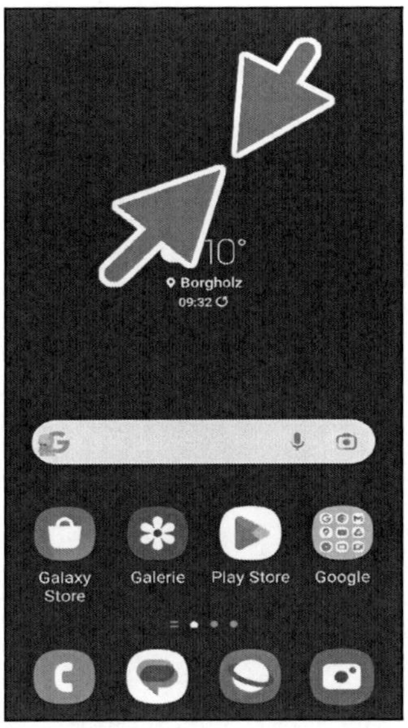

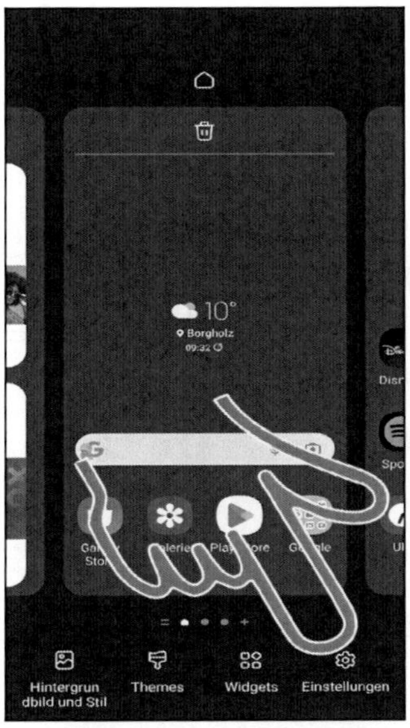

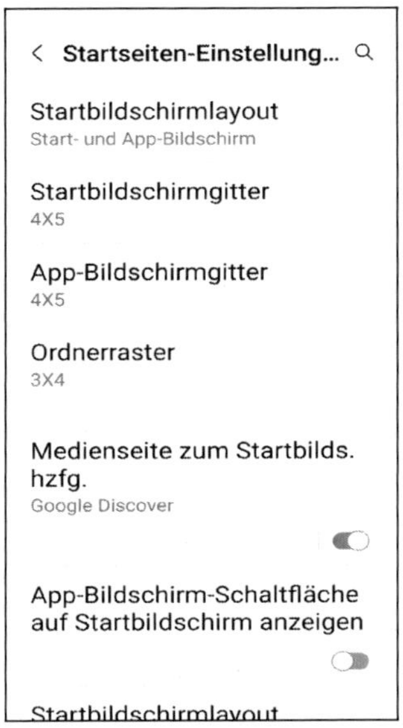

❶ Führen Sie eine Kneifgeste im Startbildschirm durch oder halten Sie den Finger für einige Sekunden auf eine leere Stelle des Startbildschirms.

❷ Gehen Sie auf *Einstellungen*.

❸ Die Optionen:

- *Startbildschirmlayout*: Das Galaxy nutzt – wie alle Samsung-Handys – mit Startbildschirm und Hauptmenü zwei separate Bildschirme, in denen alle installierten Programme aufgelistet werden. Sie können über *Startbildschirmlayout* das Hauptmenü deaktivieren, worauf alle Programme nur noch auf dem Startbildschirm erscheinen.
- *Startbildschirmgitter*: Standardmäßig zeigt das Galaxy im Startbildschirm die Programmsymbole in einem 4×5-Raster an. Sie können allerdings die Anzeige zwischen 4×5, 4×6, 5×5 oder 5×6 umschalten.
- *App-Bildschirmgitter*: Wie beim *Startbildschirmgitter* schalten Sie im Hauptmenü die Programmsymbolanordnung zwischen 4×5, 4×6, 5×5 oder 5×6 um.
- *Ordnerraster*: Anzeigeformat in Ordnern (siehe Kapitel *4.7.3 Ordner*).
- *Medienseite zum Startbilds. hzfg.*: Standardmäßig öffnet sich im Startbildschirm, wenn Sie nach rechts wischen, der Google-Bildschirm (siehe Kapitel *22.5 Google-Anwendung*). Stellen Sie von Google Discover auf *Samsung Free* um, wenn Sie stattdessen das Samsung-Angebot mit Spielen, Nachrichten und Videos nutzen möchten.
- *App-Bildschirm-Schaltfläche auf Startbildschirm anzeigen*: Blendet eine zusätzliche Menü-Schaltleiste im Startbildschirm ein, über das Sie das Hauptmenü aufrufen. Die Menü-Schaltleiste kennen Sie vielleicht noch von älteren Samsung-Handys.
- *Startbildschirmlayout sperren*: Verhindert, dass Programmsymbole auf dem Startbildschirm verschoben oder entfernt werden. Ideal, wenn Sie beispielsweise Kindern das Handy überlassen.
- *Neue Apps für den Startbildschirm*: Programme, die neu installiert werden (siehe Kapitel *25 Programmverwaltung*) erscheinen nicht nur im Hauptmenü, sondern auch im Startbildschirm als Verknüpfung. Dies war früher auf Samsung-Handys üblich.
- *Apps auf Start- und Apps-Bildschirm ausblenden*: Wählen Sie aus, welche Programme im Hauptmenü ausgeblendet (»deaktiviert«) werden sollen. Wir raten allerdings dazu, nicht benötigte Programme direkt zu deinstallieren (siehe Kapitel *25.3 Programme deinstallieren*).
- *App-Symbolindikator*: Wählen Sie aus, ob die Programmsymbole beispielsweise bei der Telefon-, Nachrichten- und E-Mail-Anwendung jeweils mit einer Zahl über die vorhandenen Benachrichtigungen informieren.
- *Für Benachr.-Feld nach unten streichen*: Wischen im Startbildschirm öffnet das Benachrichtigungsfeld.

- *In Querformat drehen*: Standardmäßig zeigt das Galaxy den Startbildschirm immer im Hochformat an. Sie können allerdings die Anzeige auch mitdrehen lassen, wobei Sie allerdings verkleinert wird.

❶ So sieht der Startbildschirm aus, wenn Sie *5×6* im *Startbildschirmgitter*-Menü einstellen.

❷ *Das Standardlayout 4×5.*

❸ Im *App-Symbolindikator*-Menü legen Sie fest, ob die Anzahl der vorhandenen Benachrichtigungen direkt am Programmsymbol angezeigt wird.

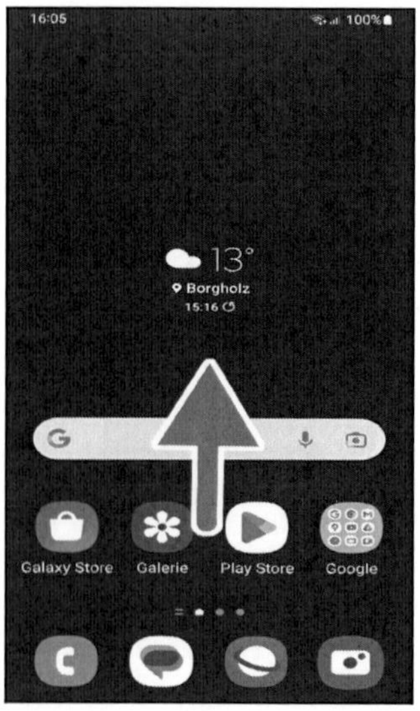

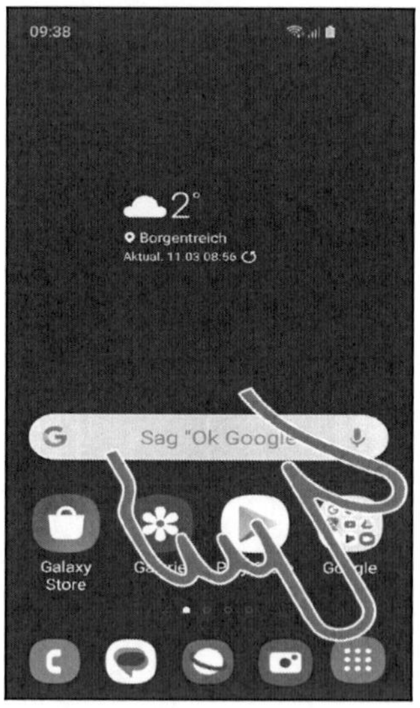

❶ Das Hauptmenü rufen Sie auf dem Galaxy normalerweise mit einer Wischgeste auf.

❷ Aktivieren Sie *App-Schaltfläche*, damit Sie über eine Menü-Taste auf das Hauptmenü umschalten können.

34. Eingabemethoden

Die Eingabemethode aktiviert sich automatisch, wenn Sie sich in einem Eingabefeld befinden. Das Galaxy besitzt kein separates Tastenfeld wie viele einfache Handys, weshalb der Hersteller diverse Tricks anwendet, damit Sie mit Ihren Fingern trotzdem fehlerfrei Eingaben vornehmen können.

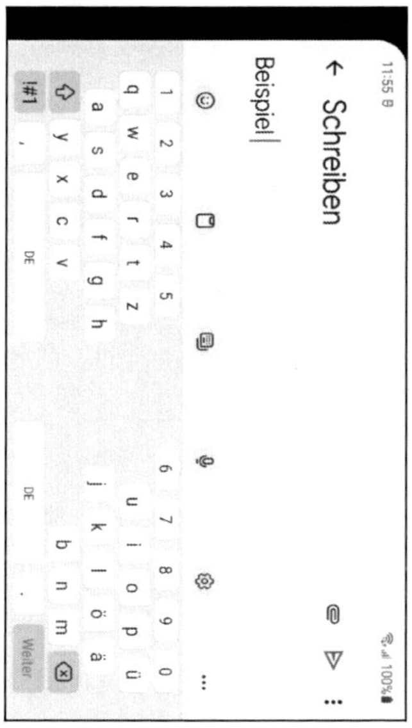

❶ Die Standardeingabemethode beim Galaxy.

❷ Ein besonders großes Tastenfeld erscheint, wenn Sie das Galaxy um 90 Grad gedreht halten. Dabei ist es egal, welche Eingabemethode vorher aktiv war.

❶ Häufig kommt es vor, dass das Tastenfeld wichtige Eingabefelder oder Informationen überdeckt. In diesem Fall tippen und halten Sie den Finger auf dem Bildschirm (nicht auf das Tastenfeld) und ziehen nach unten beziehungsweise oben.

❷ Alternativ betätigen Sie einmal die ⌵-Taste (unterhalb des Displays), worauf das Tastenfeld verschwindet. Sobald Sie ein Eingabefeld antippen, zeigt das Galaxy das Tastenfeld wieder an.

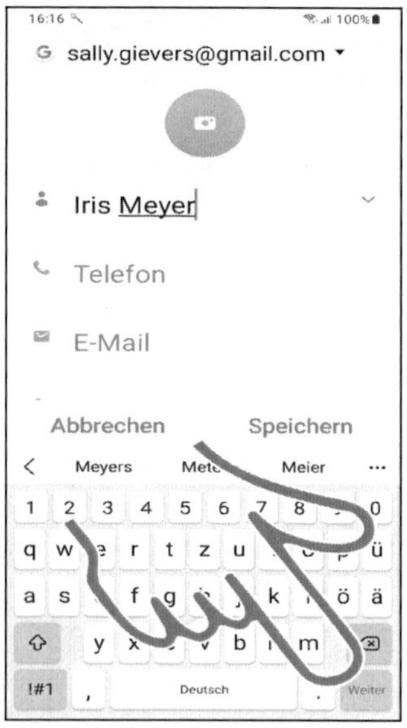

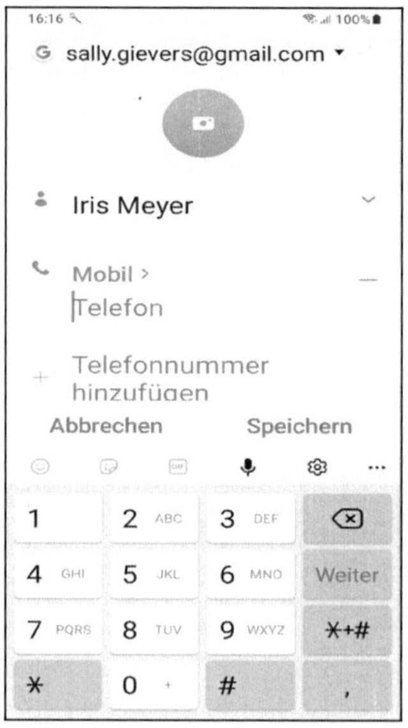

❶❷ Alternativ betätigen Sie die *Weiter*-Taste im Tastenfeld, worauf das nächste Eingabefeld angesprungen wird.

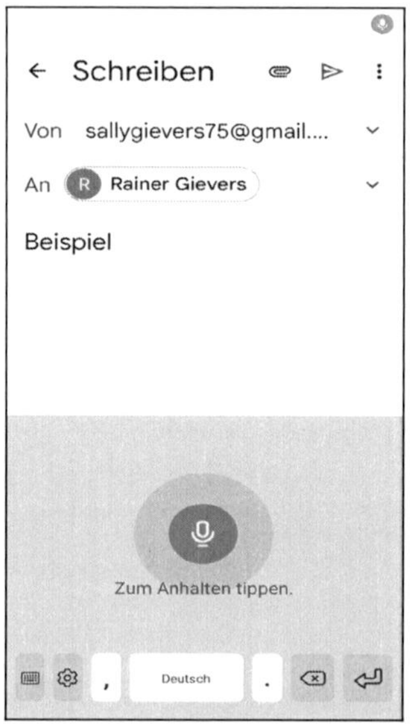

Das Galaxy unterstützt folgende Eingabemethoden:

- **Samsung-Tastatur** (❶):Die Standard-Eingabemethode.
- **Durchgehende Eingabe**: Eine Erweiterung der Samsung-Tastatur, die ähnlich funktioniert wie das von anderen Handys bekannte »Swype«. Eingaben nehmen Sie vor, indem Sie mit dem angedrückten Finger auf dem Tastenfeld von Buchstabe zu Buchstabe ziehen. Die Tastenfunktionen der Samsung-Tastatur stehen, während die durchgehende Eingabe aktiv ist, weiterhin zur Verfügung.
- **Spracheingabe** (❷): Das Galaxy setzt Ihre gesprochenen Wörter oder Sätze in Text um.

❶❷ Eine Besonderheit ist die <-Schaltleiste: Damit wechseln Sie zwischen den Wortvorschlägen und den Zusatzfunktionen:

- ☺: Smiley, animierte Cartoon-Figur oder GIF (animierte Grafik) einfügen.
- ▢: *Zwischenablage*: Listet den Inhalt der Zwischenablage (siehe Kapitel *34.4 Texte kopieren, ausschneiden und einfügen*) auf. Wählen Sie ein Element aus, das Sie an der aktuellen Textposition einfügen möchten.
- ▦: Auswahl eines verkleinerten Tastenfelds, das Sie mit einem Finger bedienen können.
- 🎙 (Spracheingabe): Text per Spracheingabe eingeben.
- ⚙ (Einstellungen)
- ●●●: Weitere Funktionen anzeigen, worauf wir als Nächstes eingehen.

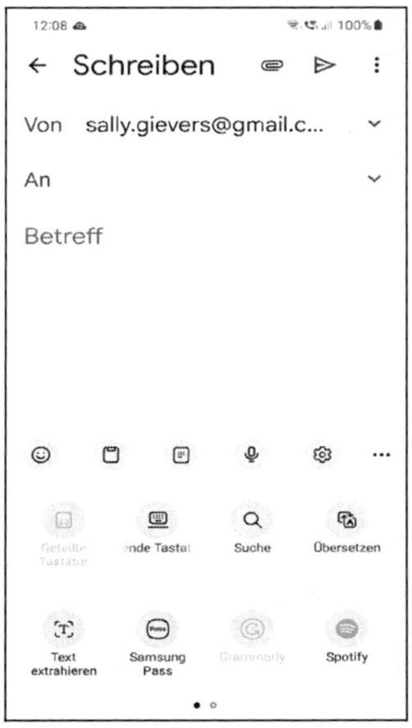

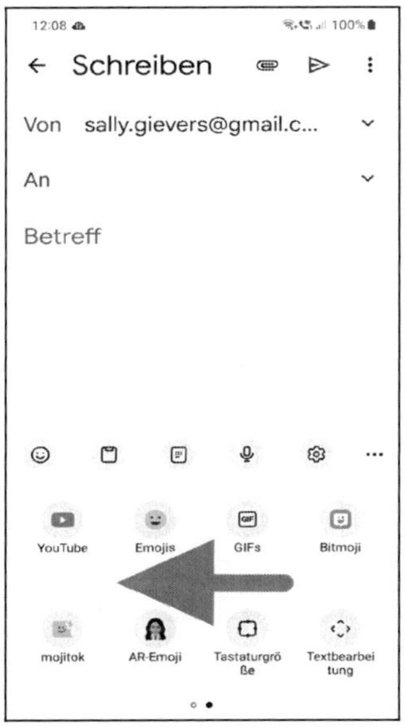

❶❷ Betätigen Sie die ●●●-Schaltleiste für weitere Funktionen.

❸ Mit einer Wischgeste schalten Sie zwischen den Bildschirmen um:

- *Handschrift* (Galaxy S23 Ultra): Schaltet auf die Handschriftenerkennung um (siehe Kapitel *36.6 Handschriftenerkennung*).
- *Geteilte Tastatur; Standardtastatur*: Diese Optionen steht nur zur Verfügung, wenn Sie das Handy waagerecht halten. *Geteilte Tastatur* ändert die Tastaturanzeige für die Bedienung mit den Daumen.
- *Suche*: Anhand Ihrer Eingaben schlägt das Tastenfeld beispielsweise animierte Grafiken oder Musiktitel von Spotify vor. Wir raten von der Nutzung ab, denn nicht alle

Anwendungen unterstützen das Einfügen von Grafiken.

- *Übersetzen*: Wörter in eine andere Sprache übersetzen.
- *Text extrahieren*: Mit der Kamera ein Dokument einscannen und in Text umwandeln.
- *Samsung Pass*: Samsung Pass verwaltet Daten wie Passwörter in einem gesicherten Speicherbereich. In der Praxis nicht benötigt.
- *Grammerly*: Das Tastenfeld macht abhängig vom Kontext Eingabevorschläge. Derzeit nicht auf Deutsch verfügbar und deshalb deaktiviert.
- *Spotify*: Musiktitel mit Link zum Abspielen auf Spotify einfügen.
- *YouTube*: Link auf ein YouTube-Video einfügen.
- *Emojis*: Smiley einfügen.
- *GIFs*: GIF (animierte Grafik) des Online-Dienstes Giphy einfügen.
- *Bitmoji*: Von Ihnen erstellte Avatare.
- *mojtok*: Animierte Grafiken.
- *AR-Emoji*: Fügen Sie hiermit, wie im Kapitel *17.9.3 Eigener Avatar* beschrieben, aus Ihrem Foto erstellte Avatare ein.
- *Tastaturgröße*: Das Tastenfeld lässt sich geringfügig in der Höhe anpassen.
- *Textbearbeitung*: Den Cursor in umfangreicheren Texten navigieren, sowie Kopieren und Einfügen durchführen.

Leider sind die meisten unter ●●● angebotenen Optionen nutzlos oder verwirren nur. Wir raten daher Einsteigern von deren Nutzung ab.

❶ Beispiel für die Eingabe einer Grafik: Betätigen Sie **<** (Pfeil), falls die Symbole nicht angezeigt werden.

❷ Betätigen Sie ☺.

❸ Wählen Sie zwischen den verschiedenen Grafiktypen, dann tippen Sie eines der angebotenen Symbole (Smileys) aus. ⌨ (Pfeil) wechselt wieder auf das Standardtastenfeld.

Grundsätzlich raten wir zur Vorsicht beim Einfügen von Grafiken in die eigene Kommunikation, sofern Sie sie bisher noch nie genutzt haben. Manchmal werden die Grafiken beim Empfänger nicht oder nicht korrekt angezeigt beziehungsweise werden falsch interpretiert.

34.1 Samsung-Tastenfeld

Das Samsung-Tastenfeld ist standardmäßig aktiv und bietet einen guten Kompromiss zwischen Bedienbarkeit und Tastengröße.

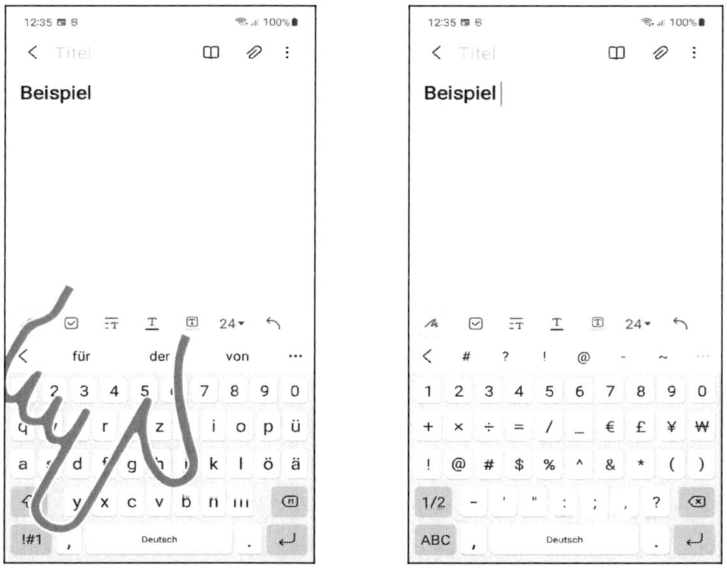

➊ Für Satz- und Sonderzeichen ist auf der Displaytastatur kein Platz. Betätigen Sie dafür einfach die **!#1**-Taste (Pfeil).

➋ Über die **ABC**-Taste schalten dann wieder auf das normale Tastenfeld zurück.

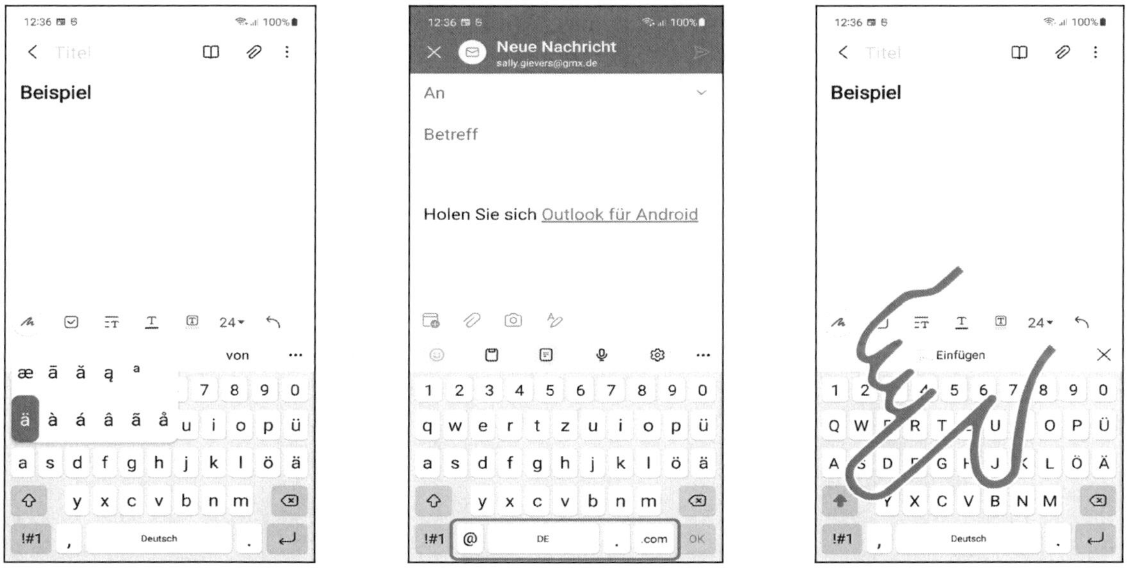

➊ Umlaute geben Sie ein, indem Sie die jeweilige Taste, im Beispiel »A« etwas länger gedrückt halten. Das Tastenfeld zeigt nun ein Popup an, worin Sie auf den Umlaut tippen.

➋ In E-Mail-Eingabefeldern ändert sich die Tastenbelegung etwas: Sie haben dann unter anderem das »@«-Zeichen und das häufig benötigte ».com« zur Verfügung.

➌ Die Hochstelltaste (Pfeil) funktioniert genauso wie von einer PC-Tastatur gewohnt, das heißt, zweimaliges Betätigen sorgt dafür, dass alle Buchstaben in Großbuchstaben erscheinen. Betätigen Sie die Taste erneut, werden die Großbuchstaben wieder abgeschaltet.

34.1.1 Wortvorschläge

Damit Sie nicht soviel tippen müssen, macht das Tastenfeld während der Eingabe Wortvorschläge.

❶❷ Während Sie tippen, blendet das Galaxy oberhalb des Tastenfelds automatisch Wortvorschläge ein. Tippen Sie bei Bedarf einfach mit dem Finger einen Vorschläge an.

Häufig schlägt das Tastenfeld bereits sehr frühzeitig ein passendes Wort vor. Betätigen Sie nun die Leertaste oder geben Sie ein Satzzeichen an, dann wird das vorgeschlagene Wort automatisch ins Eingabefeld übernommen. Sie ersparen sich so das Antippen des Wortvorschlags.

Durch den Einsatz der Wortvorschläge können Sie häufig auf die umständliche Eingabe von Umlauten verzichten. Geben Sie beispielsweise »Schafchen« ein, dann erscheint der Wortvorschlag »Schäfchen«, welche Sie durch Antippen ins Eingabefeld übernehmen.

❶❷ Weitere Wortvorschläge liefert die •••-Schaltleiste.

34.1.1.a Wörterbuchsprache einstellen

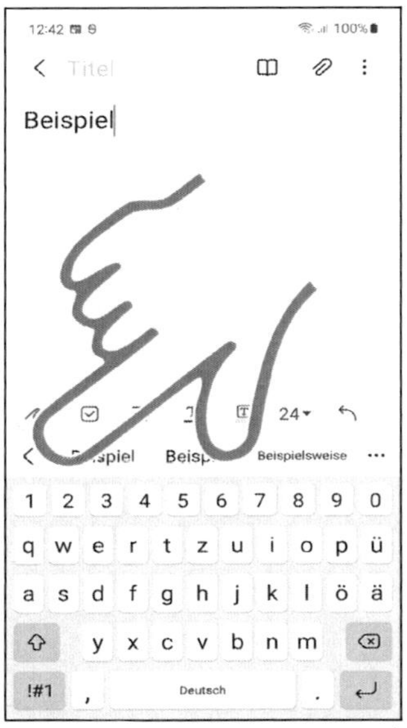

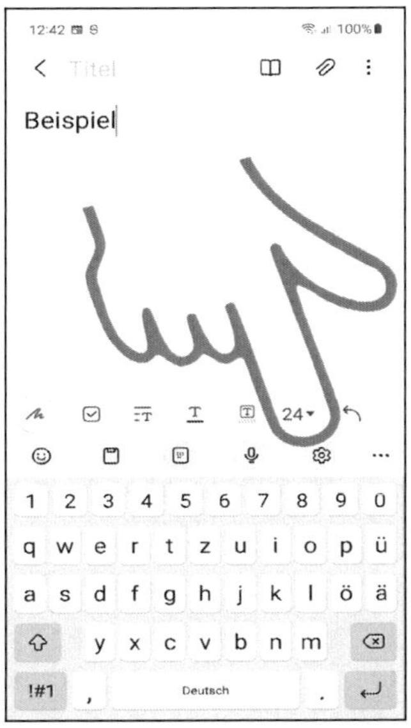

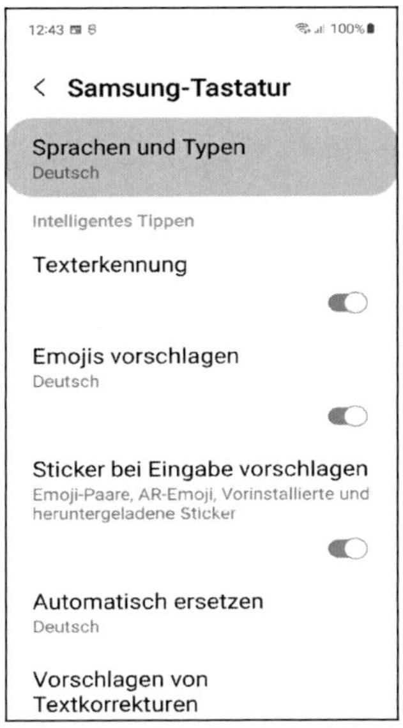

❶❷ Das Galaxy nutzt ein Wörterbuch, um die eingegebenen Wörter zu erkennen. Wenn Sie Texte in einer anderen Sprache schreiben, müssen Sie die Wörterbuchsprache ändern. Dazu betätigen Sie gegebenenfalls ‹ und danach ⚙.

❸ Gehen Sie auf *Sprachen und Typen.*

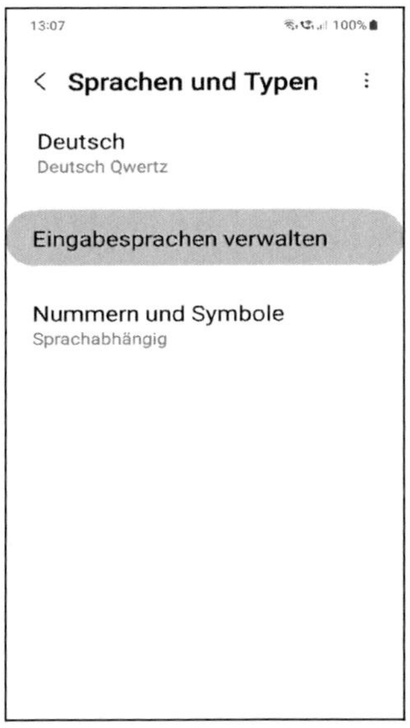

❶ Gehen auf *Eingabesprachen verwalten.*

❷ Aktivieren Sie die verwendeten Sprachen, also zum Beispiel neben *Deutsch* auch *English (UK)*. Falls Sie weitere Sprachen benötigen, laden Sie diese durch Antippen des Sprachnamens unten in der Liste herunter. Schließen Sie den Bildschirm mit der ‹-Taste.

❶❷ »Wischen« Sie mit angedrücktem Finger über der Leertaste, um die Sprache umzuschalten.

34.1.1.b Das Anwenderwörterbuch

Abhängig von der genutzten Anwendung schreiben Sie jeweils anders. Das Galaxy kann dann Ihre Schreibgewohnheiten bei der Texterkennung berücksichtigen.

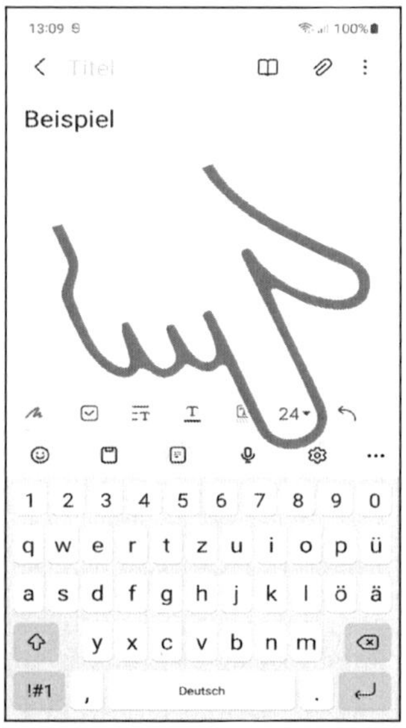

❶ Gehen Sie auf ⚙ (falls diese Schaltleiste nicht angezeigt wird, betätigen Sie vorher **<** links über dem Tastenfeld).

❷ Prüfen Sie ob *Texterkennung* eingeschaltet ist.

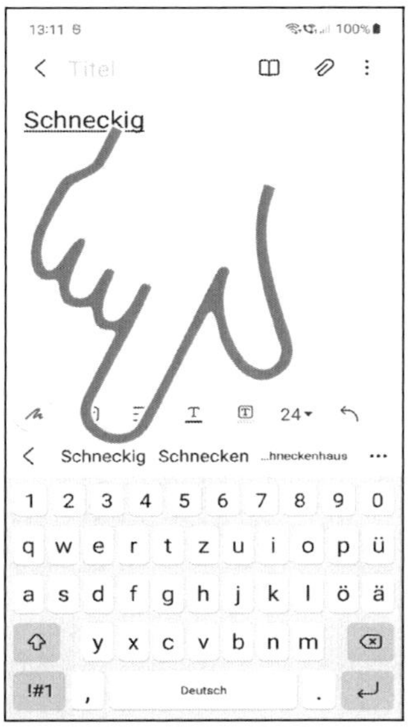

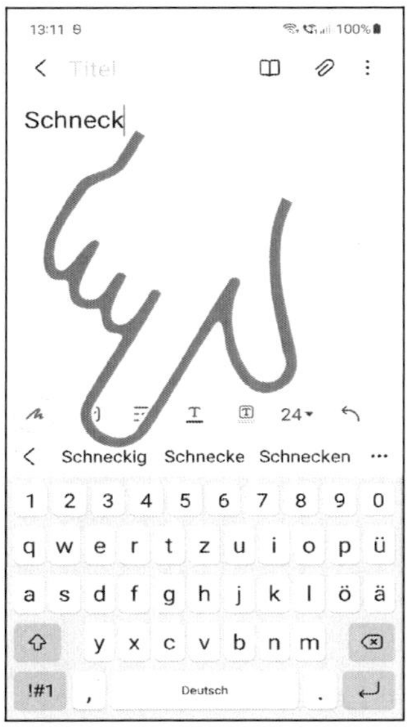

➊ So fügen Sie dem Anwenderwörterbuch weitere Wörter hinzu: Geben Sie das Wort auf dem Tastenfeld ein und tippen Sie es dann in den Wortvorschlägen kurz an (Pfeil). Das Wort wird nun beim nächsten Mal vorgeschlagen, sobald Sie die ersten Buchstaben davon eintippen.

➋➌ Manchmal soll ein Wortvorschlag später wieder aus dem Anwenderwörterbuch beziehungsweise den Vorschlägen verschwinden, beispielsweise weil Sie ihn falsch geschrieben haben. Geben Sie das Wort ein, dann tippen und halten Sie den Finger auf dem Wortvorschlag, bis das Popup erscheint. Betätigen Sie *Entfernen.*

34.1.1.c Automatische Rechtschreibkorrektur

Das Handy wertet, wie Sie bereits festgestellt haben, Ihre Eingaben aus und korrigiert dabei Rechtschreibfehler. Wenn Sie häufiger berufsspezifisches oder mileubehaftetes Vokabular verwenden, das nicht im Handy-Wörterbuch enthalten ist, wird die Korrektur allerdings sehr lästig. Sie können dieses Problem auf zwei Arten lösen:

- Sie übernehmen Ihre Fachbegriffe beim ersten Auftreten in das Benutzerwörterbuch, wie im Kapitel *34.1.1.b Das Anwenderwörterbuch* beschrieben.
- Sie deaktivieren die automatische Rechtschreibkorrektur, um die Begriffe in Ruhe einzugeben und aktivieren die Korrekturfunktion anschließend wieder.

Im Folgenden zeigen wir Ihnen, wie Sie die automatische Rechtschreibkorrektur deaktivieren.

➊ Gehen Sie auf ⚙ (falls diese Schaltleiste nicht angezeigt wird, betätigen Sie vorher **<** links über dem Tastenfeld).

➋➌ Im *Automatisch Ersetzen*-Menü deaktivieren Sie die Option *Deutsch.* Erneutes Antippen schaltet die Korrektur später wieder ein.

Das Tastenfeld macht nun weiterhin Korrekturvorschläge, welche aber nicht automatisch angewendet werden, wenn Sie die Leertaste betätigen. Möchten Sie einen Wortvorschlag dennoch übernehmen, dann tippen Sie einfach darauf.

34.1.2 Einstellungen

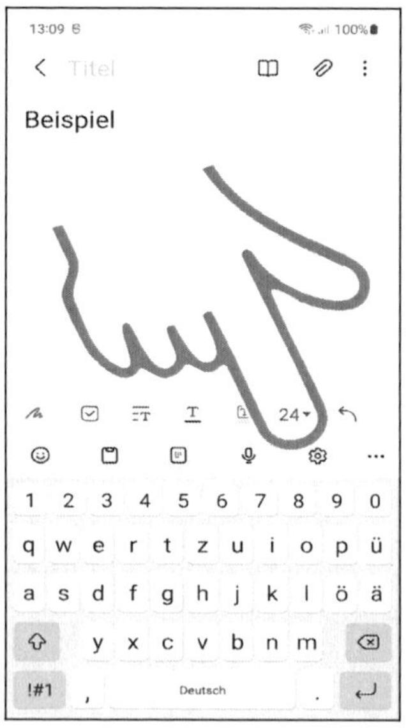

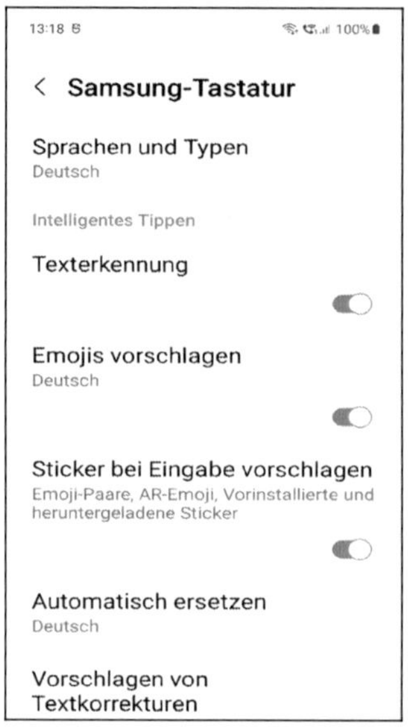

➊ Gehen Sie auf ⚙ (falls diese Schaltleiste nicht angezeigt wird, betätigen Sie vorher **<** links über dem Tastenfeld).

➋ Die Einstellungen:

- *Sprachen und Typen*: Die verschiedenen Eingabemethoden auf dem Galaxy greifen für Wortvorschläge jeweils auf das Wörterbuch zurück. Falls Sie häufig Texte in einer anderen Sprache schreiben, sollten Sie diese hier unter *Eingabesprachen auswählen* einstellen. Siehe Kapitel *34.1.1.a Wörterbuchsprache einstellen*.

Unter *Intelligentes Tippen*:

- *Texterkennung*: Steuert die Anzeige der Wortvorschläge oberhalb des Tastenfelds.
- *Emojis vorschlagen*: Diese Funktion ist nur aktiv, wenn Sie sie über das Tastenfeld aktivieren (siehe Kapitel 34.1 Samsung-Tastenfeld). Wir raten aber von der Verwendung ab, zumal viele Textanwendungen das Einfügen von Grafiken nicht unterstützten.
- *Sticker bei Eingabe vorschlagen*: Wählen Sie aus, welche Grafiken und Symbole automatisch über dem Tastenfeld vorgeschlagen werden.
- *Automatisch ersetzen*: Diese Funktion beschreibt bereits Kapitel *34.1.1.c Automatische Rechtschreibkorrektur*.
- *Vorschlagen von Textkorrekturen*: Das Samsung markiert nicht erkannte/falsch geschriebene Worte mit einem Unterstrich. Damit Sie diese Funktion nutzen können, müssen Sie *Automatisch ersetzen* deaktiviert haben. Mangels sinnvoller Anwendungsmöglichkeiten gehen wir nicht weiter darauf ein.
- *Text-Shortcuts*: Erstellen Sie Abkürzungen, die das Tastenfeld bei der späteren Eingabe automatisch gegen den vollständigen Text ersetzt. Beispielsweise würde die Tastatur automatisch »mfg« in »Mit freundlichen Grüßen« umwandeln.
- *Weitere Tippoptionen*:
  - *Automatische Großschreibung*: Bei Satzanfängen beginnen Wörter automatisch mit Großbuchstaben.
  - *Automatische Leerzeichen:* Nach übernommenen Textvorschlägen fügt das Handy automatisch ein Leerzeichen ein.
  - *2-mal Leertaste, um Punkt hinzufügen*: Betätigen Sie zweimal hintereinander die

Leertaste, um einen Punkt einzugeben.

  - *Mehrsprachige Texterkennung*: Das Tastenfeld erkennt automatisch fremdsprachliche Wörter und macht passende Vorschläge.

Unter *Stil und Layout*:

- *Tastatur-Symbolleiste*: Blendet die Symbolleiste über dem Tastenfeld ein. Sollte nicht deaktiviert werden.
- *Kontrastreiche Tastatur*: Tastenfeld farblich hervorheben.
- *Theme*: Wählen Sie zwischen verschiedenen hellen und dunklen Tastenfeld-Designs.
- *Modus:* Wählen Sie aus, welches Tastenfeld angezeigt wird, wenn Sie das Handy im Hoch- oder Querformat nutzen.
- *Größe und Transparenz*: Tastenfeldgröße einstellen.
- *Layout*: Zahlentasten beziehungsweise Sonderzeichen ein/ausblenden.
- *Schriftgröße*: Größe der Tastenbeschriftung.
- *Benutzerdefinierte Symbole*: Tastenanordnung für das Popup ändern, das bei Drücken und Halten der ».«-Taste angezeigt wird.
- *Spracheingabe*: Standardmäßig ist eine von Samsung bereitgestellte Spracherkennung aktiv, die Sie mit 🎙 auf dem Tastenfeld aktivieren (siehe Kapitel *34.3 Spracherkennung*). Alternativ können Sie auf die Google-Spracherkennung umschalten, was aber keinen Sinn ergibt.
- *Streichen, berühren und Feedback*:
  - *Tastaturstreichsteuerung*: Welche Aktion Sie durch ein Wischen mit dem Finger über das Tastenfeld auslösen):
    - *Keine Streichgesten*: Das Fingerwischen hat keine Funktion.
    - *Zum Tippen streichen*: Aktiviert die Swype-ähnliche Eingabemethode, bei der Sie mit angedrücktem Finger auf dem Tastenfeld von Buchstabe zu Buchstabe ziehen. Auf *Durchgehende Eingabe* geht Kapitel *34.2 Durchgehende Eingabe* ein.
    - *Cursorsteuerung*: Sie bewegen den Cursor mit Wischgesten auf dem Tastenfeld.
  - *Tastaturverz. bei Berühren/Halten*: Zeitspanne, die beim Halten einer Taste vergeht, bevor die Tastenwiederholung erfolgt.
  - *Geschwindigkeit der Rücktaste*: Reaktionsgeschwindigkeit der Löschtaste.
  - *Berühren und halten der Leertaste*:
    - *Keine Aktion*
    - *Cursorsteuerung*: Tippen und halten Sie die Leertaste für die Cursorsteuerung im Eingabefeld (Standard).
    - *Spracheingabe*: Aktiviert die im Kapitel *34.3 Spracherkennung* beschriebene Spracherkennung.
  - *Berührungsfeedback*:
    - *Ton*: Tastenton abspielen.
    - *Zeichenvorschau*: Zeigt auf dem Tastenfeld die betätigte Taste an.
  - *Tastatureingabe vorlesen*: Jede Eingabe wird vorgelesen, was für Menschen mit Sehbeträchtigungen praktisch ist.
  - *Symbolpanel geöffnet lassen*: Bezieht sich auf das Popup, das bei Drücken und Halten der ».«-Taste angezeigt wird. Aktivieren Sie diese Option, dann schließt sich das Popup nicht mehr automatisch, wenn Sie darin ein Zeichen auswählen.
- *Handschrift*; *S Pen zu Text*: Diese Menüs sind nur beim Galaxy S23 Ultra verfügbar und beziehen sich auf den mitgelieferten Bedienstift. Siehe dazu auch Kapitel *36.6*

Handschriftenerkennung.

- *Screenshot in Zwischenablage*: Screenshots (siehe Kapitel *32.7 Screenshots (Bildschirmkopien)*) werden automatisch in die Zwischenablage kopiert, woraus Sie sie in einem Eingabefeld wieder einfügen können (siehe *34.4 Texte kopieren, ausschneiden und einfügen*).
- *Auswählen der zu verwendenden Drittanbieterinhalte*: Falls Sie die animierten Logos/Animationssequenzen über das Tastenfeld einfügen, können Sie erlauben, dass deren Anbieter statistische Infos erhalten. In der Praxis werden Sie dies nicht gestatten.
- *Zurücksetzen auf Standardeinstellungen*: Falls Sie zu viele Einstellungen des Tastenfelds verändert haben, bringen Sie diese wieder in den einen definierten Zustand zurück.

34.2 Durchgehende Eingabe

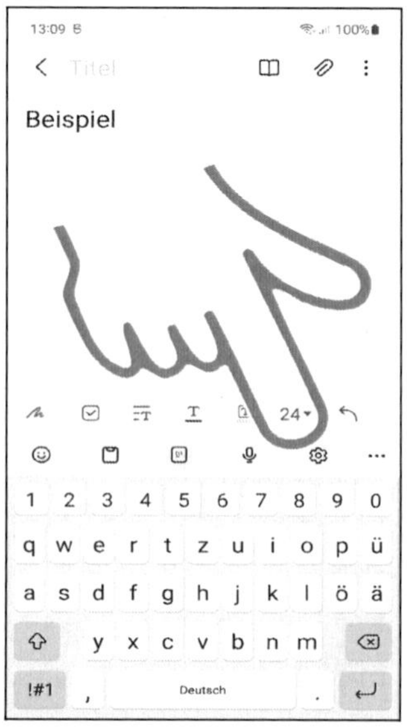

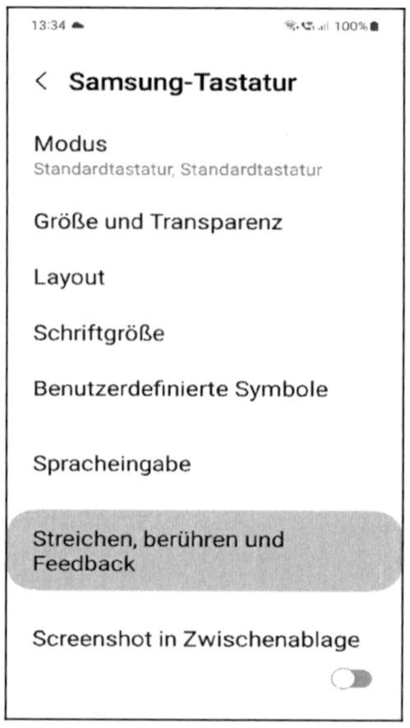

❶ Das Einschalten der durchgehenden Eingabe erfolgt über ⚙ (falls diese Schaltleiste nicht angezeigt wird, tippen Sie vorher **<** links über dem Tastenfeld an).

❷ Wählen Sie *Streichen, berühren und Feedback*.

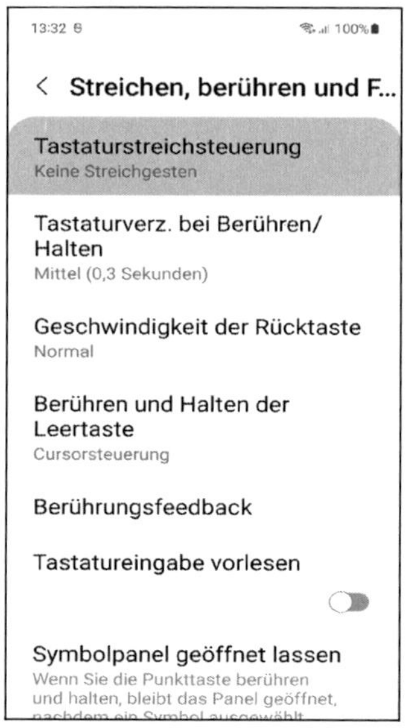

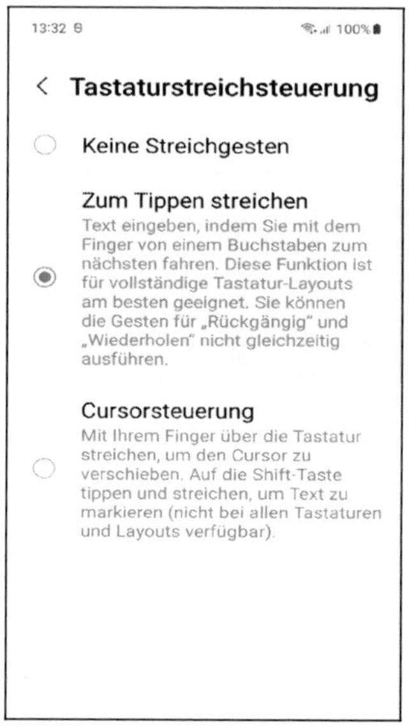

❶❷ Gehen Sie auf *Tastaturstreichsteuerung* und aktivieren *Zum Tippen streichen*. Auf dem gleichen Wege lässt sich die durchgehende Eingabe später auch jederzeit wieder deaktivieren (wählen Sie dann *Keine Streichgesten*).

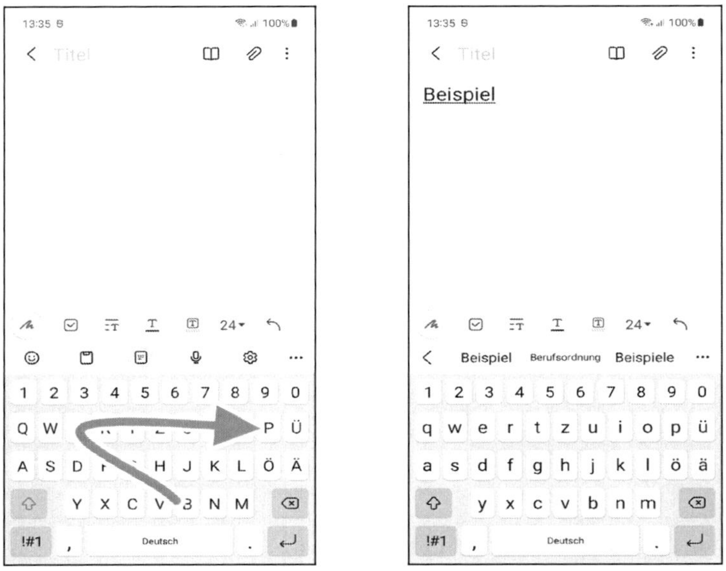

➊➋ Die durchgehende Eingabe ist recht einfach zu verstehen: Halten Sie den Finger auf den ersten Buchstaben des einzugebenden Worts angedrückt und ziehen Sie nun mit angedrücktem Finger auf die weiteren Buchstaben des Worts. Setzen Sie dann den Finger ab. In unserem Beispiel soll »Beispiel« eingegeben werden. Leerzeichen fügt die durchgehende Eingabe übrigens automatisch zwischen den Wörtern ein. Für die Eingabe von doppelten Buchstaben bewegen Sie den Finger über der entsprechenden Taste einfach hin und her.

34.3 Spracherkennung

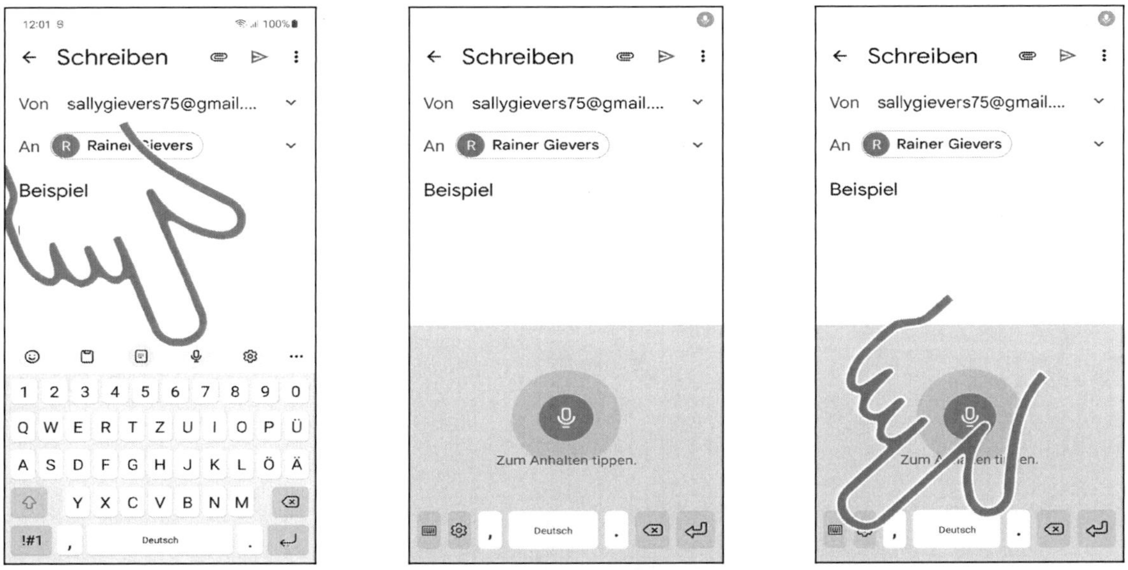

➊ Die Spracherkennung aktivieren Sie über die 🎙-Taste (Pfeil) auf der Samsung-Tastatur (falls Sie dort kein 🎙 sehen, tippen Sie vorher auf < links über dem Tastenfeld).

➋ Sprechen Sie dann in ruhigem Tonfall und gleichmäßig die Wörter beziehungsweise Sätze ,die dann in Text umgesetzt werden. Beenden/Starten Sie die Spracherkennung, indem Sie die blaue 🎙-Schaltleiste antippen.

➌ Die ⌨-Schaltleiste (Pfeil) wechselt die Eingabemethode wieder zum Tastenfeld.

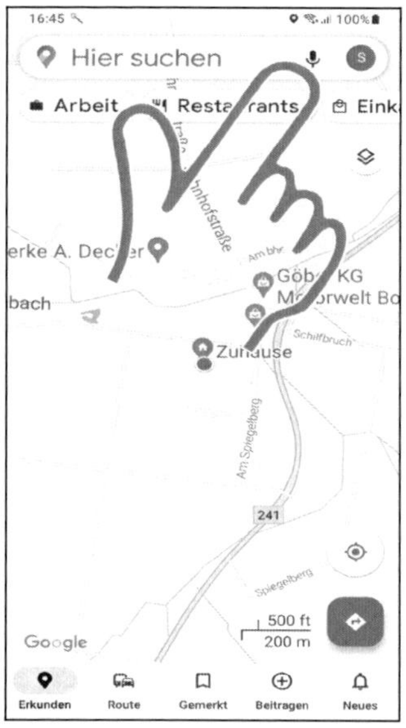
16:45
Hier suchen
Arbeit
Resta rants
Eink
Google
500 ft
200 m
241
Erkunden
Route
Gemerkt
Beitragen
Neues

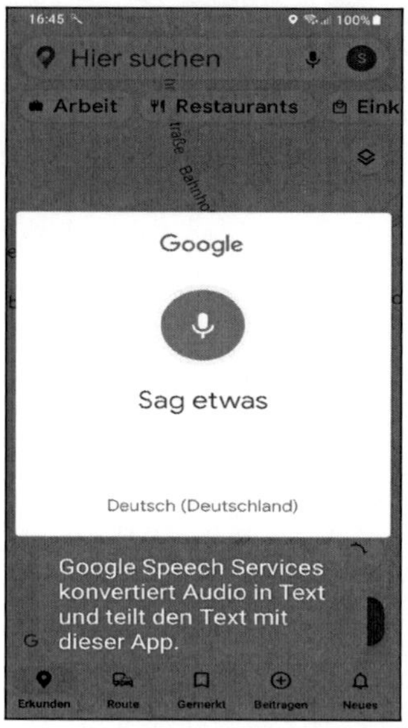
16:45
Hier suchen
Arbeit
Restaurants
Eink
Google
Sag etwas
Deutsch (Deutschland)
Google Speech Services konvertiert Audio in Text und teilt den Text mit dieser App.
Erkunden
Route
Gemerkt
Beitragen
Neues

➊➋ In vielen Anwendungen auf dem Galaxy wird eine direkte Spracheingabe unterstützt, hier bei Google Maps.

34.4 Texte kopieren, ausschneiden und einfügen

Es kommt häufiger mal vor, dass man einen Text, beispielsweise aus einer SMS oder E-Mail, in einer anderen Anwendung weiterverwenden will.

Leider handhaben die Google-Anwendungen das Kopieren und Einfügen von Texten etwas unterschiedlich. Damit Sie eine Idee davon bekommen, wie der grundsätzliche Ablauf ist, möchten wir einen Text aus einer im Webbrowser angezeigten Webseite in Gmail (siehe Kapitel *11 Gmail*) versenden.

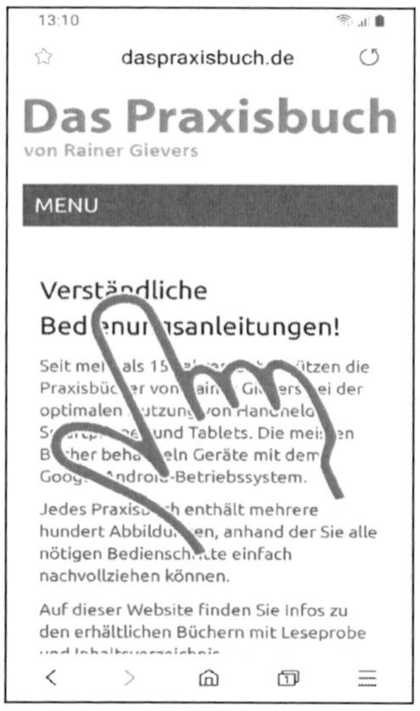
13:10
daspraxisbuch.de
Das Praxisbuch
von Rainer Gievers
MENU
Jedes Praxisbuch enthält mehrere hundert Abbildungen, anhand der Sie alle nötigen Bedienschritte einfach nachvollziehen können.
Auf dieser Website finden Sie Infos zu den erhältlichen Büchern mit Leseprobe

13:10
daspraxisbuch.de
Das Praxisbuch
von Rainer Gievers
MENU
Kopieren
Alle auswählen
Senden
Verständliche
Praxisbücher von Rainer Gievers
optimalen Nutzung von Handhelds, Smartphones und Tablets. Die meisten Bücher behandeln Geräte mit dem Google-Android-Betriebssystem.
Jedes Praxisbuch enthält mehrere hundert Abbildungen, anhand der Sie alle nötigen Bedienschritte einfach nachvollziehen können.
Auf dieser Website finden Sie Infos zu den erhältlichen Büchern mit Leseprobe

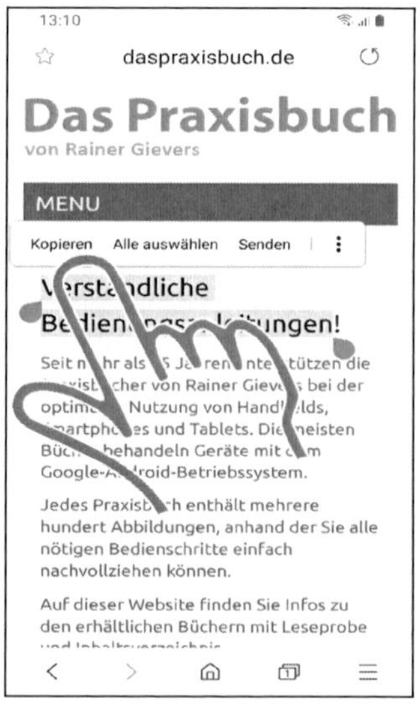
13:10
daspraxisbuch.de
Das Praxisbuch
von Rainer Gievers
MENU
Kopieren
Alle auswählen
Senden
nachvollziehen können.
Auf dieser Website finden Sie Infos zu den erhältlichen Büchern mit Leseprobe

➊ Beispiel für das Markieren im Webbrowser (siehe Kapitel *13 Webbrowser*): Tippen und halten Sie den Finger auf einem Wort, welches darauf hin markiert ist.

➋ Anschließend ändern Sie den markierten Bereich, indem Sie die Schieber an die gewünschte Position bewegen. Dabei unterstützt Sie eine eingeblendete Lupe.

➌ Tippen Sie die *Kopieren*-Schaltleiste an.

13:37
das-praxisbuch.de
Das Praxisbuch
von Rainer Gievers
MENU
Kopieren Alles auswählen Senden
Jedes Praxisbuch enthält mehrere hundert Abbildungen, anhand der Sie alle nötigen Bedienschritte einfach nachvollziehen können.
Auf dieser Website finden Sie Infos zu den erhältlichen Büchern mit Leseprobe und Inhaltsverzeichnis.

13:37
das-praxisbuch.de
Das Praxisbuch
von Rainer Gievers
MENU
Verständliche
Bedienungsan
In Notiz hinzufügen
Internetsuche
Finden
Wörterbuch
Jedes Praxisbuch enthält mehrere hundert Abbildungen, anhand der Sie alle nötigen Bedienschritte einfach nachvollziehen können.
Auf dieser Website finden Sie Infos zu den erhältlichen Büchern mit Leseprobe und Inhaltsverzeichnis.

❶❷ Weitere Funktionen finden Sie im ⋮-Menü (Pfeil):

- *In Notiz hinzufügen*: Erstellt aus dem markierten Text einen Notiz in Samsung Notes (siehe Kapitel *22.4 Samsung Notes*).
- *Internetsuche:* In Google nach dem markierten Text suchen (Websuche).
- *Finden*: Im Text nach dem markierten Wort auf der angezeigten Webseite suchen.
- *Wörterbuch*: Markiertes Wort mit einem mehrsprachigem Wörterbuch übersetzen.
- *Office-Notiz*: Markierten Text nach Microsoft Office übernehmen.
- *Bing-Suche*: Begriff in der Bing-Suchmaschine übernehmen.

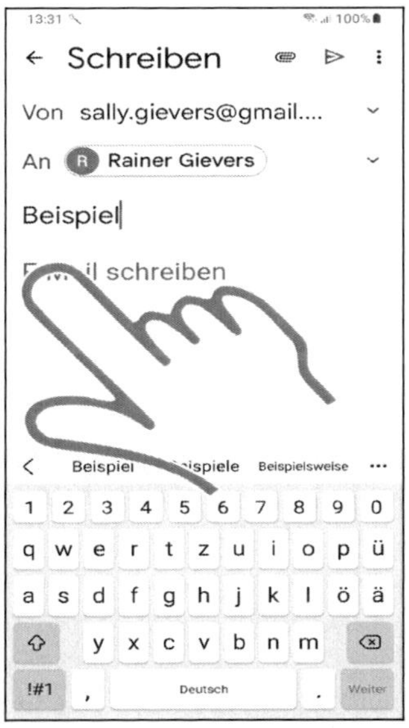
13:31
Schreiben
Von sally.gievers@gmail....
An Rainer Gievers
Beispiel
Deutsch

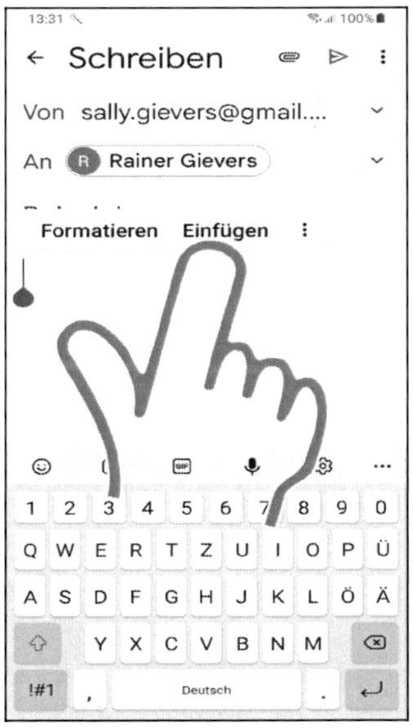
13:31
Schreiben
Von sally.gievers@gmail....
An Rainer Gievers
Formatieren Einfügen
Deutsch

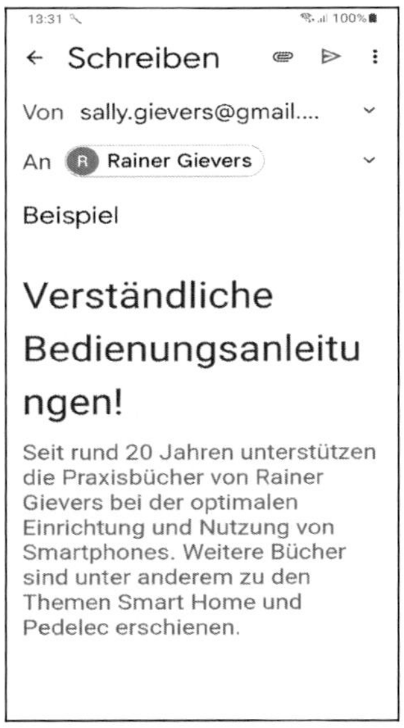
13:31
Schreiben
Von sally.gievers@gmail....
An Rainer Gievers
Beispiel
Verständliche Bedienungsanleitungen!
Seit rund 20 Jahren unterstützen die Praxisbücher von Rainer Gievers bei der optimalen Einrichtung und Nutzung von Smartphones. Weitere Bücher sind unter anderem zu den Themen Smart Home und Pedelec erschienen.

❶ Rufen Sie nun die Anwendung auf, in der Sie den kopierten Text einfügen möchten. Tippen und halten Sie den Finger in die Zielposition – bitte beachten Sie dabei, dass Sie nur in bestehenden Text beziehungsweise ans Textende tippen können.

❷❸ Im Popup wählen Sie *Einfügen*.Benutzerkonfiguration

Ähnlich wie bei Windows auf dem Desktop-PC kann auch das Galaxy an die Vorlieben (und Schwächen!) des Nutzers angepasst werden.

Hinweis: Bevor Sie dieses Kapitel durcharbeiten, sollten Sie sich bereits ausführlich mit dem Handy auseinandergesetzt haben.

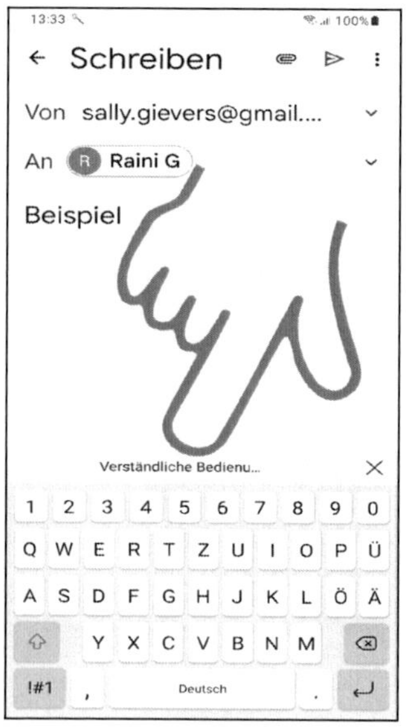

Den Inhalt der Zwischenablage können Sie alternativ auch über die Schaltleiste über dem Tastenfeld (Pfeil) einfügen.

35. Einstellungen

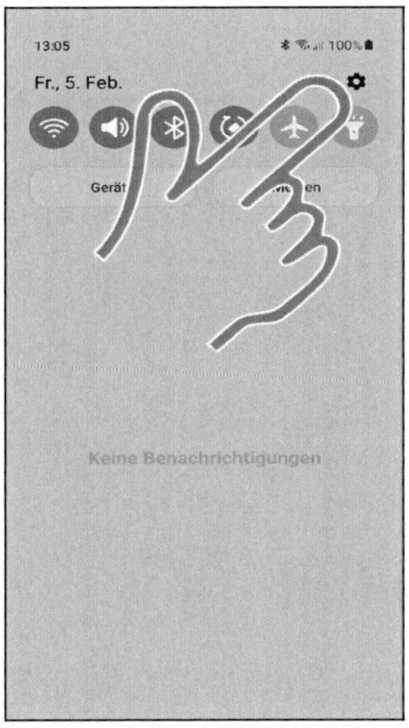

❶ Für die *Einstellungen* aktivieren Sie das Benachrichtigungsfeld und tippen ✿ an.

❷ Alternativ gehen Sie im Hauptmenü auf *Einstellungen.*

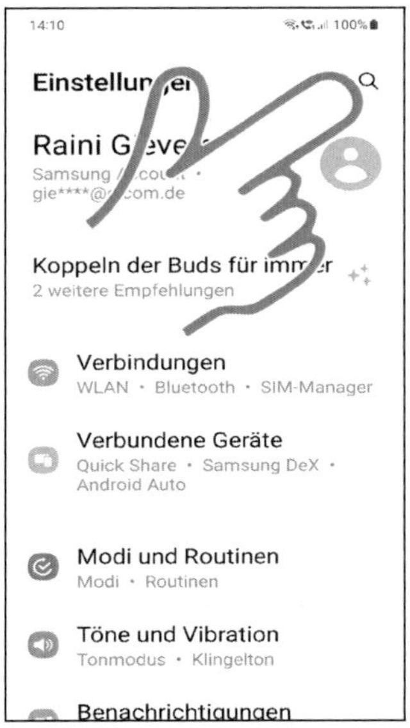

❶❷ Tipp: Falls Sie mal nicht wissen, in welchem Menü eine bestimmte Funktion zu finden ist, tippen Sie auf 🔍 und geben den Suchbegriff ein. Tippen Sie dann in der Ergebnisliste einen Eintrag an.

Die Schrift in den Menüs wurde für dieses Buch für bessere Lesbarkeit eine Stufe größer gestellt. Bei Ihrem Gerät sehen deshalb die Menüs deshalb etwas anders aus.

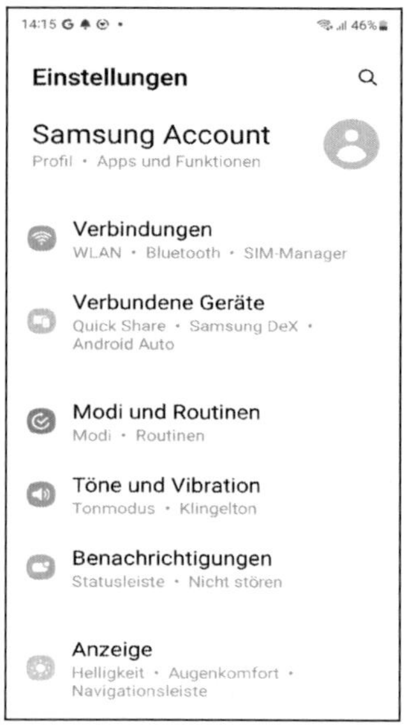

Die meisten Einstellungsfunktionen werden bereits im Buch beschrieben, weshalb wir auf die entsprechenden Kapitel verweisen.

Die Menüpunkte:

- *Samsung Account*: Darauf geht Kapitel 24 *Das Samsung-Konto* ein.
- *Verbindungen*: Siehe Kapitel *9 Internet einrichten und nutzen, 10 WLAN* und *31 Bluetooth.*
- *Verbundene Geräte*: Über verschiedene Kopplungsmethoden (Bluetooth, Kabel, WLAN) gekoppelte Geräte auflisten und konfigurieren.
- *Modi und Routinen*: Darauf geht Kapitel *27.7 Modi* ein.
- *Töne und Vibration*: Siehe Kapitel *4.12 Medienlautstärke und Signaltöne.*
- *Benachrichtigungen*: Siehe Kapitel *32.9 Benachrichtigungen einschränken.*
- *Anzeige*: Siehe Kapitel *27.1 Bildschirmanzeige anpassen.*
- *Hintergrundbild und Stil: Siehe Kapitel 4.7.4 Hintergrundbild.*
- *Themes*: Hintergründe von Drittanbietern, allerdings kostenpflichtig.
- *Startbildschirm*: Darauf geht Kapitel *33.4 Einstellungen für Startbildschirm und Hauptmenü* ein.
- *Sperrbildschirm*: Siehe Kapitel *30 Zugriffssperren.*
- *Sicherheit und Datenschutz*: Siehe Kapitel *30.2 Gerätesperre.*
- *Standort*: Legen Sie fest, welche Anwendungen Ihren Standort auswerten dürfen.
- *Google: Siehe Kapitel 23 Das Google-Konto.*
- *Sicherheit und Notfall*: Speichert medizinische und persönliche Infos, welche in der Displaysperre angezeigt werden. Rettungskräften dürfte aber nur selten Zeit bleiben, Ihr Handy auszuwerten. Deshalb sollten Sie Ihren medizinischen Daten bei Bedarf auf einem Zettel mit sich führen.
- *Konten und Sicherung*: Siehe Kapitel *23 Das Google-Konto* und *24 Das Samsung-Konto.*
- *Erweiterte Funktionen*: Siehe Kapitel *33.1 Gestensteuerung.*
- *Digitales Wohlbefinden und Kindersicherung*: Liefert Statistiken zur Zeit, die Sie mit dem Handy verbringen. Sie können zudem einstellen, wieviele Minuten am Tag Sie bestimmte Anwendungen nutzen dürfen. Nach Ablauf sind diese ausgegraut. In diesem Buch gehen wir nicht weiter darauf ein.
- *Akku und Gerätewartung*: Siehe Kapitel *22.4 Gerätewartung.*
- *Apps*: Siehe Kapitel *32.5 Anwendungen als Standard.*

- *Allgemeine Verwaltung:* Siehe Kapitel *35.2 Allgemeine Verwaltung*.
- *Eingabehilfe*: Diverse Einstellungen für Nutzer mit eingeschränktem Seh- und Hörvermögen.
- *Software-Update*: Siehe Kapitel *35.3 Software-Update*.
- *Tipps und Benutzerhandbuch*: Ruft eine Anleitung auf der Samsung-Website auf.
- *Telefoninfo*: Siehe Kapitel *35.3.1 Geräteinformationen*.

35.1 Netzwerkverbindungen

◆ *Einstellungen/Verbindungen*

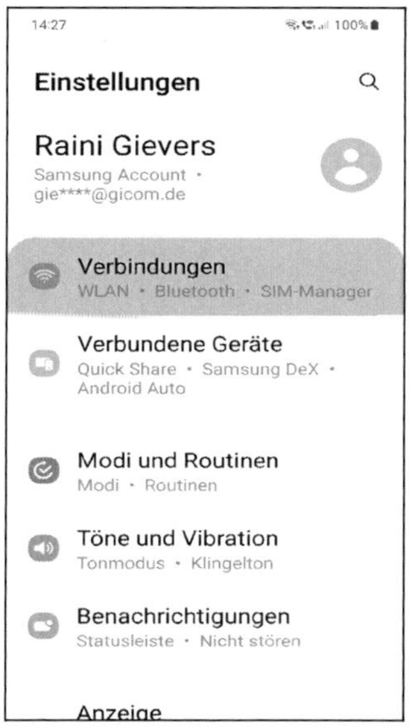

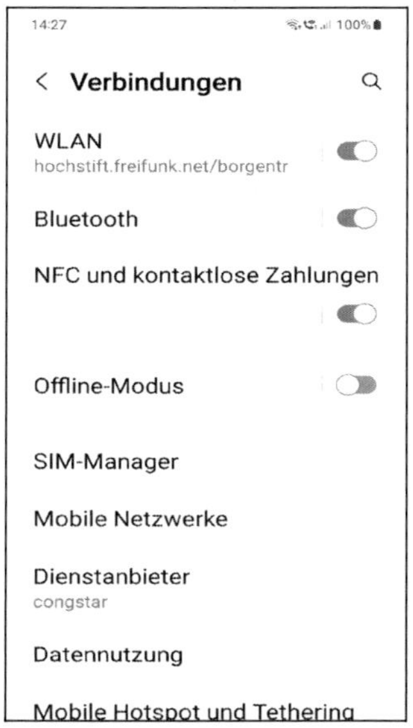

❶❷ Im *Verbindungen*-Menü finden Sie die Steuerungsfunktionen für drahtlose Kommunikation:

- *WLAN*: Auf WLAN geht bereits Kapitel *10 WLAN* ein.
- *Bluetooth:* Siehe Kapitel *31 Bluetooth*.
- *NFC und und kontaktlose Zahlungen*: Verwaltet den NFC-Chip, mit dem Sie über kurze Entfernungenn Datenübertragungen zwischen zwei Geräten durchführen können. Siehe Kapitel *32.10 NFC*.
- *Offline-Modus*: Schaltet das Mobilfunkmodul sowie Bluetooth und WLAN aus (sogenannter »Flugmodus«). Siehe auch Kapitel *9.2.2 Mobilfunk-Internet aktivieren/deaktivieren*.
- *SIM-Manager*: Verwaltung von zwei gleichzeitig eingelegten SIM-Karten.
- *Mobile Netzwerke*: Das Menü verwaltet alles rund um die Mobilfunk-Internet-Funktionen. Wir gehen in diesem Buch nicht weiter darauf ein, da das Handy die Einstellungen beim ersten Einschalten automatisch vornimmt.
- *Dienstanbieter*: Listet die vom Mobilfunkbetreiber empfohlenen Anwendungen auf, die Sie zur Verwaltung Ihres Mobilfunktarifs verwenden.
- *Datennutzung*: Führt eine Statistik der übertragenen Datenmenge über Mobilfunk-Internet und WLAN.
- *Mobile Hotspot und Tethering*: Internetverbindung des Handys mit einem anderen Gerät nutzen. In diesem Buch gehen wir nicht weiter darauf ein.
- *Weitere Verbindungseinstellungen*: Mobiles Internet und VPN, usw. einrichten.

35.1.1 Datenübertragung

◆ *Einstellungen/Verbindungen/Weitere Verbindungseinstellungen*

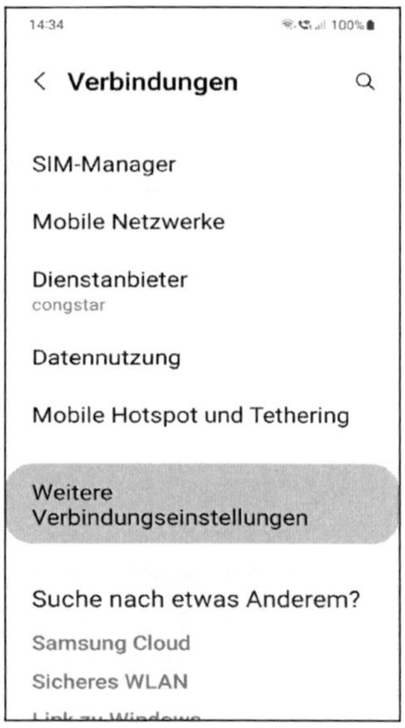

❶❷ Im *Weitere Verbindungseinstellungen*-Bildschirm stellen Sie ein:

- *Erweiterte Anrufe und Nachrichten*: Dahinter verbirgt sich der SMS-Nachfolger »Rich Text«, auf den wir im Kapitel *7.3 RCS* eingehen.
- *Geräte in der Nähe suchen*: Das Galaxy sucht permanent im Hintergrund nach Geräten, mit denen Sie vielleicht per Bluetooth koppeln möchten. Wir empfehlen diese Option wegen des damit verbundenen Energieverbrauchs zu deaktivieren.
- *Drucken:* Da die Druckausgabe unter Android nicht besonders anwenderfreundlich gestaltet ist, gehen wir in diesem Buch nicht weiter darauf ein.
- *VPN*: Konfiguriert Virtual Private Networks (VPNs), die eine verschlüsselte und sichere Kommunikation über das Internet, beispielsweise mit Firmennetzwerken, ermöglichen. Dieses Buch geht darauf nicht weiter ein.
- *Privates DNS*: Statt den automatisch vorgenommenen Interneteinstellungen können Sie selbst Vorgaben machen. Nur für erfahrene Anwender.
- *Ethernet*: Verwaltet einen optionalen Netzwerkadapter.

35.2 Allgemeine Verwaltung

◆ *Einstellungen/Allgemeine Verwaltung*

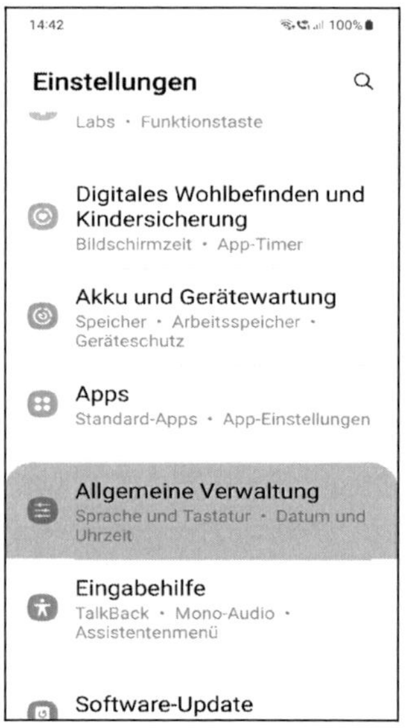

❶ Die Funktionen im *Allgemeine-Verwaltung*-Menü:

- *Sprache*: Standardmäßig verwenden alle Programme auf dem Handy eine deutsche Benutzeroberfläche. Bei Bedarf stellen Sie hier eine andere Sprache ein, die dann von den Programmen verwendet wird – sofern sie diese unterstützen.
- *App-Sprachen*: Einige der vorinstallierten Programme unterstützen mehrere Sprachen, die Sie in diesem Menü einstellen.
- *Text-zu-Sprache*: Sofern Sie die von einigen Anwendungen beziehungsweise dem Betriebssystem angebotene Sprachausgabe nutzen, stellen Sie im Menü die Sprachhöhe und Sprechgeschwindigkeit ein.
- *Datum und Uhrzeit*: Standardmäßig erhält das Handy die Uhrzeit atomuhrgenau vom Mobilfunknetzbetreiber, weshalb Sie nicht selbst die Uhr stellen müssen.
- *Samsung Tastatur-Einstellungen*: Darauf geht Kapitel *34.1.2 Einstellungen* ein.
- *Tastaturliste und Standard*: Stellen Sie ein, welche Eingabemethoden das Handy zur Verfügung stellt. Die Voreinstellungen sollten Sie allerdings nicht ändern.
- *Physische Tastatur; Maus und Trackpad*: Das Handy unterstützt den Betrieb von Maus und externer Tastatur, die über USB oder Bluetooth angeschlossen werden.
- *Passwörter und autom. Ausfüllen*: Konfiguriert das automatische Ausfüllen von Eingabefeldern. Dazu benötigen Sie da Samsung-Konto.
- *Zurücksetzen* (❸):
  - *Alle Einstellungen zurücksetzen:* Falls Ihr Handy mal nicht so funktioniert, wie vorgesehen, sollten Sie *Einstellungen zurücksetzen* verwenden. Damit setzen Sie beispielsweise den Klingelton auf den Standard zurück.
  - *Zurücksetzen von Netzwerkeinstellungen*: Von Ihnen genutzte WLAN-Zugangspunkte und gekoppelte Bluetooth-Geräte werden gelöscht. Sie können das Galaxy aber jederzeit später wieder damit verbinden.
  - *Eingabehilfeeinstellungen zurücksetzen*: Falls Sie im Menü *Eingabehilfe* einige Funktionen aktiviert hatten, setzen Sie sie hiermit wieder zurück.
  - *Auf Werkseinstellungen zurücksetzen*: Alle Daten löschen, worauf Sie das Galaxy im gleichen Zustand vorfinden, in dem Sie es erworben haben.
- *Personalisierter Dienst*: Nicht von Samsung dokumentiert.
- *Kontaktieren Sie uns:* Sie haben Fragen zum Handy? Dann hilft Ihnen Samsung weiter.

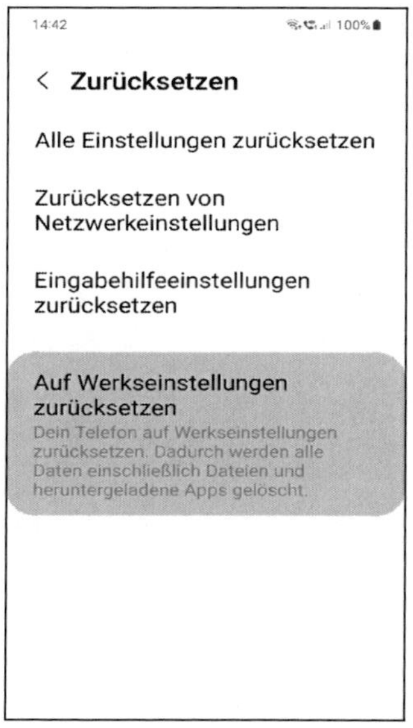

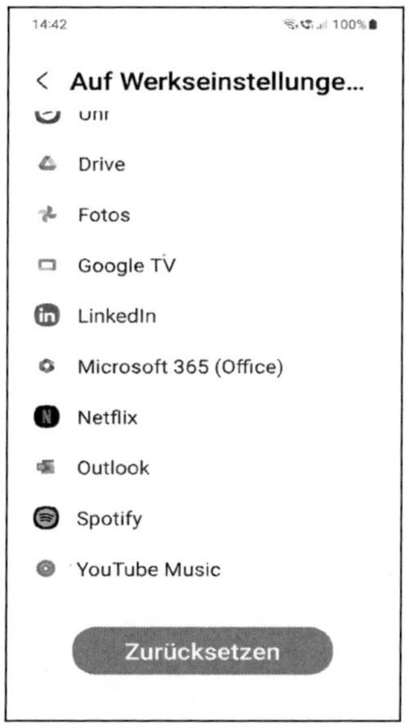

❶ Verwenden Sie *Auf Werkseinstellungen zurücksetzen* für das Zurücksetzen auf den Zustand, in dem Sie das Galaxy erworben haben. Beachten Sie, dass dabei Daten auf der eingelegten SD-Karte nicht gelöscht werden. Im Google-Konto abgelegte Kontakte und Termine, sowie die

Nachrichten in Gmail, stehen Ihnen nach Neueinrichtung des Google-Kontos in den entsprechenden Anwendungen wieder zur Verfügung.

Android-Handys wie das Galaxy sind nicht als »Standalone«-Geräte konzipiert, sondern sind auf die Kommunikation mit den Internetservern von Google angewiesen. Dies hat den Vorteil, dass Ihre Daten, darunter Kontakte, Kalendertermine, Browser-Lesezeichen, usw. automatisch bei Google unter Ihrem **Google-Konto** gespiegelt werden.

Beachten Sie, dass Programme von Drittanbietern, die Sie aus dem Google Play Store installiert haben, häufig nicht die Datensicherung im Google-Konto nutzen. In den Programmen vorgenommene Einstellungen und angelegte Daten gehen deshalb meist bei einem Zurücksetzen des Geräts verloren. Die zuvor von Ihnen installierten Programme werden Ihnen dagegen im Google Play Store nach dem Zurücksetzen zur erneuten Installation angeboten.

Haben Sie keinen Zugriff auf Ihr Handy, beispielsweise weil Sie es verloren haben, oder es defekt ist, dann können Sie jederzeit dessen Daten auf einem anderen Android-Handy (es muss noch nicht mal das gleiche Modell sein) wiederherstellen. Weitere Infos zum Google-Konto haben wir im Kapitel 23 Das Google-Konto zusammengestellt.

❷❸ Rollen Sie mit einer Wischgeste durch den Bildschirm und gehen Sie auf *Zurücksetzen.*

35.3 Software-Update

◆ *Einstellungen/Software-Update*

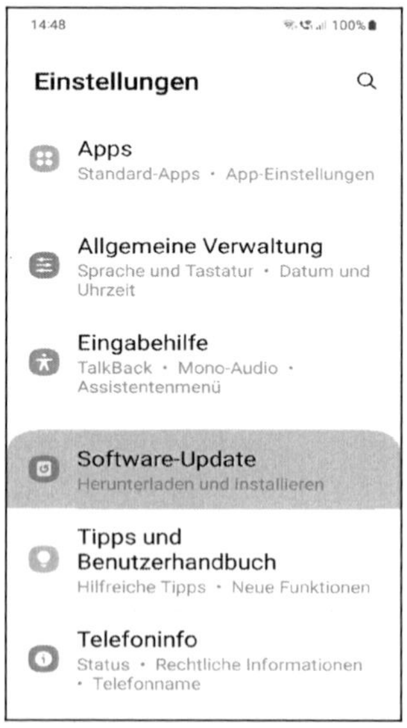

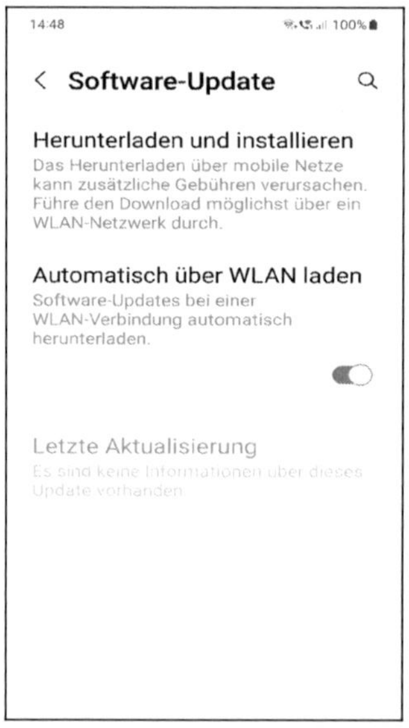

❶❷ Die Einstellungen im *Software-Update*-Menü sollten Sie nicht ändern. Wenn der Hersteller ein Betriebssoftware-Update zur Verfügung stellt, wird es automatisch nach Rückfrage installiert.

35.3.1 Geräteinformationen

◆ *Einstellungen/Telefoninfo*

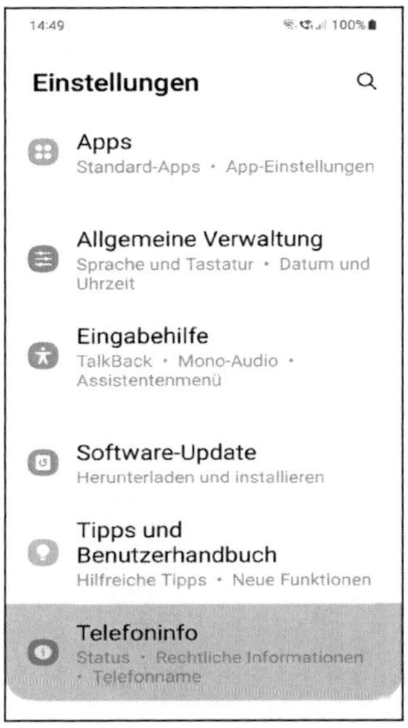

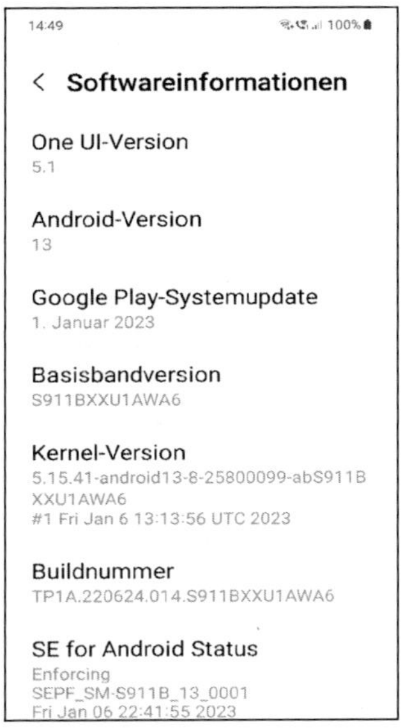

❶❷ Der *Telefoninfo*-Bildschirm zeigt die aktuelle Firmware-Version an.

Von den Menüpunkten sind für Sie folgende nützlich:

- *Status:* Diverse Systeminformationen.
- *Rechtliche Informationen*
- *Softwareinformationen* (❸): Liefert Informationen zur installierten Betriebssystemversion.
- *Akkuinformationen*: Ladezustand und Batteriekapazität anzeigen.

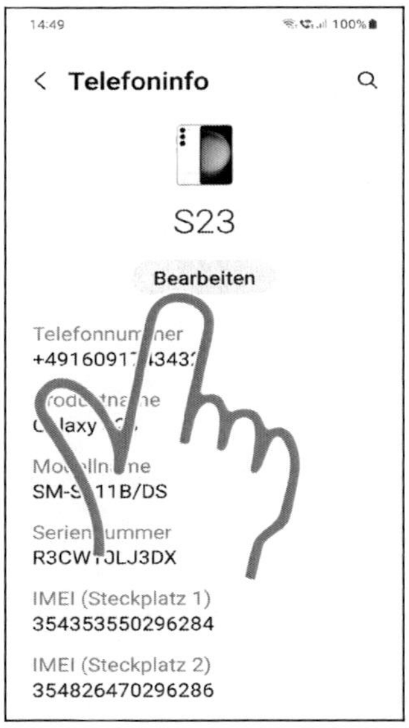

❶❷ Mit *Bearbeiten* stellen Sie den Gerätenamen ein, unter dem Ihr Handy bei Bluetooth-Übertragungen bei anderen Geräten erscheint. Unter dem Gerätenamen erscheint Ihr Galaxy auch, wenn Sie es am PC anschließen.

36. Der Bedienstift des Galaxy S23 Ultra

Nur das Samsung Galaxy S23 Ultra unterstützt den Bedienstift (Stylus), von Samsung als »S Pen« bezeichnet. Bitte beachten Sie, dass der S Pen des Galaxy S23 Ultra einen kleinen Akku besitzt. Sobald Sie den S Pen in den Steckplatz einschieben, wird der Akku geladen.

Falls Sie bereits mit dem Vorgängermodell S21 Ultra gearbeitet haben, werden Sie einen großen Unterschied feststellen: Der S Pen des S23 Ultra ist per Bluetooth mit dem Handy verbunden, sodass zusätzliche Funktionen zur Verfügung stehen. Beispielsweise macht Sie das Handy darauf aufmerksam, falls Sie den S Pen mal irgendwo liegen lassen und Sie können über den S Pen die Kamera drahtlos auslösen.

Der Stift befindet sich unten links in einem Steckplatz. Was dort auf dem ersten Blick wie ein Knopf aussieht, ist die Stiftoberseite. Drücken Sie einmal auf den »Knopf«, worauf der Stift einige Millimeter heraus springt und sich herausziehen lässt.

Folgende Funktionen können Sie mit dem Stift auslösen:

- Eingabefelder, Abhakkästchen oder Menüs auswählen: Tippen Sie einfach mit dem Stift auf die Bildschirmelemente, genauso, wie Sie es auch mit dem Finger machen würden. Mit gedrückter Stifttaste (»Shift-Taste«) können Sie zudem Text in Eingabefeldern markieren.
- Stift ca. 5 Millimeter über das Display halten (Display nicht berühren!), dann die Stifttaste kurz drücken, öffnet das sogenannte S Pen-Befehle-Menü. Hier stehen weitere Funktionen, von der Notiz bis zum Screenshot, zur Verfügung.
- Eine für den Stift optimierte Handschriftenerkennung für Texteingabe.

Bitte verlieren Sie den Bedienstift niemals: Ersatzstifte kosten im Fachhandel mindestens 20 Euro!

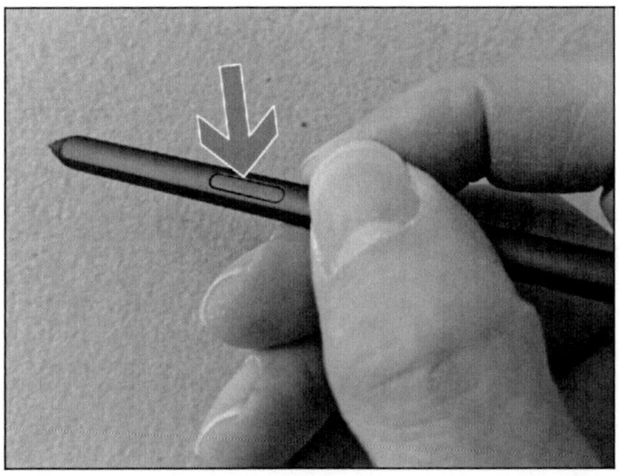

Der Stift bietet zusätzliche Funktionen, die Sie über die drucksensitive Spitze beziehungsweise die Seitentaste auslösen. Die **Seitentaste** am Stift wird von Samsung auch als **Shift**-Taste (Shift = engl. »Umschalten«) bezeichnet.

Beachten Sie, dass der Stift mehrere Betriebsmodi kennt:

- Stift auf dem Display andrücken
- Stift einige Millimeter über dem Display halten (»schwebend«)

36.1 S Pen-Befehle

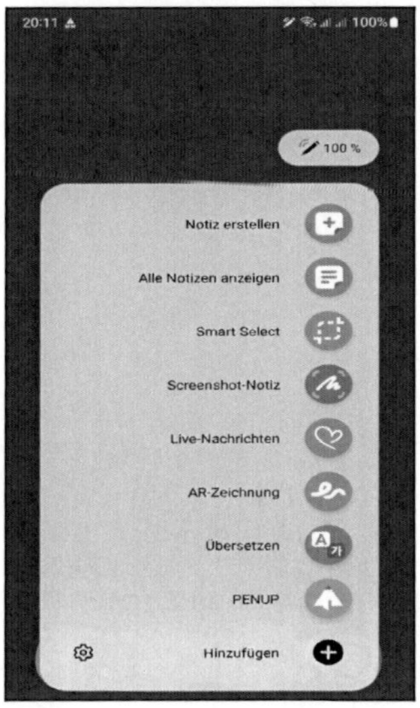

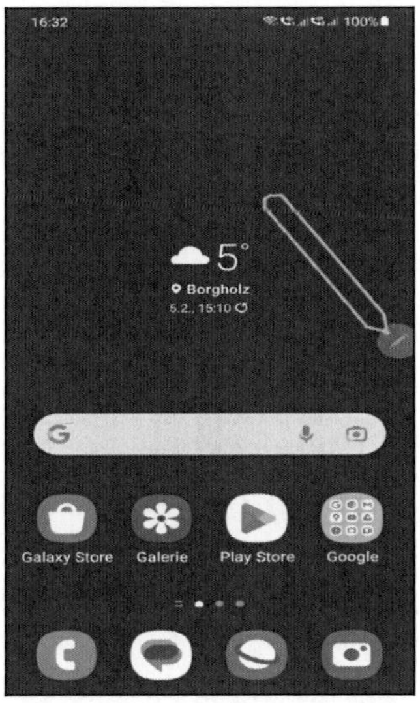

❶ Das S Pen-Befehle-Menü erscheint automatisch, wenn Sie den Stift in einigen Millimetern Abstand schwebend über das Display halten und dann die S Pen-Taste am Stift betätigen.

❷ Alternativ tippen Sie mit dem S Pen auf die ⊘-Schaltleiste (Pfeil).

Die Funktionen:

- *Notiz erstellen*: Neue Notiz in Samsung Notes (siehe Kapitel *22.4 Samsung Notes*) anlegen.
- *Alle Notizen anzeigen*: Öffnet Samsung Notes.
- *Smart Select*: Von Ihnen mit dem Stift umrandete Bildschirminhalte als Bild weiterverarbeiten (ähnlich dem im Kapitel *32.7 Screenshots (Bildschirmkopien)* beschriebenem oder den Text extrahieren und in die Zwischenablage übernehmen.
- *Sreenshot-Notiz*: Bildschirmkopie erstellen und im Grafikeditor öffnen (entspricht der im Kapitel *32.7 Screenshots (Bildschirmkopien)* beschriebenen Funktion).
- *Live-Nachrichten*: Das Handy erstellt aus Ihrer handschriftlichen Notitz oder Zeichnung eine animierte Grafik, die Sie in andere Anwendungen einfügen können.
- *AR-Zeichnung*: Erstellen Sie mit der Frontkamera ein »Selfie«, das Sie mit dem Stift verschönern.
- *Übersetzen*: Halten Sie den Stift über ein Wort, das Sie nach Deutsch übersetzen möchten.
- *PENUP*: PENUP ist ein soziales Netzwerk, über das Sie Ihre mit dem S Pen erstellten Grafiken/Bilder mit anderen teilen können.
- *Hinzufügen*: Legen Sie weitere Programme im S Pen-Befehle-Menü an, die Sie häufiger aufrufen.

Das S Pen-Befehle-Menü schließen Sie einfach mit der »Seitentaste« (Taste am S Pen) oder indem Sie mit dem Stift auf eine beliebige Stelle des Bildschirms tippen.

Tipp: Bei Bedarf verschieben Sie die ✎-Schaltleiste, indem Sie sie den Stift darauf halten und anschließend in die gewünschte Richtung ziehen.

36.1.1 Smart Select

Im folgenden Beispiel möchten Sie Ihre Freunde auf den Ort einer Party hinweisen. Dazu verwenden Sie einen Kartenausschnitt von Google Maps, dem Sie eine Markierung hinzufügen.

❶ Starten Sie die Kartenanwendung (siehe Kapitel *16 Google Maps*) und stellen Sie den Kartenausschnitt ein, wo Ihre Veranstaltung stattfindet.

❷ Mit dem Stift rufen Sie nun, wie bereits beschrieben, das S Pen-Menü auf und gehen darin auf *Smart Select*.

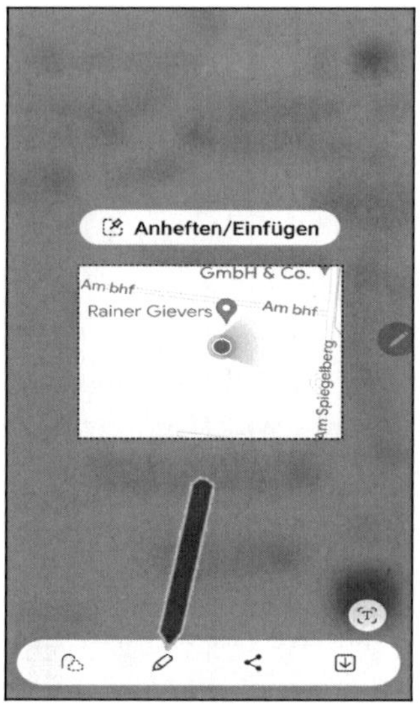

❶ Sie markieren nun einen Bildschirmbereich. Dazu ziehen Sie mit dem angedrückten Stift auf dem Display ein Rechteck auf.

❷ Betätigen Sie nun mit dem Finger oder Stift die ✎-Schaltleiste.

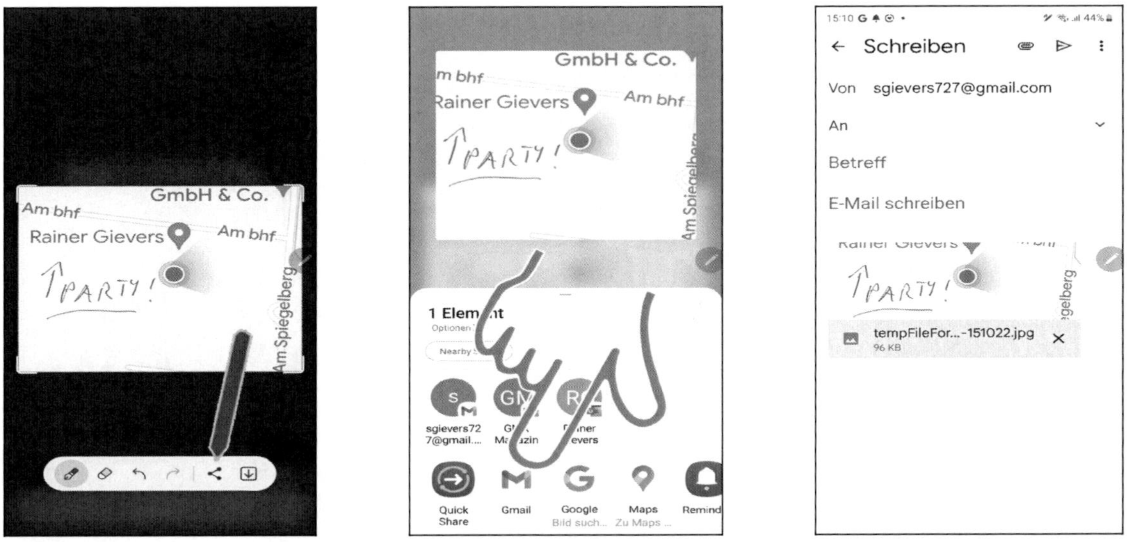

❶ Beschriften Sie das Bild mit dem Stift, dann betätigen Sie <.

❷❸ Das Handy bietet verschiedene Versandwege an, wovon wir im Beispiel *Gmail* gewählt haben.

36.1.2 Live-Nachricht

Über Live-Nachricht erstellen Sie eine sogenannte GIF-Datei. Diese enthält eine Animation, die beim Öffnen abgespielt wird. Im Gegensatz zu Videos ist keine Tonwiedergabe möglich.

❶ Im Stiftmenü rufen Sie *Live-Nachrichten* auf.

❷ Sie haben nun die Option, entweder ein Foto zu erstellen, ein Foto aus der Galerie (siehe Kapitel *18 Galerie*) zu verwenden oder einen farbigen Hintergrund. Dazu wischen Sie einfach mit dem Finger oder Stift nach rechts/links.

❸ In unserem Beispiel möchten wir ein Foto neu erstellen und tippen daher auf das Vorschaubild.

➊ Betätigen Sie die weiße Schaltleiste, um ein Foto zu erstellen (für Selfies schalten Sie mit der Schaltleiste daneben auf die Frontkamera um).

➋ Malen Sie etwas (über die Schaltleisten oben stellen Sie Effekt, Strichstärke und Farbe ein) und betätigen Sie *Fertig*.

➌ Das Galaxy spielt die fertige Animation ab. Gehen Sie auf *Senden*.

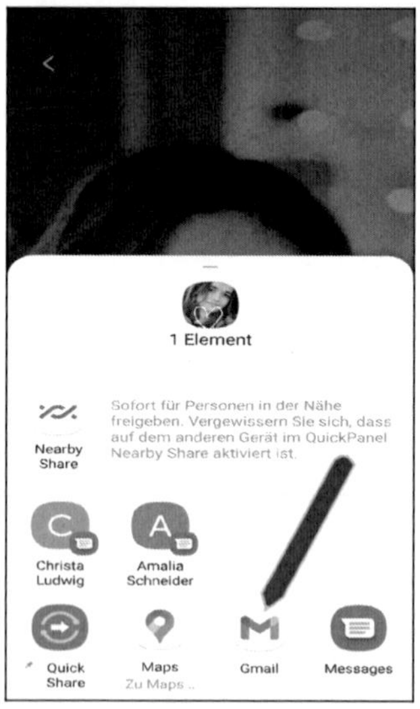

➊➋ In unserem Beispiel wählen wir den E-Mail-Versand, worauf die Grafik als Dateianhang eingefügt wird.

36.1.3 AR-Zeichnung

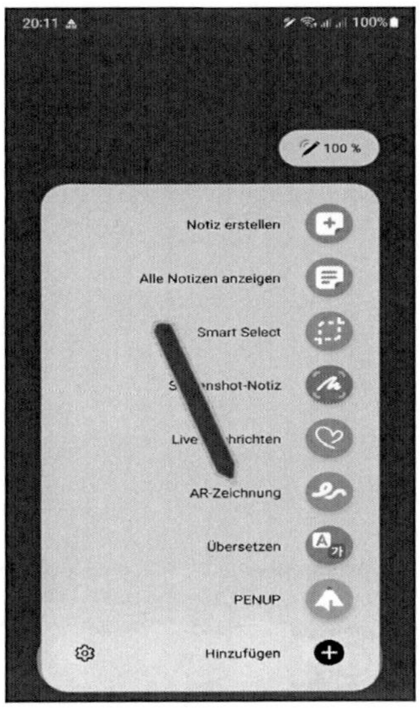

❶ Gehen Sie auf *AR-Zeichnung* im Stiftmenü.

❷ Sie können nun auf dem Livebild – idealerweise sollte dort eine Person zu sehen sein – mit dem Stift malen. Über die Schaltleisten am unteren Bildschirmrand wählen Sie Stift und Farbe aus. Starten Sie dann mit der roten Taste (Pfeil) die Aufnahme, die Sie nach einigen Sekunden stoppen.

❶ Eine Vorschau erhalten Sie mit der Schaltleiste auf der linken Seite.

❷ Sie können das fertige Video dann anzeigen (Pfeil) beziehungsweise über die unteren Schaltleisten bearbeiten, senden oder löschen.

36.2 Einstellungen

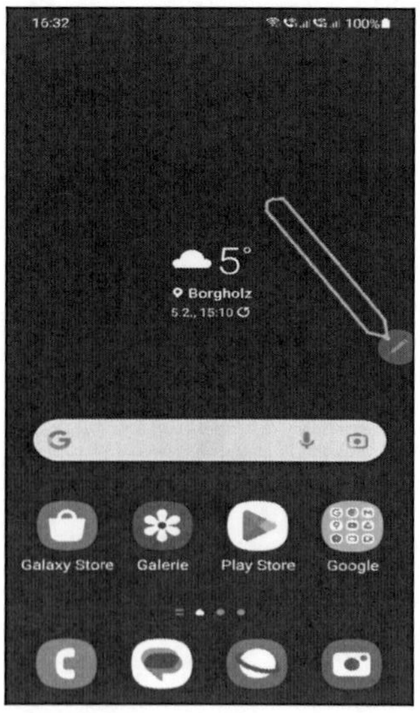

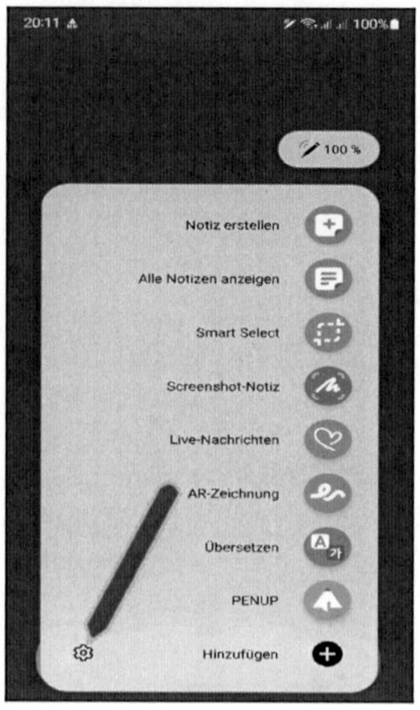

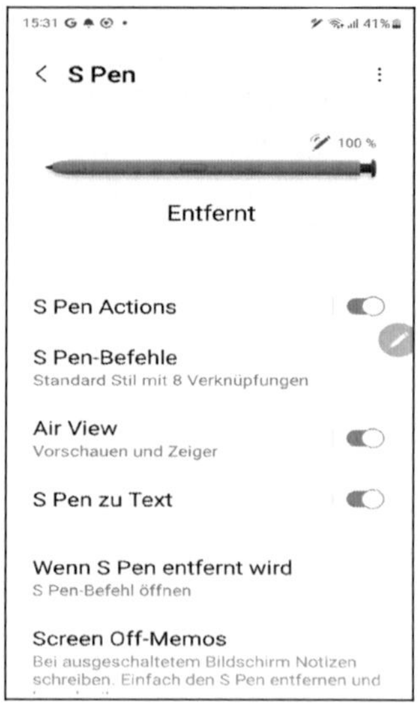

❶ Öffnen Sie, wie bereits beschrieben, durch Halten den Stifts über dem Bildschirm und betätigen der S Pen-Taste das Stiftmenü. Alternativ gehen Sie auf

❷ Betätigen Sie ⚙.

❸ Die Optionen:

- *S Pen Actions*: Wählen Sie aus, welche Anwendungen auf das Drücken der S Pen-Taste reagieren. Wir gehen darauf weiter unten ein.
- *S Pen-Befehle*: Konfiguriert das Stiftmenü, welches nach Herausziehen des S Pens aus dem Handy erscheint. Eine genaue Beschreibung finden Sie unten.
- *Air View*: Halten Sie den Stift über Bildschirmelemente für weitere Infos. Siehe Kapitel *36.3.2 Air View*.
- *S Pen zu Text*: Sie können mit dem S Pen direkt in Eingabefeldern schreiben. Ihre Schrift wird dann automatisch in Text umgewandelt.
- *Wenn S Pen entfernt wird*: Wahlweise öffnet das Stiftmenü (*S Pen-Befehl öffnen*), die Samsung Note-Anwendung (*Notiz erstellen*) oder es passiert nichts (*Keine Aktion*), wenn Sie den Stift aus dem Steckplatz herausziehen.
- *Screen Off-Memos*: Notizen bei ausgeschaltetem Display. Siehe Kapitel *36.5 Screen Off-Memo*.
- *Schnellnotizen*: Halten Sie am S Pen die Seitentaste gedrückt und tippen Sie zweimal schnell hintereinander auf den Bildschirm. Es öffnet sich dann die Samsung Notes-Anwendung (siehe Kapitel *22.4 Samsung Notes*) im Fenstermodus.
- *Weitere S Pen-Einstellungen*:
    - *Entsperren mit S Pen*: Es ist ärgerlich, wenn sich die Gerätesperre aktiviert, während Sie mit dem Handy arbeiten. Samsung bietet daher eine Entsperrung durch Betätigen der S Pen-Taste an. Damit diese Option zur Verfügung steht, muss wie im Kapitel *30.2 Gerätesperre* beschrieben, eine Gerätesperre eingestellt sein. Außerdem aktivieren Sie im *Entsperren mit S Pen*-Menü die Option *Entsperren mit S Pen verwenden*.
    - *Mehrere S Pens zulassen*: Sofern Sie weitere S Pen herumliegen haben, können Sie diese ebenfalls einsetzen. Der Original-S Pen muss dann im Handy eingesteckt sein.
    - *S Pen verbunden lassen*: Nicht von Samsung dokumentiert.
    - *Beim Zurücklassen von S Pen warnen*: Vergessen Sie den Stift wieder in das Gerät zu stecken und nehmen Sie das Handy vom Tisch auf, dann ertönt ein Alarm. Das Display muss dazu ausgeschaltet sein.
    - *Töne, Vibrationen*: Ton und Vibration beim Entnehmen beziehungsweise Einstecken

des Stifts in das Handy.

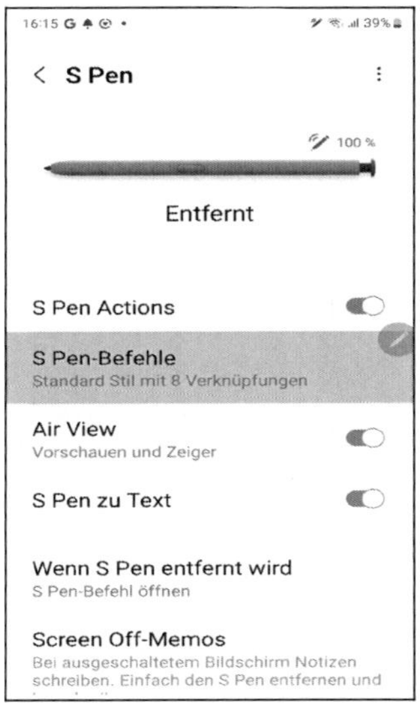

❶❷ *S Pen Befehle* konfiguriert:

- *Menüstil*: Das Stiftmenü lässt sich zwischen Standard und Kompakt (es werden nur die Symbole angezeigt) umschalten.
- *Schnellzugriff*: Legen Sie fest, welche Anwendungen/Funktionen Sie aus dem Stiftmenü aufrufen möchten.
- *S Pen-Befehl-Symbol anzeigen*: Sie können die ✎-Schaltleiste frei auf dem Bildschirm mit dem Stift verschieben.
- *S Pen-Befehl mit Shift-Taste öffnen*: Das S Pen-Menü öffnet sich automatisch, wenn Sie den S Pen über den Bildschirm halten (nicht das Display berühren) und dann die Seitentaste am Stift betätigen.

36.2.1 S Pen-Fernbedienung

Durch Betätigen der S Pen-Seitentaste können Sie Aktionen in verschiedenen Anwendungen auslösen. Unterstützt werden dabei ein- und zweimaliges Betätigen. Damit dies funktioniert, muss der Akku im S Pen aufgeladen sein, weshalb Sie den S Pen immer nach Gebrauch in das Handy stecken sollten, wo er geladen wird.

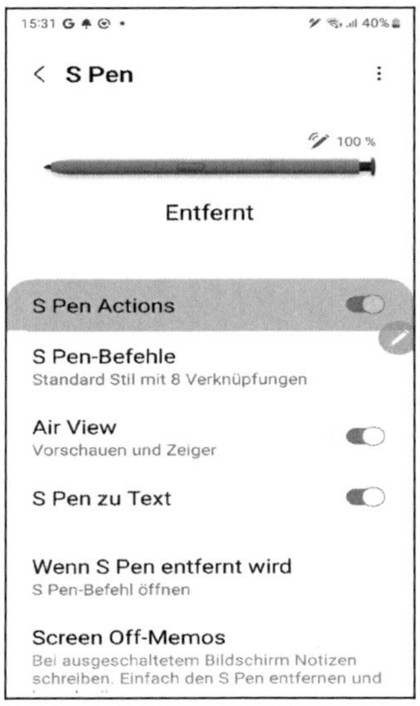

❶ Rufen Sie *S Pen Actions* auf.

❷ Das Menü informiert über die verfügbaren S Pen-Aktionen. Blättern Sie mit einer Wischgeste darin:

Unter *Überall-Aktionen:* Auf dem Bildschirm gemalte Gesten (S Pen-Taste dabei gedrückt halten), die bestimmte Aktionen auslösen. In der Praxis wenig genutzt.

Unter *App-Aktionen* erfahren Sie, von welchen Anwendungen das ein- und zweimalige Betätigen der S Pen-Taste unterstützt wird. Bitte beachten Sie, dass Sie dazu die jeweilige Anwendung vorher starten müssen. An dieser Stelle stellen wir nur die wichtigsten Anwendungen vor:

- *Kamera*: Einmal S Pen-Taste drücken: Bild aufnehmen; zweimal drücken: Zwischen Front- und Hauptkamera umschalten.
- *Galerie*: Wenn ein Foto als Vollbild angezeigt wird, zeigt einmaliges Betätigen der S Pen-Taste das nächste Foto an, zweimaliges Betätigen dagegen das letzte.
- *Samsung Internet*: Einmaliges Betätigen der S Pen-Taste wechselt eine Webseite zurück; zweimaliges Betätigen ruft die vorherige Webseite auf.

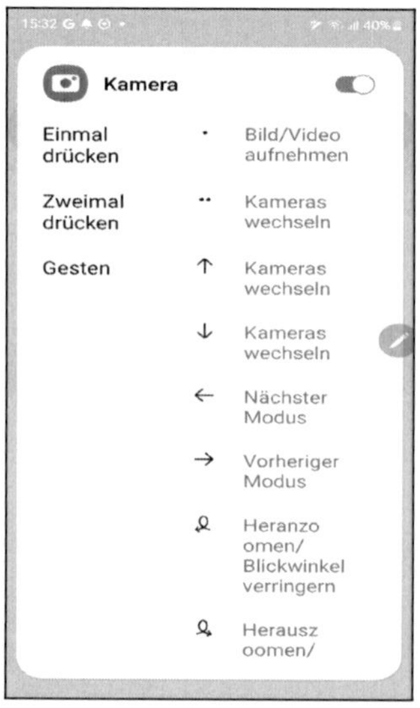

❶❷ Tippen Sie ein Anwendungssymbol für weitere Infos zur Stiftsteuerung an. Es sind jeweils die Tastenfunktion (ein- oder zweimal hintereinander drücken) und die mit dem Stift auf dem Bildschirm zu malenden Gesten aufgeführt.

❸ Unter *Allgemeine App-Funktionen* listet das Handy weitere Funktionen, die Sie nutzen, wenn Sie die Kamera- oder eine Medienanwendung (YouTube oder YouTube Music) verwenden.

36.3 Stiftfunktionen

36.3.1 Markieren

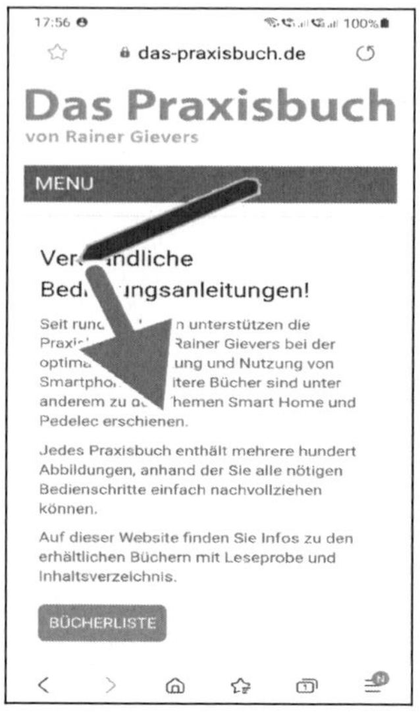

❶❷ Elemente beziehungsweise Texte auf dem Bildschirm markieren Sie, indem Sie den Stift auf das erste Wort gedrückt halten, bis es markiert ist und dann angedrückt über den Bildschirm ziehen. Im Beispiel markieren wir einen Text im Webbrowser (siehe Kapitel *13 Webbrowser*).

36.3.2 Air View

Beachten Sie bitte, dass Air View (engl. Luft-Anzeige) ausschließlich mit den Samsung- und Microsoft-Anwendungen (Nachrichten, Kontakte, Internet, Galerie, Outlook, usw.) funktionieren. Die von Google bereitgestellten Programme Gmail, Google Maps, Google Fotos, Google Drive, Chrome, usw. unterstützen den Stift dagegen nicht.

❶❷ Halten Sie in der Galerie-Anwendung (siehe Kapitel *18 Galerie*) den Stift einige Millimeter über einem Bild für eine Vorschau.

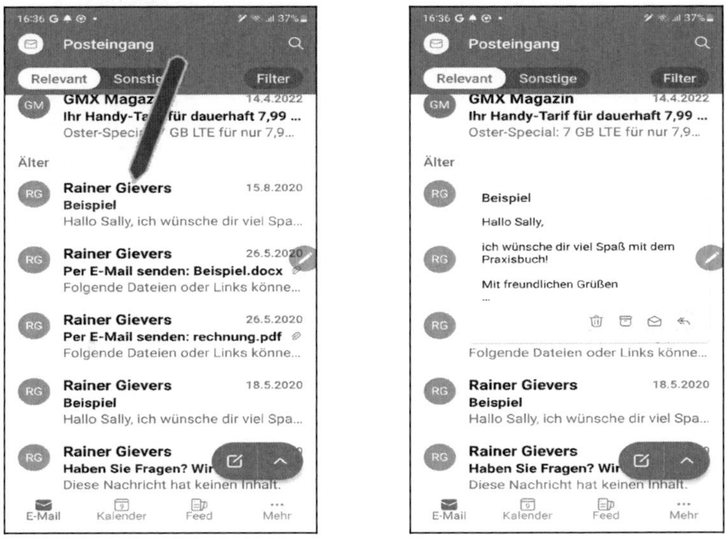

❶❷ Bei E-Mails (siehe Kapitel *12 Outlook E-Mail*) halten Sie den Stift einige Millimeter über dem Display auf dem E-Mail-Eintrag, damit ein Popup mit einer Nachrichtenvorschau erscheint.

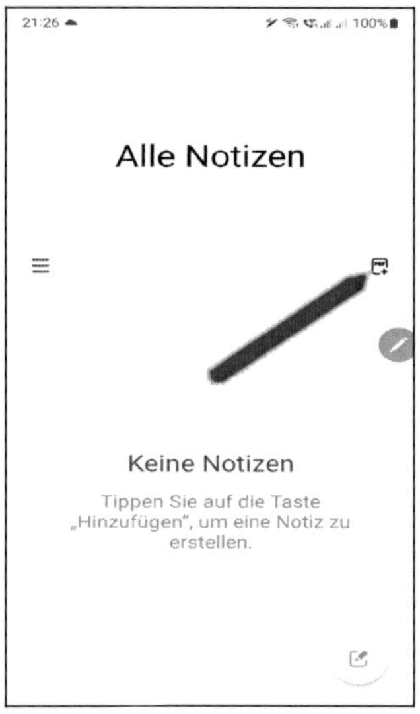

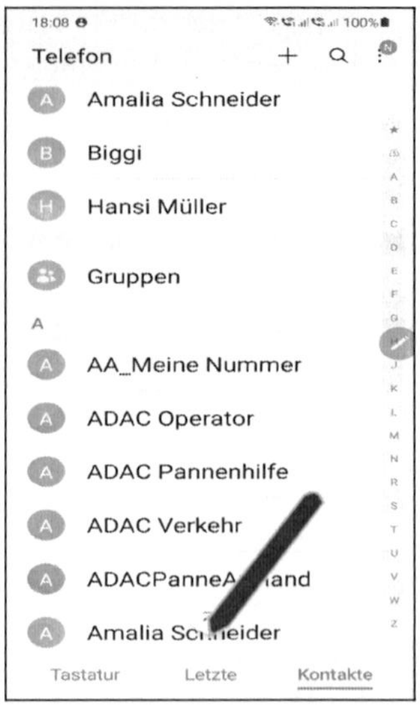

❶❷ Sie möchten wissen, was eine Schaltleiste bedeutet? Halten Sie einfach den Stift darüber, ohne das Display zu berühren.

❸ Durch Listen blättern Sie sehr einfach mit dem Stift: Halten Sie ihn oben oder unten über die Liste (wiederum ohne das Display zu berühren), worauf die Liste wie von Geisterhand in die gewünschte Richtung durchrollt.

Tipp: Halten Sie den Stift einen Zentimeter für die Blätterfunktion über dem Display. Ist der Stift zu nah am Display, dann aktiviert sich stattdessen die oben vorgestellte Vorschau.

36.4 Freihändig malen

❶ Ihre künstlerischen Ambitionen können Sie in Samsung Notes (siehe Kapitel *22.4 Samsung Notes*) ausleben. Erstellen Sie dort mit eine neue Notiz.

❷ Sie befinden sich sofort in der Freimalfunktion. Jetzt schreiben oder malen Sie etwas. Wählen Sie am unteren Bildschirmrand ein Malwerkzeug beziehungsweise Farbe aus. Fast alle Malwerkzeuge agieren drucksensitiv, das heißt, je stärker Sie den Stift auf dem Display andrücken, desto intensiver/breiter wird der Farbauftrag.

❸ Mit (Pfeil) schalten Sie auf das Tastenfeld um.

36.5 Screen Off-Memo

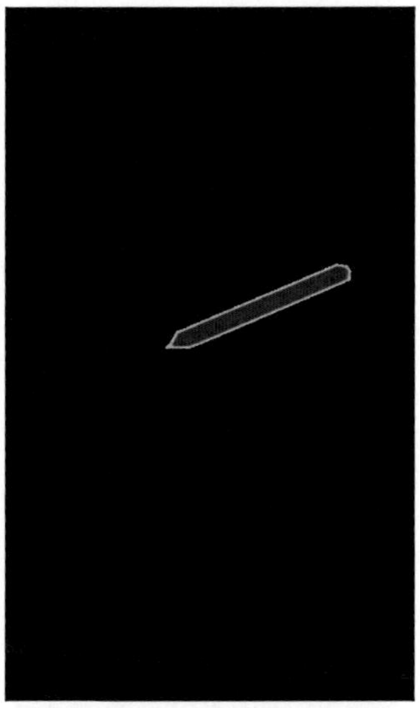

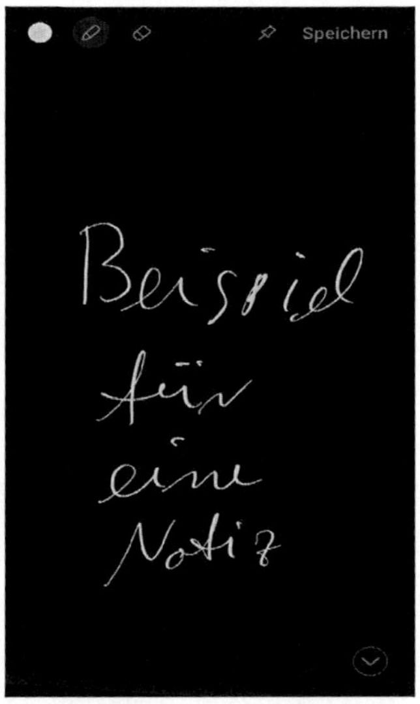

❶ Sie müssen unterwegs auf die Schnelle mal eine Notiz erstellen? Dann nutzen Sie einfach die sogenannte Screen Off-Memo. Dazu halten Sie die Stifttaste gedrückt und tippen dann mit dem Stift auf das ausgeschaltete Display.

❷ Anschließend malen Sie Ihre Notiz (über die Schaltleisten oben rechts stellen Sie die Stift-stärke ein beziehungsweise aktivieren den Löschmodus) und betätigen *Speichern*.

❸ Ihre Notiz finden Sie in der Notizen-Anwendung (siehe Kapitel *22.4 Samsung Notes*) wieder.

Die Screen Off-Memo-Funktion aktiviert sich auch automatisch, wenn das Handy-Display ausgeschaltet ist und Sie den S Pen aus dem Gerät entnehmen.

36.6 Handschriftenerkennung

Den S Pen können Sie auch für die Texteingabe verwenden.

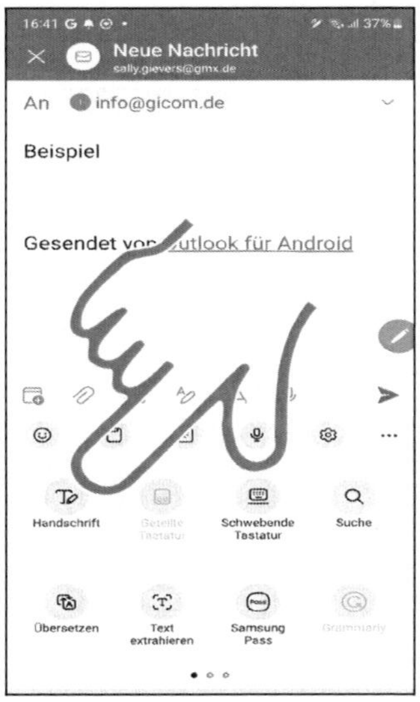

❶ Während das Tastenfeld geöffnet ist, betätigen Sie die •••-Schaltleiste.

❷ Gehen Sie auf *Handschrift*.

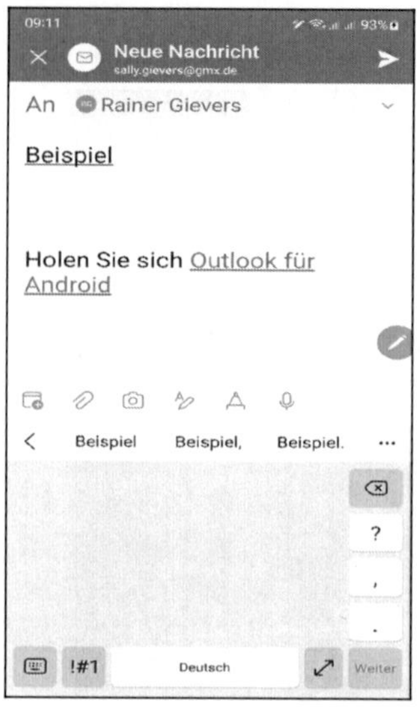

❶❷ Malen Sie ein Wort oder einen Buchstaben in der Zeichenfläche, dann wird dieses automatisch in Text umgesetzt. Mitunter kommt es zu einer Falscherkennung. Sie können dann oberhalb der Zeichenfläche das korrekte Wort auswählen.

Damit die Handschriftenerkennung korrekt funktioniert, müssen Sie einige Dinge beachten:

- Die Buchstaben und Wörter malen Sie als Blockbuchstaben oder in Schreibschrift.
- Sie können wahlweise einzelne Buchstaben oder ganze Wörter schreiben. Die Buchstaben sollten sich nicht überlappen.

Die ⌨-Schaltleiste unten links schaltet wieder auf das Standard-Tastenfeld um.

36.6.1 Automatische Stifterkennung

Falls Sie die Handschriftenerkennung häufiger mit dem S Pen verwenden, empfehlen wir die Aktivierung der automatischen Stifterkennung. Es aktiviert sich dabei automatisch die Handschriftenerkennung, sobald Sie mit dem S Pen-Stift in ein Eingabefeld tippen. Dies funktioniert aber nur, sofern das Tastenfeld nicht aktiv ist – schließen Sie es gegebenenfalls vorher mit der ‹-Taste.

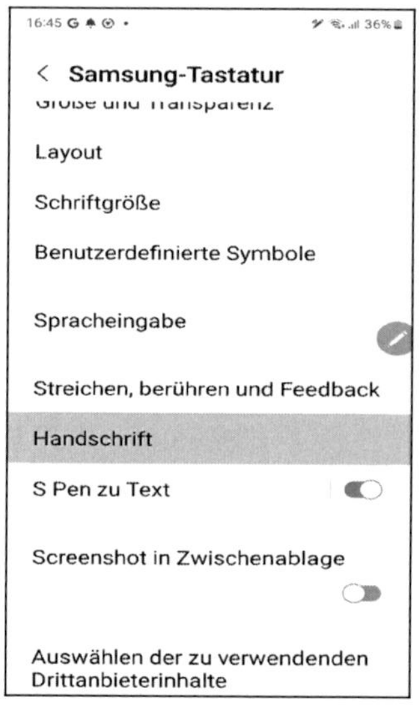

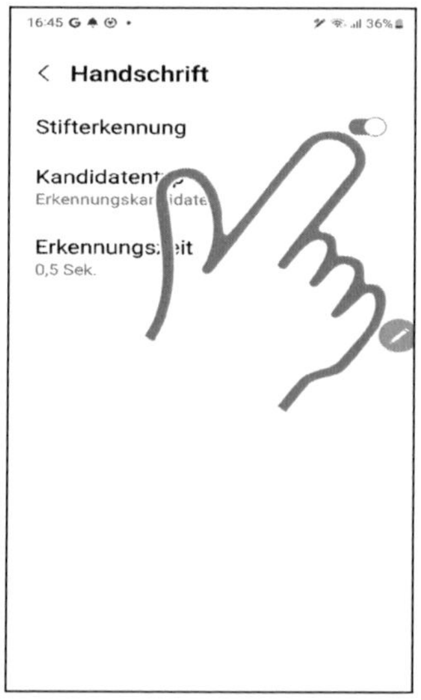

❶ Tippen Sie die ⚙-Taste für die Eingabeeinstellungen an.

❷❸ Wählen Sie *Handschrift* und aktivieren Sie *Stifterkennung*.

Probieren Sie nun die Funktionsweise aus, indem Sie mit dem Stift in ein Eingabefeld tippen. Dabei darf das Tastenfeld nicht aktiv sein.

36.6.2 S Pen nach Text

Alternativ zur im vorherigen Kapitel beschriebenen Stifterkennung können Sie auch eine Textkonvertierung verwenden. Sie schreiben dabei einfach mit dem Stift über ein Eingabefeld, worauf das Geschriebene automatisch in Text umgewandelt und im Eingabefeld eingetragen wird.

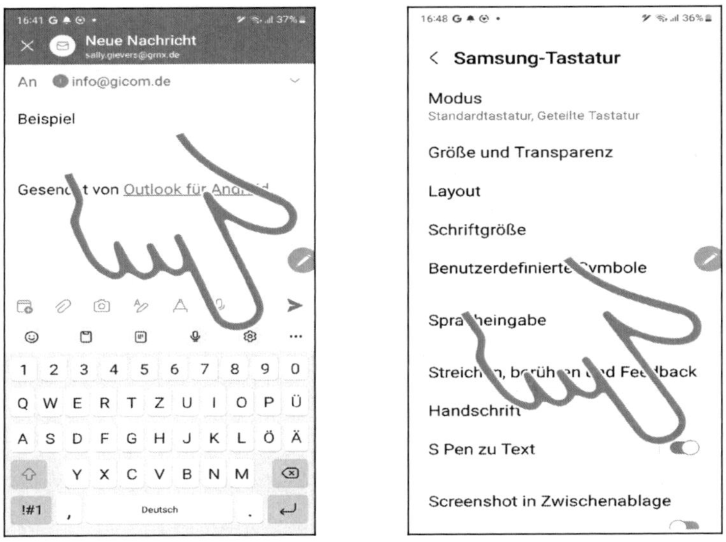

❶ Tippen Sie die ⚙-Taste für die Eingabeeinstellungen an.

❷ Aktivieren Sie *S Pen zu Text*.

❶ In einer Anwendung schreiben Sie einfach mit dem S Pen über dem Eingabefeld, worauf das Geschriebene automatisch in Text umgesetzt wird. Bitte beachten Sie, dass dies nicht überall möglich ist – Sie erhalten dann gegebenenfalls einen Hinweis.

❷❸ Über die ⌨-Schaltleiste öffnen Sie eine Symbolleiste mit einigen Eingabeoptionen.

36.7 Zeichnungen im Kalender

Im Kalender (siehe Kapitel *21 Kalender*) dürfen Sie zu jedem Monat handschriftliche Notizen erstellen.

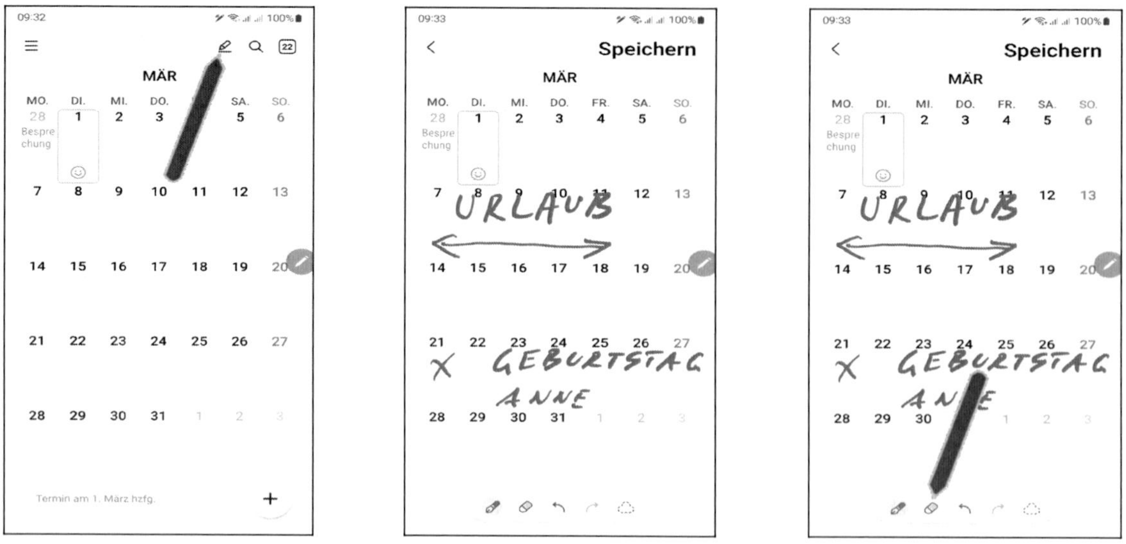

❶ Tippen Sie mit dem Stift oder Finger auf .

❷ Malen Sie nun die Notiz. Über die Schaltleisten am unteren Bildschirmrand wählen Sie den Stift beziehungsweise die Farbe aus.

❸ Fehleingaben löschen Sie mit – anschließend verhält sich der Stift wie ein Radiergummi. Alternativ verwenden Sie machen Sie einzelne Malschritte mit   rückgängig beziehungsweise wiederholen sie.

Schließen Sie Ihre Eingabe mit *Speichern* oben rechts ab.

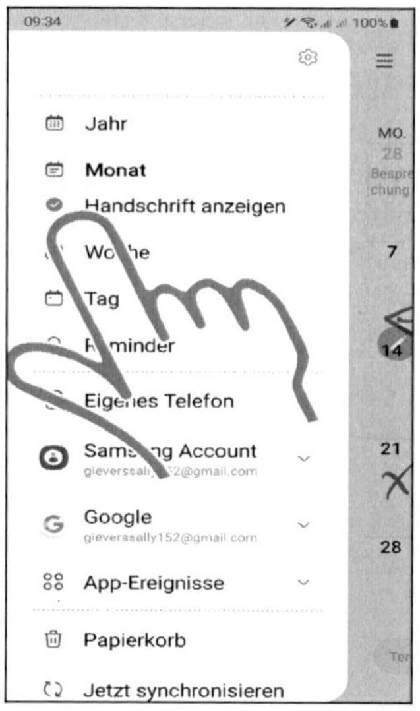

Im Ausklappmenü schalten Sie mit *Handschrift anzeigen* die gemalten Notizen aus/ein.

36.8 S Pen mit Samsung Notes

Auch die im Kapitel *22.4 Samsung Notes* beschriebene Notizenanwendung unterstützt den Bedienstift. Sie sollten allerdings die im Kapitel *36.6.2 S Pen nach Text* beschriebene Eingabefunktion vorher deaktivieren.

❶❷ Wenn Sie in Samsung Notes statt mit dem Finger mit dem S Pen auf [icon] tippen, dann öffnet das Programm eine neue Notiz direkt im Malmodus.

37. Stichwortverzeichnis

Sie haben im Stichwortverzeichnis nicht gefunden, was Sie suchen? Dann empfehlen wir Ihnen das Herunterladen des PDF-Ebooks (siehe Seite 3). Alle PDF-Anzeiger bieten eine Volltextsuchfunktion!

38. Weitere Bücher des Autors

Vom Technik-Journalisten Rainer Gievers sind zahlreiche Bücher zum Thema Mobile Computing erschienen. Eine Inhaltsübersicht und Bestellmöglichkeiten finden Sie auf unserer Website *www.das-praxisbuch.de*. Sie erhalten die Bücher über die jeweilige ISBN direkt bei Ihrem lokalen Buchhändler oder über Online-Shops der großen Buchketten.

Sie möchten wissen, ob es vom Autor ein Buch zu Ihrem Handy gibt? Dann nutzen Sie bitte die Suchfunktion unter der Webadresse *www.das-praxisbuch.de/suche*.

Allgemeine Themen:

- Das Praxisbuch Kryptowährungen für Einsteiger (Ausgabe 2022/23)
  ISBN: 978-3-96469-184-2
- Das Praxisbuch Chromebook (Ausgabe 2022/23)
  ISBN: 978-3-96469-176-7
- Das Praxisbuch Google-Anwendungen (Ausgabe 2022/23)
  ISBN: 978-3-96469-174-3
- Das Praxisbuch Chromebook (Ausgabe 2022/23)
  ISBN: 978-3-96469-176-7
- Das Praxisbuch Amazon Echo & Alexa (Ausgabe 2022/23)
  ISBN: 978-3-96469-182-8
- Das Praxisbuch Pedelec für Einsteiger - Kaufberatung & Fahrpraxis
  ISBN: 978-3-96469-124-8
- Das Praxisbuch Internet mit dem Android-Handy
  ISBN: 978-3-96469-190-3

Zu folgenden Handys sind Praxisbücher von Rainer Gievers erschienen:

Xiaomi Redmi-Serie

- Xiaomi Redmi Note 9T
- Xiaomi Redmi 10
- Xiaomi Redmi Note 10 & Redmi Note 10 Pro
- Xiaomi Redmi Note 10S
- Xiaomi Redmi Note 11 & Redmi Note 11S

Xiaomi-Serie

- Xiaomi Mi 11
- Xiaomi Mi 11i
- Xiaomi Mi 11 Lite & Mi 11 Lite 5G
- Xiaomi 11T & 11T Pro
- Xiaomi 12 / 12X / 12 Pro
- Xiaomi 12 Lite

Samsung Galaxy A-Serie

- Samsung Galaxy A03
- Samsung Galaxy A12
- Samsung Galaxy A13
- Samsung Galaxy A20e
- Samsung Galaxy A22
- Samsung Galaxy A23
- Samsung Galaxy A32 5G
- Samsung Galaxy A33 5G
- Samsung Galaxy A52 / A52 5G
- Samsung Galaxy A52s 5G
- Samsung Galaxy A53 5G

Samsung Galaxy S-Serie

- Samsung Galaxy S20 / S20+ / S20 Ultra 5G
- Samsung Galaxy S20 FE / S20 FE 5G
- Samsung Galaxy S21 / S21+ / S21 Ultra 5G
- Samsung Galaxy S21 FE
- Samsung Galaxy S22 / S22+ / S22 Ultra